자바스크립트 닌자 비급
Secrets of the JavaScript Ninja

SECRETS OF THE JAVASCRIPT NINJA
by John Resig, Bear Bibeault (US ISBN: 193398869x)

Original English language edition published by Manning Publications, Sound View Court 3B, Greenwich CT 06830 USA. Copyright ⓒ 2008 by Manning Publications Co. Korean-language edition copyright ⓒ 2014 by Insight Press.
All rights reserved.

이 책의 한국어판 저작권은 대니홍 에이전시를 통한 저작권자와의 독점 계약으로 인사이트에 있습니다. 저작권법에 의해 한국 내에서 보호를 받는 저작물이므로 무단전재와 복제를 금합니다.

자바스크립트 닌자 비급

초판 1쇄 발행 2014년 4월 4일 **2쇄 발행** 2017년 10월 25일 **지은이** 존 레식, 베어 바이볼트 **옮긴이** 강대명, 김광훈, 이의호 **펴낸이** 한기성 **펴낸곳** 인사이트 **제작·관리** 박미경 **용지** 월드페이퍼 **출력·인쇄** 현문인쇄 **제본** 자현제책 **등록번호** 제10-2313호 **등록일자** 2002년 2월 19일 **주소** 서울시 마포구 잔다리로 119 석우빌딩 3층 **전화** 02-322-5143 **팩스** 02-3143-5579 **블로그** http://blog.insightbook.co.kr **이메일** insight@insightbook.co.kr **ISBN** 978-89-6626-107-9 책값은 뒤표지에 있습니다. 잘못 만들어진 책은 바꾸어 드립니다. 이 책의 정오표는 http://www.insightbook.co.kr에서 확인하실 수 있습니다. 이 도서의 국립중앙도서관 출판예정도서목록(CIP)은 서지정보유통지원시스템 홈페이지(http://seoji.nl.go.kr)와 국가자료공동목록시스템(http://www.nl.go.kr/kolisnet)에서 이용하실 수 있습니다.(CIP제어번호: CIP2014009801)

자바스크립트
닌자 비급

Secrets of the JavaScript Ninja

존 레식, 베어 바이볼트 지음 | 강대명, 김광훈, 이의호 옮김

차례

옮긴이의 글 x   서문 xii   감사의 글 xv   이 책에 대하여 xvii   저자소개 xxv

1부 훈련 준비   1

1 닌자 입문 3
- 1.1 살펴볼 자바스크립트 라이브러리들 4
- 1.2 자바스크립트 언어 이해하기 5
- 1.3 크로스 브라우저 고려하기 7
- 1.4 현재의 훌륭한 실천법들 11
    - 훌륭한 실천법: 테스팅 12   훌륭한 실천법: 성능 분석 13
- 1.5 정리 13

2 테스팅과 디버깅 갖추기 15
- 2.1 코드 디버깅 16
    - 로깅 16   중단점 18
- 2.2 테스트 생성 20
- 2.3 테스트 프레임워크 23
    - QUnit 25   YUI Test 26   JsUnit 26   새롭게 등장하는 단위 테스트 프레임워크 26
- 2.4 테스트 스위트의 기본 27
    - 검증 조건 27   테스트 그룹 28   비동기 테스트 30
- 2.5 정리 33

2부 견습 훈련   35

3 함수가 핵심이다 37
- 3.1 함수형 언어는 무엇이 다른가? 38

자바스크립트의 함수형 언어 특징이 왜 중요한가? **40** 비교자를 사용하여 정렬하기 **46**

3.2 함수 선언 49

유효 범위와 함수 **53**

3.3 호출 58

인자(argument)에서 함수의 매개변수(parameter)까지 **59** 함수로 호출 **61**
메서드로 호출 **62** 생성자로 호출 **65** apply() 메서드와 call() 메서드를 사용한 호출 **68**

3.4 정리 73

4 함수를 자유자재로 휘두르기 77

4.1 익명 함수 78

4.2 재귀 80

이름을 가진 함수 내에서의 재귀 **81** 메서드를 이용한 재귀 **83**
참조가 사라지는 문제 **84** 이름을 가진 인라인 함수 **86** callee 프로퍼티 **89**

4.3 함수 객체 가지고 놀기 90

함수 저장하기 **91** 연산 결과를 기억하는 함수 **93** 배열 메서드를 속이기 **96**

4.4 가변인자 목록 98

apply() 메서드를 이용해서 가변 길이의 인자를 전달하기 **99** 함수 오버로딩 **100**

4.5 함수인지 확인하기 110

4.6 정리 113

5 클로저와 가까워지기 115

5.1 클로저는 어떻게 동작하는가? 116

5.2 클로저로 작업하기 121

Private 변수 **121** 콜백과 타이머 **123**

5.3 함수 콘텍스트 바인딩하기 128

5.4 부분 적용 함수 132

5.5 함수 동작 오버라이딩 136

메모이제이션 **137** 함수 래핑 **140**

5.6 즉시실행함수(Immediate function) 142

임시 유효 범위와 private 변수 **144** 루프 **149** 라이브러리 래핑 **151**

5.7 요약 152

6 객체 지향과 프로토타입 155

6.1 인스턴스 생성과 프로토타입 156

객체 인스턴스 생성 156   생성자와 객체 타입 165   상속과 프로토타입 체인 167
HTML DOM 프로토타입 173

6.2 실수하기 쉬운 것들! 174

객체 확장하기 175   Number 객체 확장하기 177
네이티브 객체의 하위 클래스 만들기 179   인스턴스 생성 이슈 180

6.3 보다 클래스다운 코드 작성하기 186

함수 직렬화 검사 189   하위 클래스의 인스턴스 만들기 191   상위 메서드 보존하기 192

6.4 정리 195

7 정규 표현식에 대한 논의 197

7.1 정규 표현식이 멋진 이유 198

7.2 정규 표현식 다시 살펴보기 200

정규 표현식에 대한 설명 200   용어(Terms)와 연산자 202   선택(OR) 206

7.3 정규 표현식 컴파일하기 208

7.4 매치된 부분을 캡처하기 211

간단한 캡처 실행해 보기 211   전역 정규 표현식을 이용해서 일치하는 부분을 찾기 213
캡처 참조하기 214   캡처되지 않는 그룹 216

7.5 함수를 이용해서 치환하기 218

7.6 정규 표현식을 이용해서 일상적인 문제를 해결하기 221

문자열의 공백 제거하기 221   개행 문자 찾기 223   유니코드 225
이스케이프 문자 226

7.7 정리 226

8 스레드와 타이머 다루기 229

8.1 타이머와 스레드는 어떻게 동작하는가 230

타이머 생성과 제거하기 230   실행 중인 스레드 내에서의 타이머 실행 231
타임아웃과 인터벌의 차이점 234

8.2 최소 타이머 지연시간과 신뢰성 235

8.3 비싼 연산 처리 다루기 239

8.4 중앙 타이머 관리 243

8.5 비동기 테스팅 **246**

8.6 요약 **248**

3부 닌자 훈련   **249**

9 닌자 비술: 런타임 코드 평가 **251**

9.1 코드 평가 메커니즘 **252**

eval() 메서드를 사용한 평가 **252**   Function 생성자를 사용한 평가 **256**
타이머와 평가 **257**   전역 유효 범위에서 평가하기 **257**   안전한 코드 평가 **260**

9.2 함수 "디컴파일" **262**

9.3 코드 평가를 실제로 활용하기 **265**

JSON 변환 **265**   네임스페이스에 속한 코드를 가져오기 **267**
자바스크립트 압축과 난독화 **268**   동적으로 코드를 다시 작성하기 **271**
관점-지향 스크립트 태그 **272**   메타언어와 DSL **274**

9.4 정리 **278**

10 With 문 **279**

10.1 "with"를 사용한다는 것은 무슨 의미일까? **280**

with 유효 범위 내에서 프로퍼티 참조하기 **280**   with 내에서 할당하기 **282**
성능에 대한 고려 **284**

10.2 실제 예제 **286**

10.3 네임스페이스에 속한 코드를 가져오기 **289**

10.4 테스팅 **290**

10.5 with를 활용해 템플릿 기능 제공하기 **291**

10.6 정리 **294**

11 크로스 브라우저 전략 수립하기 **295**

11.1 지원할 브라우저 선택하기 **296**

11.2 다섯 가지 주요 개발 고민 사항 **298**

브라우저 버그와 브라우저 간의 차이점 **299**   브라우저 버그 수정 **300**
외부 코드 그리고 마크업과 공존하기 **302**   누락된 기능 **309**   리그레이션 **311**

11.3 구현 전략 **313**

안전한 크로스 브라우저 수정 314 객체 탐지 315 기능 시뮬레이션 317
테스트 할 수 없는 브라우저 문제 321

11.4 가정(assumptions) 줄이기 324

11.5 정리 326

12 속성, 프로퍼티, CSS를 단칼에 베어버리자 327

12.1 DOM 속성과 프로퍼티 329
크로스 브라우저 이름 문제 331 이름 제약사항 332 XML과 HTML의 차이점 333
사용자 정의 속성의 작동 방식 334 성능 고려 사항 334

12.2 크로스 브라우저 속성 이슈 338
DOM id/name 확대 338 URL 정규화 341 style 속성 342 type 속성 343
탭 인덱스 문제 344 노드 이름 345

12.3 스타일 속성과 관련한 골칫거리들 346
내 스타일은 어디에 있지? 346 스타일 프로퍼티 이름 349 float 스타일 프로퍼티 351
픽셀 값 변환 351 높이와 너비 측정하기 352 불투명도를 꿰뚫어 보기 357
알록달록한 바퀴를 가진 자전거 타기 361

12.4 평가된 스타일 얻기 364

12.5 정리 368

4부 달인이 되기 위한 훈련 371

13 이벤트 처리 지뢰밭에서 살아남기 373

13.1 이벤트 핸들러를 설정하고 해제하기 374

13.2 이벤트 객체 380

13.3 이벤트 핸들러 관리 384
연관 정보를 중앙에서 저장하기 384 이벤트 핸들러 관리하기 388

13.4 이벤트 발생시키기 400
사용자 정의 이벤트 402

13.5 버블링과 위임(delegation) 407
이벤트를 상위 엘리먼트(acenstor)에 위임하기 407 브라우저의 결함 우회하기 409

13.6 document ready 이벤트 420

13.7 정리 **422**

14 DOM 다루기 **425**

14.1 DOM에 HTML 주입하기 **427**

HTML을 DOM으로 변환하기 **428** 문서에 삽입하기 **432** 스크립트 실행 **434**

14.2 엘리먼트 복제하기 **437**

14.3 엘리먼트 제거하기 **439**

14.4 텍스트 콘텐츠 **441**

텍스트 설정 **442** 텍스트 가져오기 **443**

14.5 정리 **444**

15 CSS 셀렉터 엔진 **447**

15.1 W3C 셀렉터 API **449**

15.2 엘리먼트를 찾기 위해 XPath 사용하기 **452**

15.3 순수 DOM 구현 **455**

셀렉터 문자열 파싱 **458** 엘리먼트 찾기 **459** 찾은 엘리먼트를 필터링하기 **461**
재귀적으로 결과 합치기 **462** 상향식 셀렉터 엔진 **463**

15.4 정리 **465**

찾아보기 **467**

옮긴이의 글

자바스크립트는 그 이름부터 시작해서, 명확하지 않은 설계로 많은 비난을 받은 언어다. 그러나 자바스크립트는 웹 애플리케이션 영역에서 현재까지 살아남은 단 하나의 언어이고, 지금은 네이티브 애플리케이션, 서버까지 영역을 넓혔다. 태생적인 측면만 보면 주류가 될 것이라고는 가늠하기 어려웠던 자바스크립트가 현재의 위상에 이른 데에는, 자바스크립트 커뮤니티의 부단한 노력이 컸다. 그런 노력의 산물 중 jQuery는 단연 으뜸이라 할 수 있고, 그 jQuery를 창시한 존 레식의 고민과 통찰은 이 책 곳곳에서 엿볼 수 있다.

어떤 사람들은 브라우저들의 서로 다른 작동 방식에 대처하는 지식은 머지 않아 불필요하게 될 것이라 얘기한다. 과거와 지금을 비교하면 jQuery 같은 훌륭한 라이브러리와 각 브라우저 벤더들의 노력으로, 분명히 크로스 브라우저 관련 문제는 눈에 띄게 줄어든 것이 사실이다. 더욱이 HTML5는 느슨한 이전의 표준과는 달리, 브라우저의 구현 방식을 상세한 수준까지 지정하고 있기 때문에 브라우저들이 서로 다르게 작동할 가능성을 최대한 줄였다.

그러나 HTML5는 여전히 정립 중이며, 브라우저의 영역이 모바일 기기로 확장되면서 오히려 브라우저 벤더들의 경쟁은 더 치열해졌다. 주요 브라우저들이 ECMAScript 5를 채택했고 지금의 자바스크립트와는 사뭇 다른 ECMAScript 6가 논의되고 있지만, 여전히 레거시는 남아있다. 딱히 이를 해결할 한 방이 없는 상황에서, 우리는 한동안 혼란의 시기를 보낼 수밖에 없다. 자바스크립트를 둘러싼 그런 환경 변화를 극복해나갈 때, 이 책의 내용이 많은 도움이 되리라 믿는다.

번역 용어는 될 수 있으면 학계에서 주로 사용하는 용어를 우선하였으나, 이 책의 독자층이 어느 정도의 자바스크립트 경험자라는 것을 고려하여 학계 용어와 관례 용어가 너무 차이가 날 때는 관례 용어를 우선하였다. 그리고 이 책에서는 고수, 숙련자의 의미로 닌자라는 표현을 사용하는데, 아마 여러 이유로 닌자라는 표현에 거부감을 느끼는 독자들도 있을 것이다. 처음에는 역자들 사이에서도 의견이 분분했으나 원문을 존중하여 닌자라는 표현을 그대로 사용하였다. 닌자라는 표현을 스타워즈의 '제다이'와 같이 가볍게 받아들인다면, 예제 코드에 있는 여러 위트를 이해하는 데 도움이 될 것이다.

  이 책을 번역하면서 역자들의 부족함으로 번역 일정이 길어졌고, 무엇보다 오래 기다려준 독자 분들께 죄송한 마음이다. 하염없이 늘어지는 일정을 묵묵히 기다려주신 인사이트 관계자분들에게도 감사의 말씀을 드리며, 귀찮을 법한 문의에도 적극적으로 답변을 주었던 존 레식과 보이지 않는 곳에서 도와주신 많은 분께 감사의 인사를 전한다. 그렇게 많은 분의 도움이 있었지만 아쉬운 점이 있다면 그것은 순전히 역자들의 부족함 때문이다.

  역자들에게도 그랬듯이, 오늘도 자바스크립트 코드와 씨름을 하고 있을 많은 개발자에게 부디 이 책이 조금이라도 도움이 되기를 바란다.

옮긴이 일동

서문

이 책을 쓰기 시작한 때인, 2008년 초에 나는 이런 책이 실제로 필요하다고 느꼈다. 당시에는 자바스크립트 언어의 가장 중요한 부분인 함수, 클로저 그리고 프로토타입에 대해서 깊이 다루는 책이 없었다. 게다가 크로스 브라우저 코드를 작성하는 방법에 대해 다루고 있는 책도 없었다. 불행하게도 그리고 놀랍게도 이런 상황은 지금까지도 크게 나아지지 않았다.

HTML5나 새로운 버전의 ECMAScript와 같은 새로운 기술에 더더욱 많은 관심이 쏠리고 있다. 하지만 자바스크립트가 지닌 본질적인 특성에 대한 이해가 없다면, 새로운 기술에 집중하거나 뜨거운 주목을 받고 있는 라이브러리를 사용하는 게 무의미하다. 브라우저 개발의 전망이 밝기는 하지만, 현실에선 주요한 브라우저에서 계속 작동하는 코드 그리고 잠재적인 이용자 대부분이 사용할 코드가 문제없도록 개발할 필요가 있다.

비록 이 책을 마치는 데 오랜 시간이 걸리긴 했지만 다행스럽게도 책의 내용이 시대에 뒤쳐지지는 않았다. 공동 저자인 베어 바이볼트(Bear Bibeault)는 그간 지속적으로 이 책을 고쳐 썼다. 그는 긴 시간 동안 여기에 포함된 내용들이 시대에 뒤쳐지지 않고 적절하게 유지되게끔 계속해서 확인해 주었다.

이 책을 마치는 데 이렇게 오랜 시간이 걸린 주된 이유는 경험 때문이고, 이에 대해서는 책 후반부 크로스 브라우저 코드에서 다루고 있다. 실세계에서 어떻게 크로스 브라우저 개발을 해야 하는지에 대해 내가 알고 있는 많은 부분은 jQuery를 개발하는 과정에서 얻은 것이다. 크로스 브라우저 개발을 다루는 책의 후반부를 쓰고 있을 때, jQuery의 핵심 중 많은 부분을 기존과 다르게, 최적화된 형태로, 또 더 많은 브라우저를 지원할 수 있게끔 작성할 수 있다는 사실을 깨달았다.

이 책을 쓰면서 jQuery에 일어난 가장 큰 변화는 아마도 jQuery 내부적으로 브라우저 탐지 방식(browser-specific sniffing) 대신에 기능 탐지(feature detection) 방식을 사용하게 된 것일 것이다. 이런 변화는 브라우저가 어떤 버그를 가지고 있는지 또는 어떤 기능을 지원하지 않는지를 염두에 두지 않고 jQuery를 기한 없이 사용할 수 있게 해주었다.

이런 변화의 결과로, jQuery는 지난 수년 간 브라우저의 많은 개선 내역을 선제해 대응할 수 있었다. 즉 구글의 크롬(Chrome) 브라우저 출시, 모바일 컴퓨팅의 인기가 늘면서 폭발적으로 늘어난 유저 에이전트, 브라우저 성능 전쟁에 뛰어든 모질라(Mozilla), 구글(Google) 그리고 애플(Apple), 마침내 상당한 변화를 주기 시작한 마이크로소프트(Microsoft)의 인터넷 익스플로러가 그것이다. 이제는 단일 렌더링 엔진(웹킷이나 인터넷 익스플로러가 사용하는 트라이덴트(Trident))조차도 항상 같은 식으로 동작한다고 추정할 수 없게 되었다. 큰 변화들이 빠르게 일어나고 있으며 유례없는 숫자의 사용자들에게 퍼져나가고 있다.

jQuery는 이 책에서 언급한 기술들을 이용해서, jQuery를 사용해 작성한 코드가 최대한 많은 브라우저에서 동작하는 것을 꽤 안정적으로 보장해 준다. 이로 인해 jQuery는 지난 4년간 폭발적으로 성장했다. BuiltWith.com에 따르면, 인터넷상에 있는 톱 10,000 웹 사이트 중 57%에서 jQuery를 사용하고 있다.

자바스크립트의 기능 중 상대적으로 변하지 않는 기능인 코드 평가(evaluation), 논란이 많은 with 문, 그리고 타이머 등은 계속해서 흥미로운 방식으로 사용되고 있다. 자바스크립트를 바탕으로 만들어졌거나, 컴파일 결과로 자바스크립트를 만들어 내는 몇 가지 프로그래밍 언어가 있다. CoffeeScript나 Processing.js가 여기에 속한다. 이런 언어들은 복잡한 언어 분석, 코드 평가 그리고 효과적으로 동작하기 위해서 유효 범위 조작 등을 필요로 한다. 비록 동적 코드 평가는 복잡성과 잠재적인 보안 문제로 인해 비난을 받아왔지만, 이것이 없다면 CoffeeScript 프로그래밍 언어가 나올 수 없었고, 이는 다가올 ECMAScript 명세 자체에도 영향을 미쳤다.

개인적으로 나는 칸 아카데미(Khan Academy)에서 일하면서, 심지어 오늘도 이런 기능들을 활용하고 있다. 브라우저의 동적 코드 평가 기능은 아주 막강한 기능이다. 여러분은 이 기능을 이용해서 브라우저 내에서 동작하는 프로그래밍 환경을 만들 수 있다. 그리고 실행 도중에 코드를 추가하는 것과 같이 환상적인 작업도 할 수 있다. 이는 프로그래밍 언어를 학습하는 아주 설득력 있는 방식이 되었고, 전통적인 학습 환경에서는 불가능했던 새로운 가능성을 제공해준다.

    브라우저 개발의 미래는 계속해서 아주 좋아지고 있다. 이는 대부분 자바스크립트와 브라우저 API가 지닌 특성에 기인한다. 자바스크립트 언어의 가장 중요한 요소들에 대해서 잘 이해하고, 이를 많은 브라우저에서 동작하는 코드를 작성하려는 열망과 결합시키면, 우아하면서도 빠르게 어디서도 동작하는 코드를 작성할 수 있을 것이다.

존 레식(John Resig)

감사의 글

이 책을 만들기 위해서 노력한 사람들이 얼마나 많은지 알게 되면 아마 대부분의 사람들이 놀랄 것이다. 여러분이 들고 있는(혹은 화면을 통해 보고 있는 전자책)은 다양한 재능을 지닌 많은 사람들이 기여한 결과로 만들어졌다.

매닝(Manning)의 스태프들은 이 책이 우리가 희망하는 수준의 품질을 갖출 수 있도록 쉼 없이 노력해 주었다. 그분들의 노고에 감사를 드린다. 이들이 없었더라면 이 책은 나올 수 없었을 것이다. 이 책을 만드는 데는 발행자인 Marjan Bace와 편집자인 Mike Stephens뿐만 아니라 다음과 같이 많은 분이 기여해 주었다. Jeff Bleiel, Douglas Pudnick, Sebastian Stirling, Andrea Kaucher, Karen Tegtmayer, Katie Tennant, Megan Yockey, Dottie Marsico, Mary Piergies, Andy Carroll, Melody Dolab, Tiffany Taylor, Dennis Dalinnik, Gabriel Dobrescu, and Ron Tomich.

책을 마지막까지 다듬는 데 도움을 준 리뷰어들에게는 아무리 감사를 표현해도 모자랄 것 같다. 오탈자에서부터 용어나 코드를 수정하는 것, 그리고 각 장을 구성하는 부분까지 리뷰어들은 많은 도움을 주었다. 리뷰 과정을 통해서 최종적으로 현재와 같이 많이 개선된 결과물이 나올 수 있었다. 리뷰를 위해서 흔쾌히 시간을 내어 준 Alessandro Gallo, André Roberge, Austin King, Austin Ziegler, Chad Davis, Charles E. Logston, Chris Gray, Christopher Haupt, Craig Lancaster, Curtis Miller, Daniel Bretoi, David Vedder, Erik Arvidsson, Glenn Stokol, Greg Donald, James Hatheway, Jared Hirsch, Jim Roos, Joe Litton, Johannes Link, John Paulson, Joshua Heyer, Julio Guijarro, Kurt Jung, Loïc Simon, Neil Mix, Robert Hanson, Scott Sauyet, Stuart Caborn, and Tony Niemann에게 감사드린다.

책의 기술 편집을 맡아 준 Valentin Crettaz에게 특별히 감사드린다. 그는 이 책의 모든 예제 코드를 여러 환경에서 검증해 주었을 뿐 아니라, 글에 기술적인 오류는 없는지 검토해 주었고, 원래는 빠져 있었던 정보를 추가할 수 있게 알려 주었으며, 빠르게 변화하는 브라우저의 자바스크립트와 HTML5 지원 현황 등을 제대로 다룰 수 있도록 많은 도움을 주었다.

더 나은 책을 만들 수 있도록 소중한 피드백을 제공해 준 Bert Bates에게도 특별히 감사드린다. 스카이프(Skype)를 통해 보낸 많은 시간은 분명히 가치가 있었다고 할 수 있다.

존 레식(John Resig)

수 년 동안 지속적인 애정과 격려를 보내주신 부모님께 감사를 드리고 싶다. 두 분은 내가 프로그래밍에 대한 흥미를 가질 수 있는 환경을 제공해 주셨고, 지금까지도 여전히 격려해 주고 계신다.

베어 바이볼트(Bear Bibeault)

이 책은 나의 다섯 번째 책이다. 늘 그래왔던 것처럼 항상 감사하게 생각하는 사람들이 많다. javaranch.com 회원과 관계자 들에게 다시 한 번 감사를 전한다. JavaRanch와의 인연이 없었다면, 처음 글을 쓸 수 있는 기회를 얻지 못했을 것이다. 모든 것을 시작할 수 있게 해 준 Paul Wheaton과 Kathy Sierra에게 정말 감사드린다. 그리고 아낌없는 격려와 지원을 해준 Eric Pascarello, Ernest Frieman Hill, Andrew Monkhouse, Jeanne Boyarsky, Bert Bates 그리고 Max Hbibi에게 감사를 전한다.

내 동반자인 제이(Jay) 그리고 내 애완견인 리틀 베어와 코즈모에게 고마움을 전한다. 그들은 함께 살면서 프로젝트를 진행하는 동안 워드(Word)나 브라우저 혹은 내 분노를 자아내는 무언가에 저주를 퍼부을 때를 제외하고는 키보드만 바라보던 나를 잘 견뎌주었다.

그리고 마지막으로 공동 저자인 John Resig에게 감사드린다. 그가 없었다면 이 책은 존재하지 않았을 것이다.

이 책에 대하여

자바스크립트는 중요한 언어다. 물론 예전부터 그랬던 것은 아니지만, 이제는 중요하다.

사람들은 웹 애플리케이션이 사용자들에게 풍부한 사용자 경험을 제공하기를 바라고 있고, 자바스크립트가 없었다면 단순히 아기 고양이의 사진을 보여주는 수준의 일 밖에 할 수 없을 것이다. 웹 애플리케이션에 영혼을 불어넣기 위해서 웹 개발자들은 더더욱 자바스크립트에 대해서 제대로 알고 있어야 한다.

아침 식사 때만 오렌지주스를 마시는 게 아니듯이, 자바스크립트도 더 이상 브라우저에서만 사용하지 않는다. 자바스크립트는 브라우저라는 경계를 넘어서 라이노(Rhino)와 V8 같은 엔진이나 Node.js와 같은 프레임워크를 이용해 서버에서도 사용되고 있다.

비록 이 책은 웹 애플리케이션을 위한 자바스크립트에 주로 초점을 맞추고 있지만, 이 책의 2부에 소개되어 있는 자바스크립트의 근본적인 부분들은 일반적으로 적용이 가능하다.

자바스크립트를 이용한 개발이 늘어남에 따라, 자바스크립트의 근본적인 부분을 잘 이해함으로서 진정으로 언어에 통달한 사람, 즉 닌자가 되는 것이 어느 때보다 더 중요해졌다.

이 책의 대상 독자

이 책은 자바스크립트 입문서가 아니다. 자바스크립트에 대해 완전히 초보자이거나, 혹은 웹에서 찾은 코드 조각 일부만 이해할 수 있는 사람에게 이 책은 알맞지 않다.

이 책은 자바스크립트에 대한 기본적인 지식을 갖추고 있는 사람들을 대상으로 하고 있다. 독자는 자바스크립트 구문의 기본적인 구조에 대해서 이해하고 있어야 하고, 웹 페이지 내에서 사용하는 스크립트를 어떻게 작성해야 하는지 알고 있어야 한다. 그렇다고 자바스크립트 고급 사용자일 필요는 없다. 독자가 고급 사용자가 되게 하는 것이 이 책의 목표다.

독자는 HTML과 CSS에 대한 지식을 갖추고 있어야 한다. 다시 한 번 말하지만, 고급 수준의 내용까지 알고 있을 필요는 없다. 하지만 웹 페이지에서 사용할 만한 기본적인 내용들은 알고 있어야 한다.

만약 사전 지식을 갖추기 위한 좋은 자료들이 필요하다면, 자바스크립트와 웹 개발에 대한 유명한 책들 중 하나를 읽어 보기 바란다. 이 책은 그런 다음에 보기 바란다. 데이비드 플래너건(David Flanagan)의 *JavaScript: The Definitive Guide*[1]와 더글라스 크록포드(Douglas Crockford)의 *JavaScript: The Good Parts*[2], 그리고 마이클 모리슨(Michael Morrison)의 *Head First Javascript*[3]를 추천한다.

로드맵

이 책은 여러분을 견습생 수준에서 닌자의 수준에 도달하게 하는 네 부분으로 구성되어 있다.

1부는 이 책을 읽는데 필요한 기본적인 내용과 몇 가지 도구를 소개한다.

2부는 자바스크립트의 근본적인 내용들을 집중적으로 다룬다. 여기서는 여러분이 그동안 당연하게 생각해 왔지만, 실제로 어떻게 동작하는지 분명하게 알지 못했던 자바스크립트의 모습들을 다룬다. 이 책에서 가장 중요한 부분이라고 할 수 있고, 이 부분만 읽는다고 하더라도 자바스크립트 자체에 대해 훨씬 더 깊이 이해할 수 있게 될 것이다.

3부에서는 브라우저로 인해 발생하는 성가신 문제들을 2부에서 익힌 내용들을 활용해 해결해본다.

4부에서는 jQuery와 같은 고수준의 자바스크립트 라이브러리를 만드는 과정에서 알게 된 내용에 초점을 맞춰, 이 책 전반에서 다룬 내용들을 활용하는 고급 주제들을 살펴보겠다.

---

1 (옮긴이) 번역서는 『자바스크립트 완벽 가이드』(2013 인사이트, 구경택 박경욱 변치훈 이의호 옮김)
2 (옮긴이) 번역서는 『자바스크립트 핵심가이드』(2008 한빛미디어, 김명신 옮김)
3 (옮긴이) 번역서는 『Head First Javascript』(2008 한빛미디어, 홍형경 옮김)

각 장이 어떤 내용을 다루는지 간단히 살펴보자.

1장은 고급 웹 애플리케이션을 개발할 때 개발자들이 직면하게 되는 문제를 소개한다. 이 장은 다양한 브라우저가 존재함으로 인해서 발생하는 문제점들을 소개하고 테스팅과 성능 분석을 포함해 애플리케이션을 개발할 때 반드시 따라야 하는 모범 실천 방안을 제시한다.

2장은 테스팅에 대한 이야기를 다룬다. 현재 테스팅을 다루는 상태와 테스트에 이용되는 도구를 살펴본다. 이 장에선 작지만 강력한 테스팅 개념인 assert를 소개한다. assert는 책 전반에 걸쳐 우리가 작성한 코드가 의도한 대로 동작하는지(또 경우에 따라, 의도한 대로 동작하지 않는지)를 확인하기 위해서 사용할 것이다.

앞서 소개한 도구들로 무장을 마친 후에, 3장부터 자바스크립트 언어의 근본적인 부분을 살펴본다. 시작부터 자바스크립트의 함수를 낱낱이 살펴본다는 사실이 놀라울 수도 있을 것이다. 여러분은 아마도 객체(object)가 첫 번째 탐구 대상이 되리라 기대했을 테지만, 자바스크립트가 함수형 언어라는 사실과 함수 자체에 대해서 확실히 이해하는 것부터 시작한다. 이를 잘 이해하는 것이 자바스크립트 코더가 자바스크립트 닌자로 거듭나기 위한 출발점이다.

함수에 대한 모든 내용을 다루지 않은 상태지만, 4장에서는 3장에서 배운 내용을 애플리케이션 개발 중에 마주치게 되는 문제들을 해결하는데 적용해 본다. 이 장에서 함수의 재귀적 용법을 다루는데, 이것은 단순히 재귀를 소개하기 위한 것이 아니라 재귀적 용법을 꼼꼼히 살펴보면 함수에 대해서 많은 내용을 배울 수 있기 때문이다. 그리고 자바스크립트가 지닌 함수형 프로그래밍 언어로서의 면모를 활용해서 코드를 우아할 뿐만 아니라 견고하고 간결하게 만드는 방법을 배울 것이다. 그리고 가변인자 목록을 다루는 방법과 자바스크립트가 지원하지 않는 객체 지향의 개념인 메서드 오버로딩을 구현하는 방법을 배울 것이다.

이 책에서 익힐 수 있는 가장 중요한 개념 중 하나는 5장의 주제인 클로저다. 함수형 프로그래밍의 핵심 개념인 클로저는 사용자로 하여금 프로그램 내에서 선언한 객체의 유효 범위를 세밀한 수준으로 제어할 수 있게 해준다. 이런 유효 범위를 잘 제어하는 것이 닌자식 코드를 작성하는 핵심 요소가 된다. 비록 이 장을 읽다가 그만둔다고 하더라도(물론, 그러지 않기를 바라지만), 읽기 전과 비교해 훨씬 나은 자바스크립트 개발자가 될 수 있을 것이다.

6장에 이르러서야 비로서 객체를 소개하는데, 여기서는 함수의 프로토타입 프로퍼티를 통해서 객체의 패턴을 생성하는 방법에 대해서 배운다. 그리고 객체의 정의 방식으로 인해서 어떻게 객체가 함수와 관련이 있는지에 대해서 배운다. (이것이 바로 함수를 먼저 다룬 여러 가지 이유 중 하나다.)

7장은 정규 표현식을 집중적으로 다룬다. 정규 표현식은 제대로 사용할 경우 여러 줄의 코드로 처리하던 일을 쉽게 처리할 수 있게 해주는 기능인데 보통 과소평가된다. 이 장에서는 정규 표현식을 만드는 방법과 사용하는 방법, 그리고 정규 표현식을 메서드와 함께 사용해서 일치하는 부분이 여러 번 나타나는 상황을 다루는 방법에 대해서 소개한다.

자바스크립트 언어의 근본적인 부분을 다루는 2부는 8장으로 끝을 맺는다. 8장에서는 단일 스레드로 동작하는 자바스크립트에서 타이머(timer)와 인터벌(interval)이 동작하는 방식에 대해 배운다. HTML5는 웹 워커(web worker)를 통해 단일 스레드로 인한 제약을 경감시켜줄 것으로 보이지만, 대부분의 브라우저들은 아직 그런 수준에 도달하지 못했다. 그리고 실제로 존재하는 모든 자바스크립트 코드는 자바스크립트의 단일 스레드 모델에 대한 올바른 이해를 필요로 한다.

3부는 9장에서 시작한다. 9장은 자바스크립트의 런타임 코드 평가라는 블랙박스를 열어 그 속을 보여준다. 이 장을 통해서 우리가 정한 유효 범위 내에서 안전하게 코드를 평가하는 방법을 포함해서 코드를 즉시 평가하는 여러 가지 방법을 살펴본다. 현실적인 예제로 JSON 평가, 메타언어(도메인 특화 언어(DSL)로도 불림), 압축이나 코드 난독화, 그리고 관점지향 프로그래밍에 대해서 논의해 본다.

10장은 논란이 많은 with 문에 대해서 살펴본다. with 문은 주어진 유효 범위 내에서 참조를 축약하는데 사용한다. 여러분이 with 문의 팬인지 아닌지에 상관없이, with 문을 사용한 코드는 아주 많이 존재한다. 따라서 with 문을 폭탄 혹은 혐오스러운 것이라 생각하고 있더라도 제대로 이해해야만 한다.

크로스 브라우저 이슈를 다루는 내용이 11장의 주제다. 이 장에서는 브라우저 간의 차이점, 버그와 해당 버그에 대한 수정, 외부 코드와 마크업, 누락된 기능, 그리고 리그레이션 같은 이슈를 다루기 위한 다섯 가지 핵심 개발 개념에 대해서 살펴본다. 그리고 크로스 브라우저 관련 어려움들을 해결하는데 도움이 되는 기능 시뮬레이션(feature simulation)과 객체 탐지(object detection) 전략에 대해서 상세하게 살펴본다.

12장에서 다루는 주된 내용은 엘리먼트의 속성, 프로퍼티, 스타일이다. 브라우저마다 엘리먼트가 지닌 이 세 가지 요소를 다루는 방식에 차이가 있지만 시간이 지남에 따라 천천히 격차가 줄어들고 있다. 그렇다고 하더라도 여전히 까다로운 문제들이 몇 가지 존재하고 있다. 이 장에서는 이 문제들을 해결하는 방법을 설명한다.

3부의 마지막은 13장이다. 13장은 브라우저의 이벤트 처리 방식과 브라우저에 상관없이 동작하는 통합된 이벤트 하위 시스템을 만드는 방법에 대해서 면밀하게 살펴본다. 이 장은 커스텀 이벤트나 이벤트 위임과 같은 브라우저가 제공하지 않는 기능을 추가하는 방법에 대해서도 다룬다.

4부에서는 속도를 더 올려 jQuery와 같은 자바스크립트 라이브러리의 핵심 요소에서 발췌한 고급 주제를 깊이 있게 탐구해 본다. 14장은 DOM에 새로운 엘리먼트를 추가하는 것과 같이 복잡 미묘한 문제를 포함해서 런타임에 DOM을 조작하는데 사용할 DOM 조작 API를 만드는 방법에 대해서 살펴본다.

마지막으로 15장에서는 CSS 셀렉터 엔진을 만드는 방법과 엔진이 셀렉터를 분석하고 평가하는 다른 방식에 대해 살펴본다. 이 장은 여러분이 닌자로서의 자격을 갖추고 있는지를 확인하는 마지막 시험으로서의 가치를 지니고 있다.

코드 규칙

예시로 제시하는 소스코드는 일반 글자와 구분될 수 있도록 언제나 고정폭 폰트를 이용한다.

경우에 따라, 원래 소스코드를 페이지에 맞추기 위해서 재정렬하기도 한다. 일반적으로 페이지 폭의 한계를 염두에 두고 원본 코드를 작성했지만, 가끔씩 책에 실린 코드와 다운로드한 코드의 정렬이 미묘하게 다른 부분을 발견하게 될 수도 있다. 줄이 너무 길어서 의미를 변경하지 않고 재정렬할 수 없는 몇몇 드문 경우에 한해서, 책에 실린 코드에는 연속된 줄임을 나타내는 표식(line-continuation marker)을 사용했다.

중요한 개념을 강조하기 위해서 많은 예제 코드에 별도의 주석(annotation)을 달아 놓았다. 많은 경우 숫자가 붙은 주석은 다음에 나오는 본문에 관련된 설명이 있다.

코드 다운로드

이 책에서 사용된 예제에 대한 소스코드는 (책에는 등장하지 않은 일부 추가 코드를 포함하여) 이 책의 웹페이지인 www.manning.com/resig에서 내려받을 수 있다.[4]

예제 코드는 장(chapter)별로 나눠진 폴더에 저장되어 있다. 각 폴더는 아파치(Apache) 같은 HTTP 서버를 이용해서 로컬 웹 서버를 구동해 사용할 수 있

---

[4] (옮긴이) 번역서의 오탈자는 http://www.insightbook.co.kr/63015에서 확인할 수 있다.

도록 구성되어 있다. 다운로드 한 코드의 압축을 해제해서 웹 서버의 최상위 문서 폴더로 옮겨 놓기만 하면 된다.

 몇 가지 예외가 있기는 하지만, 대부분의 예제는 웹 서버 없이도 브라우저에서 직접 열어서 실행해 볼 수 있다.

 모든 예제는 인터넷 익스플로러 9, 파이어폭스, 사파리, 크롬을 포함한 다양한 현대적인 브라우저(2013년 말)에서 테스트를 거쳤다.

온라인으로 의견 나누기[5]

매닝(Manning) 출판사는 온라인 포럼(Author Online)을 운영하고 있다. 이 포럼을 통해서 기술적인 질문을 하거나, 저자나 다른 독자들로부터 도움을 얻을 수 있다. www.manning.com/SecretsoftheJavaScriptNinja에 접속해서 Author Online 링크를 클릭하면 포럼에 접속할 수 있다. 이 페이지는 포럼에 이용자로 등록하는 방법과 어떤 유형의 도움을 얻을 수 있는지, 그리고 포럼 이용 규칙에 대한 정보를 제공하고 있다.

 독자들 간에 또 독자와 저자가 소중한 대화를 나눌 수 있는 공간을 제공하는 것은 매닝 출판사의 책임이다. 하지만 저자에게는 이 공간(포럼)에 기여해야 하는 의무가 없다. 저자는 아무런 보수도 받지 않고 자발적으로 포럼에 기여를 한다. 따라서 저자가 흥미를 잃어버리지 않도록 도전적인 질문들을 하기 위해 노력해 주기를 당부한다.

 Author Online 포럼과 이전에 있었던 논의에 대한 저장소는 책이 출판되는 동안은 출판사의 웹 사이트를 통해서 접속할 수 있다.

표지 삽화에 대해

이 책의 표지를 장식하고 있는 삽화는 19세기 중반 목판으로 인쇄된, 이름 모를

---

[5] 국내에서는 아래 페이스북 그룹에서 자바스크립트 관련 일반적인 내용들을 학습하거나, 도움을 받을 수 있다.
　JSLounge - https://www.facebook.com/groups/jslounge/
　undifine:D - https://www.facebook.com/groups/html5jsstudy/

화가가 그린 것으로 《노 배우, 사무라이(Noh Actor, Samurai)》라는 제목이 붙어 있다. 일본어로 재능이나 기술을 뜻하는 말에서 유래한 '노(Noh, 能)'는 14세기부터 시작된 일본의 전통 가무극이다. 많은 등장인물이 가면을 쓰고 등장하고, 남자가 남여 모두를 연기한다. 일본에서 수백 년 간 영웅으로 여겨진 사무라이도 종종 공연에 등장했다. 이 판본에서 화가는 의상의 아름다움과 사무라이의 흉포함을 대단한 기술을 이용해서 그려내고 있다.

용맹함과 정교함으로 잘 알려진 사무라이와 닌자는 모두 일본식 전투 기술에 대해 탁월한 모습을 지닌 전사들이다. 사무라이는 전투에 능할 뿐 아니라, 교육을 받아 글을 읽고 쓸 수 있었던 엘리트 무사였다. 그들은 무사도라 불리는 명예를 중시하는 행동 규칙을 엄격히 따르도록 되어 있었다. 무사도는 10세기경에 시작되었는데, 대대로 구전으로 전해졌다. 마치 유럽의 기사들처럼, 영주나 상위계급에게 고용된 사무라이들은 상대를 위협하고 깊은 인상을 남기기 위해 정교한 갑옷과 화려한 옷을 입고 대형을 이뤄 전투에 나섰다. 닌자는 사회적 지위나 교육 수준보다는 무술 능력에 따라 선발되었다. 얼굴을 가린 채 검은 옷을 입고, 닌자들은 홀로 또는 작은 그룹으로 은밀하게 적을 공격하는 임무를 수행했다. 그들은 임무의 성공을 보장하기 위해서 어떤 수단이라도 사용했다. 그들의 유일한 행동 규칙은 비밀엄수다.

표지 삽화는 매닝의 편집자가 수년 간 소유하고 있었던 세 가지 일본 출판물 중 하나에서 가져온 것이다. 표지에 사용할 닌자의 그림을 찾던 도중에 공격 자세를 취한 사무라이가 우리의 눈길을 끌었다. 세밀함과 생동감 넘치는 색채, 그리고 적을 공격해서 승리할 준비가 되어 있는 흉포한 전사에 대한 생생한 묘사로 인해 이 그림을 표지에 사용하게 되었다.

요즘은 컴퓨터 서적들의 차이점을 구별하기가 쉽지 않다. 이런 상황에서 200년 전에 그려진, 다양한 문화들이 지닌 전통 의상을 잘 묘사하고 있는 그림을 컴퓨터 산업에 접목해 책의 표지로 활용한 시도와 그 독창성은 의미가 있다고 생각한다. 옛 그림을 책의 표지로 활용함으로써 그림에도 새로운 생명을 불어넣은 게 아닐까 한다.

저자소개

존 레식(John Resig)

칸 아카데미(Khan Academy)의 컴퓨터 과학과 학과장이자, jQuery 창시자다. jQuery는 현재 상위 1만 등 내에 속한 웹 사이트의 68%가 사용하고 있으며(2013년 10월, BuiltWith.com), 그 외 수천만 개의 다른 웹 사이트에서 사용되고 있다. jQuery는 웹 사이트 개발에 사용되는 가장 인기 있는 기술 중의 하나가 되었고, 역사상 가장 인기 있는 프로그래밍 기술 중 하나일 것이다.

그는 또한 프로세싱(Processing) 언어를 자바스크립트로 옮긴(port) Processing.js, 자바스크립트 테스트를 위한 QUnit, 그리고 분산 자바스크립트 테스팅 플랫폼인 TestSwarm을 포함해, 몇 가지 다른 오픈소스 도구와 프로젝트를 만들었다.

현재 칸 아카데미에서 컴퓨터 과학 교육이 한 단계 더 발전할 수 있도록 하기 위해서 일하고 있다. 그는 여기서 컴퓨터 과학에 대한 교육과정을 개발하고 있으며, 모든 연령을 대상으로 한, 프로그래밍 교육에 사용하는 도구를 만들고 있다. 칸 아카데미는 모든 사람이 무료로 활용할 수 있는 탁월한 교육 자료를 만드는 것을 목표로 삼고 있다. 그는 사람들에게 프로그래밍 방법만을 가르치는 것이 아니라, 모든 프로그래머들이 첫 프로그램을 만든 후에 겪었던 희열을 전파하기 위해서 애쓰고 있다.

뉴욕 브루클린에 거주하고 있으며, 여유시간에는 우키요에(일본식 목판 그림)를 연구하고 있다.

베어 바이볼트(Bear Bibeault)

100보드 텔레타이프를 이용해서 컨트롤 데이터 사이버(Control Data Cyber) 슈퍼컴퓨터에서 틱택토(Tic-Tac-Toe) 프로그램을 만들기 시작한 이래, 30년 넘게 소프트웨어 개발을 해왔다. 그는 전기공학 학위를 2개나 가지고 있어서, 안테나 같은 것들을 디자인해야 할 것 같다. 하지만 DEC(Digital Equipment Corporation)에서 직장 생활을 시작한 이래, 전기기기보다는 프로그래밍에 훨씬 매료되어 살고 있다.

Lightbridge Inc., BMC Software, Dragon Systems, Works.com 같은 회사에서 근무를 했다. 미군에서 근무한 경험도 있는데, 일일 스크럼 회의 중에 신참 병사들에게 탱크를 날려버리는 방법과 같은 유용한 기술들을 가르치기도 했다.

현재 가정용 게이트웨이와 텔레비전 셋톱박스를 선도하는 기업에서 소프트웨어 아키텍트로 근무하고 있다.

그는 또한 매닝에서 출판한 여러 책 들(*jQuery in Action*(1, 2판), *Ajax in Practice, Prototype and Scriptaculous in Action*)의 저자이며, 오라일리 출판사의 헤드 퍼스트(Head First) 시리즈 중 웹에 관련된 많은 책(*Head First Ajax, Head Rush Ajax, Head First Servlets and JSP* 등)의 기술 리뷰어를 맡아왔다.

덧붙여 그는 회사에서 근무하는 것 외에도 책을 쓰고 있으며, 웹 애플리케이션 개발이나 미디어 서비스를 제공하는 작은 사업(결혼식 비디오 같은 것은 아님)을 운영하고 있다. 그리고 노련한 중재자로서 CodeRanch.com가 잘 운영될 수 있도록 도움을 주고 있다.

컴퓨터 앞에 앉아 있지 않을 때는, (아주 넉넉한 허리 둘레를 갖게 만든) 많은 양의 음식을 요리하는 것이나, 사진과 비디오 촬영, 야마하 V-Star 라이딩을 즐긴다. 그리고 열대지방이 그려진 셔츠를 좋아한다.

텍사스 오스틴에 살고 있는데, 미친 듯한 운전자들만을 제외하곤 오스틴을 무척이나 사랑한다.

1부 훈련 준비

1부에서는 자바스크립트 닌자가 되기 위한 훈련을 시작하기에 앞서 훈련에 필요한 환경을 마련한다.

1장에서, 여러분은 이 책을 통해 우리가 얻고자 하는 바가 무엇인지 알게 될 것이다. 그리고 자바스크립트 개발자들을 위한 프레임워크에 대해서 살펴보겠다.

2장은 도대체 왜 그렇게 테스트가 중요한지 알려 주고, 사용할 수 있는 테스트 도구들에 대해 간략한 설명도 제공한다. 그런 다음 아주 간단한 테스트 도구를 만들어 보겠다. 이 도구는 앞으로도 계속 사용하게 된다.

1부를 마치고 나면, 여러분은 자바스크립트 닌자가 되기 위한 훈련을 시작할 준비가 되어 있을 것이다.

1장

SECRETS OF THE JAVASCRIPT NINJA

닌자 입문

이 장에서는 다음 주제를 다룬다.
- 이 책의 목적과 구조
- 집중해서 살펴볼 라이브러리
- 고급 자바스크립트 프로그래밍이란 무엇인가?
- 크로스 브라우저 코드 작성
- 테스트 스위트 예제

이 책의 독자라면 효율적인 크로스 브라우저 자바스크립트 코드를 작성하는 일이 녹록치 않다는 것을 알고 있을 것이다. 우리는 깔끔하게 코드를 작성하는 등의 일상적인 도전거리 외에도, 브라우저의 차이점과 복잡함을 다뤄야 하는 어려움을 덤으로 안고 있다. 이런 어려움을 다루기 위해, 자바스크립트 개발자들은 흔히 공통적으로 재사용 가능한 기능들을 자바스크립트 라이브러리의 형태로 만들어 둔다.

이런 라이브러리들은 접근 방식, 내용 그리고 복잡도가 천차만별이다. 하지만 한 가지 변하지 않는 점이 있는데, 그것은 바로 사용하기 쉽고 오버헤드를 최소한으로 하면서 우리가 지원하려는 모든 브라우저에서 동작해야 한다는 점이다.

당연하게도, 최고의 자바스크립트 라이브러리들이 어떻게 만들어져 있는지를 이해한다면, 해당 자바스크립트 라이브러리와 같은 목표를 가진 코드를 작성할 때 필요한 훌륭한 통찰력을 얻을 수 있을 것이다. 이 책은 세계적인 수준의 코드에서 사용된 기법과 비밀에 대해 살펴보고 이를 한데 묶으려는 의도에서 시작되었다.

이 책에서는 인기있는 자바스크립트 라이브러리를 만드는 데 사용되었거나 여전히 사용되고 있는 기법들에 대해서 살펴볼 것이다. 그럼, 그 라이브러리들을 만나보자.

1.1 살펴볼 자바스크립트 라이브러리들

이 책에서는 현대적인 자바스크립트 라이브러리를 만드는 데 사용된 기법과 실천법들을 집중적으로 살펴볼 것이다. 우리가 다룰 주된 라이브러리는 당연히 jQuery다. jQuery는 근래에 가장 일반적으로 사용되는 자바스크립트 라이브러리로 유명하다.

jQuery(http://jquery.com)는 존 레식(John Resig)이 만들었고 2006년 1월에 출시되었다. jQuery는 CSS 셀렉터를 이용해서 DOM 콘텐츠를 찾는 방식을 널리 보급했다. 주요하게는 DOM 조작, Ajax, 이벤트 핸들링, 애니메이션 기능을 제공한다.

이 라이브러리는 현재 자바스크립트 라이브러리 시장을 지배하고 있으며, 수십만 개의 사이트에서 사용되고 있고, 수백만 명의 사용자들과 상호작용하고 있다. 이 라이브러리는 꽤 많이 이용되고 피드백을 받으면서 수년간 개선 과정을 거쳤고, 지속적으로 발전해 오늘날과 같이 최적화된 코드 기반을 갖추게 되었다.

jQuery에서 발췌한 예제 코드를 살펴보는 한편, 다음 라이브러리들이 사용하고 있는 기법들도 살펴볼 것이다.

- Prototype(http://prototypejs.org/) - 현대적인 자바스크립트 라이브러리의 대부로 샘 스티븐슨(Sam Stephenson)이 만들었고 2005년에 출시되었다. Prototype은 객체 지향, 관점 지향, 함수형 프로그래밍 기법을 이용해서 DOM, Ajax 그리고 이벤트 기능을 구현하고 있다.
- Yahoo! UI(http://developer.yahoo.com/yui) - 야후! 내부의 자바스크립트 프레임워크 개발 결과물로 2006년 2월에 일반에 공개되었다. Yahoo! UI는

DOM, Ajax, 이벤트, 애니메이션 기능과 추가로 미리 개발된 몇 가지 위젯(캘린더, 그리드, 아코디언 등)을 포함하고 있다.
- base2(http://code.google.com/p/base2) - base2는 딘 에드워드(Dean Edwards)가 만들었고 2007년 3월에 출시되었다. base2는 DOM과 이벤트 기능을 지원한다. 다양한 W3C 명세를 보편적이고 크로스 브라우저를 고려한 형태로 구현하려는 시도로 유명하다.

이 라이브러리들은 모두 잘 만들어져 있으며, 각자 해결하려는 문제 영역을 깊게 다루고 있다. 이런 까닭에 이 라이브러리들은 추가적인 분석을 하기 위한 좋은 기초가 된다. 그리고 이 라이브러리들의 기반 구조를 이해함으로써 세계적인 수준의 자바스크립트 라이브러리를 구축하는 과정에 대한 통찰력을 얻을 수 있다.

하지만 이런 기법들이 단순히 대규모 라이브러리를 구축하는 데만 유용한 것은 아니다. 이런 기법들은 규모와 상관없이 모든 종류의 자바스크립트 코드를 작성하는 데 적용할 수 있다.

자바스크립트 라이브러리가 어떻게 만들어져 있는지는 세 가지 측면으로 나눠서 볼 수 있다.

- 자바스크립트 언어 자체를 높은 수준으로 사용하는 것
- 꼼꼼히 크로스 브라우저 코드를 만드는 것
- 이 모든 것을 하나로 묶기 위해, 현재의 가장 훌륭한 실천법을 사용하는 것

우리는 효과적인 자바스크립트 코드를 작성하는 데 필요한 완전한 지식을 얻기 위해서, 각 라이브러리들을 이 세 가지 측면에서 주의 깊게 분석할 것이다.

1.2 자바스크립트 언어 이해하기

많은 자바스크립트 개발자들은 경력이 늘어감에 따라 객체, 함수 그리고 (코딩 트렌드에 관심을 기울이고 있다면) 익명의 인라인 함수를 포함한 자바스크립트를 구성하는 다양한 요소를 적극적으로 사용하는 수준에 도달하게 된다. 하지만 많은 경우 그런 요소를 이용하는 기술이 초보적인 수준을 벗어나지 못한

다. 뿐만 아니라, 클로저는 자바스크립트 언어에서 함수의 중요성을 보여주는 단적인 예인데, 이 클로저의 목적이나 구현을 제대로 이해하지 못하는 경우를 흔히 볼 수 있다.

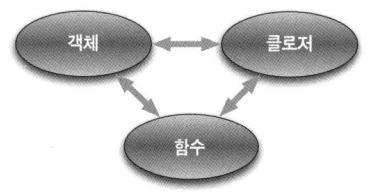

그림 1.1 자바스크립트는 서로 긴밀한 관계를 맺고 있는 객체, 함수, 클로저로 이뤄져 있다.

자바스크립트는 객체와 함수 그리고 클로저의 긴밀한 관계로 구성되어 있다(그림 1.1을 보자). 이 세 가지 개념 간의 강한 연관성을 이해하면 자바스크립트 프로그래밍 능력을 크게 향상시킬 수 있고, 어떤 유형의 애플리케이션 개발을 하든 그에 필요한 단단한 기반을 다질 수 있을 것이다.

많은 자바스크립트 개발자들, 특히 객체 지향에 대한 지식을 가지고 자바스크립트를 접한 사람들은 큰 그림에서 함수와 클로저가 기여하는 바를 이해하지 못한 채, 객체에만 많은 관심을 쏟을지도 모른다.

불행히도 충분히 활용되지 않는 기능은 이런 기본적인 개념 외에도 두 가지가 더 있다. 그것은 바로 타이머와 정규 표현식이다. 이 두 가지 개념은 실질적으로 대부분의 자바스크립트 코드에서 사용되고 있지만, 오해하기 쉬운 특성을 지닌 까닭에 그 기능이 십분 활용되지 못하는 경우가 많다.

브라우저 내부 타이머의 동작 방식은 너무나도 자주 수수께끼처럼 다가오지만, 타이머의 동작 방식을 확실하게 이해하면, 장시간 실행되는 연산이나 부드러운 애니메이션 처리 같은 복잡한 작업을 다룰 수 있게 된다. 그리고 정규 표현식의 동작 방식을 깊게 이해하면 꽤 복잡하게 작성해야 하는 코드도 간결하게 만들 수 있다.

자바스크립트의 고급 주제 중에서 또 다른 흥미로운 점은, 9장에서 다룰 eval() 메서드와 10장에서 살펴볼 with 구문이다. 이 두 가지는 중요하면서도 논란이 많은 기능으로, 하찮게 여겨지기도 하고, 잘못 사용되기도 하고, 심지어는 많은 자바스크립트 프로그래머들로부터 노골적으로 비난을 받기도 했다.

노트: 웹 개발이 어떻게 변하고 있고 또 어떤 것이 중요하게 여겨지는지에 대해서 관심 있게 지켜보고 있는 사람이라면, eval과 with에 대해 논란이 있으며 앞으로 더는 지원이 되지 않거나 제한적으로만 허용될 것임을 알고 있을 것이다.

하지만 이미 만들어진 코드에서 eval이나 with를 만나게 될 수도 있으니, 앞으로 작성할 코드에서 이들을 이용할 계획이 없더라도 이해해 두는 것이 중요하다.

앞으로 뛰어난 자바스크립트 개발자들이 작성한 코드를 살펴보게 될 텐데, 자바스크립트가 제공하는 고급 기능을 적절히 사용할 경우 다른 방식으로는 할 수 없는 환상적인 코드를 만들어 낼 수 있다는 사실을 알게 될 것이다. eval이나 with와 같은 자바스크립트의 고급 기능은 자바스크립트를 원하는 형태로 가공하는, 흥미로운 메타프로그래밍 연습에도 활용할 수 있다.

자바스크립트 언어의 고급 기능들을 책임감 있게 장점을 극대화하는 방향으로 활용할 줄 안다면, 여러분의 코드를 더욱 높은 수준으로 끌어올릴 수 있다. 그리고 이런 개념들과 기능을 한데 묶을 수 있도록 실력을 갈고 닦으면, 어떤 유형의 자바스크립트 애플리케이션이라도 만들 수 있는 수준에 도달할 수 있다. 이런 토대를 갖추는 것은 견고한 코드를 작성하는 데서 시작해 크로스 브라우저를 지원하는 코드를 작성하는 데까지 나아갈 수 있게 하는 탄탄한 바탕이 된다.

1.3 크로스 브라우저 고려하기

자바스크립트 프로그래밍 능력을 완전하게 가다듬으면 더 많은 것을 할 수 있다. 특히 요즘은 자바스크립트가 브라우저의 범위를 벗어나 라이노(Rhino)나 V8과 같은 자바스크립트 엔진을 통해 Node.js 같이 서버에서도 이용되고 있다. 하지만 (이 책이 초점을 맞추고 있는) 브라우저를 바탕으로 한 자바스크립트 애플리케이션을 개발하려고 하면, 이내 브라우저들이 지닌 미칠 듯한 이슈와 브라우저 간에 일관성이 없는 상황을 마주하게 된다.

이상적인 세상에서야 모든 브라우저가 버그 없이 일관된 방식으로 웹 표준을 따르겠지만, 다들 알고 있듯이 우리가 사는 세상은 그렇지 못하다.

브라우저의 품질이 최근 크게 향상되었지만 버그는 여전히 존재하고, 지원하지 않는 API가 있으며, 각 브라우저에 국한된 특이점들(quirks)이 있고 이를 처리해야만 한다. 이런 이슈들을 해결하기 위한 종합적인 전략을 개발하는 것과 개별 브라우저 간의 차이점과 특이점 들을 깊이 이해하는 것은 자바스크립트 언어 자체를 능수능란하게 사용하는 것 못지 않게 중요하다.

브라우저에서 동작하는 애플리케이션을 작성하거나 애플리케이션 내에서 사용될 라이브러리를 만들 때, 어떤 브라우저를 지원할지 결정하는 것은 중요한 고려사항이다. 보통은 모든 브라우저를 지원하고 싶겠지만, 개발과 테스트에 들어가는 비용을 무시할 수 없다. 그렇다면 어떤 브라우저를 어느 수준까지 지원할지는 어떻게 결정해야 할까?

이용해 볼 수 있는 방법 하나는 '등급별 브라우저 지원'이라고 불리는 조금은 오래된 Yahoo! 식 접근 방식을 차용하는 것이다. 이 방식에선 브라우저와 그 브라우저가 동작하는 플랫폼이 얼마나 중요한지를 나타내는 브라우저 지원 표를 만들어 본다.

이 표는 대상 플랫폼을 한 축에 쭉 늘어놓고, 브라우저는 다른 축에 나열한다. 그런 다음, 브라우저와 플랫폼의 조합을 나타내는 각 칸에는 A부터 F까지 또는 필요에 따라 정리한 등급을 매긴다. 표 1.1는 그런 표의 개념적인 예를 보여준다.

	Windows	OS X	Linux	iOS	Android
IE 6		N/A	N/A	N/A	N/A
IE 7, 8		N/A	N/A	N/A	N/A
IE 9		N/A	N/A	N/A	N/A
Firefox				N/A	
Chrome					
Safari			N/A		N/A
Opera					

표 1.1 가상의 '브라우저 지원 표'

표 1.1에 아무런 등급도 매기지 않은 것에 유의하자. 각 플랫폼과 브라우저 조합에 대해서 어떤 등급을 부여할지는 전적으로 대상 프로젝트의 필요성이나 요구사항, 대상 이용자들의 구성과 같은 중요한 요소들에 달려있다. 우리는 이

접근방식을 이용해서 특정 플랫폼과 브라우저를 지원하는 것이 얼마나 중요한지를 측정할 수 있고, 이를 지원하기 위해 필요한 비용과 조합해서, 최적의 지원대상 브라우저를 선정하는데 이용할 수도 있다. 이 부분에 대해서는 11장에서 더 자세히 살펴보겠다.

많은 수의 플랫폼과 브라우저 조합을 대상으로 개발을 하는 것은 그다지 실용적이지 않기 때문에, 다양한 브라우저를 지원할 때 얻을 수 있는 이익과 그 비용을 반드시 비교해 봐야 한다. 이런 분석을 할 때는 몇 가지를 고려해야 하는데, 주된 고려사항은 다음과 같다.

- 대상 이용자가 기대하는 바와 필요로 하는 것들
- 브라우저의 시장점유율
- 브라우저를 지원하는 데 드는 노력

첫 번째 항목은 주관적인 기준이기 때문에 프로젝트에 따라 달라진다. 한편 시장점유율은 주위에서 얻을 수 있는 정보를 근거로 측정해 볼 수 있다. 그리고 각 브라우저를 지원하는 데 드는 노력은 브라우저의 기능과 표준을 준수하는 정도를 고려해 보면 대략적으로 측정할 수 있다.

그림 1.2는 StatCounter를 참조한 2012년 8월의 브라우저 이용률과 저자들이 생각하는 주요 데스크톱 브라우저를 지원하는데 드는 비용을 도표로 나타낸다.

이런 식으로 비용 대비 효용을 도표로 나타내 보면 한눈에 어디에 노력을 쏟아붓는 것이 효과적일지 알 수 있다. 이 도표를 통해서 알 수 있는 몇 가지는 다음과 같다.

- 인터넷 익스플로러 7과 8을 지원하는 것은 표준을 준수하는 브라우저를 지원하는 데 비해 상대적으로 더 많은 노력이 필요하지만, 두 브라우저가 여전히 높은 시장점유율을 차지하고 있기 때문에, 이 브라우저를 사용하는 사람들이 우리의 애플리케이션을 이용할 대상이라면 추가 노력을 들일 만한 가치가 있다.
- IE 9은 표준을 지원하도록 상당히 많이 개선되었기 때문에 이전 버전의 IE에 비해 훨씬 수월하게 지원할 수 있다. 그리고 벌써 시장점유율을 높여가고 있다.

- 파이어폭스와 크롬 지원은 생각할 필요도 없는 일이다. 두 브라우저는 이미 높은 시장점유율을 차지하고 있고 지원하기도 쉽다.
- 사파리는 비록 상대적으로 낮은 시장점유율을 차지하지만, 표준을 준수하고 있어 지원 비용이 낮기 때문에 지원할 만한 가치가 있다. (경험적으로 크롬에서 동작하면 특별한 경우를 제외하고 사파리에서도 동작한다.)
- 오페라는 사파리 지원보다 더 많은 노력을 요구하지는 않지만 시장점유율이 아주 낮기 때문에 데스크톱에서는 제외할 수도 있다. 하지만 모바일 플랫폼이 중요하다면, 모바일 사파리의 점유율이 꽤 높다는 사실을 알아야 한다. 그림 1.3을 보자.
- IE 6에 대해서는 특별히 언급할 만한 내용이 없다. (www.ie6countdown.com을 보자.)

그림 1.3에서 볼 수 있는 것처럼 모바일로 눈을 돌리면 상황이 극적으로 달라지는 것을 알 수 있다.

물론 정해진 법칙은 없다. 아마도 비용보다는 이익이 더 중요하다고 말해도 무방할 것이다. 하지만 결국 의사결정을 해야 하는 과정에서는 시장의 요구나 다른 사업적 요소들을 고려해 선택을 하게 된다. 이런 상황에서 이익 대비 비용 측정은 중요한 의사결정을 돕는 좋은 출발점이다.

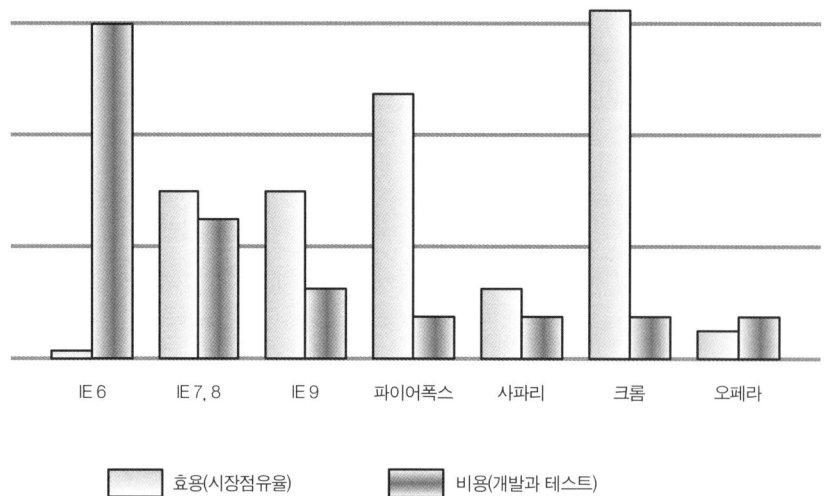

그림 1.2 다양한 데스크톱 브라우저 지원에 대한 이익 대비 비용 분석을 통해 어디에 노력을 기울여야 하는지 알 수 있다.

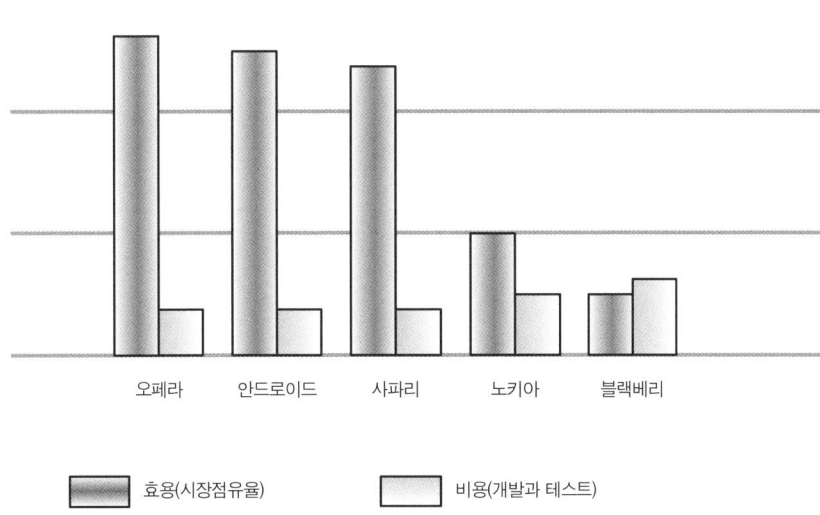

그림 1.3 개발비용이 거의 비슷한 모바일 환경은 이용률로 간단히 정리가 된다.

주의할 점 하나는 상황이 빠르게 변하고 있다는 것이다. http://gs.statcounter.com와 같은 곳을 예의주시하는 것은 (이런 변화에 대비하는) 현명한 대비책이 될 수 있다.

제한적인 리소스를 지닌 회사에서 고려해야 할 또 다른 요소는 개발팀의 역량이다. 애플리케이션을 만들고자 하는 주된 이유는 최종 사용자들에게 제공하기 위한 것인데, 개발자들이 최종 사용자들의 요구사항을 만족하는 애플리케이션을 개발하려면 그에 필요한 역량을 길러야 할 수도 있다. 비용분석 단계에서 이런 사항들에 대한 고려도 필요하다.

크로스 브라우저 개발에 드는 비용은 개발자의 기술과 경험에 의해 크게 좌우될 수 있다. 그렇기 때문에 이 책이 여러분의 기술 수준을 향상시키는 데 도움이 되길 바란다. 그럼, (현재 통용되고 있는) 훌륭한 실천법들을 살펴보는 것부터 시작해보자.

1.4 현재의 훌륭한 실천법들

자바스크립트 언어에 통달하고 크로스 브라우저 개발 이슈를 꿰는 게 웹 애플리케이션 개발 전문가가 되는 중요한 요소이긴 하지만, 그것이 전부는 아니다.

큰 무대로 나아가려면, 선배 개발자들이 수준 높은 코드를 작성하는 데 도움이 된다고 증명한 몇 가지 요소들을 알고 있어야 한다. 2장에서 자세하게 살펴보겠지만, 훌륭한 실천법으로 알려진 이런 특성들은 언어 자체에 정통하는 것을 포함해 다음과 같은 요소들을 포함하고 있다.

- 테스팅
- 성능 분석
- 디버깅 기술

코드를 작성할 때 이런 실천법을 자주 적용하고 잘 지키는 것은 매우 중요하다. 크로스 브라우저 개발은 복잡하기 때문에 확실히 이런 실천법들이 필요하다. 그럼 몇 가지 실천법을 살펴보자.

1.4.1 훌륭한 실천법: 테스팅

이 책 전반에 걸쳐 몇 가지 테스트 기법을 적용해볼 텐데, 이 기법들은 예제 코드가 의도한 대로 동작하는지 확인하고, 일반적인 코드를 어떻게 테스트하는지 보여줄 것이다. 테스트에 주로 사용할 도구는 assert() 함수다. 이 함수의 목적은 전제가 참인지 거짓인지 판단하는 것이다.

assert() 함수의 일반적인 형태는 다음과 같다.

```
assert(condition, message);
```

첫 번째 전달인자는 참이 되어야 할 조건이고, 두 번째는 조건이 참이 되지 않을 때 보여줄 메시지다.

다음 예제를 살펴보자.

```
assert(a == 1, "a가 1이 아니라니! 문제가 발생했다.!");
```

변수 a의 값이 1과 같지 않으면 검증은 실패하고 다소 과장된 메시지가 출력된다.

assert() 함수는 자바스크립트 언어 자체에 내장된 기능이 아니기 때문에(자바와 같은 일부 언어는 이런 기능을 제공한다), 나중에 직접 구현해 볼 것이다. assert() 함수의 구현과 사용에 대해서는 2장에서 다루겠다.

1.4.2 훌륭한 실천법: 성능 분석

다른 중요한 실천법은 성능 분석이다. 최근의 브라우저에 내장된 자바스크립트 엔진은 과거에 비해 엄청난 성능 향상이 있었지만, 그렇다고 엉성하고 비효율적인 코드를 작성해서는 안 된다.

이 책에서는 성능 정보를 수집하는데 다음과 같은 코드를 이용한다.

```
start = new Date().getTime();
for (var n = 0; n < maxCount; n++) {
  /* 측정할 연산을 수행한다. */
}
elapsed = new Date().getTime() - start;
assert(true,"소요된 시간: " + elapsed);
```

이 코드는 측정대상 코드가 실행되는 부분을 괄호로 묶고 코드를 실행하기 전과 실행한 후의 타임스탬프를 각각 저장한다. 두 타임스탬프의 차이는 측정대상 코드를 실행하는데 소요된 시간이다. 이를 이용해서 다른 방식으로 구현된 코드들의 수행시간을 측정하고 서로 비교해 볼 수 있다.

코드를 여러 번 실행한다는 것에 주의하자. 이 예제에서는 maxCount로 지정한 횟수만큼 코드를 실행하고 있다. 왜냐하면 연산을 1회만 실행하면 측정을 할 수 없을 만큼 빨리 처리되는 경우가 많기때문이다. 측정할 수 있는 값을 얻으려면 코드를 여러 번 실행해야 한다. 보통 이 횟수는 수만 번 또는 수백만 번이 되기도 하는데, 이는 측정하려는 대상 코드의 특성에 따라 달라진다. 몇 번 실행해 보면 결과에 따라 적절한 횟수를 결정할 수 있다.

여기서 소개한 훌륭한 실천법들은 앞으로 배우게 될 여러 가지 내용들과 함께 자바스크립트 개발에 많은 도움을 줄 것이다. 브라우저 기능과 호환성이 점점 복잡해지는 현실에서, 브라우저가 제공하는 제한된 자원으로 애플리케이션을 개발하는 작업은 견고하고도 완전한 기술을 필요로 한다.

1.5 정리

이 장에서 배운 내용은 다음과 같다.

- 크로스 브라우저 웹 애플리케이션 개발은 어렵다. 많은 사람이 생각하는 것보다 훨씬 어렵다.

- 크로스 브라우저 개발을 위해서, 자바스크립트 언어에 통달하는 것뿐만 아니라 브라우저들의 특이사항, 상호 호환되지 않는 점들을 포함한 전반적인 지식, 그리고 현재 사용되고 있는 훌륭한 실천법들에 대한 이해가 필요하다.
- 자바스크립트 개발은 분명히 도전적인 일이지만, 자바스크립트 라이브러리 개발자들처럼 이 험난한 길을 앞서 걸어간 용감한 사람들이 있다. 이런 자바스크립트 라이브러리를 만드는 과정에서 얻어진 지식의 정수는 우리의 개발 기술을 세계적 수준에 이르게 할 효과적인 연료가 될 것이다.

이 여정을 통해서 유익한 내용을 많이 접할 수 있을 것이다. 이제 여행을 즐기도록 하자!

2장

SECRETS OF THE JAVASCRIPT NINJA

테스팅과 디버깅 갖추기

이 장에서는 다음 주제를 다룬다.
- 자바스크립트 디버깅 도구
- 테스트 생성 기법
- 테스트 스위트 작성 방법
- 비동기 작업을 테스트 하는 방법

코드에 대한 효과적인 테스트 스위트를 만드는 것은 항상 중요하므로, 코딩에 대한 다른 얘기를 하기 전에 테스트 스위트에 대한 이야기를 먼저 하자. 견고한 테스팅 전략은 어떤 코드를 작성하든 중요한 부분이다. 특히 우리가 직면한 크로스 브라우저 자바스크립트 개발과 같이 외부 요인이 우리가 작성한 코드에 영향을 줄 가능성이 있는 상황에서는 더더욱 중요하다.

우리는 (특히 여러 사람이 한 코드 베이스를 바탕으로 일을 할 때 일어나는) 코드의 품질 확보 문제와 (모든 프로그래머가 일반적으로 만나게 되는) 리그레이션으로 인해 API가 망가지는 상황에 대응하는 것뿐만 아니라, 우리가 작성한 코드가 모든 지원 대상 브라우저에서 잘 동작하도록 해야 하는 문제를 안고 있다.

크로스 브라우저 개발의 문제점에 대해서는 11장에서 크로스 브라우저 전략을 다룰 때 깊이 살펴보겠다. 지금은 테스트의 중요성을 강조하고 테스트 전략을 정의하는 것이 필수적이다. 이 책의 나머지 부분에 걸쳐 여기서 정의된 테스트 전략을 이용할 것이기 때문이다.

이 장에서, 자바스크립트 디버깅을 위한 몇 가지 도구와 기술을 살펴보고, 그 결과를 기반으로 테스트를 생성하고, 해당 테스트를 안정적으로 실행하기 위한 테스트 스위트를 만들 것이다. 그럼 시작해보자.

2.1 코드 디버깅

자바스크립트 디버깅이 단지 변수의 값을 확인하기 위해 alert()을 사용하는 것을 뜻하던 시절을 기억할지 모르겠다. 자바스크립트 코드 디버그 기능은 파이어폭스용 파이어버그 개발자 확장 기능의 인기 덕분에 지난 몇 년간 전반적으로 엄청나게 발전했다.

모든 주요 브라우저는 이와 유사한 도구를 제공하고 있다.

- FireBug - 다른 툴들의 시초가 된 유명한 개발자 확장 도구로 파이어폭스에서 작동한다. http://getfirebug.org/를 보면 된다.
- IE Developer Tools - 인터넷 익스플로러 8과 그 이후 버전에 포함되어 있다.
- Opera Dragonfly - 오페라 9.5와 그 이후 버전에 포함되어 있다. 모바일 버전의 오페라에서도 동작한다.
- WebKit Developer Tools - 사파리 3에서 도입되었다. 사파리 4에서 극적으로 성능이 향상되었으며, 현재 크롬에서도 사용 가능하다.

자바스크립트 디버깅에는 로깅과 중단점(breakpoint)이라는 두 가지 중요한 방법이 있다. 이 두 가지는 모두 "내 코드에 도대체 무슨 일이 벌어지고 있는 거지?"라는 중요한 물음에 대한 대답을 찾기 위해 유용하게 사용할 수 있다. 하지만 둘은 문제에 각기 다른 방식으로 접근한다.

로깅부터 살펴보자.

2.1.1 로깅

로깅 구문(Firebug, Safari, Chrome, IE, Opera의 최신 버전에 포함된 console. log() 함수와 같은)은 코드의 일부분이고(거의 임시적으로 존재하긴 하지만), 크로스 브라우저 상황에서 유용하다. 코드 내에서 로깅을 호출하도록 코드를 작성할 수 있고, 대부분의 현대적인 브라우저 콘솔에서 메시지를 볼 수 있다는 장점이 있다.

앞서 언급했던 "코드를 추가하고 alert으로 확인하는" 기법보다 훨씬 향상된 로깅 프로세스는 브라우저 콘솔의 출현 덕분에 가능해졌다. 모든 로깅 구문은 프로그램의 정상적인 진행을 방해하지 않고 즉시, 또는 나중에 콘솔에 출력된다. 이것은 alert()을 이용해서는 할 수 없는 일이다.

예를 들어, 코드의 특정 위치에서 x라는 변수의 값을 알고 싶다면, 다음과 같이 작성하면 된다.

```
var x = 213;
console.log(x);
```

자바스크립트 콘솔이 활성화된 크롬 브라우저에서 해당 구문을 실행한 결과는 그림 2.1에서 볼 수 있다.

그림 2.1 로깅을 통해 코드가 실행되는 동안 상태를 알 수 있다.

필요하다면, 다음 코드와 같이 모든 브라우저에서 동작하는 세련된 고수준 로깅 메서드를 구현할 수 있다.

노트: 오래된 오페라 버전을 다루고 싶지 않다면, 다른 부분은 모두 버리고, console.log만 사용하면 된다.

코드 2.1 최근의 모든 브라우저에서 동작하는 간단한 로깅 함수

```
function log() {
  try {
    console.log.apply(console, arguments);
  }
  catch(e) {
    try {
```

❶ 가장 일반적인 메서드를 이용해서 메시지 로깅을 시도한다.
❷ 로깅 중의 모든 실패를 감지한다.

```
        opera.postError.apply(opera, arguments);   ◀──── ❸ 오페라에서 사용하는 방
    }                                                      식을 시도한다.
    catch(e){
      alert(Array.prototype.join.call( arguments, " "));  ◀──── ❹ 모든 경우가 다
    }                                                          실패하면 alert를
  }                                                            이용한다.
}
```

> **팁**: 코드 2.1의 좀 더 완성도 있는 버전에 관심이 있다면 http://patik.com/blog/complete
> -cross-browser-console-log/를 참고하라.

코드 2.1에서 첫 번째로, 요즘 대부분의 브라우저에서 작동하는 함수(console.log)를 이용해서 메시지 로깅을 시도한다❶. 해당 함수가 동작하지 않으면, ❷에서 해당 예외를 감지하게 되고, 이때 오페라 전용 함수를 이용해서 로깅을 시도한다❸. 두 가지 방법이 모두 실패하면 예전 방식대로 alert을 이용해서 에러를 처리한다❹.

> **노트**: 코드 2.1은 함수에 전달된 인자를 다시 로깅 함수에 전달하기 위해 자바스크립트 Function() 생성자의 apply()와 call() 메서드를 사용한다. Function() 생성자의 메서드들은 자바스크립트 함수 호출을 정교하게 제어하기 위해 설계되었다. 이에 대해서는 3장에서 더 살펴볼 것이다.

로깅은 코드가 동작하고 있는 동안, 어떤 상태에 있는지를 보는 용도로는 정말 좋다. 그러나 동작을 중단시키고 해당 상태를 보기 원한다면, 중단점을 사용해야 한다.

2.1.2 중단점

중단점(breakpoint)은 로깅보다 좀 더 복잡한 개념이다. 그러나 코드의 특정한 위치에서 스크립트의 실행을 중지시키고, 브라우저를 멈춘다라는 로깅보다 좀 더 명확한 장점을 가지고 있다. 이는 실행이 중지된 시점에서, 모든 상태를 좀 더 여유롭게 조사할 수 있게 해준다. 중지된 상태에서 조사할 수 있는 상태는 중지한 위치에서 접근할 수 있는 모든 변수들과 콘텍스트, 유효 범위를 포함한다.

다음 코드는 앞에서 만든 log()를 사용하는 페이지다. 이에 대해 얘기해보자.

코드 2.2 사용자 정의 log() 메서드를 사용하는 간단한 페이지

```html
<!DOCTYPE html>
<html>
  <head>
    <title>Listing 2.2</title>
    <script type="text/javascript" src="log.js"></script>
    <script type="text/javascript">
      var x = 213;
      log(x);                              ❶ 중단점을 설정할 라인
    </script>
  </head>
  <body>
  </body>
</html>
```

코드 2.2에서 주석으로 표시한 줄❶에 파이어버그를 이용하여 중단점을 설정하고(파이어버그의 Script 탭에서 줄 번호 부분을 클릭함으로써), 코드를 실행하기 위해 페이지를 다시 불러오면, 디버거가 해당 줄에서 실행을 중지시킨다. 그러면 그림 2.2와 같은 화면을 볼 수 있을 것이다.

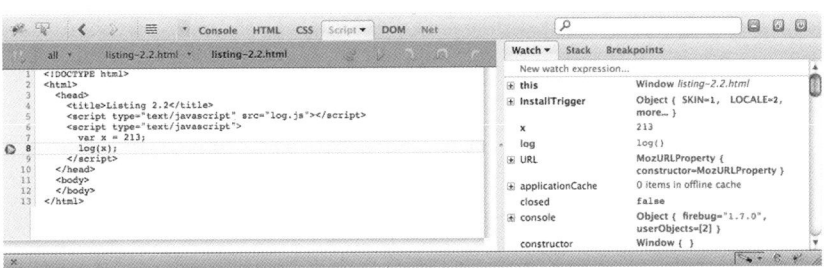

그림 2.2 중단점은 코드의 특정한 위치에서 실행을 중지시켜서, 해당 상태를 확인할 수 있도록 해준다.

화면의 오른쪽 영역은 변수 x의 값을 포함해서, 코드가 실행되는 동안의 상태를 보여준다. 디버거는 중단점이 설정된 줄의 코드가 실행되기 직전에 코드 실행을 멈춘다. 이 예제에서 log() 메서드는 아직 실행되기 전이다.

우리가 만든 log() 메서드의 문제를 디버깅 하려고 한다면, 내부에서 일어나는 일을 알기 위해 해당 메서드 내부로 한 단계 들어가고자 할 것이다. "step into" 버튼(Watch 탭 좌측에 위치한 5개 버튼 중 가운데 버튼)을 클릭하면 디버거는 메서드의 첫 라인을 실행하고, 그림 2.3과 같은 내용을 볼 수 있다. 표시 상태가 변하면서 log() 함수가 실행된 후의 새로운 상태를 볼 수 있을 것이다.

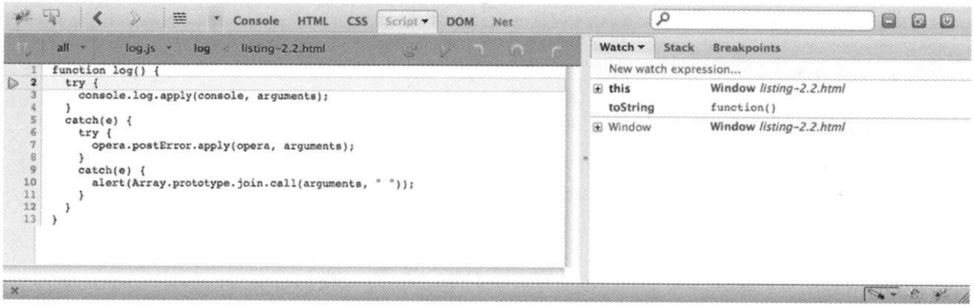

그림 2.3 메서드 안으로 한 단계 들어가면 해당 메서드 내의 상태를 새로 볼 수 있다.

디버거가 중단점과 관련된 기능을 완벽히 제공하려면 실행되는 브라우저 환경에 크게 의존할 수밖에 없다. 이런 이유로 앞서 언급된 개발자 도구들이 만들어졌다. 그렇지 않았다면, 중단점 관련 기능들은 불가능했을 것이다. 모든 주요 브라우저들이 디버깅을 허용하는 효율적인 도구를 만들기 위해 노력한다는 사실은 웹 개발 커뮤니티 전체에 아주 큰 선물이다.

코드를 디버깅하는 것은 디버깅 본래의 목적(버그를 찾고 수정하는)을 달성하는 것이기도 하지만, 효율적인 테스트 케이스를 만드는 데 도움이 되기도 한다.

2.2 테스트 생성

로버트 프로스트(Robert Frost)는 좋은 울타리가 좋은 이웃을 만든다고 했다. 웹 애플리케이션의 세계에서는 그리고 모든 프로그래밍 수련에서는, 좋은 테스트가 좋은 코드를 만든다. '좋은'이라는 단어를 강조하고 있다는 것을 기억하라. 광범위한 테스트 스위트를 가지고 있다고 하더라도 테스트들이 제대로 만들어져 있지 않다면 코드의 품질을 향상시키는 데는 조금도 도움이 되지 않는 상황이 발생할 수 있다.

좋은 테스트는 다음 세 가지 특성이 있다.

- 반복성 - 테스트 결과는 항상 재현 가능해야 한다. 테스트가 반복적으로 실행되면, 항상 정확히 같은 결과를 내야 한다. 테스트 결과가 그때그때 다르다면, 어떻게 그 결과를 맞다고 혹은 틀리다고 할 수 있을까? 뿐만 아니라 재현 가능성은 테스트가 네트워크나 CPU 부하 등의 외부 요인과 독립적이라는 것을 보장한다.

- 간결성 - 테스트는 테스트를 하는 것에만 집중해야 한다. 테스트 코드의 의도를 훼손하지 않는 한, 가능한 한 많은 HTML 마크업, CSS, 자바스크립트를 제거하기 위해서 노력해야 한다. 더 많이 제거할수록, 테스트 대상이 아닌 코드가 테스트 케이스에 영향을 줄 확률이 낮아진다.
- 독립성 - 각 테스트는 독립적으로 동작해야 한다. 테스트의 결과가 다른 테스트에 의존적이 되는 것을 피해야 한다. 테스트를 가능한 작은 단위로 분리하는 편이 에러가 났을 때 정확한 버그의 원인을 찾는데 도움이 될 것이다.

테스트를 만드는 방법은 여러 가지가 있는데, 크게 제거적(deconstructive) 테스트와 추가적(constructive) 테스트가 있다.

- 제거적 테스트 케이스 - 문제를 격리하기 위해 테스트와는 상관 없는 모든 것을 제거하여 기존의 코드가 줄어들면, 제거적 테스트 케이스가 만들어진다. 이는 앞서 예로 든 세 가지 특성을 얻는데 도움이 된다. 추가적인 마크업, CSS, 자바스크립트를 제거한 웹사이트로 테스트를 시작할 수 있다. 문제를 재현할 수 있는 보다 작은 경우에 도달하게 될 것이다.
- 추가적 테스트 케이스 - 추가적 테스트 케이스를 이용할 때는 올바르다고 알고 있는, 작은 테스트 케이스를 가지고 확인하려는 버그가 재현될 때까지 테스트 케이스를 늘려 나간다. 이 스타일의 테스트를 사용하려면, 테스트를 구축할 수 있는 간단한 테스트 파일 몇 개와 코드의 깨끗한 사본을 가지고 테스트를 생성하는 방법이 필요하다.

추가적 테스트 예제를 살펴보자.

작은 테스트 케이스를 생성할 때, 소수의 HTML 파일과 그 HTML 파일에 이미 포함되어 있는 최소한의 기능만으로 시작할 수 있다. 예를 들면, 한 파일은 DOM 조작 기능만 있고, 다른 한 파일에는 Ajax 테스트만 있으며, 다른 하나에는 애니메이션 테스트 기능만 있는 식으로 여러 기능을 각각 서로 다른 파일에 둘 수 있다.

다음 코드는 jQuery를 테스트하는 데 쓰이는 간단한 DOM 테스트를 예로 들고 있다.

2.3 jQuery를 위해 축소한 DOM 테스트 케이스

```html
<script src="dist/jquery.js"></script>
<script>
  $(document).ready(function() {
    $("#test").append("test");
  });
</script>
<style>
  #test { width: 100px; height: 100px; background: red; }
</style>
<div id="test"></div>
```

깨끗한 상태에서 테스트를 만들기 위해서, 다음과 같이 간단한 셸 스크립트를 이용해 라이브러리를 체크아웃하고 거기다가 테스트 케이스를 복사한 다음 테스트 스위트를 빌드하도록 할 수 있다.

```sh
#!/bin/sh
# jQuery 코드를 체크아웃 한다.
git clone git://github.com/jquery/jquery.git $1
# 더미 테스트 케이스 파일을 지정된 디렉터리에 복사한다.
cp $2.html $1/index.html
# 복사한 jQuery 테스트 스위트를 빌드한다.
cd $1 && make
```

gen.sh라는 이름으로 파일을 저장하고, 스크립트를 실행하기 위해서 다음 명령을 실행한다.

```
./gen.sh mytest dom
```

이는 dom.html로부터 DOM 테스트 케이스를 가져와서, 로컬 Git 저장소에 해당 테스트 케이스를 추가한다.

다른 대안은 간단한 테스트 케이스를 생성하기 위해서 미리 구축된 서비스를 이용하는 것이다. 이런 서비스 중 하나는 JS Bin(http://jsbin.com/)이다. 이 서비스는 간단히 테스트 케이스를 만들고 유일한 URL을 통해서 접근할 수 있게 해 준다. (심지어 몇몇 유명한 자바스크립트 라이브러리를 복사해서 테스트에 포함시킬 수도 있다.) JS Bin의 예제는 그림 2.4에서 볼 수 있다.

테스트 케이스를 생성하는데 필요한 도구와 지식을 갖추면, 테스트 케이스를 모아놓은 테스트 스위트를 구축할 수 있고, 이로 인해 테스트를 반복해서 실행하는 것이 쉬워진다. 다음을 자세히 보자.

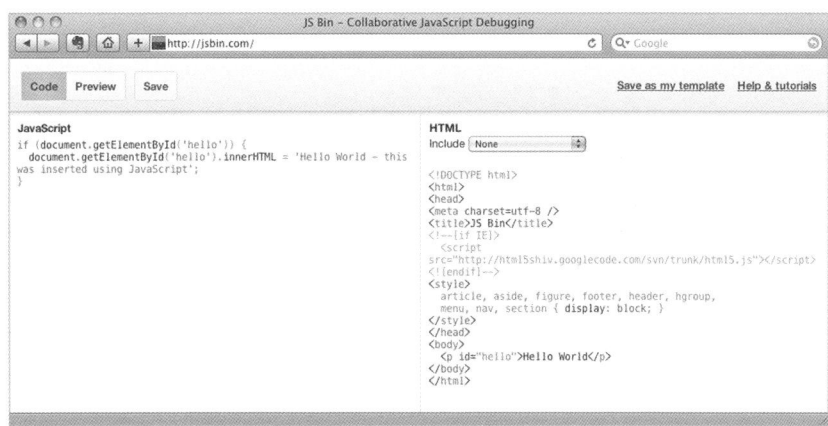

그림 2.4 JS Bin 웹사이트의 동작 스크린샷

2.3 테스트 프레임워크

테스트 스위트는 개발 흐름에서 기본적인 부분으로 다뤄져야 하며, 따라서 여러분의 코딩 스타일과 코드 기반에 적절한 것을 선택해야 한다. 자바스크립트 테스트 스위트는 테스트의 결과를 보여주고, 어떤 테스트가 성공하고 실패하는지 쉽게 알 수 있게 해준다. 테스트 프레임워크는 목표에 도달할 수 있도록 테스트를 생성하고 테스트 스위트 안에 넣는 것 이외에는 신경 쓰지 않도록 도와준다.

테스트 요건에 따라 자바스크립트 단위(unit) 테스트 프레임워크에 요구되는 몇 가지 기능은 다음과 같다.

- 브라우저의 행동(클릭, 키 입력 등)을 흉내 내는 기능
- 테스트 일시 정지와 재개를 지원
- 비동기 테스트에 대한 타임아웃 처리
- 실행되어야 하는 테스트들에 대한 필터링 기능

사람들이 어떤 자바스크립트 테스팅 프레임워크를 매일매일 사용하는지를 보여주는 비공식 조사의 결과는 매우 분명하다. 그림 2.5는 많은 응답자가 전혀 테스트를 하지 않는다는 실망스런 사실을 알려주고 있다. 실전에서 테스트를 하지 않는 비율이 실제로 높다는 것이다.

> **노트:** 원본 결과가 보고 싶다면, http://spreadsheets.google.com/pub?key=ry8NZN4-Ktao1Rcwae-9Ljw&output=html에서 찾을 수 있다.

이 결과를 통해 알 수 있는 또 다른 사실은, 테스트를 작성하는 대다수 개발자들이 다음 네 가지 도구(JsUnit, QUnit, Selenium, YUI Test) 중 하나를 사용하고, 이 네 도구의 점유율이 비슷하다는 점이다. 상위 10가지는 그림 2.6에서 볼 수 있다.

흥미로운 결과라면, 현재 절대적으로 선호되는 하나의 테스팅 프레임워크는 없다는 것이다. 더욱 흥미로운 점은 그림 2.5에서 볼 수 있듯이, 일회성 프레임워크를 이용하는 개발자의 수가 상당히 적다는 것이다.

어떤 사람에게는 테스트 프레임워크를 처음부터 만드는 일이 그다지 어렵지 않다. 그리고 테스트 프레임워크를 직접 만들어 보는 작업은 테스트 프레임워크를 통해서 얻고자 하는 바를 잘 이해하는 데 그다지 나쁘지 않은 방법이다. 테스트 프레임워크를 만드는 것은 보통 크로스 브라우저 이슈에 대한 걱정 없이 순수 자바스크립트만 사용하기 때문에 시도해 볼 만한 흥미로운 주제가 될 수 있다. 하지만 이런 것이 아니라 브라우저의 이벤트를 시뮬레이션 하려고 한

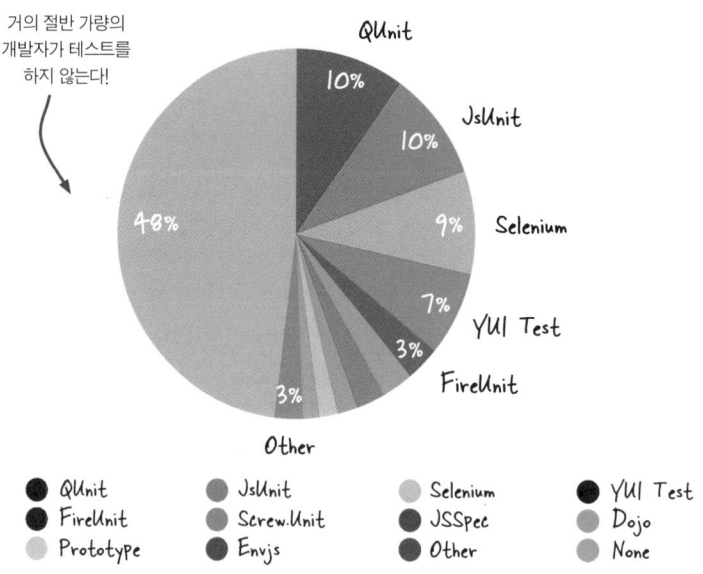

그림 2.5 많은 비율의 자바스크립트 개발자들이 전혀 테스트를 하지 않는 실망스런 결과

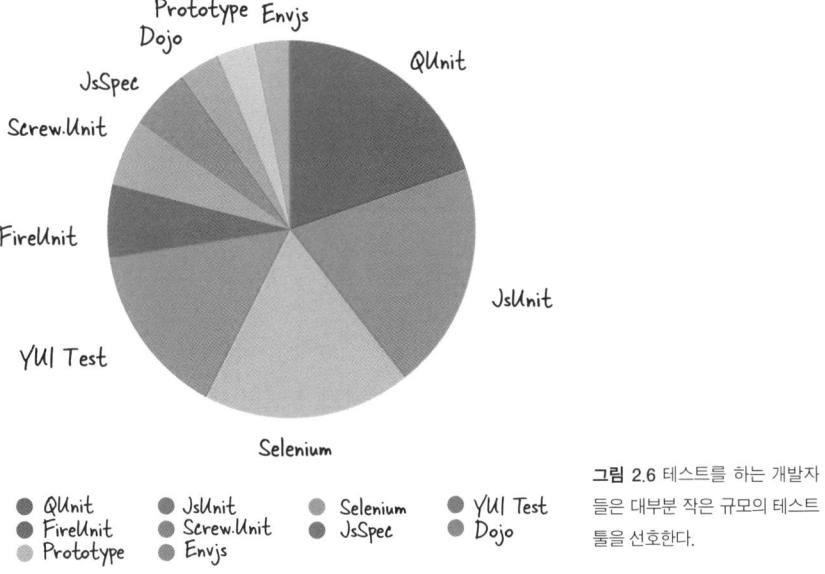

그림 2.6 테스트를 하는 개발자들은 대부분 작은 규모의 테스트 툴을 선호한다.

다면, 그저 행운을 빌 뿐이다! (이에 대해서는 13장에서 상세히 다루겠다.)

그림 2.5를 보면, 소수의 사람들만이 같은 결론에 도달했고, 자신들만의 요구사항에 부합하는 일회성 프레임워크를 작성해 왔음을 알 수 있다. 하지만 자신만의 단위 테스트 프레임워크를 구축할 수 있음에도 불구하고, 이미 구현되어 있는 테스트 프레임워크를 사용하고자 할 수도 있다.

일반적인 자바스크립트 단위 테스트 프레임워크는 보통 테스트 실행기, 테스트 그룹, 검증처리와 같은 몇 가지 기본적인 구성요소를 제공한다. 그리고 일부 프레임워크는 비동기 테스트 실행 기능을 제공하기도 한다. 몇 가지 유명한 단위 테스트 프레임워크에 대해서 간략하게 살펴보자.

2.3.1 QUnit

QUnit은 원래 jQuery를 테스트하기 위해서 만들어진 단위 테스트 프레임워크였다. 하지만 이제는 최초의 목적을 뛰어넘어 독립적인 단위 테스트 프레임워크가 되었다. QUnit은 기본적으로, 작지만 사용하기 쉬운 최소한의 API만을 제공하는, 간결한 단위 테스트 솔루션으로 설계되었다.

QUnit의 특징은 다음과 같다.

- 간결한 API
- 비동기 테스트 지원
- jQuery를 사용하지 않은 코드도 테스트 가능
- 특히 회귀(regression) 테스트에 적합함. 더 많은 정보는 http://qunitjs.com 에서 찾아볼 수 있다.

2.3.2 YUI Test

2008년에 출시된 YUI 테스트는 야후!에서 개발하고 구축한 테스팅 프레임워크다. YUI 3가 출시되는 것과 동시에 2009년에 완전히 새롭게 재작성되었다. YUI 테스트는 코드에서 필요로 하는 어떤 단위 테스트라도 다룰 수 있도록 많은 훌륭한 기능을 제공한다.

YUI 테스트의 특징은 다음과 같다.

- 확장가능하고, 광범위한 단위 테스팅 기능
- 비동기 테스트 지원
- 뛰어난 이벤트 시뮬레이션. 좀 더 많은 정보는 http://developer.yahoo.com/yui/3/test/에서 볼 수 있다.

2.3.3 JsUnit

JsUnit은 자바 진영의 인기 있는 JUnit 테스트 프레임워크를 자바스크립트로 포팅한 것이다. JsUnit은 여전히 가장 인기 있는 자바스크립트 단위 테스트 프레임워크 중에 하나이며, 또한 가장 오래된 프레임워크 중 하나다(기간과 품질, 두 가지 모두에서). 최근에 나온 모든 브라우저에서 잘 작동한다고 하더라도, 요즘에는 많이 업데이트 되지 않아서 JsUnit은 최선의 선택이 아니다. 좀 더 많은 정보는 http://jsunit.berlios.de/에서 찾을 수 있다.

2.3.4 새롭게 등장하는 단위 테스트 프레임워크[1]

JUnit 메인 페이지의 내용에 따르면, Pivotal Labs 팀에서 Jasmine이라는 이름

---

[1] (옮긴이) 본문에는 언급되어 있지 않지만 mocha(https://github.com/visionmedia/mocha)와 nodeunit (https://github.com/caolan/nodeunit)도 각광받고 있다.

의 새로운 테스트 도구에 집중하고 있다고 한다. 좀 더 자세한 정보는 http://pivotallabs.com/what/mobile/overview에서 찾아볼 수 있다. 다른 테스트 도구로는 TestSwarm이 알려져 있다. 분산처리와 지속적인 통합이 지원되는 테스트 도구로, 존 레식(John Resig)과 모질라 랩에서 개발하였다. https://github.com/jquery/testswarm/wiki를 보면 된다. 이제, 테스트 스위트를 생성하는 것에 대해서 살펴보자.

2.4 테스트 스위트의 기본

테스트 스위트의 주된 목적은 개별 테스트를 묶어 하나의 자원으로 제공함으로써 여러 테스트를 한 번에 실행할 수 있게 그리고 반복해서 간단히 실행할 수 있게 하는 것이다.

테스트 스위트가 어떻게 동작하는지 이해하기 위해서, 테스트 스위트가 어떻게 만들어지는지 살펴보자. 놀랍게도, 자바스크립트 테스트 스위트는 정말로 만들기 쉽다. 대략 40줄 정도의 코드로 동작하는 것을 만들 수 있다.

누군가 이렇게 질문할 수도 있다. "도대체 왜 직접 새로운 테스트 스위트를 만들어야 하는 거죠?" 대부분의 경우 직접 자바스크립트 테스트 스위트를 작성할 필요가 없을 것이다. 이미 소개한 것처럼 잘 만들어진 테스트 스위트들이 존재하고 있다. 하지만 직접 테스트 스위트를 만들어 보는 것은 좋은 경험이 된다. 그 중에서도 특히 비동기 테스트가 어떻게 동작하는지를 살펴보면 도움이 된다.

2.4.1 검증 조건

단위 테스트 프레임워크의 핵심은 검증 메서드로, 이 메서드의 이름은 일반적으로 assert()다. 해당 메서드는 항상 검증의 전제가 되는 표현 하나와 검증의 목적을 설명하는 인자를 받는다. 해당 표현 값이 "참"이거나 "참이 될 수 있는 값"이면 검증 조건을 통과하게 된다. 그렇지 않으면, 실패로 간주된다. 연관된 문구는 보통 성공/실패 표시와 함께 출력된다. 다음 코드에서 이 개념의 간단한 구현을 볼 수 있다.

2.4 간단한 자바스크립트 검증 구현

```html
<html>
  <head>
    <title>Test Suite</title>
    <script>
      function assert(value, desc) {                          ❶ assert()
        var li = document.createElement("li");                   메서드 정의
        li.className = value ? "pass" : "fail";
        li.appendChild(document.createTextNode(desc));
        document.getElementById("results").appendChild(li);
      }

      window.onload = function() {
        assert(true, "The test suite is running.");           ❷ 검증 조건을
        assert(false, "Fail!");                                  이용해서 테스트
      };                                                         실행
    </script>

    <style>
      #results li.pass { color: green; }                      ❸ 결과 출력에 도움이
      #results li.fail { color: red; }                           되는 스타일 정의
    </style>
  </head>

  <body>
    <ul id="results"></ul>                                    ❹ 테스트 결과 수집
  </body>
</html>
```

assert() 함수는 의외로 간단하다❶. 먼저, 설명을 포함하는 새로운 〈li〉 엘리먼트를 생성한다. 다음으로 검증 표현식 매개변수의 값에 따라, pass 또는 fail이라고 정의된 CSS 클래스를 할당한다. 그리고 나서 list 엘리먼트에 새로운 엘리먼트를 추가한다❹.

테스트 스위트는 간단한 테스트들을 포함하고 있다❷. 하나는 항상 성공할 것이고, 다른 하나는 항상 실패할 것이다. pass와 fail 클래스의 스타일 규칙은 ❸ 성공과 실패를 색깔로 구분해 알려준다.

assert() 함수는 아주 단순하지만, 앞으로 유용하게 사용할 수 있는 중요한 구성요소다. 이 책에서는 assert() 메서드를 이용하여 여러 코드 조각들을 테스트하고, 정상적으로 동작하는지 확인한다.

2.4.2 테스트 그룹

간단한 검증 조건만으로도 유용하지만, 테스트 내용에 따라서 테스트를 그룹으로 묶을 때, 이는 정말로 유용해지기 시작한다.

단위 테스트에서, 하나의 테스트 그룹은 API나 애플리케이션에서 주로 어떤 한 메서드와 연관된 검증 조건들의 집합을 나타낸다. 또한 행위 주도 개발(behavior-driven development)을 한다면, 테스트 그룹은 태스크에 대한 검증 조건의 집합이 될 것이다. 어쨌거나 두 경우 모두, 테스트 그룹을 구현하는 방식은 거의 동일하다.

다음 테스트 스위트 예제는 테스트 그룹을 제공하고, 테스트 그룹 내에 포함된 각 검증 조건에 대한 결과는 results에 저장된다. 게다가 어떤 검증 조건이 하나라도 실패하면, 전체 테스트 그룹은 실패로 표시된다. 다음 코드의 결과는 꽤 간단하지만, 몇 단계의 동적 제어(테스트 그룹 내에 실패한 테스트가 있을 경우, 테스트 그룹을 확장/축소하거나 필터링하는 것)는 실제로 매우 유용할 것이다.

2.5 테스트 그룹 구현

```
<html>
  <head>
    <title>Test Suite</title>
    <script>

    (function() {
      var results;
      this.assert = function assert(value, desc) {
var li = document.createElement("li");
li.className = value ? "pass" : "fail";
li.appendChild(document.createTextNode(desc));
results.appendChild(li);
if (!value) {
  li.parentNode.parentNode.className = "fail";
}
return li;
      };
      this.test = function test(name, fn) {
results = document.getElementById("results");
results = assert(true, name).appendChild(
  document.createElement("ul"));
fn();
      };
    })();

    window.onload = function() {
      test("A test.", function() {
assert(true, "First assertion completed");
assert(true, "Second assertion completed");
assert(true, "Third assertion completed");
      });
      test("Another test.", function() {
assert(true, "First test completed");
assert(false, "Second test failed");
```

```
              assert(true, "Third assertion completed");
            });
            test("A third test.", function() {
      assert(null, "fail");
      assert(5, "pass")
            });
          };
        </script>
        <style>
          #results li.pass { color: green; }
          #results li.fail { color: red; }
        </style>
      </head>
      <body>
        <ul id="results"></ul>
      </body>
    </html>
```

코드 2.5에서 볼 수 있듯이, 구현은 기본적인 assert() 함수의 로깅 구현과 크게 다르지 않다. 가장 큰 차이는 현재 테스트 그룹을 참조하는 (검증 조건을 적절히 로깅하기 위한 수단인) results 변수를 포함하고 있느냐다.

비동기 테스트 동작을 다루는 방식 역시 테스트 프레임워크의 중요한 측면 가운데 하나다.

2.4.3 비동기 테스트

많은 개발자들이 자바스크립트 테스트 스위트 개발 중에 만나는 힘들고 복잡한 작업은 비동기 테스트다. Ajax 요청이나 애니메이션처럼, 비동기 테스트는 예측할 수 없는 시간이 지난 후에야 결과를 받게 될 것이다.

비동기 테스트의 이러한 이슈를 다루는 작업은 오버엔지니어링이 되기 십상이고, 필요 이상으로 일을 복잡하게 만들기도 한다. 비동기 테스트를 다루려면 다음 단계를 따라야 한다.

1. 동일한 비동기 연산에서 사용해야 하는 검증 조건은 같은 테스트 그룹으로 묶어야 한다.
2. 각 테스트 그룹은 하나의 큐에 존재해야 하고, 이전 테스트 그룹이 모두 종료한 뒤에 실행되어야 한다.

이렇게, 각 테스트 그룹은 비동기적으로 실행될 수 있다. 다음 코드를 보자.

2.6 간단한 비동기 테스트 스위트

```html
<html>
  <head>
    <title>Test Suite</title>
    <script>
      (function() {
        var queue = [], paused = false, results;
        this.test = function(name, fn) {
          queue.push(function() {
            results = document.getElementById("results");
            results = assert(true, name).appendChild(
              document.createElement("ul"));
            fn();
          });
          runTest();
        };
        this.pause = function() {
          paused = true;
        };
        this.resume = function() {
          paused = false;
          setTimeout(runTest, 1);
        };
        function runTest() {
          if (!paused && queue.length) {
            queue.shift()();
            if (!paused) {
              resume();
            }
          }
        }
        this.assert = function assert(value, desc) {
          var li = document.createElement("li");
          li.className = value ? "pass" : "fail";
          li.appendChild(document.createTextNode(desc));
          results.appendChild(li);
          if (!value) {
            li.parentNode.parentNode.className = "fail";
          }
          return li;
        };
      })();
      window.onload = function() {
        test("Async Test #1", function() {
          pause();
          setTimeout(function() {
            assert(true, "First test completed");
            resume();
          }, 1000);
        });
        test("Async Test #2", function() {
          pause();
          setTimeout(function() {
            assert(true, "Second test completed");
            resume();
          }, 1000);
        });
```

```
            };
        </script>
        <style>
            #results li.pass {
                color: green;
            }
            #results li.fail {
                color: red;
            }
        </style>
    </head>
    <body>
        <ul id="results"></ul>
    </body>
</html>
```

코드 2.6의 기능을 분석해 보자. 외부에서 사용 가능한 test(), pause(), resume() 함수 세 개가 있다. 이 세 함수는 다음 특성을 따른다.

- test(fn)은 다수의 검증 조건을 가지고 있는 함수를 인자로 받고, 이 함수를 테스트 실행을 하기 위한 큐에 저장한다. 함수가 가지고 있는 검증 조건은 동기나 비동기로 실행될 것이다.
- pause()는 테스트 함수 안에서 호출된다. 현재 테스트 그룹의 실행이 완료될 때까지, 테스트 스위트에 실행 중인 전체 테스트를 정지하라고 알려준다.
- resume()은 테스트를 재개하고, 이전 테스트 코드가 오래 실행되어 전체 코드가 멈추는 것을 방지하기 위해서 잠시 동안의 딜레이를 준 다음 테스트를 시작한다.

내부적인 구현 함수는 runTest()이며 테스트가 큐에 저장되거나 빠질 때 호출된다. 테스트 스위트가 현재 정지되지 않았는지를 체크하고, 큐 안에 테스트가 있다면, 테스트를 큐에서 빼서 실행을 시도한다. 게다가 테스트 그룹의 실행이 종료된 후에, runTest()는 테스트 스위트가 현재 정지되어 있는지를 검사하고, 그렇지 않다면(테스트 그룹 안에 비동기 테스트만 실행되고 있다면), runTest()는 다음 테스트 그룹을 실행하기 시작한다. 지연 실행에 대해서는 자바스크립트 지연 실행 방법에 대해 상세하게 다루고 있는 8장에서 다시 살펴보겠다.

2.5 정리

이 장에서 자바스크립트 코드 디버깅과 간단한 테스트 케이스 구축에 대해서 다음과 같은 것들을 살펴보았다.

- 코드가 실행 중일 때의 동작을 확인하기 위해 어떻게 로깅을 사용할 수 있는지를 테스트 했고, 심지어 최신 브라우저와 오래된 브라우저들 사이에 차이가 있음에도, 성공적으로 정보를 로깅할 수 있는 편리한 메서드를 구현하기도 했다.
- 실행을 잠시 중지시키고 그 시점의 상태를 살펴볼 수 있도록, 중단점(break-point)을 어떻게 사용하는지 살펴보았다.
- 테스트 생성법과 좋은 테스트의 속성인 반복성, 간결성, 독립성을 정의하고 이를 살펴보았다. 테스트의 두 가지 큰 형태인 제거적 테스트와 추가적 테스트에 대해서 살펴보았다.
- 자바스크립트 커뮤니티에서 어떻게 테스트를 하는가에 대한 자료를 보여줬고, 표준화된 테스트 환경을 사용하기 위해, 살펴보거나 사용하길 바라는 테스트 프레임워크에 대해서 간단히 조사했다.
- 테스트 프레임워크를 만들기 위해서 검증 조건에 대한 개념을 소개했고, 코드가 의도한 대로 동작한다는 것을 검증하는데 사용할 간단한 구현체를 만들었다. 이 구현체는 이 책의 나머지에서 계속 사용할 것이다.
- 마지막으로, 비동기 테스트 케이스를 다룰 수 있는 간단한 테스트 스위트를 어떻게 구축하는지에 대해서 살펴보았는데, 이 기술은 앞으로 자바스크립트 개발의 중요한 초석이 될 것이다.

이제 훈련을 위한 장비를 갖추었다. 잠시 숨을 고른 다음, 훈련장으로 입장하자. 아마 첫 번째 수업은 여러분이 기대했던 주제는 아닐 것이다.

2부 견습 훈련

훈련에 필요한 정신적인 준비와 함께 1부에서 개발한 기본적인 테스트 도구로 무장을 마쳤으니, 여러분들이 사용할 수 있는 자바스크립트 도구와 무기의 기초를 배우기 위한 준비가 끝났다.

3장에서 여러분은 자바스크립트의 가장 중요한 기본 개념에 대해서 배우게 될 것이다. 여기서 말하는 가장 중요한 개념이란, 객체가 아니라 함수다. 이 장은 자바스크립트 함수를 이해하는 게 왜 자바스크립트 언어의 비밀을 해제하는 열쇠인지 가르쳐 줄 것이다.

4장에서도 함수에 대한 깊은 탐구를 이어나간다. 여러 장을 할애해서 어떻게 함수가 웹 개발자들이 마주하고 있는 어려움과 문제점들을 해결해 줄 수 있는지 보여줘야 할 만큼 함수는 중요하다.

5장에서는 클로저를 다루면서 함수를 다루는 수준을 한 단계 끌어올려볼 것이다. 클로저는 아마도 가장 오해를 받고 있는(혹은 사람들이 전혀 모르는) 자바스크립트 언어 요소일 것이다.

6장의 훈련 주제는 객체의 기초인데, 특히 프로토타입에 따라 객체의 청사진이 어떻게 결정되는지를 집중적으로 다룬다. 이 장은 자바스크립트의 객체 지향적 특성을 어떻게 활용할 수 있는지를 가르쳐줄 것이다.

이후 7장에서 여러분의 훈련은 정규 표현식을 철저히 살펴보면서 더욱 깊은 영역으로 들어간다. 자바스크립트 정규 표현식을 잘 사용하여, 많은 코드가 필요한 작업을 단순한 몇 개의 구문으로 간결하게 하는 법을 배울 것이다.

8장에서 자바스크립트가 채택한 싱글 스레드 모델에 대한 내용과 타이머가 어떻게 작동하는지를 배우는 것으로 견습 훈련은 끝난다. 여러분은 타이머로 인해 겪게 될지도 모를 곤란을 피하는 방법과 타이머를 유용하게 사용하는 방법에 대해 알게 될 것이다.

3장

SECRETS OF THE JAVASCRIPT NINJA

함수가 핵심이다

> **이 장에서는 다음 주제를 다룬다.**
> - 함수를 이해하는 것이 왜 중요한가
> - 어떻게 함수가 1종 객체(fist-class objects)인가
> - 브라우저는 어떻게 함수를 호출하는가
> - 함수 선언하기
> - 매개변수 할당의 비밀
> - 함수 내의 콘텍스트

이 장에서는 자바스크립트의 핵심적인 부분을 다룰 텐데, 첫 주제가 객체가 아니라 함수라서 조금 당황했을지도 모르겠다.

분명히 객체와 관련한 내용도 (특히 6장에서) 많이 다루겠지만, 요점을 말하자면 자바스크립트가 함수형 언어라는 것을 얼마나 이해하느냐에 따라, 철수나 영희가 작성한 자바스크립트 코드냐, 아니면 자바스크립트 닌자가 작성한 자바스크립트 코드냐의 차이를 만들어낸다. 여러분이 앞으로 작성할 자바스크립트 코드가 얼마나 세련될지는 바로 여기에 달려있다.

이 책을 읽고 있다면 완전 초보는 아닐 것이기에, 우선은 여러분이 객체의 기초를 충분히 알고 있다고 가정한다(6장에서 고급 객체 개념을 살펴볼 것이다). 하지만 자바스크립트에서 함수를 제대로 이해한다는 것은 닌자가 가장 중요한 무기를 제대로 다룬다는 것과 동일하다. 실제로 함수를 이해하는 것은 매우 중요하기 때문에 세 장을 할애해 철저히 살펴보도록 하겠다.

가장 중요한 점은 자바스크립트에서 함수는 1종 객체(first-class object)라는

것이다. 이는 함수가 다른 자바스크립트 객체와 같은 지위를 가지며, 일반적인 다른 자바스크립트 객체처럼 취급할 수 있다는 것을 의미한다. 다른 자바스크립트 데이터 타입과 마찬가지로, 변수를 통해 함수를 참조할 수 있고, 리터럴로 함수를 선언할 수 있으며 심지어는 함수를 다른 함수의 매개변수로 전달할 수도 있다.

자바스크립트가 함수를 1종 객체로 다룰 수 있다는 점은 여러 면에서 중요하지만, 그중 중요한 이점 하나는 간결한 형태로 코드를 구성할 수 있다는 점이다. 다음 코드를 잠시 살펴보자. 이 코드는 3.1.2절에서 더 깊이 검토할 것이다. 다음 코드는 컬렉션 정렬을 수행하는 자바 명령문이다.

```
Arrays.sort(values,new Comparator<Integer>(){
  public int compare(Integer value1, Integer value2) {
    return value2 - value1;
  }
});
```

다음은 함수형 접근 방식을 사용한 자바스크립트 코드이고, 앞의 자바 코드와 동일한 일을 한다.

```
values.sort(function(value1,value2){ return value2 - value1; });
```

코드 표현 방식이 이상하게 보이더라도 너무 염려하지 마라. 이 장의 내용을 다 보고 나면, 여러분은 이런 표현에 익숙해져 있을 것이다. 자바스크립트를 함수형 언어로 받아들였을 때 얻을 수 있는 장점 중 하나를 간단히 보여주고 싶었을 뿐이다.

이 장에서는 자바스크립트의 함수와 관련한 내용을 철저히 다룰 것이며, 여러분의 자바스크립트 코드가 자부심이 강한 장인이 작성한 코드와 같은 수준에 이르는데 필요한 기초를 모두 제공할 것이다.

3.1 함수형 언어는 무엇이 다른가?

"나는 자바스크립트가 싫어"라고 누군가가 투덜거리는 것을 얼마나 많이 들어 보았는가?

열에 아홉 이상(또는 그보다 많거나)이라는데 내기를 걸겠다. 이런 투덜거림은 누군가가 자신에게 익숙한 다른 언어처럼 자바스크립트를 다루려 했고, 결국 자바스크립트가 그런 익숙한 언어가 아니라는 사실에 좌절했기 때문이다. 이런 경우는 아마도 자바 같은 비함수형 언어를 다루던 사람들에게서 가장 많이 찾아볼 수 있을 것이다. 어쨌거나 많은 개발자들이 자바스크립트를 접하기 전에 자바 같은 비함수형 언어를 배운다.

이러한 개발자들에게 더 문제를 일으키는 것은 자바스크립트라는 당혹스러운 이름 때문이다. 이 언어가 자바스크립트라는 이름을 가진 데에는 장황한 역사가 있는데 그런 역사가 없었고 라이브스크립트(LiveScript)라는 원래의 이름을 유지했거나 또는 덜 혼란스러운 이름이 주어졌다면, 아마도 개발자들은 지금보다는 잘못된 선입견을 덜 가졌을 것이다. 왜냐하면 그림 3.1의 오래된 농담처럼, 자바스크립트와 자바의 관계는 햄버거와 햄의 관계 같이 별 상관이 없기 때문이다.

그림 3.1 자바스크립트와 자바의 관계는 햄버거와 햄의 관계와 같다. 둘 다 맛있지만 이름을 제외하고는 딱히 공통점이 없다.

팁: 자바스크립트라는 이름의 유래에 대해서는 http://en.wikipedia.org/wiki/JavaScript#History, http://web.archive.org/web/20070916144913/http://wp.netscape.com/newsref/pr/newsrelease67.html, 그리고 http://stackoverflow.com/questions/2018731/why-is-javascript-called-javascript-since-it-has-nothing-to-do-with-java를 참고하면 된다. 이 문서들의 논지는 자바스크립트와 자바의 공통점을 얘기하려는 것이 아니라, 자바스크립트와 자바는 각자의 고유 영역을 가지고 서로 보완하는 관계라는 것이다. 이를테면 서버 측 프로그래밍이 자바의 주된 영역이라면, 클라이언트 측 프로그래밍은 자바스크립트의 주된 영역이라는 식이다.

햄버거와 햄은 모두 육류 제품 음식이다. 이처럼 자바스크립트와 자바 모두 C 언어의 영향을 받은 문법을 가진 프로그래밍 언어다. 하지만 그 외에는 딱히 공통점이 없고 근본적으로 다르다.

> **노트:** 몇몇 개발자가 자바스크립트에 대해 좋지 않은 초기 반응을 보이는 요인은, 대부분의 개발자들이 자바스크립트를 브라우저에서 처음 접하기 때문일 것이다. 개발자들은 자바스크립트 언어에 반응하기보다는 DOM API와 연결된 자바스크립트에 움츠러든다. DOM API라… 글쎄, 말하자면 DOM API는 어떠한 '올해의 친절한 API' 상도 받지 못할 것이다. 하지만 이는 자바스크립트의 잘못이 아니다.

함수가 얼마나 자바스크립트의 핵심적인 개념인가를 배우기에 앞서, 자바스크립트의 함수형 언어 특징이 왜 그렇게 중요한지 먼저 살펴보자. 자바스크립트의 함수형 언어 특징은 특히 브라우저에서 작동하도록 작성된 코드에서 더 중요하다.

3.1.1 자바스크립트의 함수형 언어 특징이 왜 중요한가?

여러분이 브라우저에서 작동하는 스크립트를 어느 정도 작성해봤다면, 아마도 이 절에서 논의하고자 하는 내용을 모두 알고 있을 것이다. 그래도 어쨌거나, 우리 모두가 이에 대해 같은 개념을 갖고 있다는 것을 확실히 하도록 하자.

   자바스크립트에서 함수와 함수형 언어 특징이 중요한 이유 중 하나는, 함수가 실행의 기본 모듈 단위이기 때문이다. 마크업이 평가되는 동안 실행되는 인라인 스크립트를 제외하면, (웹)페이지에서 작동하도록 만들어진 모든 스크립트는 함수 안에서 실행될 것이다.

> **노트:** 어둠의 시대에는 동적인 페이지를 만드는데 document.write()를 통한 인라인 스크립트를 사용했다. 오늘날 document.write()는 멸종한 공룡과 같은 것으로 여겨지며 사용을 권장하지 않는다. 동적 페이지를 만드는 더 나은 방법이 있으며, 서버 측 템플릿이나 클라이언트 측 DOM 처리, 또는 이 두 가지를 적절히 혼용한 방법 등이 그것이다.

우리가 작성하는 대부분의 코드는 함수 호출 결과에 따라 실행될 것이다. 따라서 다재다능하고 강력한 구조를 가진 함수는 아주 많은 유연성을 제공하고, 우리의 코드를 좌지우지할 것이다. 이 장의 나머지 부분에서는 1종 객체로서의 함수 특징을 어떻게 유용하게 활용할 수 있는지 살펴볼 것이다.

   지금 "1종 객체"라는 용어를 두 번째로 사용했는데, 이는 중요한 개념이기 때문에 계속 진행하기에 앞서 "1종 객체"가 실제로 무엇을 뜻하는지 확실히 짚고 넘어가자.

1종 객체로서의 함수

자바스크립트의 객체는 다음과 같은 기능적 특징이 있다.[1]

- 리터럴로 생성될 수 있다.
- 변수, 배열 엘리먼트, 다른 객체의 프로퍼티에 할당될 수 있다.
- 함수의 인자로 전달될 수 있다.
- 함수의 결과 값으로 반환될 수 있다.
- 동적으로 생성된 프로퍼티를 가질 수 있다.

자바스크립트의 함수 또한 이 모든 기능을 갖추고 있고, 따라서 함수를 자바스크립트의 다른 객체와 마찬가지로 취급할 수 있다. 그러므로 자바스크립트의 함수를 1종 객체라 할 수 있다.

 그리고 함수를 다른 타입의 객체와 같은 방식으로 취급할 수 있다는 점 외에도, 함수에는 '호출될 수 있다'는 특별한 기능이 있다.

 흔히 함수는 비동기 상태로 호출되는데, 왜 그런지에 대해 조금 이야기해보자.

브라우저 이벤트 루프

그래픽 유저 인터페이스(GUI) 데스크톱 애플리케이션을 만들어 본 적이 있다면, 어떤 프로그래밍 환경에서건 GUI 프로그램은 대부분 비슷한 방식으로 개발한다는 것을 알 것이다.

- 사용자 인터페이스를 설정한다.
- 이벤트가 발생하기를 기다리는 루프에 진입한다.
- 발생한 이벤트에 대한 핸들러(리스너라고도 하는)를 호출한다.

이벤트 루프를 실행하고 이벤트를 이벤트 핸들러에 전달하는 과정을 우리가 작성한 코드가 아니라 브라우저가 처리한다는 점만 제외하면, 브라우저에서의 프로그래밍도 별반 다르지 않다.

---

1 (옮긴이) 이 다섯 개의 특징은 1종 객체의 특징이기도 하다.

우리가 해야 하는 일은 브라우저에서 발생할 수 있는 여러 이벤트에 대해 이벤트 핸들러를 설정하는 것이다. 이벤트가 발생하면 이 이벤트는 이벤트 큐(FIFO 목록, 이후에 자세히 얘기하자)에 들어간다. 그리고 브라우저는 이벤트를 디스패치(dispatch)하며 해당 이벤트에 대해 설정된 모든 이벤트 핸들러를 호출한다.

이런 브라우저 이벤트들이 발생하는 시간은 딱히 정해진 것이 아니고 이벤트가 일어나는 순서 또한 예측할 수 없다. 따라서 브라우저가 이벤트를 처리하고 이벤트 핸들러 함수를 호출하는 과정은 '비동기' 방식이라 말할 수 있다.

브라우저에서 발생하는 이벤트는 다음과 같다.

- 브라우저 이벤트. 페이지 로드를 완료했을 때나 페이지가 언로드 될 때 발생하는 이벤트 등.
- 네트워크 이벤트. Ajax 요청에 대한 응답 이벤트 등.
- 사용자 이벤트. 마우스 클릭, 마우스 움직임 또는 키 눌림 등.
- 타이머 이벤트. 시간 제한이 만료되거나 주기적으로 발생하는 이벤트 등.

우리가 작성하는 대부분의 코드는 어떤 이벤트의 결과로 실행된다. 다음을 살펴보자.

```
function startup(){
  /* 어떤 멋진 일을 한다 */
}
window.onload = startup;
```

앞에서 페이지 로드 이벤트를 처리하는 함수를 만들었다. 함수를 정의하는 구문은 인라인 스크립트의 일부로 실행되지만(함수를 정의하는 코드는 전체 스크립트 코드에서 최상위 단계에 위치하고, 다른 어떤 함수 내에 있지 않다고 가정한다), 함수 안의 '멋진 일'은 브라우저가 페이지를 불러오고 로드 이벤트가 발생할 때까지 실행되지 않는다.

사실 앞 코드를 한 줄로 간단하게 작성할 수도 있다. 다음을 보자.

```
window.onload = function() { /* 멋진 일을 한다 */ };
```

(함수를 만드는 데 사용한 표기법이 이상하게 보이더라도, 이에 대한 내용을

3.2절에서 명확하게 다룰 테니 너무 걱정말기 바란다.)

> **비간섭 자바스크립트(Unobtrusive JavaScript)[2]**
>
> window 인스턴스의 onload 프로퍼티에 함수(그 함수에 이름이 있든 없든 상관없이)를 할당하는 방법은, 여러분이 지금까지 로드 이벤트 핸들러를 설정해왔던 방식과 다를 수도 있다. 아마도 window.onload 대신 <body> 태그의 onload 속성을 사용하는데 더 익숙할지도 모르겠다.
>
> 두 가지 방식 모두 같은 결과를 얻을 수 있지만, 자바스크립트 닌자들은 window.onload 방식을 더 선호한다. 왜냐하면 비간섭 자바스크립트로 잘 알려진 원칙에 부합하기 때문이다.
>
> CSS가 등장하고 나서 문서 스타일 정보가 마크업 외부로 이동한 것을 기억하는가? 단지 소수만이 문서 구조에서 스타일을 분리하는 것이 나쁘다고 주장했고, 지금은 문서 스타일 정보와 마크업을 분리하는 행위는 대부분 올바르다고 간주된다. 마찬가지로 비간섭 자바스크립트는 문서 마크업과 스크립트를 분리함으로써 같은 행위를 한다.
>
> 이로 인해 페이지의 세 가지 주요 구성요소(구조, 스타일, 동작)를 각자의 위치에 멋지게 분리할 수 있다. 구조는 문서 마크업으로 정의하고 스타일은 <style> 요소나 외부 스타일시트에 정의하며 동작은 <script> 블록이나 외부 스크립트 파일에 정의한다.
>
> 예제를 아주 간단하게 구성할 의도나 분명한 목적이 없는 한, 이 책의 예제에서는 문서 마크업 구조 내에 스크립트를 사용하지 않을 것이다.

브라우저 이벤트 루프가 단일 스레드에서 동작한다는 사실은 꼭 알고 있어야 한다. 이벤트 큐에 들어오는 모든 이벤트는 큐에 들어온 순서대로 처리된다. 이는 FIFO(first-in, first-out) 목록이라고 하는데, 오래 전에는 사일로(silo)라고 부르기도 했다. 각 이벤트는 각자의 '순서'가 오면 처리되고, 나머지 모든 이벤트는 현재 순서의 이벤트 처리가 끝날 때까지 기다려야 한다. 어떤 경우에도 두 이벤트 핸들러가 각자의 별도 스레드를 가지고 동시에 실행되지는 않는다.

은행 창구에서 사람들이 줄서는 것을 생각해보라. 모든 사람은 한 줄로 서서 은행원이 각자의 차례를 "처리"하는 것을 기다려야 한다. 그런데 자바스크립트

---

[2] (옮긴이) Unobtrusive의 번역에 대해서는 '겸손한', '나대지 않는' 등 여러 의견이 있으나 이 책에서는 '비간섭'이라는 용어를 사용했다.

에서는 오직 하나의 창구만 열려있다! 그래서 고객들은 그들이 온 순서에 따라 한 번에 한 명만 업무를 볼 수 있다. 만약, 은행 창구에서 회계연도 단위의 큰 재정 계획을 세우는 것이 딱히 문제가 되지 않는다고 생각하는 사람이 단 한 명만 있어도, 전체 업무가 마비될 것이다.

8장에서 이 단일 스레드 실행 모델과 이와 관련한 문제를 어떻게 해결할지 자세히 살펴볼 것이다.

그림 3.2는 단일 스레드에서 브라우저가 이벤트를 처리하는 과정에 대한 간략한 개요다.

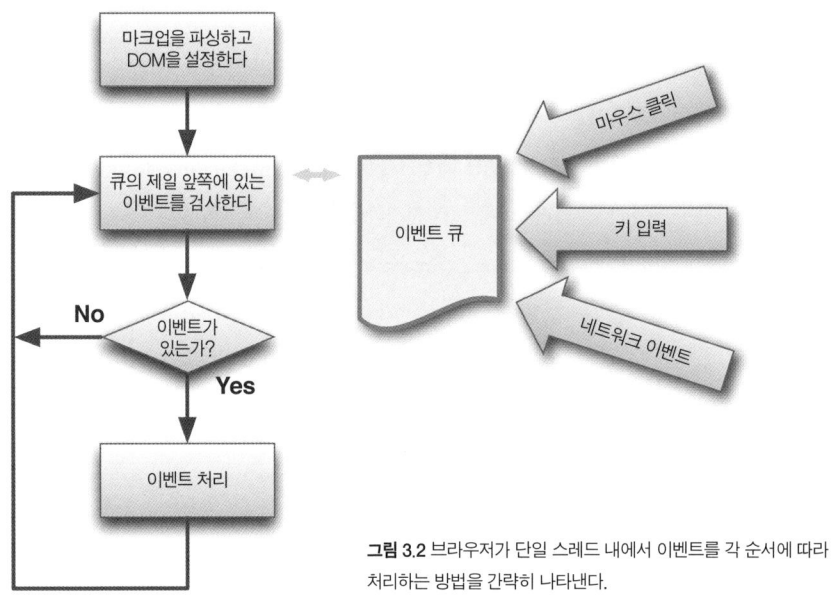

그림 3.2 브라우저가 단일 스레드 내에서 이벤트를 각 순서에 따라 처리하는 방법을 간략히 나타낸다.

코드를 미리 만들어 두고 나중에 실행한다는 개념은 (웹)페이지에서 작동하는 자바스크립트의 핵심이고, 이 책의 예제를 통해서 계속 보게 될 것이다. 인라인 코드를 제외하면 페이지상의 대부분의 코드는 어떤 이벤트의 결과로 실행된다. (이는 그림 3.2 "이벤트 처리" 과정의 일부다.)

이벤트를 큐에 넣는 브라우저 메커니즘이 이벤트 루프 모델 외부에서 작동한다는 사실은 알아둘 필요가 있다. 이벤트가 발생했을 때 그 이벤트를 큐에 넣는 과정은 해당 이벤트를 처리하는 스레드에서 처리하지 않는다.

예를 들어 페이지에서 사용자가 마우스를 흔들면, 브라우저는 이 동작을 탐지하고 일련의 mousemove 이벤트들을 이벤트 큐에 넣을 것이다. 이벤트 루프는 그 mousemove 이벤트들을 처리할 것이며, 해당 이벤트 타입에 설정된 모든 이벤트 핸들러가 호출될 것이다.

이런 이벤트 핸들러는 콜백 함수라고 하는 보다 일반적인 개념의 한 예이다. 콜백 함수는 아주 중요한 개념이고 이제 이를 살펴보자.

콜백 개념

어떤 함수를 만들고 있는데 브라우저가 나중에 그 함수를 호출하거나 다른 코드가 그 함수를 호출한다면, 여러분은 콜백이라는 어떤 것을 만든 것이다. 콜백이라는 용어는 프로그램이 실행되는 동안 어떤 함수가 적절한 시점에서 "다시 호출"된다는 데서 생겨났다.

자바스크립트를 효율적으로 사용하려면 콜백 개념은 필수적이기에, 이제 콜백을 어떻게 사용하는지 실제 사례를 살펴볼 때다. 하지만 실제 사례들은 아무래도 조금 복잡하기 때문에, 그전에 실제 사례에서 복잡한 것들을 다 제거하고 가장 간단한 형태에서부터 콜백 개념을 살펴보자.

이 책의 남은 부분에서 이벤트 핸들러에 콜백을 사용하는 모습을 계속 볼 수 있을 것이다. 하지만 이벤트 핸들러는 콜백의 한 예일 뿐이고 우리가 직접 작성한 코드에서도 콜백을 사용할 수 있다. 다음은 이해를 돕기 위한 예제로, 전혀 쓸모없는 useless 함수다. 이 함수는 다른 함수에 대한 참조를 매개변수로 받고, 매개변수로 넘어온 함수를 콜백으로 호출한다.

```
function useless(callback) { return callback(); }
```

useless()는 쓸모없는 함수이지만, 어떤 함수를 다른 함수에 인자로 전달하고, 매개변수를 통해 전달된 함수를 호출하는 기능을 설명하는 데에는 도움이 된다.

다음 코드를 통해 useless 함수를 테스트할 수 있다.

```
var text = '감사합니다!';
assert(useless(function(){ return text; }) === text,
       "useless 함수가 작동합니다!" + text);
```

여기서, 이전 장에서 만든 assert() 테스팅 함수를 사용했는데, 이는 콜백 함수를 호출하고 그 반환 값이 우리가 기대한 값인지를 검증한다. (콜백 함수의 반환 값은 useless의 반환 값이기도 하다.) 그림 3.3에서 결과를 볼 수 있다.

매개변수로 넘어온 함수를 호출하는 개념은 정말, 정말 쉽다. 이는 자바스크립트의 함수 기능이고, 자바스크립트에서 함수를 1종 객체로 다룰 수 있는 이유이기도 하다.

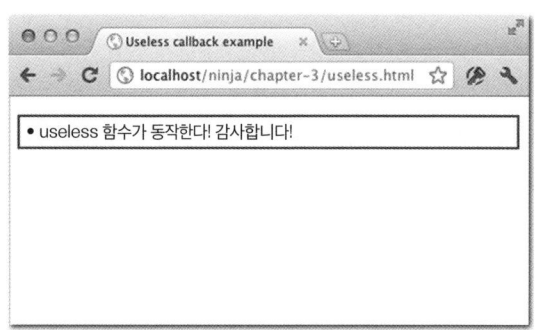

그림 3.3 useless 함수는 특별한 동작을 하지 않지만, 함수는 인자로 전달될 수 있다는 특징을 확인할 수 있고, 나중에 언제든 전달된 함수를 호출할 수 있다는 것을 알 수 있다.

이제 좀 더 쓸모 있는 예제를 살펴보고 비함수형 언어에서 콜백을 사용하는 방식과 비교해보자.

3.1.2 비교자를 사용하여 정렬하기

데이터 컬렉션을 얻으면, 이후에는 대개 특정한 방식에 따라 그 데이터를 정렬해야 할 가능성이 크다. 정렬 방식에 따라 가장 단순한 정렬 연산을 하더라도 콜백이 필요할 수 있다.

[213, 16, 2058, 54, 10, 1965, 57, 9]와 같이 임의 순서로 숫자들이 나열된 배열이 있다고 가정하자. 당장은 이 순서가 괜찮을 수도 있겠지만, 지금이든 나중이든 어떤 정렬 방식으로 이 배열을 다시 정렬할 가능성도 있다.

자바와 자바스크립트 모두 오름차순으로 배열을 정렬하는 간단한 수단을 제공한다.

다음은 자바 코드다.

```
Integer[] values = { 213, 16, 2058, 54, 10, 1965, 57, 9 };
Arrays.sort(values);
```

다음은 자바스크립트 버전이다.

```
var values = [ 213, 16, 2058, 54, 10, 1965, 57, 9 ];
values.sort();
```

> **노트:** 우리는 정말, 정말 자바를 비난하려는 게 아니다. 자바는 좋은 언어다. 자바는 비함수형 언어에 대한 좋은 예이고 자바스크립트를 접하는 많은 개발자들에게 이미 익숙한 언어이기 때문에, 여기서는 설명을 위한 보조 도구로 자바를 사용할 뿐이다.

각 언어의 정렬 방식에는 약간 다른 점이 있는데, 가장 눈에 띄는 것은, 자바는 정적 함수를 가진 유틸리티 클래스를 제공하는 반면, 자바스크립트는 배열 자체의 메서드를 통해 정렬 기능을 제공한다는 점이다. 두 방식 모두 직관적이고 이해하기 쉽다. 그러나 만약 오름차순 외에, 예를 들어 내림차순 정렬 같이 기본으로 제공하는 순서가 아닌 다른 순서로 정렬을 해야 한다면 상황은 현저히 달라진다.

우리가 원하는 어떤 순서로든 값을 정렬할 수 있도록, 두 언어 모두 어떻게 값을 정렬해야 하는지를 나타내는 임의의 비교 알고리즘을 제공할 수 있게 한다. 어떤 값이 다른 값 앞에 와야 하는지를 단순히 기본 알고리즘이 결정하게 놔두지 않고, 그 대신 비교를 수행하는 함수를 제공할 것이다. 정렬을 수행할 때 우리가 제공한 함수를 콜백으로 접근하게 할 것이고, 정렬 과정에서 비교 작업을 수행해야 할 때 언제든 이 함수는 호출될 것이다. 두 언어 모두 이 개념은 비슷하지만 구현 방식은 아주 다르다.

비함수형 언어인 자바에서 메서드는 스스로 존재할 수 없고, 다른 메서드에 인자로 전달할 수도 없다. 더 정확히 말하자면, 메서드는 객체의 멤버로 선언되기 때문에 메서드를 가지고 있는 객체를 다른 메서드에 인자로 전달해야 한다. 따라서 Array.sort() 메서드는 비교 메서드를 가지고 있는 객체를 인자로 받는 오버로드 메서드를 가지고 있다. 그리고 이 오버로드 메서드는 비교를 수행할 때 비교 메서드를 콜백으로 호출할 것이다. 이 객체와 비교 메서드는 반드시 알려진 형식을 따라야 하며(자바는 강한 타입(strong type) 언어이다), 따라서 인터페이스를 정의할 필요가 있다. 이런 정렬을 위해 자바 라이브러리는 다음 인터페이스를 제공한다(하지만 보통은 자신만의 비교 인터페이스를 정의해야 할 필요가 있다).

```
public interface Comparator<T> {
  int compare(T t, T t1);
  boolean equals(Object o);
}
```

초보 자바 개발자라면 이 인터페이스를 구현한 구체(concrete) 클래스를 만들 것이다. 하지만 공정한 비교를 위해, 자바스크립트의 인라인 익명 구현을 사용하는 것과 공평한 수준의 자바 기법을 취할 것이다. 내림차순으로 값을 정렬하기 위해 Arrays.sort() 정적 메서드를 사용하는 방식은 다음 코드와 비슷할 것이다.

```
Arrays.sort(values,new Comparator<Integer>(){
  public int compare(Integer value1, Integer value2) {
    return value2 - value1;
  }
});
```

인라인 Comparator 구현체의 compare() 메서드는 전달된 값의 순서가 반대가 되어야 하면 음수를 반환하고, 그렇지 않으면 양수를 반환해야 하며 두 값이 같으면 0을 반환해야 한다. 따라서 두 값을 빼면 간단히 내림차순으로 배열을 정렬하는데 필요한 값을 얻을 수 있다.

앞 코드를 실행한 결과로 내림차순으로 정렬된 배열을 얻을 수 있다.

```
2058, 1965, 213, 57, 54, 16, 10, 9
```

이 과정은 복잡하지는 않지만, 아주 많은 문법을 수반하고, 특히 아주 간단한 연산을 수행하더라도 그에 필요한 인터페이스를 정의해야만 한다.

이 방식이 얼마나 장황한지는 같은 일을 하는, 함수형 기능의 이점을 살린 자바스크립트 코드를 살펴보면 더욱 분명해진다.

```
var values = [ 213, 16, 2058, 54, 10, 1965, 57, 9 ];
values.sort(function(value1,value2){ return value2 - value1; });
```

인터페이스는 없고 불필요한 객체도 없다. 단 한 줄로 끝난다. 간단히 인라인 익명 함수를 선언했고, 이 익명 함수를 sort() 메서드에 직접 전달했다.

자바스크립트의 함수형 기능은 자바와는 달리 함수를 객체와 별개의 독립체로 존재할 수 있게 해준다. 다른 객체 타입이 그런 것처럼 함수를 다른 메서드에 전달할 수 있고, 역시 마찬가지로, 함수를 매개변수로 받아들일 수 있다. 이런 작동 방식이 함수에게 "1종 객체"의 자격이 있는 이유이다.

자바 같은 비함수형 언어에서 이런 작동 방식은 불가능하다.

노트: Java 8에서는 "람다 표현식"이라는 함수형 언어의 특징이 추가될 가능성이 아주 크지만, 어쨌거나 지금 자바는 함수형 언어가 아니다. 자바를 좋아하지만 함수형 기능의 어떤 것을 원한다면 그루비(Groovy)를 써보라. 그루비는 JVM에서 작동하는 언어로 자바와 매우 닮았으며 함수형 기능을 가지고 있다. 그루비는 오래전에 등장했지만 (Grails 웹프레임워크 덕분에) 뒤늦게 각광을 받고 있다.

자바스크립트 언어의 가장 중요한 기능 가운데 하나는, 표현식을 사용할 수 있는 곳이라면 어디에서든 함수를 만들 수 있다는 것이다. 이를 통해, 어떤 함수를 그 함수가 사용되는 곳 근처에 선언하고 불필요한 함수 이름을 제거함으로써 코드를 보다 짧고 이해하기 쉽도록 할 수 있다. 뿐만 아니라, 어떤 함수를 한 곳에서만 참조하는 경우라면 함수 이름이 굳이 필요하지 않고, 불필요한 함수 이름을 제거함으로써 전역 네임스페이스를 어지럽히는 것을 막을 수 있다.

하지만 함수를 어떤 식으로 선언하든(다음 절에서 이에 대해 더 살펴볼 것이다) 상관없이 함수는 값으로 참조할 수 있고, 또한 함수는 코드 재사용을 위한 라이브러리의 기본적인 빌딩 블록이다. 익명 함수를 포함하여 함수가 어떻게 작동하는지를 가장 근본적인 수준에서 이해한다면, 명확하고 간결하며 재사용 가능한 코드를 작성하는데 필요한 능력을 확연히 향상시킬 수 있을 것이다.

이제 함수를 어떻게 선언하고 호출하는지 더 깊게 살펴보자. 표면적으로는 함수를 선언하고 호출하는데 그다지 특별한 점이 없어 보일 수도 있다. 하지만 실제로는 우리가 알아야 할 것들이 많다.

3.2 함수 선언

자바스크립트 함수는 함수 리터럴을 사용하여 정의하는데, 숫자 리터럴이 숫자 값을 만들어내는 것과 마찬가지로 함수 리터럴은 함수 값을 만들어낸다. 함수가 1종 객체라는 사실을 상기해보라. 문자열이나 숫자 같은 다른 객체와 마찬가지로 함수는 값으로 사용될 수 있다. 그리고 이 사실을 여러분이 깨달았건 그렇지 않건, 이미 그런 방식으로 계속 사용해왔다.

함수 리터럴은 네 가지 부분으로 구성되어 있다.

1. function 키워드.
2. 함수 이름. 함수 이름은 생략할 수 있는데, 만약 함수 이름을 지정하려면 그 함수 이름은 반드시 유효한 자바스크립트 식별자여야 한다.
3. 쉼표로 구분된 매개변수 목록과 그 매개변수 목록을 둘러싸고 있는 괄호. 함수 이름과 마찬가지로 매개변수의 이름은 반드시 유효한 식별자여야 한다. 매개변수 목록은 없어도 되지만 괄호는 반드시 있어야 한다.
4. 함수 본문. 함수 본문은 중괄호로 둘러싸여 있는 일련의 자바스크립트 구문이다. 본문은 비어있을 수 있지만 중괄호는 반드시 있어야 한다.

함수 이름을 생략할 수 있다는 사실이 몇몇 개발자들에게는 놀라운 일일 것이다. 그러나 앞 절에서 다루었던 익명 함수 같은 예제를 이미 충분히 보았다. 이름을 사용하여 함수를 참조할 필요가 없다면 굳이 함수에 이름을 지정할 필요는 없다. (고양이와 관련한 농담이 있다. '불러도 오지 않는데 왜 고양이들에게 이름을 붙여주었나?')

만약 함수에 이름이 있다면, 그 이름은 함수가 정의되어 있는 모든 유효 범위에서 유효하다. 더욱이 이름을 가진 함수가 최상위 단계에서 선언되었다면, window 객체에 그 함수 이름과 동일한 이름의 프로퍼티가 정의된다. 그리고 window 객체에 정의된 프로퍼티는 해당 함수를 참조한다.

그리고 마지막으로, 모든 함수에는 name이라는 프로퍼티가 있는데, 이 프로퍼티의 값은 함수 이름에 대한 문자열이다. 이름이 없는 함수도 이 프로퍼티를 가지고 있는데, 그 값은 빈 문자열이 될 것이다.

그런데 이런 사실들을 '증명'할 수 있는데 왜 계속 '말'만 하고 있어야 할까? 지금까지 함수에 대해 이야기한 것들이 사실인지 확실히 하기 위한 테스트를 작성할 수 있다. 다음 코드를 살펴보자.

3.1 함수 선언과 관련한 내용들을 증명하기

```
<script type="text/javascript">
    function isNimble(){ return true; }

    assert(typeof window.isNimble === "function",
        "isNimble() 정의됨.");
    assert(isNimble.name === "isNimble",
        "isNimble()에는 이름이 있음.");

    var canFly = function(){ return true; };

    assert(typeof window.canFly === "function",
        "canFly() 정의됨.");
    assert(canFly.name === "",
        "canFly()에는 이름이 없음.");
    window.isDeadly = function(){ return true; };

    assert(typeof window.isDeadly === "function",
        "isDeadly() 정의됨.");

    function outer(){
      assert(typeof inner === "function",
    "inner 함수가 정의된 위치 앞쪽에서 inner()는 유효함.");
      function inner(){}
      assert(typeof inner === "function",
    "inner 함수가 정의된 위치 뒤쪽에서 inner()는 유효함.");
      assert(window.inner === undefined,
    "전역 유효 범위에 inner()는 없음.");
    }

    outer();
    assert(window.inner === undefined,
        "inner()는 전역 유효 범위에 없음.");

    window.wieldsSword = function swingsSword() { return true; };

    assert(window.wieldsSword.name === 'swingsSword',
        "wieldSword의 실제 이름은 swingsSword이다.");
</script>
```

❶ 이름이 지정된 함수를 정의한다. 이 이름은 현재 유효 범위 전체에서 사용할 수 있고, 암묵적으로 window의 프로퍼티로 추가된다.

❷ 첫 번째 테스트는 window 객체에 프로퍼티가 만들어졌는지를 확인한다. 두 번째 테스트는 함수의 name 프로퍼티에 값이 기록되었는지를 확인한다.

❸ 익명 함수를 생성하고 canFly 변수에 할당한다. canFly 변수는 window의 프로퍼티이며, 함수의 name 프로퍼티는 빈 값이다.

❹ canFly 변수가 익명 함수를 참조하고 있는지를 확인하고, name 프로퍼티가 빈 문자열(null이 아니라)로 설정되어 있는지를 확인한다.

❺ window의 프로퍼티에 익명 함수를 만든다.

❻ 프로퍼티가 함수를 참조하고 있는지를 테스트한다. 마찬가지로 함수의 name 프로퍼티가 빈 값인지도 테스트 할 수 있었을 것이다. (하지만 생략한다.)

❼ outer 함수 내부에 inner 함수를 정의한다. inner()를 정의한 위치의 앞과 뒤에서 inner()를 참조할 수 있는지 테스트한다. 그리고 전역 유효 범위에 inner()에 대한 참조가 생성되지 않았는지 테스트한다.

❽ 전역 유효 범위에서 outer()를 참조할 수 있는지 테스트한다. 하지만 inner()는 그렇지 않아야 한다.

함수의 name 프로퍼티 값은 그 함수를 할당한 변수의 이름과는 아무 관련이 없다. 이는 오직 함수 리터럴에서 사용한 이름에 의해 결정된다.

이 테스트 페이지에서, 우리는 세 가지 다른 방식으로 전역 유효 범위에 함수를 정의했다.

- isNimble() 함수는 이름을 가진 함수다❶. 이는 대부분의 개발자들이 보아 왔던 가장 일반적인 선언 형식이다. 하지만 이 책을 읽다보면 일반적인 함수 선언 형식에 대한 생각이 바뀔 것이다.

- 익명 함수를 생성하고 canFly 전역 변수에 할당했다❸. 자바스크립트 함수 기능 덕분에 canFly()와 같이 함수는 참조(canFly 전역 변수)를 통해 호출될

수 있다. 이런 관점에서 보면, 기능적으로는 "canFly"라는 이름을 가진 함수를 선언하는 것과 동일하다. 하지만 완전히 같지는 않은데, 가장 큰 차이는 함수의 name 프로퍼티가 "canFly" 문자열이 아니라 빈 문자열 " "이라는 것이다.

- 또 다른 익명 함수를 선언하고 window의 isDeadly 프로퍼티에 할당했다 ❺. 다시 말하자면, 그 함수를 이 프로퍼티(window.isDeadly() 또는 그냥 isDeadly())를 통해 호출할 수 있다. 그리고 다시 말하지만, 기능적으로는 "isDeadly"라는 이름을 가진 함수와 거의 동일하다.

함수와 관련하여 지금까지 말한 것들이 사실임을 확인하는 검증조건들을 예제 곳곳에 두었고, 그림 3.4는 이들에 대한 테스트 결과다.

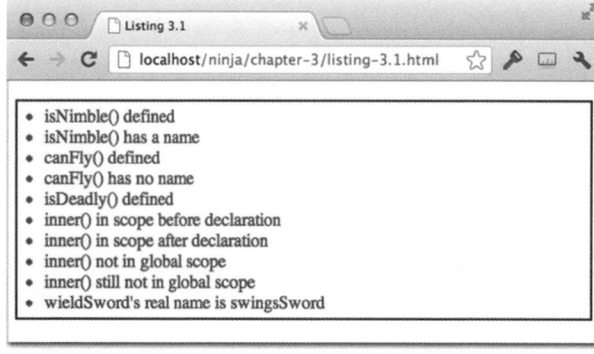

그림 3.4 테스트 페이지 실행 결과는 우리가 함수에 대해 이야기했던 것들이 사실임을 보여준다!

- 테스트는 다음을 증명한다.
- window.isNimble은 함수로 정의되었다. 이는 이름을 가진 함수는 window 객체의 프로퍼티로 추가된다는 것을 증명한다 ❷.
- 이름이 지정된 함수 'isNimble()'의 name 프로퍼티 값은 "isNimble"이다 ❷
- window.canFly는 함수로 정의되었고, 이 전역 변수(함수를 참조하고 있더라도)는 결국 window에 속해 있다 ❹.
- canFly에 할당된 익명 함수의 name 프로퍼티 값은 빈 문자열이다 ❹.
- window.isDeadly는 함수로 정의되었다 ❻.

> **노트:** 앞의 테스트는 지금까지 우리가 함수에 대해 얘기한 '모든' 것에 대한 완전한 테스트 세트는 아니다. '모든' 것을 검증하기 위해, 앞 예제에 정의한 함수들에 대한 테스트 코드를 어떻게 확장할 수 있을까?

이제 지역 함수 테스트를 살펴보자. 이에 어울리는 outer()라는 이름의 함수를 만들었고, 이 함수에서 지역 유효 범위에 선언된 함수에 대한 검증조건을 테스트 한다❼. 여기서 inner()라는 내부 함수를 선언했다. 하지만 inner() 함수를 선언하기 전에, 이 함수가 유효 범위에 있는지를 검증한다. 이는 함수가 선언된 유효 범위 전체, 심지어는 선언된 곳의 앞쪽에서도 그 함수를 참조할 수 있다는 가정을 테스트한 것이다.

그러고 나서 inner() 함수를 선언했고, 다시 한 번 inner() 함수가 유효 범위 내에 있는지를 검사한다. 그리고 전역 유효 범위에 없는지도 검사한다.

마지막으로, outer() 함수를 호출하여 내부 테스트를 실행하고, inner 함수가 전역 유효 범위에 생성되지 않았다는 것을 검증한다❽.

이 개념들은 아주 중요하다. 왜냐하면 이 개념은 명명법, 프로그램 흐름, 함수형 코드를 제공하는 구조에 대한 기초가 되고, 이들은 프레임워크를 구성하는 필수 재료이며, 우리는 프레임워크를 통해 함수형 프로그래밍이 가져다 주는 큰 이득을 얻을 수 있기 때문이다.

inner 함수의 중요한 점❽, 즉, inner 함수를 outer 함수 안에서 미리 참조할 수 있다는 사실은 어쩌면 놀랄 만한 것이다. "함수를 선언했을 때, 해당 함수를 사용할 수 있는 유효 범위는 어디까지인가"는 좋은 질문이다. 다음 절에서 답을 구할 수 있을 것이다.

3.2.1 유효 범위와 함수

함수를 선언할 때, 그 함수가 속한 유효 범위와 그 함수 자체가 '만들어 내는' 유효 범위가 그 함수 내의 선언들에 어떤 영향을 주는지 신경 써야 한다.

C 언어의 영향을 받은, 즉, 블록 구분자로 중괄호({와 })를 사용하는 문법을 가진 언어들과 자바스크립트의 유효 범위는 사뭇 다르게 작동한다. 대부분의 언어에서 각 블록은 각자의 유효 범위를 갖고 있지만 자바스크립트에서는 그렇지 않다!

자바스크립트의 유효 범위는 블록이 아니라 함수에 의해 정의된다. 블록 안에서 선언한 어떤 요소의 유효 범위는 블록의 끝에서 끝나지 않는다. (다른 언어에서는 끝난다.)

다음 코드를 살펴보자.

```
if (window) {
  var x = 213;
}
alert(x);
```

다른 대부분의 언어에서 x의 유효 범위는 보통 if 구문 블록의 끝에서 끝나고, alert에서는 x가 undefined 값이기에 에러가 나야 할 것이다. 하지만 웹페이지에서 앞의 코드를 실행하면 값 213이 표시되는데, 이는 자바스크립트가 블록의 끝에서 유효 범위를 종료시키지 않았기 때문이다.

이는 간단하게 보이지만 선언 대상이 무엇이냐에 따라 유효 범위 규칙에 몇 가지 미묘한 차이가 있다. 이 미묘한 차이 가운데 몇 가지는 조금 낯설게 보일 수도 있다.

변수는 함수 내에서 변수가 선언된 부분부터 함수 끝부분까지 유효하다. 블록이 중첩되어 있더라도 변수 유효 범위에 영향을 주지는 않는다.

이름을 가진 함수는 그 함수가 선언된 함수 내부 전체에서 유효하다. 역시 블록 중첩은 무시된다. (이를 끌어올리기(hoisting) 메커니즘이라고도 한다.)

이런 유효 범위 규칙을 따르기 위해, 전역 콘텍스트는 마치 페이지의 모든 코드를 둘러싸고 있는 하나의 커다란 함수처럼 작동한다.

그냥 말만하지 말고 이를 실제로 증명해보자. 다음 코드를 살펴보라.

```
function outer(){
  var a = 1;
  function inner(){ /* 아무것도 하지 않음 */ }
  var b = 2;
  if (a == 1) {
    var c = 3;
  }
}
outer();
```

이 코드에서는 outer() 함수, inner() 내부 함수, 그리고 outer() 함수 내의 숫자 변수 a, b, c 이렇게 다섯 개의 항목을 선언했다.

이 다양한 항목이 어느 유효 범위에 속해 있고, 어디에 속해 있지 않은지(이 사항이 아마도 가장 중요할 것이다)를 테스트 하기 위해, 앞의 코드 전체에 테스트 코드 블록을 배치할 것이다. 테스트 코드 블록은 전략적으로 각 항목의 선언마다 배치된다. 각 테스트는 항목 하나가 유효 범위에 있는지를 검증한다. (단, 첫 번째 assert 문은 예외인데 이 assert는 테스트가 아니고, 단지 테스트 코드와 출력을 보다 읽기 편하도록 도움을 주는 라벨일 뿐이다.)

다음은 테스트 블록이다.

```
assert(true,"설명 문구");
assert(typeof outer==='function',
       "outer()는 유효 범위에 있음.");
assert(typeof inner==='function',
       "inner()는 유효 범위에 있음.");
assert(typeof a==='number',
       "a는 유효 범위에 있음.");
assert(typeof b==='number',
       "b는 유효 범위에 있음.");
assert(typeof c==='number',
       "c는 유효 범위에 있음.");
```

많은 경우, 이 테스트 중 몇 개는 실패한다는 점을 유념하라. 일반적인 상황이라면 이 검증들이 항상 성공하기를 기대할 것이다. 하지만 이 코드는 오직 설명만을 위한 것으로, 테스트 항목이 유효 범위에 있는지 없는지에 따라 테스트가 성공하느냐 실패하느냐를 보여준다.

코드 3.2는 완전히 조합된 코드이고, 반복되는 테스트 코드는 생략했기 때문에 우리는 전체 구조에 더 집중할 수 있다. (테스트 코드가 있는 곳은 제거하였고 대신 주석 '/* 테스트 코드 */'로 나타냈다. 따라서 여러분은 실제 페이지 파일 어느 곳에 테스트 코드가 위치하는지를 알 것이다.)

3.2 선언 종류와 방식에 따른 유효 범위 살펴보기

```
<script type="text/javascript">
    assert(true,"|----- outer 앞쪽 -----|");
    /* 테스트 코드 */

    function outer(){
        assert(true,"|----- outer 내부, a 앞쪽 -----|");
        /* 테스트 코드 */

        var a = 1;
        assert(true,"|----- outer 내부, a 뒤쪽 -----|");
        /* 테스트 코드 */

        function inner(){ /* 아무것도 하지 않음. */ }
```

다른 항목들을 선언하기 전에 outer() 함수 내부에서 테스트 블록을 실행한다. outer() 함수는 inner() 함수 밖에서 정의되었지만, inner() 함수 내에서도 여전히 유효 범위에 있다. 함수는 선언되기 전에도 참조될 수 있지만, 변수는 그렇지 않기 때문에 다른 테스트들은 실패한다.

아무것도 선언하지 않은 상태에서 테스트 블록을 실행한다. 모든 테스트는 각 항목이 유효 범위에 있는지를 검증하고, 그래서 항목을 선언하기 전에 해당 항목을 참조하는 테스트는 대부분 실패할 것이다. 이 시점에서는 오직 최상위 함수인 outer()만 유효 범위에 있다. outer()만 제외하고 나머지 모든 테스트가 실패하는 것을 확인하려면 그림 3.5를 보라. (브라우저에서 코드를 실행해보는 게 더 낫다. 그러면 이 책의 설명과 그림을 보기 위해 왔다 갔다 책 페이지를 넘기지 않아도 된다.)

변수 a를 선언한 다음에 outer() 함수 내부에서 테스트 블록을 실행한다. 이 시점에서 테스트 결과는 a가 유효 범위에 추가되었다는 것을 나타낸다.

```
        var b = 2;

        assert(true,"|----- outer 내부, inner()와 b의 뒤쪽 -----|");
        /* 테스트 코드 */

        if (a == 1) {
          var c = 3;
          assert(true,"|----- outer 내부, if 내부 -----|");
          /* 테스트 코드 */
        }

        assert(true,"|----- outer 내부, if 바깥 -----|");
        /* 테스트 코드 */
      }

      outer();

      assert(true,"|----- outer 뒤쪽 -----|");
      /* 테스트 코드 */
    </script>
```

inner()와 b를 선언한 다음에 테스트 코드를 실행한다. 이 테스트는 b가 유효 범위에 추가되었다는 것을 보여준다. 두말할 필요 없이 이 시점에서 inner()는 유효 범위에 존재한다. inner()의 유효 범위는 inner()를 포함하고 있는 outer() 함수의 첫 부분까지 확장되고, inner() 함수는 outer() 함수의 유효 범위 내에서 제거되지 않는다.

if 블록 내에서 변수 c를 선언한 다음 테스트를 실행한다. 테스트는 이 시점에서 모든 항목이 유효 범위에 있음을 보여준다.

outer() 함수 내의 if 블록 뒤에 나오는 테스트를 실행한다. if 블록이 닫혔음에도 불구하고, 테스트는 if 내에서 선언된 변수 c가 여전히 유효 범위에 있음을 나타낸다. 블록 기반 유효 범위를 가진 대부분의 다른 언어와는 달리, 변수는 모든 블록 경계를 무시하고 선언된 부분부터 함수의 끝까지 유효하다.

outer()가 선언된 이후 전역 유효 범위에서 테스트를 실행한다. 다시 말하자면, 오직 outer()만 유효 범위에 있는데, 이는 outer() 내부에서 선언된 모든 것의 유효 범위는 outer() 내부에 국한되기 때문이다.

그림 3.5는 이 코드를 실행한 결과다.

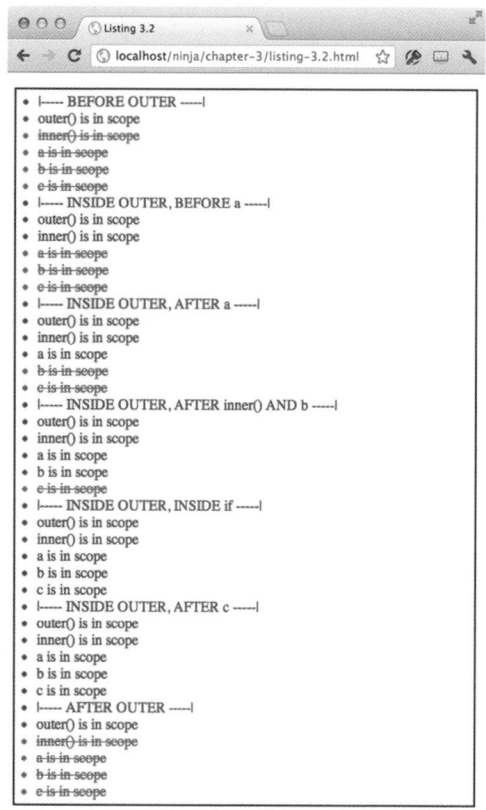

그림 3.5 유효 범위 테스트 실행결과는 선언된 항목이 유효 범위에 있는지 아닌지를 확실히 보여준다.

예상한 대로, 실패가 많은데 이는 모든 항목이 테스트 블록이 위치한 곳에서 유효 범위에 있는 것은 아니기 때문이다.

특히 숫자 변수 a, b, c는 오직 그들이 정의된 부분부터 outer()의 끝부분까지만 유효한 반면, (호이스팅된) inner() 함수는 outer() 함수 전체에서 유효하다. 함수는 그들의 유효 범위에서 미리 참조될 수 있지만, 변수는 그렇지 않다는 것을 명백히 보여준다.

또한 주의를 기울여 살펴볼 부분으로, c가 선언된 if 구문 블록이 닫히더라도 c의 유효 범위는 소멸되지 않았다는 점을 기억하자. 변수 c는 블록 내에 중첩되어 있음에도, 마치 변수가 블록 외부에서 선언된 것처럼 변수 c가 선언된 지점부터 outer()의 끝까지 유효하다.

변수 항목의 유효 범위는 그림 3.6에 그래프로 나타나 있다.

그림 3.6 각 항목의 유효 범위는 항목이 어디에 선언되었느냐 뿐만 아니라, 그 항목이 변수냐 함수냐에 따라 다르다.

곰곰이 생각해 볼 것: 이제 여러분은 유효 범위에 대해 어느 정도 이해를 했을 테니, 다음 질문에 대답을 할 수 있어야 한다. 왜 테스트 블록의 내용을 포함하는 함수를 만들어서 필요할 때마다 호출하지 않고, 테스트 블록을 계속 복사-붙여넣기를 했을까? (물론, 여러분에게 답을 알려주지는 않을 것이다.)

지금까지 함수를 어떻게 선언하는지 살펴보았다. 이제 함수를 어떻게 호출할 수 있는지 살펴보자.

3.3 호출

지금까지 자바스크립트에서 함수 호출은 많이 사용해 봤지만, 실제로 함수가 호출될 때 어떻게 동작하는지 궁금해서 살펴본 적이 있는가? 이 절에서는 함수를 호출하는 여러 방법을 다룰 것이다.

점차 다루겠지만 함수가 호출되는 방식은 코드 작동 방식에 큰 영향을 미치는데, 특히 this 매개변수가 어떻게 설정되는지를 결정한다. 이 차이는 언뜻 생각하는 것보다 훨씬 더 중요하다. 우리의 코드를 닌자 수준으로 상승시키는데 도움이 되도록, 이 절에서 그와 관련한 내용을 다루고 이 책의 나머지 부분에서 활용할 것이다.

함수를 호출하는 데에는 실제로 네 가지 다른 방법이 있는데, 이들 방법에는 약간의 차이가 있다.

- 함수로 호출. 복잡할 것 없이 익숙한 방식으로 함수를 호출한다.
- 메서드로 호출. 이 경우 함수 호출과 객체는 서로 묶여있는데, 이는 객체 지향 프로그래밍을 가능케 한다.
- 생성자로 호출. 이는 새로운 객체를 생성한다.
- 함수의 apply()나 call() 메서드를 통해 호출한다. 이는 조금 복잡하기 때문에 나중에 다룰 것이다.

이 방법들 중 마지막 방법을 제외하면, 함수 호출 연산자는 함수를 참조하는 표현식과 괄호로 구성된다. 함수에 전달하는 모든 인자는 괄호 사이에 쉼표로 분리된 목록으로 위치한다.

예를 들면 다음과 같다.

```
expression(arg1,arg2);
```

함수를 작동시키는 네 가지 방법을 자세히 살펴보기 전에, 먼저 함수에 전달할 인자들에게 어떤 일이 일어나는지 살펴보자.

3.3.1 인자(argument)에서 함수의 매개변수(parameter)까지

함수를 호출할 때 인자 목록을 제공하면, 이 인자들은 함수를 정의할 때 지정한 매개변수에 각 매개변수의 순서대로 할당된다. 첫 번째 인자는 첫 번째 매개변수에 할당되고, 두 번째 인자는 두 번째 매개변수에 할당되는 그런 식이다.

인자 개수와 매개변수의 개수가 다르더라도 에러는 발생하지 않는다. 자바스크립트는 이런 상황에도 완벽히 대응하고 다음과 같이 이를 처리한다.

- 매개변수보다 많은 인자가 제공되었다면, '남은' 인자들은 매개변수에 할당되지 않는다.

  예를 들어, 다음과 같이 정의된 함수에 대해 얘기해보자.

  ```
  function whatever(a,b,c) { ... }
  ```

  whatever(1,2,3,4,5)로 함수를 호출하면, 인자 1, 2, 3은 각각 a, b, c에 할당될 것이다. 인자 4와 5는 어떤 매개변수에도 할당되지 않는다.

  매개변수에 인자가 할당되지 않더라도, 할당되지 않은 값들을 얻을 수 있는 방법이 존재하며, 곧 이 방법을 살펴볼 것이다.

- 만약 인자보다 매개변수가 많을 경우, 인자와 부합하지 않는 매개변수는 undefined로 설정된다.

  예를 들어 whatever(a,b,c) 함수를 whatever(1)과 같이 호출한다면 매개변수 a에는 1이 할당되지만 b와 c는 undefined로 설정된다.

그리고 아주 흥미롭게도 모든 함수 호출에는 암묵적으로 arguments와 this 두 매개변수가 넘어온다.

'암묵적'이란 arguments와 this 매개변수가 함수 선언에 명시적으로 나타나 있지 않음을 뜻한다. 이 매개변수들은 눈에 보이지 않게 함수에 전달되고 어쨌거나 함수 내의 유효 범위에 존재한다. 함수 내에서 이 매개변수들은 명시적으로 이름 붙은 매개변수와 동일한 방식으로 참조할 수 있다.

암묵적으로 전달되는 이 매개변수를 각각 살펴보자.

ARGUMENTS 매개변수

arguments 매개변수는 함수에 전달된 모든 인자들을 담고 있는 컬렉션이다. 이 컬렉션은 인자 개수를 나타내는 length 프로퍼티를 가지고 있고, 배열 인덱스 표기법을 사용하여 개별 인자 값을 얻을 수 있다. 예를 들면, arguments[2]는 세 번째 매개변수 값을 가져올 것이다.

그러나 arguments 매개변수는 배열이 아니라는 점을 유념하라. arguments는 배열이라고 착각하기 쉬운데, arguments는 length 프로퍼티를 갖고 있고, 배열 표기법을 사용하여 요소 값을 얻을 수 있으며 심지어는 for 루프를 사용하여 순회할 수도 있기 때문이다. 하지만 arguments는 자바스크립트 배열이 '아니다'. 만약 Array 객체의 메서드를 arguments에 사용하려 하면, 배열에 유용하게 사용할 수 있는 Array 객체의 메서드가 없다는 사실 때문에 실망할지도 모른다. arguments는 단지 "유사배열"로 간주하고, 사용성에 있어 배열보다는 제한이 있음을 염두에 두어라.

this 매개변수는 한층 더 흥미롭다.

"THIS" 매개변수

함수를 호출할 때마다, 함수를 호출할 때 명시적으로 주어진 인자를 나타내는 arguments 외에도, this라는 매개변수 또한 함수에 전달된다. this 매개변수는 암묵적으로 함수 호출과 관계된 객체를 참조하며, 이를 '함수 콘텍스트'라 한다.

자바 같은 객체 지향 언어의 개념을 따르면 this는 그 메서드가 정의되어 있는 클래스의 인스턴스를 가리키며, 함수 콘텍스트도 그렇게 이해할 수 있다. 하지만 주의하라! 살펴본 대로 '메서드' 호출은 함수를 호출할 수 있는 네 가지 방법 중 하나일 뿐이다. 앞으로 살펴보겠지만, this 매개변수는 자바에서처럼 '어떤 식으로 함수를 정의하였나'가 아니라, 함수를 어떻게 '호출'할 것인가와 관련이 있다. 이런 사실 때문에 this를 '호출' 콘텍스트라고 부르는 것이 더 명확하지만, 호출 콘텍스트라는 표현에 대해서는 어떤 공식적인 합의도 이루어지지 않았다.

이제 네 가지 호출 메커니즘이 어떻게 다른지 살펴보자. 그리고 여러분은 각 호출 메커니즘에 따라 this 값이 어떻게 달라지는지 볼 것이다. 그러고 나서 3.4절에서 함수 콘텍스트와 관련한 내용을 자세히 살펴볼 테니, 호출 콘텍스트와 관련한 내용이 지금 당장 쉽게 이해되지 않더라도 걱정하지 말라. 차근차근 살펴보면 된다.

이제 함수가 어떻게 호출될 수 있는지를 살펴보자.

3.3.2 함수로 호출

"함수로 호출?" 글쎄, 물론 함수는 함수로 호출한다. 다르게 생각한다는 게 오히려 말이 안 된다.

하지만 사실상, 함수를 "함수로" 호출한다고 말하는 것은 다른 호출 메커니즘(메서드, 생성자, apply/call)과 구분하기 위한 것이다. 만약 메서드, 생성자 또는 apply()나 call()을 통해 함수를 호출하지 않는다면, 이는 그냥 "함수로" 호출하는 것이다.

"함수로 호출"의 형식은 () 연산자를 사용하여 함수를 호출하는 것이다. 그리고 이 함수 호출 표현식에서 함수는 어떤 객체의 프로퍼티로 간주되지 않는다. (함수가 어떤 객체의 프로퍼티인 경우는 메서드 호출이다. 이와 관련한 내용은 다음에 다룰 것이다.)

여기 간단한 예제가 있다.

```
function ninja(){};
ninja();

var samurai = function(){};
samurai();
```

이 상태로 호출되었을 때, 함수 콘텍스트는 전역 콘텍스트(window 객체)이다. 지금 당장은 이를 검증하는 테스트를 작성하지는 않을 텐데, 이후 다른 호출 메커니즘들을 다루면서 더 흥미로운 테스트를 할 것이기 때문이다.

"함수를 함수로 호출"한다는 이 개념은 이 다음에 얘기할 "메서드로 호출"의 한 가지 특별한 경우다. "함수로 호출" 하는 경우, 암묵적으로 모든 함수의 "소유자"는 window 객체다. 이런 암묵성 때문에, 실제로 내부적으로 무엇이 어떻게 돌아가는지를 딱히 신경 쓰지 않고도 여러분은 함수를 호출해왔고, 이런 이유로 일반적으로는 "함수로 호출"이라는 별도의 메커니즘이 있다고 생각할 수 있다.

그럼 이 "메서드"가 도대체 뭔지 알아보자.

3.3.3 메서드로 호출

함수를 객체의 프로퍼티로 할당하고, 그 프로퍼티를 사용하여 '참조에 의한 호출'이 일어나면, 함수는 그 객체의 메서드로 호출된다. 다음은 그 예제다.

```
var o = {};
o.whatever = function(){};
o.whatever();
```

이런 경우, 함수를 "메서드"라고 부르지만, 그런데 대체 뭐가 흥미롭거나 유용하다는 것일까?

음, 만약 여러분이 다른 객체 지향 언어에 대한 경험이 있다면, 메서드를 가지고 있는 객체를 메서드 내에서 this로 사용할 수 있다는 점을 기억할 것이다. 같은 일이 여기서도 일어난다. 우리가 어떤 객체의 메서드로 함수를 호출하면, 그 객체는 함수 콘텍스트가 되고 함수 내에서 this 매개변수로 참조할 수 있다. 이는 자바스크립트로 객체 지향 코드를 작성할 수 있게 하는 주요 수단 중 하나다. (생성자도 그런 수단 중 하나인데 곧 만날 수 있을 것이다.)

이는 window 객체에 함수가 정의되고 window에 대한 참조를 사용할 필요가 없는 "함수로 호출"과는 대조적이다. 그러나 암묵적인 window 참조를 생략할 수 있다는 점만 제외하면 근본적으로는 같다. "함수로 호출"에서 함수는 window에 "속하고", window는 함수 콘텍스트로 설정된다. 이는 위 예제에서 객체 o가 함수 콘텍스트가 되는 것과 같은 방식이다. 이 메커니즘들이 다르게 보이더라도 그것들은 실질적으로 같다.

"메서드로 호출"과 "함수로 호출"의 비슷한 점과 차이점을 드러내기 위해 다음 테스트 코드를 살펴보자.

3.3 함수 호출과 메서드 호출의 차이점을 나타낸다[3]

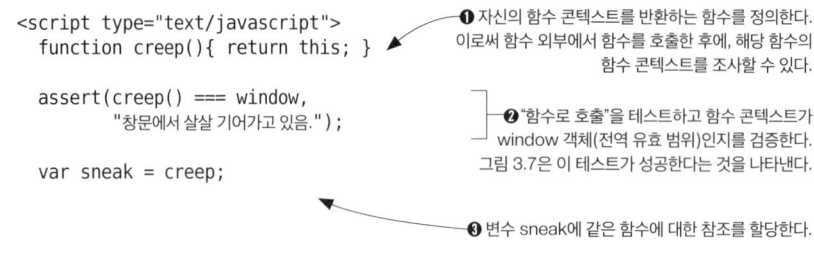

---

3 (옮긴이) creep은 '살살 기어가다', sneak는 '몰래 움직이다', skulk는 '몰래 숨다'라는 의미다.

```
assert(sneak() === window,
       "창문에서 살금살금 움직이고 있음.");
var ninja1 = {
  skulk: creep
};
assert(ninja1.skulk() === ninja1,
       "첫 번째 닌자가 숨어있다.");
var ninja2 = {
  skulk: creep
};
assert(ninja2.skulk() === ninja2,
       "두 번째 닌자가 숨어있다.");
</script>
```

❹ sneak 변수를 사용하여 함수를 호출한다. 변수를 사용했지만 함수는 여전히 "함수로 호출"되고 함수 콘텍스트는 window이다.

❺ ninja1 객체를 만들고, 원본 creep() 함수를 참조하는 skulk 프로퍼티를 만든다.

❻ skulk 프로퍼티를 통해 함수를 호출한다. 따라서 이 함수는 ninja1의 메서드로 호출된다. 함수 콘텍스트는 더 이상 window가 아니라 ninja1이다. 이것이 객체 지향이다!

❼ ninja2 객체를 생성한다. ninja2 객체 또한 creep()을 참조하는 skulk 프로퍼티를 가진다.

❽ ninja2의 메서드로 함수를 호출한다. 함수 콘텍스트는 ninja2이다.

그림 3.7은 모든 테스트 검증 조건이 통과된 것을 보여준다.

이 테스트에서 creep이라는 이름을 가진 함수를 만들고❶ 나머지 코드에서 계속 사용했다. creep 함수는 오직 자신의 함수 콘텍스트만 반환하기 때문에, 이를 통해 함수 밖에서 해당 호출에 대한 함수 콘텍스트가 무엇인지를 알 수 있다. (하지만 함수를 호출하기 전에 함수 콘텍스트가 무엇인지를 미리 알 수 있는 방법은 없다.)

함수를 그 함수의 이름으로 호출하면, 이는 "함수로 호출"하는 경우이고, 따라서 함수 콘텍스트는 전역 콘텍스트, 즉, window일 것이다. 이를 ❷에서 검증하였고 그림 3.7에서 보는 것처럼 이 검증 조건은 성공했다. 지금까지는 좋다.

그런 다음, sneak라는 변수로 함수 참조를 만들었다❸. 이것이 함수의 두 번째 인스턴스(혹은 복사본)을 생성하지는 않는다는 것을 유념하라. 이는 단지 원본 함수에 대한 참조를 만들 뿐이다. 알다시피 이는 1종 객체(함수도 1종 객

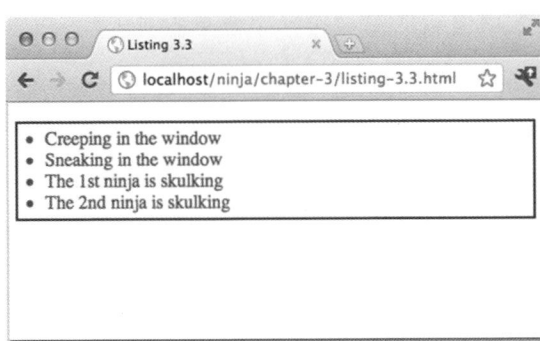

그림 3.7 "일반" 함수 또는 메서드와 같이 여러 방식으로 호출되는 하나의 함수.

체다)와 다른 모든 객체에 대해서도 마찬가지다.

　함수 호출 연산자는 함수로 평가되는 모든 표현식에 적용될 수 있다. sneak 변수는 함수로 평가되고 따라서 sneak 변수를 통해 "함수로 호출"하는 것이 가능하다. sneak 변수를 통해 함수를 호출하면 함수 콘텍스트는 window라고 예상할 수 있으며❹, 이는 실제로 그렇다.

　이제 약간의 요령을 부려서, creep() 함수를 참조하는 skulk라는 프로퍼티를 가진 객체를 변수 ninja1에 정의한다❺. 이렇게 함으로써 객체에 skulk라는 메서드를 만들었다고 할 수 있다. creep()을 ninja1의 메서드라고 할 수는 없는데, ninja1이 creep()을 갖고 있지는 않기 때문이다. 이미 보았듯이 creep()은 여러 방식으로 호출할 수 있는 독립적인 함수다.

　앞서 언급한 바에 따르자면, 메서드로 함수를 호출했을 때 함수 콘텍스트는 그 메서드를 가지고 있는 객체여야 한다(이 경우는 ninja1이다). 그리고 ❻에서 이를 검증했고 그림 3.7은 이것이 사실임을 증명한다. 우리는 순조롭게 진행하고 있다.

　이 특별한 기능은 자바스크립트로 객체 지향 코드를 작성하는데 결정적인 역할을 한다. 또한 이는 객체 지향 프로그래밍의 기본 개념 중 하나로, 메서드를 소유하고 있는 객체를 참조하기 위해 어떤 메서드 내에서든 this를 사용할 수 있다는 것을 뜻한다.

　논지를 확실히 하기 위해, 다른 객체 ninja2를 생성함으로써 테스트를 계속할 것이다. ninja2 객체 또한 skulk라는 프로퍼티를 가지고, 이 프로퍼티는 creep() 함수를 참조한다❼. skulk 메서드를 ninja2를 통해 호출함으로써, 이 호출의 함수 콘텍스트가 정확하게 ninja2라는 것을 검증할 수 있다.

　creep() 함수를 이 예제에서 내내 사용하고 있지만, 함수가 어떻게 정의되느냐가 아니라, '어떻게 호출되느냐'에 따라 각 호출에 대한 함수 콘텍스트가 변한다는 것을 유념해야 한다.

　예를 들면, ninja1과 ninja2는 정확하게 동일한 함수 인스턴스를 공유하고 있다. 하지만 함수가 실행되면 함수는 그 메서드가 호출된 객체에 접근하고, 그 메서드가 호출된 객체에 따라 필요한 연산을 수행한다. 이것은 서로 다른 객체라 하더라도 같은 처리를 수행하는 함수라면, 객체마다 별도의 함수 복사본을 생성할 필요가 없다는 것을 뜻한다. 그리고 이것은 객체 지향 프로그래밍의 신조이다.

함수를 하나만 정의하고 여러 객체에서 메서드로 사용할 수 있다는 것은 강력한 능력이다. 하지만 이 예제에서 사용한 수단에는 한계도 있다. 어쨌거나 가장 중요한 점은, 두 개의 ninja 객체를 생성했을 때 하나의 함수를 각 객체의 메서드로 사용할 수 있었다는 것이다. 다만, 각 객체마다 각자의 skulk 메서드를 설정하기 위해 약간의 반복된 코드를 사용해야만 했다.

그러나 실망할 필요는 없다. 자바스크립트는 하나의 패턴으로부터 객체들을 생성하는 더 쉬운 메커니즘을 제공한다. 이 기능은 6장에서 더 자세히 살펴볼 것이다. 하지만 지금은 함수 호출과 관련한 메커니즘을 더 살펴보자.

3.3.4 생성자로 호출

생성자로 함수를 사용할 때에도 외형상 크게 특별한 것은 없다. 생성자 함수도 다른 함수와 같은 방식으로 선언한다. 차이점은 함수를 어떻게 호출하느냐이다.

'생성자로' 함수를 호출하려면 함수 호출 앞에 new 키워드를 붙인다.

예로, 앞절의 creep() 함수를 떠올려보자.

```
function creep(){ return this; }
```

creep() 함수를 생성자로 호출하려면 다음과 같이 하면 된다.

```
new creep();
```

하지만 creep()을 생성자로 호출할 수 있다고 하더라도, creep() 함수는 생성자로 사용하기에는 적당하지 않다. 어떤 점이 생성자를 특별하게 하는지 살펴보자.

생성자의 강력함

생성자로 함수를 호출하는 것은 자바스크립트만의 강력한 기능인데, 생성자가 호출되면 다음과 같은 특별한 행동이 일어나기 때문이다.

- 비어있는 객체가 새로 생성된다.
- 새로 생성된 객체는 this 매개변수로 생성자 함수에 전달되고, 따라서 생성자

의 함수 콘텍스트가 된다.
- 어떤 명시적인 반환 값이 없다면, 새로 생성된 객체가 생성자의 값으로 반환된다.[4]

왜 creep()이 쓸모없는 생성자인지를 마지막 항목이 말해준다. 생성자의 목적은 새로 생성한 객체의 내용을 설정하고, 새 객체를 생성자의 값으로 반환하는 것이다. 그 의도와 맞지 않다면 어떤 것이든 생성자로 사용할 함수에는 적합하지 않다.

코드 3.4에서 코드 3.3의 몰래 숨어있는 닌자를 더 간결한 방식으로 설정하는 함수를 살펴보자. 이 함수는 생성자 용도에 적합하다.

3.4 공통 객체를 설정하기 위해 생성자를 사용함

```
<script type="text/javascript">
  function Ninja() {
    this.skulk = function() { return this; };
  }

  var ninja1 = new Ninja();
  var ninja2 = new Ninja();
  assert(ninja1.skulk() === ninja1,
      "첫 번째 닌자가 숨어있다.");
  assert(ninja2.skulk() === ninja2,
      "두 번째 닌자도 숨어있다.");
</script>
```

❶ 함수 콘텍스트가 어떤 객체이건 상관없이 현재 함수 콘텍스트에 skulk 프로퍼티를 설정하는 생성자를 정의한다. skulk 프로퍼티에 할당된 메서드는 함수 콘텍스트를 반환하기 때문에, 외부에서 함수 콘텍스트 값을 테스트할 수 있다.

❷ new를 사용하여 생성자를 호출하고, 이런 방식으로 객체 두 개를 만든다. 새로 생성된 객체를 ninja1과 ninja2로 참조한다.

❸ 생성자를 통해 만들어진 객체의 메서드를 테스트한다. 각 메서드는 각자의 생성자로 만들어진 객체를 반환해야 한다.

이 테스트의 결과는 그림 3.8에 나타나 있다.

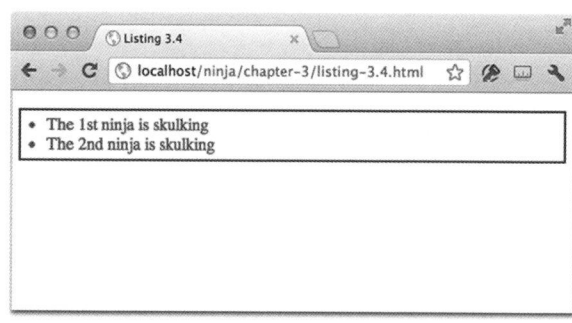

그림 3.8 생성자를 사용하여 하나의 패턴으로 다수의 객체를 생성할 수 있다. 이는 간단하고 편하다.

---

4 (옮긴이) 만약 원시 타입을 반환하면 그 값은 무시된다.

이 예제에서 닌자를 만드는 용도로 사용할 Ninja()❶라는 함수를 만들었다. new 키워드를 사용하여 이 함수를 호출하면, 빈 객체 인스턴스가 생성되고, 생성자 함수에 빈 객체 인스턴스가 this로 전달된다. 생성자 함수는 this 객체에 skulk라는 프로퍼티를 생성하고 함수를 할당한다. 결국 새로 생성된 객체는 skulk 프로퍼티를 갖게 된다.

skulk 메서드는 앞 절에서 다룬 creep()과 같은 연산을 수행한다. 이 메서드는 함수 콘텍스트를 반환하여 함수 외부에서 함수 콘텍스트 값을 테스트 할 수 있다.

생성자를 정의하고 이를 두 번 호출하여 두 개의 새로운 Ninja 객체를 만들었다❷. 생성자 호출로부터 반환된 값은 새로 생성된 Ninja 객체이며, 이는 각 변수를 통해 참조된다는 것을 기억하자.

그런 다음 코드 3.3에 있는 테스트와 같은 테스트를 실행한다. 해당 메서드를 가지고 있는 객체에서 각 메서드가 수행된다는 것을 확인한다❸.

생성자로 사용하려는 함수는 보통 다른 함수와 다르게 작성한다. 어떻게 다른지 보자.

생성자를 작성할 때 고려해야 할 것들

생성자 함수는 특정한 상태로 초기화된 객체를 만들어 반환하기 위해서 사용한다. 그런데 이 생성자 함수를 "일반" 함수처럼 호출하는 것이 가능하다. 심지어 객체의 프로퍼티에 할당하여 메서드로 호출할 수도 있다. 하지만 이런 식으로 사용하는 게 보통 그렇게 유용하지는 않다.

예를 들면, 다음과 같이 Ninja() 함수를 호출하는 것도 유효한 용법이기는 하다.

```
var whatever = Ninja();
```

하지만 이 결과는 window에 skulk 프로퍼티가 만들어지고, 반환 값은 window이며 window가 whatever 변수에 저장된다. 이는 딱히 유용한 연산이 아니다.

일반적으로 생성자는 다른 함수와는 다른 방식으로 작성하고 사용하기 때문에, 생성자는 생성자로 호출하지 않으면 쓸모가 없다. 따라서 평범한 함수나 메서드와 생성자를 구분하도록 명명 규칙(naming convention)이 필요하게 되었다. 만약 여러분이 관심을 기울였다면 이미 그 명명 규칙을 알아챘을 것이다.

함수와 메서드의 이름은 보통 그들이 하는 것을 설명하는 동사(skulk(), creep(), sneak(), doSomethingWonderful() 기타 등등)로 시작한다. 그리고 첫 글자는 소문자이다. 반면, 생성자의 이름은 보통 생성할 객체가 무엇인지를 설명하는 명사이고 대문자로 시작한다. (Ninja(), Samurai(), Ronin(), KungFuPanda() 기타 등등)

어떻게 생성자가 같은 코드를 계속 반복하지 않고 하나의 패턴에 따라 다수의 객체를 쉽게 생성하는지는 쉽게 알 수 있다. 생성자 함수의 내용으로 한 번만 공통 코드를 작성하면 된다. 6장에서 생성자 사용과 자바스크립트에서 제공하는 다른 객체 지향 메커니즘(객체 패턴을 더 쉽게 만들어주는)을 더 살펴볼 것이다.

하지만 아직 함수 호출과 관련한 것을 모두 살펴보지는 않았다. 함수 호출을 세세하게 제어하는데 도움이 되는 다른 방법이 있다.

3.3.5 apply() 메서드와 call() 메서드를 사용한 호출

실행되는 함수에 this 매개변수가 암묵적으로 전달되는데, 이 this 값이 어떤 객체이고 결국 어떤 객체가 함수 콘텍스트가 되느냐가 각 함수 호출 방식의 주요 차이점이라는 것을 보았다. 메서드 호출의 경우, 함수 콘텍스트는 메서드를 소유하고 있는 객체이다. 최상위 함수의 경우, 함수 콘텍스트는 항상 window(다르게 말하자면 함수는 window의 메서드다)이다. 생성자의 경우, 함수 콘텍스트는 새로 생성된 객체 인스턴스였다.

하지만 만약 this를 우리가 원하는 어떤 값으로 사용하고 싶다면 어떻게 할까? 만약 this를 명시적으로 설정하고 싶으면 어떻게 하는가? 왜 그런 방법들이 필요할까?

이 기능에 대해 왜 주의를 기울여야 하는지 잠시 살펴보자. 이벤트가 발생하여 이벤트 핸들러 함수가 호출될 때를 생각해보면, 이벤트 핸들러의 함수 콘텍스트는 해당 이벤트와 바인딩된 객체로 설정된다. 이벤트 처리에 대해서는 13장에서 자세히 다루겠지만, 지금은 그냥 이벤트와 바인딩된 객체는 이벤트 처리기를 가지고 있는 객체라고 가정한다. (예를 들어 button 엘리먼트의 onclick 이벤트에 이벤트 처리기를 설정했다면, 이 이벤트 처리기 함수의 함수 콘텍스트는 button 엘리먼트가 될 것이다.)

이것은 일반적으로 우리가 원하는 작동 방식이지만, 항상 이런 작동을 원하는 것은 아니다. 예를 들어 메서드의 경우, 함수 콘텍스트를 이벤트를 발생시킨 객체가 아니라 그 메서드를 소유하고 있는 객체에 강제로 설정하고 싶을 때가 있을 것이다. 이 시나리오는 13장에서 보게 될 것이다. 그런데 정말 그게 가능할까?

그렇다, 가능하다.

APPLY()와 CALL() 메서드 사용하기

자바스크립트는 함수를 호출할 때 어떤 객체든 명시적으로 함수 콘텍스트로 지정할 수 있는 수단을 제공한다. 모든 함수에 대해 apply()와 call(), 이 두 메서드 중 하나를 사용하여 함수 콘텍스트를 지정할 수 있다.

그렇다. 함수의 메서드라 얘기했다. 함수는 1종 객체(Function() 생성자로 생성되었다고 보면 된다)이기 때문에, 함수는 다른 모든 객체 타입처럼 프로퍼티와 메서드를 가질 수 있다.

apply() 메서드를 사용하여 함수를 호출하려면 apply()에 두 개의 매개변수를 전달해야 한다. 하나는 함수 콘텍스트로 사용할 객체와 다른 하나는 인자 값을 담은 배열이다. call() 메서드도 비슷한 방식으로 사용하지만, 인자를 배열로 전달하지 않고 인자 목록으로 직접 전달한다.

다음 코드는 이 두 메서드들의 작동 방식을 나타낸다.

3.5 apply()와 call() 메서드를 사용하여 함수 콘텍스트를 제공한다

```
<script type="text/javascript">
  function juggle() {                              ← ❶ 함수를 정의한다.
    var result = 0;
    for (var n = 0; n < arguments.length; n++) {   ← ❷ 인자들을 모두 더한다.
      result += arguments[n];
    }
    this.result = result;                          ← ❸ 결과를 함수 콘텍스트에 저장한다.
  }

  var ninja1 = {};                                 ← ❹ 테스트 대상 객체를 설정한다.
  var ninja2 = {};

  juggle.apply(ninja1,[1,2,3,4]);                  ← ❺ 함수를 호출(apply)한다.
```

```
        juggle.call(ninja2,5,6,7,8);                          ◀─── ❻ 함수를 호출(call)한다.

    assert(ninja1.result === 10,"apply를 사용하여 처리함.");
    assert(ninja2.result === 26,"call을 사용하여 처리함.");    ── ❼ 기대한 결과를 얻었는지를
</script>                                                           테스트한다.
```

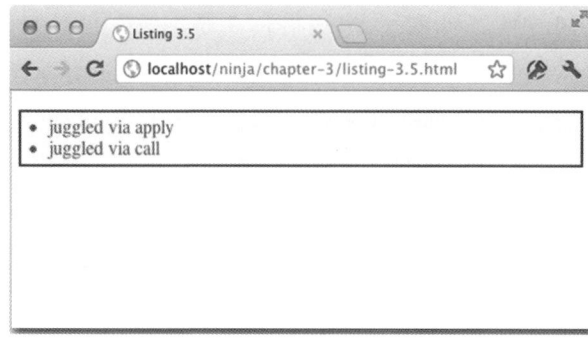

그림 3.9 apply()와 call() 메서드를 사용하면 어떤 객체든 함수 콘텍스트로 설정할 수 있다.

테스트 결과는 그림 3.9에 나타나 있다.

이 예제에서 우리는 juggle()이라는 함수를 만들었고❶, 이 함수는 모든 인자 값을 더하여❷, 값을 더한 결과를 함수 콘텍스트의 result라는 프로퍼티에 저장한다. 저글링 정의가 꽤나 형편없지만,[5] 이 juggle() 함수는 인자가 함수에 제대로 전달되었는지, 그리고 어떤 객체가 함수 콘텍스트가 되는지를 판단할 수 있게 해준다.

그런 다음 함수 콘텍스트❹로 사용할 두 객체를 만들었다. 첫 번째 객체와 인자 배열을 apply() 메서드에 전달했고❺, 두 번째 객체를 다른 인자 몇 개와 함께 call() 메서드❻에 전달했다.

그런 다음 테스트를 했다!❼

먼저 apply()로 전달한 ninja1을 검사하고, result 프로퍼티가 모든 인자 값을 더한 값인지를 확인한다. 그런 다음 call()로 전달한 ninja2에 대해서도 같은 테스트를 한다.

그림 3.9의 결과는 테스트가 성공했다는 것을 나타내고, 이는 함수 호출 시에 임의의 객체를 함수 콘텍스트로 지정할 수 있음을 뜻한다.

이는 기본적으로 지정되는 함수 콘텍스트를 우리가 선택한 객체로 바꿔치기

---

5 (옮긴이) 저글링에는 숫자 등을 조작한다는 뜻도 있다.

할 때 유용한 수단이며, 특히 콜백 함수를 호출할 때 유용하다.

콜백의 함수 콘텍스트를 강제로 지정하기

우리가 선택한 객체를 함수 콘텍스트로 강제 지정하는 구체적인 예제를 살펴보자. 배열의 모든 요소에 대해 어떤 연산을 수행하는 간단한 함수를 가정하자.

명령형 프로그래밍에서는 일반적으로 메서드에 배열을 전달하고, for 루프를 사용하여 모든 배열 요소를 순회하면서 각 배열 요소에 대해 연산을 수행한다.

```
function(collection) {
  for (var n = 0; n < collection.length; n++) {
    /* collection[n]에 대해 무엇인가를 한다. */
  }
}
```

이와는 대조적으로 함수형 프로그래밍 방식에서는, 요소 하나에 대한 연산을 하는 함수를 만들고, 모든 배열 요소를 각각 그 함수에 전달한다.

```
function(item){
  /* item에 대해 무엇인가를 한다. */
}
```

명령형 프로그래밍과 함수형 프로그래밍의 차이점은 함수를 단지 명령 구문으로만 취급하지 않고 프로그램 빌딩 블록으로 여기는 것에 있다.

어떻게 보면 for 루프를 단지 한 단계 밖으로 꺼냈을 뿐이기에, 여러분은 아마도 함수형 프로그래밍의 방식을 딱히 고려할 가치가 없다고 생각할지도 모르겠다. 하지만 이 예제에서 두드려볼 것들이 아직 남아있다.

보다 함수형 스타일에 부합하는 프로그래밍을 할 수 있도록, 상당수의 인기 있는 자바스크립트 라이브러리들은 "for-each" 함수를 제공한다. for-each 함수는 배열의 각 요소에 대해 콜백 함수를 호출한다. for-each 방식은 보다 간결하고, for-each 스타일은 함수형 프로그래밍에서는 전통적인 for 구문보다 더 선호된다. 함수형 프로그래밍의 조직 구조를 통해 얻을 수 있는 유연함은 5장에서 클로저를 살펴볼 때 더 명확해질 것이다(코드 재사용이라는 측면에서 특히 그렇다). 단순히 보면 순회 함수는 '현재' 요소를 콜백 함수에 매개변수로 전달할 뿐이지만, 가장 중요한 점은 현재 요소를 콜백의 함수 콘텍스트로 지정한다는 것이다.

노트: 자바스크립트 1.6에서는 Array 인스턴스에 forEach() 메서드를 정의하였고, 현재 대다수 브라우저는 이를 구현하였다.

다음 코드에서 우리만의 (간단한) forEach 함수를 만들어보자.

3.6 함수 콘텍스트를 설정하는 for-each 함수 구현하기

```
<script type="text/javascript">
  function forEach(list,callback) {
    for (var n = 0; n < list.length; n++) {
      callback.call(list[n],n);
    }
  }

  var weapons = ['shuriken','katana','nunchucks'];

  forEach(
    weapons,
    function(index){
      assert(this == weapons [index],
      weapons [index] + "에 대해 기대한 값을 얻음.");
    }
  );
</script>
```

❶ for-each 함수를 정의한다.
❷ 콜백을 호출한다.
❸ 테스트 대상을 설정한다.
❹ 함수를 테스트한다.

이 예제에서 정의한 순회 함수의 특징은 간단하다. 순회할 객체 배열을 첫 번째 인자로 받고, 두 번째 인자로 콜백 함수를 받는다❶. 이 함수는 배열 요소를 순회하며 각 요소에 대해 콜백 함수를 호출한다❷.

콜백 함수의 call() 메서드를 사용했는데, 현재 순회 대상 요소를 call() 메서드의 첫 번째 매개변수로 전달하고 루프 인덱스를 두 번째 매개변수로 전달했다. 이는 현재 순회 요소를 콜백 함수의 함수 콘텍스트로 지정하며, 인덱스 값은 콜백 함수에 단일 매개변수로 전달하게 된다.

이제 테스트를 해보자!

간단한 배열을 만들었고❸, 테스트 배열과 콜백을 전달하며 forEach() 함수를 호출했다. 콜백은 각 호출에 대해 함수 콘텍스트가 기대 값으로 설정되었는지를 테스트한다❹. 그림 3.10은 forEach 함수가 문제없이 훌륭하게 작동한다는 것을 나타낸다.

실제 제품을 구현할 때는 해야 할 것들이 더 많다. 예를 들면, 첫 번째 인자가 배열이 아니라면 어떻게 되는가? 두 번째 인자가 함수가 아니라면 어떻게 되는가?

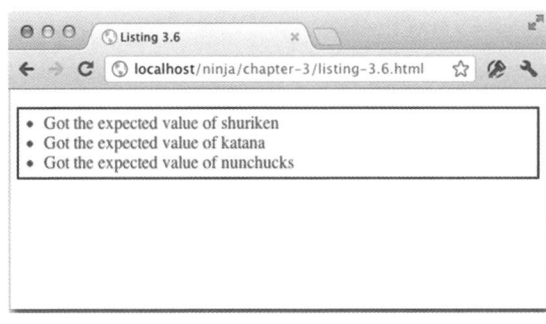

그림 3.10 이 테스트 결과는 어떤 객체든지 콜백 호출의 함수 콘텍스트로 지정할 수 있다는 것을 보여준다.

forEach 함수를 사용하는 개발자가 어떻게 특정 지점에서 순회를 중단할 수 있게 할 것인가? 이런 상황을 처리하기 위해 함수를 확장할 수 있을 것이다. (연습 삼아서 직접 해보라.)

여러분 스스로 할 수 있는 또 다른 연습으로는, 이 함수를 사용하는 개발자가 순회 인덱스뿐만 아니라 임의 개수의 인자를 콜백 함수에 전달할 수 있게 하는 것이다.

그런데 apply()와 call()이 거의 같은 방식으로 작동한다는 것을 고려하면, 어느 것을 사용할지 어떻게 결정할까?

이 질문에 대한 원론적인 대답은 '코드 명료성을 향상시킬 수 있는 것을 사용한다'이다. 보다 실용적인 답변은, 우리가 사용하려는 전달인자와 잘 어울리는 것을 사용하라는 것이다. 만약 전달인자가 순회와 상관없는 변수 값이나 리터럴로 지정된 값들이라면, call()을 사용하여 그 값들을 직접 인자 목록에 나열하는 방식이 편할 것이다. 하지만 만약 전달인자 값이 배열이거나, 또는 콜백 함수가 인자 값들을 취합해야 하고, 이 과정을 편하게 하려면 apply()가 더 나은 선택이 될 수 있다.

3.4 정리

이 장에서는 자바스크립트 함수의 동작과 관련한 여러 가지 흥미로운 면들을 살펴보았다. 함수는 아주 흔히 사용하지만, 함수의 내부 작동방식을 이해해야 고품질 자바스크립트 코드를 작성할 수 있다.

이 장에서는 특별히 다음 내용들을 배웠다.

- 자바스크립트가 함수형 언어라는 사실을 깨달아야 세련된 코드를 작성할 수 있다.
- 자바스크립트의 다른 모든 객체와 마찬가지로 함수는 1종 객체로 취급한다. 다른 객체 타입과 마찬가지로, 함수에는 다음 특징이 있다.
    - 리터럴로 생성할 수 있다.
    - 변수나 프로퍼티에 할당할 수 있다.
    - 매개변수로 전달할 수 있다.
    - 함수의 결과로 반환될 수 있다.
    - 프로퍼티와 메서드를 가질 수 있다.
- 모든 객체는 다른 객체와 그 객체를 "강력히" 구분 짓는 것이 있다. 함수와 다른 객체와의 큰 차이는 호출할 수 있다는 점이다.
- 함수는 리터럴로 생성하며 이때 함수 이름은 생략할 수 있다.
- 브라우저는 페이지가 로드되고 언로드 되기 전까지의 페이지 생명 주기 동안, 여러 형식의 이벤트에 대한 이벤트 핸들러를 호출하는데, 이 이벤트 핸들러를 호출하는 것이 곧 함수를 호출하는 것이다.
- 함수 내에서 선언된 타입의 유효 범위는 대부분의 다른 언어와 다르다. 특별히 다음 내용을 참고하라.
    - 함수 내에 선언된 변수의 유효 범위는 변수가 선언된 지점으로부터 함수의 끝까지다. 블록 안에서 변수를 선언하더라도 그 변수는 변수를 선언한 지점부터 함수 끝부분까지 유효하다.
    - 이름이 지정된 내부 함수는 함수 내의 모든 곳에서 유효하다(끌어올려진다, hoisting). 심지어는 함수를 선언한 부분 앞쪽에서 함수를 참조하더라도 이는 유효하다.
- 함수의 매개변수 목록의 길이와 실제 전달된 인자 목록의 길이는 서로 다를 수 있다.
    - 할당되지 않은 매개변수는 undefined로 평가된다.
    - 추가 인자들은 매개변수와 연결되지 않는다.
- 함수를 호출하면 암묵적으로 두 개의 매개변수가 전달된다.
    - arguments. 실제로 전달된 인자의 컬렉션이다.
    - this. 함수 콘텍스트 객체를 참조한다.

- 함수를 호출하는 방식은 여러 가지이고, 각 호출 메커니즘에 따라 함수 콘텍스트 값이 결정된다. - 간단히 '함수로 호출'되면 함수 콘텍스트는 전역 객체 (window)이다.
  - '메서드로 호출'되면 콘텍스트는 그 메서드를 소유한 객체이다.
  - '생성자로 호출'되면 콘텍스트는 새로 생성된 객체이다.
  - apply()나 call() 메서드를 통해 호출되면 콘텍스트는 어떤 객체든 원하는 것으로 지정할 수 있다.

지금까지 우리는 함수 메커니즘의 기본적인 내용을 철저하게 살펴보았다. 다음 장에서 함수형 프로그래밍 지식을 실제로 어떻게 활용할 수 있는지 알아보자.

4장

SECRETS OF THE JAVASCRIPT NINJA

함수를 자유자재로 휘두르기

이 장에서는 다음 주제를 다룬다.
- 익명 함수가 왜 그렇게 중요한가?
- 함수를 호출하기 위해서 참조하는 여러 가지 방법(재귀적인 방식을 포함하여)
- 함수에 대한 참조를 저장하는 방법
- 함수 콘텍스트를 활용하는 방법
- 가변인자를 다루는 방법
- 객체가 함수인지 아닌지를 판별하는 방법

이전 장에서는 자바스크립트가 함수를 어떻게 1종 객체로 다루는지, 그리고 그게 함수형 프로그래밍 스타일을 어떻게 가능하게 하는지에 대해 집중적으로 살펴보았다. 이 장에서는 그런 함수들을 이용해서 웹 애플리케이션을 작성할 때 만나는 다양한 문제를 해결하는 방법을 알아보겠다.

  이 장에 포함된 예제들은 여러분이 자바스크립트 함수를 진정으로 이해하는 데 도움이 될 만한, 비밀스러운 내용들을 보여주기 위해서 의도적으로 고른 것이다. 대부분 단순한 예제이지만, 그럼에도 불구하고 훗날 프로젝트를 진행하는 도중에 마주하게 될 고민거리들을 해결하는데 광범위하게 적용할 수 있는 중요한 개념들을 보여준다.

  서론은 이만하고, 여러분이 지닌 함수형 언어로서의 자바스크립트에 대한 지식을 강력한 무기처럼 한번 휘둘러 보자.

4.1 익명 함수

앞 장에서 소개한 익명 함수가 여러분에게 친숙할 수도 있고, 생소할 수도 있다. 하지만 자바스크립트 닌자가 되려고 한다면 익명 함수는 반드시 익숙해져야만 하는 중요한 개념이다. 익명 함수는 스킴(Scheme) 같은 함수형 언어에서 많은 영감을 얻은 중요하고 논리적인 기능이다.

익명 함수는 함수를 변수에 저장하거나, 어떤 객체의 메서드로 설정을 하기 위해, 또는 콜백(예를 들어 타임아웃이나 이벤트 핸들러)으로 활용하는 것과 같이 나중에 사용하기 위한 함수를 만들 때 주로 사용한다. 앞서 언급한 상황에서는 나중에 함수를 참조하기 위한 용도로 함수의 이름을 가지고 있을 필요가 없다. 앞으로 이런 예제를 많이 보게 될 텐데 좀 이상하게 보인다고 해도 걱정하지 말자.

여러분이 혹시 강타입(strongly typed)의 객체 지향 언어에 대한 지식을 갖춘 사람이라면 함수나 메서드에 대해서 다음과 같이 생각할 수도 있다. 함수와 메서드는 항상 사용할 수 있도록 미리 정의해 놓아야 하며, 참조할 수 있도록 항상 이름을 갖고 있어야 한다. 다시 말해 일반적으로 아주 구체적이고 지속성을 지닌 무언가로 생각할 수도 있다. 하지만 자바스크립트를 포함한 함수형 언어에서 함수는 훨씬 부드럽고 유연하다. 필요에 따라 언제든지 정의할 수 있고, 재빠르게 제거할 수 있다.

다음 코드는 익명 함수 선언에 관한 몇 가지 일반적인 예제를 보여준다.

4.1 익명 함수를 이용하는 일반적인 예제

```
<script type="text/javascript">
  window.onload =
    function(){ assert(true, 'power!'); };

  var ninja = {
    shout: function(){
      assert(true,"Ninja");
    }
  };

  ninja.shout();

  setTimeout(
    function(){ assert(true,'Forever!'); },
    500);
</script>
```

❶ 익명 함수를 이벤트 핸들러로 등록한다. 이 지점에서만 함수를 참조하기 때문에 이름을 가진 함수를 만들 필요가 없다.

❷ ninja의 메서드로 사용될 함수를 만든다. 함수를 호출할 때 shout 프로퍼티를 사용할 것이기 때문에 함수가 이름을 가질 필요가 없다.

❸ 타이머가 만료되면 호출되도록 함수를 setTimeout() 함수에 콜백으로 전달한다. 다시 한 번 말하지만, 사용하지 않을 이름을 지정할 필요가 있을까?

코드 4.1에서 몇 가지 전형적인 코드를 작성했다.

먼저, load 이벤트에 함수를 핸들러로 등록했다❶. 우리는 이 함수를 직접 호출하지 않을 것이다. 대신 이벤트 핸들링 메커니즘이 함수를 호출하도록 내버려 둘 것이다. 같은 일을 하는 코드를 다음과 같이 작성할 수도 있다.

```
function bootMeUp(){ assert(true, 'power!'); };
window.onload = bootMeUp;
```

하지만 실제로는 필요하지 않은, 이름을 지닌 최상위 수준의 함수를 만드는 수고를 할 이유가 있을까?

다음으로, 객체의 프로퍼티로 익명 함수를 하나 선언하고 있는데❷, 이전 장을 통해서 알 수 있듯이 이런 식으로 함수를 객체의 메서드가 되게 할 수 있다. 그런 다음 우리는 프로퍼티의 참조를 이용해서 메서드를 호출한다.

익명 함수를 이용하는 또 다른 흥미로운 용법은, 이전 장에서 익숙히 보았던 것으로, 다른 함수를 호출할 때 익명 함수를 콜백으로 제공하는 것이다. 이 예제에서, 우리는 익명 함수를 (window 객체의) setTimeout() 메서드에 대한 인자로 제공하고 있는데❸, 콜백으로 제공된 이 함수는 0.5초가 지난 후에 호출된다.

1 ~ 2초가 지난 후의 결과는 그림 4.1에서 확인할 수 있다.

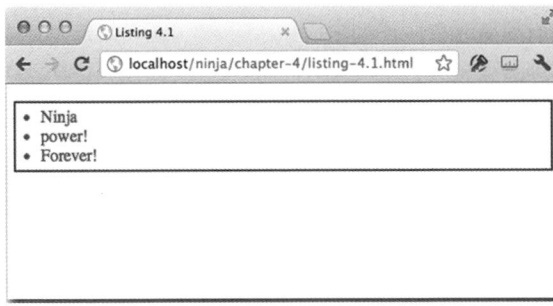

그림 4.1 익명 함수는 이름을 지정하지 않더라도 여러 번 호출할 수 있다.

이런 모든 상황에서 함수를 정의한 이후에 이름을 사용하지 않기 때문에 함수에 이름을 지정하지 않았다는 점에 주목하자. 그리고 별다른 수고를 하지 않고 결과를 출력하기 위해서 테스트 조건을 true로 설정하고 assert() 함수를 사용하고 있다. 만들어 놓은 코드를 굳이 사용하지 않을 이유는 없으니까.

> **노트:** 일부는 익명 함수를 shout라는 프로퍼티에 할당하는 행위가 함수에 이름을 부여하는 것이라고 생각할지도 모르겠지만 그렇게 생각하는 것은 맞지 않다. shout는 프로퍼티의 이름이지 함수 자체의 이름이 아니다. 이것은 함수의 name 프로퍼티를 확인하는 방법으로 증명할 수 있다. 익명 함수가 이름을 지닌 함수와는 달리 이름을 갖지 않는다는 사실을 확인하려면 3장에 있는 그림 3.4에서 코드 3.1의 실행 결과를 다시 살펴보자.

앞으로 나올 코드에서 익명 함수를 많이 보게 될 것이다. 그 이유는 함수형 언어로서 자바스크립트를 사용해야 자바스크립트를 절묘하게 쓸 수 있기 때문이다. 따라서 이후에 나오는 모든 코드에서는 함수형 프로그래밍 스타일을 빈번하게 사용할 것이다. 함수형 프로그래밍은 애플리케이션의 기본 구성요소가 되는 작고, 보통 부작용이 없는 함수에 주안점을 둔다. 앞으로 나올 내용을 더 살펴보다 보면 웹 애플리케이션에서 처리해야 하는 여러 유형의 일을 다루기 위해서는 이런 스타일이 꼭 필요함을 알게 될 것이다.

그러므로 불필요한 함수의 이름으로 전역 네임스페이스를 오염시키지 않으면서, 명령형 구문으로 가득찬 큰 함수를 만드는 대신 인자로 여기저기 전달할 수 있는 작은 함수를 많이 만들 것이다.

익명 함수를 이용하는 함수형 프로그래밍은 자바스크립트 애플리케이션을 개발할 때 마주하게 되는 많은 골칫거리들을 해결해 줄 것이다. 이 장에서는 함수의 활용 범위를 넓혀보고, 함수를 활용할 수 있는 다양한 방법을 살펴볼 것이다. 재귀(함수)부터 시작해 보자.

4.2 재귀

재귀라는 개념을 이전에 접해본 경험이 있을 것이다. 함수가 스스로를 호출하거나, 함수 내에서 다른 함수를 호출하는 과정(호출 트리)에서 원래 호출된 함수가 호출될 때, 재귀가 일어난다.

재귀는 모든 유형의 애플리케이션에서 사용할 수 있는 정말 유용한 기법이다. 여러분은 아마도 재귀란 일반적으로 아주 많은 수학적 연산이 필요한 애플리케이션인 경우에 유용하다라고 생각할 것이다. 그것은 사실이다. 많은 수학 공식들이 본질적으로 재귀적인 속성을 지니고 있다. 하지만 재귀는 트리를 순회하는 것과 같은 일에도 유용하다. 이것은 웹 애플리케이션 내에서 갑작스레 맞닥뜨릴 수 있는 구성요소이기도 하다. 또한 자바스크립트에서 함수가 어떻게 동작하는지 더욱 깊게 이해하는데 재귀를 이용할 수 있다.

그럼, 가장 단순한 형태의 재귀부터 한 번 살펴보자.

4.2.1 이름을 가진 함수 내에서의 재귀

재귀 함수의 일반적인 예제는 많이 있다. 한 가지는 팰린드롬 테스트(palindrome test)인데 이 테스트는 재귀용법의 "Hello World!"라 할 수 있다. 비재귀적인 팰린드롬의 정의는 "바로 읽으나 거꾸로 읽으나 같은 문구"인데, 이 정의를 이용해서 문자열을 역으로 정렬한 복사본을 만들고 이를 원본 문자열과 비교하는 함수를 만들 수 있다. 하지만 문자열을 복사하는 것은 단순히 메모리를 할당하고 문자열을 생성하는 것 외에 다른 작업을 필요로 하기 때문에 그다지 우아한 방법이 아니다.

팰린드롬에 대한 좀 더 엄밀한 수학적인 정의를 이용하면 더 우아한 해결 방법을 얻을 수 있다. 정의는 다음과 같다.

1. 문자가 1개 또는 0개인 문자열은 팰린드롬(palindrome)이다.
2. 첫 문자와 마지막 문자가 같고 나머지 부분이 팰린드롬인 문자열은 팰린드롬이다.

이 정의를 이용한 구현은 다음과 같다.

```
function isPalindrome(text) {
  if (text.length <= 1) return true;
  if (text.charAt(0) != text.charAt(text.length - 1)) return false;
  return isPalindrome(text.substr(1,text.length - 2));
}
```

새로운 정의와 그 정의를 이용해 구현한 것이 재귀적이라는 사실을 주목하자. 이 함수가 재귀적인 것은 함수 내부에서 문자열이 팰린드롬인지 결정하는데 팰린드롬의 정의를 이용하기 때문이다. 구현은 단순하다. 그리고 함수의 마지막 줄에서 함수의 이름을 이용해서 재귀호출을 하도록 하고 있다.

> **곰곰이 생각해 볼 것:** 이 함수는 null이나 undefined인 문자열 매개변수를 처리하지 않는다. 이것은 어떻게 처리해야 할까? 실제로 이런 경우 어떤 값을 반환할 것인가? 값이 없는 문자열에 대한 팰린드롬(palindrome)은 있는 것인가?

익명 함수를 다루기 시작하면 상황이 조금 더 흥미로워진다. 그리고 코드는 덜 명확해진다. 하지만 이 부분은 잠시 후에 다뤄 보겠다. 우선 재귀를 이용하는 아주 간단한 예제를 하나 만든 후에 추가적인 부분을 채워가 보자.

닌자는 서로에게 신호를 보내기 위해서 특수한 방식을 사용하는 경우가 많은데, 때때로 자연에서 나는 소리를 이용해 위장을 하기도 한다. 우리는 닌자에게 귀뚜라미처럼 소리 낼 수 있는 능력을 줄 텐데, 소리 내는 횟수에 따라 메시지가 달라진다. 먼저 다음 코드에서 보는 것처럼 함수의 이름을 통해서 재귀 호출을 하도록 구현해 보겠다.

4.2 이름을 가진 함수를 이용해서 소리내기

```
<script type="text/javascript">
  function chirp(n) {
    return n > 1 ? chirp(n - 1) + "-chirp" : "chirp";
  }
  assert(chirp(3) == "chirp-chirp-chirp",
      "이름을 지닌 함수를 호출하는 것은 자연스럽다.");
</script>
```

❶ 재귀적으로 소리를 내는 함수를 선언한다. 함수는 끝났다고 판단이 될 때까지 이름을 이용해서 스스로를 호출한다.

❷ 닌자가 의도한 대로 소리를 낼 수 있는지 확인한다.

이 코드에서 우리는 chirp()라는 이름을 지닌 함수를 하나 선언했다. 이 함수는 팰린드롬(palindrome) 예제에서 한 것과 같이 이름을 이용해서 스스로를 호출한다❶. 함수 다음에 오는 테스트는 함수가 의도한 대로 동작하는지를 검증한다❷.

> **재귀에 대해**
>
> 코드 4.2에 있는 함수는 재귀의 두 가지 기준인 자신을 참조하면서, 끝내 종료되는 특성을 만족하고 있다.
>
> 이 함수는 분명히 자신을 호출하고 있기 때문에 첫 번째 기준을 만족시킨다. 그리고 매개변수 n의 값은 호출될 때마다 감소하기 때문에 머지않아 1이하가 될 것이고, 그 결과 재

> 귀호출이 중단되기 때문에 두 번째 기준을 만족시킨다.
>
> 종료되지 않는 재귀 함수는 바로 무한루프라는 점에 유의해야 한다.

이름을 지닌 함수를 이용해서 재귀를 처리하는 것은 아주 명확하다. 그렇다면 익명 함수를 이용하는 경우에는 어떻게 될까?

4.2.2 메서드를 이용한 재귀

이전 절에서 닌자에게 소리를 낼 수 있는 능력을 주겠다고 했는데 사실 정말로 그렇게 한 것은 아니다. 우리가 한 일은 소리를 낼 수 있는 함수를 하나 작성한 것뿐이다. 재귀 함수를 닌자 객체의 메서드로 선언해서 이 문제를 고쳐보자. 다만 이 방식은 문제를 조금 복잡하게 만드는데, 그 이유는 다음 코드에서 볼 수 있는 것처럼 재귀 함수가 객체의 프로퍼티에 할당된 익명 함수가 되기 때문이다.

4.3 객체 내에서 메서드 재귀 호출

```
<script type="text/javascript">

  var ninja = {
    chirp: function(n) {
      return n > 1 ? ninja.chirp(n - 1) + "-chirp" : "chirp";
    }
  };

  assert(ninja.chirp(3) == "chirp-chirp-chirp",
         "객체의 프로퍼티를 사용하는 것도 그다지 혼란스럽지는 않다.");
</script>
```

❶ 재귀 함수인 chirp를 ninja 객체의 프로퍼티로 선언한다. 이제 메서드 내에서는 객체의 참조를 이용해서 메서드를 호출해야 한다.

이 테스트에서는 앞서 작성한 재귀 함수를 ninja 객체의 chirp 프로퍼티를 이용해서 참조하는 익명 함수로 정의했다❶. 이 함수의 내부에서는 객체의 프로퍼티를 가리키는 참조인 ninja.chirp()를 이용해서 함수를 재귀적으로 호출한다. 이 함수는 이름을 가지고 있지 않기 때문에 코드 4.2에서와 같이 이름을 이용한 참조는 불가능하다.

이들의 관계는 그림 4.2에 나타나 있다.

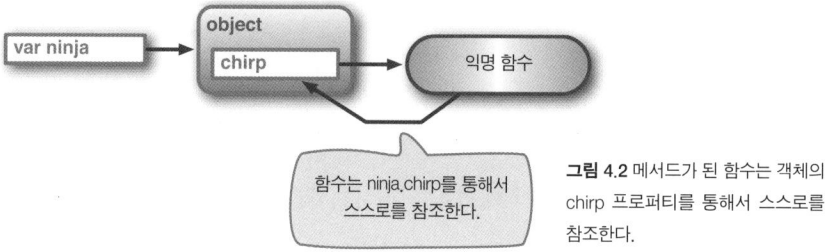

그림 4.2 메서드가 된 함수는 객체의 chirp 프로퍼티를 통해서 스스로를 참조한다.

4.2.3 참조가 사라지는 문제

코드 4.3의 예제는 재귀적으로 호출하려는 함수의 참조가 객체의 프로퍼티에 있다는 사실에 근거하고 있다. 하지만 함수의 실제 이름과 달리 참조는 변할 수가 있다. 따라서 참조에 의존하게 되면 혼란스러운 상황이 발생할 수 있다.

그렇다면 새로운 객체를 추가해서 이전의 예제를 수정해 보자. 새로 추가한 객체를 samurai라고 하고, ninja 객체의 익명 재귀 함수를 참조하도록 한다. 다음 코드를 살펴보자.

4.4 사라진 함수 참조를 이용하는 재귀 호출

```
<script type="text/javascript">
  var ninja = {
    chirp: function(n) {
      return n > 1 ? ninja.chirp(n - 1) + "-chirp" : "chirp";
    }
  };

  var samurai = { chirp: ninja.chirp };

  ninja = {};

  try {
    assert(samurai.chirp(3) == "chirp-chirp-chirp",
      "이 코드가 동작할까?");
  }
  catch(e){
    assert(false,
      "어라, 이게 아닌데! ninja.chirp는 어디로 사라진 걸까?");
  }
</script>
```

❶ ninja에 있는 메서드를 참조하는 samurai의 chirp 메서드를 만든다. 만들어 놓은 코드가 있는데 새로 작성할 필요는 없으니까.

❷ 프로퍼티가 없는 ninja를 다시 선언한다. ninja의 chirp 프로퍼티는 사라지게 된다.

❸ 여전히 동작하는지 테스트한다. 힌트: 동작하지 않는다!

이 시나리오에서 재귀호출이 순식간에 엉망이 되는 것을 볼 수 있다. 앞의 코드에서 우리는 소리를 내는 함수(ninja.chirp)의 참조를 복사해서❶, ninja.chirp와 samurai.chirp가 동일한 익명 함수를 가리키게 했다. 그림 4.3에 (이들의 관계가) 도식으로 나타나 있다. 파트 A는 (그림 4.2에서 알 수 있듯이) ninja

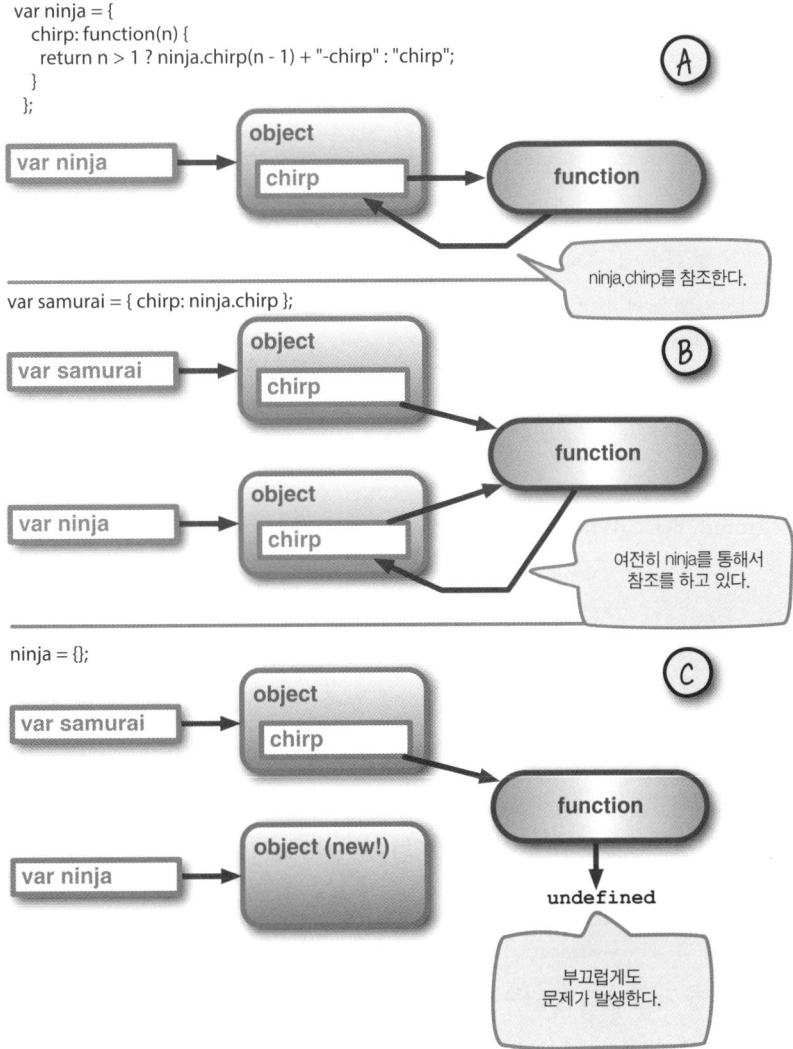

그림 4.3 두 객체가 같은 함수를 참조한다. 하지만 함수는 자신을 참조하는데 한 가지 객체만 이용하고 있어서 언제 오류가 발생할지 모른다!

객체가 생성된 후의 구성을 보여주고, 파트 B는 samurai 객체가 만들어진 후를 보여준다.

이 시점까지는 문제가 없다. 함수를 여러 곳에서 참조하는 것은 이상한 일이 아니다. 잠재적인 문제점은 이 함수가 재귀 함수이고, 자신을 호출할 때 ninja의 메서드인지 아니면 samurai의 메서드인지를 상관하지 않고 ninja.chirp를 사용한다는 점이다.

그렇다면 samurai는 참조를 유지하고 있는데 ninja가 사라진다면 어떤 일이 일어날까? 이것을 확인하기 위해서 그림 4.3의 파트 C에 묘사된 것처럼 빈 객체인 ninja를 다시 선언한다❷. 확인하려는 익명 함수는 여전히 존재하고 있고 samurai.chirp 프로퍼티를 통해서 참조가 가능하다. 하지만 ninja.chirp는 더 이상 존재하지 않는다. 그리고 이 함수는 망가진 참조를 이용해서 자신을 호출하기 때문에 함수를 호출하면 엉망진창이 된다❸.

처음부터 허술하게 정의된 재귀 함수를 수정하면 이 문제를 바로잡을 수 있다. 익명 함수 내에서 명시적으로 ninja를 참조하는 대신, 다음과 같이 함수의 콘텍스트인 this를 사용해야 한다.

```
var ninja = {
  chirp: function(n) {
    return n > 1 ? this.chirp(n - 1) + "-chirp" : "chirp";
  }
};
```

함수를 메서드로써 호출하면 함수의 콘텍스트는 메서드가 호출된 객체를 가리킨다는 것을 기억하자. ninja.chirp()가 호출되면 this는 ninja를 가리키고 samurai.chirp()가 호출되면 this는 자연스럽게 samurai를 가리키게 된다.

함수의 콘텍스트를 활용하면 chirp() 메서드는 훨씬 견고해진다. 이 메서드는 처음부터 이런 식으로 정의를 했어야 했다. 이렇게 해서 문제는 해결을 했다.

하지만…

4.2.4 이름을 가진 인라인 함수

이전 절에서 살펴본 방법은 함수를 객체의 메서드로 이용하는 경우 아주 완벽하게 동작한다. 사실 메서드를 소유한 객체를 참조하기 위해서 함수의 콘텍스트를 활용하는 것은, 메서드가 재귀적인지 아닌지에 상관없이, 아주 일상적이고 납득이 가는 방법이다. 이에 대해서는 6장에서 더 살펴볼 것이다.

함수의 콘텍스트를 활용해서 재귀 호출 시에 발생하는 문제를 해결하기는 했지만 이제 또 다른 문제가 있다. 이 방식은 호출하려는 함수가 어떤 객체에 선언된 chirp()라는 이름의 메서드라는 것을 가정하고 있다. 만약 프로퍼티의 이름이 chirp가 아니라면 어떻게 될까? 또는 함수를 가리키는 참조가 객체의 프로퍼티가 아니라면 어떻게 될까? 우리가 사용한 방식은 함수가 객체의 메서드로 지정되어 있고, 함수를 사용하는 모든 곳에서 동일한 이름의 프로퍼티 명을 사용하는 경우에만 동작하게 되어 있다. 좀 더 일반적인 방법은 없을까?

다른 방식을 한번 생각해 보자. 익명 함수에 이름을 지정하는 것은 어떨까?

메서드로 활용하려는 함수에 이름을 지정한다니 황당하게 들릴 수도 있을 것이다. 도대체 왜 함수에 이름을 지정해야 할까? 함수 리터럴을 선언했던 방식을 돌이켜 보자. 함수에 이름을 지정하는 것은 선택사항이었고, 최상위 함수(top-level)가 아닌 경우에는 이름을 따로 지정하지 않았다. 하지만 함수 리터럴에 이름을 지정한다고 잘못된 것은 아니다. 함수가 콜백이나 객체의 메서드라고 해도 마찬가지다.

익명 함수에 이름을 지정하면 더 이상 익명(anonymous)이 아니게 된다. 따라서 "이름을 지닌 익명 함수(anonymous named functions)"와 같이 모순되는 이름을 사용하는 대신 인라인 함수(inline functions)라고 부른다.

다음 코드에서 이 기법을 확인해 보자.

4.5 재귀호출에서 인라인 함수를 이용하기

```
<script type="text/javascript">
  var ninja = {
    chirp: function signal(n) {
      return n > 1 ? signal(n - 1) + "-chirp" : "chirp";
    }
  };
  assert(ninja.chirp(3) == "chirp-chirp-chirp",
         "예상한 대로 동작한다!");
  var samurai = { chirp: ninja.chirp };
  ninja = {};
  assert(samurai.chirp(3) == "chirp-chirp-chirp",
         "메서드 재귀호출이 제대로 동작한다.");
</script>
```

❶ 이름을 지닌 인라인 함수를 선언한다.
❷ 예상한 대로 동작하는지 테스트한다.
❸ 새로운 객체를 만든다.
❹ 이전 예제와 같이 ninja 객체의 내용을 삭제한다.
❺ 여전히 동작하는지 확인한다. 잘 동작한다.

이 예제에서 우리는 인라인 함수에 signal이라는 이름을 지정하고❶, 함수를 재귀적으로 호출하기 위해 그 이름을 이용한다. 그리고 ninja 객체의 메서드를 호출하는 것이 여전히 동작하는지 확인한다❷. 그런 다음 앞서 그랬던 것처럼 함수의 참조를 samurai.chirp에 복사하고❸ 원본 ninja 객체를 삭제한다❹.

함수를 samurai의 메서드로 호출하는 테스트에서❺ 모든 것이 잘 동작함을 알 수 있다. ninja의 chirp 프로퍼티를 삭제하는 것은 인라인 함수에 지정한 이름과 인라인 함수를 재귀호출하는 데 아무런 영향을 주지 않기 때문이다.

인라인 함수에 이름을 지정하면 활용할 수 있는 곳이 아주 많다. 좀 이상하긴 하지만 다음 코드에서와 같이 일반적인 변수에 함수를 할당할 때에 사용할 수 있다.

4.6 인라인 함수의 동일성 검증하기

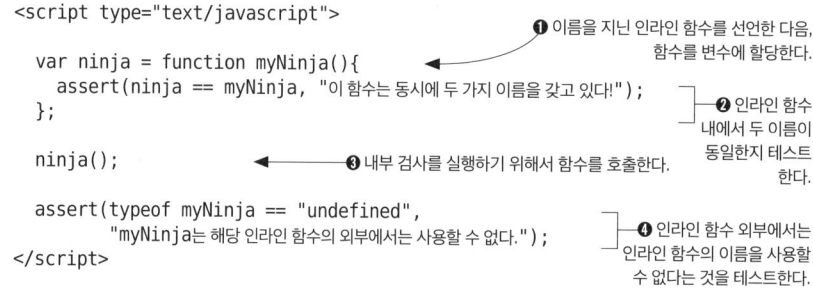

이 코드는 인라인 함수에 대한 가장 중요한 점을 보여준다. 인라인 함수에 이름을 지정할 수 있지만, 그 이름은 해당 함수 내에서만 유효하다. 3장에서 이야기한 유효 범위 규칙을 기억하고 있는가?

인라인 함수의 이름은 변수의 이름과 유사하게 동작하고, 인라인 함수에 지정된 이름은 해당 함수의 내부에서만 사용할 수 있다.

노트: 이런 이유 때문에 최상위 함수는 window 객체의 메서드가 되도록 만든다. window 객체의 프로퍼티가 아니고서는 최상위 함수들을 참조할 수 있는 방법이 없기 때문이다.[1]

인라인 함수명의 가시성을 확인하기 위해서 먼저 myNinja라는 이름을 지닌 인라인 함수를 선언한다❶. 이 함수는 내부적으로 함수명 myNinja와 이 함수의 참조인 ninja가 동일한 함수를 가리키고 있는지 검사한다❷. 따라서 이 함수를 호출하면 테스트가 실행된다❸.

그런 다음, 과연 함수 바깥에는 함수명이 노출되지 않는 것인지 확인해 본다❹.

---

[1] (옮긴이) 근본적으로 최상위 함수도 결국 인라인 함수이기 때문에 함수명을 함수 바깥에서 이용할 수가 없다. 따라서 window 객체에 최상위 함수와 동일한 이름을 지닌 프로퍼티를 추가하고 함수를 할당한 다음, 실제로는 해당 프로퍼티를 호출하면서 이용하는 사람에게는 함수를 호출하는 것으로 보이게 한다.

예상하는 바와 같이, 코드를 실행해 보면 테스트는 통과된다.

재귀호출을 할 때 이름을 지닌 인라인 함수를 이용하는 방식이 this를 활용하는 것보다 더 명료한 방법이라는 점은 분명하다. 하지만 이 방법도 다른 용도로 사용할 때는 제약사항이 있다.

이 외에 다른 방법은 없을까?

4.2.5 callee 프로퍼티

재귀 호출을 처리하는 또 다른 방법을 살펴 보자. 이 방법은 arguments 매개변수의 callee 프로퍼티라는 함수에 대한 새로운 내용을 다룬다.

주의: callee 프로퍼티는 앞으로 자바스크립트에서 제거될 부분이다. ECMAScript 5 표준은 "strict" 모드에서 callee 프로퍼티 사용을 금지하고 있다. 현재 사용되는 브라우저에서 callee 프로퍼티를 이용하는 것은 문제가 없지만 미래에도 그렇다는 보장은 없다. 따라서 새로 작성하는 코드에서는 callee를 사용하지 않을 것이다. 하지만 이미 만들어져 있는 코드에서 callee 프로퍼티를 마주치게 될 수도 있으니 여기서 다루도록 하겠다.

다음 코드를 살펴보자.

4.7 현재 호출된 함수를 참조하기 위해서 arguments.callee를 활용하기

```
<script type="text/javascript">
  var ninja = {
    chirp: function(n) {
      return n > 1 ? arguments.callee(n - 1) + "-chirp" : "chirp";
    }
  };
  assert(ninja.chirp(3) == "chirp-chirp-chirp",
         "arguments.callee는 함수 자신을 가리킨다.");
</script>
```

- arguments.callee 프로퍼티를 참조한다.
- 원하는 만큼 chirp를 호출할 수 있는지 테스트한다.

3.3절에서 살펴본 것처럼, arguments 매개변수는 암묵적으로 모든 함수에 전달이 된다. arguments 매개변수는 callee라는 프로퍼티를 가지고 있는데, 이것은 현재 실행 중인 함수를 가리킨다. callee 프로퍼티를 이용하면 항상 안정적으로 함수 자체를 참조할 수 있다. 이 장의 나머지 부분과 클로저(closure)를 다루는 5장을 통해서, 이 특별한 callee 프로퍼티를 가지고 무엇을 할 수 있는

지 더 자세히 다뤄 보겠다.

앞서 소개한 이런 기법들은 변수나 프로퍼티 명에 의존하는 고정되어 있거나(hardcoded), 깨지기 쉬운 그런 방식을 사용하지 않고도 함수를 참조할 수 있는 여러 가지 수단을 제공해 준다. 그리고 상황이 복잡해질 때 많은 장점을 제공해 준다.

다음 여정은 자바스크립트의 함수가 가지고 있는 객체 지향적인 성질을 이용해서 코드의 수준을 한 단계 끌어올리는 방법에 관한 것이다.

4.3 함수 객체 가지고 놀기

이 장에서 계속해서 언급한 것처럼, 자바스크립트의 함수는 다른 언어에서의 함수와 사뭇 다르다. 자바스크립트는 함수를 1종 객체로 처리하는 것 외에 함수에 많은 능력을 부여하고 있다.

함수는 프로퍼티를 가질 수 있고, 메서드를 가질 수 있고, 변수나 프로퍼티에 할당이 가능하며 일반적으로 평범한 객체들이 할 수 있는 것을 모두 할 수 있다. 게다가 호출도 가능하다.

이 장에서는 함수가 다른 객체 타입들과 공유하고 있는 몇 가지 유사한 점을 활용하는 방법에 대해서 살펴보려고 한다. 본론으로 들어가기 전에, 앞으로 활용하려는 몇 가지 중요한 개념을 다시 한 번 짚고 넘어가자.

먼저 함수를 변수에 할당하는 방식에 대해서 살펴보자.

```
var obj = {};
var fn = function(){};
assert(obj && fn, "함수와 객체 모두 존재한다.");
```

변수에 객체를 할당할 수 있듯이, 함수를 할당하는 것도 가능하다. 이것은 함수를 객체의 프로퍼티에 할당해서 메서드를 만드는 데도 그대로 적용된다.

노트: 꼭 기억해야 할 것은 함수(function(){}) 선언 뒤에 세미콜론이 온다는 점이다. 모든 문장 뒤에 세미콜론을 추가하는 것은 좋은 습관인데, 특히 변수를 할당할 때 그렇다. 익명 함수라고 예외는 아니다. 세미콜론을 알맞게 사용할 경우, 코드를 압축할 때 압축기법들을 아주 유연하게 적용할 수 있다.

여러분을 놀라게 할 함수의 또 다른 능력은 일반적인 객체와 마찬가지로 프로퍼티를 추가할 수 있다는 것이다.

```
var obj = {};
var fn = function(){};
obj.prop = "hitsuke (distraction)";
fn.prop = "tanuki (climbing)";
```

함수의 이런 면은 라이브러리를 작성할 때나 페이지 내에 삽입되는 일반적인 코드를 작성할 때도 다양하게 활용이 가능하다. 특히 이벤트 콜백 관리와 같은 주제를 다룰 때 유용하다고 할 수 있다. 그럼 이런 특성을 활용해서 처리할 수 있는 흥미로운 것들을 몇 가지 살펴보자. 첫 번째로 함수를 컬렉션에 저장하는 방법과 메모이징(memoizing)으로 알려진 기법에 대해서 살펴보겠다.

4.3.1 함수 저장하기

서로 다르지만 어떤 연관성을 지닌 함수들을 저장하고 싶을 때가 있다. 이벤트 콜백을 관리하는 것이 이런 경우에 대한 대표적인 예라고 할 수 있다(이벤트 콜백 관리에 대해서 13장에서 매우 상세하게 다룰 것이다). 이렇게 연관성을 지닌 함수들을 컬렉션에 저장하려고 할 때, 새로 추가하려는 함수가 이미 컬렉션에 포함되어 있는지 아니면 포함되어 있지 않은지를 판단해야 하는 문제가 생긴다.

확실하지만 고지식한 방법은 모든 함수를 배열에 저장한 다음, 그 배열을 순회하면서 중복되는 함수가 있는지 검사하는 것이다. 하지만 불행하게도 이 방식은 효율적이지 않다. 그리고 단순히 동작하는 수준을 넘어 매끄럽게 동작하는(work well) 소프트웨어를 만들고자 하는 우리 같은 사람들에게는 어울리지 않는 방식이다.

함수의 프로퍼티를 활용하면 다음 코드에서 볼 수 있는 것과 같이 적당히 세련된 코드를 작성할 수 있다.

4.8 서로 다른 함수를 컬렉션에 저장하기

```
<script type="text/javascript">
  var store = {
    nextId: 1,
    cache: {},
```

❶ 다음에 할당할 id를 저장한다.

❷ 함수를 저장할 캐시 객체를 만든다.

```
    add: function(fn) {
      if (!fn.id) {
        fn.id = store.nextId++;
        return !!(store.cache[fn.id] = fn);
      }
    }
  };

  function ninja(){}

  assert(store.add(ninja),
    "Function was safely added.");
  assert(!store.add(ninja),
    "But it was only added once.");

</script>
```

❸ 중복되지 않는 함수인 경우 캐시에 추가한다.

❹ 의도한 대로 동작하는지 테스트한다.

이 코드를 보면, 객체를 만들어서 store라는 변수에 저장한 다음, 해당 객체에 서로 다른 함수들을 저장하고 있다. store 객체는 두 가지 데이터 프로퍼티를 가지고 있다. 둘 중 하나는 다음에 이용할 id를 저장하고❶, 다른 하나는 함수를 저장하는 용도(캐시)로 사용한다❷. 함수는 add() 메서드를 통해서 캐시에 추가한다❸.

add() 함수는 먼저 인자로 전달된 함수가 id 프로퍼티를 가지고 있는지 확인한다. id 프로퍼티가 있다면 그 함수는 이미 cache 객체에 등록되어 있다고 간주하고 무시한다. 등록되지 않은 함수라면 먼저 함수에 id 프로퍼티(nextId는 1만큼 증가함) 추가한 뒤에 그 id 값을 키(프로퍼티)로 하여 cache 프로퍼티에 추가한다.

그런 뒤에 true를 반환하게 되는데, 이때 함수를 그에 상응하는 Boolean 값으로 변환하기 위해서 다소 난해한 방식을 이용한다. 반환값을 통해서 함수가 추가되었는지 아닌지를 구분할 수 있다.

팁: !! 구문은 자바스크립트 표현식을 Boolean 객체로 만드는 간단한 방법이다. 예를 들어 !!"그가 나를 쐈어" === true이고 !!0 === false다. 코드 4.8에서 마지막에 함수를 Boolean 객체로 변환한다. (물론 그냥 true를 반환할 수도 있지만 그렇게 한다면 !!를 소개할 기회가 없으니까.)

이 페이지를 브라우저에서 실행하면 그림 4.4와 같은 결과를 볼 수 있다. 테스트 코드는 ninja() 함수를 두 번 추가하려고 시도하지만❹, ninja() 함수는 단 한 번만 추가된다.

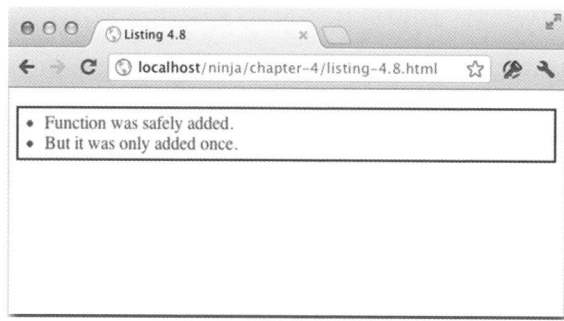

그림 4.4 함수에 프로퍼티를 추가하여 함수를 추적할 수 있다. 함수의 밖에서 보면 이 함수는 일반적인 함수인 것처럼 보인다. 하지만 함수 내에는 응답을 저장해 두는 캐시(cache)가 존재하고, 함수는 계산 결과를 저장해 둔다. 다음 코드를 살펴보자.

함수의 프로퍼티를 활용해서 얻을 수 있는 또 다른 유용한 점은 바로 함수 자체를 수정하는 것이 가능하다는 점이다. 이 기법을 활용해서 이전에 수행한 연산의 결과를 저장해 놓을 수 있다. 이를 통해서 같은 연산을 수행하는 데 드는 시간을 절약할 수 있다.

4.3.2 연산 결과를 기억하는 함수

메모이제이션(memoization, memorization의 오타가 아니다.)은 이전의 계산 결과를 기억하는 기능을 갖춘 함수를 만드는 과정이다. 메모이제이션은 이미 수행한 복잡한 연산을 반복하지 않도록 함으로서 성능을 비약적으로 향상시킬 수 있게 해 준다.

그럼 먼저 값비싼 연산에 대한 결과를 저장하는 상황을 통해서 이 기법을 살펴본 후에, 검색한 적이 있는 DOM 엘리먼트 목록을 저장하는 것 같은 조금 더 현실적인 예제를 살펴보자.

값비싼 연산의 결과를 기억하기

간단한 예로, 소수를 계산하는 단순하면서도 특별히 효율적이진 않은 알고리즘을 한번 살펴보자. 이 알고리즘은 복잡한 연산을 다루는 것에 대한 간단한 예에 불과하다. 하지만 이 예제에서 사용하는 기법은 문자열의 MD5 해시값 생성과 같이 여기서 예제로 보여주기에는 너무 복잡한, 그런 연산에도 그대로 적용할 수 있다.

4.9 이전에 계산한 값을 기억하기

```
<script type="text/javascript">

  function isPrime(value) {
    if (!isPrime.answers) isPrime.answers = {};     ← ❶ 캐시를 만든다.

    if (isPrime.answers[value] != null) {
      return isPrime.answers[value];                ❷ 캐시에 저장된 값을
    }                                                  확인한다.
    var prime = value != 1; // 1은 소수가 될 수 없다.
    for (var i = 2; i < value; i++) {
      if (value % i == 0) {
        prime = false;
        break;
      }
    }                                               ❸ 계산된 값을 저장한다.
    return isPrime.answers[value] = prime;       ←
  }

  assert(isPrime(5), "5는 소수다!" );
  assert(isPrime.answers[5], "캐시된 응답이 반환된다.!" );   ← ❹ 모두 동작하는지 테스트한다.
</script>
```

isPrime() 함수는 먼저 캐시로 사용할 answers 프로퍼티가 있는지 확인한다. 만약, answers 프로퍼티가 없으면 프로퍼티를 새로 만든다❶. answers를 빈 객체로 초기화 하는 작업은 함수를 처음 호출했을 때만 일어난다. 그 이후에는 cache로 사용할 객체가 계속 존재하게 된다.

그런 후에 전달된 값에 대한 응답(계산된 결과 값)이 answers 객체에 저장되어 있는지 확인한다❷. 캐시로 사용하는 answers 객체는 전달된 값을 키(key)로 해서 계산된 결과값(true 또는 false)을 저장한다. answers 객체에서 저장된 값을 찾았다면, 단순히 그 값을 반환한다.

answers 객체에 저장된 값이 없다면, 전달된 값이 소수인지 판별하기 위한 연산을 실행하고(큰 수에 대해서는 비용이 많이 드는 연산이 될 것이다.) 그 결과를 캐시(answers 객체)에 저장하고 반환한다❸.

간단한 테스트를 통해서❹ 메모이제이션(memoization)이 동작하는 것을 볼 수 있다.

이 방식에는 두 가지 중요한 장점이 있다.

- 사용자는 이전에 연산된 값을 요청할 때 성능 향상을 얻을 수 있다.
- 메모이제이션은 사용자가 알 수 없게 이뤄진다. 따라서 사용자 또는 개발자가 메모이제이션이 동작하도록 하기 위해서 별도의 작업을 할 필요가 없다.

하지만 이 방식이 만능은 아니다. 장점 못지 않게 단점도 존재한다.

- 유형에 상관없이 캐싱을 하게 되면 성능이 향상되는 대신 메모리 사용량이 늘어난다.
- 순수주의자들은 캐싱이 비즈니스 로직과 혼재되어서는 안 되는 별개의 관심사(concern)이라고 생각한다. 그들은 함수나 메서드는 한 가지 일만 정확하게 처리해야 한다고 주장한다.
- 이와 같이 메모이징을 적용하게 되면 부하 테스트나 알고리즘 자체의 성능 테스트가 어려워진다.

유사한 다른 예를 살펴보자.

DOM 엘리먼트 메모이징

태그 명으로 DOM 엘리먼트 집합을 검색하는 것은 흔한 일이지만, 이 연산의 성능이 특별히 좋지는 않다. 새로 알게 된 함수 메모이제이션 기법을 활용하면 함수의 내부에 캐시를 만들고 검색된 엘리먼트 집합을 저장해 놓을 수 있다. 다음 예제를 살펴보자.

```
function getElements(name) {
  if (!getElements.cache) getElements.cache = {};
  return getElements.cache[name] =
    getElements.cache[name] ||
    document.getElementsByTagName(name);
}
```

메모이제이션(캐싱) 코드는 아주 간단하다. 전체적인 검색 과정을 많이 복잡하게 만들지도 않는다. 하지만 이 함수의 성능을 분석해 보면, 표 4.1에서 보는 바와 같이, 간단한 캐싱 레이어를 통해서 다섯 배의 성능 향상을 얻을 수 있음을 알 수 있다. 이렇게 성능 향상이 있는데 마다할 이유가 있을까?

코드버전	평균	최소	최대	실행
캐시 미적용 버전	16.7	18	19	10
캐시 적용 버전	3.2	3	4	10

표 4.1 모든 시간은 ms로 크롬 17에서 10만 번 실행하는 동안 걸린 시간이다.

이렇게 간단한 예를 통해서도 함수 프로퍼티의 유용함을 확인할 수 있다.
함수의 프로퍼티를 이용하면 상태와 캐시 정보를 외부에 노출되지 않는
(encapsulated) 단일 장소에 보관할 수가 있다. 이를 통해서 유효 범위(scope)
를 오염시키는 외부 저장소나 캐시 객체 없이도 잘 구조화된 코드를 작성할 수
있고 성능상의 이점을 얻을 수가 있다. 이 기법은 광범위하게 적용할 수 있다.
따라서 이번 장의 나머지 부분에서 다시 한 번 살펴보도록 하겠다.

자바스크립트가 제공하는 여느 객체들처럼 프로퍼티를 가질 수 있다는 것이
함수가 지닌 유일한 장점은 아니다. 함수가 제공하는 강력함 중 많은 부분은
함수의 콘텍스트(context)와 연관되어 있다. 다음 절에서 관련된 예제를 살펴
보겠다.

4.3.3 배열 메서드를 속이기

때때로 컬렉션을 멤버로 갖는 객체가 필요할 때가 있다. 주된 관심사가 컬렉
션이라면 그냥 배열을 사용해도 된다. 하지만 때에 따라 컬렉션 자체뿐만 아
니라 부가적인 상태들을 저장하는 것이 필요하기도 하다. 아마도 컬렉션에 저
장된 항목(item)에 관한 메타 데이터(meta data)를 저장하는 것이 이에 해당할
것이다.

한 가지 방법은 새로운 버전의 객체가 필요할 때마다 새로운 배열을 만들고
메타 데이터에 관련된 프로퍼티와 메서드를 추가하는 것이다. 배열을 포함한
모든 객체는 필요에 따라서 프로퍼티나 메서드를 추가할 수 있다는 사실을 기
억하자. 그런데 보통 이런 방법은, 말할 필요도 없이 매우 느리다.

평범한 객체를 이용해서 원하는 기능을 추가하는 방법을 사용하는 것은 어
떨지 한번 검토해 보자. 컬렉션을 다루는 방법을 알고 있는 메서드들은 이미
배열을 만드는데 사용되는 Array 객체(생성자 함수)가 제공하고 있다. 이 메서
드들을 우리가 만든 객체에서 그대로 사용할 수는 없을까?

다음 코드에서 볼 수 있듯이 그렇게 하는 것이 가능하다.

4.10 배열과 유사한 메서드 시뮬레이션하기

```
<body>
  <input id="first"/>
  <input id="second"/>
```

```
<script type="text/javascript">
  var elems = {
    length: 0,
    add: function(elem){
      Array.prototype.push.call(this, elem);
    },
    gather: function(id){
      this.add(document.getElementById(id));
    }
  };
  elems.gather("first");
  assert(elems.length == 1 && elems[0].nodeType,
  "수집한 엘리먼트가 저장되어 있는지 확인한다.");

  elems.gather("second");
  assert(elems.length == 2 && elems[1].nodeType,
  "추가로 수집한 엘리먼트가 저장되어 있는지 확인한다.");

</script>
</body>
```

❶ 엘리먼트의 수를 저장한다. 배열인 것처럼 보이게 하려면 저장하려는 항목의 개수를 저장할 곳이 필요하다.

❷ 컬렉션에 엘리먼트를 저장하는 메서드를 구현한다. Array의 프로토타입에는 이 메서드가 있다. 이미 만들어져 있는 것을 굳이 새로 만들 필요는 없으니 가져다 쓰자.

❸ id값으로 엘리먼트를 검색해 컬렉션에 추가하는 gather() 메서드를 구현한다.

❹ gather()와 add() 메서드를 테스트 한다.

이 예제에서, 우리는 평범한 객체를 하나 만들고 배열의 일부 동작을 흉내내기 위한 코드를 추가했다. 먼저, 저장된 엘리먼트의 수를 기록할 용도로, 마치 배열인 것처럼 length 프로퍼티를 정의한다❶. 그런 후에 배열처럼 동작하는 객체에 엘리먼트를 추가할 수 있도록 메서드를 추가한다. 이 메서드를 간단히 add()라 하자❷. 메서드를 직접 만드는 대신 자바스크립트의 배열이 본래 제공하는 Array.prototype.push를 이용한다. (프로토타입 레퍼런스에 대해서는 6장에서 살펴볼 것이기 때문에 신경쓰지 않아도 된다. 지금은 prototype을 생성자들이 메서드를 저장해 놓는 프로퍼티 정도로만 생각하자.)

Array.prototype.push() 메서드는 함수의 콘텍스트를 통해서 자신의 배열을 결정하고 그 배열을 대상으로 동작한다. 하지만 여기서는 call() 메서드를 이용해 push() 메서드가 우리가 정의한 객체를 콘텍스트로 이용하도록 한다. push() 메서드는 length 프로퍼티가 배열의 속성인 것으로 생각해 length 프로퍼티에 저장된 값을 증가시키고, 객체에는 숫자로 된 프로퍼티를 추가한 다음 전달된 엘리먼트를 저장한다. 어떤 면에서 이런 행동은 (아주 닌자스럽게도) 질서를 무너뜨리는 것으로 볼 수 있다. 그렇지만 이 예는 변경 가능한 객체의 콘텍스트를 가지고 어떤 일들을 할 수 있는지 보여준다.

우리가 만든 add() 메서드는 엘리먼트의 참조를 전달받아서 저장한다. 그런데 엘리먼트의 참조를 사용하는 경우보다는 다른 수단을 이용하고 싶은 경우가 더 많다. 간편하게 사용할 수 있는 gather() 함수를 정의해 보자. 이 함수는 id를 이용해서 엘리먼트를 검색하고 저장한다❸.

마지막으로 두 가지 테스트를 실행한다. 각 테스트는 gather() 메서드를 이용해서 아이템을 객체에 추가하고, length 프로퍼티가 제대로 수정되었는지 확인하고, 엘리먼트가 적절한 위치에 추가되었는지 확인한다❹.

이 절에서 살펴본, 다른 객체의 메서드를 활용하는 방식은 위험천만한 행동이긴 하지만 함수의 콘텍스트를 이용해서 많은 일을 할 수 있음을 보여준다. 그리고 함수의 인자와 관련된 복잡한 내용들을 이야기하기 위한 좋은 계기를 마련해 준다.

4.4 가변인자 목록

자바스크립트는 어떤 일을 처리하고자 할 때 전반적으로 아주 유연하다. 그런 유연함이 지금 우리가 알고 있는 자바스크립트를 만들었다고 할 수 있다. 자바스크립트가 지닌 유연하고 강력한 기능 중 하나는 함수가 임의 개수의 인자를 받을 수 있다는 것이다. 개발자는 이런 유연함 덕분에 함수, 더 나아가 애플리케이션의 작성 방식에 대해 많은 권한을 갖게 된다.

어떻게 하면 유연한 인자 목록이 제공하는 장점을 활용할 수 있는지 몇 가지 주요한 예제를 통해서 살펴보자. 살펴볼 내용은 다음과 같다.

- 임의 개수의 인자를 받는 함수에 여러 개의 인자를 제공하는 방법
- 함수 오버로딩을 구현하기 위해서 가변인자 목록을 활용하는 방법
- 인자 목록이 지닌 length 프로퍼티에 대해 이해하고 활용하는 방법

자바스크립트는 (여러분이 익숙하게 여길지도 모르는 객체 지향 언어의 기능인) 함수 오버로딩을 제공하지 않는다. 그렇기 때문에 다른 언어의 함수 오버로딩이 제공하는 장점과 유사한 장점을 얻으려면 인자 목록의 유연함이 꼭 필요하다.

그럼, 다양한 개수의 인자를 전달하기 위해서 apply() 메서드를 이용해 보자.

4.4.1 apply() 메서드를 이용해서 가변 길이의 인자를 전달하기

어떤 언어든지, 사용자는 필요로 하지만 이상하게도 언어를 개발한 사람은 간과한 부분들이 있기 마련이다. 자바스크립트도 예외는 아니다.

이상한 점들 중 하나는 배열에서 최솟값이나 최댓값을 검색하는 기능이 없다는 것이다. 자바스크립트에 포함되는 것이 마땅해 보이는 이 기능들은, 여기저기 확인해 보면, Math 객체에 있는 min(), max() 메서드가 가장 유사한 것으로 보인다.

언뜻 보면 이 메서드들이 우리가 찾는 메서드라고 생각할 수 있다. 하지만 확인해 보면 이 메서드들은 배열이 아니라 가변인자 목록을 요구한다는 것을 알게 된다. 두 가지 방식을 지원해도 될 것을... 얼마나 어리석은가!

이것이 뜻하는 바는, 예를 들자면, Math.max()를 다음과 같이 호출해야 한다는 것이다.

```
var biggest = Math.max(1,2);
var biggest = Math.max(1,2,3);
var biggest = Math.max(1,2,3,4);
var biggest = Math.max(1,2,3,4,5,6,7,8,9,10,2058);
```

배열을 다룰 때는 다음과 같이 할 수밖에 없다.

```
var biggest = Math.max(list[0],list[1],list[2]);
```

배열의 크기를 정확하게 알지 못한다면, 얼마나 많은 인자를 전달해야 하는지 어떻게 알 수 있을까? 배열의 크기를 알고 있다고 하더라도 만족스러운 해결책과는 거리가 멀다.

Math.max()를 사용하지 않고 직접 배열을 순회하면서 최솟값과 최댓값을 찾는 수고를 하기 전에, 배열을 가변인자 목록인 것처럼 사용할 수 있는 쉽고 지원되는 방법은 없는지 고민해 보자.

유레카! apply() 메서드를 쓰면 된다!

여러분도 생각이 났겠지만 call()과 apply() 메서드는 모든 함수가 지니고 있는 메서드다. ("가짜 배열" 예제에서 살펴 본 것처럼) 심지어 내장된 자바스크립트 함수라 하더라도 말이다. 배열의 내용을 들여다보는 함수를 정의하는데 이 메서드들을 어떻게 활용할 수 있는지 다음 코드를 살펴보자.

4.11 배열을 인자로 받는 제네릭 min(), max() 함수

```
<script type="text/javascript">
  function smallest(array){
    return Math.min.apply(Math, array);
  }

  function largest(array){
    return Math.max.apply(Math, array);
  }

  assert(smallest([0, 1, 2, 3]) == 0,
        "최솟값의 위치를 찾았다.");
  assert(largest([0, 1, 2, 3]) == 3,
        "최댓값의 위치를 찾았다.");
</script>
```

❶ 최솟값을 찾는 함수를 구현한다.
❷ 최댓값을 찾는 함수를 구현한다.
❸ 구현한 것을 테스트한다.

이 코드는 함수를 두 개 정의한다. 하나는 배열에서 최솟값을 찾는 것이고❶, 다른 하나는 최댓값을 찾는 것이다❷. 두 함수가 전달된 배열을 Math.min()과 Math.max()에 가변인자 목록으로 전달하기 위해서 apply() 메서드를 어떻게 사용하는지 유의해서 보자.

(앞의 테스트에서 한 것과 같이❸) [0,1,2,3] 배열을 전달하고 smallest()를 호출하는 것은 결국 다음과 같이 Math.min()을 호출하는 것과 기능적으로 동일하다.

```
Math.min(0,1,2,3);
```

그리고 콘텍스트로 Math 객체를 지정한 것을 눈여겨보자. min()과 max() 메서드는 콘텍스트에 상관없이 동작하기 때문에 이렇게 할 필요는 없다. 하지만 그렇다고 해서 깔끔하게 하지 않을 이유는 없다.

함수를 호출할 때 가변인자 목록을 사용하는 방법을 알았으니, 가변인자를 전달받는 함수를 선언하는 방법에 대해 살펴보자.

4.4.2 함수 오버로딩

3.3절에서 모든 함수에는 암묵적으로 내장된 arguments 매개변수가 전달된다는 사실을 소개했다. 이제 이 매개변수를 자세히 살펴볼 때가 됐다.

모든 함수는 암묵적으로 arguments라는 중요한 매개변수를 전달받는데, 이것은 함수가 어떤 수의 인자도 처리할 수 있도록 해준다. 일정한 수의 매개변수만 정의했다고 하더라도 arguments 매개변수를 이용해서 전달된 모든 인자에 접근할 수 있다.

그럼 arguments 매개변수를 이용해서 효과적으로 함수 오버로딩을 구현하는 예를 빠르게 살펴보자.

인자를 찾아내고 순회하기

다른, 더 순수한 객체 지향 언어[2]는 이름은 같지만 다른 매개변수 목록을 갖는 메서드 구현을 선언하는 방식으로 메서드 오버로딩을 제공한다. 하지만 자바스크립트에서는 그렇게 하지 않는다. 자바스크립트에서는 전달된 인자의 수와 유형에 따라 동작방식이 변경되는 단일 함수를 이용해서 함수를 오버로드 한다. 어떻게 그렇게 하는지 확인해 보자.

다음 코드에서 우리는 여러 객체의 프로퍼티를 하나의 루트(root) 객체에 통합해 넣을 것이다. 이것은 효과적인 상속을 처리하기 위해서 기본이 되는 기능이다.(상속은 6장에서 객체의 프로토타입에 대해 이야기할 때 더 자세히 논의할 것이다.)

4.12 가변인자 목록 순회하기

```
<script type="text/javascript">
  function merge(root){                              ❶ merge() 함수를 구현한다.
    for (var i = 1; i < arguments.length; i++) {
      for (var key in arguments[i]) {
        root[key] = arguments[i][key];
      }
    }
    return root;
  }

  var merged = merge(
    {name: "Batou"},                                 구현된 함수를 호출한다.
    {city: "Niihama"});

  assert(merged.name == "Batou",
         "원래 있던 name 프로퍼티는 변하지 않는다.");   제대로 작동하는지 테스트한다.
  assert(merged.city == "Niihama",
         "city 프로퍼티가 추가된다.");
</script>
```

merge() 함수 구현에서 첫 번째로 확인할 부분은 ❶ 함수의 시그니처에 매개변수가 단 하나만 선언되어 있다는 점이다. 이것이 함수를 호출할 때 매개변수

---

2 (옮긴이) 예컨대 Scala, Ruby, Smalltalk, Java, C#

를 하나만 사용해야 한다는 뜻은 아니다. 오히려 그것과는 거리가 멀다! 사실 merge()를 호출할 때, 매개변수가 없는 경우를 포함해서, 어떤 수의 매개변수도 사용할 수 있다.

자바스크립트는 함수를 호출할 때, 함수 선언 시에 정의된 매개변수와 동일한 수의 인자를 전달하도록 강제하지 않는다.

전달받은 인자(인자가 부족하더라도)를 성공적으로 처리할 수 있는지는 전적으로 함수의 정의 자체에 달려있다. 자바스크립트는 이에 대해서 어떤 규칙도 강제하지 않는다. root라는 단일 매개변수를 가진 함수를 선언한 것은 전달 가능한 인자 중에서 첫 번째 인자만 이름으로 참조가 가능하다는 것을 뜻한다.

> **팁:** 이름을 지닌 매개변수에 대한 인자가 전달되었는지는 paramname === undefined 표현식을 이용해서 확인할 수 있다. 상응하는 인자가 없다면 해당 표현식은 true가 된다.

첫 번째 인자는 root를 이용해서 얻을 수 있지만, 전달된 인자가 더 있는 경우 나머지 인자는 어떻게 접근할 수 있을까? arguments 매개변수는 전달된 인자를 모두 갖고 있는 컬렉션을 참조한다.

우리가 하려는 것은 두 번째부터 n번째로 전달된 객체의 프로퍼티를 첫 번째 인자인 root에 통합하는 것이라는 점을 기억하자. 그렇기 때문에 우리는 목록에 있는 인자를 첫 번째 인자는 제외하고 1번 인덱스부터 접근해서 차례대로 처리한다.

매 이터레이션마다 사용되는 항목(arguments[i])은 함수에 전달된 객체다. 우리는 해당 객체의 프로퍼티를 순회하면서 프로퍼티를 root 객체에 복사한다.

> **팁:** for-in 구문을 처음 접할 수 있을 텐데, 이것은 객체의 모든 프로퍼티를 순회하면서 프로퍼티 이름(key)를 매 이터레이션의 항목(item)으로 설정하는 구문이다.

이제 분명해진 것처럼, 인자의 컬렉션에 접근하고 순회하는 기능은 복잡하고 똑똑한 메서드를 만드는 강력한 수단이 된다. 우리는 전달된 인자에 따라서, 심지어 어떤 값이 전달될지 미리 알 수 없는 상황이라 하더라도 유연하게 동작하는 함수를 만들기 위해서 함수에 전달된 인자를 검사하는데 arguments 컬렉션을 활용할 수 있다.

jQuery UI와 같은 라이브러리는 함수 오버로딩을 아주 적극적으로 이용한다. 움직일 수 있는(floating) 다이얼로그 박스와 같은 UI 위젯을 만들어 관리하는 메서드를 한번 생각해 보자. 동일한 메서드인 dialog()가 다이얼로그 박스를 만들고 여러 가지 기능을 수행하는 데 사용된다. 다이얼로그 박스를 만들 때는 다음과 같이 호출을 한다.

```
$("#myDialog").dialog({ caption: "This is a dialog" });
```

완전히 같은 메서드가 다이얼로그 박스 열기와 같은 연산을 실행하는 데도 이용된다.

```
$("#myDialog").dialog("open");
```

dialog() 메서드가 실제로 하는 일은 전달된 값을 확인한 후에 결정된다.

코드 4.12에서 arguments 매개변수가 명확한 기준이 되지 않는 다른 예를 살펴보자.

인자 목록을 원하는 대로 자르기

다음 예제로, 함수의 첫 번째 인자를 나머지 인자 중에서 가장 큰 값과 곱하는 함수를 만들어 보겠다. 비록 이 예제가 애플리케이션을 만들 때 사용할 만한 특별한 무언가를 보여주지는 않지만, 이 예제를 통해서 함수에 전달된 인자를 다루는 몇 가지 다른 기법을 살펴볼 수 있다.

이 예제는 아주 간단하다. 먼저 첫 번째 인자를 취한 다음, (이미 익숙한) Math.max()에 나머지 인자들을 전달해 최댓값을 구하고 두 값을 곱한다. 이때 인자 목록의 두 번째 인자로 시작하는 배열을 만들어서 Math.max()에 전달해야 하는데, 첫 번째 인자를 제외한 배열을 만들기 위해서 slice() 메서드를 활용한다.

그럼, 다음과 같이 코드를 작성해 보자.

4.13 인자 목록 잘라내기

```
<script type="text/javascript">
  function multiMax(multi){
    return multi * Math.max.apply(Math, arguments.slice(1));
```

```
        }
        assert(multiMax(3, 1, 2, 3) == 9,
               "3*3=9 (첫 번째 인자와 나머지 인자 중에서 가장 큰 인자를 곱한다.)");
</script>
```

그런데 막상 이 스크립트를 실행해 보면 그림 4.5와 같이 의도치 않은 결과가 나타난다. 무슨 일이 일어난 것일까? 분명한 것은 첫 번째 인자를 나머지 인자 중 가장 큰 값과 곱하는 일이 처음에 생각한 것처럼 간단하지 않다는 것이다.

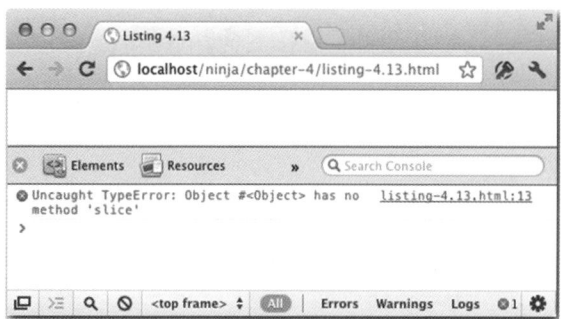

그림 4.5 우리가 작성한 코드에 뭔가 잘못된 부분이 있다.

이 장의 앞부분에서 지적했듯이, arguments 매개변수는 진짜 배열을 참조하는 것이 아니다. 비록 몇 가지 면에서 arguments 객체가 배열과 매우 흡사해 보이기는 하지만, 예를 들어 for 문을 통해서 구성 요소를 순회할 수 있지만, 이 객체는 배열이 제공하는 기본적인 메서드들을 전혀 제공하지 않는다(여기에는 간편하게 쓸 수 있는 slice() 메서드도 포함된다).

우리는 원한다면 배열을 자르는데(slice-and-dice) 사용할 메서드를 직접 만들어 사용할 수 있다. 아니면 진짜 배열을 하나 만들고 거기에 값을 복사해 사용할 수도 있다. 하지만 Array가 이미 우리가 찾는 기능을 제공하고 있다는 사실을 알고 나면, 이런 접근 방식은 엉성하고 불필요하게 느껴질 것이다.

데이터를 복사하거나 필요한 메서드를 직접 작성하는 방식을 택하기 전에, 코드 4.10에서 배운 내용을 다시 떠올려보자. 코드 4.10에서 우리는 Array가 제공하는 함수를 속여서 배열이 아닌 객체도 배열인 것처럼 다루도록 했다.

그 방식을 이용해서 다음과 같이 코드를 다시 써 보자.

4.14 인자 목록 자르기-이번에는 제대로

```
<script type="text/javascript">
  function multiMax(multi){
    return multi * Math.max.apply(Math,
      Array.prototype.slice.call(arguments, 1));
  }
  assert(multiMax(3, 1, 2, 3) == 9,
         "3*3=9 (첫 번째 인자와 나머지 인자 중에서 가장 큰 인자를 곱한다.)");
</script>
```

← slice() 메서드를 속여서 Array의 인스턴스가 아닌 인자목록에 대해서 동작하도록 한다.

코드 4.10에서 사용했던 것과 같은 방법을 이용해서 Array의 slice() 메서드가 인자 목록(arguments "array")을 진짜 배열인 것처럼 다루도록 한다. 비록 인자 목록이 실제로 배열은 아니지만.

지금까지 arguments 매개변수를 다루는 방법에 대해서 조금 살펴 보았다. 이제 우리가 알게 된 사실을 바탕으로 함수의 오버로딩을 다루는 몇 가지 기법을 살펴보자.

함수의 오버로딩에 대한 접근방법

함수 오버로딩(function overloading)은 전달된 인자에 따라 함수의 동작이 달라지게 하는 기법을 말한다. 함수 오버로딩을 구현하려고 하면 이제까지 살펴 본 인자의 목록을 검사하고 조건문(if와 else)을 이용해서 다르게 동작하도록 만드는 방식을 쉽게 떠올릴 수 있을 것이다. 이런 방식은 대개 잘 동작한다. 특히 간단한 일을 처리할 때 그렇다.

하지만 상황이 조금 더 복잡해지게 되면, 조건문을 많이 사용한 긴 함수는 삽시간에 다루기 힘들게 된다. 이 절의 나머지 부분에서는 같은 이름을 가진 것처럼 보이는 복수의 함수들을 만드는 기법에 대해서 살펴 보겠다. 함수는 기대하는 인자의 수에 따라서 구분이 되고 한 덩어리로 된 if-then-else-if 블록 대신 분리된 익명 함수를 이용해 작성한다.

이 모든 것이 잘 알려지지 않은, 함수의 어떤 프로퍼티에 의존하고 있다. 먼저 그 프로퍼티에 대해서 알아보자.

함수의 length 프로퍼티

모든 함수는 잘 알려지지 않은 재미난 프로퍼티, length를 가지고 있다. length 프로퍼티는 함수가 어떻게 선언되었는지에 대해 알 수 있게 해준다. 이 프로퍼티에는 함수를 선언할 때 지정한, 이름을 가진 매개변수(named parameter)의 수가 저장되어 있다. (arguments 매개변수의 length 프로퍼티와 혼동하지 말기 바란다.)

length 프로퍼티에는 이름을 가진 매개변수의 수가 저장되기 때문에, 매개변수를 하나만 갖는 함수를 선언하면 그 함수의 length 프로퍼티에는 1이 저장된다. 다음 코드를 살펴보자.

```
function makeNinja(name){}
function makeSamurai(name, rank){}
assert(makeNinja.length == 1, "인자가 하나만 오길 기대한다.");
assert(makeSamurai.length == 2, "인자가 두 개 오길 기대한다.");
```

결과적으로 함수 내에서 함수의 인자에 대해 두 가지를 알 수 있다.

- length 프로퍼티를 통해서 이름을 지닌 매개변수의 수를 알 수 있다.
- arguments.length를 통해서 호출 시에 전달된 인자의 수를 알 수 있다.

그럼 length 프로퍼티를 활용해서 인자의 수에 따라 다르게 동작하는 함수(overloaded functions)를 만드는 방법에 대해서 알아보자.

인자의 개수를 이용한 함수 오버로딩

함수의 인자를 기반으로 오버로드를 결정하는 데는 여러 가지 방법이 있다. 하나는 전달된 인자의 타입에 근거해서 다른 연산을 실행하는 것이다. 다른 방법은 특정 매개변수의 존재 유무에 따라 전환을 하는 것이다. 또 다른 방법은 전달된 인자의 수를 이용하는 것이다. 이 절에서는 전달된 인자의 수를 이용하는 방법에 대해서 살펴보겠다.

인자의 수에 따라 다르게 동작하는 메서드를 어떤 객체에 추가하고 싶다고 하자. 모든 기능을 긴 함수 하나에 다 넣고자 한다면 다음과 같이 할 수 있을 것이다.

```
var ninja = {
  whatever: function() {
      switch (arguments.length) {
          case 0:
  /* 무언가를 한다. */
  break;
          case 1:
  /* 다른 무언가를 한다. */
  break;
          case 2:
```

```
        /* 또 다른 무언가를 한다. */
        break;
        //  이런 식으로 계속 ...
      }
    }
  }
```

앞의 방식은 arguments 매개변수로부터 실제 인자의 수를 얻고, 그에 따라 다른 연산을 수행한다. 하지만 그다지 깔끔해 보이지 않는다. 닌자들이 사용할 법한 방식도 아닌 것 같아 보인다. 그렇지 않은가?

다른 방법을 생각해 보자. 다음과 같은 구문을 이용해서 오버로드된 메서드(overloaded method)를 추가한다면 어떨까?

```
var ninja = {};
addMethod(ninja,'whatever',function(){ /* 무언가 한다. */ });
addMethod(ninja,'whatever',function(a){ /* 다른 무언가 한다. */ });
addMethod(ninja,'whatever',function(a,b){ /* 또 다른 무언가 한다. */ });
```

여기서 우리는 객체를 만든 다음 같은 이름을 이용해서 메서드를 추가한다. 그렇지만 다른 함수들이 오버로드된다. 각 오버로드에는 다른 수의 매개변수가 지정되어 있다는 점에 유의하자. 이 방법으로 각 오버로드를 처리하는 별도의 익명 함수를 만들 수 있다. 깔끔하고 멋지지 않은가?

하지만 addMethod()는 존재하지 않기 때문에 우리가 직접 만들어야 한다. 지금부터 다룰 내용은 길진 않지만 약간 어렵게 느껴질 수 있으니 정신을 바짝 차리기 바란다.

다음 코드를 한번 보자.

4.15 메서드 오버로딩을 처리하는 함수

```
function addMethod(object, name, fn) {
  var old = object[name];
  object[name] = function(){
    if (fn.length == arguments.length)
      return fn.apply(this, arguments)
    else if (typeof old == 'function')
      return old.apply(this, arguments);
  };
}
```

❶ 함수 fn을 객체의 메서드로 추가하기 전에 이전에 설정해 둔 함수를 변수 old에 저장해 둔다. fn을 호출할 때 매개변수와 인자의 수가 서로 다르다면 fn 대신 old를 호출해야 하기 때문이다.

❷ 메서드를 대체할 새로운 익명 함수를 만든다.

❸ 매개변수와 인자의 수가 일치하면 전달된 함수를 호출한다.

❹ 전달된 함수 fn이 처리할 호출이 아니면 이전에 등록된 함수를 호출한다.

addMethod() 함수는 (다음) 세 가지 인자를 받는다.

- 메서드를 적용할 객체

- 메서드와 연결될 프로퍼티 명
- 연결할 메서드

사용 예를 다시 한 번 살펴보자.

```
var ninja = {};
addMethod(ninja,'whatever',function(){ /* 무언가 한다. */ });
addMethod(ninja,'whatever',function(a){ /* 다른 무언가 한다. */ });
addMethod(ninja,'whatever',function(a,b){ /* 또 다른 무언가 한다. */ });
```

addMethod()를 처음 호출하면 익명 함수가 하나 새로 만들어진다. 이 익명 함수는 인자 목록의 길이가 0인 경우 함수 fn을 호출한다. 이 시점에서 ninja는 새로 만들어진 객체이기 때문에 이전에 설정된 메서드가 있는지 신경 쓸 필요가 없다.

addMethod()를 두 번째 호출하면, 앞서 만든 익명 함수의 참조를 old 변수에 저장한다❶. 그런 다음 해당 메서드를 호출하면 사용할 새로운 익명 함수를 만든다❷. 새로 만들어진 메서드는 전달된 인자의 수가 1인지 확인하고 그렇다면 함수 fn을 호출한다❸. 만약 1이 아니라면 old 변수에 저장된 함수를 호출한다❹. 알다시피 old에 저장된 함수는 매개변수가 0개인지 확인하고 그에 해당하는 함수 fn을 호출한다.

addMethod()를 세 번째로 호출할 때, 매개변수를 2개 받는 함수 fn을 인자로 전달한다. 이때 앞서 설명한 과정이 다시 수행된다. 다시 한 번 새로운 익명 함수를 만들고, 메서드를 호출하면 이 함수가 실행된다. 인자를 두 개 전달하면 매개변수를 두 개 받는 함수 fn이 호출되고, 이전에 만든 인자를 하나 받는 함수는 호출 순서가 그다음으로 미뤄진다.

함수가 함수를 둘러싸고 있는 모습이 여러 겹의 껍질을 지닌 양파와 닮아 있는데, 각 레이어는 인자의 수가 일치하는지 확인하고 일치하지 않는 경우 이전에 만들어진 레이어로 (호출을) 전달한다.

내부 익명 함수가 old와 fn에 접근하는 데는 약간의 기교가 들어가 있는데, 이것은 클로저(closure)라는 개념과 관련이 되어 있다. 클로저에 대해서는 다음 장에서 자세하게 살펴볼 것이다. 지금은 메서드를 실행하면 내부에 있는 함수가 old와 fn에 저장된 현재 값을 이용할 수 있다는 정도만 이해하고 넘어가자.

다음 코드에 있는 새로운 함수를 테스트해 보자.

4.16 addMethod() 함수 테스트하기

```
<script type="text/javascript">

  var ninjas = {                                    ❶ 테스트 데이터를 지닌 테스트용
    values: ["Dean Edwards", "Sam Stephenson", "Alex Russell"]    객체를 선언한다.
  };

  addMethod(ninjas, "find", function(){
    return this.values;                             ❷ 인자를 받지 않는 메서드를
  });                                                  객체에 설정한다.

  addMethod(ninjas, "find", function(name){
    var ret = [];                                   ❸ 인자를 하나만 받는 메서드를
    for (var i = 0; i < this.values.length; i++)       객체에 설정한다.
      if (this.values[i].indexOf(name) == 0)
        ret.push(this.values[i]);
    return ret;
  });

  addMethod(ninjas, "find", function(first, last){  ❹ 인자 2개를 받는 메서드를
    var ret = [];                                      객체에 설정한다.
    for (var i = 0; i < this.values.length; i++)
      if (this.values[i] == (first + " " + last))
        ret.push(this.values[i]);
    return ret;
  });

  assert(ninjas.find().length == 3,
         "Found all ninjas");
  assert(ninjas.find("Sam").length == 1,            설정된 메서드들을 테스트한다.
         "Found ninja by first name");
  assert(ninjas.find("Dean", "Edwards").length == 1,
         "Found ninja by first and last name");
  assert(ninjas.find("Alex", "Russell", "Jr") == null,
         "Found nothing");

</script>
```

그림 4.6과 같이 페이지를 로딩해서 테스트를 실행하면 모든 테스트가 성공하는 것을 볼 수 있다.

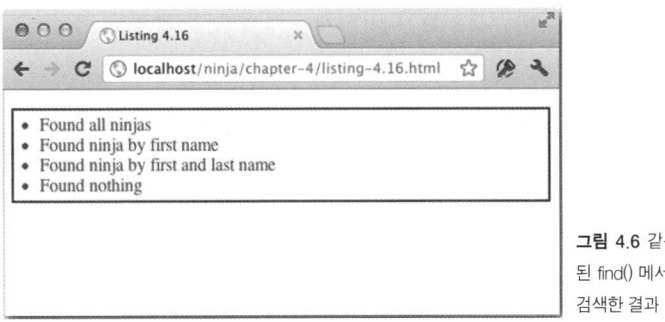

그림 4.6 같은 이름으로 오버로드 된 find() 메서드를 이용해서 닌자를 검색한 결과

메서드 오버로딩(method-overloading)이 적용된 함수를 테스트하기 위해서, 유명한 자바스크립트 닌자들의 이름을 테스트용 데이터로 저장하고 있는 ninja 객체를 정의한다❶. 그런 다음 ninja 객체에 find라는 이름의 메서드를 세 개 추가한다. 이 메서드들은 모두 전달된 기준에 따라 닌자를 검색한다.

우리는 세 가지 버전의 find() 메서드를 정의하고 설정했다.

- 하나는 인자를 받지 않는 방식으로 모든 닌자를 반환한다❷.
- 다른 하나는 인자를 하나만 받고 전달된 문자열로 시작하는 이름을 가진 닌자를 반환한다❸.
- 마지막 하나는 인자를 두 개 받고, 전달받은 문자열과 이름과 성이 일치하는 닌자를 반환한다❹.

이 방법은 제법 훌륭하다. 설정된 함수들을 전형적인 데이터 구조에 저장하지 않기 때문이다. 대신 설정된 함수들은 모두 클로저(closure) 내에 참조로 저장된다. 다시 말하지만, 다음 장에서 클로저에 대해서 더 많은 이야기를 하겠다.

이 기법을 사용할 때 몇 가지 유의해야 할 점이 있다.

- 인자의 수가 다른 경우만 동작한다. 이 방식은 타입이나, 인자의 이름 또는 그 외의 것을 기준으로 삼지 않는다. 하지만 이런 동작 방식은 대개 우리가 원하는 바와 일치한다.
- 오버로드된 메서드를 호출하는 데 오버헤드가 존재한다. 성능이 중요한 상황에서는 이런 부분도 고려해야 한다.

사용할 때 유의할 점이 있긴 하지만, 이 함수는 length 프로퍼티를 소개할 기회를 제공하고 함수를 다루는 몇 가지 기법을 보여주는 좋은 예가 된다.

지금까지 이 장에서는 자바스크립트가 어떻게 함수를 1종 객체로 다루는지에 대해 살펴 보았다. 이제 함수도 객체인 까닭에 하게 될지도 모르는 한 가지 일, 즉 객체가 함수인지 여부를 확인하는 방법에 대해서 살펴보자.

4.5 함수인지 확인하기

함수에 대한 탐구를 마치기 전에, 어떤 객체가 함수의 인스턴스이고 그래서 호출하는 것이 가능할 때, 이를 알아내는 방법에 대해서 살펴보자. 간단해 보이지만 여기에는 크로스 브라우저(cross-browser) 이슈가 있다.

보통 typeof 구문을 활용하면 객체가 함수인지 알아낼 수 있다. 다음 코드를 보자.

```
function ninja(){}
assert(typeof ninja == "function",
    "함수는 function 타입을 갖는다.");
```

typeof를 이용하는 것은 어떤 값이 함수인지 여부를 판별하는 전형적인 방법이다. 그리고 테스트 대상이 함수인 경우는 항상 제대로 동작한다. 하지만 이 방식을 사용할 경우 잘못된 결과(false-positive)가 나오는 경우가 몇 가지 있기 때문에, 어떤 경우에 오판이 일어나는지 알고 있어야 한다.

- 파이어폭스는 HTML의 〈object〉 엘리먼트에 typeof를 적용하면 "object" 대신 "function"이라는 결과를 돌려준다.
- IE는 더 이상 존재하지 않는 다른 윈도(예를 들어 iframe)에 있는 함수의 타입을 찾으려는 경우에 "unknown"을 돌려준다.
- 사파리는 DOM NodeList를 함수로 간주한다. 그래서 typeof document.body.childNodes == "function"이다.

이런 사항들이 우리가 만든 코드 내에서 문제가 되는 경우, 함수나 비함수를 정확하게 알려주는, 모든 대상 브라우저에서 잘 동작하는 해결 방법이 필요하다.

이에 대해서 살펴볼 방법들이 많지만 불행하게도 그 방법들 중 대부분은 사용할 수가 없다. 예를 들어 우리는 함수들이 apply()와 call() 메서드를 갖고 있다는 사실을 알고 있다. 하지만 IE의 일부 문제가 있는 함수에는 apply()와 call() 메서드가 존재하지 않는다. 꽤 잘 동작하는 방법 중 하나는 다음 코드와 같이 함수를 문자열로 변환하고 변환된 값을 기준으로 타입을 결정하는 것이다.

```
function isFunction(fn) {
  return Object.prototype.toString.call(fn) === "[object Function]";
}
```

비록 이 테스트가 완벽하지는 않지만, 앞서 언급한 상황과 같은, 우리가 열거한 모든 경우에 대해서는 정확한 값을 제공한다.

> **노트:** 6장에서는 함수의 prototype 프로퍼티가 정확히 무엇을 위한 것인지 그리고 어떻게 동작하는지에 대해서 아주 심도 있게 다뤄볼 것이다. 지금은 prototype이 생성자 함수(constructor function)의 중요한 일부분이고, 어떤 프로퍼티와 메서드가 생성된 객체의 일부분이 될지를 기술하는 역할을 한다는 것만 알고 넘어가자.

그런데 악명 높은 예외가 하나 있다.(보통 그렇지 않나?) IE는 DOM 엘리먼트의 메서드에 대한 타입을 "object"로 반환한다. 그래서 typeof domNode.getAttribute == "object"가 되고 inputElement.focus == "object"가 된다. 그래서 함수를 문자열로 변경해 타입을 검사하는 방법이 이때는 제대로 동작하지 않는다.

isFunction()이 제대로 동작하게끔 구현하려면 마법이 약간 필요하다. Object.prototype 내부의 toString() 메서드를 이용해 보겠다. 이 특별한 메서드는 기본적으로 어떤 객체(Function이나 String 같은)의 내부 상태를 나타내는 문자열을 반환하도록 고안되어 있다. 모든 객체를 대상으로 실제 타입을 알아내기 위해서 이 메서드를 호출할 수 있다. (이 기법은 단순히 어떤 객체의 함수 여부를 결정하는 것을 넘어서 문자열, 정규식, 날짜와 그 외 다른 객체에도 마찬가지로 동작한다.)

이런 결과를 얻기 위해서 fn.toString()을 직접 호출하지 않는 이유는 두 가지다.

- 개별 객체는 자신만의 toString()을 구현하고 있을 수 있다.
- 자바스크립트에서 대부분의 타입은 Object.prototype이 제공하는 메서드를 오버라이드한 미리 정의된 toString() 메서드를 가지고 있다.

Object.prototype 메서드에 직접 접근함으로서, 오버라이드 되지 않은 원래 버전의 toString() 사용을 보장할 수 있다. 그리고 우리가 원하는 정확한 정보를 얻을 수 있다.

이 예제를 통해서 크로스 브라우저 스크립트 작성의 이상한 세계에 대해 살짝 들여다 봤다. 다양한 브라우저에서 매끄럽게 동작하는 코드를 작성하는 작업은 매우 도전적인 일이다. 하지만 웹에서 견고하게 동작하는 코드를 만들고자 하는 사람에게는 필요한 기술이다. 앞으로 훨씬 많은 크로스 브라우저 전략들을 살펴볼 터인데 특히 11장에서 이에 대해 집중적으로 살피겠다.

4.6 정리

이 장에서는 3장에서 얻은 지식을 활용해 애플리케이션 개발 중에 만날 수 있는 몇 가지 문제를 해결해 보았다.

특히 다음과 같은 내용을 다루었다.

- 익명 함수를 이용해서 절차적인 구문으로 가득찬 커다란 함수 대신 작은 실행 단위의 함수를 만들 수 있다.
- 재귀 함수를 살펴 봄으로서, 다음과 같이 다양한 방법으로 함수를 참조할 수 있다는 것을 배웠다.
    - 이름을 이용한 참조
    - 객체의 프로퍼티 명을 통해 메서드로 참조
    - 인라인 함수의 이름을 이용한 참조
    - arguments의 callee 프로퍼티를 통한 참조
- 함수는 프로퍼티를 가질 수 있고, 우리가 원하는 정보를 저장하는데 프로퍼티를 활용할 수 있다.
    - 나중에 참조하거나 호출하기 위해서 함수의 프로퍼티에 함수를 저장하기
    - 함수의 프로퍼티를 활용한 캐시 만들기(메모이제이션)
- 함수를 호출할 때 전달되는 콘텍스트(context)를 조절하는 방식으로 메서드를 속여, 메서드를 소유하지 않은 객체를 대상으로 메서드가 동작하게끔 할 수 있다. 이것은 Array나 Math와 같이 자신이 가진 데이터를 대상으로 연산을 수행하는 객체가 지니고 있는 메서드를 활용하는데 유용하다.
- 함수는 전달되는 인자에 따라 다른 연산을 수행할 수 있다(함수 오버로딩). 우리는 전달된 인자의 타입이나 수에 따라서 원하는 일을 하기 위해서 인자 목록을 검사할 수 있다.
- 객체가 함수의 인스턴스인지는 여부를 확인하는 것은 typeof 연산자의 결과가 "function"인지를 확인하면 된다. 다만, 여기에는 크로스 브라우저 이슈가 있다.

제시된 예제 중 하나, 정확히 말하자면 코드 4.15는 클로저로 알려진 개념을 많이 사용했다. 클로저는 함수를 실행할 때 사용가능한 데이터 값들을 제어한다. 다음 장에서 이 필수적인 개념에 대해서 더 자세히 살펴보자.

5장

SECRETS OF THE JAVASCRIPT NINJA

클로저와 가까워지기

이 장에서는 다음 주제를 다룬다.
- 클로저가 무엇이고, 어떻게 동작하는가?
- 클로저를 사용하여 개발의 복잡도 줄이기
- 클로저를 이용한 성능 향상
- 클로저를 이용한 유효 범위 문제 해결하기

클로저는 자바스크립트의 특징적인 기능으로 앞 장에서 살펴보았던 함수와 긴밀한 관계를 지니고 있다. 많은 개발자가 클로저의 장점을 제대로 이해하지 못하고 페이지 스크립트를 작성하는데, 클로저를 활용하면 페이지에 고급 기능을 추가할 때 필요한 스크립트의 양과 복잡함을 줄일 수 있다. 그뿐 아니라 클로저 없이는 다룰 수 없는 문제, 또는 구현하기 까다로운 문제들도 다룰 수 있게 된다.

전통적으로 클로저는 순수 함수형 프로그래밍 언어가 지닌 특징 중 하나였다. 클로저를 주류 개발에 사용하려는 시도가 눈에 띄게 늘고 있는데, 클로저를 활용하면 복잡한 연산도 극적으로 단순하게 만들 수 있기 때문에, 자바스크립트 라이브러리나 다른 고수준의 코드 기반에서 클로저의 사용이 증가하는 것은 이상한 일이 아니다.

이 장에서는 클로저에 대한 모든 것과 이를 이용해 어떻게 세계적 수준의 페이지 스크립트를 만들 수 있는지 살펴본다.

5.1 클로저는 어떻게 동작하는가?

간단히 말해 클로저는 함수를 선언할 때 만들어지는 유효 범위다. 함수는 클로저를 통해서 자신이 선언될 때 속해 있던 유효 범위 내의 변수와 함수를 사용할 수 있고, 변수의 경우 그 값을 변경할 수도 있다.

이런 사실은 처음에는 제법 직관적인 것처럼 보일 것이다. 하지만 함수를 선언한 후에 언제든지, 심지어 함수가 속해 있던 유효 범위가 사라진 후에도 그 함수를 호출할 수 있다는 사실을 떠올려 보면 그렇지 않다고 느끼게 될 것이다.

이 개념은 코드를 통해서 설명하는 것이 적절할 것 같다. 간단한 코드를 살펴보자.

5.1 간단한 클로저

```
<script type="text/javascript">
  var outerValue = 'ninja';           ← ❶ 전역 변수를 정의한다.

  function outerFunction() {          ← ❷ 전역 함수를
    assert(outerValue == "ninja","I can see the ninja.");   정의한다.
  }
  outerFunction();                    ← ❸ 함수를 실행한다.
</script>
```

이 예제에서 변수❶와 함수❷를 같은 유효 범위에, 즉 전역 유효 범위에 선언했다. 그런 다음 선언한 함수를 실행하였다❸.

그림 5.1에서 볼 수 있듯이, outerFunction 함수는 outerValue 변수의 존재를 알고 있으며 해당 변수에 접근할 수 있다. 여러분은 아마 클로저를 만들고 있다는 사실을 알아차리지 못한 채, 오랫동안 이런 코드를 작성했을 것이다.

인상적이지 않다고? 나도 그다지 놀라운 일은 아니라고 생각한다. 왜냐하면 외부에 있는 변수와 함수가 모두 전역 유효 범위에 선언되어 있고, 실제로는 클로저에 해당하는 전역 유효 범위는 페이지가 로드되어 있는 한 사라지지 않기 때문이다. 그리고 변수가 여전히 유효 범위 내에 존재하고 사용가능한 상황에서, 함수가 그 변수에 접근 가능한 것은 이상해 보이지 않는다. 비록 클로저가 존재하고 있지만, 그로 인한 장점이 명확히 드러나지 않는다.

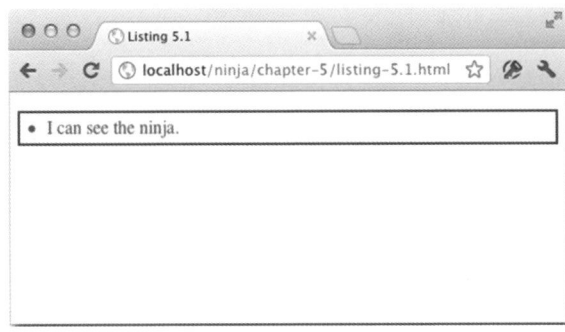

그림 5.1 우리가 만든 함수가 숨어 있는 "ninja"를 발견했다.

조금 더 복잡한 코드를 살펴보자.

5.2 간단하지 않은 클로저

```
<script type="text/javascript">
    var outerValue = 'ninja';
    var later;

    function outerFunction() {
      var innerValue = 'samurai';

      function innerFunction() {
        assert(outerValue,"I can see the ninja.");
        assert(innerValue,"I can see the samurai.");
      }

      later = innerFunction;
    }
    outerFunction();
    later();
</script>
```

나중에 사용할 빈 변수를 하나 선언한다. 여기서 적절한 변수명이 변수의 쓰임새를 이해하는데 많은 도움이 된다는 것을 알 수 있다.

함수 내에 변수를 하나 선언한다. 이 변수의 유효 범위는 함수 내부로 제한이 되고, 함수 외부에서는 접근할 수 없다.

outerFunction() 내에 innerFunction()을 선언한다. innerValue는 innerFunction()이 선언된 유효 범위에 존재한다.

outerFunction을 실행한다. 이 함수는 내부적으로 innerFunction을 선언한 다음, 그 참조를 later 변수에 저장한다.

later 변수에 innerFunction의 참조를 저장한다. later가 전역 변수이므로, later 변수를 사용하여 innerFunction() 함수를 나중에 호출할 수 있다.

later 변수를 이용해서 innerFunction을 호출한다. innerFunction의 유효 범위는 outerFunction 내부로 제한되어 있기 때문에 외부에서 직접 호출하는 것은 불가능하다.

innerFunction()의 코드를 분석해보자. 그리고 무슨 일이 발생할지 예측해보자. 첫 번째 assert는 확실히 성공한다. outerValue는 전역 유효 범위에 있고, 모든 곳에서 볼 수 있다. 하지만 두 번째는 어떨까?

전역 변수인 later에 innerFunction의 참조를 복사하는 변칙적인 방법을 이용해서 outer 함수가 실행된 후에 innerFunction을 실행시킨다. innerFunction이 실행될 때, outerFunction 내부의 유효 범위는 이미 오래전에 사라졌고, later를 통해 함수를 실행시킨 시점에는 볼 수도 없다. 그러므로 assert가 실패할 것이라고 쉽게 예측할 수 있다. innerValue가 정의되지 않았을 것이 확실하기 때문이다. 그런데 과연 그렇게 동작할까?

    테스트를 실행해 보면, 그림 5.2와 같은 결과가 나온다. 어떻게 이런 결과가 나왔을까? 어떤 마법이 innerFunction을 실행할 때 innerValue를 여전히 사용할 수 있게 해 주는 걸까? 물론, 그 해답은 클로저에 있다.

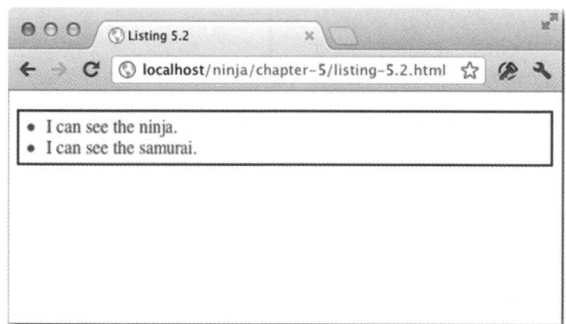

그림 5.2 함수 내부에 숨었음에도 불구하고, 사무라이는 여전히 감시 당하고 있다.

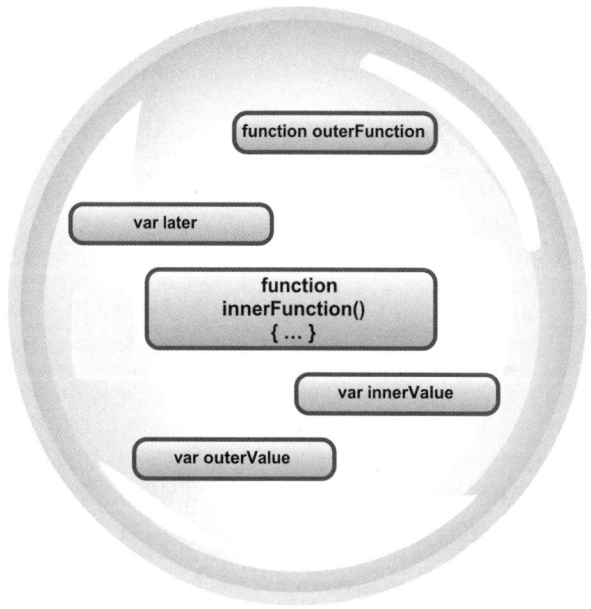

그림 5.3 보호막과 같이, innerFunction()의 클로저는 해당 함수가 존재하는 한, 함수의 유효 범위와 관계된 모든 변수를 가비지 컬렉션으로부터 보호한다.

outerFunction 내에서 innerFunction()을 선언했을 때, 함수만 정의되는 것이 아니라 그 시점에 같은 유효 범위에 있는 모든 변수를 포함하는 클로저도 생성된다.

    그런 다음 마침내 innerFunction()을 실행하게 되면, 해당 함수가 속해 있던 유효 범위가 사라지고 난 후에 실행이 되었음에도 불구하고, 그림 5.3을 통해서 볼 수 있듯이, 클로저를 통해서 함수가 정의된 원래 유효 범위에 접근하게 된다.

이것이 클로저의 핵심이다. 클로저는 "보호막"을 만든다. 이 "보호막"은 함수가 선언된 시점의 유효 범위에 있는 모든 함수와 변수를 가지고 있으며, 필요할 때 그것들을 사용할 수 있다. 이 보호막은 함수가 동작하는 한 관련 정보를 유지한다.

클로저의 몇 가지 핵심적인 특성을 확인할 수 있도록 예제를 조금 수정해 보겠다. 다음 코드에서 굵은 글씨로 되어 있는 부분을 살펴보자.

5.3 클로저가 볼 수 있는 다른 것들

```
<script type="text/javascript">
  var outerValue = 'ninja';
  var later;

  function outerFunction() {
    var innerValue = 'samurai';

    function innerFunction(paramValue) {
      assert(outerValue,"Inner can see the ninja.");
      assert(innerValue,"Inner can see the samurai.");
      assert(paramValue,"Inner can see the wakizashi.");
      assert(tooLate,"Inner can see the ronin.");
    }

    later = innerFunction;
  }

  assert(!tooLate,"Outer can't see the ronin.");

  var tooLate = 'ronin';
  outerFunction();

  later('wakizashi');

</script>
```

❶ inner 함수에 매개변수를 추가한다.

❷ 매개변수를 볼 수 있는지 테스트하고, 클로저가 함수가 선언된 이후에 정의된 변수를 볼 수 있는지 테스트한다. 무슨 일이 벌어질까?

❸ 같은 범위 내의 later 변수를 살펴보자. 실패할까? 아니면 통과할까?

❹ inner 함수를 정의한 후에 변수를 선언한다.

❺ inner 함수를 호출하고 그것에 포함된 테스트를 수행한다. 어떤 결과가 나타날까?

무슨 일이 일어날지 충분히 긴장하게 된다. 이전 코드에 몇 개의 흥미로운 기능을 추가했다. 매개변수를 innerFunction에 추가했고❶, 나중에 innerFunction을 실행하는 시점에 인자를 전달했다❺. outerFunction을 정의한 후에 변수를 추가로 선언했다❹.

inner 함수 내부❷ 그리고 외부❸에서 테스트가 실행되었을 때, 그림 5.4와

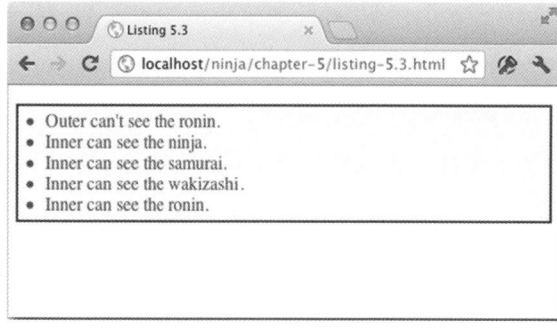

그림 5.4 inner는 outer보다 더 많은 것을 볼 수 있다.

같은 내용을 볼 수 있다.

이는 클로저의 세 가지 흥미로운 개념을 보여준다.

- 함수 매개변수는 함수의 클로저에 포함되어 있다(코드에서 이 점이 명백해 보이지만, 확실히 하기 위해 한 번 더 언급한다.)
- outer 유효 범위에 속한 모든 변수는, 심지어 함수를 선언한 뒤에 선언된 변수일지라도, 모두 클로저에 포함된다.
- 같은 유효 범위에 속한 변수라 하더라도, 선언에 앞서 참조하는 것(forward-reference)은 불가능하다.

두 번째와 세 번째 특징을 통해서 inner 클로저는 tooLate 변수를 볼 수 있는 반면에 outer 클로저는 그렇게 하지 못하는 이유를 알 수 있다.

이 구조를 모두 어디서든 손쉽게 볼 수 있는 방법은 없지만(이런 정보들을 조사할 수 있도록 정보를 보관하는 명시적인 "closure" 객체 같은 것은 존재하지 않는다), 이러한 방식으로 정보를 저장하고 참조하는 데는 직접적인 비용이 든다는 것을 염두에 두어야 한다. 클로저를 이용해서 정보에 접근하는 함수는 계속해서 관련된 정보를 가지고 다녀야 하기 때문에 족쇄를 차고 있다고 할 수 있다. 클로저는 정말 유용하지만, 오버헤드에서 자유롭다고 할 수는 없다. 클로저에 관련된 모든 정보는 더 이상 사용하는 곳이 없을 때(그리고 안전하게 가비지 컬렉션을 수행할 수 있을 때), 혹은 페이지가 언로드 될 때까지 메모리에 남아 있는다.

5.2 클로저로 작업하기

클로저가 무엇이고 어떻게 동작하는지 알았으니(피상적으로나마), 페이지 내에서 클로저를 이용하는 방법에 대해 살펴보자.

5.2.1 Private 변수

클로저를 사용하는 일반적인 경우 중 하나는 "private 변수"처럼 몇몇 정보를 숨기고자 할 때다. 즉, 변수의 유효 범위를 제한하려는 용도로 사용할 수 있다. 자바스크립트로 객체 지향 코드를 작성할 때는 전통적인 형태의 private 변수(객체의 프로퍼티 중 외부에서는 접근할 수 없는 프로퍼티)를 사용할 수 없다. 하지만 클로저를 이용하면, 다음 코드에서 볼 수 있는 것처럼 납득할 만한 수준의 결과를 얻을 수 있다.

5.4 클로저를 이용해서 private 변수와 같은 효과를 내기

```
<script type="text/javascript">

  function Ninja() {

    var feints = 0;

    this.getFeints = function(){
      return feints;
    };

    this.feint = function(){
      feints++;
    };
  }

  var ninja = new Ninja();

  ninja.feint();

  assert(ninja.getFeints() == 1,
      "생성자 함수 내부에 있는 feint 변수의 값은 얻어올 수 있다.");

  assert(ninja.feints === undefined,
      "하지만 private 변수에는 직접 접근할 수 없다.");

</script>
```

❶ Ninja를 위한 생성자를 선언한다.

❷ 함수 내에 변수를 선언한다. 이 변수의 유효 범위는 함수 내부이기 때문에 "private" 변수가 된다. 이 변수는 닌자가 몇 번이나 상대를 속이는 동작을 취했는지 세는데 사용한다.

❸ 속이기 동작 횟수를 반환하는 함수를 만든다. feints 같은 private 변수는 생성자 함수 외부에서는 접근할 수 없기 때문에, 이와 같이 읽기 전용 함수를 제공하는 것이 일반적인 방법이다.

❹ 값을 증가시키는 함수를 만든다. feints 변수는 private이기 때문에, 외부에서 몰래 이 변수의 값을 변경할 수 없다. 이 변수는 제공된 함수를 통해서만 접근할 수 있다.

❺ 테스트를 위해서, 첫 번째로 Ninja의 인스턴스를 만든다.

❻ 닌자가 속이기 동작을 한 횟수를 증가시키는 feint() 메서드를 호출한다.

❼ 변수에 직접 접근하는 것은 불가능함을 확인한다.

❽ 직접 접근할 수는 없지만, 변수의 값이 1만큼 증가하는 것을 확인할 수 있다. 변수가 선언된 생성자의 실행이 끝나면 변수를 포함하고 있는 유효 범위가 사라지지만, feint() 메서드를 선언함으로 인해 만들어지는 클로저 덕분에 feint() 메서드에서 feints 변수를 참조하고 값을 수정할 수 있다.

코드 5.4에서 생성자 역할을 하는 함수를 하나 만들었다❶. 4장에서 함수를 생성자로 사용하는 방법에 대해 소개를 했는데, 6장에서는 이에 대해서 더 자세히 살펴보겠다. 지금은 함수에 new 키워드를 사용하면 새로운 객체가 하나 만들어지고❺, 이 객체를 콘텍스트로 해서 생성자 함수가 호출된다는 사실만 기억하자. 그리고 이런 이유 때문에 생성자 함수 내부에서 this는 새로 만들어진 객체를 가리키게 된다.

앞서 정의한 생성자 함수는 상태를 저장할 용도로 feints 변수를 선언한다❷. 자바스크립트의 유효 범위 규칙에 따라 이 변수는 생성자 함수 내부에서만 접근할 수 있다. 그래서 유효 범위 밖에서도 이 변수의 값을 얻어갈 수 있도록 private 변수에 대해 읽기만 가능한 getFeints()라는 메서드를 정의한다❸. (이와 같은 읽기 전용 메서드를 보통 getter라고 부른다.)

feint() 메서드는 제한된 방식으로 feints 변수의 값을 변경할 수 있게 해준다❹. 예제에서는 이 함수가 단순히 feints 변수의 값을 증가시키는 일을 하고 있지만, 실제 애플리케이션이었다면 필요한 비즈니스 로직을 구현하고 있었을 것이다.

생성자를 만든 후에, new 연산자와 함께 생성자를 호출한❺ 다음 feint() 메서드를 호출한다❻.

테스트❼❽를 보면 접근자 메서드를 이용해서 private 변수의 값을 얻어올 수는 있지만, 그 변수에 직접 접근하는 것은 불가능하다는 사실을 알 수 있다. 이같은 방식을 활용하면, 객체 지향 언어에서 private 변수를 사용하는 것과 마찬가지로, 임의로 변수의 값을 변경하는 것을 효과적으로 차단할 수 있다.

그림 5.5에 방금 설명한 상황이 묘사되어 있다.

이렇게 생성자 함수 내에 변수를 선언하면 생성자 외부에서는 변수에 접근을 할 수 없는 반면에 내부에 선언된 메서드들은 클로저를 통해서 변수에 접근할 수 있기 때문에, 메서드를 호출하는 사용자에게는 변수를 직접 노출하지 않으면서 메서드 내에서는 닌자 객체의 상태를 관리하는 것이 가능해진다.

방금 다룬 내용을 통해서, 다음 장에서 상세하게 다루게 될, 객체 지향 자바스크립트의 세계를 살짝 엿볼 수 있다.

이제 클로저의 또 다른 일반적인 사용법에 대해 살펴보자.

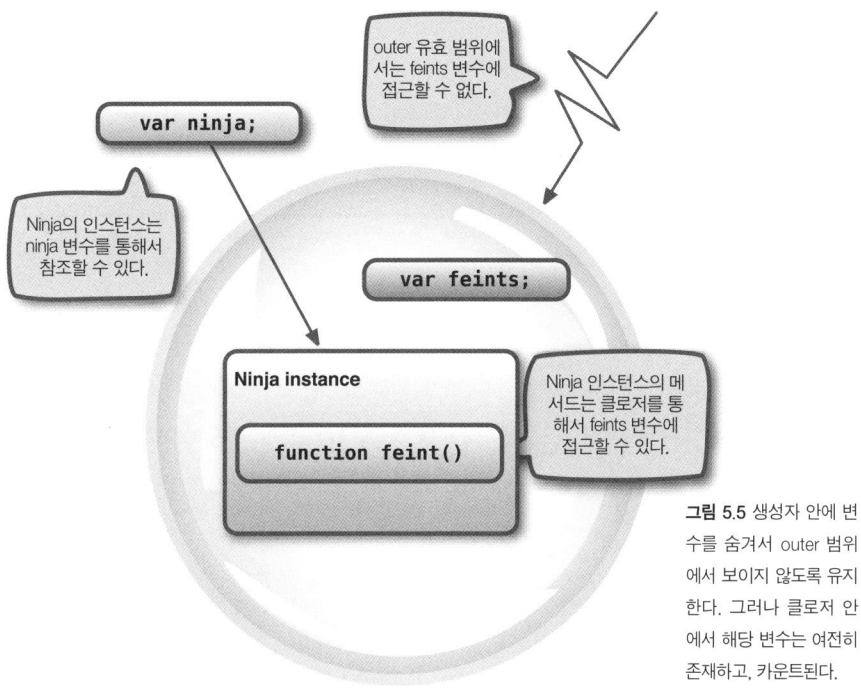

그림 5.5 생성자 안에 변수를 숨겨서 outer 범위에서 보이지 않도록 유지한다. 그러나 클로저 안에서 해당 변수는 여전히 존재하고, 카운트된다.

5.2.2 콜백과 타이머

클로저를 사용하게 되는 흔한 경우 중 하나는 바로 콜백과 타이머를 다룰 때다. 두 경우 모두 지정된 함수들이 임의의 시간 뒤에 비동기적으로 호출이 되는데, 이때 함수 외부에 있는 데이터에 접근해야 하는 경우가 빈번하다.

클로저는 이같은 상황에서 함수 외부에 있는 데이터에 접근하기 위한 직관적인 수단으로 사용할 수 있는데, 특히 부가적인 전역 변수 선언을 원하지 않는 경우에 사용할 수 있다. jQuery를 이용해서 Ajax 요청을 하는 간단한 예제를 살펴보자.

5.5 Ajax 요청용 콜백에서 클로저 사용하기

```
    jQuery.ajax({
      url: "test.html",
      success: function(html){
        assert(elem$,
        "콜백 함수의 클로저를 통해서 elem$ 변수를 참조할 수 있다.");
        elem$.html(html);
      }
    });

  });
</script>
```

❹ jQuery ajax() 메서드에 전달되는 인자 목록에는 콜백 함수도 포함되어 있다. 이 콜백은 Ajax 요청이 서버로부터 받은 응답을 반환할 때 호출된다. 응답 내용은 콜백 함수에 html 파라미터를 통해 전달되는데, 클로저에 포함된 elem$ 변수를 이용해서 <div> 엘리먼트에 그 내용을 삽입한다.

코드 5.5에 있는 예제 코드는 짧지만, 몇 가지 흥미로운 내용을 포함하고 있다. 먼저 <div>의 내용이 비어 있는 상태에서 버튼을 클릭하면❶ <div> 엘리먼트에 "로딩 중..."이라는 문자열이 출력된다❸. 그리고 서버로 Ajax 요청이 보내진다. 서버로부터 응답을 받으면 그 내용은 <div>에 출력된다.

이 예제에서 <div> 엘리먼트를 두 번 참조해야 하는데, 한 번은 로딩 중 메시지를 출력하기 위한 것이고 다른 한 번은 서버로부터 응답이 도착하면 그 내용을 출력하기 위함이다. <div> 엘리먼트에 대한 참조는 매번 검색할 수도 있지만, 성능이 중요하기 때문에, 한 번만 검색한 다음 elem$ 변수에 저장해 둔다❷.

팁: 접두사 또는 접미사로 $ 기호를 사용하는 것은 jQuery 객체를 참조로 가지는 변수를 지칭하는 jQuery 규칙이다.

---

jQuery.ajax() 메서드에 전달되는 인자 중에는 익명 함수❹가 하나 포함되어 있는데, 이 함수는 응답에 대한 콜백으로 사용된다. 이 콜백은 클로저를 통해 elem$ 변수를 참조하고, <div>에 응답 텍스트를 출력한다.

이 예제에 사용된 코드는 비록 몇 줄 되지 않지만 여러 가지 복잡한 내용을 포함하고 있다. 다른 내용들을 더 살펴보기 전에 어떻게 콜백이 elem$ 변수에 접근할 수 있는지에 대해서 분명하게 이해하기 바란다. 원한다면, 브라우저에서 이 예제를 로드해서 콜백에 중단점을 설정하고 중단점에 도달했을 때 유효 범위가 어떻게 되는지 확인해 보자.

이제 다음 코드를 통해서 간단한 애니메이션을 생성하는 조금 더 복잡한 예제를 살펴보자.

5.6 타이머 콜백 내에서 클로저 사용하기

```html
<div id="box">박스</div>

<script type="text/javascript">

  function animateIt(elementId) {
    var elem = document.getElementById(elementId);
    var tick = 0;

    var timer = setInterval(function(){
      if (tick < 100) {
        elem.style.left = elem.style.top = tick + "px";
        tick++;
      }
      else {
        clearInterval(timer);
        assert(tick == 100,
         "클로저를 통해 tick 변수에 접근한다.");
        assert(elem,
         "elem 변수 역시 클로저를 통해 접근한다.");
        assert(timer,
         "timer 변수에 대한 참조 역시 클로저를 통해 얻을 수 있다.");
      }
    }, 10);
  }

  animateIt('box');
</script>
```

❶ 애니메이션을 위한 엘리먼트를 생성한다.

❷ animateIt() 함수 안에, 해당 엘리먼트의 참조를 만든다.

❸ 애니메이션 단계를 추적하기 위한 카운터를 만든다.

❹ 10밀리초 주기로 콜백 함수를 실행하는 타이머를 생성하고 시작한다. 이 타이머는 100단계마다 엘리먼트의 위치를 조정한다.

100단계가 지나면, 타이머를 멈추고 애니메이션을 수행하는데 필요한 모든 변수를 볼 수 있는지에 대해서 검증하는 테스트를 수행한다.

애니메이션을 위한 모든 설정을 마쳤으니, 애니메이션을 시작한다.

브라우저에서 이 예제를 실행한 다음, 애니메이션이 완료되면 그림 5.6과 같은 모습을 볼 수 있다.

코드 5.6에서 특히 중요한 부분은 대상 엘리먼트❶의 애니메이션을 처리하

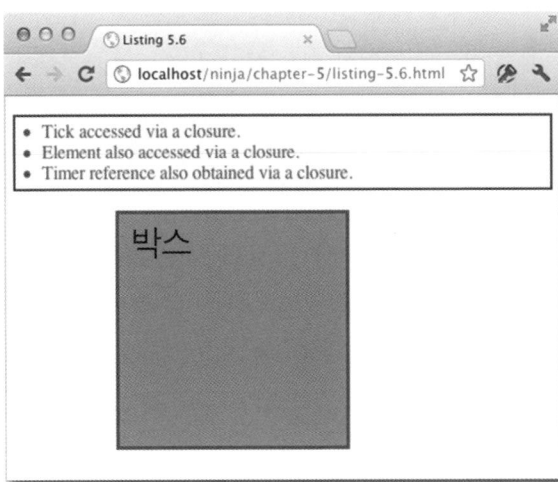

그림 5.6 애니메이션의 진행 단계를 추적하는데 클로저를 활용할 수 있다.

는데 익명 함수❹를 단 하나만 사용하고 있다는 점이다. 해당 익명 함수는 클로저를 통해서 애니메이션 프로세스를 조절하는 세 변수에 접근한다. 이 세 변수는(DOM 엘리먼트 참조 변수❷, 단계 카운터❸, 타이머 참조 변수❹) 모두 애니메이션이 진행되는 동안 계속해서 유지가 되어야 한다. 그리고 해당 변수들이 전역 유효 범위에 선언되지 않도록 하는 것도 필요하다.

그런데 왜 해당 변수들이 전역 유효 범위에 선언되지 않도록 해야 하는 것일까? 변수들을 animateIt() 함수 바깥, 즉 전역 유효 범위로 옮기더라도 이 예제는 문제없이 동작한다. 도대체 무슨 이유로 손사래를 치며 전역 유효 범위를 오염시키면 안 된다고 하는 것일까?

일단 해당 변수들을 전역 유효 범위로 옮기고, 예제가 여전히 잘 동작하는지 확인해 보자. 그리고 나서 두 개의 엘리먼트에 애니메이션을 적용하도록 예제를 수정하자. (새로 추가할 엘리먼트에 유일한 ID를 지정하고, 그 ID를 이용해서 animateId() 메서드를 한 번 더 호출한다.)

문제가 곧바로 드러난다. 변수를 전역 유효 범위에 둘 경우, 각 애니메이션마다 3개의 변수가 필요하게 된다. 각 애니메이션에 대한 변수를 따로 선언하지 않는다면, 여러 애니메이션의 상태를 관리하는데 동일한 변수를 사용하게 되고 서로 충돌이 발생하게 된다.

함수 내에 변수를 정의하고 타이머 콜백이 클로저를 통해서 해당 변수에 접근하도록 함으로써, 그림 5.7에서 볼 수 있는 것과 같이 각 애니메이션은 변수를 저장할 수 있는 독립된 공간을 갖게 된다.

클로저를 사용하지 않는다면 이벤트 처리나, 애니메이션 또는 Ajax 요청과 같은 일들을 한 번에 여러 개 처리하는 작업이 매우 어려워진다. 클로저를 유심히 살펴봐야 하는 이유에 대해 궁금해 했었다면, 이것이 바로 그 이유라고 할 수 있다!

이 예제가 분명하게 보여주는 클로저의 중요한 개념이 또 있다. 클로저를 이용하면 클로저가 만들어질 당시에 변수에 저장되어 있던 값들을 볼 수 있을 뿐만 아니라, 클로저 내에 포함된 함수가 실행되는 동안 클로저에 포함된 변수들의 값을 변경할 수도 있다. 다시 말해 클로저는 단순히 생성 시점에 유효 범위의 상태를 순간포착(snapshot)한 것이 아니라, (클로저가 존재하는 동안) 외부에는 노출하지 않고 유효 범위의 상태를 수정할 수 있게 해주는 적극적인 정보

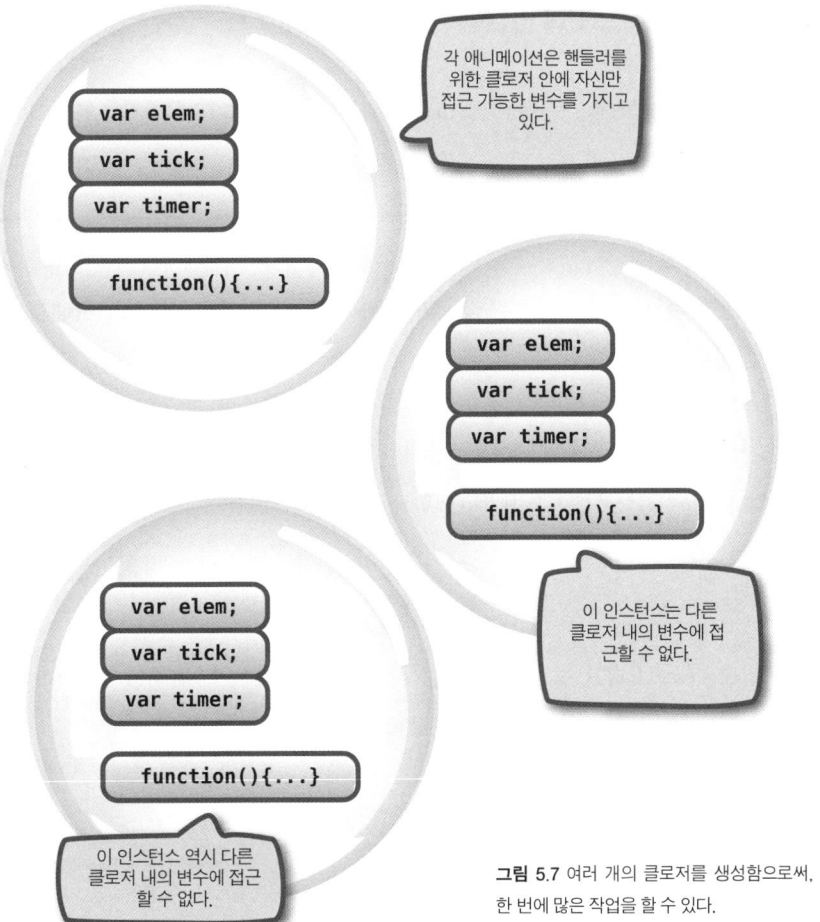

그림 5.7 여러 개의 클로저를 생성함으로써, 한 번에 많은 작업을 할 수 있다.

은닉 수단이다.

이 예제는 클로저 개념을 활용하면 놀라울 정도로 직관적이고 간결한 코드를 작성할 수 있음을 보여주는 아주 좋은 예이다. 단지 animateIt() 함수 내에 변수를 선언하는 것만으로, 어떠한 복잡한 문법도 사용하지 않고, 암묵적으로 클로저를 생성할 수 있다.

지금까지 다양한 콜백에서 클로저가 사용되는 것을 보았다. 이제 클로저를 활용하는 또 다른 방법들에 대해 살펴보자. 먼저, 클로저를 이용해서 함수의 콘텍스트를 우리 뜻대로 변형하는 방법에 대해 다뤄보겠다.

5.3 함수 콘텍스트 바인딩하기

4장에서 함수의 콘텍스트에 대해 다루면서, call()과 apply() 메서드를 이용해 함수의 콘텍스트를 변경하는 방법을 살펴보았다. 함수 콘텍스트 조작은 굉장히 유용하게 사용될 수 있지만, 한편으로는 객체 지향 코드에 잠재적으로 해로울 수도 있다.

다음 코드를 보자. 이 코드는 객체의 메서드를 DOM 엘리먼트의 이벤트 핸들러로 사용하고 있다.

5.7 특정 콘텍스트를 함수에 바인딩하기

```
<button id="test">Click Me!</button>

<script type="text/javascript">
var button = {

  clicked: false,

  click: function(){
    this.clicked = true;
    assert(button.clicked,"버튼이 클릭됨");
  }
};

var elem = document.getElementById("test");
elem.addEventListener("click",button.click,false);

</script>
```

❶ 이벤트 핸들러를 할당할 버튼 엘리먼트를 생성한다.
❷ 버튼의 상태를 저장하기 위한 객체를 정의한다. 이 객체를 이용해서 버튼 클릭 여부를 확인한다.
❸ 클릭 처리를 위한 핸들러로 사용할 메서드를 정의한다. 객체의 메서드이기 때문에 객체의 참조를 얻기 위해 함수 내에서 this를 사용한다.
❹ 메서드 내에서, 클릭 후에 버튼의 상태가 올바르게 변경되었는지 확인한다.
❺ 버튼에 클릭 핸들러를 설정한다.

이 예제에는 버튼❶이 하나 있는데, 우리는 이 버튼이 눌려진 적이 있는지 알고 싶다. 버튼의 상태를 저장할 수 있도록 button❷ 객체를 하나 만들고, 여기에 버튼의 상태를 저장한다. 해당 객체 안에, 버튼이 클릭되었을 때, 이벤트 핸들러로❸ 동작하기 위한 메서드를 정의할 것이다. 해당 메서드는 버튼❺을 위한 클릭 핸들러로 설정되고, 클릭된 상태를 참으로 설정하고, 객체 안에 기록된 상태가 올바른지 확인한다❹.

브라우저에서 예제 코드를 로드한 다음 버튼을 클릭하면, 그림 5.8과 같이 뭔가 잘못된 결과가 나오는 것을 볼 수 있다. (취소선이 쳐진 텍스트는 테스트가 실패했음을 나타낸다.) 코드 5.7의 코드는 click 함수의 콘텍스트가 우리가 의도한 버튼 객체를 참조하지 않기 때문에 실패한다.

3장의 내용을 떠올려보자, 만약 해당 함수를 button.click()을 통해서 호출했다면, click 함수의 콘텍스트는 실제로 버튼이 되었을 것이다. 하지만 이 예제에서, 브라우저의 이벤트 핸들링 시스템은 이벤트의 대상(target) 엘리먼트를 이벤트 핸들러 함수의 콘텍스트로 지정하기 때문에, button 객체가 아니라 〈button〉 엘리먼트가 click 함수의 콘텍스트가 된다. 그래서 click 상태를 엉뚱한 객체에 저장하게 된다.

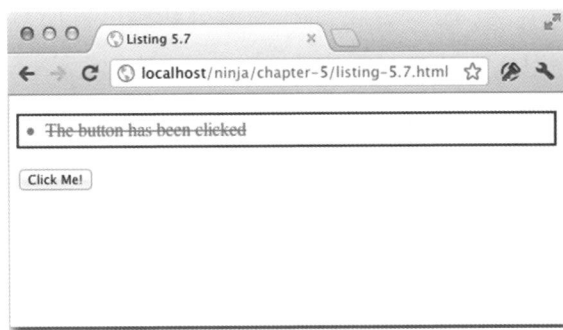

그림 5.8 왜 테스트가 실패했을까? 어디서 상태가 변했을까?

이벤트 핸들러를 호출할 때 대상 엘리먼트를 호출되는 함수의 콘텍스트로 설정하는 것은 지극히 당연한 일이고, 많은 경우에 우리는 이에 의지하게 된다. 하지만 방금 살펴 본 예제에서는 우리만의 방법이 필요하다. 다행히도 클로저를 활용하면 이 문제를 우회할 수 있다.

익명 함수, apply(), 클로저의 조합을 이용해서 항상 원하는 콘텍스트를 가지고 특정 함수 호출을 강제할 수 있다. 다음 코드를 살펴보자. 이 코드는 코드 5.7을 일부 수정하여 (굵은 글씨는 추가된 부분) 함수의 콘텍스트를 우리가 의도한 대로 변경하고 있다.

5.8 특정 콘텍스트를 이벤트 핸들러에 바인딩하기

```
<script type="text/javascript">
  function bind(context,name){
    return function(){
      return context[name].apply(context,arguments);
    };
  }

  var button = {
    clicked: false,
    click: function(){
```

❶ "바인딩" 함수를 하나 정의한다. 이 함수는 객체의 메서드에 대한 호출을 다른 함수로 감싼다.

```
        this.clicked = true;
        assert(button.clicked,"The button has been clicked");
        console.log(this);
    }
};

var elem = document.getElementById("test");
elem.addEventListener("click",bind(button,"click"),false);

</script>
```

❷ 핸들러의 콘텍스트로 버튼 객체를 바인딩 하기 위해서 바인딩 함수를 이용한다.

이 코드에 첨가한 비밀은 바로 bind() 메서드다❶. bind() 메서드는 익명 함수를 하나 만들어서 반환하는데, 이 익명 함수는 apply()를 이용해서 bind() 메서드에 전달된 함수를 호출한다. 따라서 어떤 객체라도 전달된 함수의 콘텍스트가 되게 할 수 있다. 이 예제의 경우, bind()의 첫 번째 인자로 전달된 객체를 콘텍스트로 사용한다. 이 콘텍스트는, 마지막에 함수로 호출될 메서드의 이름과 함께 익명 함수의 클로저를 통해서 기억된다. (이 클로저는 bind()에 전달된 매개변수를 포함한다.)

이벤트 핸들러를 정의한 후에, button.click을 바로 이용하지 않고, bind() 메

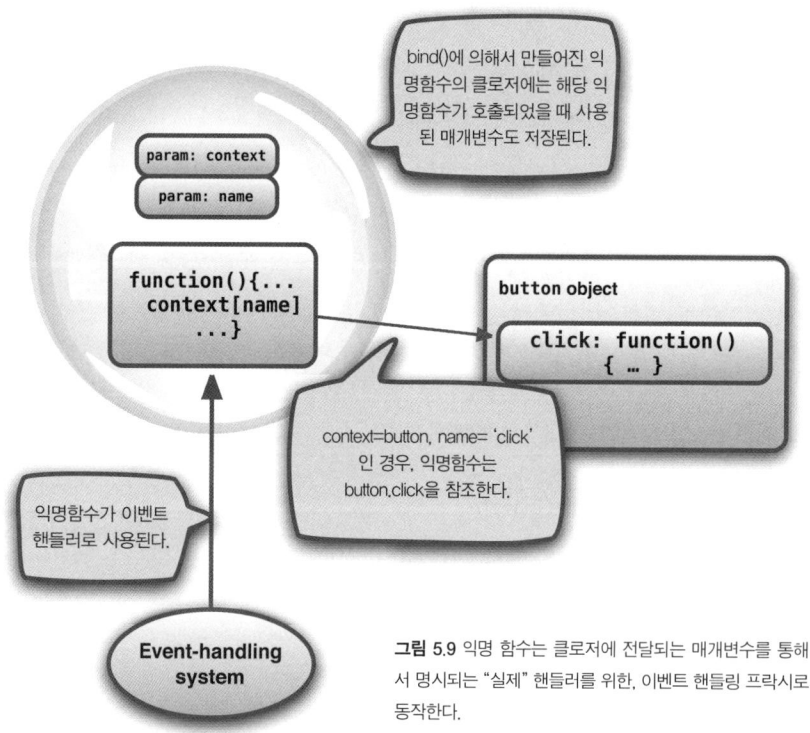

그림 5.9 익명 함수는 클로저에 전달되는 매개변수를 통해서 명시되는 "실제" 핸들러를 위한, 이벤트 핸들링 프락시로 동작한다.

서드를 이용해서 이벤트 핸들러를 지정한다❷. 이것은 click() 메서드를 감싼 익명 함수를 이벤트 핸들러로 사용하게 만든다. 그리고 버튼이 클릭되면, 지정된 익명 함수가 호출되고, 해당 익명 함수는 button 객체를 콘텍스트로 지정해서 click 메서드를 호출한다.

그림 5.9에 이들의 관계가 묘사되어 있다.

코드 5.8의 바인딩 함수 구현은 어떤 객체의 메서드(프로퍼티로 지정되어 있는 함수)를 사용하려고 할 때, 그 객체를 해당 메서드의 콘텍스트로 지정하는 경우를 가정하고 있다. 이런 경우, bind() 함수에는 단지 두 가지 정보만이 필요하다. 하나는 메서드를 포함하고 있는 객체에 대한 참조이고, 다른 하나는 메서드의 이름이다.

bind() 함수는 전통적인 객체 지향 방식으로 깨끗한 코드를 작성하도록 돕는 Prototype 자바스크립트 라이브러리에서 사용하는 bind() 함수를 간략화한 것이다.

원본 Prototype 버전의 메서드는 다음 코드와 같다.

5.9 Prototype 라이브러리를 이용한 함수-바인딩 코드 예제

```
Function.prototype.bind = function(){
  var fn = this, args = Array.prototype.slice.call(arguments),
    object = args.shift();

  return function(){
    return fn.apply(object,
      args.concat(Array.prototype.slice.call(arguments)));
  };
};

var myObject = {};
function myFunction(){
  return this == myObject;
}

assert( !myFunction(), "콘텍스트가 아직 설정되지 않았다." );

var aFunction = myFunction.bind(myObject)
assert( aFunction(), "콘텍스트가 제대로 설정되었다." );
```

❶ prototype 프로퍼티를 이용해서 모든 함수에 bind() 메서드를 추가한다. 다음 장에서 관련된 내용을 볼 수 있을 것이다.

이 메서드는 코드 5.8에서 구현했던 함수와 꽤 유사하지만 몇 가지 중요한 추가사항이 있다. 시작할 때 해당 메서드는 전역으로 접근 가능한 함수❶ 대신에, 자기 자신을 자바스크립트 함수의 prototype의 속성으로 추가함으로써 스스로 모든 함수에 자기 자신을 연결한다. 6장에서 prototype에 대해서 자세히 알아보겠지만, 당장은 prototype을 자바스크립트 자료형(type)의 청사진 정도로 생각하자. 여기서는 모든 함수를 위한 청사진이 되겠다.

모든 함수에 추가된(prototype을 통해서) bind() 함수는 다음과 같은 식으로 사용한다.

```
var boundFunction = myFunction.bind(myObject)
```

추가적으로, 해당 메서드를 사용할 때 익명 함수에 인자를 설정할 수가 있다. 이것은 부분 함수 적용(partial function application)의 형태로 함수의 인자 중 일부를 미리 지정해 놓는 것을 가능하게 해 준다. (부분 함수 적용에 대해서는 다음 절에서 살펴보겠다.)

Prototype이 제공하는 bind()(또는 우리가 구현한 bind() 함수)의 목적이 apply()나 call() 메서드를 대체하려는 것이 아님을 이해하는 게 중요하다. bind() 함수를 사용하는 목적은 지연된 콜백 실행을 위해 익명 함수와 클로저를 통해 콘텍스트를 제어하는 것이라는 점을 기억하자. 이 중요한 차이점으로 인해 지연되어 실행되는, 이벤트 핸들러나 타이머를 위한, 콜백에 apply()와 call()을 아주 유용하게 사용할 수 있다.

> **노트:** 자바스크립트 1.8.5부터 Function의 프로토타입에 정의되어 있는, 내장된 bind() 메서드를 사용할 수 있다.

이제, 미리 설정된 인자를 가지는 함수에 대해서 알아보자.

5.4 부분 적용 함수

"부분 적용" 함수는 함수가 실행되기 전에 인자를 미리 설정하는 꽤 흥미로운 기술이다. 실제로, 부분 적용 함수는 미리 정의된 인자를 가진 새로운 함수를 반환하고, 반환된 함수는 나중에 호출할 수 있다.

이와 같은 프락시 함수(한 함수가 다른 함수를 감싸고 있고, 실제 실행 시에는 감싸진 함수가 호출되는)는 이전 절에서 함수를 호출할 때 콘텍스트를 지정하기 위해 사용했던 기법과 정확히 일치한다. 하지만 여기서는 같은 기법을 다른 용도로 사용하려고 한다.

함수의 첫 몇몇 인자를 채우는 (그리고 그 함수를 반환하는) 기법을 보통 커링(currying)이라고 부른다. 커링을 이해하려면 일반적으로 예제를 살펴보는 것이 가장 도움이 된다. 하지만 실제로 커링을 어떻게 구현하는지 살펴보기에 앞서, 커링을 어떻게 사용할지 살펴보자.

```
var elements = "val1,val2,val3".split(/,\s*/);
```

CSV(comma-separated value) 문자열을 부차적인 공백은 무시하고, 부분들로 나눈다고 가정해 보자. String의 split() 메서드에 적절한 정규 표현식을 넘겨주면, 간단히 문자열을 분리해 낼 수 있다.

```
var elements = "val1,val2,val3".split(/,\s*/);
```

노트: 정규 표현식이 가물가물하더라도 큰 문제는 없다. 이 정규 표현식은 쉼표와 그 뒤에 오는 0개 이상의 공백문자에 매치된다. 7장을 읽고 나면 여러분은 아마 정규 표현식에 대해서는 전문가가 되어 있을 것이다.

하지만 정규 표현식을 기억하고 있다가 필요할 때마다 매번 입력하는 것은 성가실 수 있다. 이 일을 처리해 주는 csv() 메서드를 만들어 보자. 그리고 이 메서드가 다음과 같이 커링을 이용해서 구현되어 있다고 상상해 보자.

5.10 네이티브 함수에 대해 인자를 부분적으로 적용하기

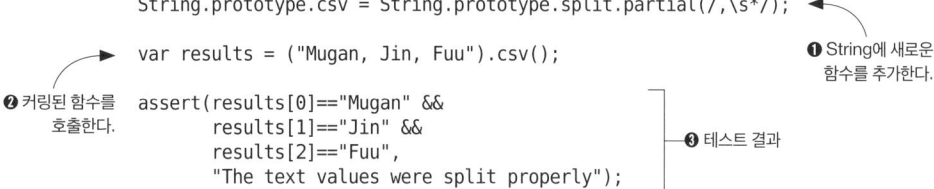

코드 5.10은 String의 split() 메서드를 대상으로 인자를 부분 적용한 예를 보여주고 있는데, partial() 메서드가 제공된다고 가정하고 이를 이용해서 문자열을 자르는데 사용할 정규 표현식을 미리 설정한다❶. (물론 partial() 메서드는 아직 구현된 것이 아니고, 코드 5.12에서 살펴볼 예정이다.)

이렇게 해서 만든 csv()라고 불리는 새로운 함수❷는 쉼표로 분리된 값들의 리스트를 복잡한 정규 표현식을 다룰 필요 없이 배열로 변환하기 위해서 언제든지 호출할 수 있다.

그림 5.10은 우리가 작성한 테스트를 브라우저에서 실행한 결과를 보여준다 ❸. 코드 5.10의 구현은 예상한 대로 동작한다. 매일매일 개발을 하면서 이런 확신을 얻을 수 있다면 참 좋을 것이다.

모든 내용을 염두에 두고, Prototype 라이브러리는 partial/curry 메서드를 어떻게 구현하고 있는지 다음 코드를 한 번 살펴보자.

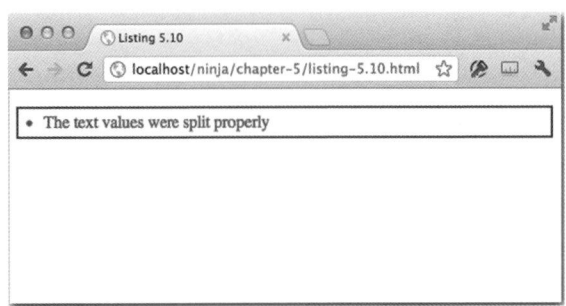

그림 5.10 CSV를 분리하는 함수가 동작한다. 이제 구현하는 일만 남았다.

5.11 첫 번째 인자를 채워주는 curry 함수의 예

```
Function.prototype.curry = function() {
  var fn = this,
      args = Array.prototype.slice.call(arguments);
  return function() {
    return fn.apply(this, args.concat(
      Array.prototype.slice.call(arguments)));
  };
};
```

❶ 클로저 내에서 접근가능하도록 커링 대상 함수와 curry() 함수에 전달된 인자를 변수에 저장한다.

❷ 익명의 커리된 함수를 생성한다.

이 기법은 상태를 저장하기 위해서 클로저를 이용하는 또 다른 좋은 예다. 여기서 우리는 인자를 부분 적용할 함수와 함수에 적용할 인자들을 기억해 두고 ❶, 이들을 새로 만들어질 함수에 전달하고자 한다❷. (모든 함수는 자신만의 this를 갖기 때문에 this 파라미터는 어떤 클로저에도 포함되지 않는다.)

새로 만들어지는 함수는 미리 채워진 인자들과 전달된 인자들이 합쳐진 새로운 인자를 전달받게 된다. 그 결과로 일부 인자를 미리 채울 수 있으면서도 사용하기에 간편한 새로운 메서드가 만들어진다.

이 방식의 부분 함수 적용은 정말 유용하지만, 이보다 더 좋게 만드는 것도 가능하다. 단순히 인자 목록의 처음에 오는 인자 몇 개를 채우는 것이 아니라, 주어진 함수에 누락된 어떤 인자를 채우고 싶은 경우라면 어떻게 해야 할까?

이런 형태의 부분 함수 적용 구현은 다른 언어에도 존재하고 있지만, 올리버 스틸(Oliver Steele)은 그가 작성한 Functional.js 라이브러리(http://osteele.com/sources/javascript/functional/)를 통해서 이런 방식을 처음으로 보여준 사람 중 한 명이다. 다음 코드는 어떻게 구현했는지 보여준다. (그리고 이 구현은 코드 5.10이 동작하게 만드는 데 사용된 것이다.)

5.12 좀 더 복잡한 "부분" 함수

```
Function.prototype.partial = function() {
  var fn = this, args = Array.prototype.slice.call(arguments);
  return function() {
    var arg = 0;
    for (var i = 0; i < args.length && arg < arguments.length; i++) {
      if (args[i] === undefined) {
        args[i] = arguments[arg++];
      }
    }
    return fn.apply(this, args);
  };
};
```

이 구현은 Prototype의 curry() 메서드와 근본적으로 유사하지만, 중요한 차이점이 몇 가지 있다.

특히, 사용자는 인자가 매개변수 목록 내에서 어디에 위치하든지, 단지 해당 인자에 undefined 값을 할당하는 방식으로 나중에 채워 넣을 인자를 지정할 수 있다.

이를 지원하기 위해서, 인자를 합치는 부분을 개선했다. 변경된 코드는 효과적으로 전달받은 인자를 순회하면서 (undefined 값이 저장된) 누락된 인자를 검색해서 알맞은 값을 채워 넣는다.

문자열을 나누는 함수를 만드는 예제로 돌아가서, 새로 만든 기능을 활용할 만한 부분은 없는지 한번 살펴보자. 먼저, 간단하게 실행 지연 기능을 제공하는 함수를 만들 수 있다.

```
var delay = setTimeout.partial(undefined, 10);

delay(function(){
  assert(true,"이 함수는 10초 지연된 후에 호출된다.");
});
```

이 코드는 delay()라는 10초 뒤에 비동기적으로 전달받은 다른 함수를 호출하는 새로운 함수를 생성한다.

이벤트를 바인딩하는 간단한 함수도 만들 수 있다.

```
var bindClick = document.body.addEventListener
  .partial("click", undefined, false);

bindClick(function(){
  assert(true, "커리된 함수를 통해서 클릭 이벤트가 발생한다.");
});
```

이 기법은 라이브러리 내에서 이벤트 바인딩에 사용할 간단한 헬퍼 메서드를 만드는 데 이용할 수 있다. 이 기법을 활용해서 사용자들이 불필요한 인자를 전달하는 일 없이, 간단히 함수를 호출하게 할 수 있고 결과적으로 간결해진 API를 제공할 수 있게 된다.

지금까지 함수형 자바스크립트 프로그래밍이 제공하는 강력함을 살펴보고, 코드의 복잡성을 줄이기 위해서 클로저를 사용해 보았다. 이제 고급 기능을 추가하고 코드를 더욱 간결하게 만들기 위해서 클로저를 사용하는 방법에 대해서 알아보자.

5.5 함수 동작 오버라이딩

자바스크립트가 함수에 대한 상당한 제어 권한을 제공하기 때문에 발생하는 재미난 부수효과는 함수를 호출하는 사람이 눈치 채지 못하게 함수의 내부 동작을 완전히 변경할 수 있다는 것이다.

구체적으로는 두 가지 기법이 있는데, 하나는 존재하는 함수의 동작 방식을 수정하는 것(클로저는 필요 없음)이고, 다른 하나는 존재하는 정적 함수를 바탕으로 새로운 함수를 생성하는 것이다.

4장에서 다룬 메모이제이션이 기억나는가? 다시 한 번 살펴보자.

5.5.1 메모이제이션

4장에서 배운 것처럼, 메모이제이션이란 이전의 연산 결과를 기억하는 함수를 만들어 내는 것을 뜻한다. 앞서 살펴봤듯이, 존재하는 함수에 메모이제이션을 적용하는 것은 아주 간단하다.

하지만 우리가 항상 최적화 하려는 함수에 접근할 수 있는 것은 아니다. 다음 코드는 이미 존재하는 함수로부터 얻은 반환값을 저장하기 위해서 사용할 수 있는 memoized() 메서드를 보여준다. 잠시 후에 살펴보겠지만, 이 구현은 클로저를 사용하지 않는다.

5.13 함수를 위한 memoization 메서드

```
<script type="text/javascript">
Function.prototype.memoized = function(key){
  this._values = this._values || {};
  return this._values[key] !== undefined ?
    this._values[key] :
    this._values[key] = this.apply(this, arguments);
};
function isPrime(num) {
  var prime = num != 1;
  for (var i = 2; i < num; i++) {
    if (num % i == 0) {
      prime = false;
      break;
    }
  }
  return prime;
}
assert(isPrime.memoized(5),
       "함수가 동작한다. 5는 소수다.");
assert(isPrime._values[5],
       "결과가 캐시로 저장되어 있다.");
</script>
```

❶ 함수의 반환값을 저장하는 캐시를 함수의 프로퍼티에 저장한다. 매번 만들지 않고, 캐시 객체가 없는 경우만 생성한다.

❷ memoized() 함수를 호출할 때 키(key)가 전달된 경우, 해당 키에 대해 저장된 값이 있는지 확인한다. 저장된 값이 있다면 그 값을 반환한다. 저장된 값이 없는 경우에는 원래 함수를 호출하고 반환값을 다음에 쓸 수 있도록 저장해 둔다.

❸ 테스트 삼아 소수를 계산해 본다.

❹ isPrime() 함수가 올바른 값을 반환하는지, 계산 결과는 캐시에 저장되는지 확인한다.

이 코드에서 우리는 4장에서 살펴본, 익숙한 함수인 isPrime()❸을 사용한다. isPrime() 함수는 여전히 엉성하게 만들어져 있고, 엄청나게 느리기 때문에 메모이제이션을 적용해 볼 만한 유력한 후보라고 할 수 있다.

존재하는 함수의 내부를 변경하는 데는 한계가 있지만 prototype을 통해서 함수 하나 혹은 모든 함수에 새로운 메서드를 추가하는 작업은 손쉽게 할 수 있다.

우리는 함수를 감싸고 해당 함수에 관련된 프로퍼티를 함수 자체에 추가해

주는 memozied() 메서드를 모든 함수에 추가할 것이다.

이것은 미리 계산된 값들을 저장할 수 있는 데이터 저장소(캐시)를 만들 수 있게 해준다. 어떻게 동작하는지 살펴보자.

가장 먼저, 계산을 수행하거나 계산된 값을 가져오기에 앞서, 데이터 저장소가 존재하는지 그리고 그 저장소가 부모 함수 자체에 추가되어 있는지를 확인해야 한다. 이것은 다음의 간단한 연산을 통해서 확인한다❶.

```
this._values = this._values || {};
```

만약 _values 프로퍼티가 이미 존재한다면, 단순히 그 참조를 프로퍼티에 다시 저장한다. 그렇지 않다면 새로 데이터 저장소(비어 있는 객체)를 만들고 이 객체의 참조를 _values 프로퍼티에 저장한다.

이 메서드를 통해서 함수를 호출하면, 데이터 저장소의 안을 살펴서, 저장된 값이 이미 존재하는지 확인하고❷, 존재하면 해당 값을 돌려준다. 그렇지 않으면 값을 계산하고 나중에 사용할 수 있도록 캐시에 저장한다.

앞의 코드에서 흥미로운 부분은 연산과 연산 결과의 저장이 한 번에 이뤄진다는 것이다. 연산은 isPrime 함수에 대한 apply() 호출을 통해서 이뤄지고, 계산된 결과는 곧바로 데이터 저장소에 저장된다. 하지만 이 구문이 반환문 내에 있기 때문에 연산 결과는 부모 함수의 반환값으로 사용된다. 따라서 이 모든 일들(연산을 하고, 그 결과를 저장한 다음 반환하는 것)은 논리적으로 한 단계 만에 처리가 된다.

이 코드에 대한 테스트 결과❹는 연산이 정상적으로 처리되고, 그 결과가 캐시에 저장됨을 보여준다. 이런 접근방식이 지닌 문제점은 메모이제이션이 주는 혜택을 누리기 위해서는 isPrime() 함수를 호출하는 사람이 memoized() 메서드를 이용해야 한다는 사실을 반드시 기억하고 있어야 한다는 점이다. 이는 결코 바람직하지 않다.

존재하는 함수에 전달되는 값과 반환되는 값을 모니터링 하기 위해서 입맛대로 메모이징 메서드를 활용할 수 있도록, 클로저를 이용해서 함수를 호출하는 사람이 memoized() 함수를 호출해야 한다는 사실을 기억하고 있어야 하는 것 같은 이상한 일을 하지 않고도 자동으로 메모이제이션을 지원하는 새로운 함수를 만드는 방법을 살펴보자. 다음 코드에서 그 결과를 볼 수 있다.

5.14 클로저를 이용한 메모이징(memoizing) 함수 기법

```
<script type="text/javascript">

Function.prototype.memoized = function(key){
  this._values = this._values || {};
  return this._values[key] !== undefined ?
    this._values[key] :
    this._values[key] = this.apply(this, arguments);
};

Function.prototype.memoize = function(){
  var fn = this;
  return function(){
    return fn.memoized.apply( fn, arguments );
  };
};

var isPrime = (function(num) {
  var prime = num != 1;
  for (var i = 2; i < num; i++) {
    if (num % i == 0) {
      prime = false;
      break;
    }
  }
  return prime;
}).memoize();

assert(isPrime(17),"17은 소수다.");
</script>
```

❶ 함수의 콘텍스트를 변수에 저장해서, 클로저 안으로 가져온다. this는 클로저의 일부가 되지 않기 때문에 이렇게 하지 않으면 콘텍스트는 사라지게 된다.

❷ 원래 함수를 메모이제이션 함수로 감싼다.

해당 함수는 일반 함수처럼 호출된다. 호출자는 memoization이 적용되어 있는지 알 필요 없다.

코드 5.14는 memoized() 메서드를 만들었던 이전 예제를 바탕으로 작성되어 있는데, 새로운 메서드인 memoize()를 포함하고 있다. 이 메서드는 원본 함수에 memoized()를 적용한 다음, 다시 익명 함수로 감싼 함수를 반환한다❷. 이것은 함수를 호출하는 사람이 직접 memoized()를 적용할 필요가 없게 해준다.

memoize() 메서드 내에서 함수의 콘텍스트를 변수에 복사함으로서 메모이제이션을 적용하려는 원본 함수(콘텍스트를 통해 가져온)를 기억하는 클로저를 생성한다는 것을 눈여겨보자❶.

이것은 일반적으로 사용하는 방법이다. 각 함수는 자신의 콘텍스트를 가지기 때문에, 콘텍스트는 클로저의 일부분이 될 수 없다. 하지만 콘텍스트의 값은 그 값을 저장하는 변수를 이용해서 클로저의 일부분이 되게 할 수 있다. 원본 함수를 저장해 둠으로써, 항상 우리가 작성한 memoized() 메서드를 호출하는 새로운 함수를 만들어서 반환할 수 있고, 메모이제이션이 적용된 함수를 직접 호출할 수 있게 된다.

코드 5.14는 isPrime() 함수를 정의할 때 상당히 이상한 방식을 사용하고 있다. 이렇게 하는 이유는 isPrime() 함수가 항상 메모이제이션을 제공하기를 원하기 때문이다. 따라서 메모이제이션을 사용하지 않는 함수는 임시로 만들어야 한다. 익명의, 소수를 판별하는 함수에 memoize() 메서드를 호출해서 새로운 함수를 생성하고, 그 함수를 isPrime 변수에 할당한다.

5.6절에서 이런 생성법에 대해서 깊게 다뤄 보겠다. 여기서 유의할 사항은 메모이제이션을 사용하지 않는 방식으로 숫자가 소수인지 아닌지를 계산하는 것이 불가능하다는 사실이다. 단지 isPrime() 함수만 존재할 뿐이고, 원본 함수는 클로저 내에 완벽하게 숨겨져 있다.

코드 5.14는 클로저를 이용해서 원본 함수를 숨기는 좋은 예다. 이것은 개발에 유용하게 사용할 수 있지만, 한편으로는 심각한 문제를 일으킬 수도 있다. 너무 많은 코드를 숨기게 되면, 코드를 확장할 수 없게 되는데, 이것은 우리가 원하는 바가 아니다. 하지만 나중에 일어날 변경 내역을 적용할 수 있도록 훅(hook)을 제공함으로서 문제를 해결할 수 있다. 이에 대해서는 책의 후반부에서 자세하게 다뤄보겠다.

5.5.2 함수 래핑

함수 래핑(function-wrapping)은 함수의 로직은 외부로 드러내지 않으면서, 새로운 기능을 추가하거나 혹은 기능을 확장하는 기법이다. 이 방법은 함수의 일부 기능은 그대로 사용하면서, 몇 가지 동작은 변경하고자 하는 경우에 사용하기 좋다.

브라우저가 몇몇 기능을 제공하지 않는 상황에서 크로스 브라우저 코드를 구현해야 할 때 흔히 이 방식을 사용한다. 예를 들어, title 속성에 접근할 때 오페라의 구현에 버그가 있다고 가정하자. Prototype 라이브러리는 이 버그를 우회하는 데 함수 래핑 기법을 사용하고 있다.

Prototype은 readAttribute() 함수 내에 커다란 if-else 블록을 사용하는 대신, 함수 래핑을 이용해서 원래 메서드를 완전히 오버라이드하고 수정이 불필요한 부분에 대해서는 원래 함수를 호출하는 방식을 택했다. (커다란 if-else를 사용하는 방식은 논란의 여지가 있지만 혼란스럽고, 관심사를 잘 분리해 내지도 못한다.)

함수 래핑을 어떻게 구현할 수 있는지 한번 살펴보자. 먼저, 함수를 감싸는 데 사용할 래핑(wrapping) 함수를 하나 만든다. 그리고 나서 이 함수를 이용해서 Prototype의 readAttribute() 메서드를 감싸는 함수를 만든다.

5.15 새로운 기능을 추가하기 위해 이전 함수 래핑하기

```
function wrap(object, method, wrapper) {
  var fn = object[method];

  return object[method] = function() {
    return wrapper.apply(this, [fn.bind(this)].concat(
      Array.prototype.slice.call(arguments)));
  };
}

if (Prototype.Browser.Opera) {
  wrap(Element.Methods, "readAttribute",
    function(original, elem, attr) {
      return attr == "title" ?
        elem.title :
        original(elem, attr);
    });
}
```

❶ 일반적으로 사용할 수 있는 래핑 함수를 정의한다. 이 함수는 매개변수로 래핑할 대상 메서드를 갖고 있는 객체, 래핑할 메서드의 이름, 그리고 원래 메서드 대신에 사용할 함수를 전달받는다.

❷ 나중에 클로저를 통해서 참조할 수 있도록 원본 함수를 저장한다.

❸ 래핑 인자로 전달된 함수를 호출하는 새로운 함수를 만들어서 원래 함수를 "래핑한다." 새로 만든 함수는 래핑 함수를 apply()를 사용하여 호출하는데, 이때 함수 컨텍스트를 object로 강제로 설정한다. 그리고 원본 메서드(bind()를 사용하여 함수 컨텍스트가 object로 지정된)와 원래 전달인자를 apply의 나머지 인자로 전달한다.

함수를 래핑해야 할지 결정하기 위해서 Prototype의 브라우저 판별 기능을 사용한다.(해당 코드는 Prototype에서 가져왔기 때문에 Prototype 내부에 있는 다른 기능을 사용한다는 사실을 기억하자.)

attr 인자가 "title"인 경우는 새로운 기능으로 대체하기 위해서 wrap() 함수를 사용한다. 그렇지 않은 경우는 원래 함수를 사용한다.

wrap() 함수가 어떻게 동작하는지 살펴보자. wrap() 함수는 기본 객체와 래핑할 메서드의 이름 그리고 래퍼(wrapper) 함수를 전달받는다. 함수의 시작 부분을 보면 원본 메서드의 참조를 fn에 저장한다❶. (저장해 둔 원본 메서드는 새로 생성할 익명 함수의 클로저를 통해서 나중에 접근할 수 있다.)

그런 다음 새로운 익명 함수로 해당 메서드를 덮어쓴다❷. 이 새 함수는 전달받은 wrapper 함수(클로저를 통해서 접근이 가능한)를 실행하는데, 이때 수정된 인자 목록을 전달한다. 우리는 첫 번째 인자가 오버라이딩할 원본 함수이길 원하므로, 원본 함수의 참조를 저장하는 배열을 생성한다(코드 5.8을 보면 bind() 함수를 이용해서 원본 함수의 컨텍스트를 wrapper의 것과 동일하게 설정함을 볼 수 있다). 그리고 원래 인자들을 이 배열에 추가한다. 3장에서 살펴보았듯이, apply() 메서드는 이 배열을 인자 목록으로 사용한다.

Prototype은 존재하는 메서드(여기서는 readAttribute())를 오버라이드 하기 위해서 wrap() 함수를 이용하는데, 이 함수는 새로운 함수로 원본 함수를 대체한다❸. 하지만 이 새로운 함수는 여전히 원래 메서드가 제공하는 기능을 그대로 사용할 수 있다(원래 전달 인자의 형태로). 이것은 함수의 원래 기능을 그대로 사용할 수 있는 상태에서 안전하게 오버라이딩을 할 수 있음을 의미한다.

익명 래퍼 함수에 의해서 생성된 클로저를 사용하는 방법은 그림 5.11에 나타나 있다.

이 모든 것들의 결과로 만들어진 재사용 가능한 wrap() 함수는 클로저를 효과적으로 사용하면서, 기존 구현에 영향을 주지 않고(unobtrusive manner) 객체의 메서드를 오버라이드 할 수 있게 해 준다.

이제 자주 사용되는 문법을 살펴보자. 이 문법들은 함수형 프로그래밍의 매우 중요한 부분이지만, 접해 본 적이 없다면 굉장히 이상하게 보일 것이다.

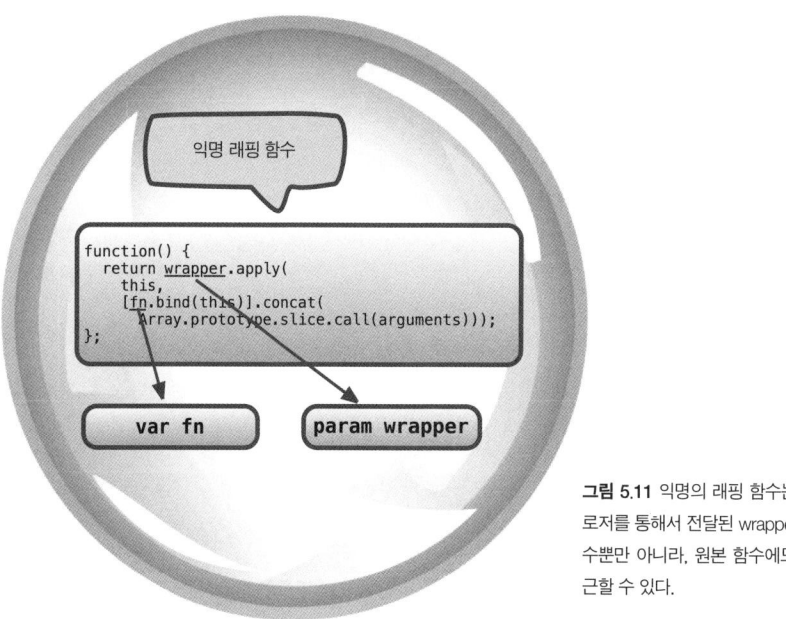

그림 5.11 익명의 래핑 함수는 클로저를 통해서 전달된 wrapper 함수뿐만 아니라, 원본 함수에도 접근할 수 있다.

5.6 즉시실행함수(Immediate function)

고급 함수형 자바스크립트에서 사용되는 중요한 요소이자 클로저의 좋은 사용법을 보여주는 다음과 같은 용법이 있다.

(function(){})()

이 한 가지 패턴의 코드가 놀라울 정도로 다양하게 사용되고, 자바스크립트에 큰 힘을 부여한다. 하지만 문법만 놓고 본다면, 중괄호와 괄호를 이용하는 것이 조금 이상해 보일 것이다. 이제, 단계별로 어떻게 되는지 살펴보자.

첫 번째로, 처음 괄호 쌍의 내용은 무시하고 다음과 같은 내용만 보도록 하자.

```
(...)()
```

알다시피 모든 함수는 functionName() 문법을 이용해서 호출할 수 있다. 그런데 함수의 이름 대신 함수의 인스턴스를 참조하는 표현식을 이용해서도 함수를 호출할 수 있다. 이것이 변수를 이용해서 참조하고 있는 함수를 다음과 같이 변수명을 이용해서 호출할 수 있는 이유다.

```
var someFunction = function(){ ... };
result = someFunction();
```

다른 표현식과 마찬가지로, 연산자(이 경우에는 함수 호출 연산자인 ()이다)를 전체 표현식에 적용하려면 그 표현식을 한 쌍의 괄호로 둘러싸야 한다.

(3 + 4) * 5 와 3 + (4 * 5) 가 어떻게 다른지 생각해보자.

이것은 (...)()에서 처음 나오는 한 쌍의 괄호는 단지 표현식을 감싸는 구분자로 사용되고, 두 번째 나오는 괄호쌍이 연산자로 사용됨을 의미한다. 따라서 다음과 같이 함수에 대한 참조를 괄호로 감싸는 것은 전혀 문제가 되지 않는다.

```
var someFunction = function(){ ... };
result = (someFunction)();
```

각 괄호가 서로 다른 의미를 가진다는 것이 조금 혼란스러울 수 있다. 만약 함수 호출 연산자가 ()가 아니고 ||였다면, 그래서 (...)||와 같은 구문을 사용했다면 아마 혼란이 조금 덜 했을 것이다.

결국, 첫 번째 괄호 안에는 실행할 함수의 참조가 와야 한다. 마지막 예제에서 첫 번째 괄호는 생략할 수 있지만, 있다고 해도 문법적으로 전혀 문제가 되지는 않는다.

이제, 변수명 대신, 첫 번째 괄호 안에 바로 익명 함수(간결함을 위해서 모든 함수 본문은 생략한다)를 사용해 보자. 문법은 다음과 같다.

```
(function(){...})();
```

함수를 위한 본문을 제공한다면, 문법은 다음과 같이 확장된다.

```
(function(){
  statement-1;
  statement-2;
  ...
  statement-n;
})();
```

이 코드의 결과는 다음과 같은 특성을 따르는 한 줄의 코드 표현이다.

- 함수 인스턴스를 생성한다.
- 함수를 실행한다.
- 함수를 폐기한다.(실행을 마치고 나면 더 이상 이 함수를 참조하는 곳이 없기 때문에)

추가적으로, 다른 함수들처럼 이 함수도 클로저를 가질 수 있기 때문에, 함수의 짧은 생존 주기 동안에 같은 유효 범위 내에 있는 모든 외부 변수와 매개변수에 접근할 수 있다. 곧 알게 되겠지만, 즉시실행함수라고 불리는 이 간단한 방식은 정말 유용하다.

그럼, 즉시실행함수와 유효 범위가 어떻게 상호작용하는지부터 살펴보자.

5.6.1 임시 유효 범위와 private 변수

즉시실행함수를 이용해서, 작업을 위한 독립된 공간을 구성할 수 있다. 이 함수는 즉시 실행되고, 다른 함수들처럼 내부에 선언된 변수들은 내부 유효 범위에 속하기 때문에, 즉시실행함수를 이용해서 임시 유효 범위를 만들고 상태를 저장할 수 있다.

> **노트:** 자바스크립트에서 모든 변수의 유효 범위는 변수가 정의된 함수 내부라는 것을 기억하자. 임시 함수를 생성함으로써 변수를 저장할 수 있는 임시 유효 범위를 만들 수 있다.

이렇게 임시로 만들어진, 독립적인 유효 범위가 어떻게 동작하는지 살펴보자.

독립적인 유효 범위 생성하기

다음 코드를 살펴보자.

```
(function(){
  var numClicks = 0;
  document.addEventListener("click", function(){
    alert( ++numClicks );
  }, false);
})();
```

즉시실행함수는 이름처럼 즉시 실행되기 때문에, 클릭 핸들러는 바로 설정된다. 중요한 점은 이벤트 핸들러 함수가 만들어질 때 numClicks 변수를 포함하고 있는 클로저가 만들어지고, 이벤트 핸들러는 어디서든 이 변수를 참조할 수 있다는 것이다.

간단히 기능을 독립적으로 묶는 것, 이것이 즉시실행함수를 사용하는 가장 일반적인 방법 중의 하나다. 각 기능에 필요한 변수들은 클로저 내에 위치하기 때문에 다른 곳에서는 참조할 수가 없다. 코드를 모듈화 할 때 적용해 보면 어떨까?

그리고 즉시실행함수 역시 함수이기 때문에 다음과 같이 흥미로운 방식으로 사용할 수 있다는 사실을 기억해 두자.

```
document.addEventListener("click", (function(){
  var numClicks = 0;
  return function(){
    alert( ++numClicks );
  };
})(), false);
```

이것은 이전과 다른 방법으로 구현한 것이다. 그리고 이전 버전의 코드에 비해서 꽤 혼란스러울 것이다. 즉시 함수를 다시 생성했지만, 이번에는 즉시실행함수 안에서 이벤트 핸들러로 동작하는 함수를 리턴하고 있다. 이것은 단순히 다른 방식으로 표현한 것이기 때문에, 반환된 값은 addEventListener() 메서드로 전달된다. 생성된 내부 함수는 클로저를 통해서 여전히 필요한 numClicks 변수를 가지고 있다.

이 기법은 유효 범위를 다루는 아주 다른 방식과 연관이 있다. 많은 언어에서, 변수의 유효 범위는 변수가 정의된 블록을 기준으로 결정된다. 자바스크립트에서 변수의 유효 범위는 변수가 속한 클로저를 기준으로 결정된다.

게다가, 이 간단한 수단(즉시실행함수)을 이용해서, 변수의 유효 범위를 블록이나 하위 블록 수준으로 지정할 수 있다. 코드의 유효 범위를 함수의 개별 인자 수준으로 작게 지정할 수 있다는 것은 엄청난 강력함을 제공한다. 그리고 이것은 자바스크립트가 얼마나 유연한 언어인지 보여준다.

매개변수를 이용해서 유효 범위 내에서 사용할 이름을 지정하기

지금까지, 아무런 인자도 전달받지 않는 즉시실행함수를 다뤘다. 하지만 즉시실행함수도 함수이기 때문에 호출할 때 인자를 넘겨받을 수 있고, 다른 함수와 마찬가지로 매개변수 명을 통해서 전달받은 인자를 참조할 수 있다. 예제를 보자.

```
(function(what){ alert(what); })('Hi there!');
```

이런 코드를 사용하게 되는 좀 더 현실적인 예는 한 페이지 내에서 jQuery와 Prototype 같은 다른 라이브러리를 섞어 쓰는 경우다.

   jQuery는 자신의 핵심 함수를 전역 유효 범위에 jQuery라는 이름으로 추가한다. 그리고 해당 함수에 대한 별칭으로 $를 사용한다. 그런데 $는 자바스크립트 라이브러리들이 자주 사용하는 이름으로, Prototype도 이를 사용한다. 이런 문제가 있다는 것을 알, jQuery는 다른 라이브러리의 $를 사용할 수 있는 방법을 제공하고 있다. (관심이 있다면, jQuery.noConflict()를 보자.) 이런 페이지에서는 $가 Prototype을 참조하므로, jQuery를 참조하려면 반드시 jQuery라는 식별자를 이용해야 한다. 혹시 다른 방법은 없을까?

   우리는 jQuery 대신에 $를 사용하는 것에 익숙하고, 페이지 내의 다른 부분에서 어떤 일이 일어나는지 신경 쓰지 않고 계속해서 $를 사용할 수 있기를 바란다. 이것은 특히 구조와 특성을 알지 못하는 수많은 페이지에도 재사용 가능한 코드를 만들고자 할 때 꼭 필요하다.

   즉시실행함수를 이용하면, 즉시실행함수로 인해 만들어지는 독립된 공간 내에서 $에 jQuery를 할당할 수가 있다. 다음 코드를 살펴보자.

5.16 분리된 유효 범위 내에서 유효한 이름을 지정하기

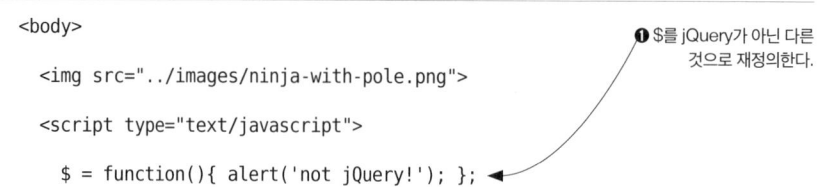

❶ $를 jQuery가 아닌 다른 것으로 재정의한다.

```
            (function($){
                $('img').on('click',function(event){
                    $(event.target).addClass('clickedOn');
                })
            })(jQuery);
        </script>
    </body>
```

❹ 즉시실행함수를 호출하면서 jQuery를 인자로 전달한다. 이로 인해서 $ 매개변수에 jQuery가 설정된다.

❷ 즉시실행함수는 이름이 $인 인자를 하나 전달 받는다. 함수 내에서는 상위 유효 범위에 $가 있다고 하더라도 인자로 전달받은 값을 사용한다.

❸ 함수 내부에서는 $를 여전히 jQuery가 할당되어 있는 것처럼 사용한다. $를 함수 내부에서 뿐만 아니라 이벤트 핸들러에서도 사용하고 있다는 점에 주목하자. 이벤트 핸들러는 한참 뒤에 호출되겠지만, 클로저를 통해서 $ 매개변수를 사용할 수 있다.

이 예제에서, 처음에 $가 jQuery가 아닌 다른 것을 가리키도록 재정의한다❶. 이와 같은 상황은 해당 페이지에 Prototype 라이브러리를 포함시키거나, 또는 $ 이름을 사용하는 다른 라이브러리나 코드를 사용하면 발생할 수 있다.

그러나 코드에서 jQuery를 참조하는 $를 사용하길 원하므로, $라는 이름으로❷ 인자를 전달받는 즉시실행함수를 정의한다.

함수 본문 안에서, 매개변수 $가 전역 변수 $보다 높은 우선순위를 갖게 된다. 함수로 어떤 것을 전달하더라도 함수 내에서는 $를 이용해서 전달된 값을 참조할 수 있게 된다. jQuery를 즉시실행함수에 전달함으로써❹, 함수 내에서 $의 값은 jQuery가 된다.

매개변수 $는 즉시실행함수 내에서 생성되는 함수들의 클로저의 일부분이 되는데❸, 이 함수에는 jQuery의 on() 메서드에 전달되는 이벤트 핸들러도 포함된다. 따라서 즉시실행함수가 실행되고 나서 한참 후에 이벤트 핸들러가 실행된다고 하더라도 $를 이용해서 jQuery를 참조할 수 있게 된다.

이것은 많은 jQuery 플러그인 개발자들이 사용하는 방법인데, 이렇게 만들어진 플러그인들은 다른 사람들이 작성한 페이지 내에서 사용된다. $가 항상 jQuery를 가리킨다고 보장할 수 없기 때문에, 플러그인 개발자들은 안전하게 $로 jQuery를 참조할 수 있도록 즉시실행함수 내에 플러그인 코드를 포함시킨다.

계속해서 다른 내용을 살펴보기 전에, Prototype에서 발췌한 다른 예제를 살펴보자.

짧은 이름을 이용해서 코드 가독성 유지하기

한 객체를 빈번하게 참조하는 코드를 작성해야 하는 경우가 자주 있다. 그런데 해당 참조가 "참조의 참조의 참조"와 같이 긴 경우, 반복해서 사용하게 되면 코드의 가독성이 떨어질 수 있다. 읽기 힘든 코드는 누구에게나 좋지 않다. 간단한 해결 방법은 다음과 같이 긴 참조를 짧은 이름을 가진 변수에 할당하는 것이다.

```
var short = Some.long.reference.to.something;
```

그런데 이 방식을 통해서 Some.long.reference.to.something 대신에 짧은 이름을 사용하고자 하는 목표는 이룰 수 있지만, 그 결과 현재 유효 범위에 불필요하게 새로운 이름의 변수가 추가된다. 이런 것은 피해야 한다.

세련된 함수형 프로그래머들은, 이 방식 대신 제한된 유효 범위 내에서 새로운 짧은 이름을 사용할 수 있도록 즉시실행함수를 활용한다. 여기 Prototype에서 발췌한 간단한 예가 있다.

```
(function(v) {
  Object.extend(v, {
    href: v._getAttr,
    src: v._getAttr,
    type: v._getAttr,
    action: v._getAttrNode,
    disabled: v._flag,
    checked: v._flag,
    readonly: v._flag,
    multiple: v._flag,
    onload: v._getEv,
    onunload: v._getEv,
    onclick: v._getEv,
    ...
  });
})(Element.attributeTranslations.read.values);
```

이 경우에, Prototype은 새로운 속성들과 메서드로 객체를 확장한다. 코드를 보면 Element.attributeTranslations.read.values를 참조하기 위해서 임시 변수를 생성할 수 있지만, Prototype은 그 값을 즉시실행함수의 첫 번째 인자로 전달하고 있다. 이것은 매개변수 v가 긴 이름을 통해서 참조하던 데이터 구조를 참조하게 됨을, 그리고 그 유효 범위는 즉시실행함수 내부로 제한됨을 나타낸다.

매번 Element.attributeTranslations.read.values를 사용하는 대신에 v를 사용함으로써 코드를 읽기가 훨씬 수월해졌다.

유효 범위 내에 임시 변수를 생성할 수 있다는 것은 루프를 다룰 때 특히 유용하다. 이에 대해 바로 살펴보자.

5.6.2 루프

즉시실행함수는 루프와 클로저를 사용할 때 발생하는 까다로운 문제를 해결하는 데 유용하게 사용할 수 있다. 일반적으로 발생하는 문제를 보여주는 다음 코드를 살펴보자.

5.17 클로저 내의 반복자가 예상한 대로 동작하지 않는 코드

```
<body>

  <div>DIV 0</div>
  <div>DIV 1</div>
  <script type="text/javascript">
  var divs = document.getElementsByTagName("div");   ◀── 페이지 내의 모든
                                                          <div> 엘리먼트를 모
                                                          은다. 이 경우에는 두
  for (var i = 0; i < divs.length; i++) {                  개가 존재한다.
    divs[i].addEventListener("click", function() {
      alert("divs #" + i + " was clicked.");       ◀── 각 핸들러가 알맞은 DIV 번호를 출력하기를
    }, false);                                            기대했지만, 다음 결과를 보면 그렇지 않다!
  }
  </script>
</body>
```

우리의 의도는 각 <div> 엘리먼트를 클릭했을 때 해당 div가 몇 번째 div인지를 보여주는 것이다. 그러나 페이지를 로드한 후 "DIV"를 클릭해 보면 그림 5.12와 같은 결과를 보게 된다.

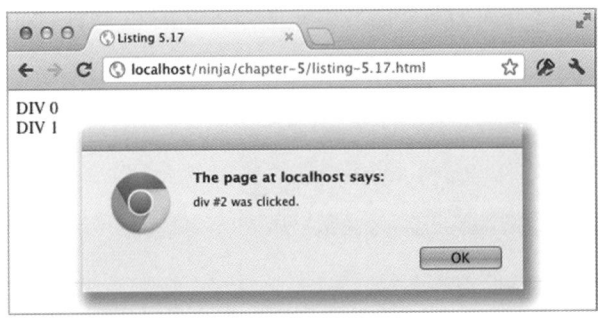

그림 5.12 무엇이 잘못된 것일까? 왜 DIV 0은 자신의 순서 값이 2라고 생각할까?

코드 5.17에서 우리는 루프와 클로저를 함께 사용할 때 흔히 접하게 되는 문제를 확인할 수 있다. 그 문제란 함수가 설정된 이후에 클로저에 포함된 변수(여기서는 i)의 값이 변경되는 것이다. 이것은 모든 이벤트 핸들러가 alert()을 호출할 때 항상 i에 마지막으로 저장된 값(여기서는 2)를 사용하게 됨을 뜻한다. 이런 문제가 발생하는 이유는 5.2.2절에서 살펴본 것처럼, 클로저가 자신이

포함하고 있는 변수의 값(클로저가 생성되는 시점에 저장되어 있던)을 기억하는 것이 아니라 참조를 기억하기 때문이다. 이런 특성으로 인해 많은 사람이 실수를 저지른다. 그러므로 제대로 이해하고 있어야 한다.

너무 걱정하지는 말자. 클로저로 인해 생긴 어려움은 또 다른 클로저(이열치열이라고 할까)와 즉시실행함수를 이용해서 해결할 수 있다. 다음 코드를 살펴보자.(수정된 부분은 굵은 글씨로 되어 있다.)

5.18 즉시실행함수를 이용해서 반복자를 제대로 다루기

```
<div>DIV 0</div>
<div>DIV 1</div>

<script type="text/javascript">
  var div = document.getElementsByTagName("div");

  for (var i = 0; i < div.length; i++) (function(n){
    div[n].addEventListener("click", function(){
      alert("div #" + n + " was clicked.");
    }, false);
  })(i);
</script>
```

즉시실행함수를 for 문의 본문으로 사용하면(블록을 즉시실행함수로 교체함), 즉시실행함수에 순서 값(ordinal value)을 전달함으로서 핸들러에서 (그리고 내부 함수의 클로저에서도) 정확한 값을 사용하도록 할 수 있다. 이것은 for 문 내에서 각 단계가 지닌 유효 범위 내에 변수 i가 새로 정의되고, 그 결과 click 핸들러의 클로저에 우리가 바라던 값을 전달할 수 있음을 의미한다.

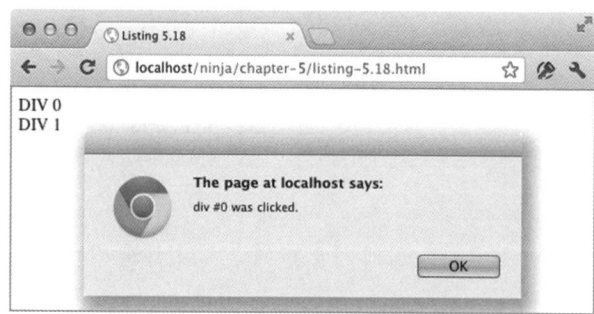

그림 5.13 의도한 대로 동작한다! 각 엘리먼트는 자신의 순서 값을 알고 있다.

수정된 페이지를 실행하면 그림 5.13과 같이 예상했던 결과가 나온다. 이 예제는 즉시실행함수와 클로저를 활용해서 변수와 값의 유효 범위를 조절하는 방법을 명료하게 보여준다. 이제 이를 이용해서 다른 코드에 영향을 주지 않으면서 잘 동작하는 코드를 작성하는 방법에 대해 알아보자.

5.6.3 라이브러리 래핑

클로저와 즉시실행함수가 제공해 주는 유효 범위를 세밀하게 조절할 수 있는 능력은 자바스크립트 라이브러리 개발에 아주 중요한 요소다. 라이브러리를 개발할 때, 불필요한 변수, 특히 잠시 사용하고 말 변수들이 전역 네임스페이스에 추가되지 않도록 하는 것은 매우 중요하다.

이를 위해서, 클로저와 즉시실행함수의 개념은 아주 유용한데, 라이브러리의 많은 부분을 가능한 독립적으로 유지할 수 있게 그리고 변수들을 선별해서 전역 네임스페이스에 둘 수 있게 도와준다. jQuery 라이브러리는 이 원칙을 지키기 위해 많은 노력을 기울이고 있다. 모든 기능은 완전히 분리된 공간에 정의하고, 다음 코드에서 볼 수 있듯이, jQuery와 같이 필요한 변수만 전역 네임스페이스에 추가한다.

```
(function(){
  var jQuery = window.jQuery = function(){
    // 초기화
  };
  // ...
})();
```

의도적으로 할당이 두 번 일어나게 한 점을 눈여겨보자. 먼저 (익명 함수로 정의된) jQuery 생성자 함수가 window.jQuery에 할당되는데, 이 변수는 전역 변수가 된다.

그러나 이 전역 변수가 계속해서 남아 있을 것이라고 보장할 수 없다. 우리가 제어할 수 없는 외부 코드가 해당 변수를 지우거나 변경할 가능성이 있다. 이런 문제를 피하기 위해서, 즉시실행함수 내부에서 사용할 수 있도록 지역 변수 jQuery에도 해당 생성자 함수를 할당한다.

이것은 외부에서 전역 변수에 어떤 일을 하더라도, 라이브러리 코드 내에서는 jQuery라는 이름을 사용할 수 있음을 뜻한다. 라이브러리를 감싸고 있는 즉시실행함수를 통해서 만들어진 세상에서 jQuery는 우리가 원하는 것을 나타내기 때문에 바깥에서 무슨 일이 벌어지든 신경 쓰지 않아도 된다. 라이브러리가 필요로 하는 모든 함수와 변수들은 적절히 캡슐화 되어 있기 때문에, 최종 사용자는 아주 유연하게 자신이 원하는 대로 라이브러리를 사용할 수 있게 된다.

그러나 두 번 할당하는 형태로만 구현할 수 있는 것은 아니다. 다음과 같은 방법도 있다.

```javascript
var jQuery = (function(){
  function jQuery(){
     // 초기화
  }
  // ...
  return jQuery;
})();
```

이 코드는 이전에 보여준 것과 동일한 효과를 가진다. 단지 다른 방법으로 구현한 것이다. 이 코드에서는 jQuery 함수를 익명 유효 범위 내에 정의하고, 해당 유효 범위 내에서 자유롭게 사용한다. 그런 다음 이를 반환함으로써, 마찬가지로 jQuery라는 이름을 지닌, 전역 변수에 할당되게 한다. 할당의 의도가 조금 더 분명하기 때문에, 단일 변수를 외부에 노출하려는 경우에는 이 기법을 선호하는 경우가 많다.

결론적으로, 어떤 형식이나 구조를 사용할지는 개발자 어떤 것을 선호하는지에 달려있다. 자바스크립트는 여러분이 원하는 대로 애플리케이션을 구성할 수 있게 모든 권한을 제공한다는 사실을 기억하자.

5.7 요약

이 장에서는 함수형 프로그래밍의 핵심 개념인 클로저가 자바스크립트에서 어떻게 동작하는지 살펴보았다.

기초부터 시작해서, 클로저가 어떻게 구현되는지 살펴보았고, 애플리케이션 안에서 어떻게 사용하는지를 알아보았다. 콜백의 사용을 통해 private 변수를 정의하는 방법을 포함해서 어디서 클로저가 특별히 유용한지에 대한 몇 가지 사례를 보았다.

자바스크립트라는 언어를 만드는데 클로저가 유용하게 사용되고 있는, (함수 콘텍스트를 강제로 지정하기, 부분 적용 함수 그리고 함수 동작 오버라이딩을 포함한) 몇 가지 고급 개념에 대해서 살펴보았다. 그런 다음 변수의 유효 범위를 세밀하게 제어할 수 있게 해주는 즉시실행함수에 대해서도 깊게 살펴보았다.

종합해 보면, 클로저를 잘 이해하면 복잡한 자바스크립트 애플리케이션을 개발할 때 정말 소중한 자산이 되고, 필연적으로 마주치게 되는 일반적인 문제들을 해결할 때 많은 도움이 된다.

이 장에 실린 예제를 통해서 prototype 개념을 간략하게 소개했다. 이제 본격적으로 prototype에 대해서 알아볼 시간이다. 잠시 휴식을 취하면서 그동안 살펴본 내용들을 머릿속에 정리한 다음, 계속 읽기 바란다.

6장

SECRETS OF THE JAVASCRIPT NINJA

객체 지향과 프로토타입

이 장에서는 다음 주제를 다룬다.
- 함수를 생성자로 사용하기
- 프로토타입 탐구
- 프로토타입을 사용하여 객체를 확장하기
- 일반적인 함정들을 피하는 방법
- 상속을 통해 클래스 만들기

우리는 자바스크립트에서 어떻게 함수가 1종 객체(first-class object)가 되는지, 어떻게 클로저를 사용하여 함수를 아주 다양하고 유용하게 다룰 수 있는지를 배웠다. 이제 또 다른 중요한 내용인 함수 프로토타입을 살펴볼 차례다.

자바스크립트 프로토타입에 이미 조금이라도 친숙한 사람들은 어쩌면 프로토타입이 객체와 밀접한 연관이 있다고 생각할지도 모르겠다. 하지만 한 번 더 말하자면 프로토타입은 전적으로 함수와 관련이 있다. 프로토타입은 객체의 타입을 정의하는데 편하게 사용하는 수단이지만 실제로는 함수의 기능이다.

자바스크립트에서 프로토타입은 객체의 프로퍼티를 정의하고, 객체의 인스턴스에 자동으로 적용되는 기능을 정의하는 편리한 수단이다. 프로토타입에 프로퍼티를 일단 정의하고 나면, 인스턴스 객체 또한 그 프로퍼티를 갖게 된다. 즉, 프로토타입은 복잡한 객체를 생성하기 위한 일종의 청사진 역할을 한다고 볼 수 있다.

다르게 표현하자면, 프로토타입은 전통적인 객체 지향 언어에서 클래스와 유사한 역할을 한다. 자바스크립트에서 프로토타입은, 확실히 전통적인 객체 지향 방식을 적용하고 상속을 구현하는 곳에서 두드러지게 사용한다.

어떻게 프로토타입을 사용하는지 살펴보자.

6.1 인스턴스 생성과 프로토타입

모든 함수에는 prototype 프로퍼티가 있고 이 prototype 프로퍼티는 처음에는 빈 객체를 참조한다. 만약 함수를 생성자로 사용하지 않는다면 이 prototype 프로퍼티는 그다지 쓸모가 없다. 우리는 3장에서 new 키워드를 사용하여 생성자로 함수를 호출하는 것을 보았고, 또한 이때 새로 만들어진 빈 객체가 그 함수의 콘텍스트로 사용되는 것을 보았다.

객체 인스턴스 생성은 생성자의 쓰임새에서 많은 비중을 차지한다. 이에 대한 내용을 확실히 이해하기 위해 시간을 조금 할애해 보자.

6.1.1 객체 인스턴스 생성

새로운 객체를 만드는 가장 간단한 방법은 다음과 같다.

```
var o = {};
```

다음 코드는 새로운 빈 객체를 생성하고, 할당 구문을 통해 프로퍼티를 덧붙인다.

```
var o = {};
o.name = '사이토'[1];
o.occupation = '저격수';
o.cyberizationLevel = 20;
```

그런데 객체 지향에 익숙한 사람들은 위 코드에 캡슐화, 클래스 생성자 개념 같은 어떠한 객체 지향 구조도 없다는 것을 눈치 챘을 것이다. (생성자는 객체를 우리가 알고 있는 어떤 상태로 초기화하는 역할을 하는 함수다.) 결국 같은 타입의 객체에 대해 여러 인스턴스를 생성해야 한다면, 매번 개별적으로 프로퍼티를 할당해야 한다. 이는 지루할 뿐만 아니라 에러를 유발할 가능성도 높다. 따라서 한 곳에서 프로퍼티와 메서드를 통합하여 설정할 수 있는 수단, 즉 클래

---

1 (옮긴이) 사이토는 애니메이션 〈공각기동대〉의 등장인물로 저격이 특기다.

스가 있다면 좋을 것이다.

자바스크립트는 다른 대부분의 언어와는 다른 방식으로 클래스 관련 메커니즘을 제공한다. 자바스크립트는 Java와 C++ 같은 객체 지향 언어와 마찬가지로 생성자로 객체를 생성할 수 있는 new 연산자를 지원한다. 하지만 자바스크립트에는 클래스가 없다. 더 정확히 말하자면, 생성자 함수에 new 연산자를 사용하기는 하지만(3장과 4장에서 살펴보았듯이), new 연산자는 단지 비어있는 새 객체를 생성할 뿐이다.

앞 장에서 다루지 않은 것은 이때 프로토타입이 새로 생성되는 객체에 대해 청사진 역할을 한다는 것이다. 어떻게 프로토타입이 작동하는지 살펴보자.

객체 청사진으로서의 프로토타입

new 연산자를 사용하는 경우와 그렇지 않은 두 가지 간단한 예를 살펴보자. 그리고 prototype 프로퍼티가 새 인스턴스에게 어떻게 프로퍼티를 제공하는지도 살펴보자. 다음 코드를 보라.

6.1 프로토타입에 있는 메서드를 가진 새 인스턴스 생성하기

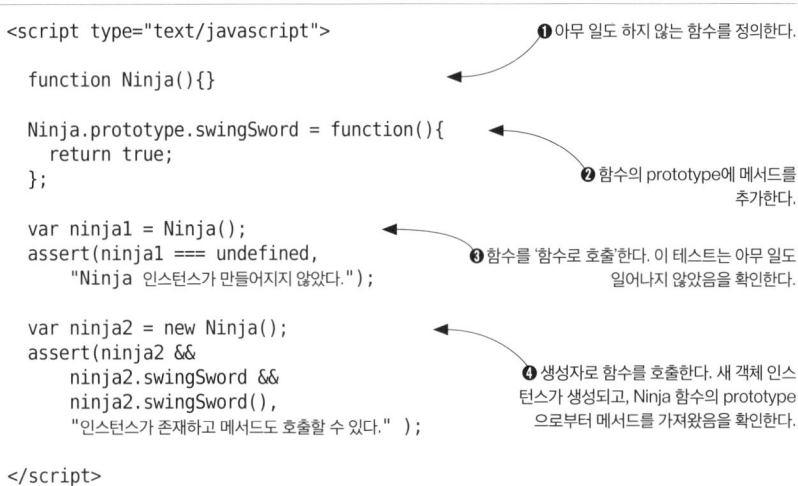

겉보기에는 아무것도 하지 않는 Ninja() 함수를 정의하고❶, 이 함수를 두 가지 방식으로 호출했다. 한 번은 '일반' 함수로 호출하고❸, 다른 한 번은 생성자로 호출했다❹. Ninja 함수를 만든 후에는 swingSword() 메서드를 Ninja 함수의 prototype에 추가했다❷. 그런 다음 Ninja 함수가 얼마나 잘 작동하는지를 살

펴본다.

먼저, 일반적인 방식으로 함수를 호출하고❸ 그 결과를 ninja1 변수에 저장한다. 함수 본문을 살펴보면❶ 반환 값이 없다는 것을 알 수 있다. 따라서 ninja1에 저장되는 값은 undefined일 것이고, 이를 검증한다. 그냥 단순한 함수인 Ninja()는 딱히 쓸모 있어 보이진 않는다.

그런 다음, new 연산자를 사용하여 생성자로 함수를 호출하면 완전히 다른 일이 일어난다. 다시 한 번 Ninja() 함수가 호출되지만, 이번에는 새로운 객체가 생성되고 이 객체가 함수의 콘텍스트로 설정된다. new 연산자의 반환 값은 이 새로운 객체를 참조한다. 이에 대해 다음 두 가지를 테스트한다. ninja2는 새로 생성된 객체에 대한 참조여야 하며, 호출 가능한 swingSword() 메서드를 가지고 있어야 한다.

이는 함수를 생성자로 사용할 때 함수의 프로토타입이 새로운 객체 생성을 위한 일종의 청사진으로 작동한다는 것을 나타낸다. 이 테스트의 결과는 그림 6.1에 있다. 특별히 생성자에서 명시적으로 어떤 일을 하지 않아도 이런 결과가 나왔음을 주목하라. 생성자 함수의 prototype 프로퍼티에 swingSword() 메서드를 추가하면, swingSword() 메서드를 간단히 새로 만들어진 객체에 덧붙일 수 있다.

또한, '추가하다'라 하지 않고 '덧붙이다'라고 표현한 것을 염두에 두자. 이렇게 표현한 이유를 살펴보자.

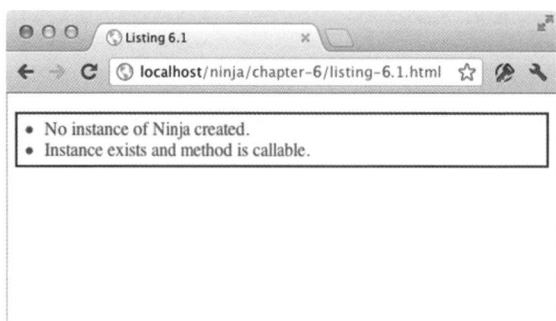

그림 6.1 프로토타입을 통해 새 객체 인스턴스에 자동으로 적용될 프로퍼티와 메서드를 미리 정의할 수 있다.

인스턴스 프로퍼티

new 연산자를 사용하여 함수를 생성자로 호출하면, 새로 생성된 객체 인스턴스가 함수의 콘텍스트로 설정된다. 이는 앞서 살펴본 프로토타입을 통해 프로퍼티를 객체에 덧붙이는 것 외에도, 생성자 함수 내에서 this 매개변수를 사용하여 객체를 초기화할 수 있다는 것을 의미한다. 다음 코드 목록에서 인스턴스에 프로퍼티를 만드는 것을 살펴보자.

6.2 초기화 과정에서 일어나는 우선순위 살펴보기

```
<script type="text/javascript">
  function Ninja(){
    this.swung = false;
    this.swingSword = function(){
      return !this.swung;
    };
  }

  Ninja.prototype.swingSword = function(){
    return this.swung;
  };

  var ninja = new Ninja();
  assert(ninja.swingSword(),
         "프로토타입 메서드 대신 인스턴스 메서드가 호출된다.");
</script>
```

- 불리언 값을 저장하는 인스턴스 변수를 만들고 false로 초기화한다.
- ❶ 인스턴스 변수 값의 반대 값을 반환하는 인스턴스 메서드를 만든다.
- ❷ 인스턴스 메서드와 같은 이름을 가진 프로토타입 메서드를 정의한다. 어떤 메서드가 호출될까?
- ❸ 테스트를 위해 Ninja 인스턴스를 만들고, 인스턴스 메서드가 같은 이름의 프로토타입 메서드를 덮어 썼는지를 검증한다. 테스트는 성공할까?

코드 6.2에서 생성자의 prototype 프로퍼티에 메서드를 추가한 것❷은 이전 예제와 비슷하지만, 이번에는 같은 이름의 메서드를 생성자 함수 내에서 추가하였다❶. 이 두 메서드는 서로 다른 값을 반환하기 때문에, 어느 메서드가 호출되었는지 알 수 있다.

> **노트:** 이름은 같지만 전혀 반대로 작동하는 이런 방식의 구현은 현실에서는 사용할 것이 못 된다. 예제에서는 단지 초기화 순서를 나타내기 위해 사용했을 뿐이다.

브라우저에서 페이지를 불러와서 테스트를 실행하면❸, 테스트가 성공한다는 것을 볼 수 있다! 이는 생성자 내에서 만들어진 인스턴스 멤버가 프로토타입에 정의된 같은 이름의 프로퍼티를 재정의한다는 것을 나타낸다.

초기화 수행 순서는 아주 중요하고 다음 순서대로 진행된다.

1. 프로토타입의 프로퍼티들이 새로 만들어진 객체 인스턴스와 바인딩된다.
2. 생성자 함수 내에서 정의한 프로퍼티들이 객체 인스턴스에 추가된다.

생성자 내에서 수행하는 바인딩은 항상 프로토타입의 바인딩보다 우선한다. 생성자 내에서 this 콘텍스트는 인스턴스 자신을 참조하기 때문에, this 값을 사용하여 생성자 내에서 마음껏 초기화 작업을 할 수 있다.

이제 자바스크립트가 객체 프로퍼티의 참조를 다루는 방식을 살펴보고, 이를 통해서 인스턴스 프로퍼티와 프로토타입이 서로 어떤 관계를 가지고 있는지 더 자세히 알아보자.

참조 조정하기

프로토타입과 관련하여, 자바스크립트가 참조를 조정하는 방식과 이때 프로토타입 프로퍼티가 어떻게 개입하는지는 필수적으로 이해해두어야 하는 개념이다.

앞의 예제를 보면, 새 객체를 생성할 때 생성자 함수의 프로토타입이 지니고 있는 프로퍼티가 새로 만들어진 객체에 복사되는 것처럼 보인다. 생성자 내부에서 할당한 프로퍼티는 프로토타입의 프로퍼티를 덮어쓴다는 사실을 고려하면, 이 믿음이 틀리지 않았다고 생각할 수도 있다. 하지만 실제로 이렇게 작동한다고 가정했을 경우 이해하기 힘든 동작들이 몇 가지 있다.

만약 프로토타입 값이 단순히 객체로 복사된다고 가정하면, 객체가 생성된 후에는 프로토타입에 어떤 변경이 생기더라도 이는 객체에 영향을 주지 않아야 한다. 그렇지 않은가? 앞서 살펴본 코드를 약간 재배치하고 어떤 일이 일어나는지를 살펴보자.

6.3 프로토타입을 변경하고, 그로 인한 영향 관찰하기

```
<script type="text/javascript">
  function Ninja(){
    this.swung = true;
  }
  var ninja = new Ninja();

  Ninja.prototype.swingSword = function(){
    return this.swung;
  };

  assert(ninja.swingSword(),
      "순서가 맞지 않지만, 객체 인스턴스에 메서드가 존재한다.");
</script>
```

❶ 하나의 불리언 프로퍼티를 가진 Ninja를 만드는 생성자를 정의한다.
❷ new 연산자를 사용하여 생성자 함수를 호출함으로써 Ninja 인스턴스를 초기화한다.
❸ 객체가 만들어지고 난 후, 프로토타입에 메서드를 추가한다.
❹ 객체 인스턴스에 추가한 메서드가 존재하는지를 테스트한다.

생성자를 정의하고❶ 객체 인스턴스를 만드는 데 이 생성자를 사용한다❷. 인스턴스를 만들고 나서 프로토타입에 메서드를 추가한다❸. 그런 다음 테스트를 실행하고, 객체 생성 이후에 일어난 프로토타입 변경에 대한 영향을 관찰한다.

테스트는 성공하고 그림 6.2에 나타난 대로 검증조건이 참이라는 것을 알 수 있다. 객체가 생성될 때 단순히 프로토타입 값이 복사될 뿐이라면, 이를 충분히 설명할 수 없다.

실제로 프로토타입의 프로퍼티들은 어디에도 복사되지 않고, 그저 생성된 객체에 프로토타입이 덧붙을 뿐이다. 객체의 어떤 프로퍼티를 참조할 때 해당 객체가 그 프로퍼티를 직접 소유한 게 아니라면, 프로토타입에서 그 프로퍼티를 찾는다.

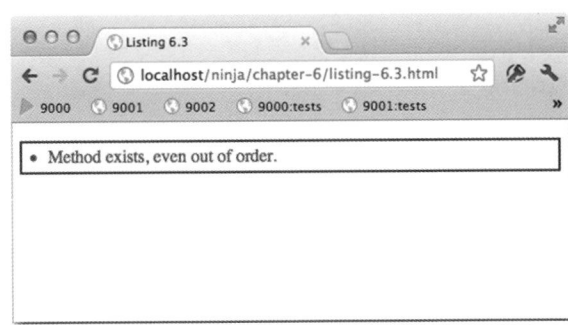

그림 6.2 이 테스트는 객체를 생성한 후라도 프로토타입 변경이 유효함을 보여준다!

이 과정에 대한 간략한 개요는 다음과 같다.

1. 객체의 프로퍼티를 참조하면, 그 객체는 자신에게 해당 프로퍼티가 존재하는지를 먼저 검사한다. 만약 해당 프로퍼티가 존재한다면 그 값을 사용하고, 없다면 …
2. 그 객체와 관련된 프로토타입에 해당 프로퍼티가 있는지 검사한다. 만약 있다면 프로토타입에 있는 값을 사용하고, 없다면 …
3. 그 값은 undefined이다.

앞으로 이보다 조금 더 복잡한 경우도 살펴보겠지만 지금은 이 정도만 이해해도 충분하다.

이 모든 것이 어떻게 작동할까? 그림 6.3의 다이어그램을 보도록 하자.

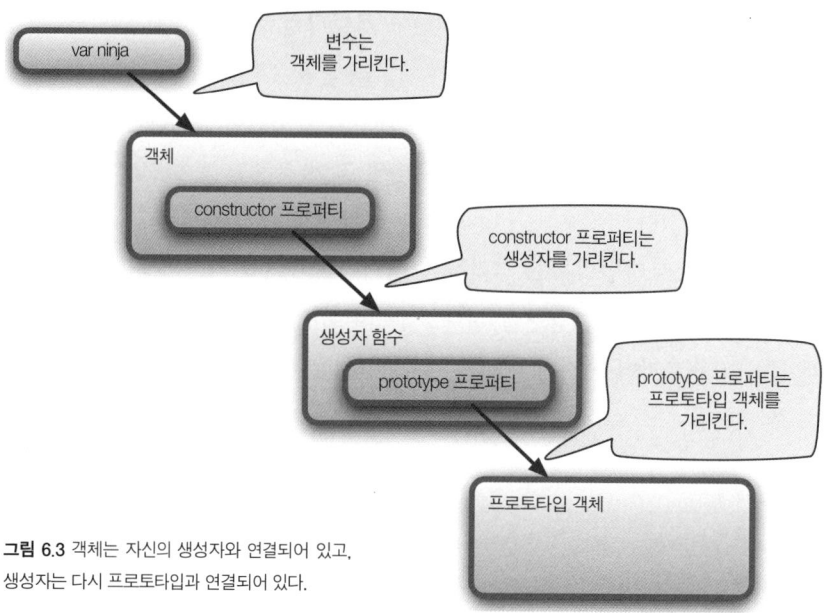

그림 6.3 객체는 자신의 생성자와 연결되어 있고, 생성자는 다시 프로토타입과 연결되어 있다.

그림 6.4 객체의 구조를 살펴보면 프로토타입까지의 경로가 드러난다.

자바스크립트의 모든 객체는 암묵적으로 constructor라는 프로퍼티를 갖고 있으며, 이 프로퍼티는 그 객체를 만드는 데 사용한 생성자를 참조한다. 그리고 프로토타입은 생성자의 프로퍼티(prototype 프로퍼티)이기 때문에 모든 객체는 자신의 프로토타입을 찾을 수 있다.

그림 6.4를 살펴보자. 이 그림은 코드 6.3을 (크롬) 브라우저에서 실행했을 때, 자바스크립트 콘솔을 캡처한 화면이다.

콘솔에서 ninja.constructor를 입력하면, 예상한 대로 ninja.constructor가 Ninja() 함수를 참조하고 있다는 것을 알 수 있다. Ninja() 함수를 생성자로 사용하여 ninja 객체를 만들었기 때문이다. 더 나아가 콘솔에서 ninja. constructor.prototype.swingSword도 입력해볼 수 있고, 이를 통해 객체 인스턴스로부터 프로토타입의 프로퍼티에 어떻게 접근할 수 있는지를 알 수 있다.

이는 객체가 만들어지고 난 후에 프로토타입에 가한 변경이 왜 객체에 영향을 주는지를 설명한다. 프로토타입은 적극적으로 객체에 연결되어 있고, 객체의 프로퍼티를 참조할 때 필요하다면 프로토타입에 정의된 프로퍼티를 사용하도록 참조에 대한 조정이 일어난다.

이런 중단 없는 '실시간 업데이트'는 일반적인 다른 언어에서는 찾기 어려운 강력함과 확장성을 제공한다. 객체 인스턴스가 생성된 후라도 사용자가 나중에 객체의 기능을 확장할 수 있도록, 함수형 프레임워크를 구축할 수 있는 것은 이런 실시간 업데이트 덕분이다.

이 관계는 그림 6.5에 나타나 있다.

이 그림에서, ninja 변수가 참조하는 객체에는 member1, member2 프로퍼티가 있다. 이 프로퍼티들은 객체가 직접 소유하고 있기 때문에, member1, member2 프로퍼티를 참조하면 해당 객체에서 참조가 해석된다. 만약 member3 프로퍼티와 같이 객체에 직접 존재하지 않는 프로퍼티를 참조하면, 생성자의 프로토타입에서 이 프로퍼티를 찾을 것이다. member4에 대한 참조는 undefined로 해석된다. member4는 객체와 프로토타입 어디에도 존재하지 않기 때문이다.

다음 주제로 넘어가기 전에, 다음 코드의 내용을 이해할 수 있도록 한 가지를 더 살펴보자.

6.4 프로토타입을 변경하고 이에 대한 영향을 보다 깊게 관찰하기

```
<script type="text/javascript">
  function Ninja(){
    this.swung = true;
    this.swingSword = function(){
      return !this.swung;
    };
  }

  var ninja = new Ninja();

  Ninja.prototype.swingSword = function(){
    return this.swung;
  };
```

❶ 프로토타입의 메서드와 같은 이름을 가진 인스턴스 메서드를 정의한다.

❷ 인스턴스 메서드와 같은 이름의 프로토타입 메서드를 프로토타입에 정의한다.

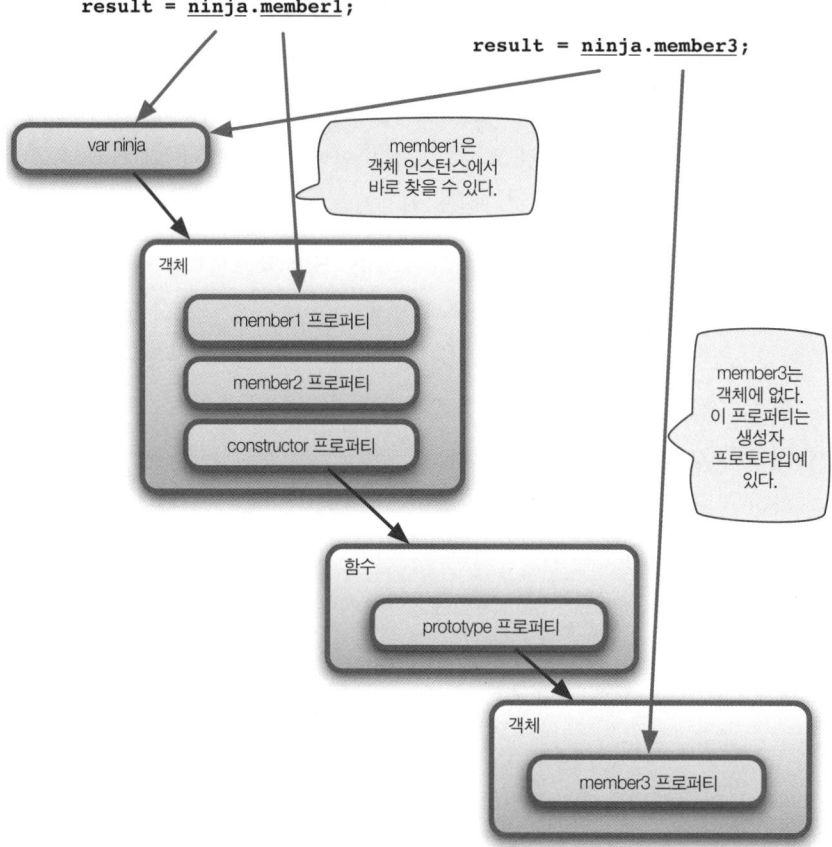

그림 6.5 프로퍼티를 참조할 때 객체에서 먼저 프로퍼티를 찾는다. 만약 프로퍼티가 없다면 해당 객체의 생성자의 프로토타입에서 찾게 된다.

```
    assert(ninja.swingSword(),
        "프로토타입 메서드가 아니라 인스턴스 메서드가 호출된다.");
</script>
```

❸ 어느 메서드가 선택되었는지를 테스트한다.

코드 6.2에서 살펴본 메서드를 인스턴스 메서드❶와 프로토타입 메서드❷로 다시 사용했다. 코드 6.2에서는 인스턴스 메서드가 프로토타입 메서드보다 우선하는 것을 보았다. 그러나 이번에는 생성자가 실행된 이후에 프로토타입 메서드를 추가하였다. 이 경우 어느 메서드가 선택될까?

테스트 결과❸는 객체에 인스턴스 메서드가 추가된 이후에 프로토타입에 메서드를 추가하더라도 인스턴스 메서드가 우선한다는 것을 나타낸다. 이는 완벽히 이치에 맞다. 프로퍼티를 참조할 때, 그 객체에서 직접 프로퍼티를 찾을 수 없을 때만 프로토타입에서 찾는다. 이 경우, 프로토타입의 프로퍼티가 가장 최근에 추가한 '버전'일지라도, 객체가 직접 swingSword 프로퍼티를 가지고 있기 때문에 프로토타입에 있는 버전은 작동하지 않는다.

요점은 프로퍼티 참조는 해당 객체에서 먼저 해석되고, 이것이 실패했을 때만 프로토타입을 조사한다는 것이다.

이제 우리는 함수 생성자를 통해 어떻게 객체 인스턴스가 생성되는지 알았다. 지금부터는 객체와 객체의 인스턴스의 본질에 대해 더 살펴보자.

6.1.2 생성자와 객체 타입

자바스크립트가 어떻게 프로퍼티 참조를 조정하며 언제 프로토타입을 사용하는지 알아두어야 하지만, 어떤 함수가 객체 인스턴스를 생성했는지 아는 것도 유용하다.

지금까지 본 것처럼, 객체의 생성자는 constructor 프로퍼티를 통해 얻을 수 있다. 따라서 다음 코드에 나타난 것처럼, 여러분은 언제든지 객체의 constructor 프로퍼티를 참조할 수 있고, constructor 프로퍼티를 타입 검사를 위해 사용할 수 있다.

6.5 인스턴스 타입과 그 생성자 살펴보기

```
<script type="text/javascript">
    function Ninja(){}
    var ninja = new Ninja();
    assert(typeof ninja == "object",
        "인스턴스의 타입은 object이다.");
    assert(ninja instanceof Ninja,
        "instanceof를 사용하여 생성자를 식별함.");
    assert(ninja.constructor == Ninja,
        "Ninja 함수를 사용하여 ninja 객체를 만들었다.");
</script>
```

❶ typeof를 사용하여 ninja의 타입을 테스트한다. 이 방식으로는 ninja가 object라는 것만 알 수 있을 뿐이다.

❷ instanceof를 사용하여 ninja의 타입을 테스트한다. 이를 통해 ninja는 Ninja로부터 생성되었다는 것을 알 수 있고, typeof의 경우보다는 조금 더 많은 정보를 얻을 수 있다.

consturctor 참조를 사용하여 ninja의 타입을 테스트한다. constructor 프로퍼티는 실제 생성자 함수를 참조한다.

코드 6.5에서 생성자를 정의하고, 이 생성자를 사용하여 객체 인스턴스를 만들었다. 그런 다음 typeof 연산자를 사용하여 인스턴스의 타입을 시험했다❶. 하지만 이 방법은 그렇게 많은 것을 알려주지는 않는데, 모든 인스턴스는 객체

(object)이고 typeof 연산자는 항상 "object"를 반환하기 때문이다. 보다 흥미로운 것은 instanceof 연산자이다❷. 이 연산자는 실제로 요긴하게 사용할 수 있는데, 어떤 생성자 함수를 사용하여 인스턴스를 만들었는지를 결정하는데 도움이 되는 깔끔한 수단이기 때문이다.

제일 나중에는 constructor 프로퍼티를 사용했는데, 이 프로퍼티는 그 인스턴스를 생성한 원본 함수를 참조한다. 이제 여러분은 constructor 프로퍼티가 모든 인스턴스에 추가되어 있다는 것을 알고 있다. 우리는 이 constructor 프로퍼티를 인스턴스가 어디로부터 왔는지를 검증하는 데 사용할 수 있다.(instanceof 연산자를 사용하여 할 수 있는 것과 비슷한 것을 할 수 있다.)

게다가 constructor 프로퍼티는 역으로 원본 생성자를 참조하기 때문에, constructor 프로퍼티를 사용하여 새 Ninja 객체 인스턴스를 만들 수 있다. 다음 코드에서 이를 살펴보자.

6.6 constructor 프로퍼티 참조를 사용하여 새 객체 인스턴스를 만든다

```
<script type="text/javascript">
  function Ninja(){}

  var ninja = new Ninja();

  var ninja2 = new ninja.constructor();

  assert(ninja2 instanceof Ninja, "닌자가 맞디!");

  assert(ninja !== ninja2, "하지만 같은 닌자는 아니다!");
</script>
```

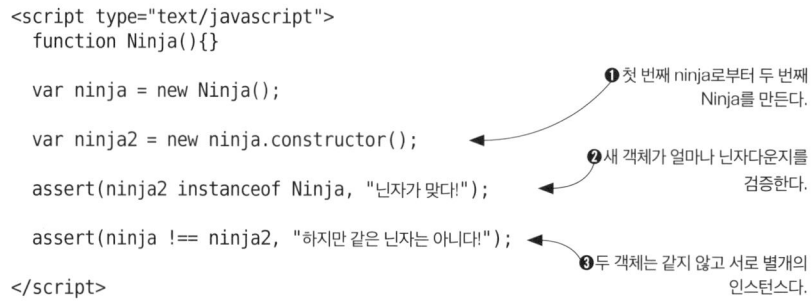

❶ 첫 번째 ninja로부터 두 번째 Ninja를 만든다.
❷ 새 객체가 얼마나 닌자다운지를 검증한다.
❸ 두 객체는 같지 않고 서로 별개의 인스턴스다.

먼저, Ninja 생성자를 정의하고 그 생성자를 사용하여 인스턴스를 만든다. 그런 다음 생성한 인스턴스의 constructor 프로퍼티를 사용하여 두 번째 인스턴스를 만든다❶. 테스트❷는 두 번째 Ninja가 만들어지고, ninja와 ninja2 변수가 서로 다른 인스턴스를 가리킨다는 것을 검증한다❸.

여기서 흥미로운 부분은, 원본 Ninja 생성자 함수에 직접 접근하지 않고도 이를 사용할 수 있다는 점이다. 우리는 이면에서 완벽하게 생성자 함수 참조를 사용할 수 있고, 심지어는 원본 생성자 함수가 더 이상 유효 범위에 있지 않더라도 사용할 수 있다.

> **노트:** 객체의 constructor 프로퍼티 값을 변경할 수 있지만, 이를 변경하는 것은 아무런 도움도 되지 않는다(누군가는 어떤 악성 행위의 수단으로 여길지도 모르지만). 생성자의 역할은 객체가 어디서부터 만들어졌는지 알려주는 것이기 때문이다. 만약 constructor 프로퍼티를 덮어쓴다면, 원래 값은 간단히 잃어버리게 된다.

이 모든 것은 아주 유용하다. 하지만 우리는 프로토타입의 강력함을 겨우 수박 겉핥기식으로 살펴보았을 뿐이다. 이제 정말 재미있는 것들을 보게 될 것이다.

6.1.3 상속과 프로토타입 체인

instanceof 연산자는 객체 상속과 관련하여 또 다른 유용한 기능을 제공한다. 하지만 이 기능을 사용하려면 자바스크립트에 상속이 어떻게 작동하는지 이해해야 하고, 프로토타입 체인을 이해해야 한다.

다음 예제를 살펴보자. 객체에 상속성을 추가할 것이다.

6.7 프로토타입을 사용하여 상속을 시도한다

```
<script type="text/javascript">

  function Person(){}
  Person.prototype.dance = function(){};

  function Ninja(){}

  Ninja.prototype = { dance: Person.prototype.dance };

  var ninja = new Ninja();
  assert(ninja instanceof Ninja,
        "ninja는 Ninja 프로토타입의 기능을 물려받았다." );
  assert( ninja instanceof Person, "... 그리고 Person 프로토타입의 기능을 물려받았다." );
  assert( ninja instanceof Object, "... 그리고 Object 프로토타입의 기능을 물려받았다." );

</script>
```

❶ 생성자를 정의하고 그 프로토타입에 춤을 출 수 있게 하여(즉, dance 메서드를 정의한), 춤을 출 수 있는 Person을 정의한다.
❷ Ninja를 정의한다.
❸ Person 프로토타입의 dance 메서드를 복사하여 Ninja를 춤을 추는 Person으로 만든다.

함수의 프로토타입도 객체이기 때문에, 상속 효과를 내도록 '기능'(프로퍼티, 메서드 등)을 복사하는 데에는 여러 방법이 있다. 이 코드는 Person을 정의한 다음❶ Ninja❷를 정의한다. 닌자도 명백히 사람이므로 Ninja가 Person의 속성을 상속받으면 좋을 것 같다. 여기서는 Person 프로토타입의 메서드인 dance 프로퍼티를 Ninja 프로토타입에 복사함으로써❸ 상속을 구현한다.

그러나 그림 6.6에 나타나 있는 것처럼, ninja에게 춤을 가르쳐도 Ninja를 Person으로 만들지는 못한다는 것을 테스트를 통해 알 수 있다. 닌자가 춤추는 사람을 흉내 내게는 할 수 있지만, Ninja를 Person으로 만들지는 못한다. 이는 상속이 아니라 단지 복사일 뿐이다.

이런 방식은 낡고 큰 '실패'다. 그렇게 잘못된 생각은 아니지만, 이 방식을 사용한다면 Person의 모든 프로퍼티를 Ninja 프로토타입에 개별적으로 복사할 필요가 있다. 이는 상속이 아니다. 계속 살펴보자.

노트: 흥미로운 부분은, 명시적으로 지정하지 않더라도 모든 객체는 Object의 인스턴스라는 점이다. 브라우저 디버거에서 console.log({}.constructor) 구문을 실행한 다음 어떤 결과가 나오는지 확인해 보자.

우리에게 정말로 필요한 것은 '프로토타입 체인'으로, 이를 이용해서 Ninja를 사람(Person)으로 만들 수 있다. 그리고 사람은 포유류가 될 수 있고 포유류는 동물이 될 수 있고, ... 이런 식으로 결국 Object까지 연결된다.

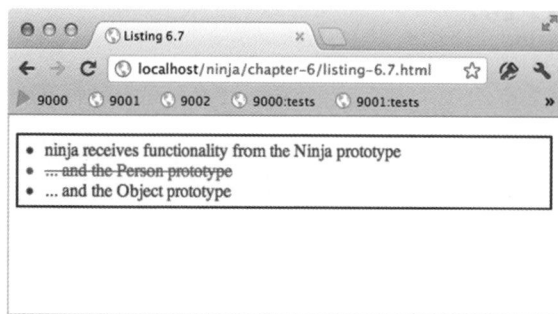

그림 6.6 Ninja는 실제로 Person이 아니다. 춤을 추어도 행복하지 않다!

프로토타입 체인을 생성하는 제일 좋은 방법은 상위 객체의 인스턴스를 하위 객체의 프로토타입으로 사용하는 것이다.

```
SubClass.prototype = new SuperClass();
```

Ninja와 Person의 경우를 예로 들면 다음과 같다.

```
Ninja.prototype = new Person();
```

이것은 프로토타입 체인을 따른다. 이유를 살펴보자면, SubClass 인스턴스의 프로토타입은 SuperClass 인스턴스이고, SuperClass 인스턴스는 SuperClass의 프로토타입을 갖고 있으며, SuperClass의 프로토타입에는 SuperClass의 모든 프로퍼티가 있다. 이런 식으로 하위 클래스의 프로토타입은 상위 클래스의 인스턴스를 가리킨다.

이 기법을 사용하여 코드 6.7의 코드를 약간 바꿔보자.

6.8 프로토타입을 사용하여 상속하기

```
<script type="text/javascript">

function Person(){}
Person.prototype.dance = function(){};

function Ninja(){}

Ninja.prototype = new Person();
var ninja = new Ninja();
assert(ninja instanceof Ninja,
       "ninja는 Ninja 프로토타입의 기능을 물려 받았다.");
assert(ninja instanceof Person, "... 그리고 Person 프로토타입의 기능을 물려 받았다.");
assert(ninja instanceof Object, "... 그리고 Object 프로토타입의 기능을 물려 받았다.");
assert(typeof ninja.dance == "function", "... 그리고 ninja는 춤출 수 있다!");

</script>
```

❶ Person의 인스턴스를 Ninja의 프로토타입으로 지정하여, Ninja가 Person을 상속하도록 한다.

코드에서 변경한 부분은 단지 Ninja의 프로토타입으로 Person 인스턴스를 사용하도록 한 것뿐이다 ❶. 그림 6.7에 나타난 것처럼 테스트가 성공함을 할 수 있다.

이 예제를 통해 알 수 있는 중요한 점은, instanceof 연산을 수행하면 함수가 자신의 프로토타입 체인 내에 있는 어떤 객체의 기능을 상속하고 있는지를 확인할 수 있다는 것이다.

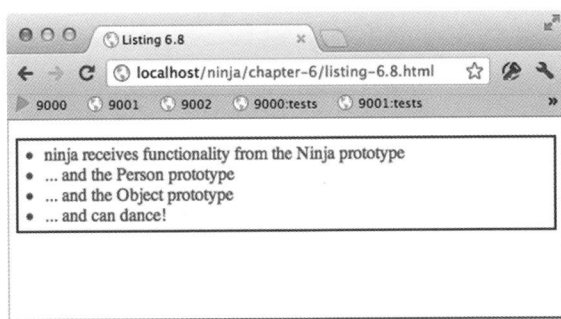

그림 6.7 Ninja는 Person이다! 승리의 춤을 추자.

> **노트:** 어쩌면 여러분이 사용하게 될 수도 있지만, 어쨌거나 사용하지 말라고 강력히 조언하는 기법은, Ninja.prototype = Person.prototype 같이 Person 프로토타입 객체를 직접 Ninja 프로토타입으로 설정하는 것이다. 이렇게 했을 때, Ninja 프로토타입에 일어나는 모든 변경사항은 Person 프로토타입에도 적용된다. 왜냐하면 Ninja 프로토타입과 Person 프로토타입은 같은 객체이기 때문이다. 이는 달갑지 않은 부작용을 초래할 수 있다.

이렇게 프로토타입 상속을 하여 얻을 수 있는 기분 좋은 부가효과는 상속된 모든 프로토타입이 계속 실시간 업데이트를 한다는 것이다. 예제에 적용된 프로토타입 체인의 모습은 그림 6.8에 나타나 있다.

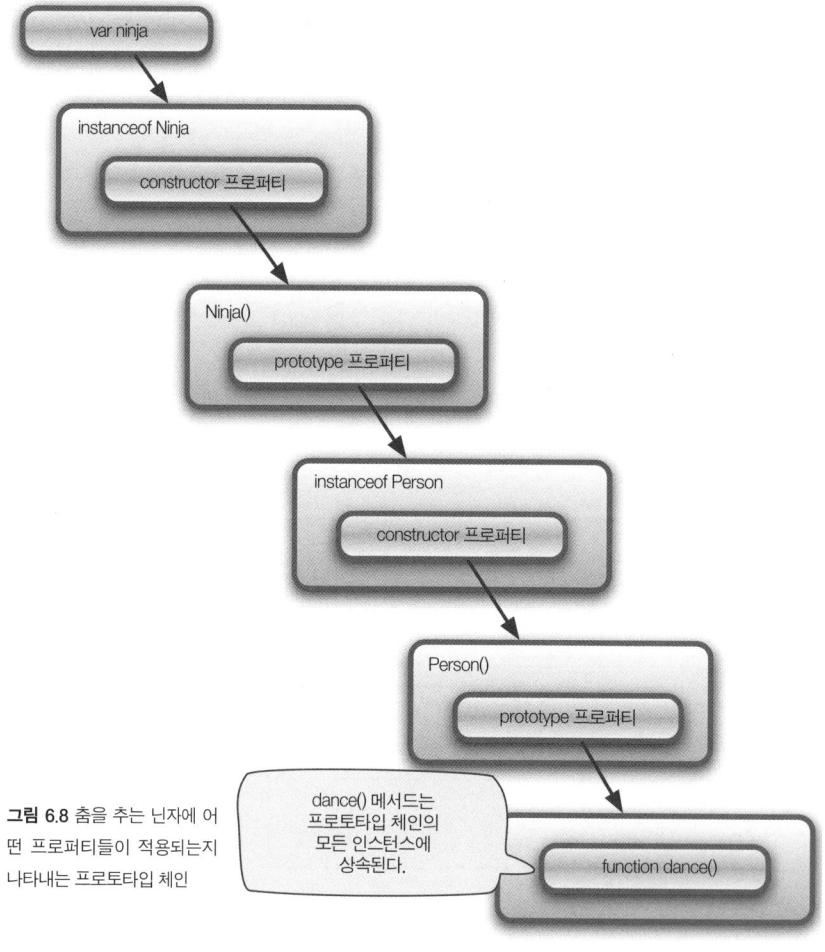

그림 6.8 춤을 추는 닌자에 어떤 프로퍼티들이 적용되는지 나타내는 프로토타입 체인

덧붙여 우리가 만든 객체가 Object 프로토타입의 모든 프로퍼티를 상속하고 있다는 점을 잊지 않도록 하자.

자바스크립트의 모든 네이티브 객체 생성자(Object, Array, String, Number, RegExp 그리고 Function)는 프로토타입 프로퍼티를 가지고 있으며, 이 프로토타입 프로퍼티는 우리가 직접 다룰 수 있고 또 확장할 수도 있다. 네이티브 객체 생성자가 프로토타입 프로퍼티를 가지고 있다는 것은 네이티브 객체 생성자 역시 자바스크립트 함수라는 것을 의미한다. 이는 믿을 수 없을 정도로 강력한 기능으로 드러난다. 우리는 자바스크립트 언어에서 제공하지 않는 것을 네이티브 객체 생성자 프로퍼티에 추가하여 객체의 기능을 확장할 수 있다.

> **노트:** 대부분의 최신 고급 기술과 마찬가지로, 이 기능은 양날의 검이 될 수 있어 주의를 기울여 사용해야 한다. 이와 관련하여 잘 요약된 내용을 Perfection Kills 블로그에서 볼 수 있다.(http://perfectionkills.com/extending-built-in-native-objects-evil-or-not/)

다음 버전의 자바스크립트에 추가될 기능을 예측할 수 있다면, 네이티브 객체를 확장하는 것이 아주 유용할 수 있다. 예를 들면 자바스크립트 1.6에는 두어 개의 헬퍼 메서드가 추가되었고 이 중 하나는 배열에 사용된다.

그 메서드는 forEach()인데 모든 배열 요소를 순회하며 각 배열 요소에 대해 지정된 함수를 호출한다. 이 메서드는 루프의 전체 구조를 변경하지 않고, 서로 다른 기능들을 조합하고자 하는 상황에서 특별히 유용하다.

대부분의 최신 브라우저가 forEach() 메서드를 지원함에도 불구하고, 현재 주로 사용되는, 따라서 우리가 지원해야만 하는 브라우저들 모두가 이 메서드를 지원하는 것은 아니다. 우리는 구형 브라우저를 위해 forEach() 기능을 구현할 수 있고, 그리하고 나면 다른 코드에 대한 걱정을 하지 않아도 된다.

다음 코드는 구형 브라우저와 현재 브라우저의 차이를 메꿀 수 있도록 forEach()를 구현한다.

6.9 자바스크립트 1.6에서도 계속 사용할 수 있는 forEach( ) 메서드 구현하기.

```
<script type="text/javascript">
    if (!Array.prototype.forEach) {
```

❶ 메서드의 존재 여부를 테스트한다. 만약 브라우저가 forEach를 지원한다면 이를 재정의하지 않는 것이 좋을 것이다.

```
            Array.prototype.forEach = function(callback, context) {
              for (var i = 0; i < this.length; i++) {
                callback.call(context || null, this[i], i, this);
              }
            };
          }
          ["a", "b", "c"].forEach(function(value, index, array) {
            assert(value,
              (array.length - 1) + " 중 " + index + " 위치에 있음.");
          });
        </script>
```

❸ 각 배열 요소에 대해 콜백 함수를 호출한다.

❷ Array 프로토타입에 메서드를 추가한다. 이렇게 함으로써 모든 배열에 이 메서드가 존재하게 된다.

구현을 시험해본다.

forEach가 이미 정의되어 있으면 이를 덮어쓰지 않도록, Array에 이미 forEach() 메서드가 있는지를 검사한다❶. 그리고 if의 조건이 참이라면 모든 과정을 건너뛴다. 이렇게 함으로써 지금 작성한 코드가 미래에도 호환성을 갖게 된다. 왜냐하면 이 코드를 forEach 메서드가 이미 정의되어 있는 환경에서 실행한다면, 직접 정의한 forEach() 대신 네이티브 메서드를 사용할 것이기 때문이다.

만약 forEach 메서드가 존재하지 않는다고 판단하면, forEach 메서드를 Array 프로토타입에 추가한다❷. 이 메서드는 전통적인 방식대로 단순히 for 루프를 사용하여 배열을 순회하며 각 요소에 대해 주어진 콜백 함수를 호출한다❸. 콜백 함수에 전달하는 값은 배열 요소, 인덱스, 원본 배열이다. 그리고 표현식 context || null은 undefined 값이 call()에 전달되는 것을 방지한다.

Array를 비롯한 모든 내장 객체에는 프로토타입이 있기 때문에, 우리가 원하는 대로 언어를 확장하는데 필요한 모든 것을 갖고 있다. 하지만 네이티브 객체에 프로퍼티나 메서드를 구현하는 것은 전역 유효 범위에 new 변수를 생성하는 것만큼이나 위험하다는 점을 기억해야 한다. 왜냐하면 네이티브 객체 프로토타입의 인스턴스는 언제나 하나만 존재하고, 자칫 이름 충돌이 발생할 가능성이 크기 때문이다.

또한, forEach()와 같이 앞으로 추가될 것으로 예상되는 기능을 미리 네이티브 객체의 프로토타입에 구현하는 경우, 브라우저에 탑재된 실제 구현과 우리가 예측해 작성한 구현이 일치하지 않아 문제가 발생할 위험이 있다. 이를테면 순회 방식과 순서가 달라질 수도 있기 때문에, 이런 식으로 앞으로 브라우저에 구현될 가능성이 있지만 우리 코드에서 미리 구현을 해야 할 경우, 항상 많은 주의를 기울여야 한다.

지금까지 네이티브 자바스크립트 객체를 확장할 때도 프로토타입을 사용할 수 있다는 것을 살펴보았다. 이제 DOM으로 시선을 돌려보자.

6.1.4 HTML DOM 프로토타입

인터넷 익스플로러 8+, 파이어폭스, 사파리, 오페라를 포함한 현대 브라우저에서 흥미로운 부분은 모든 DOM 엘리먼트가 HTMLElement 생성자를 상속한다는 것이다. 우리는 HTMLElement 프로토타입에 접근할 수 있고, 따라서 어떤 HTML 노드든 우리의 선택에 따라 확장할 수 있다.

다음 코드를 살펴보자.

6.10 HTMLElement 프로토타입을 사용하여 모든 HTML 엘리먼트에 새 메서드 추가하기

```
<div id="parent">
  <div id="a">제거될 영역이다.</div>
  <div id="b">이곳 또한 제거될 영역이다!</div>
</div>
<script type="text/javascript">

  HTMLElement.prototype.remove = function() {
    if (this.parentNode)
      this.parentNode.removeChild(this);
  };

  var a = document.getElementById("a");
  a.parentNode.removeChild(a);

  document.getElementById("b").remove();

  assert(!document.getElementById("a"),"a는 제거되었다.");
  assert(!document.getElementById("b"),"b는 제거되었다.");
</script>
```

❶ HTMLElement 프로토타입에 메서드를 추가하여 모든 DOM 요소에 새 메서드를 추가한다.

❷ 예전 방식으로 DOM을 제거하는 코드.

❸ 새로운 메서드를 사용한 코드. 더 짧고 명확하다.

이 코드는 기본 HTMLElement 생성자의 프로토타입을 확장하여 새로운 remove() 메서드를 모든 DOM 엘리먼트에 추가한다❶. 그런 다음 네이티브 방식을 사용하여 DOM 엘리먼트를 제거하고❷, 새 메서드를 사용하여 b를 제거한다❸. 그런 다음 두 경우 모두 DOM 엘리먼트가 DOM 트리에서 마지막으로 제거 되었는지를 검증한다.

팁: 이 특별한 기능에 대한 더 많은 정보는 HTML5 명세에서 찾아볼 수 있다. www.whatwg.org/specs/web-apps/current-work/multipage/section-elements.html

이 기능을 아주 중요하게 사용하는 자바스크립트 라이브러리 중 하나는 Prototype이다. Prototype 라이브러리는 HTML 추가, CSS 처리 등을 포함한 많은 기능을 기존의 DOM 엘리먼트에 추가한다.

HTMLElement 프로토타입을 사용할 때 알고 있어야 할 가장 중요한 것은 IE 8 이전 버전의 브라우저는 이를 지원하지 않는다는 점이다. 만약 여러분이 오래된 버전의 IE를 지원할 필요가 없다면, HTMLElement 프로토타입을 확장할 수 없더라도 그리 문제가 되지는 않을 것이다.

또 알아두어야 할 점은 HTML 엘리먼트의 생성자 함수를 사용하여 HTML 엘리먼트의 인스턴스를 직접 생성할 수 있는지 아닌지를 아는 것이다. 여러분은 아마 다음과 같은 코드를 작성할지도 모른다.

```
var elem = new HTMLElement();
```

하지만 이 코드는 전혀 작동하지 않는다. 브라우저가 루트 생성자와 프로토타입을 노출하기는 하지만, 실제로 생성자를 호출하는 기능은 작동하지 않는다(짐작컨대 내부 용도를 위해 DOM 엘리먼트 생성을 제한하는 것이 아닐까).

구 버전 브라우저 및 플랫폼 호환성과 관련하여 빠지기 쉬운 함정을 제외하면, 여러분이 DOM 엘리먼트에 메서드를 추가할 때, 특히 코드를 깨끗하게 유지한다는 측면에서 이 기능은 매우 인상적일 수 있다.

노트: 이 기능을 비난하는 사람들은 항상 있었다. 그들에게는 충분한 이유가 있고, 실제 DOM 엘리먼트를 수정하는 것은 매우 거슬리고 또한 페이지에 어떤 불편함을 초래한다고 느낀다. 페이지 내의 다른 구성요소가 DOM 엘리먼트의 변경사항을 알지 못해서 그 변경사항과 관련한 실수를 하게 되기 때문이다. 만약 이 기법을 사용한다면 가볍게 다루는 것이 최선이다. 새 메서드 추가는 보통 별 문제가 없지만 기존 코드의 행동을 바꾸는 것은 매우 주의를 기울여야한다.

이제 실수하기 쉬운 것들에 대해 이야기해보자.

6.2 실수하기 쉬운 것들!

인생 대부분의 것들과 마찬가지로, 자바스크립트 또한 프로토타입, 인스턴스 생성, 상속과 관련하여 여러 가지 실수하기 쉬운 것들이 있다. 그 중 일부는 우회할 수 있는 방법이 있지만 다수는 우리를 재미없게 한다.

실수하기 쉬운 예를 몇 가지 살펴보자.

6.2.1 객체 확장하기

프로토타입을 다루면서 저지를 수 있는 가장 최악의 실수는 Object.prototype을 확장하려고 시도하는 것이다. Object.prototype을 확장할 때의 어려움은 모든 객체가 추가된 프로퍼티를 받는다는 점이다. 특히 어떤 객체의 프로퍼티를 순회할 때 새로 추가한 프로퍼티가 같이 순회되어 문제가 될 수 있고, 잠재적으로 예기치 않은 모든 종류의 행동을 야기할 수 있다. 코드 6.11을 가지고 이 내용을 살펴보자.

객체에 있는 모든 프로퍼티 이름(key)의 배열을 반환하는 keys() 메서드를 Object에 추가한다고 해보자. 겉보기에는 특별히 해로울 게 없다.

6.11 Object 프로토타입에 프로퍼티를 추가함으로써 일어나는 예상치 못한 작용

```
<script type="text/javascript">

  Object.prototype.keys = function() {     ❶ Object 프로토타입에 새 메서드를 정의한다.
    var keys = [];
    for (var p in this) keys.push(p);
    return keys;
  };

  var obj = { a: 1, b: 2, c: 3 };          ❷ 테스트 용도의 객체를 생성한다.

  assert(obj.keys().length == 3,
        "이 객체에는 세 개의 프로퍼티가 있다.");   ❸ 배열의 길이를 검사함으로써 새 메서드를 테스트한다.

</script>
```

먼저 단순히 프로퍼티를 순회하며 배열에 키를 모으고, 그 배열을 반환하는 메서드를 정의한다❶. 그런 다음 세 개의 프로퍼티를 가진 테스트용 객체를 선언한다❷. 그리고 요소 세 개를 가진 배열을 반환 값으로 얻었는지 테스트한다❸.

하지만 그림 6.9에 나타난 것처럼 테스트는 실패한다.

물론 테스트가 실패한 이유는 Object에 keys() 메서드를 추가했기 때문이다. 모든 객체에 새로 추가한 프로퍼티가 존재하고 프로퍼티 개수인 count에도 포함된다. Object에 추가한 메서드는 모든 객체에 영향을 주고, 코드가 깨지지 않으려면 모든 코드가 추가한 프로퍼티를 다룰 수밖에 없다. 이것은 웹페이지 개발자가 지극히 합리적인 가정을 바탕으로 작성한 코드를 망가지게 할 수 있다.

이는 납득할 수 없는 일이다. 절대 이렇게 하지 말자!

하지만 우리가 하지 않더라도 '다른' 누군가가 우리의 코드를 망칠 수 있는 문제점이 여전히 남아있다. 이를 어떻게 대처할 수 있을까? 의도는 나쁘지 않더라도 잘못 배운 코더로부터 우리 스스로를 보호할 수 있는 대안이 '있다'.

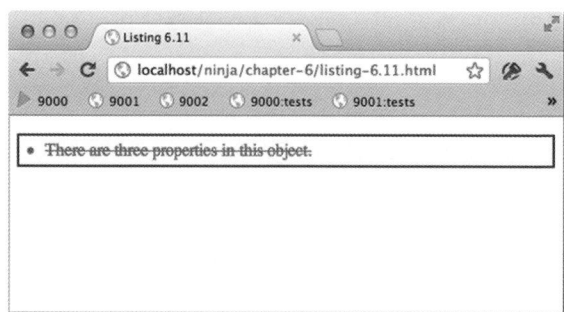

그림 6.9 악! 객체에 대한 기본 가정이 꼬였다.

자바스크립트는 hasOwnProperty() 메서드를 제공하고, 프로퍼티가 실제로 객체 인스턴스에 정의되었는지 아니면 프로토타입으로부터 온 것인지를 판단하는데 이 메서드를 사용할 수 있다.

코드 6.11의 코드를 수정하여 이 메서드 사용법을 살펴보자.

6.12 Object 프로토타입 확장으로 인한 말썽을 잠재우기 위해 hasOwnProperty() 메서드 사용하기

```
<script type="text/javascript">

  Object.prototype.keys = function() {
    var keys = [];
    for (var i in this)
      if (this.hasOwnProperty(i)) keys.push(i);
    return keys;
  };

  var obj = { a: 1, b: 2, c: 3 };
  assert(obj.keys().length == 3,
         "이 객체에는 세 개의 프로퍼티가 있다.");

</script>
```

❶ 프로토타입으로부터 상속한 프로퍼티들은 건너뛰기 위해 hasOwnProperty()를 사용한다.

❷ 반환된 배열 요소의 개수를 세어 메서드를 테스트한다.

다시 만든 keys() 메서드는 인스턴스 프로퍼티가 아니면 무시하고❶, 따라서 이번에는 테스트가 성공한다❷.

하지만 이런 이슈에 대해 해결책이 있다고 해서, 우리의 코드에 아무런 안전

장치 없이 이 기법을 남용해도 된다는 뜻은 아니다. 객체의 프로퍼티를 순회하는 것은 아주 일반적인 행위이지만, hasOwnProperty()를 사용하는 것은 일반적이지 않다. 오히려 많은 개발자가 hasOwnProperty()의 존재조차 모르고 있을 것이다. 일반적으로, 도를 넘어선 코드로부터 스스로를 보호하기 위해서 이와 같은 해결책들을 사용해야 한다. 하지만 우리가 작성한 코드를 사용하는 사람들이 같은 식으로 스스로를 보호하리라고 결코 기대해서는 안 된다.

이제 우리를 함정에 빠뜨리는 다른 위험을 살펴보자.

6.2.2 Number 객체 확장하기

앞 절에서 살펴봤듯이, Object를 제외한 대부분의 네이티브 객체 프로토타입을 확장하는 방식은 보통 안전하다. 하지만 본질적으로 문제가 될 수 있는 것은 Number 객체다.

자바스크립트 엔진이 숫자와 숫자 객체의 프로퍼티를 파싱하는 방법 때문에 어떤 결과는 혼란을 초래할 수 있다. 다음 코드에 나타난 것을 살펴보자.

6.13 Number 프로토타입에 메서드 추가하기

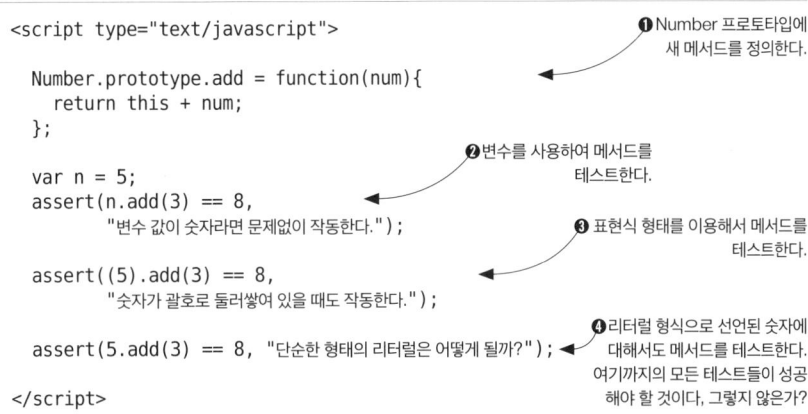

새 add() 메서드를 Number에 정의하고 ❶, 이 메서드는 그 객체의 값에 인자를 더한 값을 반환한다. 우리는 다양한 형식의 숫자를 사용하여 이 새로운 메서드를 테스트한다.

- 변수를 사용하여 메서드를 테스트한다 ❷.
- 표현식 형태를 테스트한다 ❸.

- 숫자 리터럴을 직접 사용하여 테스트한다❹.

하지만 그림 6.10에 나타난 것처럼, 브라우저에서 페이지를 실행하려고 하면 페이지가 로드조차 되지 않는다. 문법 파서가 리터럴의 경우를 처리하지 못하기 때문이다.

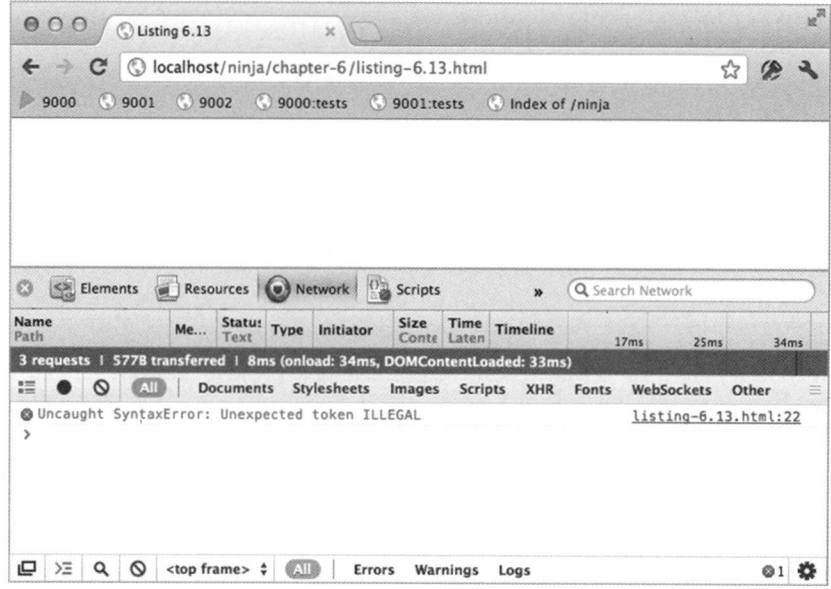

그림 6.10 테스트가 로드조차 되지 않는다. 무엇인가 큰 문제가 있다는 것을 알 수 있다.

일관성이 무너질 수 있어 이런 동작이 불만족스러울 수 있다. 하지만 이런 이슈에 개의치 않고, 단지 이 기능을 어떻게 사용하는지를 명기하고 Number 프로토타입에 계속 기능을 추가하는 라이브러리들이 있다(Prototype 라이브러리가 이 중 하나다). 그 라이브러리는 좋은 문서와 명확한 튜토리얼을 가지고 문제를 설명해야겠지만, Number에 추가된 기능을 사용하는 것은 확실히 하나의 선택사항일 뿐이다. 여러분이 정말로 필요로 하기 전까지는, 보통은 Number 프로토타입을 건드려서 쓰지 못할 상황을 피하는 게 최선이다.

이제 네이티브 객체 확장과 관련한 주제는 여기까지 하고, 하위 클래스와 직결된 몇 가지 이슈를 살펴보자.

6.2.3 네이티브 객체의 하위 클래스 만들기

우연히 발견할 수 있었던 또 다른 트릭은 네이티브 객체의 하위 클래스를 만드는 것이다. 하위 클래스를 만들기 가장 쉬운 객체는 Object이다(Object는 모든 프로토타입 체인의 근원이기 때문이다).

그런데 다른 네이티브 객체의 하위 클래스를 만들려고 하면, 상황이 조금 불명확해진다. 예를 들어 Array의 하위 클래스를 만들면, 우리가 기대한 대로 아무 문제없이 동작하는 것처럼 보일지도 모른다. 하지만 다음 코드를 살펴보자.

6.14 Array 객체의 하위 클래스 만들기

```
<script type="text/javascript">
  function MyArray() {}
  MyArray.prototype = new Array();
  var mine = new MyArray();
  mine.push(1, 2, 3);
  assert(mine.length == 3,
      "모든 항목이 하위 클래스 배열에 있다.");
  assert(mine instanceof Array,
      "Array의 기능을 구현하였다.");
</script>
```

새로운 생성자 MyArray()를 사용하여 Array의 하위 클래스를 만들었고 모든 게 잘 작동한다. 이 코드를 인터넷 익스플로러에서 불러오지 않는다면 말이다. length 프로퍼티는 약간 특별하고 Array 객체의 숫자 인덱스와 밀접한 관계가 있다. IE에서는 length 프로퍼티와 관련한 것들을 원활하게 사용하지 못하기 때문에, IE는 우리의 의도에 잘 따라주지 않는다.[2]

노트: ECMAScript 5와 관련한 이 모든 것에 대한 더 자세한 정보는 Perfection Kills 블로그에서 찾아볼 수 있다. (perfectionkills.com/how-ecmascript-5-still-does-not-allow-to-subclass-an-array/)

그런 상황에서는, 네이티브 객체 전체를 상속하기보다는 네이티브 객체의 기능과는 별개인 기능을 구현하는 것이 더 나은 전략이다. 다음 코드에서 이러한 접근법을 살펴보자.

---

2 (옮긴이) 인터넷 익스플로러 9이상에서는 제대로 작동한다. 브라우저 모드나 문서 모드가 쿼크일지라도.

6.15 Array의 기능을 흉내 낸다. 하지만 Array의 하위 클래스는 아니다.

```
<script type="text/javascript">
  function MyArray() {}                    ❶ 자신의 프로토타입에 length 프로퍼티를
  MyArray.prototype.length = 0;               가진 새로운 "클래스"를 정의한다.

  (function() {
    var methods = ['push', 'pop', 'shift', 'unshift',    ❷ 배열로부터 원하는
       'slice', 'splice', 'join'];                          기능만 복사한다.

    for (var i = 0; i < methods.length; i++) (function(name) {
      MyArray.prototype[ name ] = function() {
        return Array.prototype[ name ].apply(this, arguments);
      };
    })(methods[i]);
  })();

  var mine = new MyArray();
  mine.push(1, 2, 3);                      ◀ 새 "클래스"를 테스트한다
  assert(mine.length == 3,
         "모든 항목은 하위 클래스를 사용하여 만든 배열에 존재한다.");
  assert(!(mine instanceof Array),
         "그러나 MyArray는 Array를 상속하지는 않았다.");
</script>
```

코드 6.15에서 MyArray라는 "클래스"의 새 생성자를 정의하고, MyArray만의 length 프로퍼티를 선언한다❶. 그런 다음 Array를 상속하는 대신(이미 Array 상속이 모든 브라우저에서 작동하지는 않는다는 것을 배웠다), 즉시실행함수 기법❷을 사용하여, Array에서 선택한 메서드만 apply()를 통해 MyArray 클래스에 추가하는 트릭을 사용한다. 이 트릭은 4장에서 살펴본 것이다. 코드를 깔끔하게 유지하고 확장을 편하게 하기 위해, 복사할 메서드의 이름을 배열에 저장해둔 점을 눈여겨보자.

여기서 우리가 직접 구현해야 하는 프로퍼티는 length뿐이다. 왜냐하면 우리가 구현한 코드에서 length 프로퍼티는 변경할 수 있는 상태로 유지되어야 하기 때문이다. 인터넷 익스플로러에서는 네이티브 객체가 가지고 있는 length 프로퍼티의 값을 변경할 수 없다.

이제 다른 사람들이 우리가 작성한 코드를 실행할 때 겪을 수 있는 공통적인 문제에 대해, 우리가 할 수 있는 것들을 살펴보자.

6.2.4 인스턴스 생성 이슈

"일반" 함수와 생성자, 이 두 가지 목적으로 함수가 동작한다는 것을 이미 살펴

보았다. 이런 점 때문에, 사용자는 우리가 제공한 함수를 어떤 방식으로 사용해야 하는지 언제나 명확히 알고 있지는 않을 것이다.

누군가가 잘못된 방식으로 함수를 사용한 경우, 발생할 수 있는 문제점들을 살펴보자.

6.16 생성자 함수 호출에서 new 연산자를 빠뜨렸을 때의 결과

```
<script type="text/javascript">
  function User(first, last){
    this.name = first + " " + last;
  }
  var user = User("이치고", "쿠로사키");³
  assert(user, "User 인스턴스가 만들어졌다.");
  assert(user.name == "이치고 쿠로사키",
         "User의 이름을 올바르게 할당하였다.");
</script>
```

❶ name 프로퍼티를 가진 User 클래스를 정의한다.
❷ 간단한 이름을 넘겨서 테스트용 User를 생성한다.
❸ 그 객체의 인스턴스가 만들어졌는지 테스트한다.
❹ 생성자가 이름을 제대로 할당했는지 테스트한다.

코드에서 User 클래스를 정의하는데❶, 이 클래스의 생성자는 성과 이름을 인자로 받고 그 인자들을 결합한 전체 이름을 name 프로퍼티에 저장한다. (그렇다. 우리는 이미 User 클래스가 실제로는 다른 객체 지향 언어에서 얘기하는 "클래스"가 아니라는 것을 알고 있다. 하지만 사람들은 이를 "클래스"라 부르는 경향이 있고, 따라서 우리는 흐름을 따라 갈 것이다.)

그런 다음 user 변수에 클래스의 인스턴스를 생성하고❷ 객체의 인스턴스가 생성되었는지 테스트한다❸. 그리고 생성자가 올바르게 작동하는지 테스트한다❹.

하지만 그림 6.11처럼, 이 코드를 실행시켰을 때 아주 끔찍하게 엉망이 되는 것을 볼 수 있다.

첫 번째 테스트 실패를 통해 인스턴스가 생성조차 되지 않았다는 것을 알 수 있고, 이 때문에 두 번째 테스트에서도 예외가 발생한다.

코드를 샅샅이 살펴보지 않으면 User() 함수가 실제로는 new 연산자를 사용하여 호출되어야 하는지, 아니면 실수로 new 연산자를 빼먹은 것인지 확실히 알기 어렵다. 어쨌거나 new 연산자가 없으면 함수는 일반 형태로 호출되며 새

---

3 (옮긴이) 쿠로사키 이치고는 만화 〈블리치〉의 주인공이다.

객체의 인스턴스는 생성되지 않는다. 초보자는 new 연산자를 생략한 채로 함수를 호출하기 십상이고, 예상치 못한 결과로 당황해할 수도 있다. (이를테면 user 값은 undefined로 할당될 텐데, 이는 의도치 않은 값이다.)

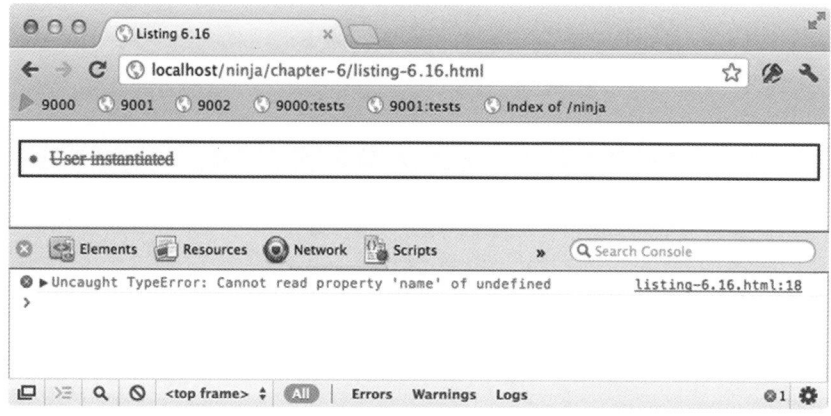

그림 6.11 객체 인스턴스는 생성조차 되지 않는다.

노트: 아마도 여러분은 이 책의 처음부터 어떤 함수의 이름은 소문자로 시작하고 어떤 다른 함수는 대문자로 이름을 시작하는 명명 규칙을 사용하고 있음을 눈치 챘을 것이다. 이전 장에서 살펴봤던 것처럼 이는 공통 규약이며, 이 규약을 따르자면, 생성자 함수의 이름은 대문자로 시작하고 생성자가 아닌 함수의 이름은 소문자로 시작해야 한다. 더욱이 생성자의 이름은 "종류"를 식별하기 위해 명사를 사용하고, 따라서 예를 들자면 Ninja(닌자), Samurai(사무라이), Tachikoma(타치코마)[4] 등의 형태가 된다. 반면에 일반 함수의 이름은 동사이거나 동사/목적어 쌍으로 그 함수가 하는 일을 설명한다. 예를 들면 throwShuriken(수리검을 던지다), swingSword(칼을 휘두르다), hideBehindAPlant(나무 뒤에 숨다) 등이다.

생성자로 호출해야 할 함수를 그냥 호출하면, 예상치 못한 에러를 유발할 뿐만 아니라 알아채기 힘든 부작용이 생길 수도 있다. 이를테면 현재 유효 범위(전역 유효 범위인 경우가 많다)를 오염시킬 수 있는데, 이로 인해 예상치 못한 결과를 유발할 수 있다. 다음 코드를 살펴보자.

---

4 (옮긴이) 타치코마는 공각기동대에 나오는 인공지능 로봇이다. http://en.wikipedia.org/wiki/Tachikoma

6.17 의도치 않게 전역 네임스페이스에 어떤 변수를 넣어버린다

```
<script type="text/javascript">
  function User(first, last){
    this.name = first + " " + last;
  }

  var name = "루키아";                          ❶ 전역 변수를 만든다.

  var user = User("이치고", "쿠로사키");         ❷ 생성자를 올바르지 않은
                                                  방법으로 호출한다.
  assert(name == "루키아",
         "루키아⁵로 이름을 설정하였다.");         ❸ 전역 변수를 테스트한다.

</script>
```

이 코드는 이전 예제와 비슷하지만, 이번에는 name 전역 변수가 전역 유효 범위에 있다❶. 그리고 이전 예제와 마찬가지로 new를 빼먹는 같은 실수를 한다❷.

하지만 '이번에는' new 연산자를 빠뜨린 것을 테스트를 통해 알 수 없다. 더 정확히 말하자면, 이 테스트를 실행하면 실패하고, name 전역 변수가 덮어써진 것을 보게 된다❸. 헉!

원인을 알아보기 위해 생성자 코드를 살펴보자. 함수가 생성자로 호출되면, 호출 콘텍스트 값은 새로 생성된 객체다. 하지만 일반 함수로 호출되었을 때 콘텍스트 값은 과연 무엇일까? 3장의 내용을 떠올려보자, 일반 함수의 콘텍스트는 전역 객체다. 결국 this.name은 새로 생성된 객체의 name 프로퍼티를 참조하는 것이 아니라, 전역 유효 범위의 name 변수를 참조한다는 것을 의미한다.

이는 디버깅 때 악몽 같은 결과를 부를 수 있다. 개발자는 아마도 name 변수를 코드 어딘가에서 다시 한 번 사용할 것이고(User 함수를 잘못 사용하여 발생하는 에러를 깨닫지 못한 채), 그 끝을 모르는 수렁으로 빠질 수밖에 없다. (왜 name 변수의 값이 저기 밑에서부터 끌어올려져 있는가?)

자바스크립트 닌자라면 사용자 기반의 요구에 민감하게 대응할 것이기에, 이 상황에 대해 우리가 할 수 있는 것을 심사숙고해 보도록 하자.

이 상황과 관련하여 무엇인가를 하기 위해, 우선 언제 이 상황이 발생하는지 판단하는 방법이 필요하다. 생성자로 사용하기를 의도한 함수가 올바르지 않게

---

5 (옮긴이) 루키아는 만화 〈블리치〉의 등장인물이다.

호출되었는지 판단할 수 있는 방법이 있을까? 다음 코드를 자세히 살펴보자.

6.18 생성자로 함수를 호출했는지 판단하기

```
<script type="text/javascript">

  function Test() {
    return this instanceof arguments.callee;
  }

  assert(!Test(), "인스턴스를 만들지 않았다. 함수의 반환 값은 false다.");
  assert(new Test(), "인스턴스를 만들었다. 따라서 함수의 반환 값은 true다.");

</script>
```

몇 가지 중요한 개념을 떠올려보자.

- arguments.callee를 통해 현재 실행하고 있는 함수에 대한 참조를 얻을 수 있다(4장에서 배웠었다).
- "일반적인" 함수의 콘텍스트는 전역 유효 범위이다(누군가가 그렇게 되지 않도록 일부러 조작하지 않았다면).
- 생성된 객체에 대해 instanceof 연산자를 사용하여 그 객체의 생성자를 테스트할 수 있다.

이런 점들을 고려해 보면 다음 표현식은,

```
this instanceof arguments.callee
```

생성자 내에서 실행되면 true로 평가되지만, 일반 함수 내에서 실행되면 false로 평가된다는 것을 알 수 있다.

이는 생성자로 호출해야 하는 함수를, 누군가가 new 연산자를 사용하지 않고 호출했는지 판단하기 위해 이 표현식을 사용할 수 있다는 것을 뜻한다. 깔끔하다! 하지만 표현식을 사용한 후에 또 무엇을 해야 할까?

만약 우리가 닌자가 아니라면, 예외를 던져서 사용자에게 다음번에는 더 잘하라고 그냥 얘기만하고 끝냈을지도 모른다. 하지만 우리는 그보다 더 잘할 수 있다. 문제를 어떻게 해결할 수 있는지, 다음 코드에서 User 생성자를 어떻게 변경하는지 살펴보자.

6.19 호출자의 행동에 따라 대응하기

```
<script type="text/javascript">
  function User(first, last) {
    if (!(this instanceof arguments.callee)) {     ❶ 잘못된 방식으로 호출되었다고
      return new User(first,last);                    판단하면, 올바른 방식으로 자신을
    }                                                 호출하여 문제를 수정한다.
    this.name = first + " " + last;
  }

  var name = "루키아";

  var user = User("이치고", "쿠로사키");              ❷ 생성자를 올바르지 않은
                                                      방식으로 호출한다.
  assert(name == "루키아","이름을 루키아로 설정하였다.");
  assert(user instanceof User, "User 인스턴스가 만들어졌다.");  ❸ 고친 방식이 제대로
  assert(user.name == "이치고 쿠로사키",                          동작하는지 검증한다.
         "User의 이름을 올바르게 할당하였다.");

</script>
```

코드 6.18에서 개발한 표현식을 사용하여 함수가 올바르게 호출되었는지 판단하고, 만약 올바르지 않게 호출되었다면 직접 User 인스턴스를 만들고❶ 이를 함수의 결과로 반환한다. 함수의 결과 값은 호출자가 일반적인 함수로 호출했든❷, 그렇지 않든 상관없이 결국 User 인스턴스이고 테스트는 성공한다❸. 이제 좀 더 사용자 친화적인 코드가 되었다. 그 누가 닌자를 심술궂다고 말하는가?

하지만 어깨를 으쓱하기 전에, 이것이 과연 옳은가에 대해 의문을 가질 필요가 있다. 다음은 우리가 고려해야 할 것들이다.

- 우리는 4장에서 callee 프로퍼티는 이후 버전의 자바스크립트에서 사라질 예정이라는 것과 strict 모드에서는 사용이 금지된다는 것을 배웠다. 이 방법은 strict 모드를 앞으로도 사용하지 않을 환경에서만 가능하다. 앞으로 strict 모드를 과연 사용하지 않을까?
- 이것은 정말 좋은 코딩 관례일까? 깔끔한 기법이기는 하지만 이 코드가 베푸는 "선량함"에는 논란의 여지가 있다.
- 우리가 사용자의 의도를 알고 있다고 100% 확신할 수 있는가? 일종의 자만심으로 행동한 것이 아닐까?

닌자는 이런 문제들을 고려해야만 한다. 기억해두자. 기발한 방법이 있다고 해

서 항상 그 방법을 적용해야 하는 것은 아니다.

이 문제들은 이만하면 됐다. 보다 전통적인 클래스에 가까운 코드를 작성하기 위해 이 새로운 것들을 어떻게 사용할 수 있는지 살펴보자.

6.3 보다 클래스다운 코드 작성하기

프로토타입을 사용하여 일종의 상속을 사용할 수 있게 된 것은 아주 멋진 일이다. 그러나 많은 개발자들, 특히 전통적인 객체 지향 경험을 가진 개발자들의 공통적인 바람은 자바스크립트의 상속 시스템을 보다 단순화하거나 그들이 익숙한 방식으로 추상화 하는 것이다.

이는 필연적으로 전형적인 객체 지향 개발자들이 바라는 클래스의 모습을 추구하게 한다. 설령 자바스크립트가 전통적인 객체 지향 상속을 본래 지원하지 않더라도 말이다.

일반적으로 객체 지향 개발자들이 원하는 기능은 다음과 같다.

- 생성자 함수와 프로토타입 문법의 번거로움을 덜어줄 시스템
- 쉽게 프로토타입을 상속하는 방법
- 프로토타입이 덮어쓴 원본 메서드에 접근하는 방법

전통적인 객체 지향 상속을 흉내 내는 자바스크립트 라이브러리는 많지만, 그중 base2와 Prototype이 구현한 방식이 훌륭하다. 모든 라이브러리는 각자 여러 고급 기능을 포함하고 있지만, 해당 라이브러리가 객체 지향을 다루는 방식은 그 라이브러리에서 아주 중요한 부분이다. 각 라이브러리에서 제공하는 방식을 다듬어서, 전통적인 객체 지향 방식에 익숙한 개발자들에게 자연스럽게 다가갈 수 있는 문법을 제시해 보도록 하겠다.

다음 코드는 이런 목적을 위한 한 가지 예다.

6.20 조금 더 전통적인 객체 지향 스타일에 가까운 상속 문법을 제시한다

```
<script type="text/javascript">
  var Person = Object.subClass({
    init: function(isDancing) {
      this.dancing = isDancing;
    },
    dance: function() {
```

❶ Object의 하위 클래스인 Person 클래스를 만든다. subClass()는 나중에 구현해 볼 것이다.

```
      return this.dancing;
    }
  });

  var Ninja = Person.subClass({
    init: function() {
      this._super(false);
    },
    dance: function() {
      // Ninja에 특화된 코드는 여기에 위치한다.
      return this._super();
    },
    swingSword: function() {
      return true;
    }
  });

  var person = new Person(true);
  assert(person.dance(),
         "person은 춤을 춘다.");

  var ninja = new Ninja();
  assert(ninja.swingSword(),
         "칼을 휘두른다.");
  assert(!ninja.dance(),
         "ninja는 춤을 추지 않는다.");

  assert(person instanceof Person,
         "person은 Person 이다.");
  assert(ninja instanceof Ninja &&
         ninja instanceof Person,
         "ninja는 Ninja 이고 Person 이다.");
</script>
```

❷ Person의 하위 클래스인 Ninja 클래스를 만든다.

❸ 상위 클래스의 생성자를 호출하는 방법이 필요한데, 다음 코드를 통해 상위 클래스의 생성자를 호출할 수 있다.

인스턴스를 생성하고 그 인스턴스가 춤을 출 수 있는지를 확인하여 Person 클래스를 테스트한다.

Ninja 인스턴스를 만들고 이 인스턴스에 swing 메서드와 상속한 dance 메서드가 있는지 테스트한다.

클래스 상속을 테스트하기 위해 instanceof 테스트를 수행한다.

이 예제와 관련하여 주목해야 할 몇 가지 중요한 점이 있다.

- 상위 클래스의 생성자 함수에 있는 subClass() 메서드를 호출하여 새로운 "클래스"를 만든다. 여기서는 Object로부터 Person 클래스를 만들었고❶, Person으로부터 Ninja 클래스를 만들었다❷.
- 우리는 생성자를 단순한 방법으로 만들기를 원한다. 여기서 제안한 문법을 따르자면, Person과 Ninja 클래스에 있는 것처럼 간단히 각 클래스에 init() 메서드를 선언하면 된다.
- 우리가 만든 모든 "클래스"는 결국 하나의 조상인 Object를 상속한다. 따라서 새로운 유형의 클래스를 만든다면 이 클래스는 Object의 하위 클래스이거나, 아니면 다른 어떤 클래스를 상속했는데 그 클래스 계층 구조의 최상위에는 Object가 있어야 한다.(이는 완벽하게 현재 프로토타입 시스템을 흉내 낸

것이다.)

- 이러한 문법들이 해결해야 할 문제는 적절한 콘텍스트를 설정하여 재정의된 메서드에 접근을 가능케 하는 것이다. 이를 위해 여기서는 this._super()를 사용하여 Person에 있는 원본 init()❸과 dance() 메서드를 어떻게 호출하는지 볼 수 있다.

상속이라는 전략 목표 달성을 위해, 문법을 제안하는 건 쉽다. 이제 실제로 구현해야 한다.

코드 6.21은 "클래스" 개념을 구조적으로 다룰 수 있게 하고, 간단한 상속 구조를 유지하면서 상위 클래스의 메서드 호출을 허용한다. 여기에는 꽤 많은 분량의 코드가 있음을 미리 알려둔다. 하지만 우리 모두는 앞으로 닌자가 될 것이며, 이 코드는 닌자 마스터의 영역이다. 따라서 이 코드를 이해하는데 조금 시간이 걸리더라도 기분 나빠하지 말았으면 한다.

보다 쉽게 이해할 수 있도록, 각각의 중요한 부분들이 어떻게 이어져 있는지를 확인할 수 있게 이 예제는 전체 코드를 제공한다. 그런 다음, 세부 절에서 각 부분들을 살펴볼 것이다.

6.21 하위 클래스를 만드는 메서드

```
(function() {
  var initializing = false,
    superPattern =
      /xyz/.test(function() { xyz; }) ? /\b_super\b/ : /.*/;

  Object.subClass = function(properties) {
    var _super = this.prototype;

    initializing = true;
    var proto = new this();
    initializing = false;

    for (var name in properties) {

      proto[name] = typeof properties[name] == "function" &&
      typeof _super[name] == "function" &&
      superPattern.test(properties[name]) ?
      (function(name, fn) {
        return function() {
          var tmp = this._super;

          this._super = _super[name];

          var ret = fn.apply(this, arguments);
          this._super = tmp;
```

❶ 이 뭔가 있어 보이는 정규 표현식은 함수가 직렬화 될 수 있는지를 판단한다. 이것이 무슨 말인지 이해하기 위해서 계속 읽도록 하자.

❷ Object에 subClass() 메서드를 추가한다.

❸ 상위 클래스의 인스턴스를 만든다.

❹ 프로퍼티들을 프로토타입에 복사한다.

❺ 재정의된 함수를 처리한다.

```
      return ret;
    };
      })(name, properties[name]) :
        properties[name];
  }
  function Class() {                              ◀── 더미 클래스 생성자를 만든다
    // 생성자와 관련한 모든 작업은 실제로는 init 메서드에서 수행한다.
    if (!initializing && this.init)
      this.init.apply(this, arguments);
  }

  Class.prototype = proto;                        ◀── 클래스의 프로토타입을 변경한다.

  Class.constructor = Class;                      ◀── 생성자 참조를 재정의한다.

  Class.subClass = arguments.callee;              ◀── 클래스를 확장 가능하게 한다.

  return Class;
 };
})();
```

가장 중요한 구현 두 가지는 초기화와 상위 클래스에 정의된 메서드를 하위 클래스에서 재정의할 때의 처리 방법이다. 이 두 부분에서 하는 일을 잘 이해한다면 전체 구현을 이해하기가 더 수월할 것이다. 하지만 이렇게 꽤 복잡한 코드의 한가운데로 바로 뛰어들면 혼란스러울 수 있기 때문에, 위에서부터 아래로 순서대로 코드가 작동하는 방식을 살펴보겠다.

지금까지 여러분이 한 번도 본 적이 없을 것 같은 부분부터 살펴보도록 하자.

6.3.1 함수 직렬화 검사

불행히도 첫 부분은 다소 난해하고 가장 혼란스러울 수 있다. 코드의 뒷부분에서 브라우저가 함수 직렬화를 지원하는지 알아야 할 필요가 있다. 하지만 브라우저가 함수 직렬화를 지원하는지를 테스트하는 코드는 다소 복잡하기 때문에, 실제로 그 기능이 필요한 부분에 테스트 코드를 바로 구현해 넣는다면 코드가 아주 복잡해질 것이다. 기능이 필요한 부분의 코드는 이미 그 자체만으로도 충분히 복잡하다. 따라서 코드를 더 복잡하지 않게 하기 위해서, 함수 직렬화 테스트 결과를 미리 저장해두는 편이 좋다.

'함수 직렬화'는 어떤 함수를 받아서 단순히 그 함수 내용을 텍스트로 돌려받는 것이다. 나중에, 우리가 처리해야 할 참조가 특정 함수 내부에 있는지를 검사하려면 이 방법이 필요하다.

요즘 대부분의 브라우저에서 이런 트릭을 위해 함수의 toString() 메서드

를 사용할 수 있다. 일반적으로 문자열을 요구하는 콘텍스트에서, 함수의 toString() 메서드가 호출됨으로써 해당 함수는 직렬화된다. 정규식의 test() 메서드는 매개변수로 문자열을 요구하므로, 역시 문자열을 요구하는 콘텍스트라 할 수 있다. 그리고 이런 함수 직렬화가 작동하는지를 테스트한다.

initializing 변수 값을 false로 설정한 후(이렇게 하는 이유는 나중에 잠시 살펴볼 것이다), 아래 표현식을 사용하여 함수 직렬화가 작동하는지를 테스트한다❶.

```
/xyz/.test(function() { xyz; })
```

이 표현식은 문자열 "xyz"를 가진 함수를 생성하고, 그 함수를 문자열 "xyz"를 테스트하는 정규 표현식의 test() 메서드에 전달한다. 만약 함수가 정상적으로 직렬화되면 결과는 true다. (test() 메서드는 문자열을 요구하고 따라서 함수의 toString() 메서드를 호출한다.)

이 표현식을 사용하여, 다음과 같이 조건에 따라 정규 표현식을 설정할 수 있다.

```
superPattern =  /xyz/.test(function() { xyz; }) ? /\b_super\b/ : /.*/;
```

이는 어떤 함수가 "_super" 문자열을 포함하고 있는지를 검사하는데 사용할 수 있는 superPattern 변수를 설정한다. 하지만 이것은 오직 함수 직렬화가 지원되는 경우에만 가능하다. 그래서 만약 브라우저가 함수 직렬화를 허용하지 않으면, 모든 문자열과 매치하는 패턴으로 대체한다.

함수 직렬화 가능 여부에 따라 설정한 패턴은 나중에 사용할 것이다. 하지만 이렇게 미리 검사를 하고 설정해 둠으로써, 이후의 복잡한 코드에서 이 복잡한 표현식을 따로 사용하지 않아도 된다.

노트: 정규 표현식에 대한 상세한 내용은 다음 장에서 살펴볼 것이다.

이제 이 메서드에서 실제로 하위 클래스를 만드는 부분을 살펴보자.

6.3.2 하위 클래스의 인스턴스 만들기

이제 하위 클래스를 만드는 메서드를 선언할 차례다❷. 다음과 같이 하위 클래스를 만드는 메서드를 선언한다.

```
Object.subClass = function(properties) {
  var _super = this.prototype;
```

Object에 subClass() 메서드를 추가하는데, 이 subClass() 메서드는 하나의 매개변수를 받는다. 이 매개변수는 하위 클래스에 추가될 프로퍼티들을 담고 있는 해시이다.

프로토타입 상속을 따라 하기 위해, 상위 클래스의 인스턴스를 생성하고 이를 프로토타입에 할당하는 기법을 사용한다. 앞에서 구현한 코드는 잠시 내려놓고, 개념적으로 살펴보자면 이 기법은 다음과 같은 모양새일 것이다.

```
function Person(){}
function Ninja(){}
Ninja.prototype = new Person();
assert((new Ninja()) instanceof Person,
       "닌자도 역시 사람이다!");
```

이 코드 조각에서 도전적인 부분은 Person 객체를 만들고 생성자를 실행하는 데 드는 비용은 부담하지 않으면서도, instanceOf의 혜택은 그대로 누릴 수 있게 하는 것이다. 이 문제에 대응하기 위해, initializing 변수를 두고 클래스의 인스턴스를 만들 때 이 변수 값을 true로 설정한다. 이 변수는 오직 프로토타입으로 사용할 인스턴스를 만들 때만 사용한다. 이 문제를 해결하기 위해서 코드에 initializing 변수를 추가한다. 이 변수는 프로토타입 용도로만 사용할 클래스의 인스턴스를 생성할 때만 true로 설정된다.

그리하여 코드에서 실제로 인스턴스를 생성하여 사용할 때가 되면, initializing 값은 false이고 그렇다면 하위 클래스를 정의하는 작업은 끝났다고 확신할 수 있기에, init() 메서드를 실행하거나 또는 건너뛸 수 있다.[6]

```
if (!initializing && this.init)
  this.init.apply(this, arguments);
```

---

[6] (옮긴이) 이 순서가 어렵다면 function Class()의 첫 부분에 console.log(initializing);과 같이 로그를 찍어보면 이해에 도움이 될 것이다.

여기서 특별히 중요한 점은 init() 메서드는 비용이 높은 모든 시동 코드(서버에 연결하거나 DOM 엘리먼트를 생성하거나 뭐라 더 말하기 어려운 그런 비용이 높은 작업들)에서 실행될 수 있다는 점이다. 그래서 단순히 prototype으로만 작동하는 인스턴스를 만들 때, 불필요하고 비싼 시동 코드는 피해야 한다.

다음에 얘기할 것은 하위 클래스에 설정될 프로퍼티(이 프로퍼티는 subClass() 메서드에 전달된다)를 프로토타입 인스턴스에 복사하는 것이다. 하지만 이 과정은 말처럼 그리 간단하지가 않다.

6.3.3 상위 메서드 보존하기

상속을 지원하는 대부분의 언어는 메서드를 재정의할 때 원본 메서드에 접근할 수 있는 수단을 제공한다. 때로는 완전히 메서드의 기능을 완전히 교체하고 싶을 때도 있지만, 가끔은 단지 메서드의 기능을 확장만 하고 싶을 때가 있고, 이때 원본 메서드에 접근할 수 있는 수단은 아주 유용하다. 앞서 살펴본 코드에서는 상위 클래스의 원본 메서드를 참조하는 _super라는 임시 메서드를 만들었고, 이 메서드는 하위 클래스의 메서드에서만 접근할 수 있다.

그 예로, 코드 6.20의 내용을 다시 떠올려보자. 상위 클래스의 생성자를 호출하기 위해 다음과 같은 코드를 사용했었다. (간결함을 위해 일부 코드는 생략함.)

```
var Person = Object.subClass({
  init: function(isDancing){
    this.dancing = isDancing;
  }
});
var Ninja = Person.subclass({
  init: function(){
    this._super(false);
  }
});
```

Ninja 생성자에서 적절한 값을 전달하며 Person 생성자를 호출했다. 이는 하위 클래스를 개발할 때, 상위 클래스의 코드를 하위 클래스로 복사해서 붙여 넣는 일을 방지한다. 이미 상위 클래스의 코드에는 필요한 모든 것이 있으며, 이런 식으로 우리는 상위 클래스의 코드에 영향력을 행사할 수 있기 때문이다.

이러한 기능을 구현하는 것(코드 6.21)은 여러 단계의 과정으로 이루어져 있다. 하위 클래스를 확장하려면 subClass() 메서드에 해시로 전달한 프로퍼티와 상위 클래스의 프로퍼티를 단순히 합치기만 하면 된다.

그 시작으로 우선, 다음과 같은 코드를 통해 프로토타입으로 사용할 상위 클래스의 인스턴스를 만든다❸.

```
initializing = true;
var proto = new this();
initializing = false;
```

앞 절에서 다루었듯이, initializing 변수 값을 가지고 어떻게 초기화 코드를 '보호'했는지를 염두에 두라.

이제 넘어온 프로퍼티를 proto 객체(말하자면 프로토타입의 프로토타입이다)에 합칠 준비가 되었다❹. 만약 상위 클래스의 함수를 사용하지 않겠다면, 프로퍼티를 합치는 작업의 대부분은 다음 코드처럼 하찮은 작업에 지나지 않을 것이다.

```
for (var name in properties) proto[name] = properties[name];
```

하지만 우리는 상위 클래스 함수를 호출할 것을 염두에 두고 있는데, 앞의 코드는 상위 클래스의 함수를 호출하는 하위 함수에 대해서는 제대로 작동하지 않을 것이다. 함수를 재정의하면서 원본 함수를 _super를 사용하여 호출한다고 하면, _super 프로퍼티가 상위 클래스의 함수를 참조하도록 어떤 포장 작업을 할 필요가 있다.

하지만 그전에, 하위 클래스의 어떤 함수를 포장해야 하는지 그 조건을 파악해야 한다. 다음 조건 표현식을 사용하여 검사를 할 수 있다.

```
typeof properties[name] == "function" &&
typeof _super[name] == "function" &&
superPattern.test(properties[name])
```

이 표현식은 세 가지 항목을 검사한다.

- 하위 클래스의 프로퍼티가 함수인가?
- 상위 클래스의 프로퍼티도 함수인가?
- 하위 클래스의 함수가 _super()에 대한 참조를 포함하고 있는가?

이 세 항목이 모두 참이라면 프로퍼티 값을 단순 복사하는 대신, 무엇인가 더 많은 작업을 해야 한다. 6.3.1절에서 정규 표현식 패턴을 사용한 것을 떠올려 보라. 함수 직렬화 결과를 가지고 이 함수가 상위 클래스의 원본 함수를 호출하는지 테스트할 수 있다.

만약 이 조건 표현식이 함수를 포장해야 한다는 것을 나타내면, 다음 즉시실행함수의 결과를 하위 클래스의 프로퍼티에 할당함으로써 해당 함수를 포장한다❺.

```
(function(name, fn) {
  return function() {
    var tmp = this._super;

    this._super = _super[name];

    var ret = fn.apply(this, arguments);
    this._super = tmp;

    return ret;
  };
})(name, properties[name])
```

이 즉시실행함수는 하위 클래스의 함수를 실행하도록 포장한 새로운 함수를 반환한다. 상위 클래스 함수는 _super 프로퍼티를 통해 참조할 수 있다. 기존의 this._super는 잠시 저장해두었다가(기존에 this._super 값이 있건 없건 상관없이), 하위 클래스의 함수를 호출하고 나면 원래의 this._super 값을 되돌린다. 이는 혹시라도 _super라는 이름을 가진 변수가 이미 존재하는 경우에 도움이 된다(이 변수 값을 날려버리는 걸 원치는 않을 것이기에).

그다음, _super에 새 메서드를 할당하는데 이 메서드는 단지 상위 클래스의 프로토타입에 있는 메서드를 참조할 뿐이다. 이 메서드는 상위 클래스 프로토타입에 속해 있지만, 우리가 만든 객체의 프로퍼티로 이 메서드를 설정하면 고맙게도 자동으로 해당 객체를 함수의 콘텍스트로 설정한다. 따라서 유효 범위를 다시 설정하기 위해 어떤 추가적인 변경도 할 필요가 없다.

마지막으로 하위 클래스 메서드(또한 이 메서드는 내부에서 _super를 활용할 수 있다)를 호출하고, 그 다음 _super를 원래 상태로 되돌린 후 함수를 빠져나간다.

비슷한 결과를 얻을 수 있는 여러 방법이 있지만(_super 메서드를 그 메서드

자신과 연결하고 arguments.callee로부터 접근하는 방법이 있다), 여기서 제안한 기법은 적절한 사용성과 단순성을 제공한다.

6.4 정리

함수 프로토타입과 프로토타입 상속을 사용하여 자바스크립트에 객체 지향을 추가하는 것은 객체 지향을 선호하는 개발자들에게 믿을 수 없을 만큼의 풍부함을 제공한다. 객체 지향을 적용함으로서 얻게 되는 더 상세한 수준의 제어와 향상된 구조는 자바스크립트 애플리케이션의 품질을 향상시키고, 코드를 더욱 명확하게 만들어 준다.

이 장에서는 자바스크립트에서 객체 지향성을 얻기 위해 어떻게 함수의 prototype 프로퍼티를 활용하는지 살펴보았다.

- 이 장의 앞부분에서는 prototype이 정확히 무엇인지에 대해 이야기했다. 그리고 new를 이용해서 함수를 생성자로 사용했을 때, 생성자가 어떤 역할을 하는지와 생성자의 동작 방식에 대해서 살펴보았고, 함수를 직접 호출하는 것과 생성자가 어떻게 다른지에 대해서도 살펴보았다.
- 그런 다음, 어떻게 객체의 형식을 판단하는지를 다루었고, 어떤 생성자가 그 객체를 생성했는지 발견하는 방법을 다루었다.
- 그리고 객체 지향에서의 상속 개념을 알아보았고, 자바스크립트에서 상속 효과를 내기 위해 어떻게 프로토타입 체인을 사용하는지를 배웠다.
- 눈에 잘 띄지 않는 함정을 피하기 위해, Object와 다른 네이티브 객체를 확장하는 것과 관련하여, 주의를 기울이지 않으면 함정에 빠질 수 있는 몇 가지 흔히 '실수하기 쉬운 것들'을 알아보았다. 또한 인스턴스를 생성할 때 생성자를 부적절하게 사용하여 겪는 이슈들을 방어하는 방법을 살펴보았다.
- 이 장의 마지막에서는 자바스크립트에서 어떤 객체의 하위 클래스를 만들기 위한 문법을 제안했으며, 그리고 그 문법을 구현해보았다. (겁내지 말고 그 예제에 도전해보자!)
- 프로토타입이 제공하는 상속 확장성 덕분에, 프로토타입은 향후의 개발을 위해 필요한 다목적 플랫폼의 발판이 된다.

이 장의 마지막 예제에서 정규 표현식을 사용한 것을 잠깐 볼 수 있었다. 더 알아보지 않고 넘어가긴 했지만 정규 표현식은 자바스크립트가 제공하는 매우 강력한 기능이므로 다음 장에서 깊이 살펴보겠다.

7장

SECRETS OF THE JAVASCRIPT NINJA

정규 표현식에 대한 논의

이 장에서는 다음 주제를 다룬다.
- 정규 표현식 다시 살펴보기
- 정규 표현식 컴파일하기
- 정규 표현식에서 캡처 이용하기
- 자주 접하게 되는 관용구(idioms)

정규 표현식은 현대적인 개발에 필수적인 요소다. 그런 까닭에 한번 이야기 해볼까 한다.

많은 웹 개발자들이 정규 표현식에 대해서 신경을 쓰지 않고도 행복하게 살아갈 수 있을 것이다. 하지만 자바스크립트 코드를 이용해서 다루는 문제들 중에는 정규 표현식을 이용하지 않고서는 우아하게 해결할 수 없는 것들이 종종 있다.

물론 같은 문제를 해결하는 데는 여러 방법이 있을 것이다. 하지만 정규 표현식을 제대로 이용하면 화면의 절반가량을 차지하는 코드를 한 문장으로 줄일 수 있는 경우가 자주 있다. 자바스크립트 닌자라면 자신이 다룰 수 있는 기본적인 무기 중 하나로 정규 표현식을 사용하고 있을 것이다.

정규 표현식은 문자열을 떼어 내는 과정과 그 속에서 정보를 찾아내는 일을 간단하게 만들어 준다. 주류 자바스크립트 라이브러리들을 들여다보면, 다양한 일을 처리하는데 일상적으로 정규 표현식을 사용하고 있음을 알 수 있다.

- 노드의 문자열 변경
- 셀렉터 표현식 내에서 부분 셀렉터의 위치 검색
- 엘리먼트가 특정한 클래스 명을 가지고 있는지 판별
- IE의 filter 프로퍼티로부터 불투명도(opacity)를 추출
- 그 외의 여러 가지 용도

그럼, 예제를 하나 살펴보면서 시작해 보자.

> **팁:** 정규 표현식을 능숙하게 사용하기 위해서는 많은 연습이 필요하다. JS Bin 같은 간편한 사이트에서 예제를 가지고 빠르게 이런저런 시도를 해볼 수 있다. 다른 유용한 사이트로는 정규 표현식 테스트를 집중적으로 다루고 있는 Regular Express Test Page for Javascript (www.regexplanet.com/advanced/javascript/index.html)가 있다.

7.1 정규 표현식이 멋진 이유

웹 사이트 이용자가 폼(form)에 문자열을 입력했는데, 그 문자열이 9자리 미국 우편번호 형식을 따르고 있는지 확인하고 싶다고 하자. 다들 알다시피 미국 우체국은 유머러스한 곳이 아니기 때문에 ZIP 코드로 알려진 우편번호가 다음 형식을 따르도록 요구한다.

```
99999-9999
```

여기서 9는 각각 숫자(10진수)를 나타낸다. 우편번호 형식은 다섯 자리 숫자, 그 뒤에 오는 하이픈(-), 그리고 그 뒤에 오는 4자리 숫자로 되어 있다. 여러분이 다른 우편번호 형식을 이용한다면, 그 우편물이나 편지는 마치 블랙홀 같은, 수작업으로 우편물을 분류하는 부서로 넘어갈 것이다. 그렇게 되면 그 우편물이 배달되는 데 얼마나 오랜 시간이 걸릴지는 순전히 운에 맡기는 수밖에 없다.

이런 불상사가 일어나는 것을 예방하기 위해 주어진 문자열이 우체국에서 좋아할 만한 것인지 검증하는 함수를 만들어 보자. 간단하게 각 문자를 비교하도록 할 수도 있지만 우리는 닌자다. 각 문자를 직접 비교하는 방법은 불필요한

반복이 많이 일어나게 하는, 너무나 우아하지 않은 방법이다. 차라리 다음과 같은 방법을 고려해보자.

7.1 문자열에 특정 패턴이 있는지 확인해 보기

```
function isThisAZipCode(candidate) {
  if (typeof candidate !== "string" ||
      candidate.length != 10) return false;
  for (var n = 0; n < candidate.length; n++) {
    var c = candidate[n];
    switch (n) {
      case 0: case 1: case 2: case 3: case 4:
      case 6: case 7: case 8: case 9:
        if (c < '0' || c > '9') return false;
        break;
      case 5:
        if (c != '-') return false;
        break;
    }
  }
  return true;
}
```

잘못된 대상인 경우는 곧바로 함수를 빠져 나간다.

문자 위치를 기준으로 검사를 실행한다.

모두 성공했다면, 문제없는 우편번호라고 할 수 있겠다.

이 코드는 문자열 내에서 문자의 위치에 따라 두 가지 다른 검사(숫자인지 또는 하이픈('-')인지)만하면 된다는 점을 활용하고 있다. 실행 중에는 여전히 최대 9번까지 비교를 수행해야 하지만 문자를 비교하는 코드는 각 경우에 대해서 한 번씩만 작성하면 된다.

그렇지만 이 방법이 우아하다고 생각하는 사람이 있을까? 비록 모든 경우를 다 확인하는 것보다는 조금 더 우아하고, 비 반복적인 접근방식이긴 하지만, 간단한 검사를 위한 것 치고는 여전히 끔찍하게 긴 코드인 것 같다.

이제 다음과 같이 접근해보자.

```
function isThisAZipCode(candidate) {
  return /^\d{5}-\d{4}$/.test(candidate);
}
```

함수 내부에 포함된 몇몇만 이해할 것 같아 보이는 문법을 제외하면 훨씬 간결하고 우아하다. 그렇지 않은가?

이것이 바로 정규 표현식의 힘이다. 그리고 지금 살펴본 것은 단지 빙산의 일각일 뿐이다. 문법이 마치 누군가가 키우고 있는 이구아나가 키보드를 밟고 지나가면서 입력한 것처럼 보이더라도 걱정하지 말기 바란다. 우리가 만들 페이지 내에서 정규 표현식을 닌자처럼 활용할 수 있는 방법에 대해 이야기하기 전에, 먼저 정규 표현식에 관한 중요한 사항들을 정리해 보겠다.

7.2 정규 표현식 다시 살펴보기

가능한 한 많은 내용을 다루고 싶지만, 지면이 제한되어 있으므로 정규 표현식에 대한 모든 내용을 다루기에는 어려움이 있다. 그리고 정규 표현식에 대해 다룰 내용이 많은 까닭에 정규 표현식을 전문적으로 다루는 책들이 이미 시중에 나와 있다. 하지만 최선을 다해서 중요한 부분들을 모두 다뤄 보겠다.

이 장에서 다루는 것보다 더 상세한 내용에 대해서는 제프리 E.F 프라이들(Jeffery E.F Friedl)의 *Mastering Regular Expressions*, 마이클 피츠제럴드(Michael Fitzgerald)의 *Introducing Regular Expressions*, 잰 고이바에르츠(Jan Goyvaerts)와 스티븐 리바이선(Steven Levithan)의 *Regualar Expressions Cookbook*을 참고하기 바란다. 모두 많은 사람들이 선택하는 책이다.[1]

그럼 정규 표현식을 파헤쳐보자.

7.2.1 정규 표현식에 대한 설명

정규 표현식이라는 용어는 20세기 중반 스테판 클래니(Stephen Kleene)라는 수학자가 계산 오토마타(computational automata)의 모델을 정규 집합(regular sets)으로 묘사한 데서 유래한다. 하지만 이런 설명만으론 정규 표현식을 이해하는데 크게 도움이 되지 않으므로, 간단하게 정규 표현식을 텍스트 내에서 일치하는 문자열을 찾기 위해 문자열의 패턴을 표현하는 방식이라고 하자. 정규 표현식은 이런 패턴을 정의할 수 있도록 하는 용어(terms)와 연산자(operators)로 구성되어 있다. 이런 용어와 연산자들이 무엇인지 아주 간단히 살펴보겠다.

자바스크립트에서 정규 표현식을 생성하는 방법은, 대부분의 객체 타입과 마찬가지로, 두 가지가 있다. 하나는 정규 표현식 리터럴을 이용하는 것이고 다른 하나는 RegExp 객체의 인스턴스를 생성하는 방식이다.

---

[1] (옮긴이) 번역서는 각각 『정규 표현식 완전 해부와 실습』 (2003 한빛미디어, 서환수 옮김), 『처음 시작하는 정규표현식』 (2013 한빛미디어, 이수진 이성희 옮김), 『한 권으로 끝내는 정규표현식』 (2010 한빛미디어, 김지원)이다.

예를 들어, 정확하게 "test"라는 문자열을 매치시키는 평범한 정규 표현식을 만들고자 한다면 다음과 같이 정규 표현식 리터럴을 이용할 수 있다.

```
var pattern = /test/;
```

슬래시(/)가 사용된 것이 조금 이상해 보일 수도 있을 것이다. 정규 표현식 리터럴은 슬래시(/)를 이용해서 정의하는데, 이것은 문자열을 선언할 때 따옴표를 사용하는 것과 같은 방식이다.

정규 표현식 리터럴 대신, 문자열을 이용해서 RegExp 객체의 인스턴스를 만들 수도 있다.

```
var pattern = new RegExp("test");
```

두 가지 형식 모두 결과적으로 동일한 정규 표현식 객체를 생성하고, 생성된 객체를 pattern 변수에 저장한다.

보통 개발시점에 어떤 정규 표현식을 이용할지 알고 있는 경우에는 정규 표현식 리터럴을 사용하고, 실행 중에 문자열을 이용해서 동적으로 정규 표현식을 생성해야 할 때는 생성자(RegExp)를 이용한다.

잠시 후에 살펴보겠지만 문자열을 이용해서 정규 표현식을 표현하는 것보다 리터럴 구문을 선호하는 이유 중 하나는 정규 표현식 내에서 역슬래시가 중요한 역할을 담당하기 때문이다. 그런데 역슬래시는 문자열 리터럴에서도 이스케이핑 문자로 사용되기 때문에 문자열 리터럴 내에서 역슬래시를 이용하려면 역슬래시를 두 개 붙여서 사용해야 한다. 이렇게 문자열을 이용해서 표현하면 가뜩이나 암호 같은 형태를 지닌 정규 표현식이 더욱 이상한 모습이 된다.

정규 표현식에는 함께 사용할 수 있는 플래그가 세 가지 있다.

- i-정규 표현식이 대소문자를 구별하지 않도록 한다. 그래서 /test/i는 "test"뿐 아니라 "Test", "TEST", "tEsT"와도 매치가 된다.
- g-맨 처음 나타나는 부분과 단 한 번만 매치시키는, 기본 설정인 local과는 반대로 지정된 패턴에 해당하는 모든 부분을 매치시킨다. 자세한 내용은 뒤에서 다루겠다.
- m-여러 줄을 포함하고 있는 문자열, 예를 들어 textarea의 값과 같이 여러 줄

로 구성될 수 있는 문자열을 대상으로 매치할 수 있게 해준다.

이 플래그들은 정규 표현식 리터럴 끝에 /test/ig와 같이 추가하거나, RegExp의 생성자에 문자열을 전달할 때 new RegExp("test", "ig")와 같이 두 번째 매개변수로 전달할 수 있다.

단순하게 "test"와 정확하게 일치하는 문자열을 찾는 작업은 대소문자를 구분하지 않는 경우라고 하더라도 썩 흥미롭지 않다. 그런 검사는 간단한 문자열 비교만으로도 처리할 수가 있다. 그러므로 훨씬 흥미로운 패턴들을 매치할 수 있도록 엄청난 능력을 제공해 주는 정규 표현식의 용어(terms)와 연산자에 대해서 살펴보자.

7.2.2 용어(Terms)와 연산자

정규 표현식은 우리가 친숙하게 여기는 대부분의 다른 표현식들처럼 용어(terms)와 용어에 어떤 자격을 부여하는 연산자들로 구성되어 있다. 이 절에서는 이런 용어(terms)와 연산자들을 둘러보고, 이들을 이용해서 패턴을 표현하는 방법을 알아보겠다.

정확히 같은 부분 매칭하기

앞으로 소개할 특수문자와 연산자에 해당하지 않는, 일반 글자를 의미하는 문자는 정규 표현식 내에서 특별한 처리 없이 그냥 사용하면 된다. 예를 들어 정규 표현식 /test/에는 용어(term)가 네 개 존재하는데 이 패턴에 매치되는 문자열은 문자열 내에 해당 문자들이 그대로(literally) 포함되어 있어야 한다.

문자들을 이렇게 차례로 놓는 것은 "다음에 이런 문자가 따라온다."는 것을 뜻한다. 그래서 /test/는 "t" 다음에 "e"가 오고 그다음에 "s"가 오고 그다음에 "t"가 온다는 것을 뜻한다.

문자 클래스를 이용해서 매칭하기

보통 문자 하나를 콕 짚어서 매치하기보다는 정해진 문자들 중에서 하나를 매치하려는 경우가 많다. 이때 문자 클래스 연산자로도 불리는 집합 연산자를 이용해서 문자의 집합을 지정할 수 있는데, 대괄호 사이에 매치시키려는 문자들의 집합을 지정하는 방식을 이용한다. 예를 들면 [abc]와 같은 식이다.

앞의 예제는 "a", "b", "c" 문자 중에서 하나를 매치하고자 함을 나타낸다. 이 정규 표현식은 5개 문자(대괄호 두 개와 a, b, c)를 이용해서 정의했지만, 실제로는 대상 문자열에서 1개 문자만 매치한다는 사실에 유의해야 한다.

이와 반대로 정해진 문자 집합에 포함되지 않는 문자들만 매치시키고 싶을 때가 있다. 이것은 집합 연산자의 시작을 나타내는 여는 대괄호 바로 다음에 캐럿(^) 문자를 놓는 방식으로 지정할 수 있다.

[^abc]

이것은 문자 집합의 의미를 "a", "b", "c"를 제외한 모든 문자라는 의미로 바꾼다.

집합 연산에 아주 중요한 표현이 하나 더 있는데 그것은 바로 문자의 범위를 지정하는 것이다. 예를 들어, "a"와 "m" 사이의 소문자 중에 하나와 매치하고 싶다면, [abcdefghijklm]으로 정규 표현식을 작성할 수 있다. 하지만 다음과 같이 하면 훨씬 간결한 표현이 가능하다.

[a-m]

대시(-)는 사전순으로 "a"부터 "m"까지의 모든 문자가 집합에 포함된다는 것을 나타낸다.

이스케이핑

정규 표현식 내에서 모든 문자들이 문자 그대로를 의미하지는 않는다. 분명히 모든 알파벳과 숫자는 본래의 의미를 지닌다. 그러나 앞으로 살펴보겠지만 달러($)나 점(.)은 문자 그 자체를 나타내는 것이 아니라 앞서 매칭된 부분들을 의미하거나, 앞서 나온 용어(term)에 어떤 자격을 부여하는 연산자를 의미한다. 사실 [,], -, ^ 문자들이 문자 그대로가 아니라 다른 의미로 사용되는 것을 이미 살펴보았다.

그렇다면 [, $, ^와 또 다른 특수문자들이 문자 그 자체를 나타내도록 지정하려면 어떻게 해야 할까? 정규 표현식 내에서 역슬래시는 뒤따라오는 문자를 일반 문자로 다루도록 한다. 따라서 \[는 문자 클래스를 지정할 때 사용하는 여는 대괄호가 아닌 대괄호 그 자체를 의미하게 된다. 마찬가지로, 역슬래시 두 개(\\)는 역슬래시 하나와 매치된다.

시작과 끝

어떤 패턴이 문자열의 시작이나 문자열의 끝에 매치되는 것을 확실히 하고 싶은 경우가 자주 있다. 캐럿(^) 문자는 정규 표현식의 첫 번째 문자로 사용되었을 때 문자열의 시작과 매치가 된다. /^test/와 같은 정규 표현식은 문자열의 처음에 "test"가 오는 경우만 매치된다. (주의: 이것은 ^ 문자의 또 다른 사용 방법이다. ^ 문자는 문자 집합의 역집합을 나타내는 데도 사용된다.)

이와 유사하게 /test$/에서 달러($) 표시는 지정한 패턴이 문자열의 끝에 와야 한다는 것을 의미한다.

^와 $를 모두 사용하면 지정된 패턴이 비교대상 문자열 전체와 일치해야 함을 나타낸다.

```
/^test$/
```

반복된 출현

"a"가 연속으로 4번 나오는 것을 매치시키고 싶다면 정규 표현식으로 /aaaa/로 정의하면 된다. 하지만 특정 문자를 임의의 횟수만큼 매치시키고 싶은 경우는 어떻게 해야 할까?

정규 표현식은 몇 가지 다른 반복 조건을 지정하는 방법을 제공한다.

- 문자 뒤에 ?를 두면 문자가 있거나 없는 경우를 지정할 수 있다. 다르게 표현하면, 딱 한 번만 나타나거나 단 한 번도 나타나지 않는 경우를 지정할 수 있다. 예를 들어 /t?est/는 "test" 와 "est"을 매치한다.
- 문자가 한 번 이상 나타나는 것을 원한다면 /t+est/에서와 같이 +를 이용한다. 이것은 "test", "ttest", "tttest"에 매치가 되지만 "est"에는 매치되지 않는다.
- 문자가 0번 이상 나타나는 것, 다시 말해 한 번도 나타나지 않거나 한 번 이상 나타나는 것을 원한다면 /t*est/에서와 같이 *를 이용한다. 이것은 "test", "ttest", "tttest"와 "est"에 매치가 된다.
- { } 사이에 반복 횟수를 지정하면 정해진 횟수만큼 반복되는 경우를 나타낼 수 있다. 예를 들어 /a{4}/는 "a"가 연속 4번 나오는 것을 나타낸다.
- 콤마(,)를 구분자로 사용해 범위를 지정함으로써 반복횟수의 구간을 지정할 수도 있다. 예를 들어 /a{4,10}/은 "a" 가 4~10번 연속으로 나오는 것과 매치

가 된다.
- 범위를 지정할 때 콤마(,) 뒤에 오는 두 번째 값은 생략할 수 있는데 이것은 끝이 열려 있음을 의미한다. /a{4,}/는 "a"가 연속으로 4번 이상 나오는 모든 문자열에 매치가 된다.

이 반복 연산자들은 모두 가장 길게 일치하는 부분을 찾는 방식(greedy)이나 가장 짧게 일치하는 부분을 찾는 방식(nongreedy)으로 동작할 수도 있다. 기본적으로는 모두 가장 길게 일치하는 부분을 찾는 방식(greedy)으로 동작한다. 이때 모든 연산자는 매치할 수 있는 모든 문자를 소비한다. a+?와 같이 연산자 뒤에 ?를 붙이면(이것은 ?의 또 다른 사용 방법이다.) 최소한으로 일치하는 부분을 매치하도록(nongreedy) 만들 수 있다. 이 경우는 딱 일치하는 부분을 매치할 정도만 문자를 소비한다.

예를 들어 "aaa"에 대해 일치하는 부분을 찾고자 할 때 /a+/를 이용하면 3개 문자에 매치가 되는 반면에 /a+?/는 첫 번째 a 한 글자에만 매치가 된다. 문자 하나만으로도 a+ 에 매치되기에 충분하기 때문이다.

미리 정의된 문자 클래스

문자 중에는 개행 문자 같은 제어용 문자들처럼 문자로 지정하기 어려운 것들이 있다. 또한, 매치시키고자 하는 문자 중에 십진수를 나타내는 숫자의 집합이나 공백문자의 집합들이 포함된 경우가 종종 있다. 정규 표현식 문법은 이런 문자 집합을 나타내거나 일반적으로 사용되는 문자 클래스들을 미리 정의한 용어(term) 형태로 제공하고 있다. 따라서 정규 표현식 내에서 제어 문자를 이용하는 것이 가능하고, 일상적으로 사용하는 문자의 집합을 표현하기 위해서 문자 클래스 연산자([ ])에 의지할 필요가 없다.

표 7.1은 이런 용어(terms)들이 나타내는 문자 또는 문자의 집합을 보여준다.

미리 정의된 문자 집합은 정규 표현식이 암호와 같이 과도하게 복잡해 보이게 되는 상황을 막을 수 있게끔 도와준다.

미리 정의된 용어	대상
\t	수평탭
\b	백스페이스
\v	수직탭
\f	폼피드
\r	개행 문자
\n	줄바꿈 문자
\cA : \cZ	제어문자
\u0000 : \uFFFF	유니코드 16진수
\x00 : \xFF	아스키 16진수
.	줄바꿈 문자(\n)를 제외한 모든 문자
\d	0-9 사이의 10진수 숫자. [0-9]와 같다.
\D	0-9 사이의 10진수 숫자에 속하지 않는 모든 문자. [^0-9]와 같다.
\w	_를 포함한 모든 영어 알파벳과 숫자. [A-Za-z0-9_]와 같다.
\W	영어 알파벳과 숫자 그리고 _가 아닌 모든 문자. [^A-Za-z0-9_]와 같다.
\s	공백문자(공백, 탭, 폼피드 등)
\S	공백문자를 제외한 문자
\b	단어의 경계를 나타내는 문자
\B	단어 내에서 문자의 경계가 아닌 문자

표 7.1 미리 정의된 문자 클래스와 문자 용어들

그룹화

지금까지 앞에 위치한 용어(term)에만 영향을 주는 (+나 * 같은) 연산자를 살펴 봤다. 만약 용어들(terms)로 이뤄진 그룹에 이런 연산자를 적용하고자 한다면, 수학식을 기술할 때와 같이 괄호를 이용할 수 있다. 예를 들어 /(ab)+/는 "ab"가 1번 이상 나타나는 것에 매치가 된다.

정규 표현식의 일부분이 괄호를 이용해서 그룹으로 묶여 있는 경우, 괄호로 묶는 행위는 그룹을 구성하는 것 외에도 캡처를 생성하는 역할을 하게 된다. 캡처에 관해 이야기할 내용이 많이 있는데 7.4절에서 깊이 논의해 보겠다.

선택(OR)

선택은 | 문자를 이용해서 표현할 수 있다. 예를 들어 /a|b/는 "a"나 "b"에 매

치가 된다. /(ab)+|(cd)+/는 "ab" 또는 "cd"가 1번 이상 나타나는 것에 매치가 된다.

역참조

정규 표현식에서 표현할 수 있는 가장 복잡한 용어(terms)는 정규 표현식 내에 정의된 캡처를 나중에 사용하는 역참조이다. 7.4절에서 캡처에 대해서 상세히 다룰 테니 지금은 캡처를 단순 검사대상 문자열의 일부분으로, 정규 표현식에 포함된 용어(terms)에 성공적으로 매치된 것 정도로만 생각하자.

역참조는 역슬래시 뒤에 참조할 캡처의 번호를 쓰는 방법으로 표현하는데 번호는 1부터 시작하고 \1, \2 등이 된다.

/^([dtn])a \1/가 한 예가 될 수 있는데, 이것은 "d", "t" 또는 "n"으로 시작하고 그다음에는 "a"가 오면서 마지막에는 첫 번째 캡처된 내용이 오는 문자열에 매치가 된다. 마지막 부분이 중요하다! 이것은 /[dtn]a[dtn]/과 같지가 않다. "a" 뒤에 오는 문자는 "d", "t", "n" 중에서 아무것이나 오면 되는 것이 아니라 반드시 매치가 시작된 첫 번째 문자가 와야 한다. 즉, 첫 글자가 "d"이면 마지막 글자도 "d"여야 한다. 이런 까닭에 어떤 문자가 \1에 매치가 될지는 평가 시점이 되기 전에는 알 수가 없다.

이것을 유용하게 이용할 수 있는 좋은 예는 XML 같은 마크업 엘리먼트를 매치하는 경우다. 다음 정규 표현식을 살펴보자.

    ]/<(\w+)>(.+)<\/\1>/

이것은 "아무거나"과 같은 간단한 엘리먼트를 매치할 수 있게 해 준다. 역참조를 지정할 수 없다면, 여는 태그와 짝을 이루는 닫는 태그를 미리 알아낼 방법이 없기 때문에 이렇게 매치시키는 것이 불가능하다.

팁: 정규 표현식에 대해서 정신없이 빠르게 깊은 내용까지 살펴보았다. 이런 내용들이 잘 이해가 되지 않거나 다음에 올 내용들로 인해서 어려움에 빠진다면, 이 장의 앞부분에서 언급했던 자료들 중에서 하나를 참고해 보기를 강력하게 추천한다.

이제 정규 표현식이 어떤 것인지 감을 잡았으니, 코드에서 정규 표현식을 현명하게 사용할 수 있는 방법에 대해 살펴보자.

7.3 정규 표현식 컴파일하기

정규 표현식은 여러 단계의 처리과정을 거친다. 각 단계에서 어떤 일들이 일어나는지 이해하면 정규 표현식을 사용하는 자바스크립트 코드를 최적화하는데 도움이 될 수 있다. 여러 단계 중 두 가지 주요한 단계는 컴파일(compilation)과 실행(execution)이다.

정규 표현식이 처음에 만들어지면 컴파일이 일어난다. 컴파일된 정규 표현식으로 문자열 내의 패턴을 찾으려고 하는 것이 바로 실행(execution)이다.

컴파일 과정에서 자바스크립트 엔진은 정규 표현식을 분석(parse)하고, 정규 표현식은 (어떤 형태로든지) 내부적인 표현방식으로 변환이 된다. 정규 표현식을 분석하고 변환하는 단계는 정규 표현식이 만들어질 때마다 (브라우저에서 수행되는 내부적인 최적화들은 무시하고) 항상 일어난다.

일반적으로 브라우저들은 같은 정규 표현식이 사용되고 있을 때 이를 알아차리고, 해당 표현식들의 컴파일 결과를 캐시해 둘 만큼 영리하다. 하지만 모든 브라우저가 이런 방식으로 동작할 거라 믿고만 있으면 안 된다. 특히, 복잡한 정규 표현식을 다루는 경우, 나중에 사용할 정규 표현식을 미리 정의해 두면 (그래서 미리 컴파일 되게 해놓으면) 상당한 속도 향상을 얻을 수 있다.

이전 절에서 정규 표현식에 대한 전반적인 내용을 훑어보면서 소개한 것처럼, 자바스크립트에서 컴파일된 정규 표현식을 만드는 데는 두 가지 방법이 있다. 그것은 리터럴을 이용하는 방법과 생성자를 이용하는 방법이다. 다음 코드에서 예를 한 번 살펴보자.

7.2 컴파일된 정규 표현식을 만드는 두 가지 방법

```
<script type="text/javascript">

  var re1 = /test/i;            ◄── 리터럴을 이용해서 정규 표현식을 만든다.

  var re2 = new RegExp("test", "i");   ◄── 생성자를 이용해서 정규 표현식을 만든다.

  assert(re1.toString() == "/test/i", "표현식의 내용을 검증한다.");
  assert(re1.test("TesT"), "대소문자를 구분한다.");
```

```
    assert(re2.test("TesT"), "이것도 마찬가지로 대소문자를 구분한다.");
    assert(re1.toString() == re2.toString(), "두 정규 표현식이 동일하다.");
    assert(re1 != re2, "하지만, 두 객체는 서로 다르다.");
</script>
```

이 예제에서, 두 정규 표현식은 생성된 이후 컴파일된 상태에 있다. 만약 re1에 대한 참조를 모두 /test/i 리터럴로 변경한다면, 같은 정규 표현식이 계속해서 컴파일될 가능성이 있다. 따라서 정규 표현식을 한 번만 컴파일 하고 나중에 사용할 수 있도록 변수에 저장해 놓는 방식은 중요한 최적화가 될 수 있다.

각 정규 표현식은 모두 유일한 형태의 객체 표현을 갖는다는 사실을 유의하자. 정규 표현식이 만들어지고 컴파일 될 때마다, 새로운 정규 표현식 객체가 만들어진다. 이 경우 같은 패턴을 나타내는 정규 표현식이라고 하더라도 서로 다른 인스턴스가 만들어지기 때문에 문자열이나, 숫자 등과 같은 다른 원시 타입과는 차이가 있다.

정규 표현식을 만들기 위해서 생성자를 이용하는 방식(new RegExp(…))은 특히 중요하다. 이 기법은 런타임에 동적으로 만들 수 있는 문자열로부터 정규 표현식을 만들고 컴파일할 수 있게 해준다. 이것은 빈번하게 재사용될 복잡한 정규 표현식을 만드는 데 아주 유용하다.

예를 들어, DOM 문서(document) 내에 포함된 엘리먼트 중에서 특정 클래스 명을 가진 엘리먼트를 찾고자 하는 경우, 이런 엘리먼트의 값은 실행되기 전까지는 알 수가 없다. 엘리먼트는 클래스 명을 여러 개 가질 수 있기 때문에 (불편하게도 공백으로 각 클래스 이름을 구분하여 문자열에 저장하고 있는데), 이런 상황은 런타임에 정규 표현식을 컴파일해야 하는 좋은 예가 된다. 다음 코드를 보자.

7.3 나중에 사용할 수 있도록 런타임에 정규 표현식을 컴파일하기

```
<div class="samurai ninja"></div>
<div class="ninja samurai"></div>
<div></div>
<span class="samurai ninja ronin"></span>

<script>
  function findClassInElements(className, type) {
    var elems =
      document.getElementsByTagName(type || "*");
```

❶ 테스트 대상으로 사용될 다양한 클래스 명을 지닌 엘리먼트를 여러 개 만든다.

❷ 타입을 이용해서 엘리먼트를 수집한다.

```
        var regex =                        ❸ 전달된 클래스 명을 이용해서 정규 표현식을 컴파일한다.
          new RegExp("(^|\\s)" + className + "(\\s|$)");

        var results = [];                  ❹ 결과를 저장한다.

        for (var i = 0, length = elems.length; i < length; i++)
          if (regex.test(elems[i].className)) {
            results.push(elems[i]);
          }                                ❺ 정규 표현식에 매치되는지
        return results;                        테스트한다.
      }

      assert(findClassInElements("ninja", "div").length == 2,
             "의도한 수만큼 ninja라는 클래스 명을 지닌 div를 찾았다.");
      assert(findClassInElements("ninja", "span").length == 1,
             "의도한 수만큼 ninja라는 클래스 명을 가진 span을 찾았다.");
      assert(findClassInElements("ninja").length == 3,
             "의도한 수만큼 ninja라는 클래스 명을 가진 엘리먼트를 찾았다.");
    </script>
```

코드 7.3에서 몇 가지 흥미로운 사실을 알 수 있다. 먼저, 다양하게 조합된 클래스 명을 지닌 〈div〉와 〈span〉 엘리먼트로 구성된 테스트 대상을 설정했다 ❶. 그 다음 클래스 명을 검사하는 함수를 정의하고 검사할 클래스 명과 대상이 되는 엘리먼트 타입을 매개변수로 받도록 했다.

다음으로 지정된 타입의 엘리먼트를 모두 수집하고❷ 정규 표현식을 설정한다❸. 함수에 매개변수로 전달된 클래스 명을 이용해서 정규 표현식을 컴파일하기 위해서 RegExp() 생성자를 이용하는 점을 주목하자. 이것은 정규 표현식 리터럴을 이용할 수 없는 경우인데, 찾으려는 클래스 명을 사전에 알 수 없기 때문이다.

우리는 빈번하게 일어나는 불필요한 재컴파일을 피하기 위해서 이 정규 표현식을 한 번만 생성한다(그리고 컴파일 한다). 정규 표현식의 내용이 (입력되는 className 인자에 따라) 유동적이기 때문에, 정규 표현식을 이런 방식으로 다룸으로써 실제로 상당한 성능향상을 얻을 수 있다.

이 정규 표현식은 문자열의 시작 또는 공백문자로 시작해서, 가운데는 매개변수로 전달된 클래스 명이 오고, 문자열의 끝 또는 공백문자로 끝나는 문자열과 매치가 가능하다. 새로 소개된 정규 표현식 내에서 주목할 부분은 \\s에서와 같이 이스케이프를 문자를 두 번 사용한 것(\\)이다. 리터럴로 정규 표현식을 만들 때, 역슬래시를 포함한 용어(terms)에는 역슬래시를 한 번만 사용하면 된다. 하지만 문자열 내에서 이런 역슬래시를 사용하려면 한 번 더 이스케이프

처리를 해야만 한다. 이것은 분명히 성가신 부분이다. 리터럴 대신 문자열을 이용해서 정규 표현식을 생성할 때는 반드시 이런 차이점을 알고 있어야 한다.

일단 정규 표현식을 컴파일 하고 나면, test() 메서드를 이용해서❺ 일치하는 엘리먼트를 수집하는 것은❹ 아주 쉬운 일이다.

사전에 정규 표현식을 생성하고 컴파일 해놓은 다음, 이를 거듭 재사용하는 방식은 추천할 만하다. 이 방법은 무시하기 어려운 성능 향상을 가져다준다. 실질적으로 복잡한 정규 표현식을 이용하는 어떤 상황에서도 이런 방법을 사용함으로서 이득을 누릴 수 있다.

이 장의 도입부에서, 정규 표현식 내에서 괄호를 쓰는 방식은 단순히 연산자를 적용하기 위해서 용어(terms)를 그룹으로 묶는 것뿐만 아니라 캡처를 만드는 역할도 한다고 했다. 이에 대해서 더 자세히 알아보자.

7.4 매치된 부분을 캡처하기

정규 표현식의 유용함은 검색한 결과를 저장(capture)해 놓고, 이를 이용해서 다른 일을 하고자 할 때 여실히 드러난다. 문자열이 어떤 패턴과 일치하는지 알아내는 것은 시작일 뿐이다. 물론 보통 일치 여부를 확인하는 것만으로 충분하기는 하지만 일치하는 부분이 어떤 부분인지를 알면 많은 상황에서 유용하게 활용할 수 있다.

7.4.1 간단한 캡처 실행해 보기

복잡한 문자열에 포함되어 있는 어떤 값을 추출하려는 상황을 떠올려보자. 아마도 오래된(legacy) 인터넷 익스플로러(Internet Explorer)를 위해 지정해 놓은 불투명도(opacity) 값이 적절한 예가 될 수 있을 것 같다.

다른 브라우저들은 불투명도를 숫자로 표시하는 반면, IE 8과 그 이전 버전에서는 다음 규칙을 이용한다.

```
filter:alpha(opacity=50);
```

다음 코드는 이런 필터 문자열에서 불투명도를 추출하는 방식을 보여준다.

7.4 포함된 값을 캡처하는 간단한 함수

```
<div id="opacity"
  style="opacity:0.5;filter:alpha(opacity=50);">
</div>

<script type="text/javascript">
  function getOpacity(elem) {
    var filter = elem.style.filter;
    return filter ?
      filter.indexOf("opacity=") >= 0 ?
        (parseFloat(filter.match(/opacity=([^)]+)/[1]) / 100) + "" :
        "" :
      elem.style.opacity;
  }

  window.onload = function() {
    assert(getOpacity(document.getElementById("opacity")) == "0.5",
      "엘리먼트의 불투명도를 찾았다.");
  };
</script>
```

❶ 테스트 대상을 정의한다.
❷ 반환할 값을 결정한다.

우리는 표준을 준수하는 브라우저와 오래된 IE를 위해서 불투명도를 두 가지 스타일로 지정하고 이것을 테스트 대상으로 이용한다❶. 그런 다음 불투명도를 반환하는 함수를 만든다. 이 함수는 정의된 형식에 상관없이 표준에서 정의한 바와 같이 0.0에서 1.0 사이의 값을 불투명도로 반환한다.

불투명도를 분석하는 코드는 처음에는 조금 혼란스러워 보일지도 모르겠다 ❷. 하지만 뜯어보면 그렇게 나쁘지만은 않다. 먼저, 분석 대상이 되는 filter 프로퍼티가 있는지 확인한다. (filter 프로퍼티가) 없다면 대신에 style의 opacity 프로퍼티를 이용한다. filter 프로퍼티가 있다면 우리가 찾는 opacity 문자열이 포함되어 있는지 확인한다. opacity 문자열은 indexOf()를 호출해서 확인한다.

이 시점에서 우리는 실제 불투명도(opacity) 값을 추출할 수 있다. 정규 표현식의 match() 메서드는 일치하는 부분을 찾아내면 캡처된 값들의 배열을 반환하고, 일치하는 부분이 없으면 null을 반환한다. 이 경우, indexOf() 호출을 통해서 일치하는 부분이 있다는 것을 확신할 수 있다.

match()로부터 반환된 배열에는 항상 첫 번째 인덱스에 일치하는 내용 전체가 저장되어 있고, 그 뒤에 캡처된 내용이 순서대로 저장되어 있다.

따라서 0번째 항목은 일치하는 문자열 전체인 filter:alpha(opacity=50)이 될 것이고, 다음에 위치한 항목은 50이 될 것이다.

캡처는 정규 표현식 내에서 괄호로 (묶어서) 정의한다는 사실을 기억하자.

따라서 불투명도 값을 찾으면 그 값은 배열에서 [1] 번째 위치에 있을 것이다. 왜냐하면 우리가 작성한 정규 표현식에서 opacity 뒤에 나오는 괄호로 묶은 부분에 의해 유일한 캡처가 만들어지기 때문이다.

이 예에서는 지역(local) 정규 표현식과 match() 메서드를 사용했다. 전역(global) 정규 표현식을 이용하면 상황이 조금 달라진다. 어떻게 되는지 살펴보자.

7.4.2 전역 정규 표현식을 이용해서 일치하는 부분을 찾기

이전 절에서 본 것처럼, 전역 플래그가 없는 지역(local) 정규 표현식을 String 객체의 match() 메서드와 함께 사용하게 되면 일치한 문자열 전체와 캡처된 부분들(matched captures)이 담긴 배열이 반환된다.

하지만 g 플래그가 설정된 전역 정규 표현식을 이용하면 match() 메서드는 조금 다른 값을 반환한다. 여전히 결과 값이 담긴 배열을 반환하기는 하지만 전역 정규 표현식은 대상 문자열 내에서 첫 번째 매치되는 문자열만 찾지 않고 모든 매치되는 문자열을 찾아낸다. 그리고 매치된 모든 문자열이 담긴 배열을 반환한다. 이때 각 매치 결과 내에 포함된 캡처(captures within each match)는 반환하지 않는다.

이런 동작 방식은 다음 코드를 통해서 확인할 수 있다.

7.5 match()를 이용한 전역과 지역 검색의 차이점

```
<script type="text/javascript">

  var html = "<div class='test'><b>Hello</b> <i>world!</i></div>";

  var results = html.match(/<(\/?)(\w+)([^>]*?)>/);    ❶ 지역 정규 표현식을 이용해
                                                         일치하는 부분을 찾는다.
  assert(results[0] == "<div class='test'>", "문자열 전체가 저장된다.");
  assert(results[1] == "", "슬래시(/)는 저장되지 않는다.");
  assert(results[2] == "div", "태그명이 저장된다.");
  assert(results[3] == " class='test'", "속성(attributes)이 저장된다.");

  var all = html.match(/<(\/?)(\w+)([^>]*?)>/g);    ❷ 전역 정규 표현식을 이용해
                                                       일치하는 부분을 찾는다.
  assert(all[0] == "<div class='test'>", "여는 div 태그가 저장된다.");
  assert(all[1] == "<b>", "여는 b 태그가 저장된다.");
  assert(all[2] == "</b>", "닫는 b 태그가 저장된다.");
  assert(all[3] == "<i>", "여는 i 태그가 저장된다.");
  assert(all[4] == "</i>", "닫는 i 태그가 저장된다.");
  assert(all[5] == "</div>", "닫는 div 태그가 저장된다.");

</script>
```

지역 정규 표현식을 이용해서 일치하는 부분을 찾는 경우❶, 매치되는 부분 하나와 해당 매치 내의 캡처만 반환되는 것을 볼 수 있다. 하지만 전역 정규 표현식을 이용해서 일치하는 부분을 찾는 경우❷, 반환되는 값은 매치된 값들의 배열이 된다.

캡처가 중요한 경우라면, exec() 메서드를 활용해서 전역 정규 표현식을 이용해서 검색을 하는 중에도 캡처를 사용할 수 있다. exec() 메서드는 정규 표현식을 반복적으로 호출한다. 그렇게 해서 호출될 때마다 매치되는 부분을 반환한다. exec() 메서드를 활용하는 전형적인 방식은 다음 코드에서 확인할 수 있다.

7.6 exec() 메서드를 이용해 전역 검색과 캡처를 함께 사용하기

```
<script type="text/javascript">
  var html = "<div class='test'><b>Hello</b> <i>world!</i></div>";
  var tag = /<(\/?)(\w+)([^>]*?)>/g, match;
  var num = 0;

  while ((match = tag.exec(html)) !== null) {
    assert(match.length == 4,
      "모든 매치는 태그를 하나 찾고, 캡처를 3개 포함한다.");
    num++;
  }

  assert(num == 6, "여는 태그 3개와 닫는 태그 3개를 찾았다.");

</script>
```

❶ 반복해서 exec()를 호출한다.

이 예제에서, 우리는 반복해서 exec() 메서드를 호출한다❶. exec() 메서드는 이전 호출에 관련된 상태를 저장하고 있기 때문에, exec()를 다시 호출하면 다음으로 매치되는 부분을 검색한다. 각 호출은 다음으로 매치된 부분과 거기에 포함된 캡처를 반환한다.

match() 또는 exec()를 이용해서, 항상 우리가 찾는 조건에 정확하게 부합하는 부분을 찾을 수 있다. 그리고 거기에 포함된 캡처도 얻을 수 있다. 하지만 정규 표현식 내에 포함된 캡처를 해당 정규 표현식 내에서 다시 참조를 하고자 한다면 좀 더 살펴봐야 할 부분이 있다.

7.4.3 캡처 참조하기

두 가지 경우에 매치에 포함된 캡처를 참조한다. 하나는 해당 매치 내에서 참조하는 경우고, 다른 하나는 치환할 문자열 내에서 참조하는 경우다.

한 예로, 여는 태그와 닫는 태그를 매치시켰던 코드 7.6을 수정해서 다음과 같이 태그 내의 내용을 매치시키는 코드를 작성해 보자.

7.7 역참조를 이용해서 HTML 태그의 내용을 매치시키기

```
<script type="text/javascript">
    var html = "<b class='hello'>Hello</b> <i>world!</i>";        ◀── 캡처에 대한 역참조를
                                                                       사용한다.
    var pattern = /<(\w+)([^>]*)>(.*?)<\/\1>/g;

    var match = pattern.exec(html);                    ◀── 테스트 대상 문자열에 대해 패턴의
                                                            exec() 메서드를 호출한다.
    assert(match[0] == "<b class='hello'>Hello</b>",   ◀── 패턴을 이용해서 찾은 여러
            "시작부터 끝까지, 전체 태그가 저장되어 있다.");          캡처를 테스트 한다.
    assert(match[1] == "b", "태그명이 일치한다.");
    assert(match[2] == " class='hello'", "태그 속성이 일치한다.");
    assert(match[3] == "Hello", "태그의 내용이 일치한다.");

    match = pattern.exec(html);

    assert(match[0] == "<i>world!</i>","시작부터 끝까지, 전체 태그가 저장되어 있다.");
    assert(match[1] == "i", "태그명이 일치한다.");
    assert(match[2] == "", "태그 속성이 일치한다.");
    assert(match[3] == "world!", "태그의 내용이 일치한다.");

</script>
```

코드 7.7에서 \1을 이용해서 정규 표현식 내의 첫 번째 캡처를 참조하는데, 이 경우에는 태그명이 된다. 이 정보를 이용해서 앞에서 캡처된 태그를 참조하고 상응하는 닫는 태그를 찾을 수가 있다. (물론 이 모든 것은 현재 태그 내에 동일한 태그가 중첩하여 포함되지 않았다는 것을 가정하고 있다. 그리고 이런 경우는 아주 극단적인 예다.)

부가적으로, replace() 메서드를 호출할 때 호출되는 문자열 내에서 캡처를 참조하는 다른 방법이 있다. 역참조 코드를 사용하는 대신에 코드 7.7의 예와 같이 $1, $2, $3 문법을 캡처의 수만큼 이용할 수 있다. 이런 사용 방법을 다음 예제에서 확인해 보자.

```
assert("fontFamily".replace(/([A-Z])/g, "-$1").toLowerCase() ==
"font-family", "낙타 표기법을 대시(-)를 이용한 표기법으로 변경한다.");
```

이 코드에서 교체할 문자열은 $1을 이용해서 첫 번째 캡처의 값(여기서는 대문자 F)을 참조하고 있다. 이것은 매치되는 부분을 찾기 전에는 몰랐던 부분을 교체할 문자열에 지정할 수 있도록 해 준다. 이것은 닌자가 사용하기 좋은 강

력한 무기다.

   정규 표현식의 캡처를 참조하는 기능은 정규 표현식을 사용하지 않으면 어렵게 작성해야 하는 많은 코드를 아주 쉽게 작성할 수 있도록 도와준다. 의도를 잘 드러내는 정규 표현식의 특성은 정규 표현식을 이용하지 않으면 둔탁하고, 난해하고, 길어질 수도 있는 명령들을 간결하게 작성할 수 있도록 해준다.

   표현식의 그룹과 캡처, 두 가지 모두 괄호로 묶어서 지정하기 때문에, 정규 표현식 처리기는 정규 표현식에 포함된 괄호쌍 중에서 표현식 그룹과 캡처를 구분할 수가 없다. 따라서 정규 표현식은 괄호로 묶인 부분을 그룹인 동시에 캡처로 다룬다. 하지만 보통 정규 표현식을 작성할 때 표현식을 그룹으로 만들 필요가 있기 때문에 의도한 것보다 캡처가 더 많이 만들어지는 상황이 일어난다. 이런 경우에 우리가 할 수 있는 것은 없을까?

7.4.4 캡처되지 않는 그룹

앞서 언급했듯이 괄호는 두 가지 역할, 연산을 위해서 용어(terms)를 묶는 역할과 더불어 캡처를 지정하는 역할을 한다. 이와 같은 동작은 일반적인 상황에서는 문제가 되지 않는다. 하지만 정규 표현식 내에 많은 수의 그룹을 정의하게 되면 불필요하게 많은 캡처가 만들어지는 결과를 낳는다. 그리고 원하는 캡처를 찾기 위해서 지루하게 결과를 뒤적거리는 상황이 연출된다.

   다음 정규 표현식을 살펴보자.

```
var pattern = /((ninja-)+)sword/;
```

여기서 의도하는 바는 "sword"가 나오기 전에 "ninja-"라는 문자열이 한 번 이상 나오는지 확인하는 정규 표현식을 만들고, 일치하는 부분 전체를 저장하는 것이다. 이 정규 표현식은 괄호로 묶인 부분이 두 개다.

- ("sword" 문자열 앞에 오는 모든 부분을 가리키는) 캡처를 지정하는 괄호
- + 연산자를 사용할 수 있도록 "ninja-"를 묶는 괄호
- 이 정규 표현식은 잘 동작한다. 하지만 결과적으로 내부에 있는 괄호로 인해 의도와는 다르게 하나 이상의 캡처가 만들어진다.

정규 표현식 문법은 괄호로 묶은 부분이 캡처를 생성하지 않도록 여는 괄호

바로 뒤에 ?:을 지정하는 표기법을 제공한다. 이것을 수동적인 하위 표현식 (passive subexpression)이라고 한다.

앞에서 작성한 정규 표현식을 다음과 같이 바꾸면

```
var pattern = /((?:ninja-)+)sword/;
```

바깥에 있는 묶음만이 캡처를 생성한다. 내부에 있는 괄호는 수동적인 하위 표현식으로 변경이 된다.

이것을 테스트하기 위해서 다음 코드를 살펴보자.

7.8 캡처를 만들지 않고 그룹으로 묶기

```
<script type="text/javascript">
  var pattern = /((?:ninja-)+)sword/;          ❶ 수동적인 하위 표현식을 사용한다.
  var ninjas = "ninja-ninja-sword".match(pattern);
  assert(ninjas.length == 2,"딱 1개의 캡처만 반환된다.");
  assert(ninjas[1] == "ninja-ninja-",
         "두 단어가 매치되지만, 불필요한 캡처는 없다.");
</script>
```

이 테스트를 실행해 보면, 수동적인 하위 표현식이 불필요한 캡처를 방지해 주는 것을 ❶ 확인할 수 있다.

정규 표현식을 작성할 때 가능하다면, 캡처가 필요하지 않은 곳에는 캡처가 적용되지 않는 (수동적인) 그룹을 이용하기 위해서 노력을 기울여야 한다. 그렇게 하면 정규 표현식을 처리하는 엔진은 캡처를 저장하고 반환하는데 드는 수고를 많이 덜 수 있다. 캡처된 결과가 필요 없는데, 요청할 필요가 있을까? 수동적인 하위 표현식의 대가는 이미 복잡한 정규 표현식이 조금 더 암호처럼 보이게 된다는 점이다.

이제 우리가 닌자로서의 힘을 지닐 수 있게 해주는 정규 표현식의 다른 면에 대해서 살펴보자. 이것은 바로 함수를 String의 replace() 메서드와 함께 사용하는 것이다.

7.5 함수를 이용해서 치환하기

String 객체의 replace 메서드는 강력하고 다목적으로 사용할 수 있는 메서드인데, 앞서 캡처에 대해 다루면서 간략하게 살펴보았다. 정규 표현식을 replace의 첫 번째 인자로 전달하면 단순히 고정된 문자열이 아니라 패턴에 일치하는 부분을 하나 치환한다. 정규 표현식이 전역인 경우는 일치하는 모든 부분을 치환한다.

예를 들어 문자열에 포함된 모든 대문자를 "X"로 치환하고 싶다고 하자.

```
"ABCDEfg".replace(/[A-Z]/g,"X")
```

이 결과는 "XXXXXfg"가 된다. 멋지다.

하지만 replace()가 지닌 가장 강력한 기능은 아마도 고정된 문자열 대신 함수를 치환할 값으로 제공할 수 있다는 점일 것이다.

두 번째 인자인 치환할 값이 함수인 경우, 그 함수는 문자열에서 일치하는 부분을 찾을 때마다 다음과 같은 일련의 매개변수를 가지고 호출이 된다.(전역 검색은 문자열에서 패턴에 일치하는 부분을 모두 찾는다는 점을 기억하자.)[2]

- 매치되는 전체 문자열
- 해당 매치 내에 포함된 캡처들. 캡처는 배열이 아니라 각각 하나의 매개변수로 전달됨.
- 원본 문자열에서 매치되는 부분의 위치(index)
- 원본 문자열

치환할 값으로 함수를 제공하면, 그 함수가 반환한 값이 치환할 값으로 사용된다.

이것은 매치되는 요소에 따라 다양한 정보를 제공해 주고, 런타임에 치환할 값을 결정할 수 있도록 상당한 자유를 허용한다.

예를 들어, 다음 코드에서 우리는 함수를 이용해 대시(-)로 구분되어 있는 문

---

[2] (옮긴이) replace() 메서드에 전달된 함수가 호출될 때 전달되는 매개변수에 대한 설명은 https://developer.mozilla.org/en-US/docs/Web/JavaScript/Reference/Global_Objects/String/replace#Specifying_a_function_as_a_parameter에 상세히 나와 있다.

자열을 동적으로 낙타 표기법(camel-cased)을 이용한 문자열로 변환한다.

7.9 대시로 연결된 문자열을 낙타 표기법으로 변환하기

```
<script type="text/javascript">
    function upper(all,letter) { return letter.toUpperCase(); }   ◄── 대문자로 변환한다.
    assert("border-bottom-width".replace(/-(\w)/g,upper)          ◄──
        == "borderBottomWidth",                                        대시 바로 뒤에 오는
        "대시로 연결된 문자열을 낙타 표기법으로 변환한다.");              문자를 찾는다.
</script>
```

여기서 우리는 대시(-)로 시작하는 문자를 찾는 정규 표현식을 제공한다. 이 전역 정규 표현식 내에서 캡처는 (대시를 제외하고) 일치하는 문자를 나타낸다. 이 함수가 호출 될 때마다(이 예제에서는 두 번), 첫 번째 인자에는 매치된 전체 문자열이, 두 번째 인자에는 캡처가 전달된다. 나머지 인자들은 필요하지 않으므로 언급하지 않겠다.

첫 번째로 함수가 호출될 때 전달되는 인자는 "-b"와 "b"이고, 두 번째로 호출 될 때 전달되는 인자는 "-w"와 "w"다. 이때 캡처된 문자는 대문자로 변환한 후에 반환되어 치환할 값이 된다. 따라서 "-b"는 "B"로 치환되고 "-w"는 "W"로 치환된다.

전역 정규 표현식은 원본 문자열에서 일치하는 부분을 찾을 때마다 치환함수를 호출한다. 따라서 이 기법은 단순히 문자열을 치환하는 것을 넘어, 앞서 살펴보았던 while 루프 내에서 exec()를 호출하는 방식을 대신해 문자열 탐색의 수단으로도 활용할 수 있다.

예를 들어, 쿼리 문자열을 목적에 맞게 다른 형식으로 변환하는 경우를 가정해 보자. 다음과 같은 쿼리 문자열을

```
foo=1&foo=2&blah=a&blah=b&foo=3
```

다음과 같이 변경하려고 한다.

```
foo=1,2,3&blah=a,b"
```

정규 표현식과 replace()를 이용하면 다음 코드와 같이 아주 간결한 코드를 만들 수 있다.

7.10 쿼리 문자열을 압축하는 기법

```
<script type="text/javascript">
  function compress(source) {
    var keys = {};                                    ❶ 검색된 키를 저장한다.

    source.replace(
      /([^=&]+)=([^&]*)/g,                            ❷ 키와 값의 정보를 추출한다.
      function(full, key, value) {
        keys[key] =
  (keys[key] ? keys[key] + "," : "") + value;
        return "";
      }
    );

    var result = [];
    for (var key in keys) {                           ❸ 키 정보를 수집한다.
      result.push(key + "=" + keys[key]);
    }

    return result.join("&");                          ❹ 결과를 &로 연결한다.
  }

  assert(compress("foo=1&foo=2&blah=a&blah=b&foo=3") ==
    "foo=1,2,3&blah=a,b",
    "압축 성공!");

</script>
```

코드 7.10에서 가장 흥미로운 부분은 replace() 메서드를 단지 문자열 검색과 치환을 위한 것이 아닌, 값을 찾기 위해서 문자열을 탐색하는 수단으로 이용하고 있다는 점이다. 이 트릭은 두 가지 부분으로 구성되어 있는데, 함수를 치환할 값을 나타내는 인자로 전달하는 부분과 그 함수를 단순히 문자열 검색 수단으로 활용하는 부분이다.

이 예제 코드는 먼저 해시 객체를 하나 선언하고 거기에 쿼리 문자열에서 찾은 키와 값을 저장한다❶. 그런 다음 원본 문자열의 replace() 메서드를 호출하고❷ 이 메서드에 키와 값을 찾는데 이용할 정규 표현식을 전달해서 키와 값을 찾아낸다. replace() 메서드에 매치되는 전체 문자열과, 키(key)와 값(value)를 인자로 받는 함수도 전달한다. 이렇게 검색된 값들은 나중에 이용할 수 있도록 해시 객체에 저장한다.

문자열의 대치 결과로 원본 문자열이 어떻게 되어도 상관이 없기 때문에 replace() 메서드에 전달된 함수가 빈 문자열을 반환한다는 점에 유의하자. 우리는 문자열을 치환하려는 것이 아니라 단지 그 과정을 이용하려는 것이다.

replace() 메서드의 실행이 끝나면, 배열을 하나 선언한다. 그런 다음 검색된 결과가 저장된 keys 객체를 순회하면서 각 결과를 배열에 저장한다❸ 마지막으로 배열에 저장해 놓은 값들을 &로 연결해서 그 값을 반환한다❹.

이런 방식으로 String 객체의 replace() 메서드를 마치 직접 만든 문자열 검색 수단인 양 이용할 수 있다. 이 방식은 빠르고 간결하면서도 효과적이다. 필요한 코드의 양이 적다고 해서 이 기법의 강력함을 과소평가해서는 안 된다.

사실, 이 모든 정규 표현식을 다루는 기법들은 자바스크립트 코드를 작성하는데 커다란 영향을 미친다. 지금까지 배운 것들을 우리가 마주하게 될 일상적인 문제들을 해결하는데 어떻게 적용할 수 있는지 살펴보자.

7.6 정규 표현식을 이용해서 일상적인 문제를 해결하기

자바스크립트를 다루다 보면 몇 가지 단골 문제가 반복해서 나타나는 것을 경험하게 된다. 그런데 이런 문제를 해결하는 확실한 해결책이 항상 존재하지는 않는다. 정규 표현식은 (여기에) 구원의 손길이 될 수 있다. 이 절에서는 정규 표현식 한두 개로 해결할 수 있는 몇 가지 일상적인 문제들을 소개하겠다.

7.6.1 문자열의 공백 제거하기

문자열의 시작과 끝에 있는 불필요한 공백을 제거하는 것은 일상적으로 필요한 기능인데 최근까지 String 객체에 기능이 빠져있었다. 거의 모든 자바스크립트 라이브러리는 String.trim() 메서드를 제공하지 않는 오래된 브라우저를 위해서 공백을 제거하는 기능을 제공하고 또 사용하고 있다.

가장 일반적인 접근방식은 다음 코드와 유사하다.

7.11 문자열에서 공백을 제거하는 일반적인 방법

```
<script type="text/javascript">
  function trim(str) {
    return (str || "").replace(/^\s+|\s+$/g, "");
  }
  assert(trim(" #id div.class ") == "#id div.class",
       "선택된 문자열에서 불필요한 공백을 제거했다.")
</script>
```

루프를 이용하지 않고 문자열의 시작과 끝에 있는 공백을 제거한다.

"와하~, 루프를 돌지 않고도 공백을 제거할 수 있다!"

어떤 문자를 제거해야 할지 일일이 확인해 보는 대신에 문자열의 시작이나 끝에 위치한 공백문자를 나타내는 정규 표현식으로 replace() 메서드를 단 한 번만 호출하면 같은 일을 할 수 있다.

Regular Expressions Cookbook(O'Reilly, 2009)의 저자 중 한 명인 스티븐 리바이션(Steven Levithan)은 이 주제에 대해서 많은 연구를 진행했고, 그 결과 몇 가지 대안을 제시했다. 자세한 내용은 그의 블로그인 Flagrant Badassery(http://blog.stevenlevithan.com/archives/faster-trim-javascript)에서 확인할 수 있다. 그런데 중요한 점은 그가 상당히 큰 문서들을 대상으로 테스트를 진행했다는 점이다. 이렇게 문서의 크기가 큰 것은 대부분의 애플리케이션에서 특이한 경우에 해당한다.

그가 제시한 해결책들 중에서 두 가지가 특히 흥미롭다. 첫 번째는 정규 표현식을 이용하는 것인데, 다음 코드에서 보이는 바와 같이 \s+와 | 연산자는 사용하지 않는다.

7.12 치환을 두 번하는 공백 제거 구현

```
<script type="text/javascript">

  function trim(str) {
    return str.replace(/^\s\s*/, '')
      .replace(/\s\s*$/, '');
  }

  assert(trim(" #id div.class ") == "#id div.class",
         "선택된 문자열에서 불필요한 공백을 제거했다.");

</script>
```

← 두 번 치환해서 공백을 제거한다.

이 구현은 치환을 두 번 실행한다. 처음에는 앞에 오는 공백을 제거하고 그 다음에는 뒤에 오는 공백을 제거한다.

두 번째로 데이브(Dave)의 기법은 정규 표현식을 이용해서 문자열의 끝에 오는 공백을 제거하려는 시도를 완전히 버리고 수동으로 직접 처리하는 것인데, 다음 코드에서 볼 수 있다.

7.13 문자열의 끝을 잘라내는 trim 메서드

```
<script type="text/javascript">

  function trim(str) {
```

← 정규 표현식과 slice 메서드를 이용해서 공백을 제거한다.

```
        var str = str.replace(/^\s\s*/, ''),
    ws = /\s/,
    i = str.length;
        while (ws.test(str.charAt(--i)));
        return str.slice(0, i + 1);
    }

    assert(trim("  #id div.class  ") == "#id div.class",
        "선택된 문자열에서 불필요한 공백을 제거했다.")
</script>
```

이 구현은 정규 표현식으로는 앞부분에 오는 공백을 제거하고 slice를 이용해서 문자열의 끝에 오는 공백을 제거한다.

짧은 문자열이나 문서 같이 긴 문자열을 대상으로 이 구현들의 성능을 비교해 보면 그 차이는 상당하다. 표 7.2는 trim() 메서드를 1000번 실행하는데 걸린 시간을 밀리초로 보여준다.

Trim 구현	짧은 문자열	문서
코드 7.11	8.7ms	2,075.8ms
코드 7.12	8.5ms	3,706.7ms
코드 7.13	13.8ms	169.4ms

표 7.2 세 가지 trim() 구현의 성능 비교

이 비교를 통해서 어떤 구현이 대용량의 문서를 대상으로도 더 나은 성능을 보여 줄지 쉽게 확인할 수 있다. 코드 7.13의 구현은 다른 구현들에 비해서 짧은 문자열을 처리하는 데는 성능이 떨어지지만, 문서와 같이 긴 문자열의 경우에는 다른 구현들과 훨씬 나은 성능을 보여준다.

결국, 어떤 방법이 더 나은지는 공백을 제거하려는 대상에 따라 달라진다. 대부분의 라이브러리들은 첫 번째 방법을 사용한다. 우리는 보통 짧은 문자열을 대상으로 trim을 처리하기 때문에 기존 브라우저를 대상으로 하기에는 가장 안전한 선택인 것으로 보인다.

그럼 다른 일상적인 사용처에 대해서 알아보자.

7.6.2 개행 문자 찾기

문자열을 검색을 할 때, 가끔씩 개행 문자를 제외한 모든 문자를 매치하는데 사용하는 .(period) 문자가 개행 문자도 포함하기를 바랄 때가 있다. 다른 언어

의 정규 표현식 구현은 이런 것이 가능하도록 정규 표현식에 플래그를 추가하기도 하는데 자바스크립트 구현은 이런 기능을 제공하지 않는다.

다음 코드를 통해서 자바스크립트에는 빠져 있는 이 기능을 이용할 수 있는 몇 가지 방법을 살펴보자.

7.14 개행 문자를 포함한 모든 문자를 찾기

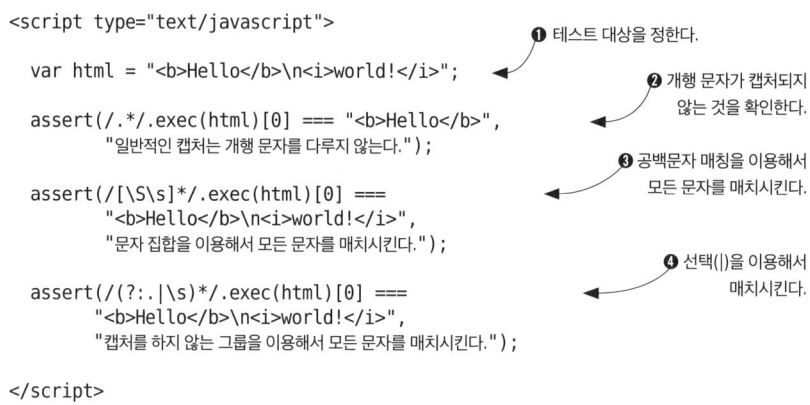

이 예제는 개행 문자를 포함하고 있는 테스트 대상 문자열을 하나 정의한다❶. 그런 다음 그 문자열에서 모든 문자를 찾기 위해서 몇 가지 방법을 시도한다.

첫 번째 테스트에서❷, . 연산자로는 개행 문자가 찾아지지 않음을 확인한다.

닌자가 가는 길을 막을 수는 없는 법. 다음 테스트에서는❸ 대안으로 /[\S\s]*/를 이용해서 공백문자가 아닌 모든 문자와 공백문자의 합집합을 의미하는 문자의 집합을 정의해서 문제를 해결한다. 이 합집합은 모든 문자의 집합을 나타낸다.

다음 테스트에서는❹ 또 다른 접근방법을 취한다. |을 이용한 /(?:.|\s)*/으로 . 연산자를 이용해서 개행 문자가 아닌 모든 문자를 찾고 \s를 이용해서 개행 문자를 포함한 모든 공백문자를 찾는다. 둘을 합친 결과는 개행 문자와 함께 모든 문자를 포함한 문자의 집합이 된다. 의도하지 않은 캡처가 생기는 것을 방지하기 위해서 수동적인 하위 표현식을 사용했음에 유의하자.

간결함과 성능으로 인해 일반적으로는 /[\S\s]*/을 이용하는 것이 최선으로 여겨진다.

이제 세계로 시야를 넓혀보자.

7.6.3 유니코드

정규 표현식을 사용할 때, CSS 셀렉터 엔진 구현에서 ID 셀렉터와 같이, 알파벳과 숫자로 이뤄진 문자열을 매치시키고 싶은 경우가 자주 생긴다. 그런데 이 알파벳 문자를 영어에서 사용하는 문자로만 가정하는 것은 약간 좁은 시각일 수 있다.

가끔씩 문자의 집합을 유니코드로 확장하는 것이 필요할 때가 있다. 그 이유는 전통적인 알파벳 문자 집합이 다국어를 명시적으로 지원하지 않기 때문이다. 다음 코드를 보자.

7.15 유니코드 문자 매치하기

```
<script type="text/javascript">

  var text ="\u5FCD\u8005\u30D1\u30EF\u30FC";

  var matchAll =
    /[\w\u0080-\uFFFF_-]+/;    ← 유니코드를 포함해 모든
                                  문자를 매치시킨다.
  assert((text).match(matchAll),
    "이 정규 표현식은 유니코드도 찾을 수 있다!");

</script>
```

코드 7.15는 유니코드 문자가 정의된 전체 범위를 포함하고 있는데, \w 용어(term)을 이용해서 일반적인 문자들을 찾고 \u를 이용해 128(hex 코드로는 0x80) 이상에 해당하는 유니코드 집합을 나타내는 범위를 지정한다. 128 이상의 문자는 모든 유니코드 문자와 함께 일부 ASCII 문자들을 포함한다.

눈치가 빠른 사람은 ₩u0080 이상에 해당하는 유니코드 문자의 전체 범위를 추가한 것에서 알파벳 문자 뿐만 아니라 유니코드에 포함된 구두점이나 화살표 같은 다른 문자들도 검색이 된다는 점을 알아챘을 것이다. 하지만 이 예제가 의도하는 바는 유니코드 문자열을 찾는 일반적인 방법을 보여주는 것이기 때문에 더 이상은 자세하게 다루지 않겠다. 찾고자 하는 특정한 범위가 있다면, 그 값이 어떻든 상관없이 앞의 예제에서와 같이 원하는 문자 클래스를 추가할 수 있다.

정규 표현식에 대한 이야기를 마치기 전에, 일상적으로 접하게 되는 문제를 하나 더 살펴보자.

7.6.4 이스케이프 문자

웹 페이지를 만드는 사람들은 페이지를 구성하는 엘리먼트에 id를 지정할 때 일반적으로 프로그램 식별자 형태[3]의 이름을 사용한다. 하지만 이것은 단지 관례일 뿐이다. id값은 "단어"에 이용되는 문자뿐만 아니라 구두점을 포함한 다른 문자도 포함할 수 있다. 예를 들어 웹 개발자는 엘리먼트의 id로 form:update를 이용할 수도 있다.

예컨대 CSS 셀렉터 엔진을 구현하는 라이브러리 개발자는 이스케이프 문자를 이용해서 이런 경우를 지원하고자 할 것이다. 이는 사용자로 하여금 일반적인 명명 규칙을 따르지 않는 복잡한 이름도 지정할 수 있게 해준다. 그럼 이스케이프 처리된 문자를 찾을 수 있도록 해주는 정규 표현식을 만들어 보자. 다음 코드를 살펴보자.

7.16 CSS 셀렉터에서 이스케이프 문자를 찾기

```
<script type="text/javascript">
  var pattern = /^((\w+)|(\\.))+$/;

  var tests = [
    "formUpdate",
    "form\\.update\\.whatever",
    "form\\:update",
    "\\f\\o\\r\\m\\u\\p\\d\\a\\t\\e",
    "form:update"
  ];

  for (var n = 0; n < tests.length; n++) {
    assert(pattern.test(tests[n]),
  }
</script>
```

이 정규 표현식은 단어를 구성하는 문자들이 임의의 순서로 나오는 것, 역슬래시 뒤에 임의의 문자가 오는 것, 그리고 두 가지 유형이 섞여서 나오는 것을 모두 허용한다.

다양한 테스트 대상을 설정한다. 단어를 나타내는 문자가 아닌 :를 이스케이프 처리하지 못하는 마지막 경우만 제외하고 다른 모든 경우는 통과해야 한다.

모든 테스트 대상을 확인한다.

이 특별한 정규 표현식은 단어를 구성하는 문자가 나오거나 역슬래시 뒤에 문자가 나오는 것을 허용하는 방식으로 동작한다.

7.7 정리

정규 표현식에 대해서 살펴본 내용을 다시 정리해 보자.

---

[3] (옮긴이) 변수를 선언할 때와 같이 알파벳, 숫자, _ 등 제한적인 문자만 사용하는 형태

- 정규 표현식은 실질적으로 다양한 유형의 매칭을 다루기 위해서 사용할 수 있는, 현대적인 자바스크립트 개발을 확산시키는 강력한 도구다. 이 장에서 다룬 정규 표현식의 고급 개념들에 대해 잘 이해한다면 정규 표현식의 장점을 활용하고 있는 어려운 코드를 편안한 마음으로 들여다 볼 수 있을 것이다.
- 정규 표현식에서 사용되는 다양한 용어들(terms)과 연산자들, 그리고 이를 조합해서 패턴을 찾아내는 정규 표현식 작성법에 대해 살펴보았다.
- 정규 표현식을 사전에 컴파일 하는 방법과 사전에 컴파일해 놓는 것이 필요할 때마다 다시 컴파일 하는 것에 비해 얼마나 큰 성능 향상을 보여주는지 배웠다.
- 문자열이 정규 표현식이 나타내는 패턴에 매치가 되는지 테스트 하는 방법을 살펴보았고, 더욱 중요한, 매치된 부분을 캡처하는 방법에 대해 배웠다.
- 정규 표현식 객체가 제공하는 exec()와 같은 유용한 메서드를 활용하는 방법과, 문자열 객체가 제공하는 정규 표현식에 관련된 match(), replace() 메서드를 활용하는 방법에 대해서 살펴보았다. 그리고 지역 정규 표현식과 전역 정규 표현식의 차이점에 대해서도 살펴보았다.
- 캡처된 부분을 역으로 참조하는 방법과 (그것을 이용해서) 문자열을 치환하는 방법, 그리고 수동적인 하위 표현식을 이용해서 불필요한 캡처를 저장하지 않게 하는 방법을 살펴보았다.
- 함수를 제공해서 동적으로 치환할 문자열을 결정하는 방식에 대해서도 살펴보았다. 그리고 끝으로 문자열의 공백을 제거하려는 상황, 개행 문자나 유니코드 문자를 찾고자 하는 상황 등 몇 가지 일반적인 상황에 대한 해결방안을 살펴보았다.

앞서 이야기한 모든 내용은 닌자의 무기 꾸러미에 담아 두어야 할 아주 강력한 도구다. 3장의 시작부분에서 이벤트 루프에 대해 언급하면서 자바스크립트는 모든 이벤트 콜백을 단일 스레드로, 각각의 순서가 되면 처리한다고 했다. 다음 장에서는 자바스크립트의 스레딩 모델을 자세히 살펴보고, 스레딩 모델이 타이머(timers)나 인터벌(intervals)에 끼치는 영향에 대해 논해 보겠다.

8장

SECRETS OF THE JAVASCRIPT NINJA

스레드와 타이머 다루기

이 장에서는 다음 주제를 다룬다.
- 자바스크립트에서 스레드를 다루는 방식
- 타이머 실행에 대한 설명
- 타이머를 이용한 큰 작업 처리
- 타이머를 이용한 애니메이션 관리
- 타이머를 이용한 효과적인 테스팅

자바스크립트에서 사용 가능한 기능 중 하나인 타이머는 잘못 사용되는 경우가 빈번하고, 제대로 이해하고 있는 사람도 드물다. 하지만 타이머를 제대로 사용한다면 복잡한 애플리케이션을 개발할 때 많은 도움이 된다.

타이머를 자바스크립트에서 사용 가능한 기능이라고 언급했지만, 자바스크립트의 기능이라고 하지는 않았다는 것에 유의하자. 타이머는 자바스크립트의 기능이라기보다는, 웹 브라우저가 제공하는 객체와 메서드 중의 일부분이다. 이 말은 브라우저가 아닌 환경에서 자바스크립트를 사용하려고 결정했을 때, 타이머가 없을 가능성이 농후하고, 따라서 (Rhino의 스레드와 같은) 구현체에 특화된 기능을 이용해서 자신만의 버전을 구현해야 함을 뜻한다.

타이머는 코드 조각을 지정된 시간(밀리초 단위) 뒤에 비동기적으로 실행하는 기능을 제공한다. 자바스크립트는 싱글 스레드로 동작하는 특성(한 번에 한 조각의 자바스크립트만 실행할 수 있음)을 지니고 있는데, 타이머는 이런 제약을 피할 수 있는 방법을 제공하고, 그 결과 약간 간접적인 방식으로 코드를 실행할 수 있게 된다.

> **노트:** HTML5 웹 워커(web worker)[1]는 이런 상황에 상당한 변화를 줄 것이다. 하지만 현대적인 브라우저들이 아직 웹 워커를 많이 지원하지는 않는다. 따라서 브라우저가 현재 어떻게 동작하고 있는지 이해하는 것은 여전히 중요하다.

이 장에서는 스레드와 타이머가 어떻게 동작하는지에 대해 살펴보겠다.

8.1 타이머와 스레드는 어떻게 동작하는가

타이머는 유용하기 때문에, 근본적으로 타이머가 어떻게 동작하는지를 이해하는 것이 중요하다. 많은 프로그래머들이 대부분 멀티 스레드 환경에서 타이머가 동작하는 방식에 익숙할 것이다. 이로 인해 싱글 스레드 내에서 실행되는 타이머가 때때로 비직관적으로 동작하는 것처럼 보일 수 있다.

자바스크립트가 싱글 스레드로 동작하기 때문에 발생하는 제약과 그 영향에 대해서 잠시 후에 살펴보겠다. 하지만 먼저, 타이머를 생성하고 조작하는데 사용하는 함수에 대해 살펴보자.

8.1.1 타이머 생성과 제거하기

자바스크립트는 타이머 생성에 사용하는 메서드 두 가지와 타이머 제거에 사용하는 메서드를 두 가지 제공한다. 이들은 모두 window(전역 콘텍스트) 객체의 메서드다. 각 메서드에 대한 설명은 표 8.1에 나와 있다.

해당 메서드들을 이용해서 단 한 번만 실행되는 타이머와 지정된 주기마다 반복적으로 실행되는 타이머를 모두 설정하고 해제할 수 있다.

대부분의 브라우저에서 clearTimeout()과 clearInterval() 둘 중 어떤 것을 사용하더라도 두 종류의 타이머를 모두 제거할 수 있다. 하지만 명료함을 위해서 대응되는 메서드를 사용할 것을 추천한다.

자바스크립트 타이머에 대해서 알고 있어야 할 중요한 사항은 타이머가 지정된 시간 뒤에 실행된다는 보장이 없다는 점이다. 그 이유는 자바스크립트 스

---

1 (옮긴이) 웹 워커 지원 현황은 http://caniuse.com/#search=web%20worker에서 확인할 수 있다.

메서드	형태	설명
setTimeout	id = setTimeout(fn,delay)	일정 시간이 지난 후에 전달받은 콜백 함수를 실행시키는 타이머를 생성한다. 그리고 해당 타이머를 가리키는 유일한 값을 리턴한다.
clearTimeout	clearTimeout(id)	타이머가 아직 실행되지 않았다면, 넘겨받은 id 값으로 타이머를 취소한다.
setInterval	id = setInterval(fn,delay)	취소할 때까지, 일정 시간마다 전달 받은 콜백 함수를 실행시키는 타이머를 생성한다. 그리고 해당 타이머를 가리키는 유일한 값을 리턴한다.
clearInterval	clearInterval(id)	일정시간마다 실행되는 타이머를 넘겨받은 id 값으로 취소(제거)한다.

표 8.1 자바스크립트의 타이머 관련 메서드(모두 window 객체의 메서드다).

레딩이 지닌 본질과 큰 관련이 있다.

이에 대해 살펴보자.

8.1.2 실행 중인 스레드 내에서의 타이머 실행

웹 워커가 등장하기 전까지, 브라우저 안의 모든 자바스크립트 코드는 싱글 스레드 내에서 동작했다. 딱 하나. 싱글 스레드 말이다.

이런 특성으로 인해, 인터페이스 이벤트나 타이머와 같은 비동기 이벤트 처리용 핸들러들은 실행 중인 핸들러가 없는 경우에만 실행된다. 이것은 핸들러들이 큐에 쌓인 다음 실행 가능한 시점이 되면 실행되고, 어떤 핸들러도 다른 핸들러의 실행을 방해할 수 없음을 뜻한다.

이것은 그림 8.1의 타이밍 다이어그램으로 잘 나타나 있다.

그림 8.1에는 중요한 정보가 많이 포함되어 있는데, 이 내용들을 제대로 이해하면 비동기 자바스크립트 실행이 어떻게 이루어지는지 더 깊게 이해할 수 있다.

이 다이어그램은 x축이 ms 단위의 시간을 나타내는 1차원 다이어그램이다. 시간은 x축을 따라 왼쪽에서 오른쪽으로 흐른다. 상자는 실행 중인 자바스크립트 코드를 나타내고, 상자의 너비는 코드를 실행하는데 소요되는 시간을 의미한다. 예를 들어, 첫 번째 자바스크립트 코드 블록은 약 18ms 동안 실행되고, 마우스 클릭 블록은 약 10ms 동안 실행되는 식이다.

자바스크립트는 싱글 스레드로 동작하는 특성을 지니고 있어 한 번에 하나

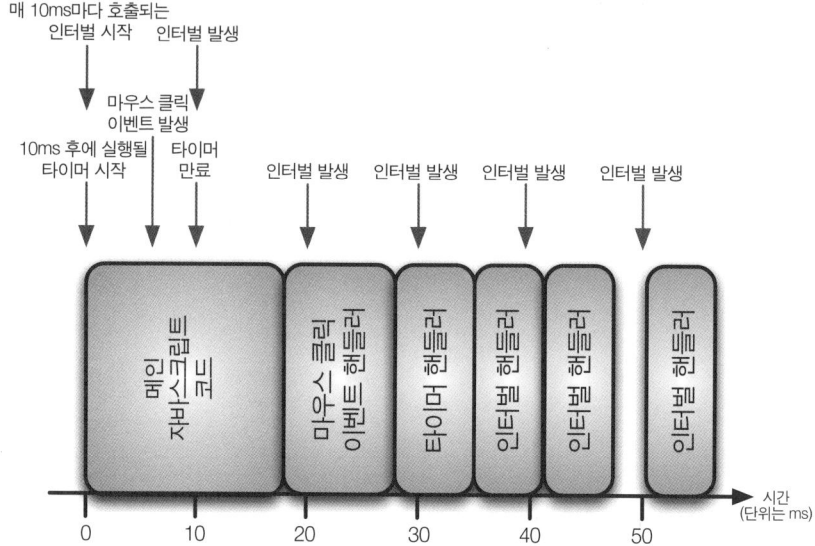

그림 8.1 싱글 스레드 내에서 메인 코드와 핸들러들이 어떻게 실행되는지를 보여주는 타이밍 다이어그램

의 코드 블록만 실행할 수 있다. 그래서 실행 중인 각각의 코드 블록은 다른 비동기 이벤트에 대한 처리가 진행되지 못하게 막고(blocking) 있게 된다. 이것은 비동기 이벤트(마우스 클릭이나, 타이머의 실행, XMLHttpRequest의 완료 등)이 발생하면, 스레드가 자유로워졌을 때 이벤트를 처리할 수 있도록 이벤트를 큐에 저장하게 됨을 뜻한다. 큐에 이벤트를 저장하는 방식은 브라우저에 따라서 다르기 때문에, 타이머의 동작방식을 이해하는데 무리가 없을 정도로만 단순화 해서 살펴보자.

0ms에 시작해서 18ms에 실행이 끝나는, 첫 번째 자바스크립트 코드 블록이 실행되는 동안 몇 가지 중요한 이벤트가 발생한다.

- 0ms에 10ms 뒤에 실행될 타임아웃 타이머와 10ms 주기로 실행될 인터벌 타이머를 함께 등록한다.
- 6ms에 마우스가 클릭된다.
- 10ms가 되면 타임아웃 타이머와 첫 번째 인터벌 타이머가 만료된다.

정상적인 상황에서, 만약 실행 중인 코드가 없다고 한다면, 6ms 때 마우스 클릭 핸들러가 즉시 실행되고, 10ms가 되면 타임아웃 핸들러가 바로 실행될 것이라고 기대하게 된다. 하지만 첫 번째 코드 블록이 여전히 실행되고 있기 때문에, 이들 핸들러 중 어느 것 하나도 기대한 대로 실행되지 않는다.

　싱글 스레드로 동작하는 자바스크립트의 특성으로 인해, 핸들러들은 다음 가능한 시점에 실행될 수 있도록 큐에 쌓이게 된다.

　첫 번째 코드 블록의 실행이 18ms에 끝나면, 클릭 핸들러, 타임아웃 핸들러 그리고 첫 번째 인터벌 핸들러 호출을 위한 세 개의 코드 블록이 큐에 쌓여 있게 된다. 여기서는 브라우저가 FIFO(first in first out, 선입선출)을 이용할 것이라고 가정한다(물론 브라우저가 더 복잡한 알고리즘을 사용할 수도 있다). 따라서 대기 중이던 클릭 핸들러가 실행되게 된다(이 핸들러를 실행하는 데 약 10ms가 소요된다)

　클릭 핸들러가 실행되고 있는 동안, 20ms가 되면 두 번째 인터벌이 만료된다. 스레드가 클릭 핸들러를 실행 중이기 때문에 다시 한 번 인터벌 핸들러는 실행되지 못한다. 하지만 이번에는 처리 방식이 달라진다. 인터벌 핸들러의 인스턴스가 큐에 쌓여 있는 채로 실행되기를 기다리고 있기 때문에 이 호출은 무시된다. 브라우저는 같은 인터벌 핸들러의 인스턴스를 2개 이상 큐에 저장하지 않는다. 즉, 동일한 인터벌 핸들러의 인스턴스는 1개만 큐에 저장한다.

　클릭 핸들러 실행이 28ms에 끝나면, 10ms에 실행될 거라고 기대했던 타임아웃 핸들러가 28ms에 비로소 실행된다. 앞서 언급했던, 지정된 시간 뒤에 타임아웃 핸들러가 실행되는 것을 보장할 수 없다는 말은 바로 이것을 두고 한 말이다.

　30ms에 인터벌 이벤트가 다시 발생하지만, 이번에도 이미 큐에 해당 인터벌 핸들러의 인스턴스가 존재하기 때문에, 핸들러는 큐에 추가되지 않는다.

　34 ms에 타임아웃 핸들러가 종료되고, 큐에 쌓여 있던 인터벌 핸들러가 실행되기 시작한다. 하지만 인터벌 핸들러 실행에 6ms가 소요되기 때문에, 40ms 시점에 또 다른 인터벌이 만료되면 해당 인터벌 핸들러는 큐에 쌓이게 된다. 42ms에 첫 번째 인터벌 핸들러 실행이 끝나면, 큐에 쌓인 인터벌 핸들러가 실행된다.

　이번에는 이벤트 핸들러의 실행이 다음 인터벌 만료시점인 50ms보다 앞선 47ms에 끝난다. 그래서 5번째 발생하는 인터벌은 핸들러가 큐에 저장되지 않고, 곧바로 실행된다.

　지금까지 이야기한 내용을 통해서 알 수 있는 중요한 점은 바로, 자바스크립트가 싱글 스레드로 동작하기 때문에, 주어진 시점에 오직 하나의 코드 뭉치 (unit)만 실행이 가능하고 타이머가 정확히 우리가 지정한 시점에 실행될지 분명하지 않다는 것이다.

이것이 바로 인터벌 핸들러의 진실이다. 이 예제에서 10, 20, 30, 40, 50ms에 발생하도록 인터벌 핸들러를 설정해 놓았지만, 그중 셋만 실행되고, 실행 시각도 각각 35, 42, 50ms인 것을 볼 수 있다.

살펴본 대로, 인터벌은 타임아웃과는 달리 몇 가지 특별히 고려해야 할 사항들이 있다. 이것들을 좀 더 자세히 살펴보자.

8.1.3 타임아웃과 인터벌의 차이점

언뜻, 인터벌은 주기적으로 반복되는 타임아웃과 유사해 보인다. 하지만 둘 사이에는 생각보다 깊은 차이가 있다. setTimeout()과 setInterval()의 차이를 잘 보여주는 다음 코드를 살펴보자.

8.1 반복되는 타이머를 생성하는 두 가지 방법

```
<script type="text/javascript">
setTimeout(function repeatMe() {
  /* 꽤 긴 코드 블록… */
  setTimeout(repeatMe, 10);
}, 10);

setInterval(function() {
  /* 꽤 긴 코드 블록… */
}, 10);

</script>
```

❶ 매 10ms마다 타임아웃을 설정해서 자기 자신을 재실행한다.

❷ 10ms마다 발생하도록 인터벌을 설정한다.

코드 8.1의 두 코드가 같은 기능을 하는 것처럼 보일 수 있지만, 그렇지 않다. setTimeout()❶은 적어도 이전 콜백의 실행 후 10ms의 지연이 생기게 되지만 (지연이 더 있을 수는 있지만, 더 작을 수는 없다.) setInterval()❷은 마지막 콜백의 실행과 상관없이 매 10ms마다 콜백을 실행하려고 시도한다. 이전 절의 예제에서 타임아웃 콜백이 절대로 이벤트가 발생했을 때 정확하게 실행되는 것을 보장하지 않았던 것을 기억하자. 인터벌처럼 매 10ms마다 발생하는 것이 아니라, 실행 후에 10ms으로 자기자신을 예약하는 것이다.

지금까지 다룬 내용을 정리해 보자.

- 자바스크립트 엔진은 주어진 시간에 싱글 스레드로만 동작한다. 비동기 이벤트는 실행을 기다리며 큐에 저장된다.
- 만약 타이머가 즉시 실행되지 못하고 블록된다면, 다음번에 실행이 가능할 때까지 대기하게 된다(대기 시간은 정의된 지연시간보다 더 길어질 수는 있어도, 결코 짧아지지는 않는다).
- 인터벌은 경우에 따라 지연 없이 연달아 실행될 수 있다. 그리고 같은 인터벌 핸들러의 인스턴스는 큐에 1개까지만 저장된다.
- setTimeout()과 setInterval()은 이벤트 발생 빈도를 결정하는 방식에 근본적인 차이가 있다.

이것들은 모두 아주 중요한 내용이다. 자바스크립트 엔진이 비동기 코드들, 특히 보통의 스크립트를 사용한 페이지에서 일상적으로 발생하는 다수의 비동기 이벤트를 어떻게 처리하는지 이해하는 것은 고급 애플리케이션 코드를 만드는 데 중요한 근간이 된다.

이 절에서는 예제에 10ms 정도의 제법 작은 지연 값을 사용했다. 예제에서 10ms가 자주 등장하는 것을 보았을 것이다. 이 값을 너무 낙관적으로 설정한 것은 아닌지 확인해 보고 싶기 때문에, 시선을 돌려 지연시간을 얼마나 작게 줄 수 있는지 확인해 보도록 하자.

8.2 최소 타이머 지연시간과 신뢰성

타이머의 지연 시간으로 초, 분, 시간 또는 그 어떤 값이라도 설정할 수 있다는 사실은 꽤 분명한데 반해, 실질적으로 얼마나 작은 값을 지연 시간으로 설정할 수 있는지는 분명해 보이지 않는다.

지연 시간이 일정 수준 이상으로 작아지면, 브라우저 역시 운영체제가 지닌 타이밍 제약을 벗어날 수 없기 때문에 더 이상 제공된 타이머를 정확하게 다룰 수 없게 된다.

불과 몇 년 전까지만 해도, 10ms 정도로 짧게 지연시간을 설정하는 것은 터무니없이 낙관적인 것이었다. 하지만 최근에 브라우저의 자바스크립트 성능을 개선하는데 많은 노력이 집중되어 왔으므로, 한번 테스트를 해보도록 하자. 지연 시간을 1ms로 해서 인터벌 타이머를 설정한 다음, 100번째 타이머가 호출될 때까지 인터벌 타이머 사이의 실제 지연 시간을 측정해 보았다.

결과는 그림 8.2와 8.3에서 볼 수 있다.

이 차트들은 타이머가 100번 실행되는 동안 각각의 실제 지연시간을 수집해 보여준다.

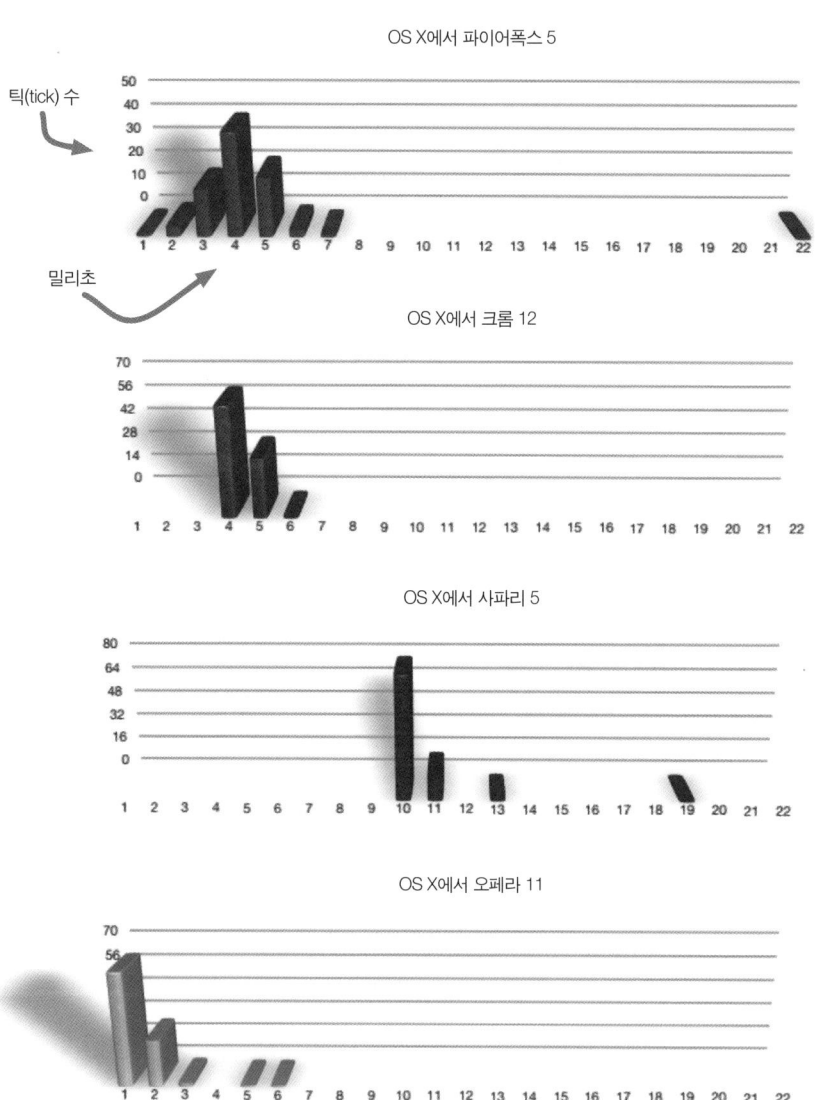

그림 8.2 OS X에서 브라우저별로 보여주는 인터벌 타이머 성능 측정: 몇몇은 1ms 단위에 꽤 가깝고, 나머지는 그렇지 못하다.

OS X의 파이어폭스에서, 평균 값은 대략 4ms이고, 22ms와 같이 긴 값도 있었다. 크롬은 좀 더 균일했지만, 역시 평균 값은 4, 5ms였다. 사파리는 좀 더 느렸다. 평균적으로 10ms였다. 오페라 11은 100개 중 56개의 인터벌이 설정된 1ms에 수행되어, 가장 빠른 브라우저였다.

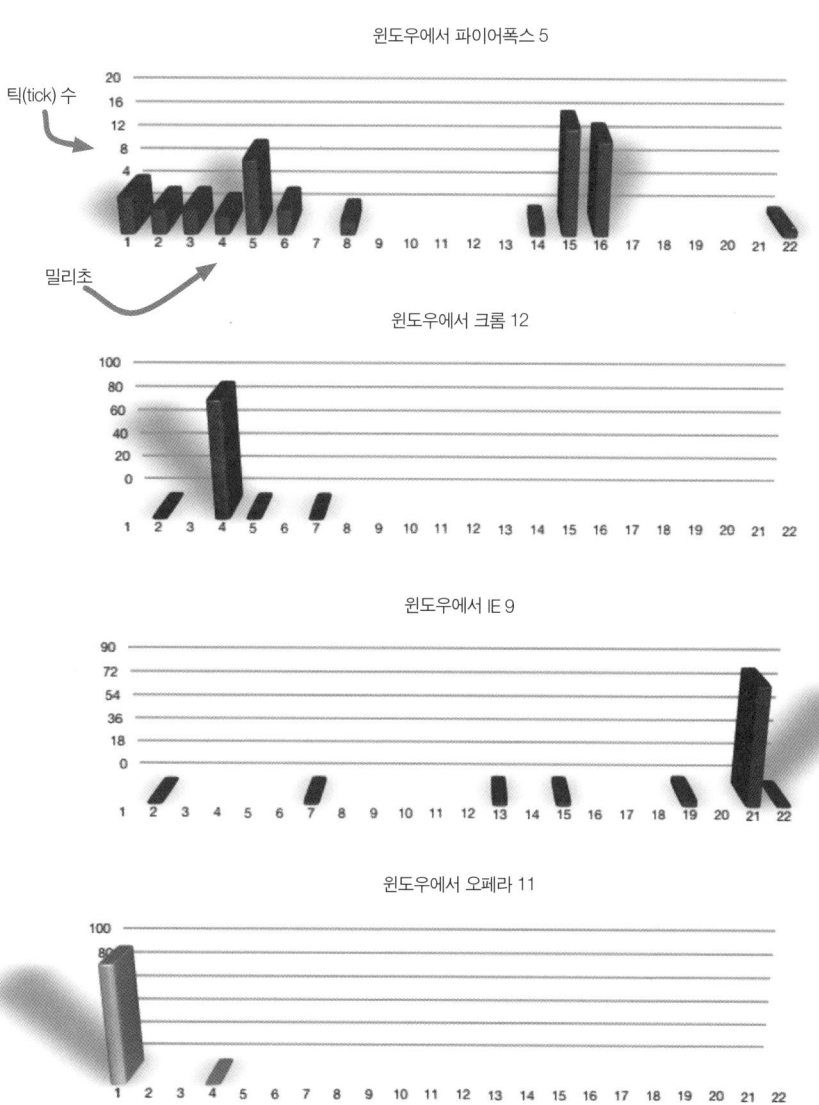

그림 8.3 윈도우에서 브라우저의 인터벌 타이머 성능을 측정했다.

윈도우 OS에서 파이어폭스는 전 범위에 걸쳐서 특별한 시간대가 아닌 산발적인 결과를 보여준다. 크롬은 공평하게 평균 4ms를 보여줬고, IE 9는 끔찍하게도 21ms를 기록했다. 오페라는 다시 한번 대부분이 지정된 1ms 인터벌에 발생해서 압도적인 우위를 보여주었다.

노트: 이 테스트는 OS X 10.6.7에서, 2.5GHz Intel Core 2 Duo 프로세스, 램 4GB인 맥북 프로와, Intel Quad Q9550 2.83GHz와 램 4GB인 Windows 7 노트북에서 수행하였다.

현대 브라우저들이 일반적으로 아직 1ms 수준의 지연시간을 현실적으로, 꾸준하게 지원하지 못한다는 결론을 내릴 수 있지만, 몇몇 브라우저들은 거의 근접해 가는 중이다.

앞의 테스트에서 지연시간을 1ms로 설정했지만, 최솟값으로 0을 설정하는 것도 가능하다. 여기서 하나 알아 둘 것은, 인터넷 익스플로러의 경우 setInterval()의 지연 시간을 0ms로 설정하면 제대로 동작하지 않는다는 것이다. setInterval()에 지연시간을 0ms로 설정하면, 마치 setInterval() 대신에 setTimeout()을 사용한 것처럼, 콜백이 단 한 번만 실행된다.

이 차트를 통해서 여러 가지 사실을 알 수 있다. 그 중에서도 가장 중요한 것은 앞서 배웠던 것처럼, 브라우저가 지정된 시간에 타이머가 호출되는 것을 보장해 주지 않는다는 사실이다. 비록 지연 시간에 특정한 값을 지정할 수는 있지만, 정확성이 늘 보장되지는 않고, 값이 작을수록 더더욱 그렇다.

애플리케이션에서 타이머를 사용할 때, 이런 부분을 고려해야 한다. 10ms와 15ms의 차이가 문제가 되거나, 브라우저가 제공하는 것보다 더 정확한 단위가 필요하다면, 현재의 방식에 대해서 다시 한번 생각해야 한다. 브라우저는 그런 수준의 정확성을 제공할 능력이 없다.

노트: 대부분의 상황에서, 클로저는 데이터를 타이머와 인터벌 콜백으로 전달하는데 사용된다. 그러나 현재의 웹킷, 모질라, 오페라 브라우저는(IE9나 그 이전의 모든 IE 버전을 제외하고) 설정 시에 추가적인 인자를 전달할 수 있다. 예를 들어, setTimeout(callback,interval,arg1, arg2,arg3)에서 arg1, arg2, arg3는 타임아웃 콜백으로 전달된다.

우리가 이미 겪은 것들을 통해서, 타이머를 이해하는 것이 어떻게 성능 저하를

피하는데 도움이 되는지 살펴보자.

8.3 비싼 연산 처리 다루기

싱글 스레드라는 자바스크립트의 특성은 복잡한 자바스크립트 애플리케이션을 개발할 때 가장 큰 걸림돌이 될 것이다. 자바스크립트가 바쁘게 실행되는 동안, 브라우저는 사용자의 입력에 느릿느릿 반응하거나, 최악의 경우 응답할 수 없는 상태가 될 수 있고, 이로 인해 브라우저가 동작하지 않는 것처럼 보이게 될 수 있다. 이렇게 되는 이유는 자바스크립트가 실행 중일 때는 페이지의 변경 내역을 그리는 작업이 중단되기 때문이다.

이런 이유로, 인터페이스의 반응성을 유지하려면 실행에 수백 ms 이상이 소요되는 복잡한 연산들을 잘게 나눠서 관리하는 것이 필요하다. 추가적으로 (파이어폭스나 오페라 같은) 몇몇 브라우저는 스크립트가 5초 이상 멈추지 않고 실행되는 경우 사용자에게 '응답할 수 없는 상태가' 되었음을 알려주는 대화창을 보여준다. 다른 브라우저들은, 예를 들어 아이폰의 브라우저는 스크립트가 5초 이상 수행되면 조용히 종료시킨다.

여러분들도 수다쟁이 삼촌이 쉴새 없이 같은 이야기를 반복하는 가족모임에 참석해 본 경험이 있을 것이다. 이때 당사자를 제외하고 어느 누구도 말할 기회가 없다면, 그 대화는 누구에게도 그다지 유쾌하지 않을 것이다(물론 당사자는 제외하고). 마찬가지로, 모든 처리 시간을 독차지하는 코드는 원하지 않는 결과를 가져온다. 그 결과란 UI가 응답할 수 없는 상태가 되는 것을 말하는데, 이것은 결코 좋지 않다. 그렇지만 분명히 아주 많은 양의 데이터를 처리해야 하는, 예를 들어 수천 개의 DOM 엘리먼트를 조작해야 하는 상황에 처하게 될 수도 있다.

이런 경우가 바로 타이머를 유용하게 사용할 수 있는 기회라고 할 수 있다. 타이머를 이용하면 자바스크립트 코드의 실행을 효과적으로 뒤로 미룰 수 있기 때문에, 각각의 코드를 브라우저가 멈춘 것처럼 보이지 않을 정도로 충분히 작게 나눈 다음 실행하는 것이 가능하다.

이와 같은 타이머의 특성을 이용해서 많은 시간이 걸리는 반복문과 연산을 논블로킹 연산으로 바꿀 수 있다. 긴 시간이 걸리는 예제를 살펴보자.

8.2 긴 시간 동안 실행되는 작업의 예

```
<table><tbody></tbody></table>

<script type="text/javascript">

  var tbody = document.getElementsByTagName("tbody")[0];

  for (var i = 0; i < 20000; i++) {

    var tr = document.createElement("tr");

    for (var t = 0; t < 6; t++) {
      var td = document.createElement("td");
      td.appendChild(document.createTextNode(i + "," + t));
      tr.appendChild(td);
    }

    tbody.appendChild(tr);
  }

</script>
```

- <tbody> 엘리먼트를 찾아서, 각 행마다 데이터를 생성한다.
- 20,000행을 만든다.
- 각각의 행을 생성한다.
- 각 행마다 6개의 셀을 만들고, 각각은 텍스트 노드를 갖는다.
- 새로운 노드를 부모에게 추가한다.

이 예제에서, 우리는 많은 셀을 포함한 테이블을 하나 만들면서 총 240,000개의 DOM 노드를 생성한다. 이 작업은 아주 긴 시간을 요하는데, 이 작업이 실행되는 동안 브라우저는 멈춘 것처럼 보이게 될 것이고, 사용자는 브라우저를 정상적으로 사용할 수 없을 것이다. 가족모임에서 수다쟁이 삼촌이 대화를 지배한 것과 같은 상황이다.

다른 사람이 대화에 참여하기 위해서 삼촌이 정기적으로 말을 줄이도록 할 필요가 있듯이, '대화 중에 휴식하기'처럼 타이머를 이용할 필요가 있다. 다음 코드를 보자.

8.3 타이머를 이용해서 긴 작업을 나누기

```
<script type="text/javascript">

  var rowCount = 20000;
  var divideInto = 4;
  var chunkSize = rowCount/divideInto;
  var iteration = 0;

  var table = document.getElementsByTagName("tbody")[0];

  setTimeout(function generateRows(){
    var base = (chunkSize) * iteration;
    for (var i = 0; i < chunkSize; i++) {
      var tr = document.createElement("tr");
      for (var t = 0; t < 6; t++) {
        var td = document.createElement("td");
        td.appendChild(
  document.createTextNode((i + base) + "," + t +
```

- ❶ 데이터를 설정한다.
- ❷ 지난번에 어디까지 처리했는지 계산한다.

```
            "," + iteration));
        tr.appendChild(td);
      }
      table.appendChild(tr);
    }
    iteration++;
    if (iteration < divideInto)
      setTimeout(generateRows,0);                    ❸ 다음 시기를 설정한다.
  },0);

</script>
```

예제를 수정해서, 긴 연산을 4개의 작은 연산으로 나누어 보았다. 각 연산은 자신의 몫 만큼 DOM 노드를 생성한다. 이 작은 연산들은 이전의 것에 비해 브라우저의 동작을 훨씬 덜 방해한다.

필요한 경우 연산을 4개가 아니라 10개로 나눠서 처리할 수 있도록, 연산을 제어하는 데 사용되는 값들을 변수에 저장해 손쉽게 변경할 수 있게 해놓은 것을 유심히 보도록 하자❶.

그리고 또 중요하게 살펴볼 부분은, 간단한 계산을 통해서 이전 이터레이션에서 어디까지 처리했는지를 확인한다는 사실❷과, 모든 연산이 끝날 때까지 자동으로 다음 이터레이션을 등록하는 방식이다❸.

변경된 코드에서 인상적인 부분은, 새로운 비동기적인 방식을 지원하기 위해서 추가한 코드의 양이 그다지 많지 않다는 점이다. 진행 상태를 저장하고, 제대로 연산이 실행되는지 확인하고, 다음 실행될 부분을 등록하기 위해서 약간의 일만 더 하면 된다. 그럼에도 코드의 핵심 부분은 처음과 매우 유사하다.

사용자의 입장에서 이 기법을 사용했을 때 가장 눈에 띄는 변화는, 브라우저가 긴 시간 동안 멈춰있던 것이 4번 (혹은 연산을 분할한 만큼) 페이지가 업데이트 되는 것으로 바뀐 부분이다. 브라우저는 여전히 가능한 빠르게 분할된 코드를 실행하려고 하겠지만, 각 단계의 연산이 끝날 때마다 DOM 변경 내역을 화면에 그리게 된다. 원래 코드에서는 한 번에 모든 갱신이 발생하기를 기다려야 했다.

대부분의 경우, 사용자들은 이런 유형의 갱신작업을 인지하지 못한다. 그렇지만 우리는 이런 갱신작업이 일어난다는 사실을 알고 있어야 한다. 그리고 우리가 추가한 코드가 사용자가 알아차릴 수 있을 정도로 브라우저의 정상적인 동작을 방해하는 일이 일어나지 않도록 하기 위해서 노력해야 한다.

저자 중 한 명이 이 기법을 사용해서 만족할 만한 결과를 얻었던 것 경험 중 하나는, 대학생을 위한 수강일정 계산 애플리케이션이었다. 원래 그 애플리케이션은 전형적인 CGI 애플리케이션이었고 서버에서 일정을 계산해서 클라이언트로 전달해 주고 있었는데, 모든 일정 계산을 클라이언트에서 하도록 변경했다. 일정 계산 애플리케이션의 실행 화면은 그림 8.4에서 볼 수 있다.

이 연산들은 상당히 시간이 오래 걸리는 것들이었다(정확한 결과를 찾기 위해서 수천 번의 연산을 수행한다). 수행 시간이 오래 걸리는 연산으로 인해 발생한 성능 문제는 일정 계산을 여러 조각으로 나누고, UI를 진행된 만큼 갱신하는 방식으로 해결했다. 그 결과 사용자는 빠르고, 반응성이 좋으며, 아주 사용하기 편한 인터페이스를 사용할 수 있게 되었다.

이 기법의 유용함에 대해 자주 놀라게 된다. 여러분은 이 기법이 오랜 시간 실행되는 작업에서 사용되는 것을 빈번하게 목격할 수 있을 것이다. 테스트 스위트를 실행하는 것이 한 가지 예가 될 수 있는데, 이 장의 끝부분에서 여기에 대해 이야기 하겠다. 하지만 무엇보다 중요한 것은 이 기법이 사용자에게 편의를 제공함과 동시에 타이머를 이용해서 싱글 스레드로 인한 제약을 손쉽게 피해가는 방법을 보여준다는 점이다.

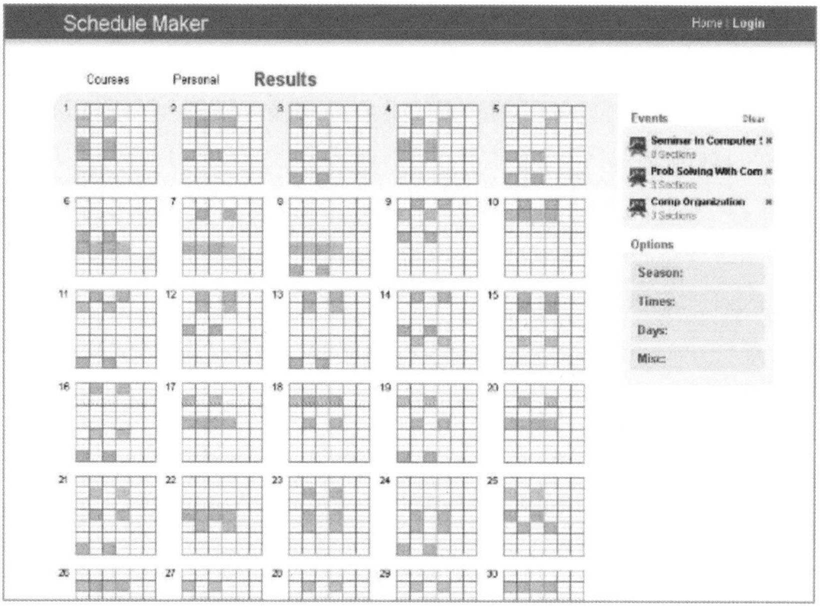

그림 8.4 클라이언트에서 일정을 계산하는 웹 기반의 일정 생성 애플리케이션

그러나 모든 것이 장밋빛으로 빛나진 않는다. 많은 수의 타이머를 다루는 작업은 쉽지 않다. 이제 이에 대해서 알아보자.

8.4 중앙 타이머 관리

타이머를 사용할 때 발생하는 문제 중의 하나가, 많은 수의 타이머를 관리하는 것이다. 애니메이션을 다루거나 할 때는 특히 문제가 되는데, 동시에 많은 수의 속성을 다뤄야 하기 때문이다. 그래서 이를 관리하기 위한 방법이 필요하다.

다수의 타이머를 다루는 작업은 여러 가지 이유로 문제가 있다. 단지 머잖아 취소되어 사라질, 많은 수의 인터벌 타이머에 대한 참조를 저장해야 하는 문제뿐만 아니라(물론 클로저를 활용해서 이런 것으로 인해 발생하는 혼란을 막는 법을 알고 있긴 하지만), 브라우저의 정상 동작을 방해하는 문제도 있다. 이전에 살펴 보았듯이, 타이머 핸들러가 과도하게 오래 실행되지 않게 함으로서, 우리가 작성한 코드가 다른 코드의 실행을 막는 일을 예방할 수 있다. 하지만 브라우저에 대해 고려할 사항들이 더 있다. 그 중 하나는 가비지 컬렉션이다.

많은 수의 타이머가 동시에 발생되면 브라우저에서 가비지 컬렉션이 발생할 가능성이 늘어난다. 가비지 컬렉션이란, 간단히 말해, 할당된 메모리를 조사해서 사용하지 않는 객체들을 제거하는 것이다. 타이머가 특히 문제가 되는데, 타이머는 일반적인 싱글 스레드 자바스크립트 엔진의 범위 밖에서 관리되기 때문이다(다른 브라우저 스레드를 통해서 관리된다).

어떤 브라우저들은 이런 상황을 비교적 잘 다루는 반면, 다른 브라우저들은 가비지 컬렉션 주기가 길어지는 모습을 보여주기도 한다. 만약 한 브라우저에서는 매끄럽게 처리되는 애니메이션이 다른 브라우저에서는 그렇지 못한 것을 경험한 적이 있다면, 브라우저 간에 이런 차이가 있다는 사실을 알아차릴 수 있었을 것이다. 동시에 실행되는 타이머의 수를 줄이면 이런 상황을 크게 개선할 수 있기 때문에, 현대적인 애니메이션 엔진들은 중앙 집중식 타이머 관리 기법을 사용한다

중앙 집중식 타이머 관리 기법은 상당한 유용함과 유연함을 제공해 준다.

- 한 페이지 내에 실행 중인 타이머는 단 하나만 있으면 된다.

- 원하는 대로 타이머를 정지하거나 재개할 수 있다.
- 콜백 함수를 제거하는 것이 매우 쉬워진다.

이 기법을 사용한, 각각의 프로퍼티를 애니메이션 하는 다수의 함수를 관리하는 예제를 살펴보자. 먼저, 하나의 타이머를 이용해서 다수의 핸들러 함수를 관리하는 부분을 생성한다. 다음 코드를 보자.

8.4 다수의 핸들러 함수를 관리하는 중앙 타이머

```
<script type="text/javascript">
var timers = {                                      ❶ 타이머 관리 객체를 정의한다.
  timerID: 0,
  timers: [],                                       ❷ 상태를 저장한다.

  add: function(fn) {
    this.timers.push(fn);                           ❸ 핸들러 추가 함수를 생성한다.
  },

  start: function() {
    if (this.timerID) return;                       ❹ 타이머 시작 함수를 생성한다.
    (function runNext() {
      if (timers.timers.length > 0) {
        for (var i = 0; i < timers.timers.length; i++) {
          if (timers.timers[i]() === false) {
            timers.timers.splice(i,1);
            i--;
          }
        }
        timers.timerID = setTimeout(runNext, 0);
      }
    })();
  },

  stop: function() {
    clearTimeout(this.timerID);                     타이머 중지 함수를 생성한다.
    this.timerID = 0;
  }
};
</script>
```

코드 8.4에서 타이머 콜백을 추가하기 위한 중앙 관리 구조를 만들었고❶, 실행과 정지를 할 수 있도록 했다. 추가적으로 clearTimeout()을 호출하는 것보다 좀 더 편리하도록 콜백 함수가 false를 리턴하면, 언제라도 스스로 제거할 수 있도록 했다.

코드가 어떻게 동작하는지 들여다 보자. 먼저, 모든 콜백 함수는 timers라는 배열에 저장되고, 현재 실행되는 타이머의 ID는 timerID에 저장된다❷. 우리만의 타이머를 만들 때 관리해야 하는 상태는 이 두 가지가 전부다.

add() 메서드는 콜백 핸들러를 전달받아❸ timers 배열에 추가한다. 실제 동작은 start() 메서드에서 이루어진다❹.

이 메서드는 먼저 타이머가 실행 중인지 확인하고(timerID가 값을 가지고 있는지 확인함), 실행 중이 아니라면 즉시실행함수를 이용해서 중앙 타이머를 실행한다.

즉시실행함수는 등록된 핸들러가 있으면 반복문(loop)을 이용해서 각 핸들러를 실행한다. 만약에 핸들러가 false를 반환한다면, 배열에서 그 핸들러를 제거한다. 그런 다음 애니메이션의 다음 번 '틱'을 설정한다.

이 코드를 사용하기 위해서, 애니메이션에 사용할 엘리먼트를 하나 만든다.

```
<div id="box">Hello!</div>
```

그리고 다음 코드와 함께 애니메이션을 시작한다.

```
var box = document.getElementById("box"), x = 0, y = 20;
timers.add(function() {
  box.style.left = x + "px";
  if (++x > 50) return false;
});
timers.add(function() {
  box.style.top = y + "px";
  y += 2;
  if (y > 120) return false;
});
timers.start();
```

엘리먼트의 참조를 얻고, 엘리먼트를 수평으로 이동하는 핸들러를 추가한다. 그리고 엘리먼트를 수직으로 이동하게 하는 또 다른 핸들러를 추가한 다음 이를 시작한다. 애니메이션이 끝난 결과는 그림 8.5에서 볼 수 있다.

여기서 중요한 점은 타이머를 이런 식으로 관리하면 콜백들이 등록된 순으로 실행되는 것을 보장할 수 있다는 것이다. 일반적인 타이머를 사용하면, 브라우저가 다른 타이머를 선택할 수도 있기 때문에, 이런 순서가 늘 보장되지는 않는다.

타이머를 이와 같은 식으로 조직화하는 것은 대규모 애플리케이션을 개발할

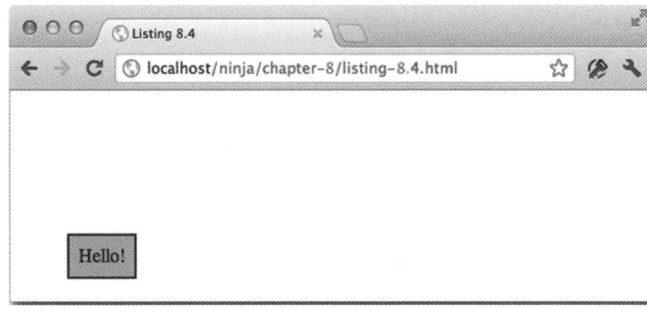

그림 8.5 다수의 애니메이션 핸들러가 실행된 후에, 엘리먼트는 페이지의 반대쪽 아래로 이동했다.

때나 어떤 형태든 자바스크립트 애니메이션을 처리할 때 아주 중요하다. 문제를 어떻게 해결해야 하는지 알고 있으면 미래에 애플리케이션을 개발할 때, 특히 애니메이션을 제작할 때 분명히 도움이 될 것이다.

중앙 타이머 관리 기법은 애니메이션 처리에 도움을 줄뿐 아니라, 테스팅에도 도움을 줄 수 있다. 어째서 그런지 살펴보자.

8.5 비동기 테스팅

중앙 집중형 타이머 관리가 도움이 되는 또 다른 상황은 비동기 테스팅을 수행할 때다. 즉시 완료되지 않는 테스트(예를 들어, 타이머에 대한 핸들러거나, XMLHttpRequest를 사용한 경우)를 수행하고자 할 때, 테스트 스위트가 비동기적으로 완료될 수 있도록 변경할 필요가 있다.

이전 장들의 테스트 예제들에서 살펴본 것처럼, 테스트는 필요할 때 간단하게 실행할 수 있었고, 대부분 그걸로 충분했다. 하지만 비동기 테스트가 필요하게 되면, 다음 코드와 같이 모든 테스트들을 쪼개서 따로 처리되게 해야 한다. 다음 코드가 익숙하게 느껴지더라도 놀랄 필요는 없다.

8.5 간단한 비동기 테스트 스위트

```
<script type="text/javascript">
  (function() {
    var queue = [], paused = false;           ← 상태를 저장한다.

    this.test = function(fn) {                ← 테스트를 등록하는
      queue.push(fn);                            함수를 정의한다.
      runTest();
```

```
    };
    this.pause = function() {              ← 테스트 일시중지 함수를
      paused = true;                          정의한다.
    };
    this.resume = function() {             ← 테스트 재개 함수를
      paused = false;                         정의한다.
      setTimeout(runTest, 1);
    };
    function runTest() {                   ← 테스트를 수행한다.
      if (!paused && queue.length) {
        queue.shift()();
        if (!paused) resume();
      }
    }
  })();
</script>
```

　코드 8.5에서 가장 중요한 부분은 test() 함수에 전달되는 각 함수는 비동기 테스트를 최대 하나만 포함한다는 점이다. 이 코드의 비동기성은 비동기 이벤트 전후에 호출되는 pause()와 resume()에 의해 정의된다. 실제로 이 코드는 비동기로 동작하는 함수들을 지정된 순서에 따라 실행되도록 해주는 도구 그 이상도 이하도 아니다. (이 코드가 테스트 케이스를 다루는 데만 사용해야 하는 것은 아니지만, 테스트에 특히 유용한 것이 사실이다.)

　이 동작을 가능하게 하는데 필요한 코드를 살펴보자. 이 코드는 코드 8.4와 매우 유사하다. 대부분의 기능은 resume()과 runTest() 함수에 포함되어 있다. runTest()는 큐(queue)를 다룬다는 것만 제외하고, 이전 예제에 있었던 start() 메서드와 아주 유사하게 동작한다. 이 함수의 목적은 대기 중인 함수가 있는 경우 큐에서 꺼내 실행하는 하는 것이다. 대기 중인 함수가 없는 경우에는 실행을 완전히 중지한다.

　여기서 중요한 부분은 큐를 다루는 코드가 완전히 비동기적으로 동작하기 때문에(인터벌 내에 포함되어 있어서), 이미 pause() 함수를 호출했다고 하더라도 실행 시도를 보장한다는 것이다.

　이 간략한 코드는 테스트 스위트의 실행 순서는 그대로 유지하면서 테스트 스위트가 완전히 비동기적인 방식으로 동작하는 것을 강제한다. (테스트 결과가 다른 테스트에 영향을 줄 수 있는 경우라면, 이것은 아주 중요하다.) 다행스럽게도, 타이머를 효과적으로 사용함으로서, 존재하는 테스트 스위트에 신뢰할 만

한 비동기 테스트 기능을 추가하는데 너무 많은 부하를 유발하지는 않는다.

8.6 요약

자바스크립트 타이머가 얼마나 환상적인지에 대해 이야기 했다. 이 장을 통해 알게 된 것들을 다시 한 번 살펴보자.

- 단순해 보이는 기능인 타이머는 실제로 상당히 복잡하게 구현되어 있다. 하지만 이런 복잡한 사항들을 모두 고려하면, 우리가 원하는 바를 얻기 위해서 어떻게 하면 타이머를 가장 잘 활용할 수 있는지에 대한 통찰을 얻을 수 있다.
- 타이머는 다음과 같은 복잡한 애플리케이션을 다룰 때 아주 유용하다.
    - 계산량이 많은 코드
    - 애니메이션
    - 비동기 테스트 스위트
- 쉬운 사용법으로 인해(특히 클로저의 추가로 인해), 타이머는 복잡한 상황을 관리하기 쉽게 만들어 주는 경향이 있다.

지금까지 복잡한 코드를 작성하는 데 사용할 수 있는 몇 가지 기능과 기법들에 대해서 살펴보았다. 다음 장에서는 자바스크립트가 실시간 평가를 수행하는 방법과, 목적에 맞게 이를 활용하는 방법에 대해서 살펴보겠다.

3부 닌자 훈련

여러분은 이제 견습과정을 통과했으며, 기본적인 기술들을 구사할 수 있는 단계에 이르렀다. 3부에서는 지금까지 배웠던 기본기를 가지고 적들이 도사리고 있는 브라우저 환경에서 살아남는 법에 대해 다루고자 한다. 그리고 위대한 닌자들의 가르침을 바탕으로, 브라우저들이 만들어 내는 어려운 상황을 헤쳐 나가는 방법을 소개한다.

9장에서는 고급 주제인 코드 평가(code evaluation)에 대해 바로 뛰어들어 본다. 코드 평가는 일반적으로 가장 강력한 자바스크립트 전사들이 사용하는 기법으로, 여러분의 무기고에도 추가될 것이다.

10장은 with 구문을 다룬다. with 구문은 논란이 있는 자바스크립트 언어 요소인데, 비록 새로 작성하는 코드에는 사용을 금하고 있지만, 여러분이 다루어야 하는 레거시 코드 내에 with 구문이 존재하고 있을 수 있다.

11장에서는 크로스 브라우저 관련 이슈를 다루는 법과 그 시련으로부터 살아남는 것에 대해 배우게 될 것이다.

속성과 객체 프로퍼티 그리고 관련된 주제인 스타일과 CSS의 세계를 탐험하는 12장을 끝으로 닌자 훈련은 막을 내린다.

12장까지 훈련을 마친 후에도 더 많은 훈련에 목마르다면, 4부를 보기 바란다. '마스터 훈련'에 해당하는 4부는 자바스크립트 달인의 경지에 오르는데 필요한 어둠의 무술에 대해 다룬다.

9장

SECRETS OF THE JAVASCRIPT NINJA

닌자 비술: 런타임 코드 평가

> **이 장에서는 다음 주제를 다룬다.**
> - 런타임 코드 평가가 어떤 식으로 작동하는가
> - 코드 평가 기법 간의 차이
> - 애플리케이션에서 코드 평가 사용하기
> - 함수 디컴파일
> - 네임스페이스 사용하기
> - 코드 압축과 난독화

자바스크립트와 많은 다른 언어를 구분 짓는 강력한 기능 중 하나는 런타임에 동적으로 코드를 해석하고 실행하는 기능이다. 코드 평가는 종종 남용되기는 하지만 자바스크립트의 강력한 기능이다. 코드 평가를 사용할 수 있는 상황과 사용해야만 하는 상황을 이해하고, 최고의 코드 평가 기법을 이해한다면 고급 애플리케이션을 만들 때 많은 도움이 될 것이다.

이 장에서는 런타임에 코드를 해석하는 여러 방법을 살펴보고, 이 강력한 기능이 우리의 코드 수준을 아주 높여줄 수 있는 상황을 알아볼 것이다. 그리고 자바스크립트가 제공하는 여러 런타임 코드 평가 메커니즘에 대해 배울 것이며, 웹 애플리케이션을 만들 때 마주칠 수 있는 각종 상황에서 이러한 런타임 평가를 어떻게 흥미로운 방식으로 적용할 수 있는지를 알아볼 것이다.

런타임에 코드를 평가하는 방법들에는 어떤 것들이 있는지를 알아보며 시작하자.

9.1 코드 평가 메커니즘

자바스크립트에는 서로 다른 몇 가지의 코드 평가 메커니즘이 있다. 각각의 메커니즘은 사용하려는 콘텍스트에 따라 장단점이 있기 때문에, 주의를 기울여 선택해야 한다.

이 방법들은 다음과 같다.

- eval() 함수
- 함수 생성자
- 타이머
- 〈script〉 엘리먼트

앞으로 각 평가 메커니즘을 살펴보면서 해당 메커니즘과 그 유효 범위에 대해 이야기해 보겠다. 그리고 런타임에 코드를 평가할 때 안전을 위해 염두에 두어야만 하는 관례들에 대해서도 소개하겠다.

그 시작으로, 웹페이지 개발자가 가장 흔히 사용하는 코드 평가 방법을 살펴보자.

9.1.1 eval() 메서드를 사용한 평가

eval() 메서드는 런타임에 코드를 평가하는 가장 일반적인 수단이다. eval() 메서드는 전역 유효 범위에 정의된 함수이고, 이 메서드는 문자열 형태로 전달된 코드를 현재 콘텍스트에서 실행한다. eval() 메서드는 평가된 표현식의 마지막 결과 값을 반환한다.

기본 기능

eval()의 기본적인 기능을 살펴보자. eval()에 대해 우리는 다음 두 가지 핵심 기능을 예상할 수 있다.

- eval() 메서드는 문자열 형태로 전달된 코드를 평가할 것이다.
- eval() 메서드를 호출한 유효 범위 내에서 전달된 코드를 실행할 것이다.

이 가정을 검증해볼 것이다. 다음 코드를 살펴보자.

9.1 eval() 메서드에 대한 기본적인 테스트

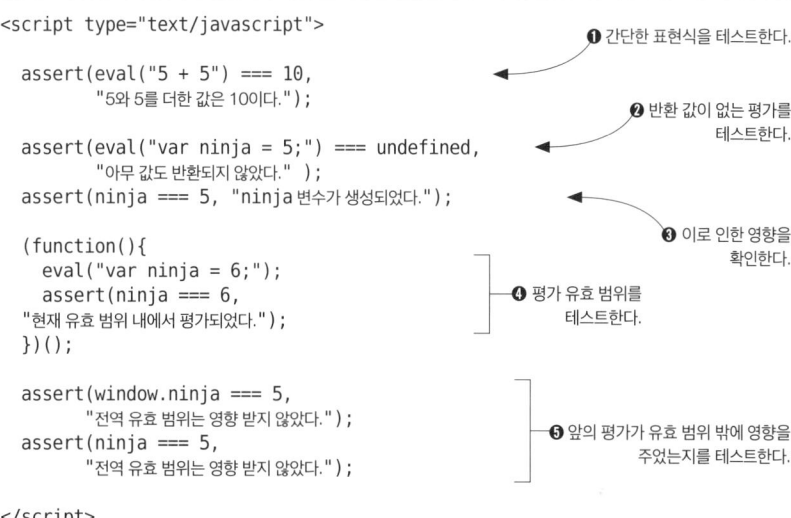

이 코드에서 eval()에 대한 기본적인 몇 가지 가정들을 테스트했다. 테스트 결과는 그림 9.1에 나타나 있다.

먼저, 간단한 표현식 문자열을 eval() 메서드에 전달하고❶ eval() 메서드가 기대한 결과를 만들어 내는지를 검증한다.

그런 다음, 아무 값도 반환하지 않는 할당 구문인 ninja=5를 시도하고, 실제로 아무 값도 반환되지 않는다는 것을 검증한다❷. 하지만 잠깐. 이 테스트는 충분치 않다. 반환된 값이 없기는 했지만, 이는 평가된 표현식이 아무 값도 만들어 내지 않았기 때문일까, 아니면 정말 아무런 일도 일어나지 않았기 때문일까? 추가적인 테스트가 필요하다.

현재 유효 범위(이 경우는 전역 유효 범위)에서 코드가 평가될 것으로 예상했고, 따라서 평가의 영향으로 ninja라는 전역 변수가 생성될 것으로 예상했다. 테스트❸을 통해 이 가정이 옳음을 증명하였다.

다음으로, 전역 유효 범위가 아닌 곳에서 평가가 예상한 대로 작동하는지를 테스트하기 위해, 즉시실행함수를 만들고 그 함수 내부에서 var ninja=6;을 평가한다❹. ninja 변수는 해당 유효 범위에 존재하고, 또한 기대한 값을 가지고 있음을 성공적으로 테스트하였다. 하지만 다시 한 번 생각해보자. 지역 유효 범위에 ninja 변수를 생성했기 때문에 ninja의 값은 6이었겠지만, 혹시라도 전역 변수 ninja의 값을 변경하지는 않았을까?

추가 테스트❺는 전역 유효 범위가 영향 받지 않았음을 증명한다.

평가 결과

eval() 메서드는 전달한 문자열의 가장 마지막에 있는 표현식의 결과를 반환한다. 예를 들어, 다음을 호출하면

```
eval('3+4;5+6')
```

결과는 11이다.

올바른 값을 얻으려면 단순한 변수, 기본 타입, 할당 구문이 아닌 모든 것은 괄호로 둘러싸야 할 필요가 있다는 것을 유념하라. 예를 들어, eval()을 사용하여 간단한 객체를 생성하려 한다면 다음과 같은 식으로 코드를 작성하기 쉽다.

```
var o = eval('{ninja: 1}');
```

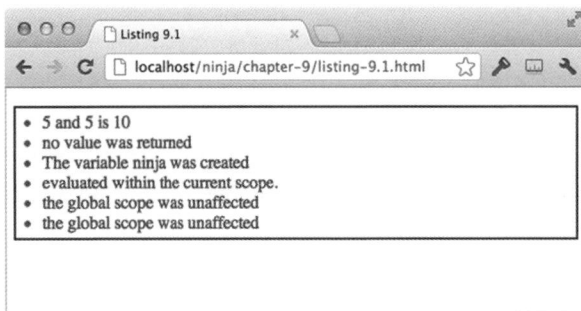

그림 9.1 eval()은 여러 종류의 표현식을 평가할 수 있고, 평가는 지역유효 범위에 국한해서 이뤄진다는 것을 증명한다.

하지만 이 코드는 우리가 원하는 방식대로 작동하지 않을 것이다. 우리는 다음과 같이 객체를 괄호로 둘러싸야 한다.

```
var o = eval('({ninja: 1})');
```

몇 가지 테스트를 더 실행해보자.

9.2 eval()이 반환한 값을 테스트하기

```
<script type="text/javascript">
  var ninja = eval("({name:'Ninja'})");
```

❶ 객체 리터럴 문자열로부터 객체를 생성하고, 객체가 제대로 생성되었는지 그리고 이 생성된 객체가 name 프로퍼티를 가지고 있는지를 테스트한다.

```
assert(ninja != undefined,"닌자가 만들어졌다.");
assert(ninja.name === "Ninja",
       "그리고 기대한 프로퍼티를 가지고 있다.");

var fn = eval("(function(){return 'Ninja';})");
assert(typeof fn === 'function',
       "함수가 생성되었다.");
assert(fn() === "Ninja",
       "그리고 그 함수는 기대한 값을 반환하였다."  );

var ninja2 = eval("{name:'Ninja'}");
assert(ninja2 != undefined,"ninja2가 만들어졌다.");
assert(ninja2.name === "Ninja",
       "그리고 ninja2는 기대한 프로퍼티를 가지고 있다.");
</script>
```

❷ 함수 리터럴 문자열로부터 함수를 생성하고, 함수가 제대로 생성되었는지, 그리고 그 함수를 호출했을 때 함수가 기대한 값을 반환하는지 테스트한다.

첫 번째 테스트의 다른 버전으로, 괄호로 둘러싸지 않은 표현식을 사용한다. 처음 검증은 성공하지만(무엇인가 만들어졌다) 두 번째 검증은 실패하는데, 이는 우리가 기대한 대로 객체가 만들어지지 않았기 때문이다. (무엇이 생성되었는지 알고 싶다면 자바스크립트 디버거를 사용하여 각 변수들을 출력해보라.)

이 코드에서 eval()을 사용하여 런타임에 객체❶와 함수❷를 만들었다. 각각의 경우, 표현식 구문을 어떻게 괄호로 둘러쌌는지를 유념해야 한다. 연습 삼아, 코드 9-2.html의 복사본을 만들어서 소스에서 괄호를 제거한 다음, 브라우저에서 파일을 불러보라. 그리고 여러분의 기대와 얼마나 동떨어진 결과가 나타나는지를 보자!

만약 여러분이 이 테스트를 인터넷 익스플로러 8과 그 이하 버전에서 실행한다면 난처한 결과를 보게 될 것이다. IE 9는 괜찮지만 9 미만의 버전들은 eval()에서 괄호로 둘러싼 문법을 실행하는데 문제가 있다. 따라서 eval() 호출이 제대로 실행되게 하려면, 몇 가지 불리언 표현식을 가지고 트릭을 사용해야만 한다. jQuery에서 사용한 다음 기법은 IE 8 이하에서도 eval()을 사용하여 함수를 만들 수 있게 한다.

```
var fn = eval("false||function(){return true;}");
assert(fn() === true,
       "함수가 올바르게 생성되었다.");
```

이 이슈는 IE 9에서는 수정되었다.

여러분은 아마도 왜 이렇게 eval()을 사용하여 함수를 생성해야 하는지 의문을 품을 수도 있을 것이다.

글쎄, 보통은 이렇게 하지 않는다. 대개 우리는 어떤 함수를 만들지 잘 알고 있고, 3장에서 살펴본 방법 중 한 가지를 사용하여 함수를 정의할 것이다. 하지만 만약 함수의 내용이 무엇인지 사전에 알지 못한다면 어떨까? 이를테면 런타임에 함수를 만들어내길 원하거나 다른 출처로부터 함수 코드를 얻고자 하는 경우 말이다. (후자의 경우 신뢰할 수 없는 곳으로부터 얻은 코드가 여러분의 코드 전체를 위험하게 할 수도 있겠지만 두려워하지 말라. 보안에 대해서도 조금 알아볼 것이다.)

'일반적인' 수단을 사용하여 특정 유효 범위에 함수를 만드는 것과 마찬가지로, eval()을 사용하여 만든 함수도 eval()을 사용한 곳에 대한 유효 범위 클로저를 물려받는다.

만약 만들고자 하는 함수가 특정 클로저를 필요로 하지 않는다면, 다른 방법도 사용할 수 있다.

9.1.2 Function 생성자를 사용한 평가

자바스크립트의 모든 함수는 Function의 인스턴스이고 이는 3장에서 배운 내용이다. 명명 함수는 function name(...){...}과 같은 구문을 사용하여 만들 수 있고, 익명 함수는 이름을 생략한다.

하지만 다음 코드와 같이 Function 생성자를 사용하여 함수 인스턴스를 직접 만들 수도 있다.

```
var add = new Function("a", "b", "return a + b;");
assert(add(3,4) === 7, "함수가 생성되었고 작동한다!");
```

Function 생성자에 전달하는 가변인자 목록에서 '마지막' 인자는 언제나 함수 본문이 될 코드 문자열이다. 그 앞의 나머지 모든 인자는 함수 매개변수 이름을 나타낸다.

따라서 앞의 코드는 다음과 동일하다.

```
var add = function(a,b) { return a + b; }
```

이 방식들이 기능적으로는 동일하지만, 확연한 차이점은 Function 생성자 방식에서는 함수 본문을 런타임에 문자열로 전달한다는 점이다.

여러분이 알고 있어야 할 아주 중요한 또 다른 점은, Function 생성자를 사용하여 함수를 만들 때는 어떤 클로저도 생성되지 않는다는 점이다. 이는 클로저가 불필요한 상황에서 클로저와 연관된 어떠한 오버헤드도 일어나지 않기를 원할 때 유용하다.

9.1.3 타이머와 평가

문자열로 된 코드를 평가하는데 사용할 수 있는 또 다른 방법은 타이머를 사용하는 것으로, 이 경우는 비동기적으로 평가가 이루어진다.

8장에서 살펴본 것처럼, 일반적으로는 인라인 함수나 함수에 대한 참조를 타이머에 전달한다. setTimeout()과 setInterval() 메서드를 사용할 때 이렇게 함수나 함수 참조를 전달하는 방식을 추천하지만, 이 메서드들은 타이머 이벤트가 발생할 때 평가할 문자열을 받을 수도 있다.

이 예제를 살펴보자.

```
var tick = window.setTimeout('alert("Hi!")',100);
```

다만, 이 방법을 사용해야 하는 상황은 드물다(new Function() 방식을 사용하는 것과 비슷하다). 그리고 평가할 코드가 런타임에 생성된 문자열인 경우가 아니라면 딱히 사용할 만하지도 않다.

9.1.4 전역 유효 범위에서 평가하기

eval() 메서드에 대해 논의할 때, eval() 메서드를 호출하는 유효 범위 내에서 평가된 코드가 실행된다는 것을 강조했고, 이를 코드 9.1의 테스트에서 검증해 보았다. 하지만 현재 실행하고 있는 유효 범위에 상관없이, 코드 문자열을 전역 유효 범위에서 평가하고 싶을 때도 있을 것이다.

예를 들어, 다음 코드와 같이 전역 유효 범위에서 실행하고 싶은 코드에 대해 생각해보자.

```
(function(){
  eval("var test = 5;");
})();
assert(test === 5,
    "전역 유효 범위에 변수가 생성되었다.");
```

실패한다!

즉시실행함수의 결과로 전역 유효 범위에 test 변수가 생성되기를 기대했다면, 실제 테스트 결과는 실망스러울 것이다. 테스트는 실패한다. 평가가 실행되는 유효 범위는 즉시실행함수 내부이기 때문에, 즉시실행함수가 곧 test 변수의 유효 범위가 된다.

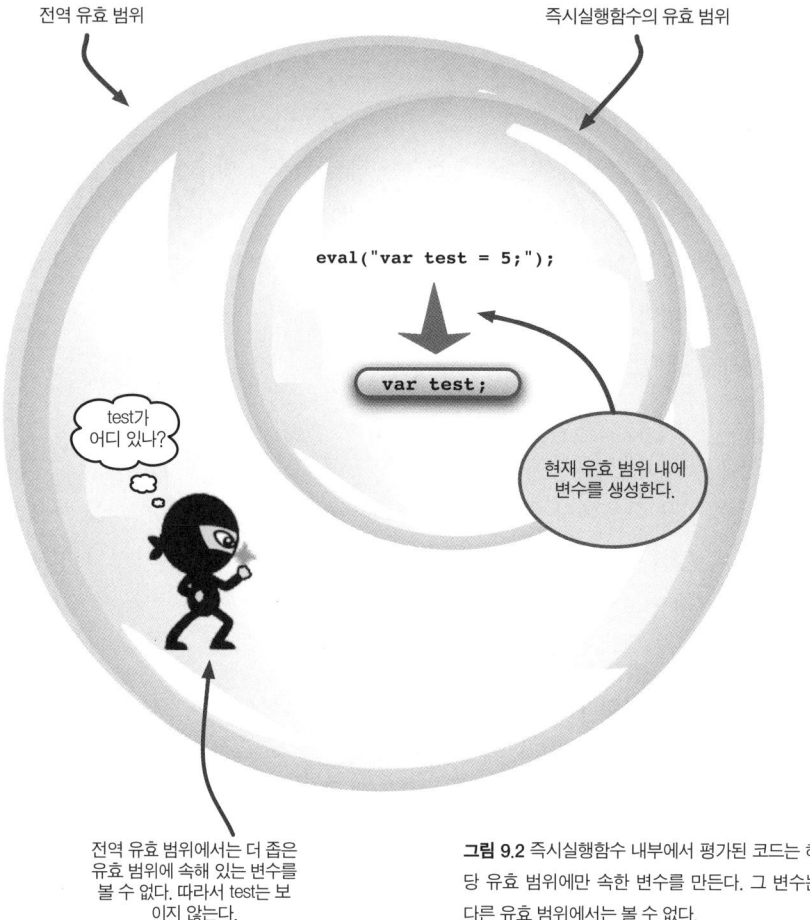

그림 9.2 즉시실행함수 내부에서 평가된 코드는 해당 유효 범위에만 속한 변수를 만든다. 그 변수는 다른 유효 범위에서는 볼 수 없다.

이 상황은 그림 9.2에 나타나 있다.

이것저것 고려하지 않고 단순하게 해결하려 한다면, 다음과 같이 평가 코드를 변경하면 된다.

```
eval("window.test = 5;");
```

이것은 전역 유효 범위에 test 변수를 정의하기는 하지만, 평가가 수행되는 곳의 유효 범위를 전역으로 변경하지는 않는다. 따라서 유효 범위와 관련한 모든 것은 여전히 전역이 아니라 지역이다. 이 예제에서는 간단한 숫자 리터럴을 할당했지만, 만약 이런 지역유효 범위에서 전역 변수를 지정하려 한다면 이 문제가 중요해진다.

이를 위해 최근의 브라우저에서 사용할 수 있는 방법이 있다. 〈script〉 태그를 통해 동적으로 실행되어야 하는 내용을 문서에 삽입하는 것이다.

자칭 PHP 닌자이자 자바스크립트 제다이인, 안드레아 지암마르키(Andrea Giammarchi)는 여러 플랫폼에서 잘 동작하는 기법을 개발했다.

노트: 제다이와 닌자가 어떻게 다른지를 딱히 구분하지는 않을 것이다. 그저 제다이와 닌자는 각자의 영역에서 달인이라는 점을 인정하면 된다.

지암마르키의 원본 작업은 그의 블로그인 Web Reflection(http://webre flection.blogspot.com/2007/08/global-scope-evaluation-and-dom.html)에서 찾아볼 수 있다. 다음 코드는 원본을 조금 수정한 것이다.

9.3 전역 유효 범위에서 코드 평가하기

```
<script type="text/javascript">
    function globalEval(data) {
      data = data.replace(/^\s*|\s*$/g, "");
      if (data) {
        var head = document.getElementsByTagName("head")[0] ||
            document.documentElement,
    script = document.createElement("script");

        script.type = "text/javascript";
        script.text = data;

        head.appendChild(script);
        head.removeChild(script);
      }
    }
    window.onload = function() {
      (function() {
        globalEval("var test = 5;");
      })();

      assert(test === 5, "코드는 전역 유효 범위에서 평가되었다.");
    };

</script>
```

❶ 전역 평가 함수를 정의한다.
❷ script 노드를 생성한다.
❸ script 노드를 DOM에 추가한다.
❹ 방금 추가했던 script 노드를 제거한다.

이 방법은 놀라울 정도로 간단하다. eval()을 사용하던 곳에서 그 대신 globalEval()을 사용할 수 있도록 globalEval() 함수를 정의했고❶, 전역 유효 범위 평가를 하고 싶을 때 언제든 이 함수를 호출할 수 있다.

globalEval() 함수는 전달된 문자열의 앞과 끝에 있는 공백을 제거하고(이 구문이 무엇을 의미하는지 모르겠다면 7장의 정규표현식을 다시 보자), DOM의 〈head〉 엘리먼트 안쪽 또는 문서 자체에 〈script〉 엘리먼트를 생성한다❷.

script 엘리먼트의 type을 설정하고 script의 본문을 평가할 문자열로 설정한다.

head 엘리먼트의 하위 노드로 script 엘리먼트를 DOM에 추가하면❸ 전역 유효 범위에서 스크립트를 평가한다. 그런 다음, 문자열을 평가하고 실행을 완료하면, script 엘리먼트를 가차 없이 버린다❹. 테스트 결과는 그림 9.3에 나타나 있다.

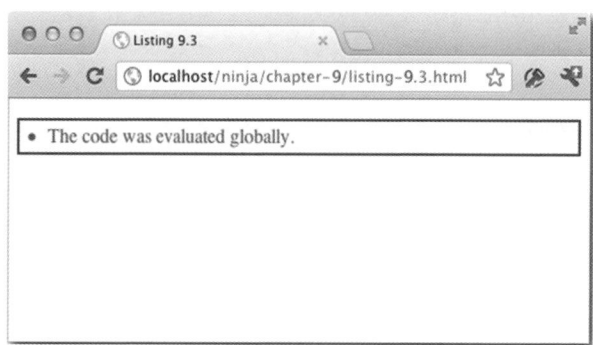

그림 9.3 약간의 DOM 조작을 통해 전역 콘텍스트에서 코드를 평가하고 실행할 수 있다.

이런 식의 코드가 필요한 일반적인 경우는 서버로부터 가져온 코드를 동적으로 실행할 때이다. 그리고 그러한 코드는 대부분 전역 유효 범위에서 실행되어야 할 필요가 있고, 따라서 globalEval() 같은 함수의 활용성이 높아진다.

그런데 과연 서버를 신뢰할 수 있을까?

9.1.5 안전한 코드 평가

코드 평가와 관련하여 자주 나오는 질문 한 가지는 자바스크립트 코드를 안전하게 실행하는 것과 관련이 있다. 즉, 웹페이지에서 사이트의 무결성을 손상시키지 않으면서 신뢰할 수 없는 자바스크립트를 실행할 수 있을까? 평가할 코드를 우리가 제공하는 것이 아니라면, 그 코드가 어떤 내용을 포함하고 있을지 누가 알겠는가!

어떤 미숙한 코더들은 무한 루프를 도는 코드나, 필요한 DOM 엘리먼트를 제거해버린다든지 또는 필수적인 데이터를 모두 날려버리는 코드를 제공할지도 모른다. 더 심한 경우, 악의를 가진 훌리건이 의도적으로 사이트의 보안을 손상시키는 코드를 삽입할 수도 있다.

일반적으로, 사이트의 무결성을 손상시키지 않고 신뢰할 수 없는 자바스크립트를 실행할 수 있는가라는 질문에 대한 답은 "아니오"이다. 우리의 모든 방어막을 간단히 날려버릴 수 있는 방법들이 너무도 많이 존재하고, 이로 인해 노출되어서는 안 되는 정보에 접근을 하거나 또 다른 문제를 일으킬 수 있다.

하지만 희망이 있다. 구글 프로젝트 Caja는 악성 공격에 대비해 더 안전한 형태로 자바스크립트를 변환한다. Caja에 대한 더 많은 정보는 http://code.google.com/p/google-caja/에서 찾아볼 수 있다.

다음 코드를 살펴보자.

```
var test = true;
(function(){ var foo = 5; })();
Function.prototype.toString = function(){};
```

Caja는 이 자바스크립트 코드를 다음과 같이 변경한다.

```
___.loadModule(function (___, IMPORTS___) {
{ var Function = ___.readImport(IMPORTS___, 'Function');
  var x0___;
  var x1___;
  var x2___;
  var test = true;
  ___.asSimpleFunc(___.primFreeze(___.simpleFunc(function () {
    var foo = 5;
  })))();
  IMPORTS___[ 'yield' ] ((x0___ = (x2___ = Function,
    x2___.prototype_canRead___?
  x2___.prototype: ___.readPub(x2___, 'prototype')),
  x1___ = ___.primFreeze(___.simpleFunc(function () {})),
  x0___.toString_canSet___? (x0___.toString = x1___):
  ___.setPub(x0___, 'toString', x1___)));
}});
}
```

데이터의 무결성은 대부분 런타임에 검증되는데, 이 데이터 무결성을 검증하기 위해 내장 메서드와 프로퍼티를 아주 많이 사용했다는 것을 주목하라. 또한 밑줄 붙은 복잡한 이름들은 페이지에서 사용할 수 있는 다른 이름들과 실수로 충돌하지 않도록 하려는 의도이다.

보안 문제없이 매시업을 만들거나 외부로부터 가져온 광고를 안전하게 페이지에 포함해야 하기 때문에, 임의의 자바스크립트 코드를 안전하게 실행할 수 있어야 한다. 이런 주제에 대해 많은 시도가 있지만, 그중 Google Caja는 이 분야에서 앞서 나가고 있다.

좋다. 지금까지 문자열을 받고 그 문자열을 평가하여 실행 가능한 코드로 변환하는 몇 가지 방법을 알아보았다. 이제 그 반대 경우를 알아보는 건 어떨까?

9.2 함수 "디컴파일"

대부분의 자바스크립트 구현체는 이미 평가된 자바스크립트 코드를 "디컴파일(decompile)"하는 수단 또한 제공한다.

6장에서는 이런 과정을 직렬화라 불렀지만, '디컴파일'이라는 용어도 사용된다. 이 장에서는 편하게 디컴파일이라는 용어를 사용할 것이다. 사실 대부분의 문맥에서 디컴파일이라는 용어의 뜻은 어셈블리나 바이트 코드를 알아보기 쉬운 소스코드로 재구성하는 것이다. 하지만 직렬화라는 측면에서는(사실 직렬화라는 용어 또한 의미론적 논란이 있다) 선택할 만한 적절한 용어가 정말 없다. 그렇다고 '역평가'로 표현하기도 꺼려진다.[1] "디컴파일"이 가장 정확한 용어가 아니라는 사실을 인정하지만, 그래도 적절한 용어가 없기 때문에 이 장에서는 "디컴파일"이라는 용어를 사용할 것이다.

디컴파일이라고 하니 복잡하게 들리겠지만 사실은 아주 간단하다. 디컴파일은 함수의 toString() 메서드로 수행한다. 다음 코드에서 이를 테스트해보자.

9.4 함수를 문자열로 디컴파일하기

```
<script type="text/javascript">
    function test(a){ return a + a; }

    assert(test.toString() ===
        "function test(a){ return a + a; }",
        "함수가 디컴파일 되었다.");
</script>
```

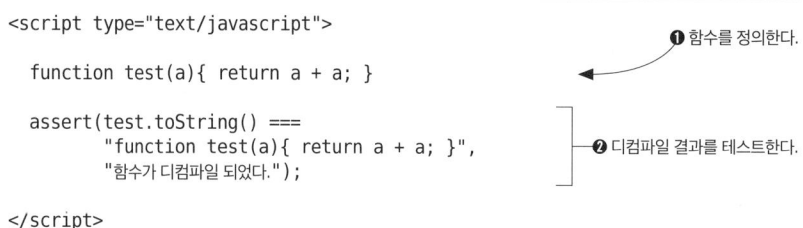

❶ 함수를 정의한다.
❷ 디컴파일 결과를 테스트한다.

test라는 간단한 함수를 만들었고❶ 이 함수의 toString() 메서드가 함수의 원본 텍스트를 반환하는지를 검증한다❷.

---

1 (옮긴이) 원문은 역평가를 "de-evaluate"로 표현하고 이 "de-evalute"가 발음하기 어렵다고 했다.

꼭 알고 있어야 할 한 가지는, toString()이 반환한 값에는 줄바꿈 문자뿐만 아니라 함수의 원래 선언 내용에 포함된 모든 공백 문자가 있다는 것이다. 코드 9.4에서는 단순히 한 줄의 함수를 정의했을 뿐이지만, 여러분이 이 코드에 대한 파일의 복사본을 만들고, 함수를 선언한 곳 주변에 무엇인가 이런저런 공백을 넣는다면 테스트는 실패한다. 테스트를 성공하게 하려면, 함수의 정확한 선언 형식과 테스트 문자열을 일치시켜야 한다. 따라서 함수 디컴파일을 사용할 때, 함수 본문의 공백과 형식을 고려해야 한다는 것을 유의하라.

디컴파일에는 몇 가지 잠재적인 용도가 있는데, 특히 매크로와 코드 재작성 영역에서 유용하다. 더 흥미로운 사용법은 Prototype 자바스크립트 라이브러리에서 볼 수 있는데, 함수가 어떤 인자들을 갖고 있는지를 알기 위해 함수를 디컴파일한다. 그리고 이렇게 얻은 인자들을 배열로 얻을 수 있게 되고, 그것이 필요한 코드에서 유용하게 사용할 수 있다. 이 방법은 함수가 어떤 값을 인자로 받아야 하는지를 판단하기 위해 종종 사용된다.

다음 코드는 함수의 매개변수 이름을 추론하기 위한 Prototype의 간단한 코드다.

9.5 어떤 함수의 인자 이름을 찾는 함수

```
<script type="text/javascript">
  function argumentNames(fn) {
    var found = /^[\s\(]*function[^(]*\(\s*([^)]*?)\s*\)/
        .exec(fn.toString());                                ❶ 인자 목록을 찾는다.
    return found && found[1] ?
      found[1].split(/,\s*/) :                               ❷ 인자 목록을 나눈다.
      [];
  }

  assert(argumentNames(function(){}).length === 0,
      "인자가 없는 함수에 대해서 잘 작동한다.");             ❸ 인자가 없는 경우를 테스트한다.

  assert(argumentNames(function(x){})[0] === "x",
      "인자가 하나 있는 함수에 대해서 잘 작동한다.");         ❹ 하나의 인자만 있는 경우를 테스트한다.

  var results = argumentNames(function(a,b,c,d,e){});        ❺ 여러 인자가 있는 경우를 테스트한다.
  assert(results[0] == 'a' &&
         results[1] == 'b' &&
         results[2] == 'c' &&
         results[3] == 'd' &&
         results[4] == 'e',
      "여러 인자를 가진 함수에 대해서도 잘 작동한다!");

</script>
```

이 함수는 단지 몇 줄의 코드만으로 구성되어 있지만, 자바스크립트의 다양한 고급 기능을 사용한다. 먼저 이 함수는 전달된 함수를 디컴파일하고, 정규 표현식을 사용하여 쉼표로 분리된 인자 목록을 추출한다❶. (7장에서 정규 표현식을 살펴보았다. 정규 표현식을 다시 살펴보고 싶다면 7장을 참고하자.)

exec() 메서드는 인자로 문자열을 '요구하기' 때문에, 만약 함수를 문자열로 전달하지 않고, toString()을 생략한 채 함수 그대로 인자로 전달했다면, 암묵적으로 그 함수의 toString()이 호출될 것이다. 하지만 이 코드에서는 명확성을 위해 명시적으로 toString()을 호출하였다.

그러고 나면, 추출된 인자 부분은 각각의 구성요소 값으로 분리된다. 이 과정에서 인자가 아예 없는 경우를 확인한다❷.

마지막으로 인자가 없는 경우❸, 하나만 있는 경우❹, 인자가 여러 개인 경우 ❺에 대해 각각 예상대로 작동하는지를 테스트한다. 그 결과는 그림 9.4에 나타나 있다.

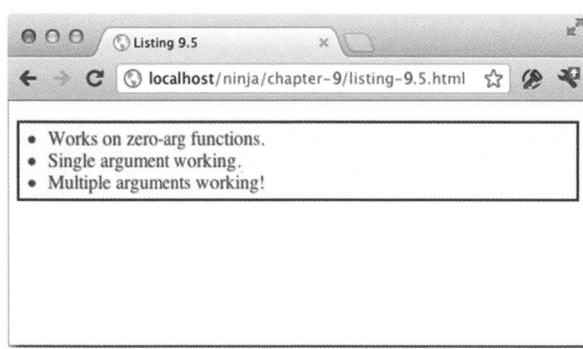

그림 9.4 함수 인자의 이름을 추론하는 것과 같은 멋진 일을 하는데 함수 디컴파일을 사용할 수 있다.

이 방법을 사용하여 함수를 다룰 때, 고려해야 할 중요한 점이 하나 있다. 그것은 바로 브라우저가 디컴파일을 지원하지 않을 가능성이다. 디컴파일을 지원하지 않는 브라우저가 그리 많지는 않지만, 오페라 미니(Opera Mini)는 함수 디컴파일을 지원하지 않는다. 만약 이 브라우저가 여러분이 지원해야 할 브라우저 목록에 있다면, 함수 디컴파일을 사용하는 코드를 재고할 필요가 있다.

이 책의 앞에서 강조했듯이(그리고 앞으로도 부분적으로 강조하겠지만), 함수 디컴파일 지원 유무를 판단하기 위해 브라우저 종류 탐지를 사용하지는 않을 것이다. 대신 기능 테스트를 사용할 텐데, 디컴파일 지원 유무를 판단하기 위한 여러 방법 중 한 가지는 다음과 같다.

```
var FUNCTION_DECOMPILATION = /abc(.|\n)*xyz/.test(function(abc){xyz;});
assert(FUNCTION_DECOMPILATION,
       "이 브라우저는 함수 디컴파일을 지원한다.");
```

정규 표현식(슬프게도 자바스크립트에서 잘 사용하지 않는 수단이다)을 활용했고, 함수를 test() 메서드에 전달한다(test() 메서드는 문자열을 요구한다. 여기서는 toString() 호출이 암묵적으로 일어나게끔 내버려두었다). 그리고 테스트에 다시 사용하기 위해 정규 표현식 테스트 결과를 FUNCTION_DECOMPILATION 변수에 저장한다.

지금까지 런타임 코드 평가를 수행하는 여러 방법을 살펴보았다. 이제 이들을 실제로 활용해보자.

9.3 코드 평가를 실제로 활용하기

9.1절에서 여러 코드 평가법을 살펴보았다. 이제 코드 평가를 흥미롭고 실질적인 목적을 위해 사용할 수 있다. 언제 어디서 코드 평가를 사용할 수 있고, 또 사용해야 하는지에 대해 더 잘 알기 위해, 몇 가지 예를 살펴보자.

9.3.1 JSON 변환

아마도 런타임 평가를 가장 많이 사용하는 경우는 JSON 문자열을 자바스크립트 객체 표현으로 변환하는 경우일 것이다. JSON 데이터는 자바스크립트 언어의 일부이기 때문에, 자바스크립트 코드로 완벽하게 평가될 수 있다.

요즘 대부분의 브라우저는 parse()와 stringify() 메서드를 가진 네이티브 JSON 객체를 지원한다. 하지만 네이티브 JSON 객체를 제공하지 않는 초창기의 몇몇 브라우저가 아직도 사용된다. 이런 브라우저들에 대해 window.JSON을 사용하지 않고 JSON을 어떻게 처리해야 하는지 아는 것은 여전히 중요하다.

그런데 종종 겪을 수 있는 문제로, 주의해야 할 작은 함정이 하나 있다. JSON을 평가하고 올바르게 값을 얻으려면 JSON 데이터를 괄호로 둘러싸야 한다. 이는 아주 간단하다(다음 코드에서 살펴 볼 것이다). 그저 괄호로 둘러싸야 한다는 점만 기억하면 된다.

9.6 JSON 문자열을 자바스크립트 객체로 변환하기

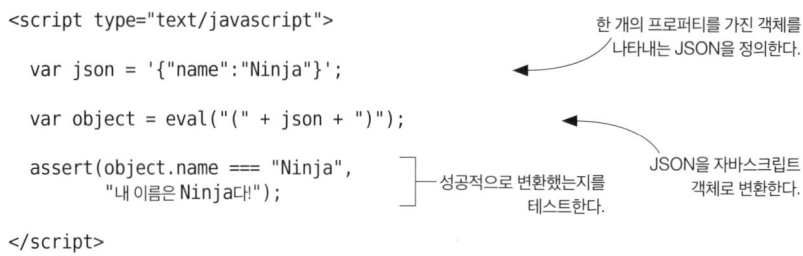

하지만 JSON 파싱을 하는데 eval()을 사용하는 것은 큰 위험 부담이 있다. JSON 데이터는 보통 원격 서버로부터 오고, 일찍이 지적한 대로 원격 서버로부터 온 신뢰할 수 없는 코드를 맹목적으로 실행하는 것은 바람직하지 않다.

JSON 변환을 위한 스크립트 중 가장 유명한 것은 JSON 마크업의 창시자인 더글라스 크락포드(Douglas Crockford)가 만든 것이다. 그 스크립트는 어떤 악의적인 행위를 방지하기 위해, 전달된 JSON 문자열에 대해 몇 가지 초기 구문 분석을 수행한다. 전체 코드는 Github의 https://github.com/douglascrockford/JSON-js에서 찾아볼 수 있다.

더글라스 크락포드의 함수는 실제 평가를 수행하기 앞서 몇 가지 중요한 전처리를 수행한다.

- 몇몇 브라우저에서 문제를 일으킬 수 있는 특정 유니코드 문자를 방어한다.
- 할당, new 등을 포함해서 악의적인 의도로 사용될 수 있는 비-JSON 패턴을 방어한다.
- 오직 JSON에 적법한 문자만 포함하고 있는지를 검증한다.

만약 평가해야 하는 JSON이 우리의 코드로부터 직접 얻었거나, 우리의 서버 또는 다른 신뢰할 수 있는 출처에서 온 것이라면, 보통은 악성 코드 주입에 대해 걱정할 필요가 없다(물론 극도로 안전을 추구하는 것이 보안 관점에서 절대 나쁘지는 않다). 하지만 평가해야 할 JSON을 전적으로 신뢰할 수 있는 근거가 없다면, 더글라스 크락포드가 제공했던 것과 같은 보호 장치에 신경을 써야 한다.

신뢰할 수 없는 코드를 다루는 것에 대한 주제는 다음 책에서 더 깊게 다루고 있다.

- *Single Page Web Applications* by Michael S. Mikowski and Josh C. Powell (http://www.manning.com/mikowski/)
- *Third-Party JavaScript* by Ben Vinegar and Anton Kovalyov(http://manning.com/vinegar/)

이제 런타임 평가를 사용하는 다른 경우를 살펴보자.

9.3.2 네임스페이스에 속한 코드를 가져오기

3장에서 현재 콘텍스트(보통은 전역 콘텍스트다)가 오염되는 것을 방지하기 위해 네임스페이스를 사용하는 방법을 다루었고, 네임스페이스는 유용한 도구다. 그런데 어떤 네임스페이스에 속해 있는 코드를 의도적으로 현재 콘텍스트에 가져오고 싶다면 어떻게 해야 할까?

자바스크립트가 특정 네임스페이스에 속해 있는 코드를 현재 콘텍스트로 가져오는 기능을 제공하지 않고, 다른 간단한 방법이 없다는 점을 생각해 보면, 이 작업이 어려운 문제일 수 있다. 어쩌면 다음과 같은 작업을 하면서 대부분의 시간을 허비하게 될지도 모른다.

```
var DOM = base2.DOM;
var JSON = base2.JSON;
// 기타 등등
```

base2 라이브러리는 네임스페이스를 현재 콘텍스트로 가져오는 아주 흥미로운 방법을 제공한다. 비록 이 작업을 자동화할 수는 없지만, 런타임 평가를 사용하여 보다 수월하게 문제를 해결할 수 있다.

새로운 클래스나 모듈을 base2 패키지에 추가할 때마다, 이 패키지에 대한 정보를 담고 있는 실행 가능한 문자열을 구성한다. 이 문자열은 추가된 클래스나 모듈을 현재 콘텍스트에 넣기 위해 평가될 수 있다. 다음 코드에 그 문자열이 나타나 있다. (이 코드는 base2 라이브러리가 미리 로드되어 있다고 가정한다)

9.7 base2가 어떻게 네임스페이스를 가져오는지 살펴본다

```
<script type="text/javascript">
  base2.namespace =
    "var Base=base2.Base;var Package=base2.Package;" +
    "var Abstract=base2.Abstract;var Module=base2.Module;" +
```

가져올 이름들을 정의한다.

```
             "var Enumerable=base2.Enumerable;var Map=base2.Map;" +
             "var Collection=base2.Collection;var RegGrp=base2.RegGrp;" +
             "var Undefined=base2.Undefined;var Null=base2.Null;" +
             "var This=base2.This;var True=base2.True;var False=base2.False;" +
             "var assignID=base2.assignID;var detect=base2.detect;" +
             "var global=base2.global;var lang=base2.lang;" +
             "var JavaScript=base2.JavaScript;var JST=base2.JST;" +
             "var JSON=base2.JSON;var IO=base2.IO;var MiniWeb=base2.MiniWeb;" +
             "var DOM=base2.DOM;var JSB=base2.JSB;var code=base2.code;" +
             "var doc=base2.doc;";

        assert(typeof This === "undefined",
               "This 객체는 정의되어 있지 않음." );                ◄─── "사전" 조건을 테스트한다. 가져올 이름 중
                                                                    하나가 이미 존재하는지 확인한다.
        eval(base2.namespace);    ◄──── 가져올 대상들을 평가한다.

        assert(typeof This === "function",
               "네임스페이스를 가져옴." );                          ◄─── 실행 "이후" 조건을 테스트한다. 가져온
        assert(typeof Collection === "function",                    이름들 중 특정 대상을 검사해본다.
               "그리고 네임스페이스를 제대로 가져왔는지를 검증하였다." );

</script>
```

이것은 복잡한 문제를 간단하게 만드는 아주 기발한 방법이다. 이 방법이 가장 우아하지는 않지만, 훗날 자바스크립트가 네임스페이스를 지원하기 전까지는 우리가 가진 것을 사용해서 어떻게든 할 수밖에 없다.

그리고 기발하다는 얘기가 나온 김에, 또 다른 기발한 방법을 알아보자. 자바스크립트 코드를 가공하여 하나로 묶는 데에도 평가를 사용한다.

9.3.3 자바스크립트 압축과 난독화

클라이언트 코드와 관련한 현실적인 문제 중 하나는, 코드가 어떻게든 실제로 멀리 떨어진 클라이언트에 전송되어야 한다는 점이다. 따라서 전송 크기를 가능한 한 작게 유지하는 일은 가치가 있다. 가능한 한 적은 수의 문자를 사용하여 코드를 작성할 수도 있겠지만, 그렇게 하면 형편없고 읽기 어려운 코드가 되기 십상이다. 그보다는 가능한 한 명확하게 코드를 작성하고, 그런 다음 전송 속도를 위해 코드를 압축하는 것이 최선이다.

코드 압축을 도와주는 자바스크립트 소프트웨어 중 유명한 것은 딘 에드워즈(Dean Edwards)의 Packer다. 이 멋진 스크립트는 자바스크립트 코드를 압축하는데, 그 크기는 원본보다 확연히 작다. 또한 압축된 스크립트는 그대로 실행될 수 있고, 다시 압축을 풀어 낼 수도 있다. 딘 에드워즈의 Packer는 http://dean.edwards.name/packer/에서 찾아볼 수 있다.

이 도구는 원본 자바스크립트 코드를 부호화한 자바스크립트 코드 문자열로 변환하고, eval() 함수를 사용하여 이 문자열을 실행한다. 부호화된 자바스크립트 문자열은 보통 다음 코드와 비슷하다.

```
eval(function(p,a,c,k,e,r){e=function(c){return(c<a?'':e(
    parseInt(c/a)))+((c=c%a)>35?String.fromCharCode(c+29):
    c.toString(36))};if(!''.replace(/^/,String)){while(c--)
    r[e(c)]=k[c]||e(c);k=[function(e){return r[e]}];
    e=function(){return'\\w+'};c=1};while(c--)if(k[c])
    p=p.replace(new RegExp('\\b'+e(c)+'\\b','g'),k[c]);
    return p}('  //  긴 문자열이 계속된다...
```

이 기법이 기발하고 아주 흥미롭기는 하지만 몇 가지 근본적인 결함을 가지고 있다. 그 중 가장 우려스러운 부분은 스크립트를 불러올 때마다, 매번 스크립트의 압축을 해제하는 오버헤드가 아주 크다는 점이다.

자바스크립트가 원격지에 있다면, 코드 크기가 작을수록 빨리 다운로드되고 빨리 평가된다고 보통 생각한다. 하지만 이는 항상 그렇다고 볼 수는 없는데, 작은 코드가 더 빨리 다운로드 될 수는 있어도 항상 더 빠르게 평가되는 것은 아니다. 그리고 모든 것을 고려하자면, 여러분의 페이지 성능에 중요한 것은 다운로드 속도와 평가 속도의 조합이다. 이는 간단한 공식으로 파악할 수 있다.

로드 시간 = 다운로드 시간 + 평가 시간

jQuery를 예로 삼아, 세 가지 방식의 속도를 살펴보자.

- 일반적인 형태(비압축).
- 야후!의 YUI Compressor를 사용하여 공백을 제거하고 몇 가지 간단한 기법을 사용하여 코드 크기를 줄인 형태.
- 딘 에드워즈의 Packer를 사용하여 압축한 형태. 대부분의 코드가 재구축되고 eval()을 사용하여 압축을 푼다.

파일 크기 순서로 보자면, 압축한 형태가 가장 크기가 작고 그다음이 줄인 형태, 그다음이 압축하지 않은 순서다. 그리고 당연히 다운로드 시간은 각각의 파일 크기에 반비례할 것이라 예상할 수 있다. 하지만 압축한 형태에는 다른 큰 오버헤드가 있다. 코드 압축을 해제하고 평가를 하는 것은 클라이언트다. 이 압축 해제는 스크립트를 로딩할 때 결국 시간과 방법적인 측면에서 확연한 비용이 든다. 코드를 단순히 줄이기만 한 형태가 파일 크기는 조금 더 크더라도, 결국 압축한 형태보다 더 빠르다.

그 실험 결과는 표 9.1에 나타나 있다. (더 많은 정보는 http://ejohn.org/blog/library-loading-speed/에서 찾아볼 수 있다.)

압축 방법	평균 시간 (ms)	샘플 개수
일반(비압축)	645.4818	12,589
줄인 경우	519.7214	12,611
압축한 경우	591.6636	12,606

표 9.1 jQuery 자바스크립트 라이브러리를 로드할 때 각 방식에 따른 로딩 속도 비교

이 결과가 Packer를 사용한 코드는 가치 없다는 것을 뜻하지는 않으며, 오히려 Packer의 가치를 어느 정도 드러내준다. 하지만 여러분의 목적이 성능에만 국한되어 있다면 Packer가 가장 좋은 선택은 아닐 것이다.

그러나 언제나 성능이 주된 목표인 것은 아니다. 비록 추가적인 오버헤드가 있더라도, 두 번째 선택이 '난독화'라면 Packer는 가치 있는 도구가 될 수 있다. 외부로부터 접근할 수 없고 합리적인 방식으로 보안성을 갖춘 웹 애플리케이션 서버 측 코드와는 달리, 자바스크립트 코드는 실행되려면 반드시 클라이언트로 전송되어야만 한다. 결국, 브라우저는 전송 받은 코드만 실행할 수 있다.

웹페이지에서 가장 복잡한 스크립트가 이미지 롤오버 같은 사소한 액션이었던 시절로 돌아가 보면, 그때는 그 누구도 클라이언트에 코드가 완전히 전송되었는지, 또는 누군가가 코드 내용을 볼 수 있다는 사실을 그리 신경 쓰지 않았다. 하지만 오늘날과 같이 Ajax를 비롯해 매우 기능적인 웹페이지, 그래서 단일 페이지 애플리케이션(이라 불리는)의 시대에는, 클라이언트 코드의 크기와 복잡성은 매우 클 수 있다. 뿐만 아니라 어떤 회사들은 그들의 코드가 공개된 공간에 노출되는 것을 조심스러워할 수 있다.

Packer 같은 스크립트가 제공하는 난독화는 정복 불가능한 방법은 아니지만, 자신들의 코드가 노출되는 것을 꺼려하는 회사들에게는 부분적인 해결책이 될 수 있다.

어쨌든 이 절의 주제 측면에서 Pakcer는 eval()을 사용한 런타임 평가에 대한

좋은 예제이다.

> **팁:** 코드 압축 도구에 관심이 있다면 YUI Compressor(http://developer.yahoo.com/yui/compressor/)와 구글의 Closure 컴파일러(https://developers.google.com/closure/compiler/)를 살펴보길 바란다. 또한, 야후!는 성능과 관련한 흥미로운 정보를 제공한다 (http://developer.yahoo.com/performance/rules.html).

이제 런타임 코드 평가의 다른 용도를 알아보자. 살펴볼 것은 코드 재작성이다.

9.3.4 동적으로 코드를 다시 작성하기

함수의 toString() 메서드를 사용하여 기존 자바스크립트 함수를 디컴파일 할 수 있고, 9.2절에서 설명한 대로 기존 함수의 내용을 추출하고 다듬어서 새로운 함수를 만들어낼 수 있다.

이 기법은 Screw.Unit(https://github.com/nkallen/screw-unit) 단위 테스팅 라이브러리에서 사용하고 있다.

Screw.Unit은 테스트 대상인 기존 함수를 인자로 받아서, 라이브러리에서 제공하는 함수를 사용하도록 기존 함수의 내용을 재작성한다. 이를테면 Screw.Unit 테스트는 보통 다음과 같은 형태다.

```javascript
describe("Matchers", function() {
  it("expect()에 전달된 인자를 대상으로 매처(matcher)를 호출한다.", function() {
    expect(true).to(equal, true);
    expect(true).to_not(equal, false);
  });
});
```

describe(), it(), expect() 메서드에 주목하자. 이 메서드들은 전역 유효 범위에 존재하지 않는다. 이 코드가 작동하게 하기 위해, Screw.Unit은 이 코드를 여러 개의 with(){} 구문(10장에서 이에 대해 다룰 것이다)으로 둘러싼다. 그리고 실제 실행이 될 함수의 내부에 테스트 대상인 함수의 본문을 주입한다. 아래는 그 예제다.

```javascript
var contents = fn.toString().match(/^[^{]*{((.*\n*)*)}/m)[1];
var fn = new Function("matchers", "specifications",
  "with (specifications) { with (matchers) { " + contents + " } }"
);
```

```
fn.call(this, Screw.Matchers, Screw.Specifications);
```

이것은 전역 유효 범위에 여러 변수를 등록하지 않고도, 테스트 작성자들에게 보다 간단한 사용자 경험을 제공하기 위해 코드 평가를 사용하는 경우다.

다음으로 AOP에 대해 이야기 해보겠다. 이 용어는 지난 몇 년간 서버 측 코드의 세계에서 회자되어 왔다. 왜 서버 측 코드를 다루는 사람들만 이런 즐거움을 누려야 할까?

9.3.5 관점-지향 스크립트 태그

AOP, 또는 관점지향 프로그래밍(aspect-oriented programming)의 정의는 위키피디아(Wikipedia)에 따르면 "교차 관심사(cross-cutting concern)의 분리를 통해 모듈성을 증대시키기 위한 목적을 가진 프로그래밍 패러다임"이다. 음, 이런 어려운 정의 방식은 힘들기만 하다.

그 근본까지 내려가자면, AOP는 로깅, 캐싱, 보안 등과 같이 '공통적인' 관심사를 처리하기 위해 런타임에 코드를 주입하고 실행할 수 있는 기법이다. 로그를 기록하기 위해 로그를 기록하는 코드를 매번 일일이 작성하는 대신, AOP 엔진은 런타임에 로깅 코드를 추가할 것이다. 애플리케이션을 개발하는 동안 프로그래머가 로그를 기록하는 코드를 신경 써서 다룰 필요는 없다.

> **팁**: AOP에 대한 더 많은 정보는 위키피디아의 http://en.wikipedia.org/wiki/Aspect-oriented_programming에서 찾아볼 수 있다. 그리고 자바에서 AOP를 사용하는 것에 관심이 있다면, 램니바스 라다드(Ramnivas Laddad)가 쓴 *AspectJ in Action*(www.manning.com/laddad2)[2]을 보라.

런타임에 코드를 주입하고 실행한다는 말은 이 장의 주제를 고려했을 때 딱 적절한 것 같다. 그렇지 않은가? 어떻게 자바스크립트에서 AOP의 개념을 사용할 수 있는지 알아보자.

> **노트**: 5.5절의 memoization 예제를 기억하는가? 실제로 이는 자바스크립트에서 AOP를 적용한 좋은 예제다. AOP를 몰랐더라도 이미 AOP를 했었다!

---

2 (옮긴이) 이 책 초판의 번역서는 『AspectJ in Action』 (2005 그린, 금영욱 옮김)

앞서, 브라우저가 건드리지 않았으면 하는 데이터를 웹페이지에 추가하고자 할 때, 유효하지 않은 type 속성을 지닌 script를 이용하는 방법을 소개했었다. 이 개념에서 한 단계 더 나아가, 기존 자바스크립트 코드를 향상시키는데 이 기법을 사용할 수 있다.

이유가 무엇이든 "onload"라고 불리는 새로운 스크립트 타입을 만들었다고 가정하자.

응? 새로운 스크립트 타입이라니? 어떻게 이게 가능한가?

앞으로 알아보겠지만 사용자 정의 스크립트 타입을 정의하는 것은 별 문제 없이 아주 쉬운데, 왜냐하면 브라우저는 자신이 이해하지 못하는 모든 스크립트 타입은 무시하기 때문이다. 표준이 아닌 type 값을 사용하여 브라우저가 스크립트 블록을 완전히 무시하게 할 수 있다. 그리고 그 스크립트 블록을 우리가 원하는 용도로 사용할 것이다.

"onload"라는 새로운 스크립트 타입을 만들고 싶다면, 간단히 다음과 같이 스크립트 블록을 지정하면 된다.

```
<script type="x/onload">   ... 스크립트는 여기 위치한다 ... </script>
```

"custom"이라는 의미로 "x"를 사용하는 컨벤션을 따르고 있다는 점을 주목하라. 일반적으로 인라인으로 실행되는 스크립트 블록과는 달리, "x/onload" 타입의 스크립트 블록은 웹페이지가 로드되었을 때 실행되는 자바스크립트 코드를 포함하는 블록으로 간주할 것이다.

다음 코드를 검토해보자.

9.8 페이지가 로드된 이후에만 실행되는 스크립트 태그 타입을 만든다

```
<script type="text/javascript">
  window.onload = function(){
    var scripts = document.getElementsByTagName("script");   ❶ 모든 스크립트 블록을 찾는다.
    for (var i = 0; i < scripts.length; i++) {
      if (scripts[i].type == "x/onload") {
        globalEval(scripts[i].innerHTML);   ❷ 그 중 "x/onload" 블록을 추려내어 실행한다.
      }
    }
  };
</script>

<script type="x/onload">
  assert(true,"페이지를 불렀을 때 실행된다.");   ❸ 실행할 스크립트.
</script>
```

브라우저가 무시하는 스크립트 블록을 정의한다❸. 웹페이지의 onload 핸들러에서 모든 스크립트 블록을 찾고❶, 그 중에서 우리가 정의한 형식의 스크립트 블록을 찾은 다음 이 절의 앞에서 만든 globalEval() 함수를 사용하여 스크립트를 전역 콘텍스트에서 평가한다❷.

비록 간단한 예제이지만, 여기에 사용된 방법은 보다 복잡하고 의미 있는 목적을 위해 사용할 수 있다. 예를 들면, 사용자 정의 스크립트 블록은 jQuery.tmpl() 메서드를 사용하여 런타임 템플릿으로 제공될 수 있다. 런타임 템플릿은 사용자와 상호작용하며 스크립트를 실행하기 위해 사용할 수 있고, DOM이 처리될 준비가 되거나[3], 또는 어떤 엘리먼트와 인접한 엘리먼트의 상대적 위치에 따른 처리가 필요할 때 사용할 수도 있다. 런타임 템플릿은 웹페이지 개발자의 상상력에 따라 활용도가 무궁무진하다.

이제 런타임 평가에 대한 다른 고급 사용법을 알아보자.

9.3.6 메타언어와 DSL

런타임 코드 평가의 강력함은 자바스크립트 위에 다른 프로그래밍 언어를 구현해 보면 가장 잘 드러난다. 이는 메타언어라는 것으로, 여러분이 의지가 있다면 특정 언어를 동적으로 자바스크립트 소스로 변환하고 평가할 수 있다. 흔히 그런 사용자 정의 언어는 비즈니스 필요성을 충족시키기 위해 특화해 만들어진다. 도메인 특화 언어(domain-specific language, DSL)[4]라는 용어는 그런 비즈니스를 기술하기 위해 만들어진 언어에 붙여진 이름이다.

특별히 흥미로운 두 가지 DSL이 있다.

PROCESSING.JS

Processing.js는 주로 Java를 이용해서 구현된, 시각화를 다루는 언어인 Processing(http://processing.org/)을 이식한 것이다. 자바스크립트 이식 버전은 존 레식이 만들었고 HTML 5의 Canvas 엘리먼트에서 실행된다.

Processing은 그리기 영역의 시각적 표시를 처리하기 위해 사용하는 완전한

---

3 (옮긴이) DOM Ready 이벤트의 경우를 생각하면 된다.

4 (옮긴이) DSL은 특정 도메인에 관심을 집중해서 목적에 맞게 표현성을 한정시킨 컴퓨터 프로그래밍 언어를 말한다. DSL에 대해 더 자세하게 알고 싶다면 마틴 파울러(Martin Fowler)의 책 『DSL: 고객과 함께 하는 도메인 특화 언어』(2012 인사이트, 송준이 한익준 손준영 옮김)을 살펴보기 바란다.

프로그래밍 언어이다. Processing.js는 이런 작업에 적합하도록 효율적으로 이식되었다.

Processing.js 코드에 대한 한 예로, "application/processing" 타입을 가진 스크립트 블록 사용을 살펴보자.

```
<script type="application/processing">
class SpinSpots extends Spin {
  float dim;
  SpinSpots(float x, float y, float s, float d) {
    super(x, y, s);
    dim = d;
  }
  void display() {
    noStroke();
    pushMatrix();
    translate(x, y);
    angle += speed;
    rotate(angle);
    ellipse(-dim/2, 0, dim, dim);
    ellipse(dim/2, 0, dim, dim);
    popMatrix();
  }
}
</script>
```

앞의 Processing.js 코드는 자바스크립트 코드로 변환되고 변환된 코드는 eval() 호출을 사용하여 실행된다. 변환 결과는 다음 자바스크립트 코드와 같다.

```
function SpinSpots() {with(this){
  var __self=this;function superMethod(){
  extendClass(__self,arguments,Spin);
  this.dim = 0;
  extendClass(this, Spin);
  addMethod(this, 'display', function() {
    noStroke();
    pushMatrix();
    translate(x, y);
    angle += speed;
    rotate(angle);
    ellipse(-dim/2, 0, dim, dim);
    ellipse(dim/2, 0, dim, dim);
    popMatrix();
  });
  if ( arguments.length == 4 ) {
    var x = arguments[0];
    var y = arguments[1];
    var s = arguments[2];
    var d = arguments[3];
    superMethod(x, y, s);
    dim = d;
  }
}}
```

메타언어를 자바스크립트 코드로 전환하는 상세한 내용을 다루려면 별도의 장, 혹은 책 한 권이 필요하다. 그리고 이 장의 주제를 벗어난다. 따라서 이 코드가 짜증스럽게 여러분을 괴롭히더라도 너무 걱정하지 말라. 원래 꽤 난해한 것들이니까.

어쨌든 왜 메타언어를 사용할까? 자바스크립트를 사용하는 것보다 Processing.js를 사용함으로써 몇 가지 이득을 얻을 수 있다.

- (클래스와 상속 같은) Processing의 고급 언어 기능의 이득을 얻을 수 있다.
- Processing의 단순하지만 강력한 드로잉 API를 사용할 수 있다.
- Processing의 모든 문서와 데모를 가져와 사용할 수 있다.

더 많은 정보는 http://ejohn.org/blog/processingjs/에서 찾아볼 수 있다.

중요한 점은 이 모든 고급 처리가 자바스크립트의 코드 평가를 통해 가능하다는 것이다.

다른 프로젝트를 살펴보자.

OBJECTIVE-J

자바스크립트 코드 평가를 DSL에 적용한 두 번째 주요 프로젝트는 Objective-J이다. 이것은 Objective-C 프로그래밍 언어를 자바스크립트로 이식한 것으로 280 North 회사가 만들었다. Objective-J는 280 Slides(온라인 슬라이드 쇼 저작도구)라는 제품에 사용된다.

280 North 팀은 Objective-C를 주로 사용하고, OS X에서 작동하는 애플리케이션 개발에 많은 경험을 가지고 있다. 따라서 보다 생산적인 환경을 구축하기 위해 Objective-C 언어를 자바스크립트로 이식했다. 자바스크립트 위에 Objective-J를 위한 얇은 레이어를 제공하는 것 외에도, Objective-J는 자바스크립트 코드를 Objective-C 코드와 섞어 사용하는 것도 허용한다. 다음 예제를 보자.

```
// DocumentController.j
// Editor
//
// Created by Francisco Tolmasky.
// Copyright 2005 - 2008, 280 North, Inc. All rights reserved.

import <AppKit/CPDocumentController.j>
```

```
import "OpenPanel.j"
import "Themes.j"
import "ThemePanel.j"
import "WelcomePanel.j"

@implementation DocumentController : CPDocumentController
{
BOOL    _applicationHasFinishedLaunching;
}

- (void)applicationDidFinishLaunching:(CPNotification)aNotification
{
    [CPApp runModalForWindow:[[WelcomePanel alloc] init]];
    _applicationHasFinishedLaunching = YES;
}

- (void)newDocument:(id)aSender
{
    if (!_applicationHasFinishedLaunching)
        return [super newDocument:aSender];
    [[ThemePanel sharedThemePanel]
        beginWithInitialSelectedSlideMaster:SaganThemeSlideMaster
   modalDelegate:self
     didEndSelector:@selector(themePanel:didEndWithReturnCode:)
        contextInfo:YES];
}

- (void)themePanel:(ThemePanel)aThemePanel
   didEndWithReturnCode:(unsigned)aReturnCode
{
    if (aReturnCode == CPCancelButton)
        return;

    var documents = [self documents],
        count = [documents count];

    while (count--)
        [self removeDocument:documents[0]];

    [super newDocument:self];
}
```

Objective-J를 파싱(자바스크립트로 작성되고 Objective-J 코드를 런타임에 변환하는)하는 애플리케이션은 기존 자바스크립트 문법과 충돌하지 않으면서 Objective-C 문법을 찾고 처리하는 가벼운 표현식을 사용한다. 파싱 결과는 자바스크립트 코드 문자열로, 이 문자열은 런타임 평가를 사용하여 평가된다.

Objective-J로 얻을 수 있는 장점이 아주 크지는 않지만(이 콘텍스트에서만 사용할 수 있는 전용 하이브리드 언어다), Objective-C에는 익숙하나 웹 프로그래밍을 이제 시작해보려는 사람들에게 이것이 주는 잠재적인 이득은 따로 설명할 필요가 없을 것이다.

9.4 정리

이 장에서는 자바스크립트의 런타임 코드 평가에 대한 기본적인 내용을 알아보았다.

- 런타임에 자바스크립트 코드 문자열을 평가하기 위해 자바스크립트가 제공하는 몇 가지 방법이 있다.
  - eval() 메서드
  - Function 생성자
  - 타이머
  - 동적 〈script〉 블록
- 또한 자바스크립트는 함수의 toString() 메서드를 통해 함수 내용을 문자열로 얻을 수 있는 수단을 제공한다. 이 과정을 함수 디컴파일이라고 한다.
- 뿐만 아니라 다음과 같은 런타임 코드 평가의 여러 사용 사례를 살펴보았다.
  - JSON 변환
  - 네임스페이스 간의 정의 옮기기
  - 자바스크립트 코드 축소와 난독화
  - 동적 코드 재작성과 주입
  - 메타언어 생성

코드 평가라는 강력한 기능은 잘못 사용할 수 있는 가능성이 존재하지만, 잘 조절해서 사용한다면 닌자 두건을 얻기 위한 퀘스트[5]를 달성하는데 훌륭한 도구가 되어줄 것이다.

---

[5] (옮긴이) 보통 RPG 게임에서 머리에 착용하는 아이템은 가슴, 팔, 다리 등 다른 신체에 착용하는 방어구보다 능력치와 외양의 완성적인 측면에서 조금 더 특별하다. 즉, 머리 아이템은 방어구 아이템 중의 꽃이라고 할 수 있다.

the JavaScript Ninja

10장

SECRETS OF THE JAVASCRIPT NINJA

With 문

이 장에서는 다음 주제를 다룬다.
- with 문에 대한 논쟁이 있는 이유
- with 문의 동작 방식
- with를 이용해서 코드를 간결하게 만들기
- 교묘하게 with를 활용한 예
- with를 이용해 템플릿 만들기

with 문은 강력하지만 자주 오해를 받고, 또 논쟁의 대상이 되는 자바스크립트의 기능이다. with 문을 이용하면 지정된 객체의 모든 프로퍼티를 유효 범위 내로 가져올 수 있다. 또한 프로퍼티를 소유하고 있는 객체를 명시하지 않고도 프로퍼티를 참조하고, 프로퍼티의 값을 변경할 수 있다.

with 문이 자바스크립트 내에서 앞으로도 계속 존재할지는 미지수다. ECMAScript 5 명세는 strict 모드에서 with 문 사용을 금지하고 있으며, 문법 오류로 다룰 것을 고려할 정도다.

더욱이 ECMAScript 5 이전에도 with 문을 나쁜 것으로 여기는 사람들이 있었다. with를 부정적으로 여기는 유명인이라면, 그 어느 누구도 더글라스 크락포드[1]보다 덜 하진 않다. 크락포드는 2006년 〈with의 해로움〉이라는 유명한 글을 블로그에 게재했는데, 그 글에서 다음과 같이 언급했다.

---

1 Douglas Crockford. 자바스크립트의 최고수이며 JSON을 고안했고, *Javascript: The Good Parts*의 저자다.

프로그램이 읽기 어렵다면, 또 무엇을 하려는지 의도가 분명하게 드러나지 않는다면 그 프로그램이 정확하게 동작하는지 확신할 수가 없다. 이런 연유로, with 문의 사용은 지양해야 한다.

- 더글라스 크락포드(Douglas Crockford) 2006년 4월
(http://yuiblog.com/blog/ 2006/04/11/with-statement-considered-harmful/)2

이런 생각을 하는 사람은 크락포드, 단 한 사람이 아니다. 많은 자바스크립트 편집기와 통합개발환경(IDE)은 with 문을 사용하면 경고를 띄우고 사용하지 말라고 충고를 한다. 상황이 이런데 왜 with 문에 대해서 이야기 하려는 것일까?

실제로는 with를 활용하는 코드가 아주 많이 존재한다. 그러므로 현실에서 with를 사용하고 있는 코드를 맞닥뜨리는 경우가 생길 수 있다. 따라서 새로 코드를 작성할 때는 with를 이용하지 않는다고 하더라도 익숙해질 필요는 있다.

그럼, with에 대해서 알아보자.

10.1 "with"를 사용한다는 것은 무슨 의미일까?

with 문은 새로운 유효 범위(scope)를 만드는 데, 그 결과 해당 유효 범위 내에서는 지정된 객체의 프로퍼티를 객체 없이 직접 참조할 수 있다.

앞으로 살펴보겠지만, 이 특성이 유용한 경우가 몇 가지 있다.

- 계층구조가 복잡한 경우 간단하게 객체를 참조할 수 있게 해 준다.
- 테스트 코드를 간결하게 만들어 준다.
- 템플릿을 적용할 때 프로퍼티를 최상위 수준의 참조로 제공할 수 있게 해 준다.
- 이 외에도 여러 가지 유용한 경우가 있다.

먼저, 이 모든 것이 어떻게 동작하는지 살펴보자.

10.1.1 with 유효 범위 내에서 프로퍼티 참조하기

시작에 앞서, 다음 코드를 통해 with 문의 기본적인 동작 방식을 살펴보자.

---

2 (옮긴이) considered harmful에 대한 해석은 http://ko.wikipedia.org/wiki/Considered_harmful을 참조함.

10.1 객체를 이용해서 with 유효 범위(scope) 만들기

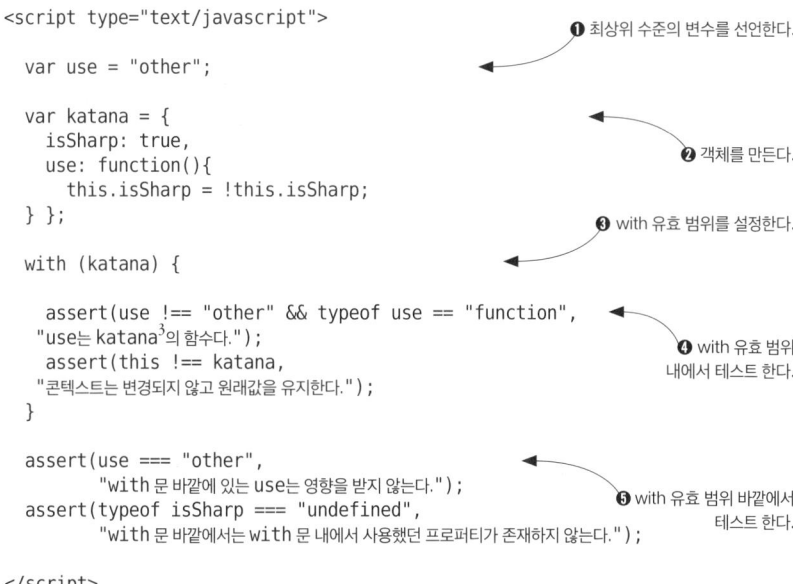

앞의 코드에서, 어떻게 katana의 프로퍼티들이 with에 의해 만들어진 유효 범위 내에 도입되는지(introduced) 볼 수 있다. 해당 유효 범위 내에서는 katana가 지닌 프로퍼티들을, 마치 최고 수준에 있는 변수나 메서드인 양, 직접 참조할 수 있다.

이를 확인하기 위해서, 먼저 use라는 이름을 가진 최상위 변수를 선언한다❶. 그 후에 use라는 같은 이름의 프로퍼티와 또 다른 isSharp라는 프로퍼티를 가진 인라인 객체를 하나 만든다❷. 이 객체는 katana라는 이름을 가진 변수로 참조한다.

katana를 이용해서 with 유효 범위를 만들면 상황이 재미있어진다❸. 이 유효 범위 내에서, katana의 프로퍼티는 객체를 지정하지 않고도 직접 참조가 가능하다. use가 katana.use()를 가리킬 것이라고 가정했기 때문에, use를 가리키고 있는 참조가 최상위에 선언된 use와 다른 값을 갖고 있는지, 그리고 함수인지 확인하는 식으로 테스트를 해본다❹.

그림 10.1은 검사가 통과함을 보여준다.

---

3 사무라이들이 항시 차고 다녔던 두 자루 도검 중 긴 칼(날 길이 2척(60.6cm) 이상)을 말한다.

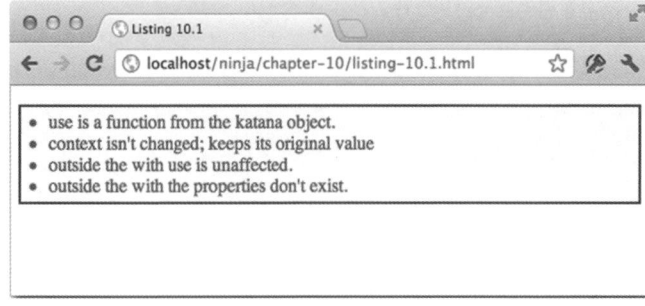

그림 10.1 with 문을 이용해서 간단하게 객체의 프로퍼티를 참조할 수 있다.

테스트는 with 문의 유효 범위 밖에서도 진행하는데, use에 대한 참조가 최상위의 변수를 가리키는지 그리고 isSharp는 사용하는 것이 더 이상 불가능한지를 확인한다.

with 문의 유효 범위 내에서는 상위 유효 범위에서 정의된, 같은 이름을 갖는 변수보다 with 문으로 지정된 객체의 프로퍼티가 높은 우선순위를 갖는다는 사실을 명심하자. 이 점이 바로 with가 조롱거리가 되는 주된 이유 중의 하나인데, with 내에 있는 코드의 의미가 모호해질 수 있기 때문이다.

그리고 함수의 콘텍스트(this)는 with에 영향을 받지 않는다는 점도 증명했다. 자, with는 프로퍼티 값을 읽는 것은 지원한다. 그럼 프로퍼티에 값을 쓰는 경우는 어떨까?

10.1.2 with 내에서 할당하기

다음 코드와 같이 with 내에서 할당하는 것을 한 번 살펴보자.

10.2 with 유효 범위 내에서 할당하기

```
<script type="text/javascript">

  var katana = {                                    ← ❶ 객체를 생성한다.
    isSharp: true,
    use: function(){
      this.isSharp = !this.isSharp;
    }
  };

  with (katana) {
    isSharp = false;                                ← ❷ 존재하는 프로퍼티에
                                                        값을 할당한다.
    assert(katana.isSharp === false,                ← ❸ 할당되었는지
      "프로퍼티에 값을 할당할 수 있다.");                      테스트한다.

    cut = function(){                               ← ❹ 새로운 프로퍼티 만들기를 시도해 본다.
```

```
        isSharp = false;
    };

    assert(typeof katana.cut == "function",
"새로운 프로퍼티를 with 문에 지정된 객체에 추가할 수 있다.");
    assert(typeof window.cut == "function",
"새로운 프로퍼티는 전역 유효 범위 내에 생성된다.");
}

</script>
```

❺ 새로 만들어진 프로퍼티를 테스트한다.

이 코드는, 이전에 했던 테스트에서와 같이 use와 isSharp 프로퍼티를 지닌 katana라는 객체를 만들고❶, 이 객체를 이용해서 with 유효 범위를 생성한다. 하지만 프로퍼티를 참조하는 대신에 몇 가지 다른 할당을 시도해 본다.

먼저, isSharp 프로퍼티에 false를 할당한다❷. isSharp가 katana의 프로퍼티라면 그 값은 초깃값인 true에서 false로 변경이 될 것이다. 해당 프로퍼티에 대해 테스트를 해볼 텐데❸, 그림 10.2를 미리 슬쩍 보면, 테스트가 통과한다는 것을 알 수 있다. 이것은 객체를 지정하지 않아도 프로퍼티의 값을 읽거나 쓰는 것이 모두 가능함을 보여준다.

이제 조금 덜 명확한 부분을 확인해보자. 새로운 함수를 만들고, 그 함수를 cut이라는 참조에 할당하겠다❹. 이것은 새 프로퍼티가 어떤 유효 범위 내에 만들어지는지에 대한 질문이다. with의 유효 범위 내에 있기 때문에 katana에 만들어질까? 아니면 예상하다시피 with의 유효 범위가 아닌 전역 유효 범위(window 객체)에 만들어질까?

어떻게 되는지 확인하기 위해서 둘 중에 하나만 성공하게 되는 테스트를 작성한다❺. 첫 번째 테스트는 해당 프로퍼티가 katana에 만들어졌는지를 확인하고, 두 번째 테스트는 해당 프로퍼티가 전역 유효 범위에 만들어졌는지를 확인한다.

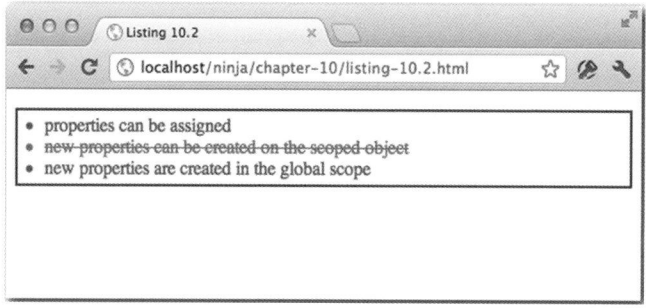

그림 10.2 테스트 결과는 객체를 지정하지 않고서는 새로운 프로퍼티를 만들 수 없음을 보여준다.

그림 10.2는 그 결과를 분명하게 보여준다. 두 번째 테스트가 통과했기 때문에 with 유효 범위를 제공한 객체에 없는 프로퍼티인 경우 객체를 지정하지 않고 값을 할당하면 전역 콘텍스트에 그 결과가 할당된다.

katana에 새로운 프로퍼티를 만들고자 한다면, with 유효 범위 내에서라도 다음과 같이 객체를 명시해 줘야 한다.

```
katana.cut = function(){
    isSharp = false;
};
```

자, 충분히 간단하다. 이것은 with 유효 범위를 사용하지 않는 경우에도 그렇게 해야 하는 부분이다. 객체를 지정하는 것은 with 유효 범위를 사용하지 않는 경우에도 해야 하는 일이다. 그리고 이렇게 하는 것이 with 유효 범위의 사용 목적을 퇴색시키지도 않는다. 다만, 이 예는 with 유효 범위를 사용할 때는 주의가 필요하다는 것을 알려준다. with 유효 범위 내에서 참조하는 프로퍼티의 이름에 작은 오타가 있는 경우 예상하지 못한 이상한 결과를 초래할 수 있다. 즉 with 유효 범위에 지정된 객체의 프로퍼티를 수정하는 것이 아니라 전역 변수를 추가하는 상황이 발생할 수 있다. 물론, 이런 사항은 일반적으로 주의를 기울여야 하는 부분이고, 그래서 항상 작성한 코드를 조심스럽게 테스트하는 것이 필요하다.

달리 고려해야 할 사항엔 어떤 것들이 있을까?

10.1.3 성능에 대한 고려

with를 사용할 때 명심해야 하는 다른 중요한 사항이 있다. 그것은 바로 with 내에서 실행되는 코드는 성능 저하가 일어난다는 점이다. 그리고 성능 저하는 with를 이용한 객체에만 국한되지 않는다. 다음 코드의 타이밍 테스트를 살펴보자.

10.3 with 문의 성능 테스트

```
<script type="text/javascript">

    var ninja = { foo: "bar" },
        value,
        maxCount = 1000000,
        n,
        start,
```

❶ 변수를 선언한다.

```
      elapsed;
    start = new Date().getTime();
    for (n = 0; n < maxCount; n++) {
      value = ninja.foo;
    }
    elapsed = new Date().getTime() - start;
    assert(true,"with 미사용: " + elapsed);

    start = new Date().getTime();
    with(ninja){
      for (n = 0; n < maxCount; n++) {
        value = foo;
      }
    }
    elapsed = new Date().getTime() - start;
    assert(true,"with (프로퍼티 접근이 있는 경우): " + elapsed);
    start = new Date().getTime();
    with(ninja){
      for (n = 0; n < maxCount; n++) {
        foo = n;
      }
    }
    elapsed = new Date().getTime() - start;
    assert(true,"with (프로퍼티에 값을 할당): " + elapsed);

    start = new Date().getTime();
    with(ninja){
      for (n = 0; n < maxCount; n++) {
        value = "no test";
      }
    }
    elapsed = new Date().getTime() - start;
    assert(true,"with (프로퍼티 접근은 없음): " + elapsed);

</script>
```

❷ with 없이 테스트 한다.

❸ with를 통해서 참조하는 경우를 테스트 한다.

❹ with를 통해서 할당하는 경우를 테스트한다.

❺ with로 지정한 객체에 전혀 접근하지 않는 경우를 테스트한다.

성능 테스트를 위해서, with 유효 범위의 대상으로 사용할 ninja를 포함한 변수 몇 개를 선언한다❶. 그런 후에 4가지 성능 테스트를 실행하는데, 각각은 한 가지 일을 100만 번 반복하고 그 결과를 출력한다.

- 첫 번째 테스트는 with 유효 범위를 선언하지 않고 ninja.foo의 값을 value 변수에 할당한다❷.
- 두 번째 테스트는 첫 번째와 같은 할당 테스트를 하는데, with 내에서 할당을 처리하고 객체를 지정하지 않는다는 점이 다르다❸.
- 세 번째 테스트는 with 유효 범위 내에서 객체를 지정하지 않고 반복횟수 (loop counter)를 foo 프로퍼티에 할당한다❹.
- 마지막 테스트는 with 유효 범위 내에서 ninja 객체에 접근은 하지 않고 value 변수에 값을 할당한다❺.

이 테스트의 결과가 표 10.1에 나와 있다. 모든 테스트는 열거된 브라우저를 대상으로 마운틴 라이언 10.7.3 버전과 2.8 GHz Core i7에 8GB 메모리를 사용하는 맥북 프로에서 실행했다. IE 테스트는 패러렐스(parallels) 가상머신에서 실행되는 Windows 7 인스턴스에서 실행했다.

브라우저	with 미사용	with 내에서 프로퍼티 참조	with 내에서 할당	with 유효범위만 설정
크롬 21	87	1456	1395	1282
사파리 5.1	6	264	308	279
파이어폭스 14	256	717	825	648
오페라 11	13	677	679	623
IE 9	13	173	157	139

표 10.1 코드 목록 10.3에 있는 성능 테스트의 결과, 단위는 밀리초

결과는 놀라우리만치 극적이다. 브라우저에 따라 수행시간이 크게 차이가 날 뿐 아니라(누가 그간 자바스크립트 성능 향상에 관심을 가져왔는지가 명확하게 드러난다.) 테스트에 따라서도 차이가 난다.

어떤 브라우저에서 테스트가 실행되었든, with 문 내에서 실행된 코드는 매우 느렸다. with 내에서 참조나 할당을 시도한 테스트에서는 이런 사실이 특별히 놀랍지 않을 것이다. 하지만 가장 우측에 있는, 테스트 중에 객체에 전혀 접근을 하지 않은 경우의 시간을 보자. 이것은 with 내에 있는 코드는 with 내에서 해당 객체에 전혀 접근하지 않는 경우라 하더라도 무려 41배까지도 속도가 느려진다는 것을 보여준다.

with 문이 제공하는 편리함을 누리려면 이 정도의 성능 저하는 감수해야 한다는 것을 명심하자. 그리고 분명한 것은, 성능이 중요한 고려 대상인 코드에 with 문 사용은 적절치 않다는 점이다.

10.2 실제 예제

논쟁의 여지없이, with를 사용하는 가장 일반적인 이유는 불필요한 참조 없이 프로퍼티를 이용할 수 있는 편리함 때문이다. 자바스크립트 라이브러리는

with 문을 빈번하게 활용한다. with 문을 적극 활용함으로써, 그렇지 않았다면 복잡했을 코드를 간결하게 만든다.

주요 라이브러리에서 발췌한 몇 가지 예제를 보자. 먼저 Prototype에서 발췌한 것부터 살펴보겠다.

```
Object.extend(String.prototype.escapeHTML, {
  div:  document.createElement('div'),
  text: document.createTextNode('')
});

with (String.prototype.escapeHTML) div.appendChild(text);
```

여기서 Prototype은 String.prototype.escapeHTML의 프로퍼티인 div와 text를 참조할 때 with를 활용하고 있다. with를 이용하지 않았다면 text 프로퍼티를 사용하기 위해서 장황하게 String.prototype.escapeHTML를 지정해줘야 한다.

하지만 이렇게 하는데 꼭 with가 필요할까? 이전에 논의한 내용 중에서 with를 이용하는 방식 말고 같은 기능을 제공할 만한 것은 없을까? 다음과 같은 방식을 한 번 생각해 보자.

```
(function(s){
  s.div.appendChild(s.text);
})(String.prototype.escapeHTML);
```

우리의 오랜 친구, 즉시실행함수다!

즉시실행함수의 유효 범위 내에서, String.prototype.escapeHTML과 같이 긴 참조는 함수의 매개변수를 이용해서 간단히 s와 같이 참조할 수 있다. with와 같이 객체에 대한 참조가 완전히 제거되는 것은 아니지만, 이 방식은 긴 참조를 짧은 참조로 바꿔준다. 많은 고수 개발자들은 복잡한 참조를 별칭을 이용해서 간단하게 만드는 방식이 우회적으로 객체에 대한 참조를 제거하는 것보다 훨씬 나은 방법이라고 주장한다. 그리고 with 문은 사라질지도 모르는 상황에 처해 있기 때문에, 즉시실행함수를 이용해서 이해하기 쉽고, 앞으로도 지원이 계속될 방식으로 복잡한 참조에 대한 별칭을 부여할 수 있다.

base2 라이브러리에서 발췌한 다른 예를 보자.

```
with (document.body.style) {
  backgroundRepeat = "no-repeat";
  backgroundImage =
```

```
    "url(http://ie7-js.googlecode.com/svn/trunk/lib/blank.gif)";
  backgroundAttachment = "fixed";
}
```

이 코드에서, base2는 반복적으로 사용되는 긴 참조를 제거하기 위해서 with 문을 이용하고 있다. 코드를 보면 document.body.style이 계속 반복되고 있는데, with를 활용한 방식은 DOM 엘리먼트의 style 객체를 아주 간단하게 변경할 수 있도록 해준다.

base2에서 발췌한 다른 예를 보자.

```
var Rect = Base.extend({
  constructor: function(left, top, width, height) {
    this.left = left;
    this.top = top;
    this.width = width;
    this.height = height;
    this.right = left + width;
    this.bottom = top + height;
  },
  contains: function(x, y) {
    with (this)
      return x >= left && x <= right && y >= top && y <= bottom;
  },
  toString: function() {
    with (this) return [left, top, width, height].join(",");
  }
});
```

base2에서 가져온 두 번째 예제는 with 문을 인스턴스의 프로퍼티에 간단히 접근하기 위한 수단으로 이용하고 있다. 보통 이런 코드는 훨씬 길어질 수 있다. 하지만 with 문이 제공하는 간결함으로 코드가 훨씬 간결해졌다.

마지막 예는 파이어폭스용 파이어버그(Firebug) 개발자 확장 도구에서 가져온 것이다.

```
const evalScriptPre = "with(__scope__.vars){ with(__scope__.api){" +
  " with(__scope__.userVars){ with(window){";
const evalScriptPost = "}}}}";
```

파이어버그에서 발췌한 이 코드는 아주 복잡한데, 공개되어 있는 코드 중에서 가장 복잡한 사용 예일 듯하다. 이 코드는 확장 도구 내의 디버거 부분에서 사용되고 있는데 사용자가 자바스크립트 콘솔에서 지역 변수, 파이어버그 API,

전역 객체에 접근할 수 있도록 해 준다. 이런 연산은 일반적으로 대부분의 애플리케이션이 다루는 영역을 벗어나 있다. 하지만 이 예제는 with 문의 힘과 복잡한 일련의 코드를 간결하게 만드는 방법을 보여준다.

파이어버그 예제에서 아주 흥미로운 점 하나는 with를 두 가지 용도로 사용한다는 점이다. 이 예제는 중첩된 with 문을 이용해서 window 객체의 프로퍼티를 사용할 수 있게 하는 것뿐만 아니라, window 객체가 다른 객체들보다 우선하도록 하고 있다.

코드 10.1을 다시 살펴보자. 일반적으로 이름 충돌(name collision)이 발생하면 with 유효 범위를 지정한 객체가 전역으로 설정된 값들보다 높은 우선순위를 갖는다. 다음과 같이 코드를 구성하면

```
with ( x ) { with ( window ) { ... } }
```

객체 x의 프로퍼티를 사용할 수 있게 된다. 그리고 window 객체의 프로퍼티와 어떤 객체 x가 지닌 프로퍼티 사이에 이름 충돌이 발생하면 window 객체의 프로퍼티인 전역 변수가 더 높은 우선순위를 갖게 된다.

이제 with 문을 사용한 다른 예를 살펴보자.

10.3 네임스페이스에 속한 코드를 가져오기

앞에서 살펴 본 것처럼, with를 사용하게 되는 아주 일반적인 상황 중 하나는 다른 객체에 대한 참조를 많이 포함하는 코드를 간결하게 만들려고 하는 경우다. 이것은 네임스페이스가 적용된 코드에서 자주 볼 수 있다. 네임스페이스가 적용된 코드를 보면 잘 정돈된 구조와 이름을 제공하기 위해서 객체가 다른 객체 내에 정의되어 있는 것을 볼 수 있다.

이런 방식의 부작용은 네임스페이스의 이름을 반복해서 입력하는 것이 때때로 지루하게 느껴질 수 있다는 점이다.

다음 코드에서 두 가지 문장을 살펴보자. 둘은 YUI 자바스크립트 라이브러리를 이용해서 같은 연산을 실행한다. 첫 번째는 with를 사용하지 않은 코드이고, 두 번째는 with를 사용한 코드다.

```
YAHOO.util.Event.on(
  [YAHOO.util.Dom.get('item'), YAHOO.util.Dom.get('otheritem')],
  'click', function(){
    YAHOO.util.Dom.setStyle(this,'color','#c00');
  }
);
with (YAHOO.util.Dom) {
  YAHOO.util.Event.on([get('item'), get('otheritem')], 'click',
    function(){ setStyle(this,'color','#c00'); });
}
```

with를 사용하니 코드가 훨씬 간결해진다.

이제 테스트에 with를 활용할 부분은 없는지 알아보자.

10.4 테스팅

테스트 스위트 내의 기능들을 테스트 할 때, 항상 유의해야 하는 사항이 몇 가지 있다. 그 중에서 주된 것은 실행 중인 테스트 케이스와 검증 조건 메서드 사이의 동기화다. 보통 이게 그다지 문제가 되지는 않지만, 비동기 테스트를 다룰 때가 되면 말썽을 일으킨다.

이런 문제에 대한 일반적인 해결방법은 각 테스트 실행을 추적하는 중심이 되는 객체를 하나 만드는 것이다. Prototype과 script.aculo.us 라이브러리에서 사용하는 테스트 실행기는 이 모델을 따르고, 각 테스트를 실행할 때 콘텍스트로 사용될 중심이 되는 객체를 제공한다. 이 객체는 필요한 모든 단정 메서드를 포함하고 있고 쉽게 그 결과를 중앙화된 장소에 저장한다. 다음 코드에서 이에 대한 예제를 볼 수 있다.

```
new Test.Unit.Runner({
  testSliderBasics: function(){with(this){
    var slider = new Control.Slider('handle1', 'track1');
    assertInstanceOf(Control.Slider, slider);
    assertEqual('horizontal', slider.axis);
    assertEqual(false, slider.disabled);
    assertEqual(0, slider.value);
    slider.dispose();
  }},
  // ...
});
```

테스트를 실행하기에 앞서 with(this)를 이용하는 부분에 유의하자. 이 인스턴스 변수는 모든 단정 메서드(assertInstanceOf, assertEqual 등)를 포함하고 있다. 단정 메서드는 명시적으로 this.assertEquals와 같이 사용할 수 있지만 with(this)를 이용해서 메서드를 가져오면 코드를 더욱 간결하게 할 수 있다.

이제 with를 더 높은 수준으로 활용하는 (아마도 고려해 보지 않았을 법한) 템플릿 만들기에 대해 살펴보자.

10.5 with를 활용해 템플릿 기능 제공하기

마지막으로 소개할 예는 템플릿 시스템에 with를 활용하는 것으로, 어쩌면 가장 흥미로운 예일 수도 있다.

템플릿 시스템은 일반적으로 다음과 같은 목적을 가지고 있다.

- 내장된 코드를 실행하고 결과를 출력할 수 있어야 한다.
- 컴파일된 템플릿을 캐싱할 수 있는 수단이 있어야 한다.
- 전달받은 데이터에 접근하는 것이 간단해야 한다(아마도 가장 중요한 요소일 것이다).

이 중에서 특히 마지막 항목이 with를 유용하게 사용할 수 있는 부분이다.

실제 구현에서 with가 어떻게 사용되는지 살펴보기에 앞서, 다음 코드를 통해서 템플릿 시스템을 이용하는 전형적인 경우를 한 번 살펴보자.

10.4 HTML 페이지를 만드는데 사용되는 간단한 템플릿

```
<html>
<head>
  <script type="text/tmpl" id="colors">
    <p><%= items.length %> 개 항목에 대한 목록</p>
    <ul>
      <% for (var i = 0; i < items.length; i++) { %>
        <li style='color:<%= colors[i % colors.length] %>'>
    <%= items[i] %></li>
        <% } %>
    </ul>
    여기는 다른 내용이 온다...
  </script>
  <script type="text/tmpl" id="colors2">
    <p><%= items.length %> 개 항목에 대한 목록</p>
    <ul>
      <% for (var i = 0; i < items.length; i++) {
        print("<li style='color:", colors[i % colors.length], "'>",
items[i], "</li>");
```

```
            } %>
          </ul>
    </script>
    <script type="text/javascript" src="tmpl.js"></script>
    <script type="text/javascript">
      var colorsArray = ['red', 'green', 'blue', 'orange'];
      var items = [];
      for (var i = 0; i < 10000; i++) {
        items.push( "test" );
      }

      function replaceContent(name) {
        document.getElementById('content').innerHTML =
          tmpl(name, {colors: colorsArray, items: items});
      }
    </script>
  </head>
  <body>
    <input type="button" value="Run Colors"
      onclick="replaceContent('colors')">
    <input type="button" value="Run Colors2"
      onclick="replaceContent('colors2')">
    <p id="content">치환된 내용이 여기 표시된다.</p>
  </body>
</html>
```

앞의 템플릿은 내장된 자바스크립트 코드(<% 와 %>)와 평가될 표현식(<%=와 %>)을 구분하기 위해서 특수 구분자들을 사용하고 있다. 자바를 다뤄본 사람이라면 이 구분자들이 예전 JSP 1 템플릿의 구분자와 일치함을 알아차렸을 것이다. (JSP 2는 2002년에 이런 부분들을 좀 더 현대적인 버전으로 교체했다.)

그럼, 다음 코드를 통해 구현을 살펴보자.

10.5 with를 이용한 템플릿 시스템 구현

```
(function(){
  var cache = {};

  this.tmpl = function tmpl(str, data){

    var fn = !/\W/.test(str) ?
      cache[str] = cache[str] ||
        tmpl(document.getElementById(str).innerHTML) :

      new Function("obj",
        "var p=[],print=function(){p.push.apply(p,arguments);};" +
        "with(obj){p.push('" +

        str
      .replace(/[\r\t\n]/g, " ")
      .split("<%").join("\t")
      .replace(/((^|%>)[^\t]*)'/g, "$1\r")
      .replace(/\t=(.*?)%>/g, "',$1,'")
      .split("\t").join("');");
```

재사용 가능한 템플릿 생성 함수를 만든다. (그리고 만든 함수는 캐시해서 사용한다.)

단순히 템플릿을 가져오는 것인지, 아니면 템플릿을 읽고 그 값을 캐시에 저장해 놓아야 하는지 결정한다.

❶ with 를 이용해서 데이터를 지역변수로 만든다.

템플릿을 자바스크립트로 변환한다.

```
    .split("%>").join("p.push('")
    .split("\r").join("\\'")
        + "');}return p.join('');");

    return data ? fn( data ) : fn;
  };
})();
```
← 사용자에게 기본적인 커링(currying)을 제공한다.

```
assert( tmpl("Hello, <%= name %>!", {name: "world"}) ==
  "Hello, world!", "간단한 변수 사용을 지원한다." );

var hello =  tmpl("Hello, <%= name %>!");
assert( hello({name: "world"}) == "Hello, world!",
    "미리 컴파일된 템플릿을 사용한다." );
```

템플릿 시스템 구현의 상세한 내용에 대해서 깊게 다루지는 않겠다. 소개하지 않은 개념을 이용한 것은 아니지만 여러 개념들을 복잡한 형태로 사용하고 있기 때문에 지금 당장 템플릿 시스템에 대해 완전하게 이해하지 못한다고 해서 의기소침해 할 필요는 없다. 중요한 것은 전달된 데이터 객체의 프로퍼티를 템플릿에 제공하기 위해서 어떻게 with 유효 범위를 사용하고 있느냐❶ 하는 점이다. with는 템플릿 내에서 데이터 객체의 프로퍼티를 마치 최상위에 존재하는 변수인 것마냥 참조할 수 있도록 해 준다.

복잡한 중에도, 이 템플릿 시스템은 간단하게 단순한 변수 치환기능을 제공하고 있다. 사용자가 (템플릿에 적용할 변수의 이름과 값이 저장된) 객체를 전달할 수 있도록 하고, 간단히 변수를 이용할 수 있는 수단을 제공함으로서 결과적으로 간단하고 재사용이 가능한 템플릿 시스템이 만들어졌다. 이것은 상당부분 템플릿 내에서 쉽게 프로퍼티를 이용할 수 있도록 해주는 with 구문이 있기에 가능한 일이다.

이 템플릿 시스템은 제공된 템플릿 문자열을 변환해서 그 값들을 배열에 저장한다. 그리고 최종적으로 그 값들을 결합해서 반환한다. <%=name%> 같은 각 문장은 좀 더 적절한 이름으로 해석되고, 배열을 생성하는 단계로 전달된다. 결과적으로 아주 빠르고 효과적으로 동작하는 템플릿 시스템이 만들어진다.

추가로, 템플릿들은 모두 필요에 따라 동적으로 만들어진다(인라인 코드 실행이 필요하기 때문이다). 만들어진 템플릿들을 재사용할 수 있도록 모든 코드는 new Function(..) 내에 둔다. 이 함수는 필요에 따라 데이터를 전달해서 사용할 수 있는 템플릿 함수를 제공한다.

완전한 템플릿 시스템은 내장된 템플릿을 지원한다. 현대적인 브라우저와 검색엔진에는 여러 허점이 존재하는데, 그중 하나로 〈script〉 엘리먼트에 이들이 이해하지 못하는 타입을 지정하면 해당 엘리먼트는 완전히 무시된다(지금까지 이 특성을 잘 활용해 왔다). 이는 script 엘리먼트에 템플릿을 저장한 다음, 유일한 ID와 함께 "text/tmpl" 타입을 지정하면 차후에 그 템플릿을 찾아서 사용할 수 있다는 것을 뜻한다.

with 문 덕에, 결과적으로 여러 상황에서 간편하게 사용할 수 있는 템플릿 시스템이 만들어졌다.

10.6 정리

이 장에서 다룬 내용은 다음과 같다.

- with 문의 주된 목적은 프로퍼티를 지니고 있는 객체에 대한 참조 없이도 해당 프로퍼티를 사용할 수 있도록 함으로서 복잡한 코드를 단순하게 만드는 것이다. 이것은 객체에 대한 많은 참조를 포함하고 있는 코드를 훨씬 간결하고 이해하기 쉽게 만들어 준다.
- 코드를 단순하게 만들어 주는 게 네임스페이스를 도입할 때, 테스트할 때, 심지어 템플릿 시스템을 만드는 경우에까지 어떻게 적용될 수 있는지 살펴보았고, 몇몇 유명한 자바스크립트 라이브러리에서 어떻게 사용되고 있는지 몇 가지 예제도 살펴보았다.
- 다른 강력한 도구를 이용할 때와 마찬가지로 with를 이용할 때도 신중해야 한다. 코드를 명료하게 만드는 것만큼이나 코드를 엉망으로 만들기 쉽기 때문이다.
- with 구문에 대해서는 많은 논란이 있어 왔다. 그리고 앞으로는 지원되지 않을 것이다. 따라서 새로 작성하는 코드에서는 사용을 피해야 한다.

이 장에서는 with 유효 범위를 사용할 때 발생할 수 있는 브라우저 호환성 문제에 대해서 다루지 않았다. 하지만 앞으로 나올 부분에서 분명히 마주치게 될 것이다. 다음 장에서는 온전한 정신을 유지하면서, 사람을 미치게 만드는 크로스 브라우저 문제에 대처하는 방법에 대해 논의하겠다.

11장

SECRETS OF THE JAVASCRIPT NINJA

크로스 브라우저 전략 수립하기

이 장에서는 다음 주제를 다룬다.
- 재사용 가능한 크로스 브라우저 자바스크립트 개발 전략
- 처리해야 할 이슈 분석하기
- 해당 이슈를 멋진 방법으로 처리하기

자바스크립트 코드를 5분 이상 작성해 본 사람이라면, (지원 대상이 되는) 여러 브라우저에서 문제없이 동작하는 코드를 만드는 데는 다양한 어려움이 있음을 알고 있을 것이다. 당장 필요한 것을 개발하는 것부터 미래에 출시될 브라우저에 대비하는 것, 그리고 아직 만들어지지 않은 페이지에서도 코드를 재사용하도록 하는 것까지 모든 것을 고려해야 한다.

여러 브라우저에서 제대로 동작하는 코드를 작성하는 것은 쉬운 작업이 아니다. 프로젝트에 이용할 수 있는 리소스뿐만 아니라, 회사나 팀의 개발 방법론에 따라서 균형을 맞춰야만 한다. 현재 존재하는 모든 브라우저와, 미래에 출시될 브라우저까지 페이지가 완벽하게 동작하게 만들고 싶겠지만, 현실적으로 어렵고, 한정된 자원을 신중하고 적절하게 사용해서 최대한의 성과를 내야 한다.

크로스 브라우저에 대한 전략을 수립하는 일은 어떤 브라우저를 지원할 것인지 주의 깊게 결정하는 것부터 시작한다.

11.1 지원할 브라우저 선택하기

우리가 지닌 제한된 자원을 어디에 투입해야 할지 결정할 때 가장 큰 고민은 어떤 브라우저를 우선적으로 지원할 것인지 정하는 일이다.

   사용자에게 최고의 경험을 제공하기를 원하므로, 웹 개발의 모든 측면을 고려해서 브라우저를 신중히 선택할 필요가 있다. 일반적으로 다음과 같은 약속을 하며 브라우저를 선택하게 된다.

- 해당 브라우저에 대해 적극적으로 테스트를 진행하겠다.
- 해당 브라우저에 관련된 버그를 고치고 리그레이션 테스트를 진행하겠다.
- 해당 브라우저에서 납득할 만한 성능을 보장하겠다.

예를 들어, 대부분의 자바스크립트 라이브러리는 10여 종 이상의 브라우저를 지원한다. 여기에는 보통 다음 5개 주요 브라우저의 이전 버전과 현재 버전 그리고 (가능한 경우) 향후 출시될 베타 버전이 포함된다.

- 인터넷 익스플로러
- 파이어폭스
- 사파리
- 크롬
- 오페라

언급한 것만 보더라도 지원해야 할 브라우저가 너무 많다. 특히 이 브라우저들을 다양한 플랫폼에서 테스트 해야 한다면 더더욱 그렇다. 그리고 인터넷 익스플로러 같은 브라우저는 동시에 여러 가지 버전이 사용되고 있다. jQuery와 같은 주류 자바스크립트 라이브러리들은 (비록 대부분이 자원봉사자라 할지라도) 호화로움 만큼 많은 수의 스탭을 가지고 있지만, 보통의 개발자들은 그렇지 못하다. 따라서 어떤 브라우저를 지원할지에 대해 현실적인 판단이 필요하다.

> **노트:** 주요 자바스크립트 라이브러리들에는 이미 이런 작업이 되어 있기 때문에 라이브러리를 사용하면 자동으로 여러 브라우저에 대한 지원을 받을 수 있다. 하지만 이 책은 여러분이

> 라이브러리를 사용하지 않을 것이라고 가정하고, 여러분이 코드를 작성할 때 지원할 브라우저를 선택하는데 도움을 주려고 한다.

지원할 브라우저를 결정하기 위해서, 표 11.1과 같이 브라우저 지원표를 만들어서 목적에 맞게 브라우저를 선택해 볼 수 있다.(이 표는 단지 예를 든 것일 뿐, 선택한 브라우저에 대한 어떠한 가치 판단도 포함되어 있지 않다.) 앞으로 다룰 내용은 여러분으로 하여금 어떤 부분을 점검하고 어떤 부분은 "x"로 표시할지 결정하는 데 도움을 줄 것이다.

만약 브라우저에 대한 지원이 브라우저가 사용되는 플랫폼마다 달라진다면 브라우저의 분류를 플랫폼에 따라 더 세분화해야 한다.

	크롬	파이어폭스	사파리	IE	오페라
이전	O	O	O	O	O
현재	O	O	O	O	O
베타	O	O	X	X	X

표 11.1 "브라우저 지원" 표 예제 – 목적에 따라서 채우면 된다.

재사용 가능한 자바스크립트 코드는, 그것이 엄청나게 많이 사용되는 자바스크립트 라이브러리든 아니면 직접 작성한 페이지 내에서 사용되는 코드든, 최종 사용자에게 중요한 브라우저와 플랫폼에 집중해서 가능한 많은 환경에서 동작하도록 만들어져야 한다. 아주 많이 사용되는 라이브러리라면 대상 브라우저나 플랫폼의 수가 많을 것이고, 특정한 목적을 지닌 애플리케이션이라면 대상의 수가 적을 것이다.

그러나 절대 과욕은 부리지 말아야 한다. 지원 범위를 넓히기 위해서 품질을 훼손하는 일은 결코 일어나서는 안 된다. 이것은 여러 번 언급해도 될 만큼 중요하다. 사실, 여러분이 다음 내용을 소리 내어 읽었으면 좋겠다.

지원 범위를 넓히기 위해서 품질을 희생하는 일은 없어야 한다.

이 장에서, 크로스 브라우저 지원을 위해서, 자바스크립트 코드를 여러 상황에서 검토할 것이다. 그리고 각 상황에서 발생할 수 있는 잠재적인 문제들을 피할 수 있는 코드를 작성하는 최선의 방법들을 찾아볼 것이다.

이 장에서 다루는 내용은 제법 길지만 여러분이 시간을 들여 선택할 만한 가치가 있는 기법이 과연 어느 것인지를 결정하는 데 도움이 될 것이다. 그리고 여러분이 직접 브라우저 지원표를 작성하는 데도 도움이 될 것이다.

11.2 다섯 가지 주요 개발 고민 사항

시시한 코드는 논외로 하더라도, 대부분의 코드를 개발할 때 고민할 사항들이 무수히 많다. 재사용 가능한 자바스크립트 코드를 작성할 때는 다섯 가지 주요한 고민거리가 있는데, 그림 11.1에 나타나 있다.

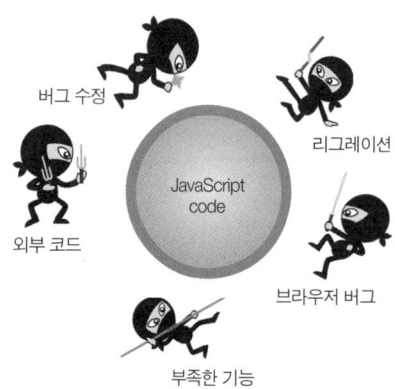

그림 11.1 재사용 가능한 자바스크립트를 위한 다섯 가지 주요 고민거리

다음이 바로 다섯 가지 주요 고민거리다.

- 브라우저 버그
- 브라우저 버그 수정
- 브라우저에 부족한 기능
- 외부 코드
- 브라우저 리그레이션

우리는 브라우저를 지원하기 위해서 들이는 노력과 그로부터 얻게 되는 이익 간에 균형을 맞추길 원한다. 예를 들어 구식이 된 (그리고 더 이상 지원되지 않는) IE 6과 같은 브라우저를 지원하기 위해서 추가로 40시간의 개발을 하는 것이 가치 있는 일일까?

결과적으로, 이것들은 자기 자신의 상황에 미루어, 스스로 결정해야 할 문제들이다. 이전 질문에 대한 답은, 일반적으로 사용하기 위한 것인지 아니면 신기술 반대주의자들의 IT 팀처럼 IE6만 사용하는 사용자들을 위해 내부적으로만 사용되는 애플리케이션인지에 따라서, 완전히 달라질 수 있다.

대상 고객에 대한 분석, 개발 리소스 그리고 일정 등 모든 요소를 고려해야 한다. 이런 사항에 대해서 고민할 때 도움이 되는 격언이 있다.

- 과거를 기억하고
- 미래를 고민하고
- 현재를 확인하라

재사용 가능한 자바스크립트 코드를 개발하려고 노력할 때, 모든 사항을 고려해야 하고, 현재 존재하는 가장 인기 있는 브라우저들에 집중해야 한다. 그리고 브라우저의 다음 버전의 변화에 대해서도 고려해야 한다. 브라우저의 이전 버전에 대한 호환성을 유지하려고 노력해야 하고, 전체 지원 대상 브라우저에 대한 품질이나 기능의 저하 없이 최대한 많은 기능을 제공해야 한다.

다음 절에서는, 앞으로 마주치게 되고, 극복해야 할 문제들에 대해서 좀 더 이해하기 위해, 여러 가지 고민거리들을 파헤쳐 보도록 하겠다.

11.2.1 브라우저 버그와 브라우저 간의 차이점

재사용 가능한 자바스크립트 코드를 개발할 때, 가장 우선으로 고려할 부분은 지원하기로 결정한 브라우저와 연관된 다양한 브라우저 버그와 API의 차이를 다루는 일이다. 제공하기로 한 모든 기능은 지원 대상 브라우저에서 완벽하게 동작해야 하고 검증 가능해야 한다.

이를 달성하기 위해서 해야 할 일은 분명하다. 2장에서 이미 언급했듯이 그리고 이 책 전반에 걸쳐 사용하고 있듯이, 우리가 작성한 코드에 대한 일반적인 사용 예와 부가적인 사용 예를 포괄하는 테스트 스위트가 필요하다. 테스트 커버리지가 충분하다면, 우리가 개발하는 코드가 지원 대상 브라우저에서 잘 동작할 것이라고 안심할 수 있다. 또한, 다음 버전의 브라우저가 이전 버전에 대한 호환성만 깨지 않는다면, 코드가 다음 버전의 브라우저에서도 잘 동작할 것이라고 생각할 수 있다.

브라우저 버그와 차이를 다루는 특별한 전략에 대해서 11.3절에서 살펴볼 것이다.

여기서 까다로운 부분은 현재 브라우저의 버그를 수정할 때, 차후에 브라우저의 새 버전에서 해당 버그가 수정되더라도 문제가 일어나지 않도록 해야 한다는 점이다.

11.2.2 브라우저 버그 수정

브라우저의 특정 버그가 고쳐지지 않은 채 영원히 존재할 것이라고 가정하는 것은 무모하다(대부분의 브라우저 버그는 언젠가 수정된다). 그리고 특정 버그의 존재에 의존하는 것은 위험한 개발 전략이다. 미래의 변경사항에도 최대한 영향을 받지 않는 방식으로 버그를 수정하려면 11.3절에서 소개할 기법들을 사용하는 것이 가장 좋다.

재사용 가능한 자바스크립트 코드를 작성할 때, 우리는 그 코드를 충분히 오랜 시간 동안 사용할 수 있기를 바란다. 웹사이트의 어떤 부분(CSS, HTML, 기타 등등)을 개발하든지, 새로운 브라우저의 출시로 인해 잘 동작하던 코드가 망가져서 코드를 고치게 되는 일이 일어나는 것을 바라지는 않는다.

브라우저 버그에 대해서 가정하는 것은 일반적으로 웹사이트를 깨뜨리는 원인이 된다. 버그를 피하기 위한 사용한 특별한 방법이, 버그가 수정된 다음 버전의 브라우저가 출시될 때, 문제를 일으키게 된다. 이 문제는 브라우저에 대해서 가정하는 대신에, 특정 기능을 시뮬레이션하는 코드를 만듦으로써 피할 수 있다.(11.3.3에서 이에 대해서 살펴볼 것이다.)

브라우저 버그를 다룰 때 생기는 문제는 두 가지다.

- 마침내 버그가 수정되면 우리가 작성한 코드가 제대로 동작하지 않을 수 있다.
- 웹사이트가 깨질 수 있으므로, 결국엔 브라우저 제조사가 버그를 수정하지 않도록 훈육해야 한다.

두 번째 상황에 해당하는 흥미로운 사례가 파이어폭스 3를 개발하는 동안에 있었다. 파이어폭스 3는 한 DOM 문서 내에서 생성된 DOM 노드를 다른 DOM 문서에 삽입하려는 경우 반드시 입양(adopt)하는 과정을 거치도록 하는 변경사항을 추가했다. (이것은 DOM 명세를 따르는 것이다.)

다음 코드는 제대로 동작하지 않아야 한다.

```
var node = documentA.createElement("div");
documentB.documentElement.appendChild(node);
```

노드를 다른 문서에 추가하는 올바른 방법은 다음과 같다.

```
var node = documentA.createElement("div");
documentB.adoptNode(node);
documentB.documentElement.appendChild(node);
```

그러나 파이어폭스는 첫 번째 코드가 동작하지 않아야 함에도 불구하고 동작하는 버그를 가지고 있었고, 사용자들은 이와 같은 형태로 코드를 작성했다. 결국 모질라는 수많은 웹사이트가 깨질 가능성에 대한 우려로 변경사항을 되돌려야만 했다. 모질라는 이 이슈를 "WRONG DOCUMENT ERR note"를 통해 인정하고 있다(https://developer.mozilla.org/ko/docs/DOM/WRONG_DOCUMENT_ERR_note).

이 사례를 통해 버그에 대해 고려해야 할 다른 중요한 점을 알 수 있다. 기능의 일부가 잠재적으로 버그인지 판단을 하기 위해서는 명세를 바탕으로 검증을 해야 한다는 것이다. 앞의 사례에서 인터넷 익스플로러는 좀 더 강제적이었는데(노드가 올바른 문서 내에 있지 않으면 예외를 던짐 - 이것이 정확한 동작), 사람들은 예외를 던지는 것이 인터넷 익스플로러의 오류라고 생각을 하고 대체 기능을 제공하기 위해서 분기 코드를 작성했다. 그 결과 사용자들이 일부 브라우저에서만 명세를 따르고, 다른 브라우저에서는 억지로 명세를 따르지 않는 현상이 발생했다.

브라우저 버그는 명세되지 않은 API와는 다르다. 브라우저 명세를 참고하는 것은 매우 중요한데, 이것이 코드를 개발하거나 향상시키기 위해서 브라우저에서 사용하는 정확한 표준이기 때문이다. 반대로, 명세되지 않은 API의 구현은 언제든지 변경될 수 있다(특히 해당 구현이 표준이 되기 위해 시도 중일 때). 명세되지 않은 API가 일관성을 보장하지 않는 경우, 기능에 대한 추가적인 시뮬레이션(11.3.3을 보자)을 실행해서 해당 API가 예상한 결과를 제공하는지를 확인해야 한다. 이런 API들은 확정됨에 따라, 변경이 일어날 수 있다는 것을 항상 염두에 두어야 한다.

추가적으로, 버그 수정과 API 변경에는 차이가 있다. 긴 시간이 걸리더라도, 브라우저에서 버그는 수정이 될 것이므로, 버그 수정은 쉽게 예측되는 반면에 API 변경은 훨씬 예측하기 어렵다. 표준 API는 (전례가 아예 없는 것은 아니지만) 거의 바뀌지 않는다. 반면 명세되지 않은 API는 변경이 훨씬 쉽게 발생하는 경향이 있다.

다행히도, 대부분의 웹 애플리케이션이 대규모로 깨지는 일은 쉽게 발생하지 않는다. 그러나 일단 발생하면, 사전에 효과적으로 감지할 수 없다(사용하는 모든 단일 API를 테스트 할 수도 있지만, 이러한 과정에서 발생하는 오버헤드가 극단적으로 높다). 이런 종류의 API 변경은 다른 리그레이션 문제들과 같이 다루어야 한다.

다음으로 생각해 볼 문제는, 어느 누구도 혼자 뚝 떨어져 살아가지 않는 것처럼, 우리가 작성한 코드 역시 마찬가지라는 것이다. 이로 인해 어떤 결과가 나타나게 되는지 한 번 살펴보자.

11.2.3 외부 코드 그리고 마크업과 공존하기

모든 재사용 가능한 코드는 자신을 둘러싼 코드들과 공존해야 한다. 우리가 직접 작성한 페이지 내에서 동작하든지, 아니면 다른 사람이 개발한 웹 사이트에서 동작하든지, 어떤 다른 코드들과도 함께 잘 동작한다는 것을 보장하는 게 필요하다.

이것은 일종의 양날의 검이다. 우리가 작성하는 코드는 엉성하게 만들어진 외부 코드와도 잘 동작해야 할 뿐만 아니라, 자신을 사용하는 다른 코드에도 악영향을 주지 않도록 주의를 기울여야 한다.

얼마만큼 여기에 대해서 주의를 기울여야 하는지는, 해당 코드가 사용될 환경에 따라서 크게 달라진다. 예를 들어, 제어가 가능한 소수의 한정된 웹사이트에서만 재사용할 코드를 작성한다면, 코드가 어떻게 동작할지 이미 알고 있기 때문에 어느 정도 외부 코드에 대해서 안심할 수 있다. 그리고 어느 정도 문제가 발생하더라도 직접 수정할 수 있다.

> **팁**: 이 부분은 책 전체에서도 아주 중요한 관심사다. 만약 좀 더 깊게 살펴보고 싶다면, 매닝에서 발간한 벤 비니거(Ben Vinegar)와 안톤 코발리오프(Anton Kovalyov)가 집필한 *Third-Party JavaScript*(http://manning.com/vinegar/)라는 책을 강력히 추천한다.

알려지지 않은 (또는 제어할 수 없는) 다양한 환경에서 사용할 수 있는 코드를 개발하려 한다면, 코드를 곱절로 안정적이게 만들어야 한다.

안전성을 확보하는 몇 가지 방법에 대해서 알아보자.

코드 캡슐화

코드가 로딩되었을 때, 페이지 내의 다른 코드에 영향을 받지 않도록 하는 가장 좋은 방법은 캡슐화다.

한 사전은 캡슐화(encapsulation)를 "캡슐 안에 두거나, 마치 캡슐에 넣은 것처럼"이라고 정의하고 있다. 우리의 상황에 맞춰 표현하자면, "객체의 컴포넌트 중 일부에만 접근할 수 있도록 제한하는 언어의 메커니즘"이라고 할 수 있다. 까칠한 직장 상사에게 묻는다면 아마도 짧게 "니 할 일에만 신경 쓰라는 말이야!"라고 할 수도 있다.

우리가 작성한 코드를 다른 곳에서 가져다 쓰려고 할 때, 전역 공간에 추가되는 데이터를 가능한 작게 유지하는 것이 까칠한 직장 상사를 기분 좋게 만드는 방법이다. 사실, 전역 공간에 노출하는 변수를 몇 개, 혹은 단 하나로 유지하는 것은 제법 간단하다.

jQuery 라이브러리가 좋은 예다. 이 라이브러리는 전역 네임스페이스에 (함수를 가리키는) 전역 변수 jQuery와 이 변수를 가리키는 별칭인 $만 추가한다. 심지어, 페이지 내의 다른 코드나 라이브러리가 $를 사용하려는 경우 그렇게 할 수 있게 해주는 방법도 제공하고 있다.

jQuery가 제공하는 대부분의 기능은 jQuery라는 함수를 이용해 만들어져 있다. 그리고 (보통 유틸리티 함수라고 부르는) 다른 함수들은 jQuery의 프로퍼티로 정의되어 있어서(3장에서 다뤘던 것처럼 함수를 다른 함수의 프로퍼티로 정의하는 것이 얼마나 쉬운지 떠올려보자), jQuery라는 이름을 네임스페이스로 활용한다.

우리도 같은 전략을 사용할 수 있다. 직접 사용하기 위해서 혹은 다른 사람들에게 제공하기 위해서 함수를 몇 개 정의하려는데, 이 함수들을 우리가 정한 네임스페이스(ninja라고 하자) 내에 둔다고 가정하자.

우리는, jQuery와 같이, ninja()라는 전역 함수를 정의한 다음 이 함수에 전달하는 값을 바탕으로 다양한 일을 하게 할 수 있다. 예를 들면 다음과 같다.

```
var ninja = function(){ /* 구현 코드가 여기 온다. */ }
```

이 함수를 네임스페이스로 사용하는 유틸리티 함수를 정의하는 것은 쉬운 일이다.

```
ninja.hitsuke = function(){ /* 불을 이용해 경비를 따돌리는 코드를 여기에 작성한다. */ }
```

ninja가 굳이 함수일 필요가 없고, 단지 네임스페이스 역할을 하기 바란다면 다음과 같이 정의하면 된다.

```
var ninja = {};
```

이 방식은 빈 객체를 하나 만든 다음, 전역 네임스페이스 대신 객체에 프로퍼티와 함수를 정의할 수 있게 해준다.

코드 캡슐화를 유지하기 위해서, 이미 존재하는 변수나 함수의 prototype 혹은 DOM 엘리먼트를 수정하는 일은 피해야 한다. 우리가 작성한 코드가, 스스로가 아닌 페이지 내의 다른 요소를 수정하게 되면 잠재적으로 충돌을 일으키거나 혼란을 야기할 수 있다.

직접 작성한 코드와 타인이 작성한 코드가 혼재하는 상황에서 발생하는 다른 문제는, 비록 우리가 최선을 다해서 신중하게 코드를 캡슐화 했다손 치더라도, 우리가 작성하지 않은 코드가 잘 동작할 것이라고 확신할 수 없다는 것이다.

조금 덜 모범적인 코드 다루기

오랜 옛날, 그레이스 호퍼[1]가 계전기 사이에서 나방을 제거했던 그 시절부터 떠도는 농담이 하나 있다. "제대로 동작하는 코드는 직접 짠 코드뿐이다." 이런

---

[1] (옮긴이) Grace Murray Hopper. 여성 프로그래머로, 나방으로 인한 접촉 불량으로 컴퓨터가 제대로 작동하지 않는 것을 보고, "디버깅"이라는 단어를 사용하여 "버그"라는 용어가 통용되게 한 인물이다.

시각이 조금 냉소적이긴 하지만, 우리가 작성한 코드가 제어할 수 없는 코드와 함께 사용되는 경우, 최악의 상황을 염두에 두어야만 안전할 수 있다.

잘 짜인 코드라 할지라도, 버그가 아니라 의도적으로 함수의 프로토타입이나 객체의 프로퍼티 그리고 DOM 엘리먼트의 메서드를 수정하는 등의 일을 할 수 있다. 이런 방법은 좋은 의도였든 그렇지 않든, 우리를 곤란하게 할 수 있다.

이런 상황에서, 우리가 작성한 코드는 자바스크립트의 배열을 사용하는 것과 같이 문제를 일으키지 않게 동작해야 한다. 자바스크립트 배열이 자바스크립트 배열처럼 동작할 것이라는 단순한 가정에 대해 아무도 뭐라고 할 수 없다. 그런데 만약 페이지 내의 다른 코드가 실행되면서 배열의 동작 방식을 변경한다면, 우리가 잘못한 것이 아님에도 불구하고, 우리가 작성한 코드는 의도한 대로 동작하지 않게 된다.

불행히도 이런 종류의 상황을 다루는 항상 올바른 방법은 없다. 그러나 이런 문제를 줄일 수 있는 몇 가지 방법이 있다. 다음 절에서 이런 방어적인 방법에 대해서 알아보겠다.

다른 코드가 설정한 프로퍼티 피하기

방어적인 방법의 첫 번째 부분은 우리가 알지 못한 사이에 다른 코드가 객체에 심어 놓은 프로퍼티를 어떻게 피하는지 배우는 것이다.

이런 상황을 탐지하기 위해서, hasOwnProperty() 함수를 이용할 것이다. 이 함수는 모든 자바스크립트 객체들이 Object 객체로부터 상속받는 것으로, 객체가 특정 프로퍼티를 소유하고 있는지 확인하는데 사용된다. 이것은 자바스크립트의 in 연산자와 유사하지만, 프로토타입 체인을 검사하지 않는다는 중요한 차이가 있다.

따라서, 프로퍼티가 객체에 직접 설정된 것인지 아니면 Object.prototype으로부터 상속 받은 것인지 확인하는데 이 함수를 활용할 수 있다.

다음 코드를 통해서 이 함수가 어떻게 동작하는지 살펴볼 수 있다.

11.1 hasOwnProperty()를 이용해서 상속된 프로퍼티 검사하기

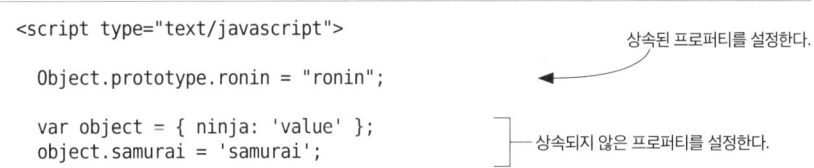

```
<script type="text/javascript">

  Object.prototype.ronin = "ronin";

  var object = { ninja: 'value' };
  object.samurai = 'samurai';
```

```
        assert(object.hasOwnProperty('ronin'),"ronin은 프로퍼티다.");
        assert(object.hasOwnProperty('ninja'),"ninja는 object의 프로퍼티다.");
        assert(object.hasOwnProperty('samurai'),"samurai는 프로퍼티다.");

    </script>
```

해당 테스트의 결과는 그림 11.2에서 볼 수 있다.

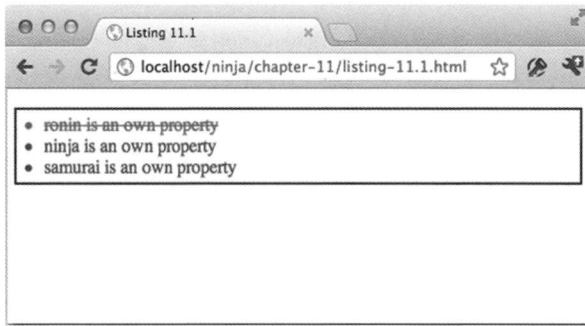

그림 11.2 상속된 프로퍼티를 찾기 위해서 어떻게 hasOwnProperty()를 사용할 수 있는지 테스트한 결과

테스트 결과를 통해서 ronin[2]과 같이 Object의 prototype에 추가된 프로퍼티는 object 객체가 "직접 가지고 있는" 프로퍼티가 아님을 분명하게 알 수 있다. 다행히, 이 방식을 사용하는 스크립트의 수는 매우 적다. 하지만 prototype에 추가된 프로퍼티가 우리가 작성한 코드에 영향을 준다면, 큰 문제가 생길 수 있다.

이 복잡한 문제는 hasOwnProperty()를 이용해서 해당 프로퍼티를 무시할지 말지 결정하는 방식으로 대처할 수 있다.

```
for (var p in someObject) {
    if (someObject.hasOwnProperty(p)) {
        // 뭔가 굉장한 일을 한다.
    }
}
```

이 코드는 hasOwnProperty()를 이용해서 객체의 prototype에 추가된 프로퍼티를 무시하는 방법을 보여준다.

팁: Object.getOwnPropertyNames() 메서드는 자바스크립트 1.8.5에서 도입되었다.

---

2 (옮긴이) 낭인(ろうにん, 浪人). 일본 무가 시대에 녹을 잃고(특정 번, 특정 영주에) 매인 데 없이 떠돌던 무사를 뜻하는데, 여기서도 실제 객체가 가지고 있던 프로퍼티가 아니라서 그런 이름을 사용한 것으로 보인다.

https://developer.mozilla.org/en-US/docs/JavaScript/Reference/Global_Objects/Object/getOwnPropertyNames를 보자.

GREEDY[3] ID 다루기

대부분의 브라우저는 문제가 되는 (하지만 제작자가 의도한 것이기 때문에 버그라고 부를 수는 없는) 기능(anti-feature)을 가지고 있는데, 이 때문에 우리가 작성한 코드가 예상치 못한 문제를 겪게 되기도 한다. 이 기능이란 엘리먼트의 id를 이용해서 한 엘리먼트를 다른 엘리먼트의 프로퍼티로 추가하는 것을 말한다. 이때 id에 저장된 값이 (프로퍼티가 추가되는) 엘리먼트가 원래 가지고 있던 프로퍼티 명과 같아 충돌이 일어나게 되면, 원치 않는 상황이 벌어진다.

"greedy ID"로 인해서 발생하는 문제점을 살펴보기 위해서 다음 HTML 코드를 보자.

```html
<form id="form" action="/conceal">
  <input type="text" id="action"/>
  <input type="submit" id="submit"/>
</form>
```

이제, 브라우저에서 다음 코드를 호출한다.

```
var what = document.getElementById('form').action;
```

이 코드에서 우리가 의도한 것은 form 엘리먼트의 action 속성에 저장된 값을 가져오는 것이다. 대부분의 경우 그렇게 동작할 것이다. 하지만 변수 what에 저장된 값을 확인해 보면, action 속성의 값이 아니라 input#action 엘리먼트의 참조가 저장되어 있는 것을 알 수 있다. 어떻게 된 일일까?

다른 경우를 살펴보자.

```
document.getElementById('form').submit();
```

이 구문을 실행하면 form이 제출되어야 할 것이다. 그러나 다음과 같이 스크립트 오류가 발생한다.

---

3 (옮긴이) Greedy는 탐욕스런, 욕심 많은 이라는 뜻이지만, 여기서는 이미 존재하는 프로퍼티와 충돌을 일으켜서 이상 동작을 일으키는 id를 의미한다.

```
Uncaught TypeError: Property 'submit' of object #<HTMLFormElement> is not a
function
```

무슨 일이 벌어진 걸까?

브라우저는 <form> 엘리먼트 내부에 포함된 각 input 엘리먼트에 대한 참조를 form의 프로퍼티로 추가한다. 이런 동작은 처음에는 편리한 것처럼 보일 수 있지만, 추가되는 프로퍼티 명으로 input 엘리먼트의 id 값이 사용된다는 사실을 알고 나면 상황이 달라진다. 만약 id의 값이 form 엘리먼트가 이미 사용 중인 프로퍼티 명과 같다면, 예를 들어 action이나 submit이라면, 기존 프로퍼티는 새로운 프로퍼티로 교체가 된다.

그래서 input#action 엘리먼트가 생성되기 전에는 form.action이 <form> 엘리먼트의 action 속성의 값을 가리키고 있지만, 나중에는 input#action 엘리먼트를 가리키게 된다. 이런 현상은 form.submit에도 동일하게 일어난다.

이렇게 동작하려면 input 엘리먼트가 반드시 id를 가지고 있어야 하기 때문에, 이 결정은 잘 이해가 되지 않는다. input 엘리먼트가 id를 가지고 있다면, 굳이 form의 프로퍼티로 지정해 놓지 않아도 쉽게 참조할 수 있다.

어쨌든, 브라우저의 이 특별한 기능은 우리가 작성한 코드에 다양하고 혼란스러운 문제를 야기할 수 있으므로, 이렇게 동작하는 브라우저에서 디버깅을 할 때는 해당 내용을 숙지하고 있어야 한다. 의도하지 않게 우리가 예상한 바와 다른 무언가로 바뀌어 있는 프로퍼티를 만나게 되는 경우, greedy ID가 그 원인은 아닌지 확인해봐야 한다.

다행히, 마크업을 작성할 때 표준 프로퍼티 명과 충돌을 일으킬 수 있는 간단한 id 값을 쓰지 않음으로써, 이 문제를 피해갈 수 있다. 그리고 다른 사람들에게도 그렇게 하도록 권장할 수 있다. 특히 submit을 id나 name의 값으로 지정하는 것은 피해야 한다. 이것은 당혹스러운 버그를 만들어 내는 일반적인 요인 중 하나다.

스타일시트의 순서

우리는 흔히 우리가 작성한 코드가 실행되는 시점에 CSS 규칙들도 사용할 수 있기를 바란다. 코드를 실행하는 시점에 스타일시트에 정의되어 있는 CSS 규칙들을 확실히 사용할 수 있게 보장하는 가장 좋은 방법은 외부 스크립트 파일을 포함시키기에 앞서 스타일시트를 먼저 포함시키는 것이다.

이렇게 하지 않으면, 스크립트가 아직 정의되지 않은 스타일 정보에 접근을 시도하기 때문에 예측하지 못한 결과가 발생할 수 있다. 불행하게도 이 문제는 순수 자바스크립트만으로 간단히 해결할 수 없기 때문에, 사용자 문서를 통해서 다루어야 한다.

이 절에서 의도하지 않게, 외부 요인이 혼란스러운 형태로 우리가 작성한 코드의 동작 방식에 영향을 주는 몇 가지 간단한 예제를 살펴보았다. 우리 코드가 지니고 있는 문제점들은 보통 다른 사람들이 자신의 사이트에 우리 코드를 사용하려 할 때 드러난다. 이런 경우, 문제를 파악한 다음 해당 문제에 대한 적절한 테스트를 만들 수 있어야 한다. 반대로, 타인의 코드를 우리의 페이지에 통합하려고 할 때 문제를 발견할 수도 있는데, 이 절에서 다룬 팁들이 문제의 원인을 찾는 데 도움이 되길 바란다.

불행히도, 문제가 생겼을 때 현명하게 대처하는 것 그리고 코드를 방어적으로 작성하는 것 외에는 이런 연동 과정에서 일어나는 문제를 다루는 더 좋은 정해진 방법이 없다.

이제 다음 고민거리로 넘어가자.

11.2.4 누락된 기능

지원 목록 표에 포함되지 못한 불운한 브라우저들은, 지원 대상에 빠져 있는 만큼 주요 브라우저를 대상으로 하는 테스트가 별다른 소용이 없을 것이고, 우리가 작성한 코드가 정상적으로 동작하는 데 필요한 일부 중요 기능들을 제공하지 않을 수 있다.

하지만 필요한 중요 기능이 누락되어 있지만 (아마도 정치적인 또는 사업상의 이유로) 지원해야만 하는 브라우저가 있을 수도 있다.

우아한 기능 저하

모든 브라우저(특히 기준을 통과하지 못한 브라우저)를 완전하게 지원하지 않는다고 하더라도, 코드를 방어적으로 작성해서 제공되는 기능을 우아한 방식으로 줄이거나, 지원 대상이 아닌 브라우저를 선택한 (혹은 원치 않게 사용하고 있는) 최종 사용자에게 다른 유형의 안내를 제공한다면 더할 나위 없이 좋을 것이다.

이 시점에서 우리의 전략은 사용자에게 최대한 많은 기능을 제공하고, 전체 기능을 제공할 수 없을 때 우아하게 실패하게 하는 것이다. 이것을 우아한 기능 저하(gracefully degradation)라고 한다.

우아한 기능 저하는 조심스럽게 고민하고 접근해야 한다. 드롭다운 메뉴를 만들려고 하는데, 브라우저가 페이지에 포함된 몇 개의 내비게이션 요소를 초기화 하고 숨기는 기능은 제공하지만, 메뉴를 보여주는 이벤트 관련 코드가 동작하지 않는다고 생각해보자. 그 결과 만들어진 페이지는 누구도 원하지 않는 반쪽짜리가 되어버린다.

기능성이 줄어들더라도, 대안으로 제공한 기능은 반드시 동작해야 한다.

하위 호환성

더 나은 전략은 가능한 한 코드의 하위 호환성이 유지되도록 설계하면서, 미지원 브라우저를 사용하는 이용자에 대해서는 적극적으로 해당 브라우저를 위한 대체 페이지나 사이트로 이동하도록 처리하는 것이다. 야후!는 브라우저를 등급별로 나누어 놓고 자신들의 사이트 대부분에 이런 전략을 사용하고 있다. 일정 시간이 경과하면 브라우저의 블랙리스트를 만들고(일반적으로 시장점유율이 0.05퍼센트로 미미한), 블랙리스트에 포함된 브라우저를 사용하는 사람에게는 (user agent 값에 기반해서) CSS나 자바스크립트를 사용하지 않는 순수 HTML로 만들어진 페이지를 제공한다.

이렇게 함으로써 개발자들은 구식 브라우저 사용자들에게는 (비록 더 낮은 사용자 경험을 제공하겠지만) 동등한 기능을 제공하면서, (약 99%에 해당하는) 대다수의 사용자들에게는 최상의 경험을 제공할 수 있다.

이 전략의 핵심 사항은 다음과 같다.

- 구식 브라우저들의 사용자 경험에 대해서 가정하지 않는다. 해당 브라우저를 더 이상 테스트 할 수 없게 되면 (그리고 시장점유율이 무시할 만큼 낮다면) 지원을 포기하고 간단한 페이지로만 서비스를 하든지, 전혀 서비스를 지원하지 않아야 한다. (결국 그렇게 될 일이다.)
- 지원하기로 결정한 브라우저의 경우 현재 버전과 과거 버전 모두 동작하는 페이지가 제공되어야 한다.

- 미래에 출시될 브라우저와 알 수 없는 브라우저에서도 동작해야 한다.

이 전략의 주된 단점은 (대상 브라우저와 플랫폼을 넘어) 이전 브라우저와 미래의 브라우저를 다루기 위해 추가적인 노력이 필요하다는 것이다. 추가적인 비용이 발생함에도 불구하고, 이것은 꽤 훌륭한 전략이며, 최소한의 업데이트와 변경으로도 애플리케이션을 더 오랫동안 실행 가능하게 만들어 준다.

11.2.5 리그레이션

리그레이션은 재사용 가능하고, 유지보수 가능한 자바스크립트 코드를 작성하는 과정에서 만나게 되는 가장 어려운 문제 중 하나다. 이것은 브라우저의 버그 또는 하위 호환성을 깨는 API 변경사항(주로 명시되지 않은 API들에 대한)을 뜻하는데, 우리가 작성한 코드를 예측할 수 없는 형태로 망가뜨린다.

> **노트:** 여기서는 리그레이션이라는 용어를 전통적인 의미, 즉 더 이상 기대한 대로 동작하지 않는 기능이란 뜻으로 사용한다. 이것은 보통 의도하지 않은 결과이지만, 때로는 의도적인 변경이 기존 코드를 망가뜨림으로 인해 발생하기도 한다.

예상된 변경

미리 예정된 몇몇 API 변경이 있을 때, 코드 11.2과 같이 능동적으로 변경사항을 확인하고 처리할 수 있다.

예를 들어, 마이크로소프트는 인터넷 익스플로러 9에서 DOM 레벨 2 이벤트 핸들러(addEventListener() 메서드를 이용해서 핸들러를 설정하는 것)를 지원한다고 발표했다.

11.2 다가올 API 변경에 대비하기

```
function bindEvent(element, type, handle) {
  if (element.addEventListener) {                          ❶ 표준 API를 이용한 바인딩
    element.addEventListener(type, handle, false);
  }
  else if (element.attachEvent) {
    element.attachEvent("on" + type, handle);              ❷ 전용 API를 이용한 바인딩
  }
}
```

이 예에서, 우리가 작성한 미래를 대비한 코드는 언젠가 마이크로소프트가 인

터넷 익스플로러도 DOM 표준을 지원하게 만들 것이라는 것을 알고 있다. (또는 그렇게 되리라 기대하고 있다.) 만약에 IE가 표준 API를 지원하게 된다면, 객체 탐지를 이용해서 이를 확인하고 표준 API를 이용하도록 한다❶. 표준 API를 지원하지 않는다면, IE 전용 메서드를 사용할 수 있는지 확인한 다음 이를 이용한다❷. 모든 시도가 실패한다면 아무것도 하지 않는다.

미래에 발생할 API 변경은 대부분 예측하기 쉽지 않다. 그리고 미래에 발생할 버그를 예측할 방법은 없다. 이것이 이 책 전체를 통해서 테스팅을 강조하는 가장 큰 이유다.

코드에 영향을 끼칠 예측할 수 없는 변화에 맞서 우리가 할 수 있는 최선은 각 브라우저가 출시될 때마다 부지런히 테스트를 확인하고, 브라우저가 예전과 다르게 동작함으로 인해 발생하는 문제들을 재빨리 해결하는 것이다.

예측 불가능한 버그

예측 불가능한 버그의 예에 대해서 살펴보자. 인터넷 익스플로러 7에 액티브X 요청 객체를 감싸는 기본적인 XMLHttpRequest 래퍼가 추가되었다. 그 결과 거의 모든 자바스크립트 라이브러리가 기본적으로 XMLHttpRequest 객체를 Ajax 요청을 수행하기 위해서 사용하게 되었다.(표준 API 사용은 거의 언제나 선호되는 방식이다.)

그러나 인터넷 익스플로러의 구현에서는, 로컬 파일에 대한 요청을 다루는 부분이 망가져 버렸다. 페이지에서 XMLHttpRequest 객체를 통해 데스크톱으로의 파일 요청이 더 이상 가능하지 않았다.

실제로 문제가 발생하고 많은 페이지가 망가지기 전까지는 아무도 이 버그를 찾아내지 못했다(예측하지도 못했다). 문제를 해결하는 방법은 로컬 파일 요청을 처리하기 위해서 ActiveX 구현을 사용하는 것이었다.

훌륭한 테스트 스위트를 마련해 놓고 다가올 브라우저 출시에 잘 대응하는 것이 미래에 발생할지도 모르는 이런 리그레이션 문제를 다루는 최선의 방법이다. 이 부분을 일상적인 테스트를 진행하는 평범한 개발 과정에 포함시킬 필요는 없다. 새로 출시될 브라우저를 대상으로 한 리그레이션 테스트는 개발 과정을 계획할 때 항상 포함되어야 한다.

출시될 브라우저 정보는 다음 사이트에서 구할 수 있다.

- 인터넷 익스플로러 http://blogs.msdn.com/ie/
- 파이어폭스 http://ftp.mozilla.org/pub/mozilla.org/firefox/nightly/latest-trunk/
- 웹킷(사파리) http://nightly.webkit.org/
- 오페라 http://blogs.opera.com/desktop/
- 크롬 http://chrome.blogspot.com/

성실함이 중요하다. 브라우저에 어떤 버그가 새로 생기게 될지 완전히 예측하는 것은 불가능하기 때문에, 항상 자신의 코드에 관심을 기울이고 있다가 문제가 생길 것 같으면 빠르게 대처하는 것이 최선의 방법이다.

다행히도 브라우저 제조사들은 이런 리그레이션 문제가 발생하지 않도록 많은 노력을 기울이고 있다. 파이어폭스와 오페라는 다양한 자바스크립트 라이브러리에 대한 테스트 스위트를 브라우저의 핵심 테스트 스위트에 통합해 놓았다. 이렇게 해 두었기 때문에, 해당 자바스크립트 라이브러리들에 직접 영향을 주는 리그레이션 문제 발생을 예방할 수 있다. 물론 이렇게 하는 것이 많은 브라우저들이 지닌 모든 리그레이션 문제를 잡아주지는 못하지만, 브라우저 제조사들이 최대한 리그레이션 문제를 예방하기 위해서 노력한다는 것은 좋은 징조이고, 진행 상황도 좋다.

자, 이제 우리가 직면한 몇 가지 어려움과 언제 그런 문제들을 만나게 되는지를 알게 되었다. 지금부터 개발 관련 여러 가지 걱정거리들을 해결하도록 도와줄 몇 가지 전략에 대해서 살펴보자.

11.3 구현 전략

유의해야 할 사항에 대해 안다 하더라도 단지 한 고비를 넘긴 것에 불과하다. 이 문제들을 다루는 효과적인 전략들에 대해 이해하는 것, 그리고 그 전략들을 이용해서 견고한 크로스 브라우저 코드를 작성하는 것은 또 다른 문제다.

우리가 사용할 수 있는 전략은 다양하지만, 이 전략들이 모든 상황에 잘 들어맞지는 않는다. 그렇기 때문에 견고한 코드를 만들기 위해서 해결해야 하는 어려움들을 최대한 많이 해결해 줄 수 있는 좋은 전략을 선별해서 살펴보려고 한다.

쉬우면서도 거의 문제를 일으키지 않는 전략부터 살펴보자.

11.3.1 안전한 크로스 브라우저 수정

가장 단순하면서도 안전한 크로스 브라우저 수정 방법은 다음 두 가지 특성을 가진다.

- 다른 브라우저에 대해서 부정적인 영향이나 부작용이 없다.
- 브라우저 탐지나 기능 탐지를 사용하지 않는다.

이런 방식을 적용할 수 있는 경우가 흔하지는 않겠지만, 애플리케이션을 작성할 때는 항상 이같은 전략을 사용하기 위해서 노력해야 한다.

예제를 하나 살펴보자. jQuery에서 발췌한 다음 코드는 인터넷 익스플로러를 대상으로 작업하는 도중에 있었던 변화를 보여 준다.

```
// width나 height가 음수인 경우 무시한다.
if ((key == 'width' || key == 'height') && parseFloat(value) < 0)
  value = undefined;
```

몇몇 버전의 IE는 height나 width 스타일 속성의 값으로 음수를 지정하면 예외를 발생시킨다. 그에 반해 다른 모든 브라우저는 음수를 지정하면 무시한다. 이에 대한 해결책은 모든 브라우저에서 음수 값을 무시하도록 하는 것이다. 이 변경은 인터넷 익스플로러에서 예외가 발생하는 것을 방지하고, 다른 브라우저에 대해서는 아무런 영향을 주지 않는다. 이것이 통합된 API를 사용자에게 제공하는, 문제 없는 변경 방법이다(예상치 못한 예외가 발생하는 상황은 아무도 원하지 않기 때문이다).

이런 유형에 대한 (역시 jQuery에서 가져온) 또 다른 예는 속성을 변경하는 코드에서 볼 수 있다. 다음 코드를 보자.

```
if (name == "type" &&
    elem.nodeName.toLowerCase() == "input" &&
    elem.parentNode)
  throw "type 속성은 변경할 수 없습니다.";
```

인터넷 익스플로러는 이미 DOM의 일부가 된 input 엘리먼트의 type 속성을 변경하는 것을 허용하지 않는다. 그래서 type 속성을 변경하려고 시도하면 특정 예외를 발생시킨다. jQuery는 이에 대한 해결책으로, 모든 브라우저에서 DOM에 삽입된 input 엘리먼트의 type 속성 변경을 허용하지 않고, 관련된 정보를 제공하는 예외를 발생시킨다.

jQuery 코드에 반영된 이 변경사항은 어떠한 브라우저 탐지나 기능 탐지도 필요로 하지 않는다. 그러면서도 모든 브라우저에서 일관된 API를 제공한다. DOM에 삽입된 input의 type 속성을 변경하려고 하면 여전히 예외가 발생하겠지만, 그 예외는 모든 브라우저에 대해서 동일하게 제공된다.

이런 접근방식은 논란의 여지가 제법 있다. 겨우 한군데서만 발생하는 버그를 수정하기 위해서 의도적으로 모든 브라우저에서 기능을 제한하기 때문이다. jQuery 팀은 이런 결정에 대해서 신중하게 고민을 했고, 크로스 브라우저 코드를 개발할 때, 예상치 못하게 제대로 동작하지 않는 API보다는 일관성 있는 통합된 API가 더 낫다는 결론을 내렸다. 재사용 가능한 코드를 개발하는 과정에서 누구나 이런 상황을 경험하게 될 수 있다. 그럴 때 해당 코드의 사용자를 위해서 이와 같이 기능을 제한하는 방식이 적절한 것인지 혹은 그 반대인지에 대해서 신중하게 생각해 봐야 한다.

이런 유형의 코드 변경 시에 기억해야 할 중요한 점은, 앞으로 일어날 변화에 영향을 받지 않도록 하면서, 브라우저 탐지나 기능 탐지를 사용하지 않고 브라우저에 구분 없이 동작하는 방법을 제공해야 한다는 것이다. 비록 적용할 수 있는 대상이 얼마 되지 않는다고 하더라도, 항상 이와 같은 방식으로 문제를 해결하기 위해서 노력해야 한다.

11.3.2 객체 탐지

앞서 언급했듯이, 객체 탐지는 크로스 브라우저 코드를 작성할 때 일반적으로 사용하는 방법으로 간단하면서도 꽤 효과적이다. 이 방식은 특정 객체가 존재하는 경우 또는 객체가 특정 프로퍼티를 가지고 있는 경우, 확인하려 했던 기능이 제공되는 것으로 간주하는 식으로 동작한다. (다음 절에서, 이런 가정이 실패했을 때 어떻게 해야 하는지 알아볼 것이다.)

객체 탐지는 주로 같은 기능을 제공하는 API가 여러 개 있을 때 그중 하나를 선택하기 위해서 사용한다. 예를 들어, 코드 11.2에서는 브라우저가 제공하는 적합한 이벤트 바인딩 API를 선택하기 위해서 사용했다. 해당 코드를 다시 살펴보자.

```
function bindEvent(element, type, handle) {
  if (element.addEventListener) {
    element.addEventListener(type, handle, false); }
  else if (element.attachEvent) {
    element.attachEvent("on" + type, handle); }
}
```

이 예제는 addEventListener라는 프로퍼티가 존재하는지 검사하고, 존재한다면 엘리먼트에 이벤트 리스너를 설정하는 데 사용할 수 있는 함수가 있는 것으로 간주한다. 그렇지 않다면 attachEvent와 같은 다른 API가 존재하는지 확인한다.

W3C DOM 이벤트 명세에 의해 제공되는, 표준 메서드인 addEventListener의 존재 여부를 먼저 확인했다는 점에 유의하자. 의도적으로 그렇게 한 것이다.

가능하다면, 어떤 동작을 수행하는 표준적인 방법이 있는 경우 이를 기본으로 해야 한다. 앞서 언급했듯이, 이런 작업은 우리가 작성한 코드가 미래에도 최대한 문제없이 동작할 수 있게 하는데 도움이 된다. 게다가 트위터나 다른 소셜 미디어의 영향력 있는 목소리들과 마찬가지로, 많이 사용되는 라이브러리가 가하는 압력은 브라우저 제조사로 하여금 표준에 부합하는 방식으로 기능을 제공하게 할 수 있다.

객체 탐지의 중요한 사용처 중 하나는, 코드가 실행될 브라우저가 어떤 기능을 제공하는지 확인하는 것이다. 이를 통해서 브라우저의 특정 기능을 활용해서 만든 기능을 제공할 수 있는지 아니면 대체기능(fallback)을 제공해야 하는지 판단할 수 있다.

다음 코드는 애플리케이션의 전체 기능을 제공해야 할지 아니면 사용성이 떨어지는 대체기능을 제공해야 할지 결정하기 위해 객체 탐지를 이용해 브라우저가 제공하는 기능을 확인하는 간단한 예를 보여준다.

```
if (typeof document !== "undefined" &&
    (document.addEventListener || document.attachEvent) &&
     document.getElementsByTagName &&
     document.getElementById) {
   // 애플리케이션이 동작하기 위한 API가 모두 제공된다.
}
else {
```

```
    // 대체기능을 제공한다.
}
```

이 코드는 다음과 같은 내용을 확인한다.

- 브라우저가 로드된 document 객체를 가지고 있는가?
- 브라우저가 이벤트 핸들러 설정을 위한 수단을 제공하는가?
- 브라우저가 태그명을 이용한 엘리먼트 검색을 제공하는가?
- 브라우저가 ID를 이용한 엘리먼트 검색을 제공하는가?

이 테스트 중 하나라도 실패하는 경우, 대체기능을 제공해야 한다. 대체기능이 어떤 기능을 제공해야 할지는 사용자의 기대와 코드에 대한 요구사항에 따라 달라진다. 여기에는 고려할 수 있는 사항이 몇 가지 있다.

- 여전히 일정 부분 자바스크립트를 활용하는, 사용자 경험이 감소된 기능이라도 제공할 수 있는지 확인하기 위해서 더 상세한 객체 탐지를 시도해 본다.
- 자바스크립트를 전혀 사용하지 않는, HTML로만 된 페이지를 제공한다.
- 사용자를 간소한 기능을 제공하는 사이트로 보낸다. 일례로, 구글의 Gmail이 이런 방법을 사용한다.

객체 탐지는 오버헤드가 아주 적고(단지 간단한 프로퍼티/객체 검색일 뿐이다.) 비교적 구현이 간단하기 때문에, API나 애플리케이션 수준에서 기본적인 대체기능을 제공하기 위한 좋은 수단이 된다. 재사용 가능한 코드를 작성하는데 있어서, 첫 번째 방어수단으로 객체 탐지를 활용하는 것은 좋은 선택이다.

그런데, 단지 API가 존재한다는 사실만으로 해당 API가 잘 동작할 것이라고 가정하는 것은 너무 낙관적인 것은 아닐까? 이런 경우 어떻게 할 수 있는지 살펴보자.

11.3.3 기능 시뮬레이션

리그레이션을 다루는 또 다른 방법, 그리고 브라우저 버그의 수정을 확인하는 가장 효과적인 방법은, 기능 시뮬레이션이다. 객체와 프로퍼티를 간단히 살펴보는 객체 탐지와는 다르게, 기능 시뮬레이션은 어떤 기능이 예상한 대로 동작하는지 확인하기 위해서 실제로 기능을 수행해 보는 것이다.

객체 탐지는 기능이 존재하는지 확인하기 위한 좋은 방법이지만, 기능이 의도한 대로 동작한다는 것까지는 보장해 주지 않는다. 하지만 만약 특정 버그의 존재를 알고 있다면, 버그의 수정 여부를 확인하는 테스트를 재빨리 만들 수 있을 뿐만 아니라, 버그가 수정되기 전까지 해당 버그를 우회하도록 코드를 작성할 수도 있다.

예를 들어, 인터넷 익스플로러 8이나 그 이전 버전의 경우, getElementsByTagName("*")를 실행하면, 잘못된 엘리먼트와 주석을 반환한다. 객체 탐지를 통해서는 이런 문제가 발생할지 안 할지 확인할 수 없다. (소망했던 대로, 이 버그는 인터넷 익스플로러 팀에 의해 IE 9에서 수정되었다.)

getElementsByTagName() 메서드가 예상한 대로 동작하는지 확인하는 기능 시뮬레이션을 작성해보자.

```javascript
window.findByTagWorksAsExpected = (function(){
  var div = document.createElement("div");
  div.appendChild(document.createComment("test"));
  return div.getElementsByTagName("*").length === 0;
})();
```

이 예제에서, getElementsByTagName("*") 함수를 호출해 기대한 값이 나오면 true를 아니면 false를 반환하는 즉시실행함수를 작성한다. 이 함수가 내부적으로 수행하는 일은 아주 단순하다.

- ⟨div⟩ 엘리먼트를 추가한다.
- ⟨div⟩에 주석을 추가한다.
- getElementsByTagName 함수를 호출하고, 반환된 엘리먼트의 수에 따라 true 또는 false를 반환한다.

문제를 인식하는 것은 단지 시작일 뿐이다. 코드를 더 좋게 만들기 위해서 이 내용을 어떻게 이용해야 할까? 다음 코드는 버그를 우회하는 기능 시뮬레이션의 예를 보여준다.

11.3 브라우저 버그를 우회하기 위해 기능 시뮬레이션 사용하기

```html
<!DOCTYPE html>
<html>
<head>
```

```
<title>Listing 11.3</title>
<script type="text/javascript" src="../scripts/assert.js"></script>
<link href="../styles/assert.css" rel="stylesheet" type="text/css">
</head>
<body>
  <div><!-- comment #1--></div>
  <div><!-- comment #2--></div>

  <script type="text/javascript">

  function getAllElements(name) {

    if (!window.findByTagWorksAsExpected) {           ❶ 브라우저의 동작 방식에 대해 알고
                                                        있는지 테스트한다.
      window.findByTagWorksAsExpected = (function(){
        var div = document.createElement("div");
        div.appendChild(document.createComment("test"));   ❷ 모르고 있다면,
        return div.getElementsByTagName("*").length === 0;    브라우저에서 해당
      })();                                                   기능이 예상대로 동
    }                                                         작하는지 확인한다.

❸ 확인 대상 기능을
  호출하고 그 결과를
  저장한다.     ──▶ var allElements = document.getElementsByTagName('*');

    if (!window.findByTagWorksAsExpected) {
      var onlyElements = [];
      for (var n = 0; n < allElements.length; n++) {
        if (allElements[n].nodeType === 1)              ❹ 해당 브라우저에
          onlyElements.push(allElements[n]);              버그가 있다는 것을
      }                                                   안다면, 해당 부분을
      allElements = onlyElements;                         수정한다.
    }
    return allElements;
  }

  var elements = getAllElements();
  var elementCount = elements.length;                 ❺ 테스트를 위한 준비를 한다.

  for (var n = 0; n < elementCount; n++) {
    assert(elements[n].nodeType === 1,              ❻ 버그를 제대로 우회하고 있는지 테스트 한다.
    "엘리먼트 노드다");
  }

  </script>

</body>
</html>
```

이 코드는, 먼저 테스트에 사용할 주석을 포함하고 있는 〈div〉 엘리먼트를 몇 개 정의한다. 그런 다음 약간의 스크립트를 이용해서 테스트를 진행한다.

document.getElementsByTagName('*')을 직접 사용하는 것은 미심쩍기 때문에, 대신 사용할 getAllElements() 메서드를 정의한다. 우리는 getElementsByTagName() 메서드가 제대로 구현되어 있는 브라우저에서는 getAllElements() 메서드가 getElementsByTagName()을 호출하도록 하고, 제대

로 구현되지 않은 브라우저에서는 정확한 결과를 반환하는 대체함수를 사용하고자 한다.

getAllElements() 메서드가 처음으로 하는 일은, 기능이 예상한 대로 동작하는지 확인하기 위해서 앞서 만들었던 즉시실행함수를 이용하는 것이다❷. 즉시실행함수의 결과를 유효 범위가 window인 변수에 저장함으로써 추후에 이 변수를 통해서 값이 설정되어 있는지 확인하는 것이 가능하고, 그 결과 기능 시뮬레이션을 단 한 번만 수행한다는 사실을 유의해서 보자❶.

window.findByTagWorksAsExpected에 저장된 값을 확인한 후에, document.getElementsByTagName('*')을 호출하고, 결과를 저장한다❸.

이 시점에서 우리는 모든 엘리먼트의 노드 목록을 가지고 있고, 동작 중인 브라우저에서 주석 노드가 문제가 있는지 정상적인지 알 수 있다. 문제가 있다고 확인되면 해당 노드들에서 엘리먼트 노드가 아닌 것들을 제거한다❹. 해당 문제가 없는 브라우저에서는 이런 과정을 생략한다.

노트: 엘리먼트 노드의 nodeType은 1이고, 주석 노드의 nodeType은 8이다. 최근 브라우저들은(IE 8과 9를 포함해서) Node 객체에 Node.ELEMENT_NODE와 Node.COMMENT_NODE 같이 상수가 정의되어 있다. 오래된 브라우저에서는 이런 상수값이 존재한다고 가정할 수 없으므로, 고정된 값을 이용해야 한다. 모든 노드 종류에 대한 값은 https://developer.mozilla.org/en/nodeType에서 볼 수 있다.

마지막으로, 새로 만든 메서드를 테스트 하기 위해서 ❺와 같이 엘리먼트를 수집한 다음, 반환된 노드 목록이 엘리먼트 노드만 가지고 있는지 확인한다❻.

이 예제는 기능 시뮬레이션이 어떻게 두 단계(phase)로 동작하는지 보여준다.

첫째로, 기능이 기대하는 바와 같이 동작하는지 간단한 테스트를 통해서 확인한다. 버그의 존재를 확인하기 위해서 테스트를 하는 것보다 기능이 제대로 동작함을 검증하는 것이 더 중요하다. 둘 사이에는 의미상의 차이가 존재하는데, 이런 사실을 기억해 두는 것은 중요하다.

둘째로, 테스트의 결과는 나중에 프로그램에서 엘리먼트 배열을 다룰 때 속도 향상을 위해서 사용된다. 브라우저가 정상적으로 동작한다면(오직 엘리먼트만 리턴한다면) 매 루프 단계마다 각 노드가 엘리먼트인지 확인할 필요가 없으므로, 루프를 완전히 건너뛸 수가 있고, 아무런 성능저하도 일어나지 않는다.

기능 시뮬레이션에서 가장 일반적으로 사용하는 방식은 기능이 예상대로 동작하는지 확인하고, 그렇지 않은 브라우저에서는 대체기능을 제공하는 것이다.

기능 시뮬레이션을 사용하려고 할 때 고려해야 할 가장 중요한 부분은 얻는 것이 있으면 잃는 것도 있다는 점이다. 최초 시뮬레이션을 수행하는 과정은 부가적인 오버헤드를 유발한다. 그리고 시뮬레이션을 위해서는 부가적인 코드가 필요하다. 하지만 이를 이용하면 의심 가는 기능이 모든 지원 대상 브라우저에서 동작하는지 알 수 있고, 향후 브라우저가 지닌 버그가 수정되더라도 그로 인해 우리가 작성한 코드가 망가지는 일이 일어나지 않게 할 수 있다. 재사용 가능한 코드를 작성할 때 이런 부분은 정말 중요하다.

기능 시뮬레이션은 브라우저가 제대로 동작하는지 아닌지를 판단할 때, 유용하다. 그런데, 테스트를 제대로 할 수 없는 브라우저 문제에 대해서는 어떻게 대처할 수 있을까?

11.3.4 테스트 할 수 없는 브라우저 문제

불행히도, 자바스크립트와 DOM에는 테스트하기에 불가능하거나, 엄청나게 힘든 여러 문제가 있다. 이런 상황은 다행히 잘 발생하지 않지만, 이런 문제와 맞닥뜨리게 되면, 무엇을 할 수 있는지 확인하기 위해서 많은 시간을 들여야 한다.

자바스크립트에서 일반적으로 테스트하기 불가능하다고 알려진 문제들을 살펴보도록 하자.

이벤트 핸들러 바인딩

브라우저에서 매우 화가 나는 부분 중에 하나가 이벤트 핸들러가 바인딩 되어 있는지 확인할 수 없다는 것이다. 브라우저는 어떤 함수가 엘리먼트의 이벤트 핸들러로 바인딩되어 있는지 확인하는 어떤 방법도 제공하지 않는다. 이런 연유로 핸들러에 대한 참조를 직접 관리하지 않으면, 엘리먼트에 바인딩된 모든 이벤트 핸들러를 제거할 방법이 없다.

이벤트 발생시키기

또 다른 골칫거리는 특정 이벤트가 발생할지 확인할 길이 없다는 것이다. 브라우저가 이벤트 핸들러 설정을 위한 수단을 제공하는지는 확인할 수 있지만(이 장의 앞부분에서 살펴보았듯이), 실제로 특정 이벤트가 발생하게 될런지 알 수 있는 방법이 없다. 이것이 문제가 되는 상황은 두 가지 경우다.

첫째로, 페이지가 로딩된 이후에, 스크립트가 동적으로 로딩되면서 페이지가 로딩될 때를 기다리는 load 이벤트 리스너를 할당하려고 할 수도 있다. 이벤트가 이미 발생했다면, 이를 확인할 방법이 없고, 해당 코드는 영원히 실행되기를 기다릴 것이다.

두 번째 상황은 스크립트가 브라우저가 제공하는 사용자 정의 이벤트를 다른 방법으로 사용하기를 원할 때 발생한다. 예를 들어, 인터넷 익스플로러는 사용자의 마우스가 특정 엘리먼트 내로 들어가고 나오는 것을 간단히 처리할 수 있게 해 주는 mouseenter와 mouseleave 이벤트를 제공하고 있다. 두 이벤트는 표준 이벤트보다 조금 더 직관적이기 때문에, mouseover와 mouseout 이벤트 대용으로 사용되는 경우가 흔하다. 하지만, 이 이벤트들은 먼저 이벤트 핸들러를 설정해 두고 사용자의 상호작용이 일어나기를 기다리고 있지 않으면 이벤트가 발생할지 알 수 없기 때문에, 재사용 가능한 코드를 만들고자 할 때 사용하기가 어렵다.

CSS 프로퍼티 영향도

또 다른 곤란한 부분은 CSS의 특정 프로퍼티를 수정하는 것이 실제로 화면에 보여지는 부분에 영향을 주는지 알아내는 것이다. 몇 가지 CSS 프로퍼티는 단지 시각적인 표현에만 영향을 준다. 이 프로퍼티들은 해당 엘리먼트를 둘러싸고 있는 엘리먼트나 해당 엘리먼트의 다른 프로퍼티에는 영향을 주지 않는다. color, backgroundColor 그리고 opacity 프로퍼티가 여기에 해당한다.

이와 같은 특성 때문에, 이런 스타일 프로퍼티를 변경하는 것이 의도한 결과를 가져오는지 프로그램을 통해서 확인할 수 있는 방법이 없다. 영향을 검증하는 유일한 방법은 시각적인 검사를 거치는 것이다.

브라우저 비정상 종료

스크립트를 테스트 하는 것이 브라우저 비정상 종료를 일으킬 수 있다는 점이 또 다른 문제점이다. 브라우저를 비정상적으로 종료시키는 코드가 특히 문제가 되는데, 쉽게 잡아서 처리할 수 있는 예외와는 달리 이 코드들은 항상 브라우저가 제대로 동작하지 못하게 만들기 때문이다.

예를 들어, 구 버전의 사파리는 유니코드 범위를 사용하는 다음과 같은 정규 표현식을 생성하면 항상 비정상종료가 발생했다.

```
new RegExp("[\\w\u0128-\uFFFF*_-]+");
```

이것이 지닌 문제는, 구 버전 브라우저에서 테스트를 하면 브라우저가 비정상 종료되기 때문에, 기능 시뮬레이션을 통해서 문제가 존재하는지 검사를 하는 것 자체가 불가능하다는 점이다.

또한, 브라우저의 몇몇 유용한 기능을 제약하는 것은 허용될 수 있지만, 사용자 브라우저가 장애를 일으키는 것은 용납될 수 없기 때문에 장애를 일으키는 버그는 어려운 문제를 만들 수 있다.

어울리지 않는 API

11.3.1에서 인터넷 익스플로러가 지닌 버그로 인해 jQuery가 모든 브라우저에서 type 속성의 변경을 허용하지 않기로 결정한 사례를 보았다. 물론 해당 기능을 테스트한 다음 인터넷 익스플로러에서만 type 속성의 허용하지 않도록 할 수도 있지만, 그렇게 하면 브라우저에 따라 API가 다르게 동작하게 되어 일관성이 사라진다. 이와 같이 버그가 너무 심각해서 API가 망가지는 경우, 취할 수 있는 유일한 선택은 문제가 생기는 부분은 피해가면서, 별도의 다른 해결책을 제공하는 것이다.

테스트가 불가능한 문제들과 함께, 테스트는 가능하지만 효과적으로 하는 것은 엄두도 낼 수 없을 만큼 어려운 문제들이 있다. 그 중 몇 가지를 살펴보자.

API 성능

때때로 특정 API는 브라우저별로 빠르거나 느리게 동작한다. 재사용 가능하고, 견고한 코드를 작성하려 한다면, 좋은 성능을 제공하는 API를 사용하려고 하는 것이 필요하다. 그러나 어떤 API가 좋은 성능을 제공하는 API에 해당하는지 항상 분명하지는 않다.

어떤 기능에 대해 효과적으로 성능 분석을 수행한다는 것은 보통 많은 데이터를 입력해 보는 것을 필요로 하는데, 여기에는 상당히 긴 시간이 소요된다. 그래서, 성능 분석에는 기능을 시뮬레이션 할 때 사용했던 것과 같은 방법을 사용할 수가 없다.

Ajax 문제

Ajax 요청이 올바르게 동작하는지 확인하는 것은 어려운 문제다. 리그레이션을 살펴볼 때 얘기했듯이, 인터넷 익스플로러는 인터넷 익스플로러 7에 있는 XMLHttpRequest 객체가 로컬 파일을 요청하는 것을 막아버렸다. 이 버그가 수정이 되었는지 테스트 할 수는 있지만, 매 페이지마다 해당 요청을 시도할 때, 추가적인 요청을 해야만 한다. 이것은 최선의 방법이 아니다.

그뿐만이 아니라 추가적인 요청의 대상으로 사용될 부수적인 파일도 라이브러리에 포함되어야 한다. 이 두 가지 요소로 인한 추가적인 부담은 매우 클 수 있고, 분명히 시간과 자원을 더 투자할 만큼 가치 있는 일이 아닐 것이다.

테스트할 수 없는 기능은, 재사용 가능한 자바스크립트 코드를 작성하는데, 매우 성가신 훼방꾼이다. 그러나 약간의 노력과 지혜를 발휘하면 이런 문제들을 피해갈 수 있다. 대용 기술을 이용하거나, 이런 문제점을 제거할 수 있는 방법으로 API를 만듦으로써, 비록 여러 가지 문제가 우리 앞에 놓여있지만 효과적인 코드를 구축할 수 있다.

11.4 가정(assumptions) 줄이기

크로스 브라우저를 지원하는 재사용 가능한 코드를 작성하는 일은 가정(assumption)과의 싸움이다. 하지만 똑똑한 탐지와 코드 작성을 통해서 코드에 끼어들려는 가정의 수를 줄이는 것이 가능하다. 코드를 작성하면서 가정을 하게 되면, 나중에 여러 가지 문제들을 맞닥뜨리는 상황에 놓이게 된다.

예를 들어, 어떤 버그가 특정 브라우저에서만 발생한다고 가정하는 것은 위험한 가정이다. 반면, 문제가 있는지 검사하는 것은 (이 장 전체에서 다루고 있는 것처럼) 훨씬 더 효과적이다. 코드를 작성할 때, 우리는 항상 가정의 수를 줄이기 위해서 노력해야 한다. 이렇게 하는 것은 오류가 생길 여지와 나중에 우리를 곤란하게 할지도 모르는 문제가 생길 가능성을 줄이는 데 효과적이다.

자바스크립트에서 가장 많이 가정하게 되는 부분은 유저 에이전트 탐지다. 특히, 브라우저가 제공하는 navigator.userAgent를 이용해서 유저 에이전트를 분석하고, 브라우저가 어떻게 동작할지 가정하게 된다(이것을 다른 말로 브라우저 탐지라고 한다). 불행히도, 대부분의 유저 에이전트 문자열 분석은 미래에 오류를 일으킬 수 있는 최악의 방법임이 증명되었다. 특정 버그나, 문제, 특정한 기능이, 어떤 하나의 특정 브라우저하고만 연관되어 있다고 생각하는 것은, 재앙의 근원이다.

가정을 모두 없앤다는 것은 불가능하기 때문에 가정을 최소화하는 게 현실적인 방법이다. 어떤 지점에서는 브라우저가 어떻게 동작할 것인지에 대해서 가정을 해야만 하게 될 것이다. 적절하게 균형을 이루는 지점을 찾아내는 것은 전적으로 개발자의 몫이다. 이것은 '옥석을 가려내는 일'에 비유할 수 있다.

예를 들어, 이미 몇 번이나 봐온 이벤트를 추가하는 코드를 다시 확인해보자.

```
function bindEvent(element, type, handle) {
  if (element.addEventListener) {
    element.addEventListener(type, handle, false);
  }
  else if (element.attachEvent) {
    element.attachEvent("on" + type, handle);
  }
}
```

답을 보지 말고, 이 코드에서 세 가지 가정을 찾을 수 있는지 확인해보자.

앞의 코드에서 우리는 최소한 세 가지의 가정을 했다.

- 확인하려는 프로퍼티가 실제로는 호출할 수 있는 함수다.
- 이 함수들은 올바르고, 기대하는 대로 동작한다.
- 이 두 개의 메서드만이 이벤트를 바인딩하는 유일한 방법이다.

프로퍼티가 함수인지 확인하는 간단한 검사를 추가함으로써 첫 번째 가정은 쉽게 제거할 수 있다. 하지만, 남은 두 가정을 제거하는 것은 이것보다 훨씬 어렵다.

코드를 작성할 때, 항상 어느 정도를 가정하는 것이 요구사항에, 주 고객에게 그리고 우리에게 최적인지 결정을 해야 한다. 대개 가정의 수를 줄이게 되면 코드의 복잡도와 크기가 증가한다. 가정의 수를 엄청날 정도로 줄이는 것은 가능하다. 어쩌면 쉬울지도 모른다. 하지만 '충분해'라고 말할 수 있는 적절한 수준에서 멈추고 상황을 돌아본 다음 거기서부터 일을 해 나가야 한다. 가정을 최소화한 코드라 할지라도 브라우저에 의해서 리그레이션이 발생할 수 있다는 것을 기억하자.

11.5 정리

이 장의 내용을 다시 한 번 정리해보자.

- 재사용 가능한 크로스 브라우저 코드를 개발하는 것은 다음 세 가지 요소를 효율적으로 관리하는 것과 관련이 있다.
    - 코드 크기: 최대한 작게 유지한다.
    - 성능 부하: 최소한 사용자가 만족할 만한 수준의 성능을 유지한다.
    - API 품질: 브라우저에 상관없이 일관된 방식으로 동작하는 API를 제공한다.

- 이 요소들에 대해서 적절한 균형을 잡는 마법의 공식은 없다.
- 개발 관련 요소는 각 개발자들이 균형을 맞추기 위해서 노력해야 하는 부분이다.
- 다행히도 객체 탐지나 기능 시뮬레이션과 같은 훌륭한 방법을 이용해서, 불필요한 희생 없이 재사용 가능한 코드가 공격받을 수 있는 여러 가지 문제에 대해서 대응할 수 있게 되었다.

이 장에서는 상당한 시간을 들여 브라우저 간의 차이로 인해 발생하는 어려움에 대해 이야기 했다. 다음 장에서는 브라우저가 속성, 프로퍼티 그리고 스타일 등을 다루는 방법이 달라서 발생하는 문제들에 대해서 살펴보겠다.

12장

SECRETS OF THE JAVASCRIPT NINJA

속성, 프로퍼티, CSS를 단칼에 베어버리자

이 장에서는 다음 주제를 다룬다.
- DOM 속성과 DOM 프로퍼티를 이해하기
- 브라우저 간 호환성을 고려하여 속성과 스타일 다루기
- 엘리먼트의 좌표 프로퍼티 다루기
- 평가된 스타일(computed style) 알아내기

11장을 제외하면, 이 책 대부분은 자바스크립트 언어 자체에 대한 내용을 다룬다. 그러나 순수한 언어로서의 자바스크립트와는 많은 차이가 있음에도 불구하고, 브라우저 DOM과 자바스크립트를 섞어서 다룰 수밖에 없었고, 그 결과로 혼란스러운 부분이 많았다.

DOM 개념과 자바스크립트의 관계를 이해하는 것은 자바스크립트 닌자가 되기 위해 중요한 부분이다. 특히 몇몇 DOM 개념이 프로그래밍 언어 논리를 방해하는 몇 가지 당혹스러운 상황이 있다는 점에서 말이다. DOM 속성과 프로퍼티는 많은 웹페이지 개발자들에게 혼란과 두려움을 안겨 주었다. 속성과 프로퍼티 간의 몇 가지 아주 미묘한 차이 외에도, 온갖 버그와 크로스 브라우저 이슈가 또한 가득 존재한다.

그러나 속성과 프로퍼티는 중요한 개념이다. 속성은 DOM을 어떻게 만들어 낼 것인가에 대한 필수적인 항목이며, 프로퍼티는 런타임 동안 엘리먼트 정보를 저장해두는 주요 수단이자 해당 정보에 어떤 방식으로 접근해야 하는지를 나타낸다.

조금은 어리둥절할 수 있겠지만, 속성과 프로퍼티의 차이를 나타내는 간단한 예제를 살펴보자.

```
<img src="../images/ninja-with-nunchuks.png">
<script type="text/javascript">
  var image = document.getElementsByTagName('img')[0];
  var newSrc = '../images/ninja-with-pole.png';
  image.src = newSrc;
  assert(image.src === newSrc,
         '이제 이미지의 출처는 ' + image.src + '이다.');
  assert(image.getAttribute('src') === '../images/ninja-with-nunchuks.png',
         '이미지의 src 속성은 ' + image.getAttribute('src') + '이다.');
</script>
```

이 코드에서 이미지 태그를 만들고 이미지 태그의 참조를 얻은 다음, src 프로퍼티를 새로운 값으로 변경했다. 언뜻 봐도 이 과정은 별 문제없어 보이지만, 그래도 확실히 하기 위해 두 가지 테스트를 실행하였다.

- src 프로퍼티 값이 지정한 값인지를 테스트했다. 만약 x = 213이라고 지정했다면, x의 값은 확실히 213이라고 예상할 수 있는 것과 마찬가지다.
- 따로 속성 값은 변경하지 않았기 때문에, 속성 값은 여전히 처음 값을 유지하고 있어야 할 것이다. 그렇지 않은가?
- 하지만 이 코드를 브라우저에서 불러오면, 두 테스트가 모두 실패하는 것을 보게 된다.
- src 프로퍼티의 실제 값은 우리가 할당한 값이 아니라는 것을 볼 수 있고, 오히려 src 프로퍼티 값은 다음과 비슷한 모양일 것이다.

```
http://localhost/ninja/images/ninja-with-pole.png
```

프로퍼티 값을 변경했는데, 왜 프로퍼티의 실제 값이 우리가 할당한 값과 정확하게 일치하지 않을까?

더 이상한 건, 엘리먼트의 속성 값을 바꾸지 않았음에도 불구하고, 테스트는 실패하고 src 속성 값이 다음과 같이 변경되었음을 알 수 있다.

```
../images/ninja-with-pole.png
```

무슨 일이 일어난 걸까?

이 장에서는 프로퍼티와 속성 관점에서 브라우저의 수수께끼를 모두 풀어볼 것이다. 그리고 왜 결과가 기대한 대로 정확히 나오지 않는지 알아볼 것이다.

이런 상황은 CSS와 스타일(style)에서도 반복된다. 동적 웹 애플리케이션을 구축할 때 마주치는 많은 어려움은 스타일을 얻거나 설정할 때의 복잡함과 관련이 있다. 이 책에서 엘리먼트의 스타일을 처리하는 것과 관련한 모든 내용을 다룰 수는 없다(별도의 책 한 권으로 다루어야 할 내용이다). 하지만 핵심적인 내용은 다룰 것이다.

엘리먼트의 속성과 프로퍼티가 정확히 무엇을 의미하는지 이해하면서 시작하자.

12.1 DOM 속성과 프로퍼티

엘리먼트의 속성 값에 접근할 때, 두 가지 방식 중 하나를 선택할 수 있다. 전통적인 DOM 메서드인 getAttribute와 setAttribute를 사용하거나, 또는 접근하려는 속성과 대응하는 프로퍼티를 사용할 수 있다.

예를 들어, e라는 변수를 통해 참조하고 있는 엘리먼트의 id 값을 얻으려면 다음과 같은 방법을 사용할 수 있다.

```
e.getAttribute('id')
e.id
```

두 방식 모두 id 값을 얻을 수 있다.

어떤 속성 값과 그 속성에 대응하는 프로퍼티가 어떻게 작동하는지 더 알아보기 위해, 다음 코드를 살펴보자.

12.1 DOM 메서드와 프로퍼티를 사용하여 속성 값에 접근하기

```
<div></div>

<script type="text/javascript">

  window.onload = function(){

    var div = document.getElementsByTagName("div")[0];    ❶ 엘리먼트 참조를 얻는다.
```

```
        div.setAttribute("id","ninja-1");
        assert(div.getAttribute('id') === "ninja-1",
            "성공적으로 속성을 변경함.");

        div.id = "ninja-2";
        assert(div.id === "ninja-2",
            "성공적으로 프로퍼티를 변경함.");

        div.id = "ninja-3";
        assert(div.id === "ninja-3",
            "성공적으로 프로퍼티를 변경함.");
        assert(div.getAttribute('id') === "ninja-3",
            "프로퍼티를 사용하여 성공적으로 속성 값을 변경함.");

        div.setAttribute("id","ninja-4");
        assert(div.id === "ninja-4",
            "속성을 사용하여 성공적으로 프로퍼티 값을 변경함.");
        assert(div.getAttribute('id') === "ninja-4",
            "성공적으로 속성을 변경함.");
    };
</script>
```

❷ DOM 메서드를 테스트한다.

❸ 프로퍼티 값을 테스트한다.

❹ 프로퍼티와 속성의 관련성을 테스트한다.

❺ 프로퍼티와 속성의 관련성을 계속 테스트한다.

이 예제에서 엘리먼트 속성과 프로퍼티의 몇 가지 흥미로운 동작을 살펴볼 수 있다. 먼저 테스트 대상으로 사용할 단순한 〈div〉 엘리먼트를 정의한다. 페이지의 load 핸들러에서(DOM 구축이 완료되었다는 것을 확실히 하기 위함이다) 〈div〉 엘리먼트에 대한 참조를 얻고❶, 이후 몇 가지 테스트를 수행한다.

첫 번째 테스트❷에서는 setAttribute() 메서드를 사용하여 id 속성 값을 "ninja-1"으로 설정했다. 그 다음 getAttribute()가 id 속성에 대해 같은 값을 반환하는지를 검증했다. 페이지를 불러왔을 때 이 테스트는 당연히 잘 작동할 것이다.

이와 비슷하게, 그다음 테스트❸에서는 id 프로퍼티의 값을 "ninja-2"로 설정하고 프로퍼티 값이 실제로 변경되었는지 확인한다. 이 테스트도 문제없다.

그다음 테스트❹는 흥미롭다. id 프로퍼티 값을 "ninja-3"으로 설정하고, 다시 한 번 프로퍼티 값이 변경되었는지 검증한다. 그리고 프로퍼티 값뿐만 아니라 id 속성 값도 변경되었는지 검증한다. 이 두 검증은 모두 성공한다. 이런 결과로부터 id 프로퍼티와 id 속성은 어떤 식으로든 서로 연결되어 있다는 사실을 알 수 있다. id 프로퍼티 값을 변경하면 id 속성 값 또한 변경된다.

다음 테스트❺는 이런 상호 변경이 반대 방식으로도 작동한다는 것을 증명한다. 속성 값을 설정하면 그 속성에 대응하는 프로퍼티 값 또한 변경된다.

하지만 프로퍼티와 속성이 같은 값을 공유한다고 생각하면 어리숙한 판단이다. 프로퍼티와 속성은 같지 않다. 이 장의 후반에서 속성과 프로퍼티는 서로 연결되어 있지만, 항상 동일하지 않다는 점을 알게 될 것이다. 이 장의 소개 내용에서 여러분은 이에 대한 내용을 잠깐 접했을 것이다.

속성과 프로퍼티와 관련해서 살펴봐야 할 다섯 가지 중요한 부분이 있다.

- 크로스 브라우저와 관련한 이름 문제
- 이름 제약사항
- HTML과 XML의 차이
- 사용자 정의 속성의 작동 방식
- 성능

이제 이에 대한 내용을 각각 살펴보자.

12.1.1 크로스 브라우저 이름 문제

속성 이름과 프로퍼티 이름 중, 일반적으로는 프로퍼티 이름이 브라우저 간 호환성이 더 좋다. 만약 한 브라우저에서 특정 이름을 사용하여 어떤 프로퍼티에 접근할 수 있다면, 마찬가지로 다른 브라우저에서도 같은 이름을 사용하여 프로퍼티에 접근할 수 있을 가능성이 높다. 브라우저마다 프로퍼티 이름이 다른 몇 가지 경우가 있지만, 보통은 프로퍼티 이름보다 속성 이름이 더 다른 경향이 있다.

예를 들면, class 속성은 대부분의 브라우저에서 class라는 이름을 사용하여 접근할 수 있지만, 인터넷 익스플로러에서는 속성 이름으로 class가 아니라 className을 사용해야 한다.[1] 왜냐하면 class 속성에 대응하는 프로퍼티 이름은 className인데, IE는 속성과 프로퍼티의 이름을 동일하게 유지하기 때문이다. 보통 일관성을 갖는 게 좋지만, 브라우저들의 명명법이 서로 다른 상황은 그리 만족스럽다 할 수 없다.

jQuery 같은 라이브러리는 플랫폼에 관계없이 하나의 이름을 사용할 수 있도록, 필요한 모든 변환 작업을 뒤에서 수행한다. 따라서 이렇게 이름이 일치하지 않는 상황을 해결하는데 도움을 준다. 하지만 jQuery와 같은 라이브러리들을 사용할 수 없다면, 여러분은 이 차이점을 알고 있어야 하고 그에 맞게 코드

---

[1] (옮긴이) 최신의 IE는 class 속성 이름도 지원한다.

를 작성할 필요가 있다.

12.1.2 이름 제약사항

속성 이름은 DOM 메서드(getAttribute()나 setAttribute() 같은)에 전달하는 문자열이기 때문에 자유롭게 이름을 지을 수 있다. 하지만 프로퍼티 이름은 점(.) 연산자 표기법을 사용하는 식별자로 간주되고, 자바스크립트의 식별자 규칙을 따라야 하기 때문에, 프로퍼티 이름 형식은 다소 제한된다. 그리고 몇몇 예약어는 프로퍼티 이름으로 사용할 수 없다.

ECMAScript 명세(http://www.ecma-international.org/publications/standards/Ecma-262.htm에서 볼 수 있다)는 특정 키워드를 지정하고 있는데, 이 키워드들은 프로퍼티 이름으로 사용할 수 없기 때문에, 그 대안으로 다른 이름을 정의할 필요가 있었다. 예를 들면, <label> 엘리먼트의 for 속성에 상응하는 프로퍼티의 이름은 htmlFor인데, 이는 for가 자바스크립트 예약어이기 때문이다. 그리고 모든 엘리먼트에 있는 class 속성에 대한 프로퍼티 이름은 className인데, class 또한 예약어이기 때문이다. 덧붙여 readonly 같이 여러 단어로 이루어진 속성 이름의 경우, 그에 대응하는 프로퍼티 이름은 낙타 표기법(camel-case)을 사용하여 표현된다. readonly의 경우는 readOnly로 표현된다. 이런 차이점에 대한 더 많은 예시는 표 12.1에 나와 있다.

속성 이름	프로퍼티 이름
for	htmlFor
class	className
readonly	readOnly
maxlength	maxLength
cellspacing	cellSpacing
rowspan	rowSpan
colspan	colSpan
tabindex	tabIndex
cellpadding	cellPadding
usemap	useMap
frameborder	frameBorder
contenteditable	contentEditable

표 12.1 프로퍼티 이름과 속성 이름이 서로 다른 경우

HTML5에는 새로운 엘리먼트와 속성이 추가되었고, HTML5의 온갖 이슈들이 안정화되면 그중 일부는 이 표에 추가될지도 모른다. accessKey, contextMenu, dropZone, spellCheck, hrefLang, dateTime, pubDate, isMap, srcDoc, mediaGroup, autoComplete, noValidate 그리고 radioGroup 같은 것들이다.

12.1.3 XML과 HTML의 차이점

HTML DOM의 특성은 어떤 속성에 대해 그 속성과 같은 이름을 가진 프로퍼티가 자동으로 생성되어 있다는 점이다. 이와는 반대로 XML DOM에서는 어떤 프로퍼티도 자동으로 엘리먼트에 생성되지 않는다. 따라서 XML DOM에서 속성 값을 얻으려면 전통적인 DOM 속성 메서드를 사용해야 한다. 그래도 속성 메서드를 사용하는 것은 그리 부담스럽지는 않은데, 왜냐하면 HTML 문서의 DOM 속성에서 볼 수 있는 장황하고 복잡한 명명법이 XML 문서에는 없기 때문이다.[2]

> **노트:** 만약 XML DOM이라는 용어에 대한 개념이 잘 떠오르지 않는다면, HTML DOM이 HTML 문서를 나타내는 것과 마찬가지로 XML DOM도 단지 XML 문서를 표현하는 메모리상(in-memory)의 객체 구조라고 알아두면 된다.

어떤 엘리먼트가 XML 엘리먼트인지(혹은 어떤 문서가 XML 문서인지)를 판단하기 위해 형식 검사를 하는 것은 좋은 생각이고, 이를 적절히 수행할 방법이 있다. 다음 함수는 엘리먼트나 문서가 XML인지 여부를 판단하는 예제다.

```
function isXML(elem) {
    return (elem.ownerDocument ||
        elem.documentElement.nodeName.toLowerCase() !== "html";
}
```

이 함수는 주어진 엘리먼트가 XML 엘리먼트라면 참을 반환하고 그렇지 않으면 거짓을 반환한다.

---

[2] (옮긴이) HTML은 여러 이유로 XML보다 일관성이 떨어지고 규칙이 엄격하지 않다. 앞에서 살펴본 class와 className이 그런 예다.

12.1.4 사용자 정의 속성의 작동 방식

엘리먼트가 가진 모든 속성이 프로퍼티로 표현되지는 않는다. 태생적으로 HTML DOM에 지정된 속성들은 프로퍼티로도 표현되지만, 엘리먼트에 임의로 지정한 사용자 정의 속성은 프로퍼티로 자동으로 표현되지 않는다. 이런 사용자 정의 속성 값에 접근하려면 DOM 메서드인 getAttribute()와 setAttribute()를 사용할 필요가 있다.

만약 어떤 속성에 대응하는 프로퍼티가 엘리먼트에 존재하는지 여부를 확신할 수 없다면, 해당 프로퍼티의 존재 유무를 확인하는 테스트를 할 수 있다. 만약 프로퍼티가 존재하지 않는다면, 대신 속성을 참조하도록 DOM 메서드를 사용할 수 있다. 다음은 그 예제다.

```
var value = element.someValue ? element.someValue :
        element.getAttribute('someValue');
```

> **팁:** HTML5에서는 HTML5 명세를 적법하게 따르기 위해 모든 사용자 정의 속성에 data- 접두어를 사용하라. 마크업이 추후에도 문제가 생기지 않게 하려면, HTML4를 사용하고 있더라도 이 방법을 사용할 것을 추천한다. 게다가 이 방식은 네이티브 속성과 사용자 정의 속성을 명확하게 구분할 수 있게 해주는 좋은 규약이다.

12.1.5 성능 고려 사항

일반적으로는 프로퍼티 접근이 DOM 속성 메서드보다 빠르고, 특히 인터넷 익스플로러에서는 더욱 그렇다. 이제 이를 검증해보자.

성능 테스트와 관련하여 2장에서 얘기한 것을 기억하는가? 성능 측정 방법은 어떤 작업을 여러 번 반복하여 그것이 얼마나 걸리는지 측정하는 것이었다. 한 번의 작업만으로는 성능을 정확하게 측정할 수 없는데, 정확히 측정하기에는 수행 시간이 너무 짧기 때문이다. (8장에서 다룬 타이머의 내용을 다시 떠올려보자.)

한 번의 작업 수행이 너무 빨라서 측정하기가 어렵다면, 오백만 번 실행하는 것은 어떨까? 바로 다음 코드가 그렇게 수행된다.

12.2 DOM 메서드와 프로퍼티의 성능 비교

```
<div id="testSubject"></div>

<script type="text/javascript">

  var count = 5000000;
  var n;
  var begin = new Date();
  var end;
  var testSubject = document.getElementById('testSubject');
  var value;

  for (n = 0; n < count; n++) {
    value = testSubject.getAttribute('id');
  }
  end = new Date();
  assert(true,'DOM 메서드를 사용하여 값을 읽는데 걸린 시간: ' +
      (end.getTime() - begin.getTime()));

  begin = new Date();
  for (n = 0; n < count; n++) {
    value = testSubject.id;
  }
  end = new Date();
  assert(true,'프로퍼티를 사용하여 값을 읽는데 걸린 시간: ' +
      (end.getTime() - begin.getTime()));

  begin = new Date();
  for (n = 0; n < count; n++) {
    testSubject.setAttribute('id','testSubject');
  }
  end = new Date();
  assert(true,'DOM 메서드를 사용하여 값을 쓰는데 걸린 시간: ' +
      (end.getTime() - begin.getTime()));

  begin = new Date();
  for (n = 0; n < count; n++) {
    testSubject.id = 'testSubject';
  }
  end = new Date();
  assert(true,'프로퍼티를 사용하여 값을 쓰는데 걸린 시간: ' +
      (end.getTime() - begin.getTime()));

</script>
```

— 미리 변수들을 설정한다.

— DOM 메서드를 사용하여 값 읽기를 테스트한다.

— 프로퍼티를 사용하여 값 읽기를 테스트한다.

— DOM 메서드로 값 쓰기를 테스트한다.

— 프로퍼티로 값 쓰기를 테스트한다.

이 코드는 DOM의 getAttribute()와 setAttribute() 메서드의 성능을 테스트하고, 마찬가지로 그 속성에 대응하는 프로퍼티를 사용하여 값을 읽고 쓰는 성능 테스트도 수행한다.

여러 브라우저에서 이 테스트를 실행하고 그 결과를 표 12.2에 모아 두었다. 모든 런타임 값은 밀리초 단위다. 표에서 확인할 수 있듯이 프로퍼티를 사용하여 값을 읽고 쓰는 작업은 대부분 getAttribute()와 setAttribute()을 사용한 경우보다 빠르다.

노트: 이 테스트의 대부분은 2.8GHz i7 프로세서와 램이 8GB인 OX X Lion이 설치된 2011 맥북 프로에서 수행되었다. IE 테스트는 같은 사양의 i7 2.8GHz 프로세서와 램이 4GB인 Windows 7(64비트)가 설치된 PC에서 수행하였다.

브라우저	getAttribute()	프로퍼티 읽기	setAttribute()	프로퍼티 쓰기
인터넷 익스플로러 9	3970	940	7667	956
파이어폭스 14	827	434	1414	1584
사파리 5	268	142	1055	627
크롬 21	294	159	1140	862
오페라 12	2109	1642	2370	1635

표 12.2 DOM 메서드와 프로퍼티의 성능 비교 테스트

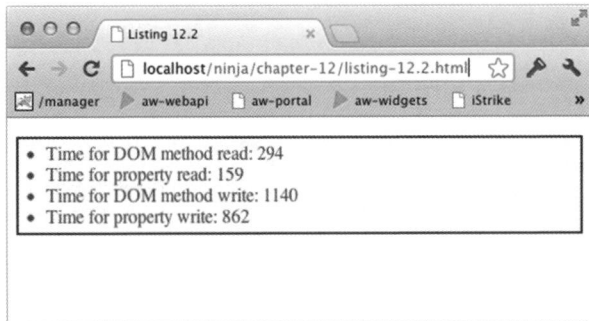

그림 12.1 크롬 브라우저에서 성능 테스트를 실행한 결과

이 테스트 결과의 샘플은 그림 12.1에 나타나 있다.

개별 작업을 할 때는 조금 속도가 느리더라도 큰 타격이 되지는 않지만, 만약 빠듯하고 복잡한 작업이 루프 내부에서 여러 번 수행된다면 문제가 될 수도 있다. 성능을 향상시키려면, 프로퍼티가 존재하면 프로퍼티를 사용하여 값에 접근하고, 프로퍼티가 없는 경우에만 DOM 메서드를 사용하도록 별도의 메서드를 구현하는 것을 고려해볼 만하다. 다음 코드를 살펴보자.

12.3 속성 값을 얻고 설정하는 함수

```
<div id="testSubject"></div>

<script type="text/javascript">
    (function(){
```

❶ 전용 유효 범위를 생성한다.

```
    var translations = {
      "for": "htmlFor",
      "class": "className",
      readonly: "readOnly",
      maxlength: "maxLength",
      cellspacing: "cellSpacing",
      rowspan: "rowSpan",
      colspan: "colSpan",
      tabindex: "tabIndex",
      cellpadding: "cellPadding",
      usemap: "useMap",
      frameborder: "frameBorder",
      contenteditable: "contentEditable"
    };

  window.attr = function(element,name,value) {
    var property = translations[name] || name,
propertyExists = typeof element[property] !== "undefined";

      if (typeof value !== "undefined") {
        if (propertyExists) {
element[property] = value;
        }
        else {
element.setAttribute(name,value);
        }
      }

      return propertyExists ?
        element[property] :
        element.getAttribute(name);
    };
  })();

  var subject = document.getElementById('testSubject');
  assert(attr(subject,'id') === 'testSubject',
      "id 값을 얻음.");

  assert(attr(subject,'id','other') === 'other',
      "id를 새로운 값으로 설정함.");
  assert(attr(subject,'id') === 'other',
      "새로운 id 값을 얻음.");

  assert(attr(subject,'data-custom','whatever') === 'whatever',
      "사용자 정의 속성을 설정함.");
  assert(attr(subject,'data-custom') === 'whatever',
      "사용자 정의 속성을 얻음.");
</script>
```

❷ 속성과 프로퍼티의 이름이 다른 경우를 처리하기 위한 변환 맵을 정의한다.

❸ set/get 함수를 정의한다.

새로 만든 함수를 테스트한다.

이 예제에서 속성과 프로퍼티 값을 읽고 쓰는 getter/setter 함수를 만들었지만, 여기에는 다른 코드에서도 사용할 수 있는 몇 가지 중요한 개념들이 나타나 있다.

속성과 프로퍼티 이름이 서로 다른 경우, 프로퍼티와 속성 이름을 변환해야 할 필요가 있다. 따라서 표 12.1에 나타난 대로 변환 맵을 만들었다❷. 하지만 이 맵을 전역 네임스페이스에 두는 건 원치 않기에, 함수의 지역 유효 범위에서만 사용할 수 있도록 하였다. 이제 이런 유효 범위에 대한 얘기는 충분히 했으리라 본다.

자신만의 유효 범위를 갖는 즉시실행함수 내에 맵을 선언하고, 또한 즉시실행함수 내에서 window.attr에 함수를 정의하여 이름 변환 정보를 담은 맵을 전역 네임스페이스에 포함시키지 않고도 사용할 수 있다❶. 즉시실행함수 바깥에서는 변환 맵❷을 볼 수 없지만, 즉시실행함수 안에 있는 set/get 함수❸는 클로저를 통해 맵에 접근할 수 있다. 멋지지 않은가?

또 다른 중요한 원리는 attr() 함수 그 자체를 통해 드러난다. attr() 함수는 전달된 인자 목록을 조사함으로써 getter와 setter로 모두 작동할 수 있다. 만약 value 인자가 함수에 전달되면 함수는 setter로 작동하고 전달된 값을 속성 값으로 설정한다. 만약 value 인자 없이 그저 처음 두 개의 인자만 전달되면 이 함수는 지정한 속성의 값을 가져오는 getter로 작동한다.

getter로 호출되든 setter로 호출되든 상관없이 두 경우 모두 속성 값을 반환한다. 이는 두 경우 모두 호출 체인 방식으로 함수를 사용할 수 있다는 것을 의미한다.

다만, 이 구현은 속성 접근을 까다롭게 만드는 많은 크로스 브라우저 이슈를 고려하지 않았다는 점을 유념하라. 이 크로스 브라우저 관련 이슈들이 정확히 어떤 것인지 알아보자.

12.2 크로스 브라우저 속성 이슈

보통 크로스 브라우저 이슈는 아주 끔찍한 문제가 되기 십상이고, 속성 값과 관련한 크로스 브라우저 이슈들은 결코 만만하게 볼 수 없다. 가장 흔히 마주치는 몇 가지 중대한 이슈를 살펴보겠다. 먼저 DOM 이름 확대와 관련한 문제로 시작하자.

12.2.1 DOM id/name 확대

가장 끔찍한 버그는 브라우저가 DOM을 잘못 구현한 데서 기인한다.

이전 장에서도 지적했듯이, 주요 '5대' 브라우저 모두가 input 엘리먼트의 id

나 name을 부모 〈form〉 엘리먼트의 프로퍼티에 그대로 추가한다. 문제는 이렇게 form 엘리먼트에 추가한 프로퍼티가 해당 form 엘리먼트에 이미 존재하는 같은 이름의 프로퍼티를 덮어쓸 수도 있다는 것이다.

게다가 인터넷 익스플로러는 form의 프로퍼티 값을 교체하지는 않지만, form의 속성 값을 input 엘리먼트의 값으로 바꾼다.

다음 코드에서 이 문제를 살펴볼 수 있다.

12.4 브라우저가 form 엘리먼트에 강제로 개입하는 것을 볼 수 있다

```html
<form id="testForm" action="/">
  <input type="text" id="id"/>
  <input type="text" name="action"/>
</form>

<script type="text/javascript">
  window.onload = function(){

    var form = document.getElementById('testForm');

    assert(form.id === 'testForm',
    "id 프로퍼티는 원래 값 그대로다.");
    assert(form.action === '/',
    "action 프로퍼티는 원래 값 그대로다.");

    assert(form.getAttribute('id') === 'testForm',
    "id 속성은 원래 값 그대로다.");
    assert(form.getAttribute('action') === '/',
    "action 속성은 원래 값 그대로다.");
  };
</script>
```

❶ 테스트 대상을 만든다.
❷ 프로퍼티가 훼손되었는지 테스트한다.
❸ 속성이 훼손되었는지 테스트한다.

이 일련의 테스트는 브라우저의 잘못된 구현 때문에 어떻게 마크업 데이터를 잃어버릴 수 있는지를 보여준다. 먼저, 두 개의 input 엘리먼트를 가진 HTML form을 정의한다❶. 한 input 엘리먼트는 ID 값이 "id"이고, 다른 input 엘리먼트는 name 값이 "action"이다.

첫 번째 테스트는 form 엘리먼트의 id와 action 프로퍼티의 값이 HTML 마크업에 설정한 값과 같은지 검증한다❷. 그리고 두 번째 테스트들은 속성 값이 마크업 내용을 반영하고 있는지를 검증한다❸.

하지만 크롬에서 테스트를 수행하면 그림 12.2와 같은 화면을 보게 될 것이다.

최근의 모든 브라우저는 form의 id와 action 프로퍼티를 input 엘리먼트의 참조로 덮어쓰는데, 이는 id와 name 값을 input 엘리먼트로부터 가져오기 때문이다. form의 원본 프로퍼티 값은 영원히 사라졌다! IE 외의 브라우저는

DOM 속성 메서드를 사용하여 원본 값을 획득할 수 있다. 하지만 IE에서는 그 값들조차 교체되어 버린다.

하지만 우리는 닌자이기 때문에 이런 현상을 극복해야만 한다. 브라우저가 온갖 훼방을 놓으며 제대로 된 값을 얻지 못하도록 방해하지만, 우리에게는 준비된 계획이 있다. 어떤 엘리먼트의 속성 그 자체를 나타내는 원본 DOM 노드에 접근할 수 있다. 이 원본 노드는 브라우저에 의해 오염되지 않은 상태로 남아있다. 이를테면 다음 코드를 사용하여 DOM 속성 노드로부터 원래의 action 속성 값을 얻을 수 있다.

```
var actionValue = element.getAttibuteNode("action").nodeValue;
```

연습 삼아서, 코드 12.3에서 만든 attr() 메서드를 이 기법을 사용하여 확장해보자. 만약 form 엘리먼트의 속성이 input 엘리먼트의 것으로 교체되었다면, DOM 노드로부터 원래 값을 얻으면 될 것이다.

> **노트:** 이러한 엘리먼트 확대로부터 발생할 수 있는 문제에 흥미가 있다면, 유리 자이체프(Juriy Zaytsev)의 DOMLint 툴(http://kangax.github.com/domlint/)을 살펴보기를 권장한다. 이 도구는 페이지의 잠재적인 문제를 분석한다. 그리고 이러한 이슈에 대해 개릿 스미스(Garrett Smith)가 쓴 "Unsafe Names for HTML Form Controls,"(http://jibbering.com/faq/names/)를 읽어보길 권장한다.

이 이슈는 브라우저가 의도한 작동 방식이기 때문에 버그로 간주하지는 않는다. 하지만 document.getElementById()와 같이 쉽게 엘리먼트 참조를 얻을 수 있는 수단이 있는 상황에서, 이러한 브라우저의 작동 방식은 파괴적일 뿐만 아니라 확실히 불필요하다고 볼 수 있다.

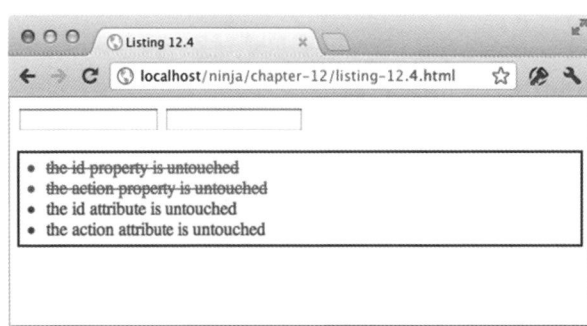

그림 12.2 마크업 값이 훼손된 것으로 보인다!

하지만 지금까지 살펴본 것 외에도 브라우저가 속성을 처리하는 것과 관련한 이슈는 많이 있다. 다른 것들을 살펴보자.

12.2.2 URL 정규화

최근의 모든 브라우저에는 원칙에서 벗어난 아주 놀라운 '기능'이 있다. URL을 나타내는 프로퍼티(href, src 또는 action 같은)의 값을 읽으면, 원래 지정한 형태가 아닌 표준 형식의 URL로 자동으로 변경된 값을 얻는다. (이 장의 도입부에서 이를 언급했었다.)

자동 정규화에 대해서는 이미 한 번 경고를 했었지만, 자동 정규화에 대한 실례를 살펴보기 위해 다음과 같은 코드를 작성해보자.

12.5 URL 자동 정규화 이슈를 설명한다

```
<a href="listing-12.5.html" id="testSubject">Self</a>

<script type="text/javascript">
    var link = document.getElementById('testSubject');

    var linkHref = link.getAttributeNode('href').nodeValue;   ← ❶ 노드에서 직접
                                                                  원본 값을 얻는다.
    assert(linkHref === 'listing-12.5.html',                  ← ❷ 노드에서 얻은 원본 값이 마크업에
          '노드에서 얻은 링크 값은 문제 없음.');                        지정한 값과 일치하는지 테스트한다.
                                                                  이 테스트는 성공한다.
    assert(link.href === 'listing-12.5.html',
          '링크의 href 프로퍼티 값은 문제 없음.');
❸ href 프로퍼티의 값
이 기대한 값과 같은지
테스트한다. 하지만 같지   assert(link.getAttribute('href') === linkHref,
않다! 이 테스트는 실패         '링크의 속성 값은 변경되지 않음.');
      한다.                                                    ← ❹ href 속성 값이 기대한 값과
</script>                                                         같은지 테스트한다. 이 테스트는
                                                                  성공한다.
```

이 테스트에서 만든 앵커 태그의 href 속성은 listing-12.5.html 페이지를 참조한다. 그리고 테스트를 위해 이 앵커 태그에 대한 참조를 얻었다.

앞 절에서 다루었던 트릭(마크업의 원본 값을 찾기 위해 DOM의 원본 노드를 사용하는 방식)을 사용하였다❶. 이 트릭이 제대로 작동한다고 간주하고 넘어갈 수도 있겠지만 그래도 값을 검사해본다❷.

그 다음, 프로퍼티 값이 같은지 알아보는 테스트를 한다❸. 하지만 모든 브라우저에서 이 테스트는 실패한다. 프로퍼티 값은 전체 URL 형식으로 정규화되어 있기 때문이다.

마지막으로 속성 값이 변경되었는지 알아보는 테스트를 한다❹. IE의 구 버

전을 제외한 모든 브라우저에서 이 테스트는 성공한다.

이 테스트에는 이슈의 본질뿐만 아니라 해결법 또한 나타나 있다. 어떤 속성에 대해 변경되지 않은 값을 얻고 싶다면, DOM 노드 트릭을 사용할 수 있다.

구 버전의 IE(IE8 이전)에서는 다른 해결책이 있는데, getAttribute() 메서드를 IE에 한정된 방법으로 사용하는 것이다. getAttribute()의 두 번째 매개변수로 매직넘버 2를 전달하면 정규화되지 않은 값을 얻을 수 있다.

```
var original = link.getAttribute('href',2);
```

최근의 브라우저에서는 DOM 노드 트릭과 getAttribute() 이 두 방식을 한꺼번에 사용할 수 있다. DOM 노드 트릭은 모든 브라우저에서 작동하고, IE 외의 브라우저는 getAttribute()에 전달된 두 번째 매개변수를 무시할 것이다. 다만 구 버전의 오페라는 getAttribute()에 두 번째 매개변수가 전달되면 자세한 내용을 알 수 없는 에러가 발생한다. 따라서 만약 그런 식으로 작동하는 버전의 오페라가 지원 대상이라면 이 방식은 피해야 한다.

만약 여러분의 코드가 반드시 비정규화된 값을 필요로 하는 경우가 아니라면, URL 정규화 이슈가 여러분의 코드에서 문제가 되는 일은 드물 것이다.

자, 이제 더 광범위한 문제를 일으킬 수 있는 이슈를 알아보자.

12.2.3 style 속성

style 속성은 엘리먼트의 중요한 속성으로, 그 값을 설정하거나 얻는 것과 관련하여 특별한 도전거리가 있다. HTML DOM 엘리먼트에는 style 프로퍼티가 있기 때문에, 엘리먼트의 스타일과 관련한 정보를 얻으려면 element.style.color와 같은 식으로 프로퍼티를 사용할 수 있다. 하지만 만약 그 엘리먼트에 지정한 원본 style 스타일 문자열 값을 얻고 싶다면, 이는 조금 더 도전적인 주제가 된다. 다음 마크업을 보자.

```
<div style='color:red;'></div>
```

만약 color:red;라는 원본 문자열을 얻고 싶다면 어떻게 해야 할까?

여기서 style 프로퍼티는 전혀 도움이 되지 않는다. 엘리먼트의 style 프로퍼티는 원본 문자열을 파싱한 결과를 가지고 있는 객체이기 때문이다. 그리고

getAttribute("style")은 대부분의 브라우저에서 작동하지만, 인터넷 익스플로러에서는 작동하지 않는다. 대신 IE는 cssText라는 스타일 프로퍼티에 원본 문자열 값을 저장한다. 즉 element.style.cssText을 사용하여 스타일 원본 문자열을 얻을 수 있다.

  style 속성의 원본 값을 직접 얻는 것은 비교적 일반적인 작업은 아니다. 반면 style 객체의 결과, 즉 계산된 스타일을 얻는 것은 종종 필요한 작업이다. 이제 런타임에 DOM 엘리먼트를 생성하는 모든 페이지에 영향을 줄 수 있는 문제를 알아보자.

12.2.4 type 속성

IE8과 그 이전 버전의 인터넷 익스플로러에 도사리고 있는 함정은 〈input〉 엘리먼트의 type 속성과 관련이 있고, 이에 대해 어떤 합리적인 해결책은 없다. 〈input〉 엘리먼트가 일단 문서에 삽입되고 나면, 그 〈input〉 엘리먼트의 type 속성은 더 이상 변경될 수 없다. 사실 IE는 type 속성을 변경하려 하면 예외를 발생시킨다.

  다음 코드를 살펴보자. input 엘리먼트를 문서에 삽입하고 나중에 type 속성을 변경하려는 코드다.

12.6 문서에 input 엘리먼트를 삽입한 후에 type 속성 변경하기

```
<form id="testForm" action="/"></form>

<script type="text/javascript">
  window.onload = function(){

    var input = document.createElement('input');

    input.type = 'text';
    assert(input.type == 'text',
        'Input의 type 값은 text이다.');

    document.getElementById('testForm')
        .appendChild(input);

    input.type = 'hidden';
    assert(input.type == 'hidden',
        'Input의 type 값은 hidden으로 변경되었다.');
  };
</script>
```

❶ 새 input 엘리먼트를 만든다. 이 input 엘리먼트의 type 속성은 기본값으로 설정된다.

❷ type 프로퍼티를 설정하고 그 값을 검사한다.

❸ input 엘리먼트를 DOM에 추가한다.

❹ DOM에 input 엘리먼트가 삽입된 후 type을 변경해본다.

⟨input⟩ 엘리먼트를 만들고❶ type 값을 text로 설정한다. 그리고 type이 text로 올바르게 설정되었는지를 검증한다❷. 그리고 ⟨input⟩ 엘리먼트를 DOM에 추가하고❸, 타입을 hidden으로 변경하고 제대로 변경되었는지 검증한다❹.

IE를 제외한 모든 브라우저에서 문제없이 테스트가 성공한다. 그러나 IE8과 그 이전 버전은 타입 값을 hidden으로 설정할 때 예외를 발생시키고, 두 번째 테스트는 아예 실행조차 되지 않는다.

이 문제를 쉽게 해결할 수 있는 방법은 없지만, 두 가지 편법이 있다.

- type을 변경하는 대신, 새로운 ⟨input⟩ 엘리먼트를 만들고 원본 ⟨input⟩ 엘리먼트의 모든 프로퍼티와 속성을 복사한 다음, 원본 엘리먼트를 새로 만든 엘리먼트로 교체한다. 이 방법은 쉬워 보이지만 몇 가지 문제가 있다. 첫 번째로 DOM 레벨 2 메서드를 사용하여 설정된 이벤트 핸들러는 이벤트 핸들러를 별도로 직접 관리하지 않는 한, 원본 엘리먼트에 이벤트 핸들러가 존재하는지 알 수 없다. 두 번째로, 원본 엘리먼트에 대한 모든 참조는 무효가 된다.
- 프로퍼티나 속성을 변경하는 API가 있을 때, 이 API에서 type 값을 변경하려는 시도는 거부하도록 한다.

이 두 가지 방안 중 어느 것도 완벽히 만족스럽지는 않다.

jQuery는 두 번째 방식을 사용하는데, 만약 엘리먼트가 문서에 이미 삽입된 이후에 type 속성을 변경하려 한다면 자세한 내용을 포함한 예외를 발생시킨다. 이는 명백히 현실과 타협한 '해결책'이지만, 적어도 사용자 경험은 모든 플랫폼에서 동일하게 유지된다. 어쨌든 고맙게도 이 이슈는 IE 9에서는 해결되었다.

다른 골칫거리를 살펴보자. 이 골칫거리 또한 form 엘리먼트와 관련된 것이다.

12.2.5 탭 인덱스 문제

엘리먼트의 탭 인덱스를 판단하는 것은 또 다른 이상한 문제다. 그리고 탭 인덱스 값이 어떻게 작동해야 하는지에 대한 공통된 방식은 한 가지 밖에 없다. tabIndex 프로퍼티나 "tabindex" 속성을 사용하여 명시적으로 탭 인덱스 값을 정의한 엘리먼트에 대해서는 탭 인덱스 값을 완벽하게 얻을 수 있다. 하지만 명시적으로 탭 인덱스를 지정하지 않은 엘리먼트의 경우, tabIndex 프로퍼티를 통해서는 0 값을 얻고 "tabindex" 속성에 대해서는 null을 얻게 된다. 이것은 명시적으로 탭 인덱스를 설정하지 않은 엘리먼트에는 어떤 탭 인덱스 값이 할당되어 있는지를 알아낼 방법이 없다는 것을 의미한다.

이것은 복잡한 이슈이고 특별히 사용성과 접근성 관점에서 중요한 문제다.

속성과 관련한 마지막 문제를 알아볼 텐데, 사실 이 문제는 속성과 직접 관련 있지는 않다.

12.2.6 노드 이름

노드 이름 이슈는 속성과 직접 관련은 없지만, 이 절에서 사용한 몇 가지 해결책은 노드를 찾는 방식을 사용하고 있고, 찾아야 할 노드의 이름을 선택하는 것이 조금 까다로울 수도 있다.

특히, 여러분이 다루는 문서 형식에 따라 노드 이름의 대소문자 구분 여부가 달라진다. 일반적인 HTML 문서라면 nodeName 프로퍼티는 모두 대문자로 이루어진 엘리먼트 이름을 반환할 것이다(예를 들면 HTML 또는 BODY와 같이). 하지만 XML이나 XHTML 문서의 경우, nodeName은 사용자가 지정한 이름을 반환하고 이는 그 이름이 소문자, 대문자, 혹은 소문자와 대문자가 혼합된 형태일 수도 있다는 것을 의미한다.

이에 대한 일반적인 해결책은 노드 이름을 비교하기 전에 소문자로 이름을 정규화하는 것이다. 예를 들어, ⟨div⟩와 ⟨ul⟩ 엘리먼트에 대해서만 어떤 연산을 수행한다고 가정해보자. 노드 이름으로 "div", "DIV" 혹은 심지어 "dIv" 같은 값을 원치는 않을 것이기에, 보통은 다음 코드의 방식처럼 노드 이름을 정규화할 것이다.

```javascript
var all = document.getElementsByTagName("*")[0];

for (var i = 0; i < all.length; i++) {
  var nodeName = all[i].nodeName.toLowerCase();
  if (nodeName === "div" || nodeName === "ul") {
    all[i].className = "found";
  }
}
```

만약 코드가 실행되는 문서가 어떤 형식인지 완벽히 알 수 있다면, 이런 대소문자 구분에 대해 걱정할 필요가 없다. 하지만 어떤 환경에서라도 작동해야 하는 재사용 가능한 코드를 작성한다면 신중할 필요가 있고, 따라서 정규화를 하는 것이 최선이다.

이 절에서는 엘리먼트 속성과 프로퍼티와 관련한 이슈를 다루었고 style 프로퍼티와 관련한 자잘한 이슈들도 살펴보았다. 그러나 스타일과 관련하여 브라우저가 태생적으로 가지고 있는 문제는 아주 잠깐만 살펴보았다. 다음 절에서 CSS 이슈를 다루면서 여러 어려운 점을 살펴볼 것이다.

12.3 스타일 속성과 관련한 골칫거리들

다른 보통 속성과 마찬가지로, 스타일과 관련한 속성 값을 얻고 설정하는 것도 조금 골칫거리가 될 수 있다. 앞 절에서 살펴본 속성이나 프로퍼티와 마찬가지로, 스타일 값을 다루기 위해 두 가지 방식을 다시 사용할 것이다. 속성 값, 그리고 그 속성 값으로부터 만들어진 프로퍼티 말이다.

가장 공통적으로 사용하는 것은 엘리먼트의 style 프로퍼티이다. style 프로퍼티의 값은 문자열이 아니라 객체인데, 이 객체는 엘리먼트 마크업에 지정한 스타일 값을 보관하고 있다. 그리고 이에 더하여 엘리먼트의 평가된 스타일(computed style)에 접근할 수 있는 API를 알아볼 것이다. 참고로 '평가된 스타일'이란 모든 스타일 상속이 적용되고 스타일 정보가 평가된 이후, 엘리먼트에 실제로 적용된 스타일을 의미한다.

이 절에서는 브라우저에서 스타일을 다룰 때 알아두어야만 하는 내용을 개괄적으로 다루겠다. 스타일 정보가 어디에 기록되는지 살펴보며 시작하자.

12.3.1 내 스타일은 어디에 있지?

DOM 엘리먼트의 style 프로퍼티에 있는 스타일 정보는 처음에는 마크업의 style 속성에 지정한 값으로 설정된다. 예를 들어, 마크업에 style="color:red;"와 같이 지정하면, 이 스타일 정보는 style 객체에 설정된다. 페이지가 실행되는 동안, 스크립트는 style 객체의 값을 설정하거나 변경할 수 있고 이 변경사항은 즉각적으로 엘리먼트의 표시 방식에 영향을 줄 것이다.

페이지상에 직접 기술된 〈style〉 엘리먼트에 정의된 스타일 값, 혹은 외부 스타일시트에 정의된 스타일 값을 특정 엘리먼트의 style 객체를 통해 얻을 수 없다는 사실 때문에 많은 개발자가 좌절을 겪는다. 하지만 그 좌절은 오래가지 않을 것이다. 그런 값들을 획득할 수 있는 방법을 알아볼 것이기 때문이다.

하지만 일단 style 프로퍼티가 어떤 식으로 설정되는지 알아보자. 다음 코드를 살펴보라.

12.7 style 프로퍼티 알아보기

이 예제에서, 테스트 엘리먼트에 적용할 스타일 값을 정의한 ⟨style⟩ 엘리먼트를 설정했다❶. 이 스타일시트는 모든 ⟨div⟩ 엘리먼트가 기본 값보다 1.8배 큰 글꼴 크기를 가지며, 두께가 0인 금색 실선 테두리로 표시되어야 한다는 것을 지정한다. 이는 이 스타일이 적용되는 모든 엘리먼트에는 테두리가 있다는 것을 뜻한다. 단지 그 두께가 0이기 때문에 보이지 않을 뿐이다.

그런 다음 ⟨div⟩ 엘리먼트를 만들고, 엘리먼트의 텍스트 색상을 검정으로 지정한 인라인 style 속성을 설정하였다❷.

그리고 테스트를 시작한다. ⟨div⟩ 엘리먼트에 대한 참조를 얻은 후, 그 엘리먼트의 style 속성에 있는 color 프로퍼티가 적합한 색상을 나타내는지 테스트한다❸. 인라인 스타일로 color 값을 #000과 같은 형식으로 지정하더라도, 대부분의 브라우저에서 style 프로퍼티를 통해 얻는 값은 RGB 표기법으로 정규화된다(따라서 두 가지 형식을 다 검사했다). 그림 12.3을 살펴보면 이 테스트가 통과한다는 것을 알 수 있다.

주의: 색상을 정규화 하는 방식은 브라우저마다 다를 수 있고 심지어는 특정 브라우저 내에서도 항상 일관성 있지는 않다. 대부분 색상은 RGB 표기법으로 정규화되지만, 몇몇 브라우저는 명명 색상(이를테면 black 같은)으로 색상을 지정한 경우, 그 값은 명명 색상 값으로 그냥 내버려둔다.

그런 다음 인라인 스타일시트로 지정한 font-size 스타일과 테두리 두께가 style 객체에 설정되었는지 테스트한다❹❺. 하지만 그림 12.3에서 볼 수 있는 것처럼, font-size 스타일은 해당 엘리먼트에 적용되었음에도 불구하고 테스트는 실패한다. 이는 해당 엘리먼트의 style 객체가 CSS 스타일시트로부터 상속한 스타일 정보는 어떤 것도 드러내지 않기 때문이다.

계속해서, style 객체의 borderWidth 프로퍼티 값을 4픽셀로 바꾸었고❻, 이 변경사항이 제대로 적용되었는지 테스트한다❼. 그림 12.3에서 볼 수 있는 것처럼 테스트는 통과하고 보이지 않던 테두리는 이제 보인다. style 객체의 borderWidth 프로퍼티에 어떤 값을 할당하면, 엘리먼트의 style 프로퍼티에 borderWidth 프로퍼티가 만들어진다. 이는 테스트를 통해 검증된다❼.

엘리먼트의 style 프로퍼티에 지정한 값은 스타일시트로부터 상속한 값보다 우선한다는 것을 명심하라(그 스타일시트 규칙에 !important 주석이 사용되었더라도 말이다).

코드 12.7에서 주목할만한 점은, CSS에서는 글꼴 크기 프로퍼티 이름을 font-size로 지정했지만 스크립트에서는 fontSize로 참조했다는 것이다. 왜 이런 것일까?

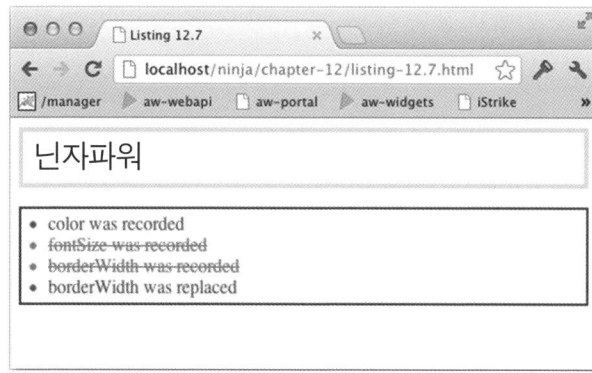

그림 12.3 인라인으로 설정된 스타일은 style 객체에 설정되지만, 상속한 스타일은 style 객체에 설정되지 않는다는 것을 확인할 수 있는 테스트다.

12.3.2 스타일 프로퍼티 이름

브라우저가 제공하는 CSS 속성 값을 얻고자 할 때, 크로스 브라우저 이슈는 상대적으로 어려움이 덜하다. 하지만 CSS의 명명 방식과 해당 CSS를 스크립트에서 접근하는 방식에는 차이점이 있고, 같은 스타일인데 그 이름이 브라우저마다 다른 경우가 있다.

CSS 속성 이름은 하이픈(-)으로 구분된 한 개 이상의 단어로 구성된다. 이를테면 font-weight, font-size, background-color와 같은 식이다. 여러분은 자바스크립트에서 프로퍼티 이름으로 사용할 '문자열'에는 하이픈을 사용할 수 있음을 알고 있을 것이다. 하지만 점(.) 연산자를 사용하여 접근하는 프로퍼티의 경우, 이 프로퍼티 이름에 하이픈을 포함할 수는 없다.

다음 예제를 살펴보자.

```
var color = element.style['font-size'];
```

이 코드는 완전히 유효하다. 하지만 다음 코드는 그렇지 않다.

```
var color = element.style.font-size;
```

자바스크립트 파서는 하이픈을 뺄셈 연산자로 간주하며, 이로 인한 결과에 대해서는 그 누구도 행복하지 않을 것이다. CSS 스타일 이름이 여러 단어로 이루어져 있는 경우, 해당 CSS 프로퍼티의 이름은 CSS에서 사용하는 일반적인 형식이 아니라 낙타 표기법을 사용한다. 따라서 font-size는 fontSize가 되고 background-color는 backgroundColor가 된다.

이런 규칙을 기억할 수도 있겠고, 또는 다음 코드처럼 낙타 표기법을 자동으로 처리하여 스타일을 얻고 설정하는 간단한 API를 작성할 수도 있다.

12.8 스타일 값을 얻고 설정하는 간단한 메서드

```
<div style="color:red;font-size:10px;background-color:#eee;"></div>

<script type="text/javascript">
  function style(element,name,value){            ← style 함수를 정의한다.
    name = name.replace(/-([a-z])/ig,
        function(all,letter){                    ← 주어진 이름을 낙타 표기
          return letter.toUpperCase();              형식으로 변환한다.
        });

    if (typeof value !== 'undefined') {          ← 만약 value 인자가 지정되었다면
      element.style[name] = value;                  그 값으로 스타일을 설정한다.
    }

    return element.style[name];                  ← 스타일 값을 반환한다.
  }

  window.onload = function(){

    var div = document.getElementsByTagName('div')[0];

    assert(true,style(div,'color'));
    assert(true,style(div,'font-size'));
    assert(true,style(div,'background-color'));

  };
</script>
```

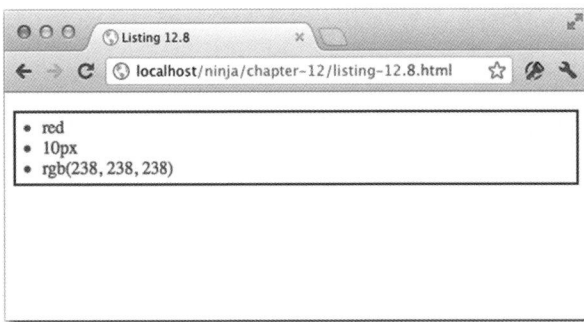

그림 12.4 style() 함수가 주어진 CSS 이름과 연관된 프로퍼티 이름을 어떻게 자동으로 처리하는지를 나타낸다.

name 매개변수 값을 낙타 표기법으로 변환한다는 점을 제외하면, style() 함수는 코드 12.3의 attr() 함수와 유사하게 작동한다. 따라서 이 함수의 작동 방식을 굳이 따로 설명하지는 않을 것이다.

만약 이런 정규식을 활용한 변환이 어렵게 느껴진다면 7장의 내용을 다시 살

펴보면 좋을 것이다. 또한 이 테스트에는 다수의 assert() 호출이 있지만, 실제로 진짜 테스트는 수행하지 않았다는 것을 유념하라. 그림 12.4에 나타난 것처럼, 여기서는 단지 assert를 결과 표시 용도로만 사용했을 뿐이다.

연습 삼아 style() 함수를 완전히 테스트 할 수 있는 검증 조건들을 작성해보자.

앞서 언급한 대로, 브라우저마다 서로 다르게 처리해야 할 스타일 프로퍼티가 몇 가지 있다. 그 중 하나를 보도록 하자.

12.3.3 float 스타일 프로퍼티

가장 골치 아픈 스타일 속성은 float이다. float 스타일 속성에 대한 프로퍼티는 특별히 처리해야 하는데, float가 자바스크립트의 예약어이기 때문이다. 따라서 브라우저는 float라는 이름말고 다른 대안을 제공해야 할 필요가 있다.

매번 그렇듯 표준을 준수하는 브라우저들은 같은 방향을 선택했지만 인터넷 익스플로러는 혼자 다른 길로 갔다. 거의 모든 브라우저가 float에 대한 대안 이름으로 cssFloat을 선택했지만, 인터넷 익스플로러는 styleFloat이라는 이름을 선택했다. (한숨)

코드 12.3에서 살펴본 변환 기능을 바탕으로, 이런 차이점을 수용할 수 있도록 코드 12.8의 style() 함수를 수정할 수 있다는 점을 알아두라.

이 절의 앞부분에서 색상 값을 style 프로퍼티에 추가했을 때, 색상 값이 어떻게 다른 형식으로 변경될 수 있는지 보았다. 이와 비슷한 경우를 살펴보자.

12.3.4 픽셀 값 변환

스타일 값으로 픽셀을 나타내는 숫자를 할당하는 방식은 주의 깊게 고려해야 한다. <img> 태그의 height 속성 같이, 더 이상 사용하지 않아야 하는 속성에 픽셀 값을 지정할 때, 보통은 숫자 값을 사용하고 단위는 브라우저가 알아서 처리하도록 내버려둔다. 하지만 픽셀 값을 스타일 프로퍼티에 할당할 때 숫자만 지정하는 방식은 많은 문제를 일으킬 수 있다.

스타일 프로퍼티에 숫자 값을 설정할 때는 모든 브라우저에서 확실히 작동할 수 있도록 반드시 단위를 지정해야 한다. 예를 들어 어떤 엘리먼트의 height 스타일 값을 10픽셀로 설정한다고 하자. 다음 두 가지 방식이 모든 브라우저에서 안전하게 사용할 수 있는 방법이다.

```
element.style.height = "10px";
element.style.height = 10 + "px";
```

다음 방식은 안전하지 않다.

```
element.style.height = 10;
```

아마 코드 12.8의 style() 함수에 약간의 로직을 추가하는 것이 쉽다고 생각할 지도 모르겠다. 인자로 주어진 숫자 값 뒤에 무조건 "px"를 덧붙이면 될 테니 말이다. 하지만 그렇게 서두르지 마라! 모든 숫자 값이 픽셀로 표현되어야 하는 것은 아니다! 다음과 같이 픽셀이 아닌 다른 단위를 요구하는 스타일 프로퍼티가 다수 존재한다.

- z-index
- font-weight
- opacity
- zoom
- line-height

이 프로퍼티들(그리고 여러분이 생각할 수 있는 모든 다른 프로퍼티들을 포함하여)과 같이 픽셀 값을 요구하지 않는 경우를 자동으로 처리하기 위해, 앞으로 돌아가서 코드 12.8의 함수를 확장해보자.

또한, 스타일 속성으로부터 픽셀 값을 읽을 때는 parseFloat() 메서드를 사용해야 한다. 그래야 어떠한 상황에서도 여러분이 의도한 값을 확실히 얻을 수 있을 것이다.

이제 다루기 까다로우면서 중요한 스타일 프로퍼티 한 쌍을 살펴보자.

12.3.5 높이와 너비 측정하기

height와 width 스타일 프로퍼티는 특별한 문제를 드러낸다. 이 프로퍼티들은 값을 지정하지 않으면 'auto'를 기본값으로 가지고, 따라서 그 엘리먼트는 엘리먼트의 내용에 따라 자신의 크기를 조정한다. 그렇기에 height와 width 속성 문자열에 명시적으로 값을 지정하지 않으면, height와 width 스타일 프로퍼티를 사용하여 엘리먼트의 정확한 크기를 얻을 수는 없다.

고맙게도 offsetHeight와 offsetWidth 프로퍼티는 엘리먼트의 실제 크기를 제공하기 때문에, 엘리먼트의 실제 높이와 너비를 알아내기 위한 꽤 신뢰할 수 있는 수단이다. 하지만 이 두 프로퍼티의 값은 엘리먼트의 패딩을 포함하고 있다는 점을 유념하자. 어떤 엘리먼트를 다른 엘리먼트 위에 놓으려면 보통은 패딩을 포함한 값을 사용한다. 하지만 때때로 테두리나 패딩을 제외한 엘리먼트 자체의 크기 정보를 얻고 싶을 때가 있다.

하지만 조심해야 할 것은, 사용자와의 상호작용이 아주 많은 사이트에서 엘리먼트는 종종 표시되지 않는 상태(display 스타일이 none으로 설정된 상태)로 유지될 수 있고, 엘리먼트가 표시되지 않을 때 해당 엘리먼트의 크기는 '없음'으로 간주된다. 즉, 표시되지 않는 엘리먼트의 offsetWidht와 offsetHeight 프로퍼티의 값은 모두 0일 것이다.

만약 보이지 않는 엘리먼트의 실제 크기를 얻고 싶다면, 트릭을 사용해서 잠깐 엘리먼트를 보이게 하고, 크기 값을 얻은 다음 다시 숨기면 된다. 물론 이 과정은 사용자가 볼 수 없는 영역에서 이루어져야 할 것이다. 그렇다면 과연 어떻게 엘리먼트를 사용자에게 보여주지 않으면서도 숨어있지 않게 할 수 있을까?

닌자의 기술을 이용해서 문제를 해결해보자!

1. display 프로퍼티를 block으로 변경한다.
2. visibility를 hidden으로 변경한다.
3. position을 absolute로 변경한다.
4. 크기 값을 얻는다.
5. 변경한 프로퍼티들을 원래대로 돌려놓는다.

display 프로퍼티를 block으로 바꾸면 offsetHeight와 offsetWidth를 통해 실제 엘리먼트 크기를 얻을 수 있다. 하지만 이는 엘리먼트를 보이게 한다. 엘리먼트를 보이지 않게 하기 위해, visibility 프로퍼티를 hidden으로 변경할 것이다. 하지만(항상 '하지만'이 따라다닌다) 이렇게 하면 엘리먼트가 공간을 차지하는 문제가 생긴다. 따라서 position 프로퍼티를 absolute로 변경하여, 일반적인 표시 흐름에서 그 엘리먼트를 벗어나게 할 것이다.

말은 복잡하지만 실제 구현은 복잡하지 않다. 다음 코드를 보자.

12.9 보이지 않는 엘리먼트의 크기 알아내기

```
<div>
  Lorem ipsum dolor sit amet, consectetur adipiscing elit.
  Suspendisse congue facilisis dignissim. Fusce sodales,
  odio commodo accumsan commodo, lacus odio aliquet purus,
  <img src="../images/ninja-with-pole.png" id="withPole" />
  <img src="../images/ninja-with-shuriken.png"
       id="withShuriken" style="display:none" />
  vel rhoncus elit sem quis libero. Cum sociis natoque
  penatibus et magnis dis parturient montes, nascetur
  ridiculus mus. In hac habitasse platea dictumst. Donec
  adipiscing urna ut nibh vestibulum vitae mattis leo
  rutrum. Etiam a lectus ut nunc mattis laoreet at
  placerat nulla. Aenean tincidunt lorem eu dolor commodo
  ornare.
</div>

<script type="text/javascript">                ❶ 전용 유효 범위를 만든다.

  (function(){

    var PROPERTIES = {
      position: "absolute",
      visibility: "hidden",                     ❷ 처리해야 할 프로퍼티를 정의한다.
      display: "block"
    };
                                                ❸ 새 함수를 만든다.
    window.getDimensions = function(element) {

      var previous = {};
      for (var key in PROPERTIES) {
        previous[key] = element.style[key];     ❹ 기존 설정 값을 보관해둔다.
        element.style[key] = PROPERTIES[key];
      }                                         ❺ 설정을 바꾼다.

      var result = {
        width: element.offsetWidth,
        height: element.offsetHeight            ❻ 엘리먼트 크기를 가져온다.
      };

      for (key in PROPERTIES) {
        element.style[key] = previous[key];     ❼ 설정을 복원한다.
      }
      return result;
    };

  })();

  window.onload = function() {

    setTimeout(function(){

      var withPole = document.getElementById('withPole'),
      withShuriken = document.getElementById('withShuriken');

      assert(withPole.offsetWidth == 41,                    ❽ 보이는 엘리먼트를
        "봉 이미지의 너비. 실제 크기는 " +                          테스트한다.
      withPole.offsetWidth + "이고, 기대 값은 41이다.");
      assert(withPole.offsetHeight == 48,
```

```
             "봉 이미지의 높이. 실제 크기는 " +
            withPole.offsetHeight + "이고, 기대 값은 48이다.");

             assert(withShuriken.offsetWidth == 36,
            "수리검 이미지의 너비. 실제 크기는 " +
            withShuriken.offsetWidth + "이고, 기대 값은 36이다.");
             assert(withShuriken.offsetHeight == 48,
            "수리검 이미지의 높이. 실제 크기는 " +
            withShuriken.offsetHeight + "이고, 기대 값은 48이다.");

             var dimensions = getDimensions(withShuriken);

             assert(dimensions.width == 36,
            "수리검 이미지의 너비. 실제 크기는 " +
            dimensions.width + "이고, 기대 값은 36이다.");
             assert(dimensions.height == 48,
            "수리검 이미지의 높이. 실제 크기는 " +
            dimensions.height + "이고, 기대 값은 48이다.");
          },3000);

        } </script>
```

❾ 보이지 않는 엘리먼트를 테스트한다.

❿ 새로 만든 함수를 사용해본다.

⓫ 보이지 않는 엘리먼트를 다시 테스트한다.

코드가 좀 길기는 하지만 대부분은 테스트 코드다. 엘리먼트의 크기를 얻는 함수의 실제 구현은 약 열 줄 남짓한 코드로 이루어져 있을 뿐이다.

코드를 한 조각씩 살펴보자. 먼저 다수의 텍스트와 두 이미지를 가지고 있는 〈div〉 엘리먼트를 만든다. 이미지는 외부 스타일시트의 스타일에 의해 왼쪽 정렬되어 있다. 이 이미지 엘리먼트가 테스트 대상이고, 하나는 보이는 상태이며 다른 하나는 보이지 않는 상태다.

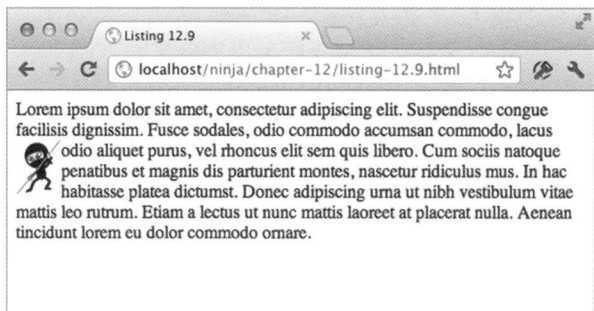

그림 12.5 보이지 않는 엘리먼트의 크기를 얻는 테스트를 위해, 보이는 이미지와 보이지 않는 이미지를 이용한다.

스크립트가 실행되기 전에 전체 엘리먼트는 그림 12.5에 나타난 것처럼 표시된다. 만약 두 번째 이미지가 보이는 상태라면, 두 번째 닌자 이미지가 지금 보이는 이미지의 오른쪽에 나타날 것이다.

그런 다음 새 함수를 정의한다. 지역 유효 범위와 클로저를 활용하기 위해 코드 12.3에서 사용했던 트릭을 여기서 다시 한 번 사용하여 전용 유효 범위를 만든다. 그리고 몇 가지 중요한 정보를 보관하는 해시, 지역 변수, 함수를 즉시 실행함수 내에 둔다❶. 그리고 처리해야 할 프로퍼티들을 보관하는 지역 해시를 정의한다❷. 이 해시에는 프로퍼티 세 개와 각 프로퍼티에 대해 바꿀 값이 정의되어 있다.

크기를 측정할 엘리먼트를 받는 함수를 정의하고❸ 먼저 이 함수 내부에 previous라는 해시를 만들었다❹. previous 해시는 스타일 프로퍼티의 현재 값들을 저장하고 있으며, 이 저장한 값들을 사용하여 나중에 스타일 프로퍼티의 값을 복원할 수 있다. 프로퍼티들을 순회하며 기존 스타일 값을 보관해두고 해당 프로퍼티의 값을 새 것으로 바꾼다❺.

여기까지 왔다면 엘리먼트의 크기를 측정할 준비가 된 것이다. 이제 엘리먼트는 표시되는 레이아웃의 일부이지만 사용자에게 보이지는 않고 절대 위치(absolute)를 가진다. 엘리먼트의 크기는 지역 변수인 result에 저장된다❻.

이제 우리가 필요로 하는 것들을 모두 얻었으므로, 잠시 변경했던 스타일 프로퍼티를 원래 값으로 복원하여 흔적을 제거한다❼. 마지막으로 width와 height 프로퍼티를 가지고 있는 해시를 반환한다.

다 괜찮아 보이는데, 이게 정말 작동할까? 계속 살펴보자.

load 핸들러에서 3초 후에 실행되는 타이머 콜백을 등록한 후, 콜백에서 테스트를 수행했다. 왜 이렇게 하냐는 질문을 할 수 있다. load 핸들러는 DOM 구축이 완료된 이후에 테스트를 수행한다는 것을 확실히 보장한다. 그리고 타이머는 테스트를 수행하면서 화면 표시 내용이 바뀌는 것을 우리가 볼 수 있게 한다. 보이지 않는 엘리먼트의 프로퍼티를 조작하는 동안 무엇인가 문제가 있다면 화면에 표시되는 내용을 보고 알 수 있을 것이다. 어쨌든 함수를 실행할 때 어떤 식으로든 화면 표시 내용이 흐트러지면 결국 이는 비정상이다.

타이머 콜백 내에서 먼저 테스트 대상(두 이미지)의 참조를 얻고, 오프셋 프로퍼티를 사용하여 이미지가 보이는 상태라면 올바르게 그 크기를 얻을 수 있다는 것을 검증한다. 이 테스트는 성공하고 그림 12.6의 제일 윗부분에서 확인할 수 있다❽.

그런 다음 보이지 않는 엘리먼트에 대해 같은 테스트를 수행한다❾. 검증 조건은 보이지 않는 이미지에 대해서도 오프셋 관련 프로퍼티가 잘 작동할 것이

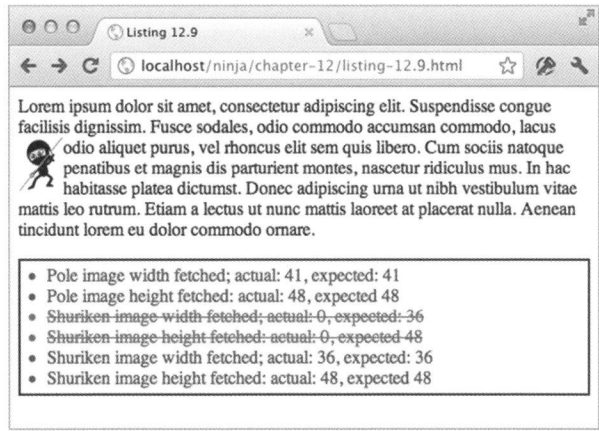

그림 12.6 보이지 않는 엘리먼트의 스타일 프로퍼티를 임시로 조정하여 엘리먼트의 크기를 성공적으로 가져올 수 있다.

라 가정하고 있지만, 이 가정은 잘못되었고 테스트는 실패한다. 하지만 딱히 놀랄 필요는 없는데, 왜냐하면 이 테스트가 작동하지 않을 것이라는 점을 이미 알고 있기 때문이다.

다음으로, 보이지 않는 이미지에 대해 getDimensions() 함수를 호출한다❿. 그리고 그 결과를 다시 테스트한다⓫. 성공이다! 그림 12.6에 나타난 것처럼 테스트는 성공한다.

테스트가 실행되는 동안 페이지의 표시 내용을 보고 있으면(테스트는 DOM이 로드되고 3초 후에 실행된다는 점을 기억하라), 보이지 않는 엘리먼트의 프로퍼티를 조정하더라도 화면 표시에 어떤 영향도 주지 않음을 알 수 있을 것이다.

팁: offsetWidth와 offsetHeight 스타일 프로퍼티의 값이 0인지를 검사하는 것은 엘리먼트가 보이는지의 여부를 판단하는데 아주 효과적인 수단이 될 수 있다.

크기와 관련한 스타일 프로퍼티만 도전거리가 있는 게 아니다. opacity 프로퍼티와 관련한 미묘한 이슈들을 살펴보자.

12.3.6 불투명도를 꿰뚫어 보기

브라우저마다 서로 다른 방식으로 처리해야 하는 또 다른 경우는 opacity 스타일 프로퍼티이다. 인터넷 익스플로러 9을 포함한 최근의 모든 브라우저는 기본적으로 opacity 프로퍼티를 지원하지만, IE 9 이전 버전들은 IE만의 alpha 필터 표기법을 사용했다.

이 때문에, 다음과 같은 식으로 스타일시트(또는 style 속성에 직접)에 불투명도를 지정한 경우를 자주 볼 수 있었다.

```
opacity: 0.5;
filter: alpha(opacity=50);
```

불투명도를 지정할 때 표준 스타일 방식은 0.0에서 1.0까지의 값을 사용한다. 반면 alpha 필터는 0부터 100까지의 퍼센트를 나타내는 정수를 사용한다. 앞의 경우는 불투명도 값을 50퍼센트로 지정한다.

다음과 같이 두 가지 스타일 방식을 사용하여 정의한 엘리먼트가 있다고 하자.

```
<div style="opacity:0.5;filter:alpha(opacity=50);">Hello</div>
```

이 엘리먼트의 불투명도 스타일 값을 가져오려 할 때, 두 가지 문제와 마주치게 된다.

- alpha 외에도 변형이나 색상 등과 관련한 많은 종류의 필터(filter)가 있다. 따라서 단순히 필터에는 항상 불투명도만 지정되어 있다고 가정할 수 없기 때문에, 다양한 종류의 필터를 처리해야 한다.
- IE8과 그 이전 버전은 opacity 스타일 프로퍼티를 지원하지 않지만, opacity 스타일 프로퍼티에 지정한 값은 엘리먼트의 style.opacity 프로퍼티를 참조하여 얻을 수 있다. 브라우저가 이 값을 완전히 무시하기는 하지만 말이다.

후자 때문에 코드에서 브라우저가 opacity를 지원하는지의 여부를 판단하는 것이 어렵다. 하지만 지금까지 그래왔듯이, 이번에도 닌자의 힘을 집중하여 우리를 억압하려는 브라우저에게 회심의 미소를 지어주도록 하자.

알다시피 opacity를 지원하는 브라우저는 1.0보다 작은 불투명도 값에 대해서는 항상 앞에 0을 붙여서 정규화한다. 이를테면, 만약 불투명도를 opacity: .5와 같이 지정하면 opacity를 지원하는 브라우저는 opacity 프로퍼티 값으로 0.5를 반환한다. 하지만 opacity를 지원하지 않는 브라우저는 단순히 원본 값 형태인 .5를 그대로 반환할 것이다.

이는 브라우저가 opacity를 본질적으로 지원하는지 여부를 판단하기 위해 기능 테스트(11장의 내용을 기억하는가?)를 사용할 수 있다는 것을 의미한다. 다음 코드를 살펴보자.

12.10 브라우저가 opacity를 지원하는지 여부를 판단한다.

```
<img src="../images/ninja-with-nunchuks.png" style="opacity:.5;">
<script type="text/javascript">

  var div = document.createElement("div");
  div.setAttribute('style','opacity:.5');
  var OPACITY_SUPPORTED = div.style.opacity === "0.5";

  assert(OPACITY_SUPPORTED,
         "Opacity를 지원한다.");

</script>
```

❶ opacity 지원 여부를 검사한다.

❷ 결과를 표시한다.

이 예제에서는 opacity를 .5로 지정한 이미지 엘리먼트를 정의했다. 하지만 이 엘리먼트를 코드에서 사용하지는 않는다. 이 엘리먼트는 단지 '우리에게' opacity 값을 브라우저가 인식하고 실제로 사용하는지 혹은 그렇지 않은지를 단지 시각적으로 표시하려는 용도일 뿐이다.

테스트의 골자는 다음과 같다. DOM 구조와 관련이 없는 엘리먼트를 만들고, 이 엘리먼트의 스타일 속성에 opacity 값을 .5로 지정한다. 그리고 opacity 값을 다시 읽어들이고, 읽은 값이 원래 값과 같은지를 검사한다❶. 만약 읽은 값과 원래 값이 같다면 브라우저가 opacity를 지원하지 않는 것이고, 읽은 값이 0.5라면 브라우저가 opacity를 지원하는 것이다.

마지막으로 OPACITY_SUPPORTED 변수를 검증한다. opacity를 지원하는 브라우저라면 테스트는 성공하고 지원하지 않는 브라우저에서는 테스트가 실패한다.

그림 12.7은 크롬 17(위)와 인터넷 익스플로러 7(아래)에서 이 테스트❷의 결과를 나타낸다.

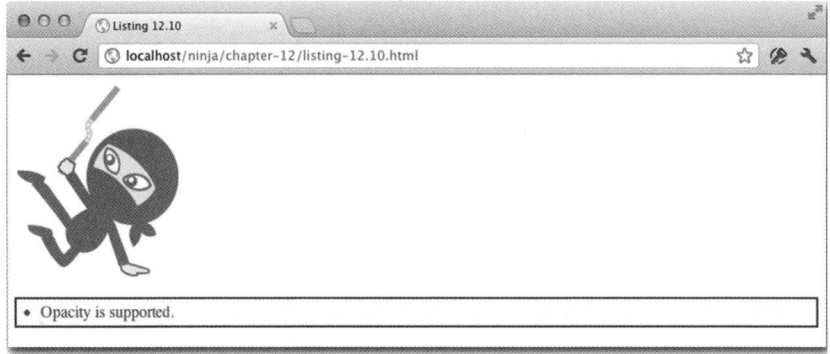

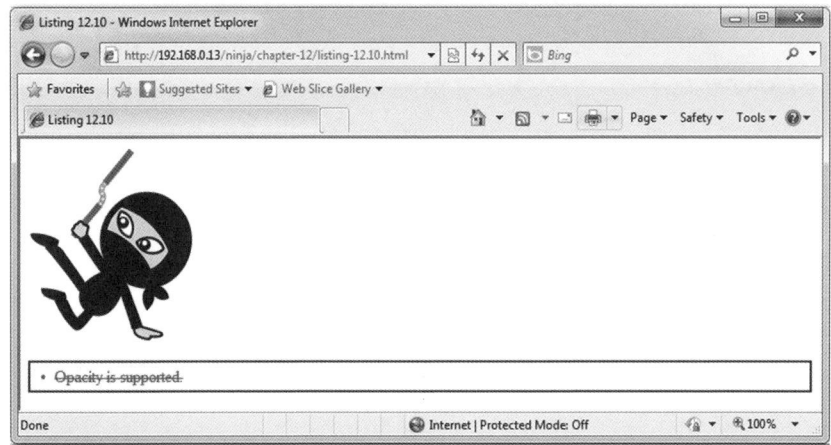

그림 12.7 명시적인 테스트 외에도 시각적인 단서를 통해 브라우저가 opacity를 지원하는지를 확인할 수 있다. 크롬은 opacity를 지원하지만 IE9 이전 버전은 지원하지 않는다.

코드 12.9의 getDimensions()과 마찬가지로, 엘리먼트의 불투명도 값을 플랫폼에 상관없이 0.0에서 1.0 사이의 값으로 반환하는 getOpacity(element) 함수를 만들 수 있을 것이다.

팁: getOpacity() 함수를 만들 때 alpha 불투명도 필터 값을 찾으려면 정규 표현식이 유용할 것이다. 그리고 window.parseFloat() 메서드는 최고의 친구가 될 것이다. 또한, 불투명도 값을 찾지 못했을 때 1.0을 반환하도록 하면 되는데, 이는 1.0이 기본 불투명도 값이기 때문이다.

이제 다른 프로퍼티로 시야를 돌리자. 이 프로퍼티의 값은 그 내용이 같더라도 여러 형식으로 표현될 수 있기 때문에 까다롭다.

12.3.7 알록달록한 바퀴를 가진 자전거 타기[3]

앞에서 이미 색상 값은 여러 형식으로 표현될 수 있다는 것을 보았다. 이는 스타일 프로퍼티의 색상 값 처리를 조금 까다롭게 한다. 어떤 색상 값 형식을 사용하든 그건 웹페이지 개발자 마음이고, 심지어는 브라우저가 색상 형식을 변경하는 것도 막을 수 없다.

색상 값에 접근할 수 있는 서로 다른 여러 스타일 메서드 간에 브라우저가 반환하는 형식은 아주 약간의 일관성만 있을 뿐이다. 때문에 색상의 빨강, 파랑, 녹색 그리고 알파 채널과 같이 유용한 정보를 얻으려면 많은 노력이 필요하다.

최근의 브라우저들이 표현할 수 있는 색상 형식은 다양하다. 이를 표 12.3에 요약하였다.

형식	설명
키워드	HTML 색상 키워드(red, green, maroon, 기타 등등)로 식별할 수 있는 모든 값. 혹은 SVG 색상 키워드(bisque, chocolate, darkred, 기타 등등), 또는 transparent 키워드(rgba(0,0,0,0)와 동일한 것이다. 아래를 보자).
#rgb	짧은 RGB(red, green, blue) 16진수 값. 값 부분은 0부터 f 값이다.
#rrggbb	긴 RGB(red, green, blue) 16진수 값으로, 각 부분은 00부터 ff 값이다.
rgb(r,g,b)	RGB 표기법으로 각 값은 십진수로 0부터 255 또는 0%에서 100% 값이다.
rgba(r,g,b,a)	알파 채널이 추가된 RGB 표기법이다. 알파 값의 범위는 0.0(투명)부터 1.0(불투명)이다.
hsl(h,s,l)	HSL 표기법으로 색조(hue), 채도(saturation), 명도(lightness)를 나타낸다. 색조 값의 범위는 0부터 360이다(색상환의 각도), 그리고 채도와 명도의 범위는 0%에서 100%이다.
hsla(h, s, l, a)	HSL 표기법에 알파 채널 값이 추가된 것이다.

표 12.3 CSS3 색상 형식

표 12.3으로부터 알 수 있듯이, 색상 정보는 다양한 방식으로 표현할 수 있고, 만약 브라우저가 스타일의 색상 값 형식을 일관성 있게 변환한다면 그렇게 큰 이슈는 아닐 것이다. 하지만 브라우저들이 그렇게 해주지 않기 때문에 문제가 된다.

어떤 문제가 있는지를 알아보는 테스트를 작성하자. 다음 코드를 보라.

---

[3] (옮긴이) color wheel은 색상환이라는 의미인데 wheel은 자전거 바퀴라는 의미도 있다. 일종의 말장난.

12.11 브라우저가 색상 정보를 어떤 형식으로 표현하는지를 알아보기

```
<div style="background-color:darkslateblue"> </div>
<div style="background-color:#369"> </div>
<div style="background-color:#123456"> </div>
<div style="background-color:rgb(44,88,168)"> </div>
<div style="background-color:rgba(44,88,166,0.5)"> </div>
<div style="background-color:hsl(120,100%,25%)"> </div>
<div style="background-color:hsla(120,100%,25%,0.5)"> </div>

<script type="text/javascript">

  var divs = document.getElementsByTagName('div');

  for (var n = 0; n < divs.length; n++) {
    assert(true,divs[n].style.backgroundColor);
  }

</script>
```

❶ 색상이 있는 엘리먼트를 생성한다.
❷ 엘리먼트들을 얻는다.
❸ 색상 정보를 표시한다.

서로 다른 형식의 배경 색상 스타일 프로퍼티를 가진 일련의 〈div〉 엘리먼트들을 만들었다❶. 그 다음 그 엘리먼트들에 대한 참조를 얻고❷, 컬렉션을 순회하며 style.backgroundColor 프로퍼티에 저장되어 있는 값을 표시했다❸.

이 테스트는 테스트를 실행하는 브라우저가 서로 다른 방식으로 지정한 색상 정보를 어떻게 형식화하는지 보여준다. 그림 12.8을 통해 저장된 값을 전체적으로 볼 수 있다.

브라우저마다 색상 정보를 다루는 방식이 많이 다르기 때문에, getColor(element, property) 같은 메서드를 개발하기 위해 많은 지면을 할애하진 않을 것이다. 그건 여러분의 몫으로 남겨두겠다. 여러분은 그 함수를 개발하는데 필요한 모든 도구를 이미 갖추었고, 따라서 그 작업은 어렵다기보다는 그저 코드가 많이 필요할 뿐이다.

getColor() 메서드는 엘리먼트와 color 프로퍼티(color 또는 background-color)를 받고, 색상 키워드를 반환하거나 빨강, 녹색, 파랑 그리고 알파 프로퍼티를 가진 해시 또는 색조, 명도, 채도, 알파 프로퍼티를 가진 해시를 반환해야 한다. 이 함수를 잘 만들기 위해서는, 7장에서 다룬 정규 표현식과 앞서 개발했던 getDimension()과 getOpacity()로부터 얻을 수 있는 지식을 잘 갖추고 있어야 한다.

도전거리: 만약 정말 도전을 원한다면 HSL 값을 RGB로도 변환해보자. 변환 공식은 http://en.wikipedia.org/wiki/HSL_and_HSV#Converting_to_RGB에서 찾아볼 수 있다.

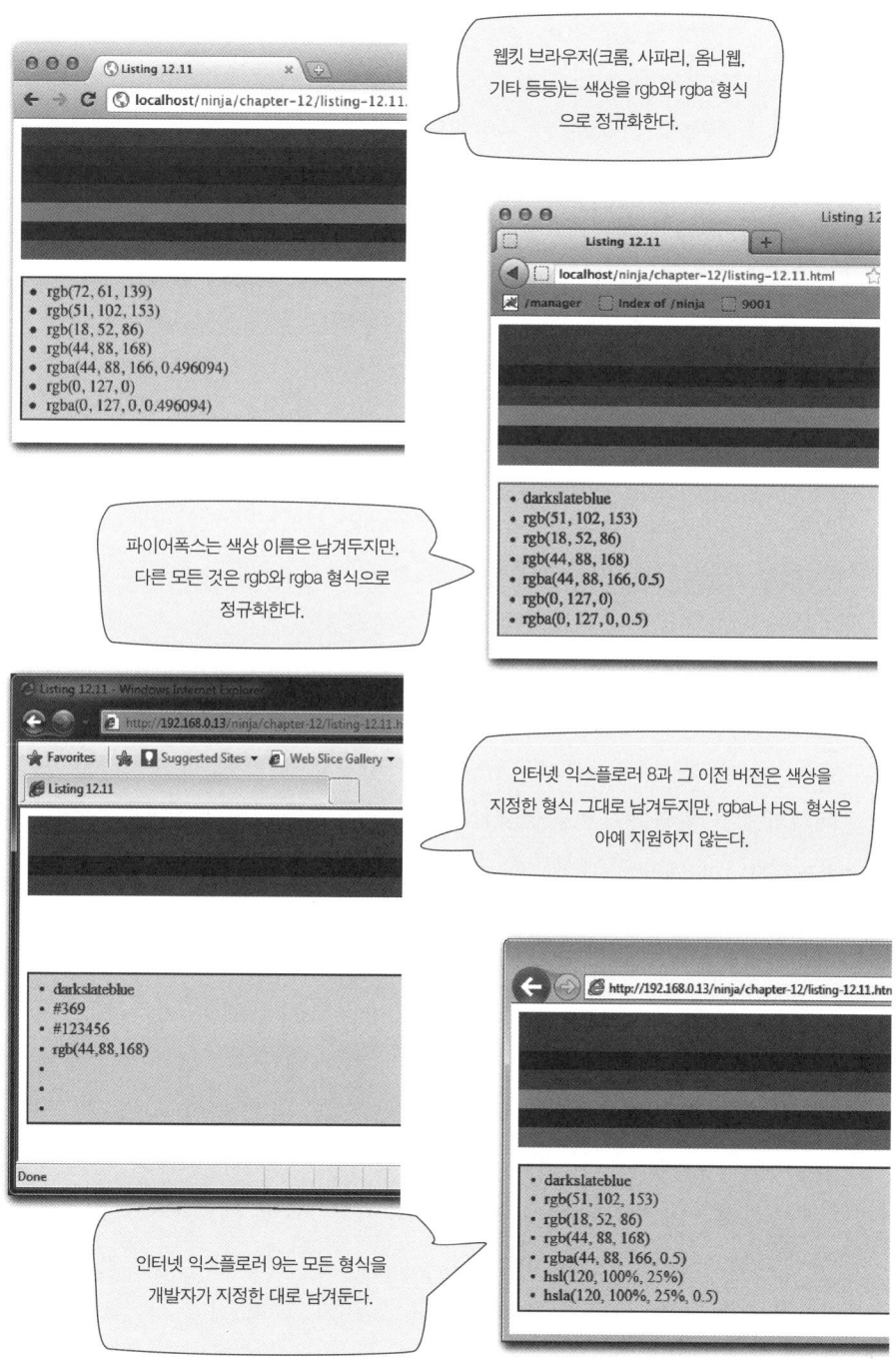

그림 12.8 서로 다른 브라우저는 색상 형식도 서로 다르게 다룬다!

색상을 다루는 문제는 사실 지금까지 어느 누구도 다루지 않았던 그런 문제가 아니다. 블레어 미첼모어(Blair Mitchelmore)가 만든 코드를 사용한 jQuery Color 플러그인(http://plugins.jquery.com/color/)을 확인해 봐도 좋을 것이다.

지금까지 엘리먼트의 style 프로퍼티를 다룰 때 주의해야 할 대부분의 이슈들을 다루었다. 하지만 미리 언급했듯이, style 프로퍼티는 해당 엘리먼트에 적용된 스타일이라도 스타일시트로부터 상속한 스타일 정보는 포함하지 않는다. 엘리먼트에 적용된 '평가된 스타일' 전체를 알 수 있는 유용한 방법들은 많이 있다. 이제 그것들을 어떻게 얻을 수 있는지를 알아보자.

12.4 평가된 스타일 얻기

평가된 스타일(computed style)이란, 어느 특정 시점에서 스타일시트, 엘리먼트의 style 속성 그리고 스크립트에서 처리한 style 프로퍼티가 모두 조합되어 적용된 스타일이다.

W3C가 정의하고 최근의 모든 브라우저(인터넷 익스플로러 9은 포함하지만 그 이전 버전은 제외한)에 구현된 표준 API는 window.getComputedStyle() 메서드다. 이 메서드는 평가할 스타일을 가진 엘리먼트를 받고, 특정 스타일 프로퍼티의 값을 질의할 수 있는 인터페이스를 반환한다. 반환된 인터페이스는 getPropertyValue()라는 메서드를 제공하는데, 이 메서드를 사용하여 특정 스타일 프로퍼티의 평가된 값을 얻을 수 있다.

엘리먼트의 style 객체에 있는 프로퍼티와 달리, getPropertyValue() 메서드는 낙타 표기법이 아닌 CSS 프로퍼티 이름(font-size나 background-color 같은)을 받는다.

인터넷 익스플로러 9 이전 버전들에는 엘리먼트의 평가된 스타일에 접근하는데 자신들만의 방법이 있었다. 모든 엘리먼트에는 currentStyle이라는 프로퍼티가 있었고, 이 프로퍼티는 현재 평가된 스타일 정보를 제공한다는 점만 제외하면 style 프로퍼티와 아주 유사하다.

이 정도면 특정 스타일 프로퍼티의 평가된 값을 얻을 수 있도록, fetchComputed Style() 메서드를 작성하는데 필요한 충분한 정보를 얻었다.

그런데 한 가지 생각해봐야 할 게 있다. 왜 함수 이름을 getComputedProperty()라고 하지 않았을까?

다음 코드는 평가된 스타일을 얻는 함수를 구현한 것이다. 표준 방법을 사용할 수 있으면 사용하고, 그렇지 않으면 각 브라우저에 특화된 방식을 사용한다.

12.12 평가된 스타일 값 가져오기

```
<style type="text/css">                    ◀── ❶ 스타일시트를 정의한다.
  div {
    background-color: #ffc; display: inline; font-size: 1.8em;
    border: 1px solid crimson; color: green;
  }
</style>
                                               ❷ 테스트 대상을
                                                  만든다.
<div style="color:crimson;" id="testSubject" title="Ninja power!"> ◀
  닌자파워
</div>

<script type="text/javascript">
                                            ❸ 함수를 정의한다.
  function fetchComputedStyle(element,property) {  ◀

    if (window.getComputedStyle) {
                                               ❹ 인터페이스를
                                                  얻는다.
      var computedStyles = window.getComputedStyle(element);  ◀

      if (computedStyles) {                ◀── ❺ 스타일 값을 가져온다.
        property = property.replace(/([A-Z])/g,'-$1').toLowerCase();
        return computedStyles.getPropertyValue(property);
      }
    }
                                               ❻ 해당 브라우저만의 비표준
                                                  방식을 사용한다.
    else if (element.currentStyle) {       ◀
      property = property.replace(
        /-([a-z])/ig,
        function(all,letter){ return letter.toUpperCase(); });
      return element.currentStyle[property];
    }
  }

  window.onload = function(){

    var div = document.getElementsByTagName("div")[0];

    assert(true,
      "background-color: " +
      fetchComputedStyle(div,'background-color'));   ◀── ❼ 결과를 표시한다.
    assert(true,
      "display: " +
      fetchComputedStyle(div,'display'));
    assert(true,
      "font-size: " +
      fetchComputedStyle(div,'fontSize'));
    assert(true,
      "color: " +
      fetchComputedStyle(div,'color'));
    assert(true,
```

```
            "border-top-color: " +
            fetchComputedStyle(div,'borderTopColor'));
        assert(true,
            "border-top-width: " +
            fetchComputedStyle(div,'border-top-width'));
    };
</script>
```

　fetchComputedStyle() 함수를 테스트하기 위해, 먼저 마크업으로 인라인 스타일을 지정한 엘리먼트를 만들었다❷. 그리고 스타일시트 역시 이 엘리먼트에 적용될 스타일을 제공한다❶. 평가된 스타일에는 인라인 스타일과 스타일시트에 지정한 스타일 모두가 적용됨을 예상할 수 있을 것이다.

　그런 다음 fetchComputedStyle() 함수를 선언한다. 이 함수는 엘리먼트와 평가된 값을 얻을 스타일 프로퍼티를 받는다❸. 그리고 특별히 친절함을 베풀어서(결국 우리는 닌자이고, 코드를 보다 사용하기 쉽게 하는 것이 우리 직업의 일부다), 여러 단어로 이루어진 프로퍼티 이름에 대해서는 CSS 형식(대시 기호, 즉 하이픈(-)으로 단어를 구분)과 낙타 표기법 형식 두 가지를 모두 허용할 것이다. 예를 들면 backgroundColor와 background-color 모두 이 함수는 유효하게 받아들일 것이다. 어떻게 이것을 하는지 잠깐 살펴보자.

　먼저 해야 할 것은 평가된 스타일을 얻기 위해 표준 방식을 사용할 수 있는지 검사하는 것이다. 이는 IE 구 버전을 제외한 모든 경우에 대해 참이다. 그리고 만약 표준 방식을 사용할 수 있다면, 평가된 스타일을 가져올 수 있는 인터페이스를 얻고, 이 인터페이스를 나중에 참조하기 위해 변수에 저장을 해둔다❹. 평가된 스타일 인터페이스를 얻기 위한 호출 작업이 내부적으로는 얼마나 비용이 드는지 알지 못하고, 어쨌든 불필요한 호출을 매번 하는 것은 좋지 않기 때문에, 미리 참조를 얻어두는 편이 낫다.

　만약 인터페이스를 성공적으로 얻었다면(computedStyles 변수를 확인하는 if 문이 과잉이라 생각할 수도 있지만 신중해서 나쁠 것은 없다), 평가된 스타일 값을 얻기 위해 인터페이스의 getPropertyValue() 메서드를 호출한다❺. 하지만 낙타 표기법이나 하이픈으로 구분된 프로퍼티 이름을 수용하기 위해, 먼저 프로퍼티 이름을 조정한다. getPropertyValue() 메서드는 하이픈으로 구분된 이름을 요구한다. 따라서 String의 replace() 메서드를 사용하는데, 여기서는 단순하지만 명확한 정규 표현식을 사용하여 모든 대문자 앞에 하이픈(-)을 삽입하고 나머지 모든 문자는 소문자로 변경할 것이다. (여러분의 생각보다 더 쉬운 게 분명하다.)

만약 표준인 getComputedStyle를 사용할 수 없다면, IE만의 비표준 방법인 currentStyle 프로퍼티를 사용할 수 있는지를 테스트하고, currentStyle을 사용할 수 있다면 프로퍼티의 이름을 변환하는데, 마찬가지로 프로퍼티 이름에서 하이픈을 제거하고 하이픈 뒤에 있는 소문자를 대문자로 변환한다(즉, 대시 기호로 표기된 프로퍼티 이름을 낙타 표기법으로 변환한다). 그리고 해당 프로퍼티 값을 반환한다❻.

어떤 경우든 잘못된 것이 있다면 아무 값도 반환하지 않는다.

fetchComputedStyle() 함수를 테스트하기 위해, 여러 종류의 스타일을 지정하여 fetchComputedStyle() 함수를 호출하는 몇 가지 테스트 케이스를 만든다. 그리고 그림 12.9에 나타난 것과 같이 결과를 표시한다❼.

엘리먼트에 명시적으로 스타일을 정의했든 스타일시트로부터 상속을 받았든 상관없이, 엘리먼트에 적용되어 있는 스타일 값을 얻는다는 것에 주목하라. 또한, 스타일시트에 지정한 color 프로퍼티와 엘리먼트에 직접 지정한 color 프로퍼티 중에서는, 엘리먼트에 직접 지정한 값이 반환된다. 엘리먼트의 style 속성에 지정한 스타일은 상속한 스타일이 !important로 표시되었다고 하더라

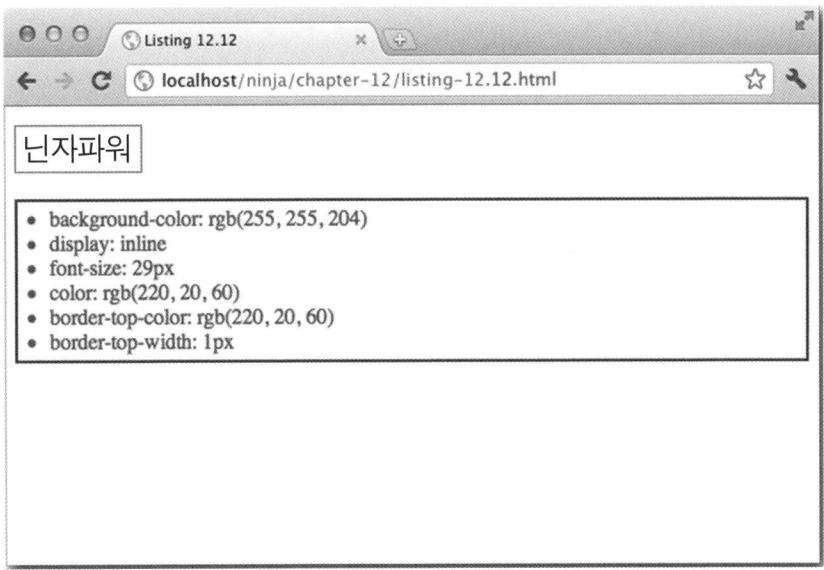

그림 12.9 평가된 스타일은 엘리먼트에 지정한 스타일뿐만 아니라 스타일시트로부터 상속한 모든 것을 포함한다.

도 상속한 스타일보다 우선된다.

스타일 프로퍼티를 다룰 때 알아두어야 할 주제가 하나 더 있다. 이는 '혼합' 프로퍼티로, CSS에서는 border- 관련 프로퍼티들처럼 프로퍼티 혼합을 위해 단축 표현을 사용할 수 있다. 이를테면 네 테두리에 매번 각각 색상, 두께, 테두리 모양을 지정하는 대신, 다음과 같은 규칙을 사용할 수 있다.

```
border: 1px solid crimson;
```

이 규칙은 코드 12.12에서 사용하였다. 이는 타이핑 수고를 많이 덜어주지만, 프로퍼티를 가져올 때는 저수준의 개별 프로퍼티를 가져와야 한다는 것을 알아두어야 한다. 즉, border를 사용해서는 스타일 프로퍼티 값을 가져올 수 없고, 대신 예제에서 사용한 것처럼 border-top-color와 border-top-width를 사용하여 스타일 값을 가져와야 한다.

이는 조금 번거로울 수 있는데, 네 테두리에 모두 같은 스타일이 적용되어 있다면 특히 그렇다. 하지만 이것이 우리가 지금까지 다뤄온 방식이다.

12.5 정리

크로스 브라우저 호환성 이슈 중에서 DOM 속성과 프로퍼티와 관련한 이슈나 스타일을 얻고 설정하는 방식이 자바스크립트 개발을 하면서 가장 어려운 영역은 아니겠지만, 신경 써서 다뤄야 할 부분인 것은 확실하다. 다행히도 크로스 브라우저 호환성을 위해, 브라우저 탐지에 의존하지 않는 여러 방법을 통해 이러한 이슈들을 다룰 수 있다는 것을 알아보았다.

이 장을 마치기 전에 중요한 점들을 짚어보자.

- 속성 값은 엘리먼트 마크업에 지정한 값으로부터 설정된다.
- 속성 값을 가져왔을 때, 같은 값을 표현하지만 가끔 원본 마크업에 지정한 값과 다른 형식일 때가 있다.
- 속성 값에 대응하는 프로퍼티가 엘리먼트에 생성된다.
- 그런 프로퍼티 이름은 원래의 속성 이름과 다를 수 있고 브라우저마다 다를 수도 있다. 또한 그 프로퍼티의 값은 속성에 지정한 값이나 원본 마크업에

지정한 값과 다른 형식일 수도 있다.
- 원본 마크업에 지정한 값을 가져와야 하는데 프로퍼티를 통해서는 특별한 방도가 없는 경우, DOM의 원본 속성 노드에 접근하여 직접 마크업 값을 가져올 수 있다.
- 보통 DOM 속성 메서드를 사용하는 것보다 프로퍼티를 사용하는 것이 성능이 더 좋다.
- IE 9의 이전 버전들은 〈input〉 엘리먼트가 DOM의 일부가 되고 나면, 〈input〉 엘리먼트의 type 속성 변경을 허용하지 않았다.
- style 속성에는 몇 가지 독특한 도전거리가 있다. 그리고 style 속성에는 해당 엘리먼트에 대한 평가된 스타일 정보가 없다.
- 최근의 브라우저에서는 표준화된 API를 사용하여 window 객체의 메서드를 사용하여 평가된 스타일을 가져올 수 있다. 하지만 IE 8과 그 이전 버전들은 자신들만의 비표준 방식이 있다.

이 장에서는 프로퍼티와 속성을 다루는 방법을 브라우저들이 서로 다르게 구현해서 일어나는 문제를 살펴보았다. 그리고 이와 관련하여 충분히 골칫거리가 있다는 점도 알았다. 하지만 웹 개발에 있어 이벤트 처리보다 더 크로스 브라우저 문제가 있는 주제는 아마 없을 것이다. 다음 장에서 이 문제들과 정면으로 맞붙을 것이다.

4부 달인이 되기 위한 훈련

지금까지의 훈련에서 살아남았다면, 닌자의 옷을 입은 채로 자바스크립트를 사용하는 사람들 사이에서 얼굴을 들고 당당히 서 있을 수 있다.

하지만 더 혹독한 훈련을 원한다면, 4부를 통해서 자바스크립트의 비밀을 더 깊이 파헤쳐보자. 심약한 사람은 들여다보지 말기 바란다. 이제부터는 앞서 다룬 것보다 훨씬 깊은 내용을 더 빠른 속도로 다룬다. 독자는 빠진 부분을 메꾸고 새로 익힌 지식을 이용해서 더 깊이 파고들어야 할 것이다. 경고하지만 무시무시한 적이 도사리고 있을 것이다.

4부에 포함된 장들은 유명한 자바스크립트 라이브러리를 만든 사람들의 관점에서 작성되어 있다. 이 장들은 해당 라이브러리들이 지닌 복잡한 부분 중 일부를 구현하는데 이용된 결정들과 기술들을 살펴볼 수 있게 해 줄 것이다.

13장은 크로스 브라우저 이벤트 처리를 집중적으로 다룬다. 이벤트 처리는 아마도 브라우저가 만들어 내는 복잡한 상황 중에서도 최악이 아닐까 한다.

14장에서는 DOM 조작 기법들을 다루는 방법에 대해서 살펴볼 것이다.

마지막으로 15장에서는 CSS 셀렉터 엔진에 대해서 다룬다. 비록 맨 처음부터 이런 엔진을 만들어 가는 것이 여러분이 깨달음을 얻는 방식이 아니라고 하더라도, 이 주제를 통해서 많은 지식을 얻을 수 있을 것이다.

무기를 꽉 쥐고 신발 끈을 다시 한번 고쳐 매자. 이번 훈련은 분명히 여러분을 시험에 들게 할 것이다.

the JavaScript Ninja

13장

SECRETS OF THE JAVASCRIPT NINJA

이벤트 처리
지뢰밭에서 살아남기

> **이 장에서는 다음 주제를 다룬다.**
> - 이벤트 처리가 골치 아픈 이유
> - 이벤트 핸들러를 설정하고 해제하는 기법
> - 이벤트 발생시키기
> - 사용자 정의 이벤트 사용하기
> - 이벤트 버블링과 위임

DOM 이벤트를 관리하는 일은 비교적 간단해야 한다. 하지만 이벤트 처리에 한 장을 할애한 것에서 유추할 수 있듯이, 간단하지가 않다.

모든 브라우저는 이벤트를 관리하기 위한 용도로 비교적 안정적인 API를 제공하고 있지만, 접근방식이나 구현에 차이가 존재한다. 브라우저 간의 차이점으로 인한 어려움 외에도 브라우저들이 제공하는 기능들이 일정 수준 이상의 복잡한 애플리케이션에서 다루는 일을 처리하기에 충분하지 못하다.

이런 부족함으로 인해 자바스크립트 라이브러리들은 결국 이벤트 처리 API를 손수 작성하게 된다. 이 책에서는 독자가 직접 라이브러리를 작성하고 있다고 가정하지 않는다(작성하지 않는다고 가정하지도 않는다). 하지만 사용하기로 마음먹은 라이브러리들이 이벤트 처리 같은 것들을 어떻게 다루고 있는지 이해하는 것은 유용하다. 그리고 구현에는 어떤 비밀이 숨어 있는지 알아보는 것 또한 도움이 될 것이다.

여기까지 책을 읽은 사람들은 모두 전형적인 DOM 레벨 0 이벤트 모델의 사용에는 익숙할 것이다. DOM 레벨 0 이벤트 모델은 엘리먼트의 프로퍼티나 속성을 이용해서 이벤트 핸들러를 설정한다. 예를 들어 코드가 비간섭(unobtrusive) 자바스크립트의 원칙을 위배하는 경우 body 엘리먼트에 이벤트 핸들러를 설정하는 방식은 다음과 같을 것이다.

```
<body onload="doSomething()">
```

또는, 코드가 마크업 구조와는 별개로 이벤트를 처리하는 양식을 지킨다면 다음과 같을 것이다.

```
window.onload = doSomething;
```

이 두 가지 접근방식은 모두 DOM 레벨 0 이벤트 모델을 이용하고 있다.

하지만 DOM 레벨 0 이벤트는 재사용 가능한 코드를 작성하기에, 또는 일정 수준 이상으로 복잡한 페이지를 작성하기에 적합하지 않은 심각한 제약을 가지고 있다. DOM 레벨 2 이벤트 모델은 더욱 견고한 API를 제공한다. 하지만 IE 9 이전의 IE 브라우저에서는 사용할 수가 없기 때문에 이를 이용하는 데도 문제가 있다. 그리고 이미 지적했다시피, 이들은 우리가 정말 필요로 하는 몇 가지 기능을 제공해 주지 않는다.

DOM 레벨 0을 출발지점으로 삼는 것은 무의미하기 때문에 DOM 레벨 0 이벤트 모델은 다루지 않고 DOM 레벨 2에 집중해 보겠다. (궁금해 할지도 모르겠지만, DOM 레벨 1에 소개된 이벤트 모델은 없다.)

이 장은 이벤트 처리(event-handling)이라는 지뢰밭을 무사히 헤쳐나갈 수 있도록 도움을 줄 것이다. 그리고 브라우저가 제공하고 있는 어쩌면 적대적인 환경에서 살아남는 방법을 알려줄 것이다.

13.1 이벤트 핸들러를 설정하고 해제하기

DOM 레벨 2 이벤트 모델에서, 이벤트 핸들러를 설정하고 해제할 때 현대적인 DOM과 호환되는 브라우저라면 표준 addEventListener()와 removeEventListener() 메서드를 사용한다. 그리고 구(IE 9 이전) 버전의 인터넷 익스플로러인 경우에는 attachEvent()와 detachEvent() 메서드를 이용한다.

간단히 하기 위해서 앞으로는 DOM 레벨 2 이벤트 모델을 DOM 모델이라고 부르겠다. 그리고 구 IE 모델을 IE 모델이라고 하겠다. DOM 모델은 5대 브라우저의 모든 현대적인 버전에서 사용이 가능하고, IE 모델은 IE 9 이전의 모든 IE에서 사용할 수 있다.

대부분의 경우 두 가지 접근방식이 유사하게 동작하지만, 한 가지 예외가 있다. IE 모델은 캡처링 과정(capturing stage)을 수신할 수 있는 방법을 제공하지 않는다. IE 모델은 이벤트 처리 과정 중 버블링(bubbling) 단계만 지원하고 있다.

노트: DOM 레벨 2 이벤트 모델에 익숙하지 않은 사람들을 위해 부연 설명을 하자면, 캡처링 단계에서는 DOM 최상위(root) 엘리먼트에서 이벤트가 발생한(target) 엘리먼트로 이벤트가 전파되고, 버블링 단계에는 이벤트가 발생한 엘리먼트에서부터 DOM 최상위 엘리먼트(root)로 이벤트가 전파된다.[1]

추가적으로 IE 모델은 설정된 이벤트 핸들러에 콘텍스트를 제대로 설정하지 않는다. 이로 인해서 핸들러 내부에서 대상(target) 엘리먼트 대신에 전역 콘텍스트(window)를 참조하게 된다. 더군다나 IE 모델은 이벤트 정보를 핸들러에 전달하지 않고, 전역 콘텍스트인 window 객체에 덧붙여 놓았다.

이것은 다음과 같이 이벤트를 다룰 때 브라우저에 적합한 방법을 사용해야 함을 뜻한다.

- 핸들러를 설정할 때
- 핸들러를 해제할 때
- 이벤트의 정보를 얻고자 할 때
- 이벤트가 발생한 대상을 얻고자 할 때

견고하고 재사용 가능한 브라우저 판별 코드를 작성하는 작업은 쉽지 않다. 그리고 이벤트 처리를 할 때마다 브라우저를 판별하는 일을 하는 것도 쉽지 않다. 그럼, 이런 혼란을 수습할 수 있는 공통된 API의 집합을 만들기 위해서 어

---

1 (옮긴이) http://www.clearboth.org/49_handling-events-with-javascript/
http://www.quirksmode.org/js/events_order.html

떤 것을 할 수 있는지 한번 알아보자.

먼저, 다음 코드를 통해서 다양한 API로 인한 문제점과 IE 모델에서는 콘텍스트를 설정해 주지 않는 문제점을 어떻게 해결할 수 있는지 살펴보자.

13.1 이벤트 핸들러를 설정할 때 제대로 된 콘텍스트를 제공하기

```
<script type="text/javascript">

  if (document.addEventListener) {            ❶ DOM 모델을 검사한다.

    this.addEvent = function (elem, type, fn) {
      elem.addEventListener(type, fn, false);  ❷ DOM 모델을 이용해서 이벤트
      return fn;                                  핸들러를 할당하는 함수를 만든다.
    };

    this.removeEvent = function (elem, type, fn) {
      elem.removeEventListener(type, fn, false); ❸ DOM 모델을 이용해서
      return fn;                                    이벤트 핸들러를 해제하는
    };                                              함수를 만든다.

  }
  else if (document.attachEvent) {       ❹ IE 모델을 검사한다.

    this.addEvent = function (elem, type, fn) {
      var bound = function () {
        return fn.apply(elem, arguments);      ❺ IE 모델을 이용해서
      };                                          이벤트 핸들러를 할당하
      elem.attachEvent("on" + type, bound);       는 함수를 만든다.
      return bound;
    };

    this.removeEvent = function (elem, type, fn) {  ❻ IE 모델을 이용해서
      elem.detachEvent("on" + type, fn);              이벤트 핸들러를 해제하
    };                                                는 함수를 만든다.
  }

</script>
```

앞의 코드는 전역 콘텍스트에 두 가지 메서드 addEvent()와 removeEvent()를 추가한다. 두 메서드는 스크립트가 실행되는 환경에 적합한 구현을 이용한다. DOM 모델이 있는 경우는 DOM 모델을 이용하고, 그렇지 않고 IE 모델이 있는 경우는 IE 모델을 이용한다. (아무런 모델도 없는 경우엔 메서드를 만들지 않는다.)

구현은 대부분 단순하다. DOM 모델이 정의되어 있는지 확인한 후에❶, 표준 DOM 메서드를 감싸고 있는 메서드를 두 개 정의한다. 메서드 중 하나는 이벤트 핸들러를 설정하는데 사용하고❷ 나머지 하나는 이벤트 핸들러를 해제하는데 사용한다❸.

add 함수가 설정된 핸들러를 반환하고 있음에 유의하자(설정된 핸들러를 반환하는 것이 중요한 이유는 잠시 후에 논의하겠다). 그리고 false를 DOM 이벤트 API 메서드의 세 번째 매개변수로 전달한다. 이것은 핸들러가 버블링 단계에만 호출된다는 것을 나타낸다. 크로스 브라우저 환경을 염두에 두고 만들었기 때문에 이 함수들은 캡처 단계를 지원하지 않는다.

DOM 모델이 없는 경우, IE 모델이 정의되어 있는지 확인하고❹, IE 모델이 있다면 IE 모델을 이용해서 함수를 두 개 정의한다. 핸들러를 해제하는 함수는 IE 모델이 제공하는 detachEvent() 함수를 단순히 감싸기만 하지만❻, 핸들러를 설정하는 addEvent() 함수는 다르다❺.

이런 일을 하는 주된 이유 중 하나는, 같은 형태를 지닌 API를 정의하는 것은 별도로 하고, 이벤트 대상(event target)이 이벤트 핸들러의 콘텍스트로 설정되지 않는 문제점을 수정하려는 것이다. 따라서 addEvent() 함수는 핸들러 함수(fn 매개변수)를 attachEvent() 함수에게 그대로 전달하는 대신 익명 함수로 감싼 다음 전달한다. 익명 함수는 핸들러를 호출할 때 apply() 메서드를 이용해서 강제로 이벤트의 대상 엘리먼트가 핸들러의 콘텍스트가 되게 한다.

이렇게 감싼 함수를 attachEvent() 함수에 핸들러로 전달하면 이벤트가 발생할 때 핸들러 함수를 감싸고 있는 함수(wrapper)가 먼저 호출되고 핸들러 함수는 적절한 콘텍스트가 적용된 상태로 호출된다. 다른 함수들과 마찬가지로 핸들러 함수는 함수를 반환하는데, 이번에는 fn 매개변수에 전달된 함수 대신에 fn 매개변수를 감싸고 있는 함수를 반환한다.

(여기서) 함수를 반환하는 것은 중요하다. 왜냐하면 나중에 핸들러를 해제하려면 이전에 설정된 핸들러의 참조를 모델 함수에 넘겨줘야 하기 때문이다.

다음 코드에 나오는 간단한 테스트를 가지고 어떻게 동작하는지 살펴보자. 이 테스트는 사용자의 개입이 필요하기 때문에 검증 조건(assert)을 사용하지 않고 간단하게 페이지를 통해서 입력을 하고 그 결과를 확인하겠다.

13.2 이벤트 설정 API 테스트

```
addEvent(window, "load", function () {           ◀─── ❶ load 이벤트 핸들러를 설정한다.
    var elems = document.getElementsByTagName("div");
                                                  ◀─── ❷ 테스트 엘리먼트를
    for (var i = 0; i < elems.length; i++) (function (elem) {        가져온다.
        var handler = addEvent(elem, "click", function () {   ◀─── ❸ 테스트용 핸들러를
                                                                      설정한다.
```

```
        this.style.backgroundColor =
          this.style.backgroundColor=='' ? 'green' : '';
        removeEvent(elem, "click", handler);
      });
    })(elems[i]);

  });
```
❹ 핸들러를 해제한다.

테스트를 실행하기에 앞서 DOM이 로드될 때까지 대기하려고 한다. 그러기 위해서 우리가 테스트 하려는 바로 그 API를 이용해 load 이벤트 핸들러를 설정한다❶. 우리가 만든 이벤트 할당 함수가 동작하지 않는다면, 이 테스트는 실행조차 되지 않을 것이다.

load 이벤트 핸들러 내에서, 모든 페이지 내의 모든 <div> 엘리먼트를 테스트 대상으로 사용하기 위해 가져와서❷, 차례로 순회를 한다.

각각의 대상 엘리먼트에 대해 addEvent()를 이용해서 click 핸들러를 설정하고❸, 반환된 함수의 참조를 handler라는 이름을 지닌 변수에 저장한다. 이렇게 해서 클로저 내에서 핸들러를 위한 참조를 설정하고, 또 그것을 핸들러 내부에서 스스로 참조하는데 이용한다. 여기서는 callee에 의존할 수 없다는 점을 유의해야 한다. 왜냐하면 IE 모델을 사용하고 있는 경우에는 addEvent() 함수가 반환하는 값이 우리가 인자로 전달한 함수가 아니기 때문이다.

click 핸들러 내에서, 대상 엘리먼트는 this를 이용해서 참조하고(이것은 콘텍스트가 제대로 설정되었음을 보여줌), 해당 엘리먼트의 배경색이 설정되었는지 확인한 다음 설정되지 않았다면 녹색으로 설정한다. 배경색이 설정된 경우는 그 값을 해제한다. 이렇게 동작하도록 놔둔다면 클릭을 할 때마다 해당 엘리먼트는 배경색이 녹색이 되었다가 없어졌다가를 반복할 것이다.

하지만 그대로 놔두지 않겠다. 핸들러가 종료되기 전에 removeEvent() 함수와 클로저가 저장된 handler 변수를 이용해서 핸들러를 제거한다❹. 따라서 핸들러는 한 번 실행되고 난 뒤 다시 실행되지 않는다.

테스트 페이지에 다음 엘리먼트들을 추가하고 스타일시트를 이용해서 별도로 배경색을 지정하지 않는다면, 각 <div>를 한 번 클릭하면 배경이 녹색으로 바뀌고 그 이후에는 클릭을 해도 배경색이 사라지지 않으리라 예상할 수 있다.

```
<div title="Click me">클릭하세요</div>
<div title="but only once">딱, 한 번만</div>
```

브라우저에서 이 페이지를 열어 테스트해 보면 함수들이 예상대로 동작하는 것을 확인할 수 있다. 그림 13.1은 크롬에서 페이지가 로드된 후에 첫 번째 엘리먼트는 여러 번 클릭을 하고 두 번째 엘리먼트는 클릭을 전혀 하지 않았을 때의 상태를 보여준다.

그림 13.2는 DOM 모델을 지원하지 않는 IE 8에서 같은 페이지를 로드하고 같은 동작을 반복했을 때의 결과를 보여준다.

시작이 좋다. 하지만 몇 가지 약점이 있다. 주된 문제는 구 버전의 IE에서는 핸들러를 감싸야만 하고, API 사용자들은 addEvent() 함수의 반환 값을 저장하는데 주의를 기울여야 한다는 것이다. 이렇게 하지 않으면 나중에 이벤트 핸들러를 해제할 수가 없게 된다.

또 다른 약점은 이벤트 정보를 사용할 수 없다는 문제를 해결하지 못한다는 점이다.

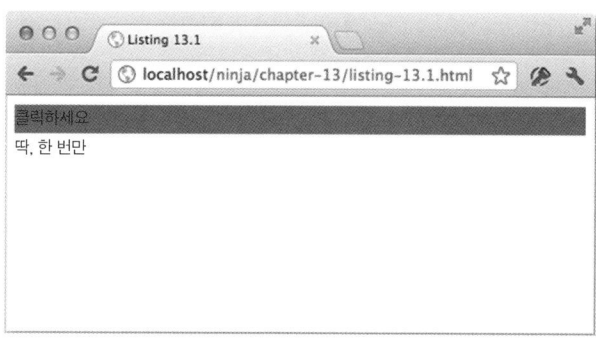

그림 13.1 이 수동 테스트는 동일한 API로 이벤트 핸들러를 설정하고 해제할 수 있음을 보여준다.

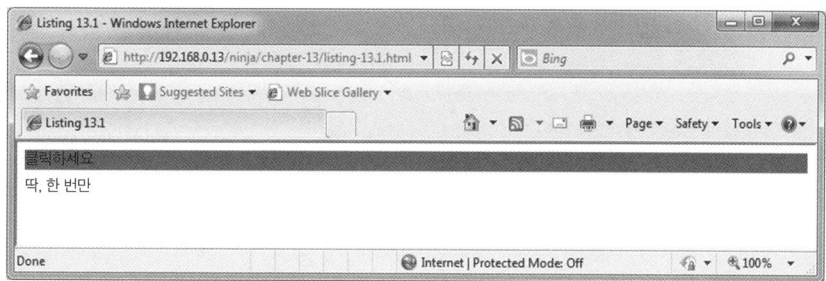

그림 13.2 구 버전의 IE에서도 제대로 동작한다.

상황이 나아지기는 했지만, 우리가 원하는 만큼은 아니다. 더 개선할 수는 없을까?

13.2 이벤트 객체

이미 지적했듯이, IE 모델의 이벤트 처리 방식은 DOM 모델과는 여러 가지 면에서 다르다. 그 중 하나는 이벤트 핸들러에서 이벤트 객체의 인스턴스를 이용하는 방식이다. DOM 모델에서는 이벤트 객체가 핸들러의 첫 번째 매개변수로 전달된다. IE 모델에서는 이벤트 객체를 전역 콘텍스트의 event 프로퍼티(window.event)에서 가져와야 한다.

상황을 더욱 악화시키는 것은, 두 모델이 제공하는 이벤트 인스턴스의 내용이 서로 다르다는 것이다. 닌자라면 무엇을 해야 할까?

이런 상황을 타개하는 단 한 가지 합리적인 방법은 브라우저 내장 이벤트 객체처럼 동작하면서 동시에 DOM 모델의 이벤트 객체와 같은 프로퍼티를 지닌 새로운 객체를 만드는 것이다. 왜 이벤트 객체를 직접 수정하지 않는지 의문을 가질 수도 있다. 하지만 이벤트 객체에는 덮어쓰기 불가능한 프로퍼티들이 많아 이벤트 객체를 직접 수정하는 것이 불가능하다.

이벤트 객체를 복제하는 방법의 또 다른 장점은 IE 모델이 이벤트 객체를 전역 콘텍스트에 보관함으로 인해 발생하는 문제를 해결할 수 있다는 것이다. 새로운 이벤트가 하나 시작되면, 이전에 발생한 이벤트 객체는 삭제된다. 이벤트 프로퍼티를 우리가 생명주기를 관리하는 객체로 전달해 놓으면 이런 특성으로 인해 발생할지도 모르는 잠재적인 문제를 해결할 수 있다.

그럼, 이벤트를 정규화 하는 함수를 한번 만들어 보자.

13.3 이벤트 객체의 인스턴스를 정규화 하는 함수

```
<script type="text/javascript">
  function fixEvent(event) {
    function returnTrue() { return true; }
    function returnFalse() { return false; }
    if (!event || !event.stopPropagation) {
      var old = event || window.event;
      // 본래 객체를 복제해서 값을 수정할 수 있게 한다.
      event = {};
      for (var prop in old) {
        event[prop] = old[prop];
      }
```

❶ 자주 사용되는 함수를 미리 정의한다.

❷ 고쳐야 하는지 확인한다.

❸ 프로퍼티를 복사한다.

```javascript
  // 이벤트가 발생한 객체를 설정한다.
  if (!event.target) {
    event.target = event.srcElement || document;
  }

  // 이 이벤트에 관련이 있는 다른 엘리먼트를 설정한다.
  event.relatedTarget = event.fromElement === event.target ?
    event.toElement :
    event.fromElement;

  // 브라우저의 기본 동작을 중지시킨다.
  event.preventDefault = function () {
    event.returnValue = false;
    event.isDefaultPrevented = returnTrue;
  };

  event.isDefaultPrevented = returnFalse;

  // 이벤트 버블링을 중지시킨다.
  event.stopPropagation = function () {
    event.cancelBubble = true;
    event.isPropagationStopped = returnTrue;
  };

  event.isPropagationStopped = returnFalse;

  // 이벤트 버블링과 다른 핸들러 실행을 중지시킨다.
  event.stopImmediatePropagation = function () {
    this.isImmediatePropagationStopped = returnTrue;
    this.stopPropagation();
  };

  event.isImmediatePropagationStopped = returnFalse;

  // 마우스 위치를 처리한다.
  if (event.clientX != null) {
    var doc = document.documentElement, body = document.body;

    event.pageX = event.clientX +
(doc && doc.scrollLeft || body && body.scrollLeft || 0) -
(doc && doc.clientLeft || body && body.clientLeft || 0);
    event.pageY = event.clientY +
(doc && doc.scrollTop || body && body.scrollTop || 0) -
(doc && doc.clientTop || body && body.clientTop || 0);
  }

  // 키 입력을 처리한다.
  event.which = event.charCode || event.keyCode;

  // 마우스 클릭에 대한 버튼 정보를 수정한다.
  // 0 == left; 1 == middle; 2 == right
  if (event.button != null) {
    event.button = (event.button & 1 ? 0 :
(event.button & 4 ? 1 :
    (event.button & 2 ? 2 : 0)));

  }
}
```

```
            return event;
        }
    </script>
```

◀ ❹ 수정이 필요 없는 경우는 이벤트 객체를 그대로 반환하고, 수정이 필요한 경우는 정규화된 새로운 인스턴스를 반환한다.

코드가 꽤 길긴 하지만, 다루고 있는 내용은 대부분 간단하다. 따라서 일일이 살펴보는 대신 가장 중요한 부분들만 확인해 보겠다.

기본적으로 이 함수의 목적은 이벤트 객체의 인스턴스를 받아서 DOM 모델에 부합하는지 검사하는 것이다. 부합하지 않는 경우에는 그렇게 되도록 만들기 위해서 최선을 다할 것이다. DOM 모델의 이벤트 정의는 W3C 사이트에서 읽어볼 수 있다. http://www.w3.org/TR/DOM-Level-2-Events/events.html#Events-interface.

먼저 우리가 만들 함수 내에 함수를 두 개 정의한다❶. 자바스크립트에서는 이렇게 하는 게 가능하다는 점을 기억하자. 이 함수의 유효 범위는 부모함수로 제한되기 때문에 전역 네임스페이스가 오염되는지는 않을까 염려할 필요가 없다. 이벤트를 정규화 하는 코드 전반에 걸쳐서 true와 false를 반환하는 함수가 필요하기 때문에, 반복해서 함수 리터럴을 이용하기보다 항상 true를 반환하는 함수와 항상 false를 반환하는 함수 두 개를 미리 정의한다.

그런 다음, 할 일이 있는지 확인한다❷. 이벤트의 인스턴스가 없거나(이 경우에는 이벤트가 전역 콘텍스트에 있다고 가정한다.) 이벤트의 인스턴스는 있지만 표준 stopPropagation 프로퍼티가 없는 경우에 수정할 부분이 있는 것으로 가정한다.

수정할 사항이 있다고 판단되면, 이벤트 객체가 전달된 것인지 아니면 전역 콘텍스트에서 가져온 것인지 상관하지 않고 이벤트 객체를 old 변수에 저장한다. 수정할 필요가 없는 경우에는 함수의 끝으로 이동해서 이벤트 객체를 반환한다❹.

이벤트 객체를 수정해야 한다면, 수정된 이벤트 객체로 사용할 빈 객체를 하나 만들고 old 이벤트 객체의 모든 프로퍼티를 새로 만든 객체에 복사한다❸. 그런 다음 W3C DOM 이벤트 객체와 IE 모델이 제공한 이벤트 객체 사이의 차이점들을 처리하기 위한 정규화 과정을 거친다.

이 과정을 통해서 수정되는 몇 가지 중요한 DOM 모델에서의 프로퍼티는 다음과 같다.

- target - 이벤트가 발생한 엘리먼트를 가리키는 프로퍼티. IE 모델은 이 값을 srcElement에 저장한다.
- relatedTarget - mouseover나 mouseout과 같이 이벤트가 발생했을 때 연관된 엘리먼트가 있는 경우에 사용된다. IE모델은 relatedTarget 대신 toElement와 fromElement 프로퍼티를 제공한다.
- preventDefault - 이 프로퍼티는 IE 모델에는 없는 것으로, 브라우저의 기본 동작이 실행되는 것을 막아준다. IE에서는 이벤트 객체의 returnValue 프로퍼티를 false로 설정해야 한다.
- stopPropagation - 이 프로퍼티 역시 IE 모델에는 없는 것으로, 이벤트가 DOM 트리 위쪽으로 버블링 되는 것을 중지시킨다. IE에서는 이벤트 객체의 cancelBubble 프로퍼티를 true로 설정해야 한다.
- pageX와 pageY - 이 프로퍼티들은 IE 모델에는 존재하지 않는다. 이 값들은 전체 문서 내에서 마우스의 상대적인 위치를 제공하는데, 다른 정보를 이용해서 쉽게 만들 수 있다. clientX/Y는 윈도에 대한 마우스의 상대적인 위치를 제공하고, scrollTop/Left는 문서 내에서 스크롤된 위치를 제공한다. 그리고 clientTop/Left는 문서 자체의 오프셋을 제공한다. 이 세 가지 프로퍼티를 조합하면 pageX/Y 값을 얻을 수 있다.
- which - 이 값은 키보드 이벤트가 발생하는 동안 눌려져 있는 키의 코드와 같다. 이 값은 IE 모델에서 charCode와 keyCode 프로퍼티를 이용해서 얻을 수 있다.
- button - 마우스 이벤트가 발생했을 때 눌려진 버튼을 나타낸다. IE 모델은 비트마스크를 이용해서 1은 좌클릭, 2는 우클릭, 4는 가운데 클릭으로 정의하고 있는 반면 DOM 모델은 각각을 0, 1, 2로 표현하고 있어 변환이 필요하다.

DOM 이벤트 객체와 크로스 브라우저 호환성에 대한 또 다른 훌륭한 자료는 QuirksMode에서 제공하는 호환성 표이다.

- 이벤트 객체 호환성 - http://www.quirksmode.org/dom/w3c_events.html
- 마우스 위치 호환성 - http://www.quirksmode.org/dom/w3c_cssom.html#mousepos

덧붙여, 키보드와 마우스 이벤트 객체의 프로퍼티를 둘러싼 중요한 내용들은 좋은 정보가 가득한 Javascript Madness 가이드에 찾아볼 수 있다.

- 키보드 이벤트 - http://unixpapa.com/js/key.html
- 마우스 이벤트 - http://unixpapa.com/js/mouse.html

이제 이벤트 인스턴스를 정규화 하는데 이용할 도구를 손에 넣었다. 그렇다면 이벤트 핸들러를 할당하는 과정을 조절하려고 할 때 어떤 것들을 할 수 있을지 알아보자.

13.3 이벤트 핸들러 관리

몇 가지 이유로 인해, 이벤트 핸들러는 엘리먼트에 직접 설정하지 않는 것이 더 좋다. 중간에서 동작할 이벤트 핸들러를 이용하고 모든 이벤트 핸들러는 별도의 객체에 저장한다면 이벤트 처리 과정에 일정 부분 관여할 수 있게 된다. 다른 이유들이 있지만, 이것은 다음과 같은 몇 가지 일들을 할 수 있도록 해준다.

- 이벤트 핸들러의 콘텍스트를 정규화 한다.
- 필요한 경우 정규화된 이벤트 객체를 제공한다.
- 설정된 이벤트 핸들러에 대한 가비지 컬렉션을 다룬다.
- 필터를 이용해서 일부 핸들러를 호출하거나 제거한다.
- 특정한 유형에 대한 모든 이벤트 핸들러를 해제한다.
- 이벤트 핸들러를 복제한다.

이런 모든 이점을 누리기 위해서는 엘리먼트에 설정된 전체 이벤트 핸들러 목록에 접근할 수 있어야 한다. 따라서 이벤트 핸들러를 엘리먼트에 직접 할당하는 것을 피하고 이벤트를 설정하는 과정을 직접 다뤄야 한다. 계속 살펴보자.

13.3.1 연관 정보를 중앙에서 저장하기

DOM 엘리먼트에 관련된 이벤트 핸들러를 관리하는 좋은 방법 중 하나는 각 엘리먼트에 우리가 사용할 고유한 식별자를 부여하고(DOM의 id는 아님), 중앙화 된 객체에 그 식별자를 이용해서 관련된 모든 데이터를 저장하는 것이다.

엘리먼트에 관련된 정보는 각 엘리먼트에 저장하는 것이 자연스럽게 보일 수도 있지만, 데이터를 중앙 저장소에 보관하면 IE에서 나타나는 잠재적인 메모리 누수(특정 상황에서 메모리를 잃어버리는 현상)을 피하는 데 도움을 준다. (IE에서, DOM 엘리먼트에 DOM 노드에 대한 클로저를 갖고 있는 함수를 설정하면 페이지를 이동할 때 메모리를 회수하지 못하는 현상이 발생할 수 있다.)

그럼 DOM 엘리먼트에 관련된 정보를 중앙화 해서 저장하는 작업을 한번 해 보자.

13.4 DOM 엘리먼트에 대한 정보를 중앙에서 관리하는 객체 구현하기

```
<div title="Ninja Power!">닌자파워!</div>
<div title="Secrets">비밀</div>

<script type="text/javascript">
  (function () {
    var cache = {},
        guidCounter = 1,
        expando = "data" + (new Date).getTime();

    this.getData = function (elem) {
      var guid = elem[expando];
      if (!guid) {
        guid = elem[expando] = guidCounter++;
        cache[guid] = {};
      }
      return cache[guid];
    };

    this.removeData = function (elem) {
      var guid = elem[expando];
      if (!guid) return;
      delete cache[guid];
      try {
        delete elem[expando];
      }
      catch (e) {
        if (elem.removeAttribute) {
          elem.removeAttribute(expando);
        }
      }
    };
  })();

  var elems = document.getElementsByTagName('div');

  for (var n = 0; n < elems.length; n++) {
    getData(elems[n]).ninja = elems[n].title;
  }
  for (var n = 0; n < elems.length; n++) {
    assert(getData(elems[n]).ninja === elems[n].title,
   "저장된 데이터는 " + getData(elems[n]).ninja + "다");
```

❶ private 유효 범위 내에 저장소를 만든다.

❷ getData() 함수를 정의한다.

❸ removeData() 함수를 정의한다.

❹ 테스트 대상을 가져온다.

❺ 연관 데이터를 할당한다.

❻ 데이터가 저장되었는지 테스트한다.

```
      }
      for (var n = 0; n < elems.length; n++) {
        removeData(elems[n]);
        assert(getData(elems[n]).ninja === undefined,
        "저장된 데이터를 제거했다")
      }
</script>
```

❼ 데이터가 제거되었는지 테스트한다.

이 예제에서, 각 DOM 엘리먼트의 데이터를 저장하기 위해서 사용하는 블록을 가져오는데 이용할 getData() 함수와 더 이상 필요가 없을 때 해당 블록을 삭제하는 removeData() 함수를 만들었다.

몇 가지 변수가 필요한데, 전역 공간을 오염시키고 싶지는 않기 때문에 즉시 실행함수 내에서 설정에 대한 모든 일을 처리하도록 한다. 이렇게 하면 외부에서는 즉시실행함수 내부에 선언된 변수에 접근할 수 없지만, 우리가 정의한 함수들은 여전히 클로저를 통해 해당 변수들을 활용할 수 있다.

즉시 실행되는 함수 내에 다음 3개 변수를 설정한다❶.

- cache – 엘리먼트에 연관된 데이터를 저장할 객체
- guidCounter – 엘리먼트의 GUID[2]를 만드는데 사용할 카운터
- expando – 엘리먼트에 GUID를 저장하기 위해서 사용할 프로퍼티 명. 사용자가 정의한 값과 충돌이 일어나는 것을 예방하기 위해서 현재 타임스탬프를 이용해서 이름을 만든다.

그런 다음 getData() 메서드를 정의한다❷. 이 함수는 먼저 이전에 메서드를 호출했을 때 엘리먼트에 할당된 GUID가 있는지 확인하고 그 값을 가져온다. 해당 엘리먼트에 대해서 이 메서드가 처음으로 호출되는 경우라면 GUID가 없을 것이고, 따라서 (카운터를 1만큼 증가시켜서) 새로운 값을 만들어 expando에 저장된 이름을 사용해서 엘리먼트에 GUID를 할당한다. 캐시에는 해당 GUID를 이용해서 연관된 데이터를 저장할 빈 객체를 하나 만들어서 추가한다.

해당 엘리먼트용 캐시 데이터가 새로 만들어졌든 아니든, 그 값이 반환된다. 함수를 호출한 곳에서는 캐시에 저장하고자 하는 데이터를 자유롭게 추가할 수 있다.

---

2 (옮긴이) Global Unique Identifier. 전역 고유 식별자

```
var elemData = getData(element);
elemData.someName = 213;
elemData.someOtherName = 2058;
```

함수도 데이터이기 때문에 엘리먼트와 함수를 간접적으로 연결할 수 있다.

```
elemData.someFunction = function(x){ /* 뭔가 한다.*/ }
```

getData() 함수를 만들었으니 removeData() 함수도 만들어 보겠다. 이 함수는 더 이상 데이터가 필요 없는 경우 데이터를 말끔히 지울 수 있게 해준다❸.

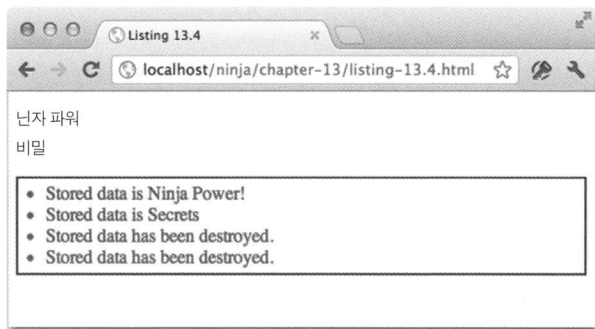

그림 13.3 엘리먼트에 관련된 데이터를 각 엘리먼트에 직접 저장하지 않고 따로 관리하는 몇 가지 간단한 테스트

removeData()에서는 전달된 엘리먼트의 GUID 가져온다. GUID가 없는 경우에는 곧바로 함수를 종료한다. GUID가 없다는 것은 해당 엘리먼트에 대해서 getData()가 호출된 적이 없거나, 데이터를 이미 제거한 경우이기 때문이다.

그 다음 캐시에서 관련된 데이터 블록을 제거하고 expando가 가리키는 프로퍼티를 제거한다. 어떤 상황에서는 이 과정이 실패할 수 있는데, 이런 경우에는 에러를 잡아서(catch) expando에 의해 만들어진 속성을 삭제해 본다.

이렇게 해서 getData()를 통해 추가된 모든 정보, 즉 캐시에 저장된 데이터 블록과 엘리먼트에 추가된 expando 프로퍼티를 삭제한다.

아주 간단하다. 이제 제대로 동작하는지 확인해 보자. 테스트에 이용할 〈div〉 엘리먼트를 두 개 만들고, 각각에 유일한 title 속성을 설정한다.

테스트 대상 DOM 엘리먼트들의 참조를 얻은 후에❹, 각 엘리먼트를 순회하면서 데이터 엘리먼트를 만들고, 데이터 엘리먼트의 ninja 프로퍼티에 DOM 엘리먼트의 title 애트리뷰트 값을 저장한다❺.

그런 다음 테스트 대상 엘리먼트들을 다시 순회하면서 각 엘리먼트에 연관된 데이터가 있는지, ninja라는 프로퍼티가 있는지, 거기에 저장된 값이 엘리먼트의 title 속성 값과 동일한지 확인한다❻.

마지막으로, 테스트 대상 엘리먼트들을 다시 한 번 순회하면서, 각 엘리먼트를 대상으로 removeData()를 호출하고 데이터가 삭제되었는지 확인한다❼.

그림 13.3은 모든 테스트가 통과됨을 보여준다.

이 함수들은 이벤트 핸들러 관리 외에 다른 용도로도 유용하게 사용할 수 있다. 예를 들어, 이 함수들을 이용하면 엘리먼트에 어떤 종류의 데이터도 저장할 수 있다. 그렇지만 여기서는 이 함수들을 엘리먼트의 이벤트 핸들러 관련 정보를 저장하기 위한 용도로 만들었다.

엘리먼트의 이벤트 핸들러를 설정하고 해제하는데 우리가 만든 함수들을 사용해 보자.

13.3.2 이벤트 핸들러 관리하기

이벤트 처리 과정을 완전히 통제하려면, 이벤트 핸들러를 설정하고 해제하는 부분을 감싸는 함수를 직접 만들어야 한다. 그렇게 함으로서 모든 플랫폼을 대상으로 통일된 이벤트 처리 모델을 제공할 수 있다.

그럼 시작해 보자. 먼저 이벤트 핸들러 설정 부분부터 다루겠다.

이벤트 핸들러 설정하기

핸들러를 직접 설정하는 대신 이벤트 핸들러 설정 함수를 만들어 사용하면, 이벤트 핸들러들이 어떻게 사용되는지 추적하거나 이벤트를 처리하는 과정에 관여할 기회를 얻을 수 있다.

주어진 함수를 이벤트 핸들러로 설정하는(binding) 함수와 핸들러로 등록된 함수를 해제하는(unbinding) 함수를 만들어 보겠다. 그리고 몇 가지 유용한 유틸리티 함수도 만들어 보겠다.

다음 코드에서 addEvent() 함수를 이용해서 이벤트 핸들러를 설정하는 작업을 살펴보자.

13.5 추적 기능을 제공하는 이벤트 핸들러 설정 함수

```
(function(){

  var nextGuid = 1;

  this.addEvent = function (elem, type, fn) {           ❶ 연관된 데이터 블록을 가져온다.

    var data = getData(elem);

    if (!data.handlers) data.handlers = {};             ❷ 핸들러 저장소를 만든다.

    if (!data.handlers[type])
      data.handlers[type] = [];                         ❸ (이벤트) 유형에 따라 배열을 만든다.

    if (!fn.guid) fn.guid = nextGuid++;                 ❹ 관리하는 함수라는 표식을 남긴다.

    data.handlers[type].push(fn);                       ❺ 핸들러를 목록에 추가한다.

    if (!data.dispatcher) {                             ❻ 디스패처를 만든다.
      data.disabled = false;
      data.dispatcher = function (event) {

        if (data.disabled) return;
        event = fixEvent(event);

        var handlers = data.handlers[event.type];
        if (handlers) {                                 ❼ 등록된 핸들러들을 호출한다.
for (var n = 0; n < handlers.length; n++) {
  handlers[n].call(elem, event);
}
        }
      };
    }
                                                        ❽ 디스패처를 등록한다.
    if (data.handlers[type].length == 1) {
      if (document.addEventListener) {
        elem.addEventListener(type, data.dispatcher, false);
      }
      else if (document.attachEvent) {
        elem.attachEvent("on" + type, data.dispatcher);
      }
    }
  };
})();
```

아주 많은 일이 일어나는 것처럼 보이지만 뜯어보면 각 부분은 단순하다.

먼저, 지역 저장소(local storage)가 필요하기 때문에(HTML5의 local storage와 혼동하지 말자), 즉시실행함수 내에 모든 것을 정의하는 방법을 이용한다. 우리가 필요로 하는 저장소는 계속해서 증가하는 GUID를 저장하는 용도로 사용할 변수 nextGuid이다. 이 GUID는 코드 13.4에서 사용했던 방식대로 유일한 표식(marker) 역할을 한다. 정확히 어떻게 동작하는지는 잠시 후에 살펴보자.

그 다음 addEvent() 함수를 정의한다. 이 함수는 핸들러를 설정할 엘리먼트와 이벤트 유형(type) 그리고 핸들러(handler)를 인자로 받는다.

함수에 진입해서 가장 먼저하는 것은 코드 13.4에서 정의한 함수들을 이용해서 엘리먼트에 연관된 데이터 블록을 가져와❶ data 변수에 저장하는 일이다. 이렇게 하는 데는 두 가지 이유가 있다.

- 데이터 블록을 여러 번에 걸쳐 참조하기 때문에 변수를 이용하면 데이터 블록을 간단하게 참조할 수 있다.
- 데이터 블록을 가져오는 과정에 오버헤드가 있을 수 있다. 그러므로 한 번만 처리하도록 한다.

우리는 이벤트 핸들러 설정과 해제 과정에 대해 높은 수준의 제어를 바라기 때문에, 전달받은 핸들러를 단순히 엘리먼트에 직접 추가하는 대신 실제 이벤트 핸들러로 동작할 고수준의 핸들러를 직접 만든다. 직접 고수준의 핸들러를 브라우저에 등록할 텐데, 고수준의 핸들러는 설정된 핸들러들에 대해 알고 있기 때문에 우리가 적절한 시점에 직접 핸들러들을 실행하는 것이 가능하다.

우리가 만든 고수준의 핸들러와 addEvent() 함수를 사용하는 사람들이 전달하는 핸들러를 구분하기 위해서, 고수준의 핸들러는 디스패처라 부르겠다. 디스패처는 addEvent() 함수의 끝부분에서 정의한다. 하지만 설정된 핸들러들을 저장하기 위한 저장소는 addEvent() 함수의 앞부분에서 먼저 만들어 놓는다.

이벤트 핸들러를 저장하는데 필요한 저장공간은 미리 모두 할당해 놓기보다는 필요할 때마다 만들어서 사용하겠다. mouseover 이벤트에 대한 핸들러를 설정할 계획이 없는데 mouseover 이벤트 핸들러를 저장할 용도로 배열을 만들어 놓을 필요는 없지 않을까?

우리는 엘리먼트에 설정된 이벤트 핸들러들을 해당 엘리먼트의 데이터 블록을 이용해서 관리할 것이다(데이터 블록은 data 변수를 이용해서 손쉽게 얻어올 수 있다). 따라서 데이터 블록이 handlers라는 프로퍼티를 가지고 있는지 확인하고 없으면 추가한다❷. 데이터 블록에 handlers 프로퍼티가 추가된 이후에 같은 엘리먼트에 대해 이 함수를 호출하게 되면, 해당 객체가 이미 존재하기 때문에 재차 만들려고 시도하지 않는다.

handlers 객체에는 이벤트 유형에 따라 각각 배열을 만든다. 각 배열에는 실행할 이벤트 핸들러의 참조를 저장한다. 하지만 앞서 이야기한 것처럼, 필요한 경우에 한해 영리하게 배열을 할당할 것이다. 그러기 위해서 handlers 객체가 전달된 이벤트 유형(type)을 이름으로 하는 프로퍼티를 가지고 있는지 확인하고, 프로퍼티가 없으면 추가한다❸. 이 결과 실제로 이벤트 핸들러가 설정된 유형(type)의 이벤트에 대해서만 각각 배열이 만들어진다. 자원을 현명하게 사용한다고 할 수 있다.

다음으로 호출자로부터 전달받아 처리하려는 함수에 표시를 하고자 한다(그 이유에 대해서는 이벤트 핸들러 해제(unbinding) 함수를 만들 때 살펴보겠다). 그래서 전달받은 함수에 guid 프로퍼티를 추가하고 카운터를 증가시킨다❹. 함수 당 딱 한 번만 guid를 적용하기 위해서 확인 과정을 거친다는 점에 유의하자. 이렇게 하는 이유는 페이지를 작성하는 사람이 원하면 같은 함수를 몇 번이고 이벤트 핸들러로 설정할 수 있기 때문이다.

이 시점에 우리는 handlers 객체를 가지고 있고, handlers 객체는 전달받은 이벤트 유형에 따라 핸들러들을 보관하는 배열을 가지고 있다는 사실을 알고 있다. 따라서 전달받은 이벤트 핸들러를 해당 배열의 끝에 추가한다❺. 이것이 바로 이 함수를 호출할 때마다 실행되는 거의 유일한 동작이다.

이제 디스패처 함수를 다룰 준비가 끝났다. 이 함수가 처음 호출되는 시점에는 디스패처가 존재하지 않는다. 하지만 우리는 디스패처가 하나 필요하기 때문에 있는지 확인해 보고 없다면 만든다❻.

설정된 이벤트가 발생할 때마다 호출되는 디스패처 함수는 내부적으로 비활성화(disabled) 플래그가 켜져 있는지 확인한다. 비활성화 플래그가 켜져 있으면 디스패처 함수는 종료된다. (어떤 상황에서 일시적으로 디스패처를 비활성화 시키고 싶게 되는지는 앞으로 살펴보겠다.) 그 다음 코드 13.3에서 만든 fixEvent() 함수를 호출하고, 이벤트 객체의 인스턴스에 명시된 이벤트 유형을 이용해 해당 유형의 핸들러들이 저장된 배열을 찾아 핸들러들을 차례대로 호출한다. 이벤트 핸들러를 호출할 때마다 이벤트가 발생한 엘리먼트를 함수의 콘텍스트로 제공하고 이벤트 객체를 유일한 인자로 제공한다❼.

마지막으로 해당 이벤트 유형에 대한 첫 번째 핸들러를 만든 경우라면 실행 중인 브라우저에 따라 적절한 방법을 이용해서 디스패처를 이벤트 핸들러로 설정한다❽.

> **팁:** 디스패처를 등록하기 위해 조건을 검사하는 부분을 이벤트 핸들러 저장용 배열을 만드는 조건절 내부로 옮기면❸, 디스패처 등록을 위한 조건 검사를 제거할 수 있다. 하지만 동작 방식을 더 쉽게 설명하기 위해서 이런 순서(사용할 모든 데이터를 먼저 만들고 이를 이용하는 코드가 오는 순서)로 코드를 배치했다. 실제 사용되는 코드에서는 이 부분을 옮겨서 중복되는 검사는 하지 않도록 하는 것이 현명하다.

결과적으로 우리가 작성한 코드에 전달된 이벤트 핸들러 함수가 실제 이벤트 핸들러(즉, 브라우저가 직접 호출하는 이벤트 핸들러)로 설정되는 일은 일어나지 않는다. 전달된 핸들러들은 별도로 저장이 되고, 이벤트가 발생하면 실제 핸들러로 설정된 디스패처에 의해서 호출이 된다. 이것은 플랫폼에 상관없이 항상 다음과 같은 일들을 처리할 수 있도록 해준다.

- 수정된 이벤트 인스턴스를 제공한다.
- 이벤트 대상(target) 엘리먼트가 핸들러 함수의 콘텍스트가 된다.
- 이벤트 인스턴스가 이벤트 핸들러의 유일한 인자로 전달된다.
- 이벤트 핸들러는 항상 설정된 순서에 따라 실행된다.

요다(Yoda)[3]라 하더라도 이러한 방식이 제공하는 이벤트 처리 과정에 대한 제어 수준을 자랑스러워 할 것이다.

뒷정리하기

이벤트 핸들러를 설정하는 메서드를 만들었으니, 해제하는 것도 필요하다. 핸들러들을 직접 설정하지 않고, 대표 핸들러를 통해서 이벤트 처리 과정에 대한 제어가 가능한 방식을 택했으니 브라우저가 제공하는 이벤트 해제 함수들을 이용할 수 없다. 따라서 해제 메서드도 직접 만들어야 한다.

설정된 이벤트 핸들러들을 해제하는 것뿐만 아니라, 우리가 사용했던 것들도 확실하게 정리를 하고자 한다. 우리는 함수를 설성할 때 불필요한 자원을 할당하지 않으려고 신경을 많이 썼다. 그렇게 해놓고서 핸들러를 해제하고 저장공간을 반환하는 데 소홀히 한다는 것은 어리석은 일이다.

알다시피, 사용한 자원을 정리해야 되는 상황은 한 곳이 아니라 여러 곳에서

---

3 (옮긴이) 영화 스타워즈 세계에서 가장 강력한 제다이 마스터이자, 모든 제다이의 스승.

발생한다. 따라서 이런 것들을 묶어서 함수를 만든다. 다음 코드를 보자.

13.6 이벤트 처리를 위해 사용한 요소들을 정리하기

```
function tidyUp(elem, type) {

  function isEmpty(object) {            ❶ 빈 객체인지 확인한다.
    for (var prop in object) {
      return false;
    }
    return true;
  }

  var data = getData(elem);
  if (data.handlers[type].length === 0) {   ❷ 해당 유형에 대한 이벤트 핸들러가
    delete data.handlers[type];              존재하는지 검사한다.

    if (document.removeEventListener) {
      elem.removeEventListener(type, data.dispatcher, false);
    }
    else if (document.detachEvent) {
      elem.detachEvent("on" + type, data.dispatcher);
    }
  }

  if (isEmpty(data.handlers)) {         ❸ 이벤트 핸들러가
    delete data.handlers;                있는지 확인한다.
    delete data.dispatcher;
  }

  if (isEmpty(data)) {                  ❹ 필요한 데이터는
    removeData(elem);                    없는지 확인한다.
  }
}
```

엘리먼트와 이벤트 유형을 인자로 받는 tidyUp() 함수를 만든다. 이 함수는 해당 이벤트 유형에 대한 이벤트 핸들러가 있는지 확인하고 정리할 수 있는 것은 최대한 많이 정리한 다음 불필요한 저장공간은 반환한다. 이렇게 하는 게 안전하다. 왜냐하면 addEvent() 함수에서 본 것처럼, 나중에 다시 저장공간이 필요하게 되면 필요한 만큼 간단하게 만들 수 있기 때문이다.

우리가 할 일은 객체가 프로퍼티를 가지고 있는지 아닌지를, 다시 말해 빈 객체인지를 여러 곳에서 확인하는 것이다. 그리고 자바스크립트에는 "isempty" 연산자가 없기 때문에 직접 작성해야 한다❶. 이 함수는 tidyUp() 함수 내에서만 사용할 것이기 때문에 isEmpty() 함수는 tidyUp() 함수 내부에 선언해서 꼭 필요한 정도로 유효 범위를 제한한다.

전달된 엘리먼트에 관련된 데이터 블록도 삭제를 하는데, 나중에 참조할 수

있도록 데이터 블록을 가져와 data 변수에 저장한다. 그런 다음 정리할 것이 있는지 확인을 시작한다.

먼저, 전달된 이벤트 유형에 연결된 이벤트 핸들러의 배열이 비어있는지 확인한다❷. 배열이 비어있다면 더 이상 필요가 없으니 제거한다. 추가로, 해당 이벤트 유형에 대한 핸들러가 없으므로 브라우저에 등록했던, 더 이상 필요가 없는 대표(delegate) 핸들러도 해제한다.

이렇게 한 가지 이벤트 유형에 대한 이벤트 핸들러 배열을 삭제한다. 그런데 만약 삭제된 배열이 handlers 객체에 있던 유일한 배열이었다면 handlers 객체가 빈 객체가 되었을 가능성이 있다. 그런 상황인지 확인하고❸ handlers 객체가 비어있어서 더 이상 쓸모가 없다면 제거한다. 이런 경우, 대표 이벤트 핸들러도 더 이상 필요가 없으므로 함께 제거한다.

마지막으로, 이렇게 삭제한 결과로 인해 해당 엘리먼트의 데이터 블록을 유지할 필요가 없다면❹ 데이터 블록도 함께 정리한다.

이렇게 해서 모든 것을 깔끔하게 유지한다.

이벤트 핸들러 해제

우리가 사용한 것들을 요다(Yoda)와 미스터 클린(Mr. Clean)[4]도 기뻐할 만큼 깔끔하게 정리할 수 있다는 사실을 알았으니, 이제 addEvent() 함수를 이용해 설정한 이벤트 핸들러를 해제하는 함수에 대해서 고민해 볼 준비가 되었다.

가능한 한 유연하게 사용할 수 있도록, 함수를 호출하는 측에 다음과 같은 선택사항을 제공할 것이다.

- 특정 엘리먼트에 설정된 이벤트 핸들러 전체 해제
- 특정 엘리먼트의 특정 이벤트 유형에 설정된 이벤트 핸들러 전체 해제
- 특정 엘리먼트에서 특정 이벤트 핸들러를 해제

우리는 간단히 가변길이 인자 목록을 이용해서 이런 부분이 가능하게 할 것이다. 호출하는 쪽에서 많은 정보를 제공하면 할수록, 더욱 명확하게 원하는 부분을 해제할 수 있게 한다.

예를 들어, 한 엘리먼트에 설정된 모든 이벤트 핸들러를 제거하려면, 다음과

---

4 (옮긴이) 유명한 다목적 세정제의 마스코트.

같이 할 수 있다.

```
removeEvent(element)
```

특정 유형의 이벤트 핸들러만 제거하려면, 다음과 같이 할 수 있다.

```
removeEvent(element, "click");
```

특정 핸들러의 인스턴스를 제거하려는 경우, 코드는 다음과 같다.

```
removeEvent(element, "click", handler);
```

후자는 우리가 원본 이벤트 핸들러의 참조를 관리하고 있다는 것을 가정하고 있다.

이 모든 것을 제공하는 해제(unbinding) 함수는 다음 코드에 나와 있다.

13.7 이벤트 핸들러를 해제하는 함수

```
this.removeEvent = function (elem, type, fn) {            ← ❶ 함수를 선언한다.
  var data = getData(elem);                                ← ❷ 엘리먼트에 관련된 데이터를 가져온다.

  if (!data.handlers) return;                              ← ❸ 처리할 내용이 없는 경우는 빠져 나간다.

  var removeType = function(t){                            ← ❹ 유틸리티 함수를 정의한다.
    data.handlers[t] = [];
    tidyUp(elem,t);
  };

  if (!type) {
    for (var t in data.handlers) removeType(t);            ← ❺ 설정된 핸들러를 모두 제거한다.
    return;
  }

  var handlers = data.handlers[type];                      ← ❻ 특정 이벤트 유형에 할당된 모든 핸들러를 찾는다.
  if (!handlers) return;

  if (!fn) {
    removeType(type);                                      ← ❼ 해당 유형에 대한 모든 핸들러를 제거한다.
    return;
  }

  if (fn.guid) {
    for (var n = 0; n < handlers.length; n++) {            ← ❽ 설정된 핸들러 하나를 제거한다.
      if (handlers[n].guid === fn.guid) {
        handlers.splice(n--, 1);
      }
    }
  }

  tidyUp(elem, type);
};
```

먼저 매개변수를 세 개 지닌 함수를 정의한다. 매개변수는 각각 이벤트 핸들러를 해제할 엘리먼트, 이벤트 유형, 그리고 이벤트 핸들러를 나타내는 함수가 된다❶. 호출하는 쪽에서는 앞에서 설명한 것처럼 두 번째 매개변수부터 생략이 가능하다.

두 번째 단계는 전달받은 엘리먼트의 데이터 블록을 가져오는 것이다❷.

> **팁**: 가변길이 인자를 다루고 있기 때문에, 필수 매개변수인 엘리먼트가 전달되었는지 확인하는 게 좋다. 어떻게 이것을 확인할 수 있을까?

데이터 블록을 가져온 후에는 설정된 핸들러가 있는지 확인하고 없는 경우는 함수 전체를 건너뛴다❸. handlers 객체가 비어있는지 혹은 포함된 이벤트 핸들러 목록이 비어있는지를 확인하기 위해서 handlers 객체 내부를 들여다 볼 필요가 없다는 사실에 유의하자. 왜냐하면 그런 부분은 코드 13.6에서 만들었던 함수 tidyUp()이 모두 정리하기 때문이다. 이렇게 더 이상 필요하지 않은 자원을 바로바로 정리하면 빈 데이터 저장소와 이런 저장소를 확인하는 복잡한 검사 과정을 없애 주기 때문에 removeEvent() 함수를 훨씬 깔끔하게 만들 수 있다.

앞의 검사를 통과하면, 설정된 이벤트 핸들러를 유형에 따라서(type 매개변수가 없는 경우는 전체를, 있는 경우는 지정된 유형을) 제거하게 된다. 둘 중 어떤 경우든, 한 곳 이상에서 유형에 따라 이벤트 핸들러를 제거하게 된다. 불필요하게 코드가 중복되는 것을 피하기 위해서 removeType() 함수를 정의한다. 이 함수는 매개변수 t를 통해 삭제할 유형을 전달받은 다음 해당 유형에 대한 핸들러가 저장된 배열을 빈 배열로 교체해서 모든 핸들러를 제거한다. 그리고는 tidyUp()을 호출한다❹.

removeType() 함수를 준비해 놓은 상태에서, type 매개변수가 있는지 확인한다❺. type 매개변수가 없다면 해당 엘리먼트의 모든 유형에 대한 이벤트 핸들러를 제거한다. 이 경우 모든 작업을 끝냈기 때문에 함수를 빠져 나간다.

> **노트**: 코드 13.7에서 removeEvent() 함수는 여러 개의 return 문을 이용해서 함수를 조기에 빠져 나간다. 어떤 개발자들은 이런 방식을 싫어하고, 중첩된 조건문을 이용해서 흐름을 제어

하고 한 곳에서 함수를 종료하는 방식을 선호하기도 한다. 이 방식을 선호한다면 return을 하나만 이용하는(또는 암묵적으로 return을 호출하는) 함수를 직접 작성하면 된다.

여기까지 왔다면, 어떤 이벤트 유형이 주어졌는지 그리고 해당 이벤트 유형에 설정되어 있는 전체 이벤트 핸들러를 삭제할 것인지(fn 인자가 누락된 경우), 아니면 특정 핸들러만 삭제할 것인지를 알 수 있다. 따라서 코드가 더 어수선해지지 않도록, 해당 이벤트 유형에 대한 이벤트 핸들러 목록을 handlers 변수에 저장한다❻. 이벤트 핸들러 목록이 없다면, 더 이상 할 일이 없으니, 함수를 빠져 나간다.

fn 인자가 누락된 경우❼, 해당 유형에 대한 모든 이벤트 핸들러를 해제하기 위해서 제거용 유틸리티 함수를 호출하고, 반환한다.

앞서 확인한 여러 조건에 해당하는 부분이 하나도 없다면(즉, data.handlers가 존재하고, type 정보가 있으며, 해당 type에 대한 핸들러들이 등록되어 있다면), 등록된 핸들러를 제거하기 위해서 특정 핸들러가 전달된 상황임을 알 수 있다. 하지만 전달된 핸들러가 만약 우리가 다뤘던 것이 아니라면 굳이 검색하는 수고를 할 필요가 없다. 따라서 해당 함수에 guid 프로퍼티가 있는지 확인하고(addEvent() 메서드에 함수를 전달했을 때 설정된) 없으면 무시한다.

우리가 추가 정보를 설정해 놓은 핸들러라면, 핸들러 목록에서 찾아서 제거한다❽. (경우에 따라서 여러 개가 존재할 수도 있다.) 그리고 앞에서 했던 것처럼, 추가로 정리 작업을 하고 함수를 빠져 나간다.

핸들러 설정, 해제 함수에 대한 스모크 테스트

우리가 작성한 이벤트 핸들러 설정/해제 함수를 위한 간단한 스모크 테스트를 살펴보자. 지금까지 했던 것처럼, 코드 13.8에서는 간단한 페이지를 만들어서 수동으로 테스트를 진행하도록 한다. 테스트는 시각적으로 결과를 보여준다.

> **노트:** '스모크 테스트'라는 용어는 테스트 대상의 주요 기능을 대략 확인해 보는 것을 뜻한다. 이것은 엄격한 테스트와는 거리가 멀고 간단히 거시적인 기준에서 테스트 대상이 잘 동작하는지 확인하는 테스트다. 이 용어는 1800년대 후반, 파이프를 생산한 뒤 파이프에 연기를 흘려보내 새는 곳은 없는지 확인한 데서 유래했다. 시간이 흘러 전자기기의 세상이 되자, 새 회로를 대상으로 한 첫 테스트는 전원을 꽂은 다음 불이 나지는 않는지 확인하는 것이 되었다.

13.8 이벤트 함수들을 대상으로 한 스모크 테스트

```
<script type="text/javascript">
  addEvent(window, "load", function () {          ❶ load 이벤트 핸들러를
                                                     설정한다.
    var subjects = document.getElementsByTagName("div");   ❷ 테스트 대상을
                                                              수집한다.
    for (var i = 0; i < subjects.length; i++) (function (elem) {
      addEvent(elem, "mouseover", function handler(e) {   ❸ 마우스 이벤
        this.style.backgroundColor = "red";                  트 핸들러를 설
      });                                                    정한다.

      addEvent(elem, "click", function handler(e) {       ❹ click 이벤트 핸
        this.style.backgroundColor = "green";                들러를 설정한다.
        removeEvent(elem, "click", handler);
      });

    })(subjects[i]);
  });
</script>

<div id="testSubject1" title="Click once">한 번 클릭한다.</div>
<div id="testSubject2" title="mouse over">마우스</div>
<div id="testSubject3" title="many times">여러 번</div>
```

이 예제에서, 우리는 세 가지 서로 다른 유형의 이벤트에 핸들러를 설정하고 해제한다. 먼저, 페이지 load 이벤트에 핸들러를 설정한다❶. 테스트 대상인 〈div〉 엘리먼트 세 개는 스크립트 블록이 나온 다음에 정의가 되어 있어서, 스크립트의 나머지 부분은 DOM이 준비된 이후에 실행되도록 지연 처리가 필요하다.

load 이벤트가 발생하면, 우리가 정의한 핸들러는 〈div〉 엘리먼트를 모두 수집하고❷, 그 엘리먼트들을 순회한다. 각 엘리먼트를 순회하면서 매번 다음 두 가지 일을 한다.

- 해당 엘리먼트를 빨간색으로 바뀌게 하는 mouseover 이벤트 핸들러 설정❸
- 해당 엘리먼트를 녹색으로 바뀌게 한 뒤에 스스로를 해제해서 해당 엘리먼트에서 click을 딱 한 번만 처리하도록 하는 click 이벤트 핸들러 설정❹

브라우저가 페이지를 로드하면, 우리는 다음 단계를 진행한다.

1. 마우스를 div 엘리먼트 위로 가져가서, 빨간색으로 변경되는지 관찰한다. 이것은 mouseover 이벤트 핸들러가 제대로 설정되었고 동작하는 것을 나

타낸다.

2. div 엘리먼트를 클릭하고, 녹색으로 바뀌는지 관찰한다. 이는 click 이벤트 핸들러가 제대로 설정되었고 동작하는 것을 나타낸다. 그림 13.4는 이 상태일 때의 페이지를 보여준다.

3. click했던 엘리먼트로 마우스를 옮기고, 다시 빨간색으로 바뀌는지 관찰한다.(mouseover 핸들러로 인해 그렇게 될 것이라고 예상할 수 있다.) 그리고 다시 한 번 클릭한다.

4. click 핸들러가 제대로 해제되었다면, 엘리먼트를 녹색으로 변경하는 핸들러가 호출되지 않을 것이고 엘리먼트는 여전히 빨간색일 것이다. 관찰 결과 예상했던 결과가 나온 것을 알 수 있다.

이것은 엄격한 테스트와는 거리가 멀다. 연습 삼아 이 함수들의 모든 기능을 살펴볼 겸, 자동으로 이 함수들을 테스트 하는 검증조건들을 작성해 보자.

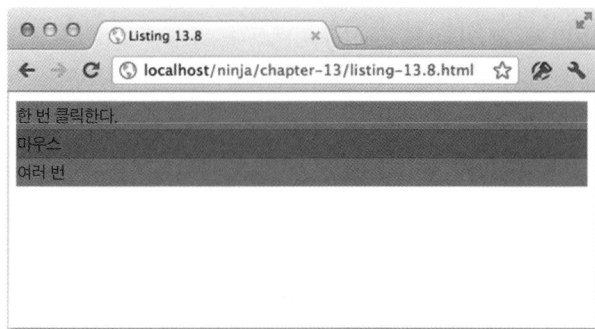

그림 13.4 우리가 작성한 스모크 테스트는 우리가 작성한 함수의 중요한 기능 중 일부가 정확하게 동작하는지 보여준다.

> **보너스:** 이 책의 코드 예제에 포함된 events.js 파일에 간편하게 쓸 수 있는 proxy() 함수를 추가해 놓았다. 이 함수는 이벤트 핸들러의 콘텍스트를 이벤트가 발생한 대상(target)이 아닌 다른 객체로 바꾸는 데 이용할 수 있다. 이것은 4.3절에서 살펴봤던 메서드를 속이는 방식과 완전히 같다.

이제 이벤트 핸들러 설정과 해제에 관해 많은 부분을 제어할 수 있게 되었다. 그럼 이벤트를 처리할 때 어떤 마법 같은 일을 할 수 있는지 살펴보자.

13.4 이벤트 발생시키기

일반적인 상황에서, 이벤트는 사용자가 어떤 행위를 하거나, 브라우저가 무언가 한 경우 또는 네트워크 관련 동작이 있는 경우 발생한다. 하지만 때로는 스크립트로 제어하는 상황에서 그런 행위에 동일한 응답을 보내고 싶을 때가 있다(이게 단지 희망사항이 아니라 사용자 정의 이벤트를 다루기 위한 필수요소임을 잠시 후에 살펴볼 것이다). 예를 들어, 사용자가 버튼을 클릭했을 때뿐만 아니라, 실행 중인 스크립트에 의해서 어떤 일이 일어났을 때에도 클릭 핸들러를 호출하고 싶을 수 있다.

닌자들의 방식 대신에 중복되는 코드를 이용해서 핸들러를 호출하는 것도 가능하다. 하지만 우리는 그보다 좋은 방법이 있다는 것을 안다. 한 가지 가능한 접근법은 공통적으로 사용되는 코드를 이름을 지닌 함수로 분리해 낸 다음 필요한 곳에서 호출하는 방법이다. 그런데 이 방식에는 네임스페이스 문제가 따라 다닌다. 코드의 명확성을 떨어뜨릴 수도 있다. 게다가 보통 이렇게 하려는 경우엔, 함수를 직접 호출하는 것보다는 이벤트를 시뮬레이션 하기를 바란다. 따라서 실제 이벤트 없이 이벤트 핸들러를 실행할 수 있는 능력은 갖고 싶은 장점이 될 수 있다.

이벤트 핸들러 함수를 호출할 때, 몇 가지 일이 일어난다는 사실을 반드시 알고 있어야 한다.

- 대상이 되는 엘리먼트에 설정된 이벤트 핸들러를 호출한다.
- 이벤트가 DOM을 타고 올라가면서 (상위 노드에 설정되어 있는) 다른 이벤트 핸들러를 호출하도록 한다.
- 대상이 되는 엘리먼트에 기본 동작이 있다면 실행되도록 한다.

다음 코드는 이벤트 설정을 처리하기 위해 앞서 만들었던 함수들을 이용해 이런 부분들을 모두 다루고 있는 함수를 보여준다.

13.9 엘리먼트에 버블링 이벤트를 발생시키기

```
function triggerEvent(elem, event) {
    var elemData = getData(elem),
        parent = elem.parentNode || elem.ownerDocument;
```

버블링을 위해 엘리먼트 데이터와 상위 엘리먼트의 참조를 가져온다.

```
    if (typeof event === "string") {                    ◀──── 이벤트 명이 문자열 형태로 전달되었다면,
      event = { type:event, target:elem };                    이를 이용해서 이벤트를 만든다.
    }
    event = fixEvent(event);                            ◀──── 이벤트 프로퍼티를 정규화한다.

    if (elemData.dispatcher) {                          ◀──❶ 전달된 엘리먼트가 디스패처라면
      elemData.dispatcher.call(elem, event);                  설정된 핸들러들을 실행한다.
    }

    if (parent && !event.isPropagationStopped()) {           ❸ DOM의 최상단에 도달했을 때
      triggerEvent(parent, event);                            기본 동작(액션)을 비활성화 하지
    }                                                         않았다면 기본 동작이 호출된다.
    else if (!parent && !event.isDefaultPrevented()) {  ◀──❹ 대상 엘리먼트가 해당
      var targetData = getData(event.target);                 이벤트에 대한 기본 동작을
                                                              갖고 있는지 확인한다.
      if (event.target[event.type]) {

        targetData.disabled = true;                     ◀──❺ 이미 핸들러를 실행했으므로 대상 엘리먼트에 대한
        event.target[event.type]();                           이벤트 디스패칭을 일시적으로 비활성화시킨다.

        targetData.disabled = false;                    ◀──── 다시 이벤트 디스패칭을 활성화시킨다.
      }
    }
  }
```

❷ 명시적으로 중단되지 않는 한, 재귀적인 호출을 통해서 이벤트는 DOM을 타고 올라간다.

❻ 기본 동작을 실행한다.

triggerEvent() 함수는 두 가지 매개변수를 받는다.

- 이벤트를 발생시킬 엘리먼트
- 발생시킬 이벤트

후자는 이벤트 객체나 이벤트 유형을 나타내는 문자열이 될 수 있다.

이벤트를 발생시키기 위해서, 이벤트를 발생시킬 대상 엘리먼트로부터 DOM의 최상단까지 거슬러 올라가면서 이벤트에 해당하는 핸들러들을 실행한다❶. document 엘리먼트에 도달하면, 버블링은 끝나고, 대상 엘리먼트가 해당 이벤트에 대한 기본 동작을 가지고 있다면 기본 동작을 실행할 수 있다❻.

이벤트 버블링이 일어나는 동안, 이벤트 전파(propagation)가 중단되지 않는지❷, 그리고 기본 동작을 실행하기 전에, 기본 동작이 비활성화 된 것은 아닌지❸ 확인해야 한다는 점에 유의하자. 또한, 기본 동작을 실행할 때는 이벤트 디스패처를 비활성화한다는 점도 유의하자❺. 왜냐하면 이미 직접 핸들러들을 호출했고 핸들러들이 두 번 실행되는 것을 바라지 않기 때문이다.

브라우저의 기본 동작을 실행하려면, 원래 대상 엘리먼트가 가지고 있는 해당 메서드를 이용해야 한다. 예를 들어, focus 이벤트를 발생시킨다면, 대상 엘

리먼트가 focus() 메서드❹를 가지고 있는지 확인한 다음에 있다면 호출한다.

스크립트의 제어하에 이벤트를 발생시키는 것은 그 자체로 정말 유용하다. 그리고 이것은 암묵적으로 사용자 정의 이벤트가 동작할 수 있다는 것을 알려준다.

사용자 정의 이벤트는 도대체 뭘까?

13.4.1 사용자 정의 이벤트

혹시 자신이 만든 사용자 정의 이벤트를 이용할 수 있기를 열렬히 바랐던 적이 있는가?

어떤 처리를 하고 싶은데, 이 처리에 대한 요청을 여러 곳에 있는, 심지어 공유하고 있는 다른 스크립트 파일에 있는 코드로부터 다양한 조건하에 호출하고자 하는 경우를 한 번 상상해 보자.

초보자라면 필요한 곳마다 관련 코드를 붙여 넣을 것이다. 중급자라면 전역 함수를 만들어 놓고, 필요한 곳마다 이를 호출할 것이다. 하지만 닌자는 사용자 정의 이벤트를 이용한다.

그럼 왜 사용자 정의 이벤트를 살펴보려는지 잠깐 이야기해 보자.

느슨한 결합

공유하고 있는 코드에서 연산을 실행 중이고, 페이지에 있는 코드에 어떤 조건에 대해서 반응을 해야 할 때가 되었다는 것을 알려주고 싶은 시나리오를 그려보자. 전역 함수를 사용하는 방식을 택한다면, 공유하는 코드는 호출할 함수의 이름을 지정해야 하고, 그 코드를 이용하는 모든 페이지에서는 해당 함수를 정의해야 하는 불편함이 생긴다.

더군다나, 함수를 호출할 상황이 발생했을 때 여러 가지 일을 해야 한다면 어떻게 될까? 다중 알림을 제공하는 것은 아주 힘든 일이고 필연적으로 지저분해진다.

이런 불이익은 코드들이 긴밀하게 결합되어 있는 결과다. 이런 경우 특정 조건을 판단하는 코드는 그에 반응하는 코드에 대해서 상세하게 알고 있어야 한다.

반면, 특정 조건을 발생시키는 코드가 그에 대해 반응하는 코드에 대해 알지 못하거나 심지어는 그런 코드가 있는지조차 알지 못하는 경우는 느슨하게 결합된 상태가 된다.

　이벤트 핸들러의 장점 중 하나는 원하는 만큼 많이 설정을 할 수 있고, 이 핸들러들이 모두 전적으로 독립적이라는 점이다. 따라서 이벤트 처리는 느슨하게 결합된 상태에 대한 좋은 예다. 버튼 클릭 이벤트가 일어나면, 이벤트를 발생시킨 코드는 페이지에 설정된 이벤트 핸들러가 무엇인지 전혀 알지 못하고, 그런 핸들러가 있는지조차 알지 못한다. 대신 클릭 이벤트는 단순히 브라우저에 의해서 이벤트 큐에 삽입되고(필요하다면 3장을 보자), 이벤트를 발생시킨 당사자는 그 뒤에 무슨 일이 일어나는지에 대해서 거의 관심을 기울이지 않는다. 클릭 이벤트에 대해서 핸들러가 설정되어 있다면, 그 핸들러들은 철저하게 독립된 방식으로 각각 호출이 될 것이다.

　느슨한 결합에 대해서는 이야기할 것이 많다. 우리가 다루는 시나리오에서는 공유되는 코드가 흥미로운 조건을 탐지했을 때 단순하게 "재밌는 일이 생겼으니 관심이 있는 핸들러는 처리하도록 하세요"라고 말하는 어떤 종류의 신호를 보낸다. 그리고 여기에 관심을 보이는 핸들러가 없다고 해도 못마땅해 하지 않는다.

　새로운 신호 체계를 만드는 대신에 이벤트 처리를 다루기 위해서 이 장에서 만들었던 코드를 우리의 신호 전달 수단으로 이용할 수 있다.

　실제 예제를 보자.

AJAX를 이용하는 예

Ajax 요청을 수행하는 공유할 코드를 작성했다고 치자. 이 코드가 사용될 페이지는 Ajax 요청이 시작되고 끝날 때 알림을 받기를 원한다. 각 페이지는 이 이벤트들이 발생할 때 하려는 일들을 가지고 있다.

　예를 들어 이 패키지를 이용하는 한 페이지에선 요청이 처리되고 있다는 사실을 사용자에게 시각적으로 알려주기 위해서, Ajax 요청이 시작되면 바람개비를 표현한 움직이는 GIF를 보여주고, 요청이 끝나면 이미지를 숨기고자 한다.

　ajax-start라는 이름을 지닌 이벤트를 시작 조건으로, ajax-complete라는 이름을 지닌 이벤트를 종료 조건으로 하고서, 페이지에서는 간단히 이 이벤트들에 대한 이벤트 핸들러를 설정해서 적절하게 이미지를 보여주고 숨길 수 있다면 멋지지 않을까?

다음을 고려해 보자.

```
var body = document.getElementsByTagName('body')[0];
addEvent(body, 'ajax-start', function(e){
  document.getElementById('whirlyThing').style.display = 'inline-block';
});
addEvent(body, 'ajax-complete', function(e){
  document.getElementById('whirlyThing').style.display = 'none';
});
```

슬프게도 이런 이벤트는 실제로는 존재하지 않는다.

하지만 이미 이벤트 핸들러를 추가하고 이벤트 핸들러 호출을 흉내 내는 코드를 만들어 놓았기 때문에, 이를 이용해서 우리가 만든 사용자 정의 이벤트를 이해해 주는 브라우저에 의존하지 않고도 사용자 정의 이벤트를 동작하게 할 수 있다.

사용자 정의 이벤트 발생시키기

사용자 정의 이벤트는 브라우저의 이벤트 지원을 이용하지 않으면서도 공유된 코드를 이용하는 사용자에게 실제 이벤트를 경험하는 것처럼 느끼도록 해주는 한 가지 방법이다. 이미 크로스 브라우저 이벤트를 지원하기 위한 몇 가지 작업을 해 놓았다. 그리고 우리가 만들어 놓은 코드가 사용자 정의 이벤트를 지원한다는 사실도 드러났다.

앞서 만들어 놓은 addEvent(), removeEvent()와 triggerEvent()는 사용자 정의 이벤트를 지원하기 위해서 수정할 내용이 없다. 기능적으로 브라우저에 의해서 발생되는 진짜 브라우저 이벤트와 수동으로 발생되는 실제로는 존재하지 않는 이벤트 사이에는 차이가 없다.

다음 코드는 사용자 정의 이벤트를 발생시키는 예를 보여준다.

13.10 사용자 정의 이벤트 이용하기

```
<!DOCTYPE html>
<html>
  <head>
    <title>Listing 13.10</title>
    <meta charset="utf-8">
    <script type="text/javascript" src="data.js"></script>
    <script type="text/javascript" src="fixup.js"></script>
    <script type="text/javascript" src="events.js"></script>
    <script type="text/javascript" src="trigger.js"></script>
     <style type="text/css">
```

```html
      #whirlyThing { display: none; }
    </style>

    <script type="text/javascript" src="ajaxy-operation.js"></script>

    <script type="text/javascript">
      addEvent(window, 'load', function(){

        var button = document.getElementById('clickMe');
        addEvent(button, 'click', function(){
performAjaxOperation(this);
        });

        var body = document.getElementsByTagName('body')[0];

        addEvent(body, 'ajax-start', function(e){
document.getElementById('whirlyThing')
  .style.display = 'inline-block';
        });

        addEvent(body, 'ajax-complete', function(e){
document.getElementById('whirlyThing')
  .style.display = 'none';
        });
      });
    </script>
  </head>
  <body>
    <button type="button" id="clickMe">Start</button>

    <img id="whirlyThing" src="whirly-thing.gif" />
  </body>
</html>
```

❶ 5초가 걸리는 ajax 요청을 발생시키는 클릭 핸들러를 버튼에 추가한다. 이 핸들러는 바람개비 이미지에 대해서는 아무것도 모른다.

❷ ajax-start 사용자 정의 이벤트를 처리하는 이벤트 핸들러를 body 엘리먼트에 설정한다. 이 핸들러는 이미지를 표시하게 한다. 버튼을 클릭했을 때 실행되는 코드와는 아무런 관련이 없다.

❸ ajax-complete 사용자 정의 이벤트를 처리하는 이벤트 핸들러를 body 엘리먼트에 설정한다. 이 핸들러는 이미지가 보이지 않게 한다. 여기서도 결합이 발생하지 않는다.

❹ 클릭할 버튼을 만든다.

❺ ajax 요청이 처리되는 동안 보여줄 이미지를 정의한다.

이 테스트에서는 이전 절에서 묘사했던, Ajax 요청이 처리되고 있는 동안 움직이는 바람개비 이미지를 보여주는❺, 시나리오를 설정해 놓고 간단하게 사용자 정의 이벤트를 확인한다. Ajax 요청은 버튼❹을 클릭하면❶ 시작된다.

완전히 결합이 없는 방식으로, ajax-start 사용자 정의 이벤트를 위한 핸들러가 설정이 되고❷, ajax-complete 사용자 정의 이벤트를 위한 핸들러가 설정이 된다❸. 이 이벤트들을 위한 핸들러들은 각각 바람개비 이미지를 보여주고 숨긴다❺.

세 핸들러는 서로의 존재에 대해서 전혀 모르고 있는데, 어떻게 이것이 가능한지에 대해 주목하자. 특히, 버튼 클릭 핸들러는 이미지를 보여주거나 숨기는 일에 대해서는 아무런 책임도 갖지 않는다.

다음 코드를 이용해서 Ajax 요청이 일어나는 것 같은 상황을 만든다.

```
function performAjaxOperation(target) {
```

```
    triggerEvent(target, 'ajax-start');
    window.setTimeout(function(){
      triggerEvent(target, 'ajax-complete');
    },5000);

  }
```

이 함수는 Ajax 요청이 발생한 것처럼 ajax-start 이벤트를 발생시킨다. 최초로 이벤트를 발생시키는 대상으로 버튼을 선택한 것은 임의의 선택이다.

이벤트 핸들러들이 body에 설정되어 있기 때문에, 모든 이벤트는 버블링 과정을 통해 body 엘리먼트에 도달할 것이고, 해당하는 핸들러가 실행될 것이다.

이 함수는 그런 다음, 5초가 소요되는 Ajax 요청을 시뮬레이션 하기 위해서 5초짜리 timeout을 호출한다. 타이머가 만료되면, 응답이 도달한 것으로 하고 Ajax 요청이 완료되었음을 나타내는 ajax-complete 이벤트를 발생시킨다.

어떻게 보이는지는 그림 13.5에 나와 있다.

예제 전반에 걸쳐서 코드 간의 결합도가 아주 낮다는 점을 주목하자. 공유해서 사용하는 Ajax 연산 코드는 관련 이벤트가 발생했을 때 페이지에 있는 코드가 무슨 일을 하는지 전혀 알지 못한다. 심지어는 페이지에 호출해야 할 코드가 있는지에 대해서도 알지 못한다. 페이지 코드는 서로를 알지 못하는 작은 핸들러들로 모듈화 되어 있다. 게다가, 페이지 코드는 공유해서 사용하는 코드가 일을 어떻게 처리하는지에 대해서도 전혀 알지 못한다. 단지 발생할지 안 할지 모르는 이벤트에 반응할 뿐이다.

이런 수준의 코드 간 결합 제거는 코드를 모듈화 하는데 도움을 주고 작성하기 쉽게 해주며, 문제가 생겼을 때 훨씬 쉽게 디버깅할 수 있도록 도와준다. 이는 코드 일부를 쉽게 공유하도록 해주고, 코드 조각 간에 존재하는 의존성을 어기지는 않을까 하는 두려움 없이 코드를 쉽게 옮길 수 있게 해준다. 코드 간의 결합을 제거한다는 점은 코드 내에서 사용자 정의 이벤트를 사용할 때 얻게 되는 근본적인 장점이다. 그리고 이는 훨씬 의도를 잘 나타내고 유연한 방식으로 애플리케이션을 개발할 수 있도록 해준다.

아직 이런 점을 실감하지 못한다고 하더라도, 이 절에 있는 코드는 결함을 제거하는 방식에 대한 좋은 예일 뿐만 아니라, 위임에 대한 좋은 예다.

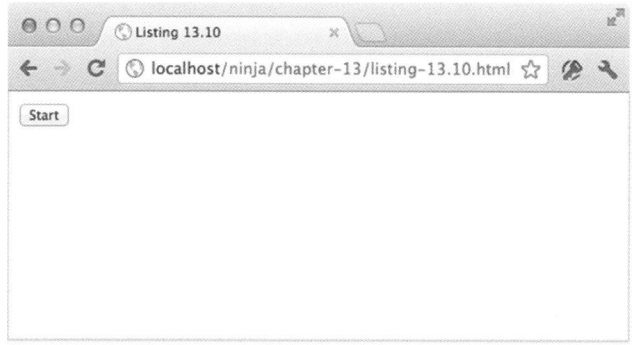

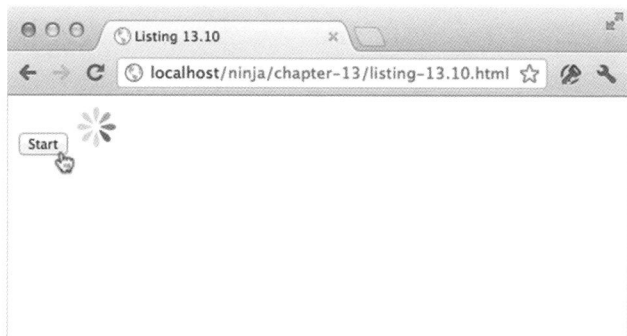

그림 13.5 사용자 정의 이벤트는 (코드 간의) 결합이 없이 어떤 코드를 호출하는데 이용할 수 있다.

13.5 버블링과 위임(delegation)

간단히 말해서, 위임(delegation)이란 DOM 내에서 관심의 대상이 되는 엘리먼트보다 상위에 위치한 엘리먼트에 이벤트 핸들러를 지정하는 행위다.

사용자 정의 이벤트가 발생했을 때 DOM (깊숙이) 묻혀 있던 이미지가 영향받기를 원했지만, 정작 이미지를 보여주고 숨기는 처리를 하는 핸들러는 body 엘리먼트에 설정했던 것을 상기해 보자. 이것이 이미지에 대한 권한을 상위 엘리먼트(이 경우에는 body 엘리먼트)에 위임한 예다.

하지만 이 예는 커스텀 이벤트와 body 엘리먼트에만 한정되어 있다. 좀 더 일상적인 이벤트 유형과 엘리먼트에 위임을 이용하는 시나리오를 상상해 보자.

13.5.1 이벤트를 상위 엘리먼트(acenstor)에 위임하기

테이블 내의 셀을 사용자가 클릭했는지 시각적으로 표현하기를 원한다고 하자. 각 셀은 처음에는 배경색이 하얀색이다가 사용자가 클릭을 하고 나면 배경색이 노란색으로 바뀐다. 아주 쉽다. 단순하게 모든 셀을 순회하면서 각 셀에 배경색을 변경하는 핸들러를 설정하면 된다.

```
var cells = document.getElementsByTagName('td');

for (var n = 0; n < cells.length; n++) {
  addEvent(cells[n], 'click', function(){
    this.style.backgroundColor = 'yellow';
  });
}
```

이 코드가 동작하는 것은 확실하다. 하지만 우아하다고 할 수 있을까? 그다지 우아한 코드는 아니다. 수백 개가 될 수 있는 엘리먼트들에 정확하게 같은 이벤트 핸들러를 설정하고 있고, 그 핸들러들은 모두 정확히 같은 일을 처리한다.

훨씬 우아한 방법은 셀들의 상위 엘리먼트에 모든 이벤트를 처리할 수 있는 핸들러를 하나 설정하고 브라우저가 제공하는 이벤트 버블링을 활용하는 것이다. 우리는 모든 셀이 셀을 감싸고 있는 테이블의 하위 엘리먼트라는 것을 안다. 그리고 event.target을 이용해서 클릭된 엘리먼트의 참조를 얻을 수 있다는 것도 안다. 다음과 같이 이벤트 처리를 테이블에 위임하는 것이 훨씬 세련된 방식이다.

```
var table = document.getElementById('#someTable');

addEvent(table, 'click', function(event){
  if (event.target.tagName.toLowerCase() == 'td')
    event.target.style.backgroundColor = 'yellow';
});
```

여기서 간단히 테이블 내의 모든 셀의 배경색을 변경하는 일을 하는 핸들러를 하나만 설정한다. 이 방식은 훨씬 효과적이고 우아하다.

이벤트 위임은 고성능의, 확장 가능한 웹 애플리케이션을 개발하는데 사용할 수 있는 최고의 기법 중 하나다.

이벤트 버블링은 모든 브라우저에서 사용 가능한 유일한 기법이기 때문에 (이벤트 캡처링은 IE 9 이전의 IE에서는 동작하지 않는다), 이벤트 위임은 이벤트가 발생하는 엘리먼트의 상위 엘리먼트에 적용해야 한다는 점을 알고 있어야 한다. 그런 식으로, 우리는 이벤트가 버블링을 통해서 위로 올라가다가 결국에는 핸들러가 위임된 엘리먼트에 도달하게 됨을 확신할 수 있다.

모든 게 논리적이고 간단한 것처럼 보인다. 하지만 '예외'가 없는 경우가 어디 있던가?

13.5.2 브라우저의 결함 우회하기

불행하게도 여러 브라우저가 submit, change, focus, blur 이벤트를 버블링 처리하는데 심각한 문제를 가지고 있다. 이벤트 위임을 활용하고자 한다면 이런 결함들을 우회하는 방법에 대해서 반드시 알고 있어야 한다.

먼저, submit와 change 이벤트는 오래된 IE에서는 버블링이 되지 않는다. 하지만 W3C DOM을 지원하는 브라우저는 일관된 방식으로 버블링을 구현하고 있다. 따라서 이 책 전반을 걸쳐, 우아하게 그런 문제가 존재하는지 또 우회할 필요성이 있는지를 판단해 주는 기법을 이용할 것이다. 이 경우에는, 이벤트가 상위 엘리먼트로 버블링이 될 수 있는지를 판단해야 한다.

이런 판별 코드 중 하나는 다음 코드에서 볼 수 있다. 다음 코드는 유리 자이체프(Juriy Zaytsev)가 작성했는데, 그의 블로그 〈Perfection Kills〉의 http://perfectionkills.com/detecting-event-support-without-browser-sniffing/에 기술되어 있다.

13.11 유리 자이체프가 최초로 작성한 이벤트 버블링 탐지 코드

```
function isEventSupported(eventName) {

  var element = document.createElement('div'),
      isSupported;

  eventName = 'on' + eventName;
  isSupported = (eventName in element);

  if (!isSupported) {
    element.setAttribute(eventName, 'return;');
    isSupported = typeof element[eventName] == 'function';
  }

  element = null;

  return isSupported;
}
```

❶ 테스트에 이용할 div 엘리먼트를 하나 만든다. 이 엘리먼트는 나중에 삭제한다.

❷ 엘리먼트에 이벤트를 지원하는 프로퍼티가 있는지 확인하는 방식으로 이벤트가 지원되는지 테스트한다.

❸ 앞의 간단한 테스트로 확인이 되지 않으면, 이벤트 핸들러 속성을 만들고 핸들러가 저장되는지 확인한다.

결과와는 상관없이 임시로 만든 엘리먼트를 제거한다.

버블링 탐지 기법은 ontype(여기서 type은 실제 이벤트 유형) 프로퍼티가 〈div〉 엘리먼트에 존재하는지를 확인하는 식으로 동작한다❷. 〈div〉 엘리먼트를 선택한 것은 일반적으로 버블링 과정에서 (change와 submit를 포함해서)

가장 다양한 유형의 이벤트를 위로 올려 보내기 때문이다.

페이지 내에 이미 존재하는 〈div〉 엘리먼트가 있는지 확신할 수 없고, 그렇다고 하더라도 다른 사람이 만들어 놓은 엘리먼트를 테스트에 이용하기를 원치 않기 때문에 테스트에 사용할 임시 엘리먼트를 만든다❶.

빠르고 간단하게 할 수 있는 테스트가 실패하는 경우, 시도해 볼 수 있는 조금 더 적극적인 방식을 적용한다❸. ontype 프로퍼티가 없다면, ontype 애트리뷰트를 하나 만들고, 약간의 코드를 제공한 다음, 해당 엘리먼트가 이를 함수로 변환하는 방법을 알고 있는지 확인한다. 함수로 변환을 한다면, 해당 엘리먼트가 버블링 과정에서 특정 이벤트를 해석하는 방법을 알고 있다는 것을 나타내는 제법 괜찮은 근거가 된다.

이제 모든 브라우저에서 제대로 동작하는 이벤트 버블링을 구현하는데 이 탐지 코드를 이용해 보자.

submit 이벤트 버블링하기

submit 이벤트는 오래된 IE에서 버블링이 되지 않는 몇 안 되는 이벤트 중 하나인데, 다행스럽게도 시뮬레이션을 하기에 가장 쉬운 이벤트 중 하나에 속한다.

submit 이벤트는 다음 두 가지 요인 중 하나에 의해서 발생된다.

- submit 유형의 input이나 button 엘리먼트 또는 image 유형의 input 엘리먼트에 포커스가 있는 상태에서 Enter 또는 spacebar를 누르는 경우
- text나 password 유형의 input 엘리먼트 내에서 Enter를 누르는 경우

이 두 가지 경우를 알고 있으므로, 정상적으로 버블링이 되는 두 가지 이벤트인 click과 keypress를 활용할 수 있다.

여기서 사용할 접근 방식은 submit 이벤트를 설정하고 해제할 때 사용할 특별한 함수를 만드는 것이다. 이 함수는 브라우저의 지원이 부족해 submit 이벤트를 특수하게 처리해야 하는 경우에는 정상적으로 동작하는 다른 이벤트를 활용하는 방식을 취하고, submit 버블링이 지원되는 경우는 정상적인 방법으로 핸들러를 설정하고 해제한다.

13.12 click과 keypress를 이용해서 submit 버블링을 구현하기

```
<script type="text/javascript">

  (function(){

    var isSubmitEventSupported = isEventSupported("submit");

    function isInForm(elem) {                    ◀── ❶ 전달된 엘리먼트가 form 내부에
      var parent = elem.parentNode;                    있는지 확인하는데 사용할 유틸리티
      while (parent) {                                 함수를 정의한다.
        if (parent.nodeName.toLowerCase() === "form") {
return true;
        }
        parent = parent.parentNode;
      }
      return false;
    }
                                                 ❷ click 이벤트 핸들러를 미리 정의한다.
                                                    이 핸들러는 click 이벤트가 발생했을 때
    function triggerSubmitOnClick(e) {    ◀──      submit 이벤트를 발생시켜야 하는지 확인
      var type = e.target.type;                     하고, 필요하다면 이벤트를 발생시킨다.
      if ((type === "submit" || type === "image") &&
isInForm(e.target)) {
        return triggerEvent(this,"submit");
      }
    }
                                                 ❸ keypress 이벤트 핸들러를 미리 정의한다.
                                                    이 핸들러는 keypress 이벤트가 발생했을 때
    function triggerSubmitOnKey(e) {      ◀──      submit 이벤트를 발생시켜야 하는지 확인하고,
      var type = e.target.type;                     필요하다면 이벤트를 발생시킨다.
      if ((type === "text" || type === "password") &&
isInForm(e.target) && e.keyCode === 13) {
        return triggerEvent(this,"submit");
      }
    }

    this.addSubmit = function (elem, fn) {
                                                 ❺ 정상적인 방식으로 submit
❹ submit 이                                         핸들러를 설정하고 브라우저가
벤트를 설정하는    addEvent(elem, "submit", fn);     submit 이벤트 버블링을 제대로
특별한 함수를      if (isSubmitEventSupported) return;  지원한다면 함수를 빠져나간다.
만든다.
      // 하지만 form이 아닌 다른 엘리먼트에 이벤트 핸들러를 추가하는 경우에는
      // 부가적인 핸들러를 추가해야 한다.
      // 이 핸들러들은 첫 번째로 설정된 핸들러에만 추가한다.
                                                 ❻ form 외부에 있고 첫 번째 submit
      if (elem.nodeName.toLowerCase() !== "form" &&  핸들러라면, click과 keypress
getData(elem).handlers.submit.length === 1) {    이벤트가 발생하면 이를 이용하도록
        addEvent(elem, "click", triggerSubmitOnClick);  핸들러를 설정한다.
        addEvent(elem, "keypress", triggerSubmitOnKey);
      }
    };
                                                 ❼ 브라우저가 제대로 지원을
    this.removeSubmit = function (elem, fn) {       하는 경우에 submit 이벤트
                                                    핸들러 해제에 사용할 특별한
      removeEvent(elem, "submit", fn);              함수를 만든다.
      if (isEventSupported("submit")) return;
                                                 ❽ 이벤트 핸들러를 해제하고,
❾ form이 아니고, 마지막                              브라우저가 제대로 지원을 해
으로 해제하는 핸들러인 경   var data = getData(elem);  주는 경우라면 빠져나간다.
우에는 피기백을 이용하는
핸들러를 제거한다.      if (elem.nodeName.toLowerCase() !== "form" &&
!data || !data.events || !data.events.submit) {
```

```
            removeEvent(elem, "click", triggerSubmitOnClick);
            removeEvent(elem, "keypress", triggerSubmitOnKey);
        }
    };

})();

</script>
```

우선, 이제는 익숙하게 느껴질 즉시실행함수를 이용해서 우리가 작성한 코드를 모두 포함하는 환경을 만든다. 그리고 submit 이벤트를 지원하기 위한 특별한 작업을 시작하기에 앞서, 나중에 필요하게 될 몇 가지를 만들어 둔다.

가장 먼저, 엘리먼트가 form 내부에 있는지 확인할 필요가 있다. 이를 위해서 isInForm() 함수를 정의한다❶. 이 함수는 대상 엘리먼트의 상위 엘리먼트 중에 form이 있는지 확인하기 위해서 단순하게 트리를 거슬러 올라간다.

그런 다음, 이벤트 핸들러로 사용할 함수를 두 개 정의한다. 하나는 click 이벤트에 사용되고, 하나는 keypress 이벤트에 사용된다. 첫 번째 함수는❷ 엘리먼트가 form 내에 있고 대상 엘리먼트가 submit을 제공하는 경우(submit 유형의 엘리먼트이거나, image 유형의 input 엘리먼트인 경우) submit 이벤트를 발생시킨다. 두 번째 함수❸는 Enter 키가 눌려졌을 때 대상 엘리먼트가 form이거나 text 또는 password 유형의 input 엘리먼트인 경우에 submit 이벤트를 발생시킨다.

헬퍼 함수들을 준비했으니, 이제 이벤트 핸들러를 설정하고 해제하는 함수를 만들 준비가 끝났다.

addSubmit() 함수는 보통 때와 같이 먼저 addEvent() 함수를 이용해서❺ submit 핸들러를 설정하고❹ 브라우저가 submit 이벤트 버블링을 제대로 지원하는 경우에는 함수를 빠져 나간다. 그렇지 않은 경우라면, form 객체에 핸들러를 설정하려는 것은 아닌지(이 경우에는 버블링에 문제가 없으므로)와 첫 번째 submit 핸들러인지를 분명히 확인한다❻. submit 버블링이 지원되지 않는 경우에는, submit 이벤트를 발생시키는 핸들러를 click과 keypress 이벤트에 설정한다.

핸들러를 해제하는 removeSubmit()❼ 함수도 비슷한 방식으로 동작한다. submit 이벤트 핸들러를 보통과 같이 해제한 다음 브라우저가 submit 버블링을 제대로 지원하는 경우는 함수를 빠져 나간다❽. 그렇지 않다면, 대상 엘리먼트가 form이 아니고 해제하려는 submit 핸들러가 마지막 핸들러인 경우 submit 이벤트를 발생시키는 핸들러를 해제한다 ❾.

> **노트:** 이 로직은 addEvent()가 제공하는 기능을 사용하는 별도의 함수로 만들었는데, submit 이벤트를 처리하는 코드에 집중하는 것을 쉽게 하려는 의도에서 그렇게 했다. 하지만 함수를 분리하는 것은 함수를 호출하는 사람에게 호의적인 방법은 아니다. 정말로 해야 하는 작업은 이 로직을 addEvent() 함수 내에 넣는 것인데, 그렇게 하면 이런 모든 것이 자동으로 처리되고, 호출하는 사람에게는 보이지 않게 된다. 여러분은 이 기능을 어떻게 addEvent()에 추가해 넣을 것인가?

이 접근방식은 change 이벤트와 같은, DOM의 다른 버블링 이벤트를 고치는 데도 잘 적용이 된다.

change 이벤트 버블링하기

change 이벤트는 오래된 IE에서 제대로 버블링이 되지 않는 또 다른 이벤트이다. 불행히도, change 이벤트는 submit 이벤트보다 제대로 구현하기가 훨씬 어렵다. change 이벤트의 버블링을 구현하기 위해서는, 몇 가지 다른 이벤트에 핸들러를 설정해야 한다.

- form 엘리먼트에서 빠져나간 뒤에 값을 확인하기 위해서 focusout 이벤트에 핸들러를 지정해야 한다.
- 값이 변경되는 순간에 확인을 하기 위해서 click과 keydown 이벤트에 핸들러를 지정해야 한다.
- 새로운 값이 설정되기 전에 이전 값을 얻기 위해서 beforeactivate 이벤트에 핸들러를 지정해야 한다.

다음 코드는 앞에서 열거한 event들에 change 이벤트를 발생시키는 핸들러를 설정하고 해제하는 특수한 함수에 대한 구현을 보여준다.

13.13 크로스 브라우저를 지원하는 change 이벤트 버블링 구현

```
<script type="text/javascript">
  (function(){
    this.addChange = function (elem, fn) {
```

← 이벤트를 위한 특별한 핸들러 설정 함수를 정의한다.

```js
          addEvent(elem, "change", fn);
          if (isEventSupported("change")) return;

          if (getData(elem).events.change.length === 1) {
            addEvent(elem, "focusout", triggerChangeIfValueChanged);
            addEvent(elem, "click", triggerChangeOnClick);
            addEvent(elem, "keydown", triggerChangeOnKeyDown);
            addEvent(elem, "beforeactivate", triggerChangeOnBefore);
          }
        };

        this.removeChange = function (elem, fn) {

          removeEvent(elem, "change", fn);
          if (isEventSupported("change")) return;

          var data = getData(elem);
          if (!data || !data.events || !data.events.submit) {
            addEvent(elem, "focusout", triggerChangeIfValueChanged);
            addEvent(elem, "click", triggerChangeOnClick);
            addEvent(elem, "keydown", triggerChangeOnKeyDown);
            addEvent(elem, "beforeactivate", triggerChangeOnBefore);
          }
        };

        function triggerChangeOnClick(e) {
          var type = e.target.type;
          if (type === "radio" || type === "checkbox" ||
    e.target.nodeName.toLowerCase() === "select") {
              return triggerChangeIfValueChanged.call(this, e);
          }
        }

        function triggerChangeOnKeyDown(e) {
          var type = e.target.type,
    key = e.keyCode;

          if (key === 13 && e.target.nodeName.toLowerCase() !== "textarea" ||
    key === 32 && (type === "checkbox" || type === "radio") ||
    type === "select-multiple") {
              return triggerChangeIfValueChanged.call(this, e);
          }
        }

        function triggerChangeOnBefore(e) {
          getData(e.target)._change_data = getVal(e.target);
        }

        function getVal(elem) {
          var type = elem.type,
            val = elem.value;
          if (type === "radio" || type === "checkbox") {
            val = elem.checked;
          } else if (type === "select-multiple") {
            val = "";
            if (elem.selectedIndex > -1) {
    for (var i = 0; i < elem.options.length; i++) {
                val += "-" + elem.options[i].selected;
            }
```

```
      }
    } else if (elem.nodeName.toLowerCase() === "select") {
      val = elem.selectedIndex;
    }
    return val;
  }

  function triggerChangeIfValueChanged(e) {
    var elem = e.target, data, val;
    var formElems = /textarea|input|select/i;
    if (!formElems.test(elem.nodeName) || elem.readOnly) {
      return;
    }

    data = getData(elem)._change_data;
    val = getVal(elem);
    if (e.type !== "focusout" || elem.type !== "radio") {
      getData(elem)._change_data = val;
    }
    if (data === undefined || val === data) {
      return;
    }
    if (data != null || val) {
      return triggerEvent(elem, "change");
    }
  }

})();
```

focusout 이벤트에 설정할 change 이벤트를 발생시키는 핸들러. 엘리먼트의 값이 변경되면 chagne 이벤트를 발생시킨다.

</script>

코드의 상당 부분이 코드 13.12와 유사하다. 따라서 자세히 설명하지는 않겠다. 다루는 이벤트 유형이 더 많은 까닭에 내용이 조금 더 길 뿐이다. 이 예제에 국한된 내용은 대부분 getVal()와 triggerChangeIfChanged() 함수에서 찾을 수 있다.

getVal() 메서드는 전달된 form 엘리먼트의 상태를 직렬화해서 반환한다. 이 값은 beforeactivate 이벤트가 발생하면 나중에 사용할 수 있도록 해당 엘리먼트 data 객체의 _change_data 프로퍼티에 저장된다.

triggerChangeIfChanged() 함수는 이전에 저장된 값과 새로 설정된 값 사이에 실제로 변경이 발생했는지를 결정하는 역할을 담당하고, 두 값이 서로 다르다면 change 이벤트를 발생시킨다.

focusout(blur) 이벤트가 발생한 뒤에 값이 변경되었는지 확인하는 것과 함께, textarea 엘리먼트가 아닌 다른 엘리먼트에서 Enter 키가 눌러졌는지 또는 체크박스나 라디오버튼에서 스페이스바가 눌러졌는지를 확인한다. 그리고 체크박스나 라디오버튼이나 select 엘리먼트에서 click 이벤트가 발생했는지도 확인한다. 왜냐하면 이것 역시 change 이벤트를 발생시키기 때문이다.

여기서 다룬 내용들 중에 상당 부분은 브라우저가 직접 처리해야 하는 것들이다. 오래된 버전의 IE가 더 이상 사용되지 않아서 이 코드들이 더는 필요 없는 때가 온다면 정말 좋겠다.

focusin과 focusout 이벤트 구현하기

focusin과 focusout 이벤트는 IE에 의해서 도입된 대표적인 이벤트로 어떤 엘리먼트에서 또는 그 하위 엘리먼트에서 focus나 blur 이벤트가 일어나는지를 감지한다. 이 이벤트들은 focus와 blur 이벤트가 일어나기 전에 발생하는데, 그래서 버블링 이벤트라기보다는 캡처링 이벤트와 같다고 할 수 있다.

이 비표준 이벤트들에 대해 고민해 보는 것이 의미 있는 이유는 focus와 blur가 버블링 되지 않기 때문이다. W3C DOM 권고안에 그렇게 기술되어 있고, 모든 브라우저가 두 이벤트를 버블링 하지 않도록 구현되어 있다. 결론적으로 브라우저 표준의 의도를 우회해서 버블링을 지원하려고 시도하는 것보다, 크로스 브라우저를 위한 focusin과 focusout 이벤트 복사본을 구현하는 것이 훨씬 쉽다.

focusin과 focusout을 구현하는 최선의 방법은 만들어 놓은 addEvent() 함수를 다음과 같이 수정해서 직접 처리하도록 하는 것이다.

```
if (document.addEventListener) {
  elem.addEventListener(
    type === "focusin" ? "focus" :
      type === "focusout" ? "blur" : type,
        data.handler, type === "focusin" || type === "focusout");[5]
}
else if (document.attachEvent) {
  elem.attachEvent("on" + type, data.handler);
}
```

그런 다음 removeEvent() 함수를 수정해서 이벤트 핸들러를 적절하게 해제하도록 한다.

```
if (document.removeEventListener) {
  elem.removeEventListener(
```

---

[5] (옮긴이) 크로스 브라우저 환경에서 동작하는 이벤트 핸들러 처리를 위해서 버블링만을 사용하고 있었는데, focusin과 focusout은 캡처링 형태로 동작하기 때문에 focus/blur의 캡처링 단계에 핸들러를 호출하도록 하고 있다.

```
      type === "focusin" ? "focus" :
        type === "focusout" ? "blur" : type,
      data.handler, type === "focusin" || type === "focusout");
  }
  else if (document.detachEvent) {
    elem.detachEvent("on" + type, data.handler);
  }
```

결과적으로 모든 브라우저에서 비표준인 focusin과 focusout 이벤트를 지원할 수 있게 되었다. 당연하게도 특정한 이벤트를 위한 로직은 addEvent와 removeEvent 함수로부터 분리하고 싶을 수 있다. 이런 경우, 특정한 이벤트 유형에 대해 브라우저가 제공하고 있는 이벤트 핸들러 설정 및 해제를 오버라이드 할 수 있도록 어떤 형태로든 확장 기능을 구현할 수도 있다.

크로스 브라우저를 지원하는 focus와 blur 이벤트에 대한 더 상세한 정보는 QuirkMode 블로그(http://www.quirksmode.org/blog/archives/2008/04/delegating_the.html)에서 찾아볼 수 있다.

표준은 아니지만 유용한, 살펴볼 만한 이벤트 유형이 몇 가지 있다.

mouseenter와 mouseleave 이벤트 구현하기

IE에 의해 도입된 두 가지 사용자 정의 이벤트인 mouseenter와 mouseleave 이벤트는 마우스가 현재 특정 엘리먼트의 내부에 있는지 또는 외부에 있는지 간단히 판별할 수 있게 해준다.

우리는 보통 브라우저가 제공하는 표준 이벤트인 mouseover와 mouseout을 이용한다. 그런데 이 이벤트들은 우리가 정말로 원하는 바를 제공해 주지 못하는 경우가 흔하다. 문제는 하위 엘리먼트와 상위 엘리먼트 사이에서 마우스를 이동할 때도 이 이벤트들이 발생한다는 점이다. 이런 동작은 이벤트 버블링 모델에서는 일반적인 것이지만 메뉴나 다른 엘리먼트와 상호작용하는 기능을 구현할 때, 즉 마우스가 여전히 특정 엘리먼트 내에 머무르고 있는 것인지 알고자 할 때 종종 문제가 된다. 단지 마우스가 하위 엘리먼트에 들어갔을 뿐인데, 상위 엘리먼트를 벗어났다는 내용을 전달받고 싶지는 않기 때문이다.

그림 13.6는 이 문제를 보여준다.

마우스 커서가 상위 엘리먼트와 하위 엘리먼트의 경계를 지나갈 때, 커서는 여전히 상위 엘리먼트의 내부에 있다고 생각할 때조차도, mouseout 이벤트가 발생한다. 비슷하게, 하위 엘리먼트를 벗어날 때는 mouseover 이벤트가 발생한다.

이런 때에 mouseenter와 mouseleave를 편리하게 사용할 수 있다. 이 이벤트들은 핸들러를 설정한 대상 엘리먼트에 대해서만 이벤트를 발생시키고, 실제로 상위 엘리먼트를 벗어날 때만 그 사실을 알려준다. 현재는 IE가 이 유용한 이벤트들을 구현하고 있는 유일한 브라우저이기 때문에, 다른 브라우저에서 사용하기 위해서는 이 이벤트들을 시뮬레이션 해야 한다.

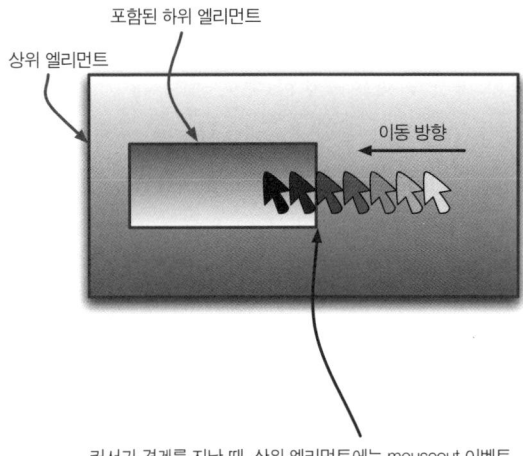

그림 13.6 상위 엘리먼트와 하위 엘리먼트의 경계를 지나 하위 엘리먼트로 진입할 때, 정말 상위 엘리먼트를 벗어나는 것으로 생각해야 할까?

다음 코드는 모든 브라우저에서 mouseenter와 mouseleave 이벤트를 지원하는 hover() 함수의 구현을 보여준다.

13.14 모든 브라우저에 mouseenter와 mouseleave 지원을 추가하기

```
<script>
  (function() {

    if (isEventSupported("mouseenter")) {

      this.hover = function (elem, fn) {
        addEvent(elem, "mouseenter", function () {
 fn.call(elem, "mouseenter");
        });
        addEvent(elem, "mouseleave", function () {
 fn.call(elem, "mouseleave");
        });
      };
    } else {
```

```
        this.hover = function (elem, fn) {
            addEvent(elem, "mouseover", function (e) {
    withinElement(this, e, "mouseenter", fn);
            });
            addEvent(elem, "mouseout", function (e) {
    withinElement(this, e, "mouseleave", fn);
            });
        };
        }

        function withinElement(elem, event, type, handle) {
            var parent = event.relatedTarget;
            while (parent && parent != elem) {
                try {
    parent = parent.parentNode;
                }
                catch (e) {
    break;
                }
            }

            if (parent != elem) {
                handle.call(elem, type);
            }
        }
    })();

    </script>
```

핸들러를 호출해야 하는지를 감지하는 핸들러를 이용해서 mouseover와 mouseout을 처리하도록 한다.

내부에서 사용하는 핸들러. 비표준 동작을 흉내 내기 위해서 원래 핸들러를 호출한다.

DOM의 최상단이나 hover가 설정된 엘리먼트를 찾을 때까지 위로 이동한다.

진입하거나 빠져 나오려는 엘리먼트를 가져온다.

오류가 발생한 경우, 할 일을 다 했다고 친다.(파이어폭스의 XUL 엘리먼트에서 오류가 발생할 수 있다.)

hover가 적용된 엘리먼트가 없거나, 진입하는 경우가 아니라면 핸들러를 호출한다.

mouseenter와 mouseleave 이벤트를 다루는 부분 중에서 특별한 내용의 대부분은 withinElement() 함수 내에 있다. 이 함수는 두 이벤트를 지원하지 않는 브라우저에서 mouseover와 mouseout 이벤트에 이 핸들러를 설정한다. withinElement() 함수는 이벤트의 relatedTaget을 확인하는데, 이 값은 mouseout 이벤트에서 진입하려는 엘리먼트가 되거나, mouseover 이벤트에서 빠져나오려는 엘리먼트가 된다. 두 경우에, 이 연관된 엘리먼트가 hover가 지정된 엘리먼트 내에 있다면 무시한다. 그렇지 않다면 hover가 지정된 엘리먼트를 떠나거나, 들어오려는 것임을 알 수 있고 해당 핸들러를 호출한다.

이벤트에 대한 이야기를 마무리하기 전에, 사용할 수 있다면 아주 편리한 이벤트를 하나 더 살펴보자.

13.6 document ready 이벤트

마지막으로 살펴볼 이벤트는 ready 이벤트라고 부른다. 이 이벤트는 W3C DOM을 지원하는 브라우저에서는 DOMContentLoaded를 이용해서 구현한다.

이 ready 이벤트는 DOM 전체가 로드되면 발생하는데, DOM이 로드되었다는 것은 DOM을 탐색하고 조작할 수 있음을 나타낸다. 이 이벤트는 많은 현대적인 프레임워크들이 필수적으로 제공하는 요소가 되었고, 자바스크립트 코드를 DOM과 분리하여 비간섭적으로(unobstrusively) 작성할 수 있게 해준다. 이 이벤트는 페이지가 화면에 출력되기 전에 실행되고 리소스들이 로딩되기를 기다리지 않는다. 리소스 로딩에 시간이 걸리는 경우는 load 이벤트 발생이 지연될 수 있다.

이 이벤트를 복잡하게 크로스 브라우저를 지원하는 방식으로 다루는 것은 역시 IE 9 이전의 오래된 IE를 지원하기 위함이다.

W3C 브라우저들은 DOM이 준비(ready)되면 간단히 DOMContentLoaded 이벤트를 호출한다. 하지만 오래된 IE에서는 DOM이 준비되는 즉시, 그 사실을 전달받으려면 다양한 방법에 의존해야 한다.

이런 기법 중에서 하나는 디에고 페리니(Diego Perini)가 개발한 트릭을 이용한다. 그 내용은 http://javascript.nwbox.com/IEContentLoaded/에 서술되어 있다. 이 트릭은 문서를 왼쪽 끝까지 스크롤해 보는 방식을 사용한다. 이 시도는 문서가 로드되기 전에는 계속해서 실패한다. 따라서 계속 시도를 하다가 (이벤트 루프가 블록되는 것을 막기 위해서 타이머를 이용해서) 성공하는 순간 DOM이 준비(ready)가 되었음을 알 수 있게 된다.

오래된 IE에서 사용할 두 번째 방법은 도큐먼트의 onreadystatechange 이벤트를 이용하는 것이다. 이 특별한 이벤트는 스크롤을 이용한 방법보다는 일관성이 떨어진다. 항상 DOM이 준비된 후에 호출되기는 하지만 가끔 약간 늦게 호출되기도 한다(물론 window load 이벤트 전에는 호출된다). 어쨌든 window load 이벤트가 발생하기 전에 무언가 호출을 해줄 수 있기 때문에 IE에서는 좋은 보조 수단이 된다.

세 번째 방법은 document.readyState 프로퍼티를 검사하는 것이다. 이 프로퍼티는 모든 브라우저에서 사용이 가능하고 확인하는 시점에 DOM 문서가 어느 정도 로딩되었는지를 기록하고 있다. 우리가 알고자 하는 것은 언제 complete 상태가 되느냐 하는 것이다. 로딩에 시간이 많이 소요되는 경우에, 특히 IE에서 readyState가 너무 빨리 "complete" 되는 경우가 발생할 수 있는데 이것이 여기에만 의존할 수 없는 이유다. 하지만 이 프로퍼티를 확인하는 것은 이미 DOM을 사용할 수 있는 상태인 경우에 불필요하게 이벤트를 처리하는 것을 피하는 데 도움이 될 수 있다.

> **노트:** 다큐먼트 상태(status)에 대한 더 자세한 정보는 모질라가 제공하는 문서인 https://developer.mozilla.org/en-US/docs/DOM/document.readyState에서 볼 수 있다.

이제 앞에서 다룬 기법들을 이용해서 구현한 ready 이벤트를 살펴보자.

13.15 크로스 브라우저 DOM ready 이벤트 구현

```
<script type="text/javascript">
  (function () {
    var isReady = false,          // 먼저, 준비(ready) 상태가
      contentLoadedHandler;        // 아닌 것으로 가정한다.

    function ready() {             // 딱 한 번만 ready 핸들러를 호출하는
      if (!isReady) {              // 함수를 정의한다. 두 번째 호출부터는
        triggerEvent(document, "ready");  // 아무것도 하지 않는다.
        isReady = true;
      }
    }

    if (document.readyState === "complete") {  // DOM이 준비된 상태라면 곧바로
      ready();                                  // 핸들러를 호출한다.
    }
                                                // W3C 브라우저인 경우, ready 핸들러를 호출하고
    if (document.addEventListener) {            // 스스로를 해제하는 DOMContentLoaded 이벤
      contentLoadedHandler = function () {      // 트를 위한 핸들러를 만든다.
        document.removeEventListener(
          "DOMContentLoaded", contentLoadedHandler, false);
        ready();
      };
                                                // 위에서 만든 핸들러를 DOMContentLoaded
      document.addEventListener(                // 이벤트에 설정한다.
        "DOMContentLoaded", contentLoadedHandler, false);
    }
                                                // IE인 경우, 도큐먼트의 readyState가
    else if (document.attachEvent) {            // 완료(complete)가 되면 ready 핸들
      contentLoadedHandler = function () {      // 러를 호출하고 스스로를 해제하는 핸들
        if (document.readyState === "complete") {  // 러를 만든다.
          document.detachEvent(
            "onreadystatechange", contentLoadedHandler);
          ready();
```

```
        }
      }
      document.attachEvent(
        "onreadystatechange", contentLoadedHandler);

      var toplevel = false;
      try {
        toplevel = window.frameElement == null;
      }
      catch (e) {
      }

      if (document.documentElement.doScroll && toplevel) {
        doScrollCheck();
      }

      function doScrollCheck() {
        if (isReady) return;
        try {
          document.documentElement.doScroll("left");
        }
        catch (error) {
          setTimeout(doScrollCheck, 1);
          return;
        }
        ready();
      }
    })();
</script>
```

앞서 정의한 핸들러를 onreadystatechange 이벤트에 설정한다. 늦게 호출될 수 있지만 iframe 에서도 안전하게 동작한다.

iframe이 아닌 경우에는 스크롤 검사를 수행한다.

스크롤 검사를 수행하는 함수를 정의한다. 이 함수는 성공할 때까지 계속해서 스크롤을 시도한다.

ready 이벤트 구현을 마쳤으니, 이제 DOM 이벤트 처리 시스템에 필요한 모든 도구를 가지게 되었다. 이제 시원한 음료라도 한 잔 마시자.

13.7 정리

이 장에서 완전한 이벤트 처리 시스템을 만든다는 것이 녹녹치 않은 일임을 살펴보았다. 앞으로도 몇 년 동안은 더 지원을 해야 할 것 같은, 오래된 버전의 IE에서 사용하는 IE 모델은 별도의 처리가 필요한 많은 골칫거리를 제공한다. 하지만 그것이 모두 IE만의 잘못은 아니다. W3C 표준을 따르는 브라우저들조차도 네이티브 API의 확장성이 부족하다. 이것은 보편적으로 적용 가능한 해법에 도달하기 위해서 여전히 대부분의 이벤트 시스템을 우회하거나 개선해야 함을 뜻한다.

이 장에서 배운 내용은 다음과 같다.

- 브라우저에서 우리가 지원해야 하는 이벤트 처리 모델엔 세 가지가 있다.
    - DOM 레벨 0은 아마 가장 친숙한 모델일 것이다. 하지만 견고한 이벤트 관리에는 적합하지 않다.
    - DOM 레벨 2는 W3C 표준이다. 하지만 완전한 이벤트 관리를 제공하기 위해 필요한 많은 기능이 빠져 있다.
    - IE 모델은 IE 만을 위한 특수한 모델이고, DOM 레벨 2보다는 적은 기능을 가지고 있다. 하지만 오래된 버전의 IE에서는 이 모델을 이용해야 한다.
- IE 모델의 문제점 중 하나는 핸들러에 적절한 콘텍스트를 제공하지 않는다는 것이다. 우리는 이를 수정하기 위해서 이벤트를 설정하고 해제하는데 필요한 몇 가지 함수를 만들었다.
- 또 다른 이슈로 DOM 레벨 2와 IE 모델 사이에 이벤트 정보가 다른 점이 있었다. 그래서 서로 다른 플랫폼에서도 일관성을 유지할 수 있도록 이벤트 인스턴스를 고치는(repair) 함수를 만들었다.
- 전역 저장소를 사용하지 않고 개별 엘리먼트에 대한 정보를 저장할 수 있는 수단이 필요해서, 엘리먼트에 데이터를 저장할 수 있는 방법을 개발했다. 이 기능을 이벤트 처리에 관련된 정보를 저장하는데 사용했지만, (꼭 이 용도뿐만이 아니라) 다양한 용도로도 두루 사용하는 것이 가능하다.
- 이벤트를 설정하고 해제하는 루틴을 개선해서 데이터 저장 기능을 이용하도록 하고, 이를 이용해서 다양한 유형의 엘리먼트에 지정되는 모든 유형의 이벤트 핸들러를 관리할 수 있도록 했다.
- 이벤트 관리 스위트에 추가한 기능 중에서 가장 중요한 것은 스크립트의 제어하에서 이벤트를 발생시키는 기능이다. 이 기능은 그 자체로도 유용하지만, 이를 이용해서 정말로 유용한 것들을 할 수가 있는데, 예를 들자면 사용자 정의 이벤트를 만들어서 발생시키는 것이다.
- 사용자 정의 이벤트를 만들고 발생시키는 것은 페이지 내에서 다루고자 하는 거의 모든 일에 대해서 느슨한 결합을 유지할 수 있게 해준다. 이것은 독립된 모듈 컴포넌트를 만드는 일을 아주 쉽게 만들어 준다.
- 그리고 엘리먼트의 이벤트 처리를 상위 엘리먼트(ancestor)에 위임하는 것이 작성할 코드의 양과 설정할 이벤트 핸들러의 수를 최소화 하는 방안이 될 수 있음을 배웠다.

- 브라우저가 제공하지 않는 부분들을 살펴보고, 다음 이슈를 다루기 위한 방법들을 개발했다.
  - submit 이벤트가 다른 이벤트들처럼 버블링이 되도록 한다.
  - change 이벤트가 다른 이벤트와 같이 버블링이 되도록 한다.
  - 모든 브라우저에서 사용 가능한 focusin과 focusout 이벤트를 구현한다.
  - 모든 브라우저에서 사용할 수 있는 mouseenter와 mouseleave 이벤트를 구현한다.
- 모든 브라우저에서 브라우저의 load 이벤트가 발생하기 전에 DOM이 준비가 되고 조작할 수 있는 상태가 되었는지 알 수 있도록 다큐먼트 ready 이벤트 핸들러를 개발했다.

모든 내용을 말한 것 같다. 이제 우리는 여러 브라우저가 지닌 이벤트 모델로 인해서 직면하게 되는 아주 어려운 문제들까지도 대처할 수 있는 완전하고 유용한 DOM 이벤트 관리 시스템을 구현하는데 필요한 지식을 갖추고 있다.

하지만 아직 머리를 아프게 하는 브라우저 이슈가 모두 처리되지는 않았다. DOM을 조작하는 일은 브라우저를 다룰 때 좌절을 안겨주는 것 중 일부일 뿐이다. 다음 장에서는 남은 이슈들을 정면 돌파해 보겠다.

the JavaScript Ninja

14장

SECRETS OF THE JAVASCRIPT NINJA

DOM 다루기

이 장에서는 다음 주제를 다룬다.
- 페이지에 HTML 끼워 넣기
- 엘리먼트 복사
- 엘리먼트 삭제
- 엘리먼트 텍스트 다루기

자바스크립트 라이브러리를 들여다보면, 간단한 DOM 연산의 뒤에 길고 복잡한 코드가 있다는 것을 알게 된다(이런 사실에 대부분 꽤 놀랄 것이다). 심지어 아주 간단한, 노드를 복사하거나 삭제하는 코드조차도 (이런 기능을 제공하는 cloneNode()와 removeChild() 메서드가 DOM에 포함되어 있음에도 불구하고) 상대적으로 복잡하게 구현되어 있다.

여기서 두 가지 의문이 생긴다.

- 간단한 기능을 제공하는 코드가 왜 이다지도 복잡할까?
- 라이브러리가 알아서 처리해 주는데, 코드의 동작 방식을 왜 알고 있어야 할까?

가장 중요한 이유는 성능이다. 라이브러리에서 어떻게 DOM을 수정하는지 이해한다면, 해당 라이브러리를 사용해서 더 빠르고 좋은 코드를 작성할 수 있고, 이런 기술을 자신의 코드에서도 사용할 수 있게 된다.

대부분의 사람들이 라이브러리를 사용하면서 다음 두 가지 사실에 놀라곤 한다. 먼저, 라이브러리가 단순히 기능이 구현된 코드가 아니라, 크로스 브라우저에서의 동작 불일치를 처리해 주면서도 꽤 빠르게 동작한다는 점이다. 놀라운 점은 성능 향상뿐만이 아니다. 라이브러리 개발자가 브라우저에 추가된 최신의 내용을 항상 모니터링 한다는 것 역시 놀라운 부분이다. 라이브러리는 최상의 성능을 내는 코드를 작성하기 위해 가장 적합한 기술을 이용한다.

예를 들어, 페이지에 HTML 코드를 끼워 넣을 때, 라이브러리는 HTML 주입을 위해서 문서 조각(Document fragments)이나 createContextualFragment() 메서드를 이용한다. 이 기술들은 일상적인 개발에서 흔히 사용하지는 않지만, 현재까지 잘 알려져 있는 기술들(예를 들어 createElement())에 비해서 더 빠르게 페이지에 엘리먼트를 삽입할 수 있도록 해준다.

성능 향상을 위한 다른 방법은 메모리 관리다. 웹 애플리케이션의 메모리 사용량에 대해 대부분의 개발자가 신경을 쓰지 않도록 하는 편이 상대적으로 안전하지만, 자바스크립트 라이브러리의 경우는 그렇지 않다. 라이브러리의 메모리 사용량을 반드시 고려해야 하고, 불필요한 중복 데이터를 생성하지 않도록 주의해야 한다. 이 장의 예제는 애플리케이션에서 메모리 사용량을 줄이는 데 도움이 되는 많은 기술을 제공할 것이다.

이 장에서는 DOM을 수정하는 코드에서 자주 발생하는 형편없는 크로스 브라우저 문제에 대해서 이야기하고, 그중 성능에 문제가 될 수 있는 부분을 다룰 것이다. 어떻게 성능을 향상시킬 수 있는지를 이해한다면 평범하게 개발한 애플리케이션보다 훨씬 빠르게 동작할 수 있는 애플리케이션을 개발할 수 있을 것이다.

다음은 여러분이 읽으면 좋을 만한 자료들이다.

- range.createContextualFragment() 함수는 아직 jQuery에는 포함되어 있지 않지만 매우 인기가 있다. https://developer.mozilla.org/en/DOM/range.createContextualFragment
- metamorph.js는 인용할 가치가 있는 방법으로 DOM 조작을 구현했다. https://github.com/tomhuda/metamorph.js/blob/master/lib/metamorph.js.

이제 충분히 이야기를 했으니, DOM을 조작하는 방법에 대해서 살펴보자.

14.1 DOM에 HTML 주입하기

이번 장은 문서 내 임의의 위치에, 문자열 형태로 주어진 HTML을 효과적으로 삽입하는 방법에 대해 다루면서 시작한다. 이 기법을 소개하는 이유는 이 기법이 다음과 같은 몇 가지 방식으로 빈번하게 사용되기 때문이다.

- 임의의 HTML을 페이지에 삽입하거나, 클라이언트 측 템플릿을 수정하고 문서 내에 삽입할 때
- 서버로부터 HTML을 가져와서 문서에 끼워 넣고자 할 때

객체 지향 형태로 DOM을 생성하는 API를 만드는 것과 비교하면, 이 기능을 올바르게 구현하는 작업은 기술적인 도전이라고 할 수 있다. (객체 지향으로 DOM 생성 API를 만드는 방식이 더 쉽긴 하지만, HTML을 삽입하기 위해서 추상 레이어가 추가로 필요하다.)

임의의 HTML 문자열을 삽입하기 위한 API는 이미 존재한다. 해당 API는 인터넷 익스플로러에 의해 도입되었고, 현재는 W3C HTML5 명세의 일부다. 이 메서드는 모든 HTML DOM 엘리먼트에 존재하고 insertAdjacentHTML()라 부른다.

www.w3.org/TR/html5/apis-in-html-documents.html#insertadjacenthtml를 살펴보자. 해당 메서드의 사용법은 꽤 간단하다. 좀 더 이해하기 쉬운 문서는 https://developer.mozilla.org/en/DOM/element.insertAdjacentHTML에서 찾을 수 있다.

그러나 지원해야 할 브라우저 모두에서 동일한 방식으로 해당 API를 사용할 수 있는지 여부가 문제가 된다. 비록 모든 최신 브라우저가 이 메서드를 지원하긴 하지만 대부분 최근에 지원을 시작했기 때문에, 우리의 지원 대상에 포함된 레거시 브라우저에서는 지원하지 않을 수 있다. 심지어 구 버전 IE의 구현은 버그가 아주 많고, 모든 엘리먼트가 아닌 일부 엘리먼트에서만 동작하기도 한다.

가장 최근에 나왔거나 훌륭하게 동작하는 브라우저 버전만 지원 대상이라 하더라도, HTML을 어떻게 삽입하는지 알면, 자바스크립트 닌자에겐 호신용 단도(wakizashi) 옆에 꽂아 놓고 언제든지 꺼내 쓸 수 있는 무기가 될 수 있다.

이런 이유로, 밑바닥부터 DOM 조작 API를 구현할 것이다. 그리고 구현은 다음과 같은 단계로 이루어진다.

1. 임의의 그러나 올바른 HTML/XHTML 문자열을 DOM 구조로 변경한다.
2. 가능한 한 효과적인 방법으로 DOM의 어떤 위치에라도 DOM 구조를 삽입한다.
3. 소스에 있는 인라인 스크립트를 실행한다.

이 세 단계는 페이지 작성자에게 문서에 HTML을 삽입할 수 있는 멋진 API를 제공할 것이다. 자, 시작해 보자.

14.1.1 HTML을 DOM으로 변환하기

HTML 문자열을 DOM 구조로 변경하는 데 특별한 기술이 사용되지는 않는다. 사실 이 변환에는 이미 친숙한 DOM 엘리먼트의 innerHTML 속성을 이용한다.
innerHTML을 이용한 변환은 다음과 같이 여러 단계의 과정을 거친다.

1. HTML 문자열이 올바른 HTML/XHTML인지 확인한다(또는, 친절하게 해당 문자열을 유효한 형태에 가까워지도록 수정을 가한다).
2. 특정 마크업으로 해당 문자열을 감싼다. 이는 브라우저 규칙 때문에 필요하다.
3. HTML 문자열을 더미 DOM 엘리먼트에 삽입한다.
4. DOM 노드를 다시 추출한다.

이 단계들이 과하게 복잡하지는 않지만, 실제 HTML 삽입 시에 고려해야 할 몇 가지 부분이 있다. 각 단계별로 자세히 살펴보자.

XML/HTML 소스 문자열 처리하기

먼저, 소스 HTML을 필요에 맞게 정리해야 한다. 첫 단계에서 무엇을 포함해야 하는지는 제품의 필요성과 내용에 달려있다. 예를 들어, jQuery를 개발할 때는 XML 형식 지원과 "⟨table/⟩"처럼 자체적으로 종료가 가능한 엘리먼트를 지원하는 것이 중요했다.

HTML 엘리먼트 중 아주 일부 엘리먼트만 자체적으로 종료 가능하다. IE와 같은 브라우저에서 다른 엘리먼트에 이 형식을 사용하면, 문제를 일으킬 수 있다.

다음 코드에서처럼 "⟨table/⟩"을 "⟨table⟩⟨/table⟩" 형태로 변경하기 위해서 미리 빠르게 HTML 문자열을 분석할 수 있다(모든 브라우저에서 동일하게 처리하기 위해서).

14.1 자체 종료 엘리먼트를 올바르게 변경하기

```
<script type="text/javascript">
var tags =
    /^(abbr|br|col|img|input|link|meta|param|hr|area|embed)$/i;
function convert(html) {
return html.replace(/(<(\w+)[^>]*?)\/>/g, function (all, front, tag) {
        return tags.test(tag) ?
    all :
    front + "></" + tag + ">";
    });
}

assert(convert("<a/>") === "<a></a>", "a 태그 변환을 확인한다.");
assert(convert("<hr/>") === "<hr/>", "hr 태그 변환을 확인한다.");

</script>
```

- 필요하지 않은 엘리먼트의 이름을 확인하기 위해서 정규 표현식 사용
- 자체 종료 가능한 태그를 '일반적인' 형태로 변경하기 위해 정규 표현식을 사용하는 함수
- 항상 테스트하자!

이제 convert() 함수의 반환 값을 감쌀지 말지를 결정해야 한다.

HTML 래핑

HTML 문자열을 페이지에 삽입하기 전에, 거쳐야 할 또 다른 단계가 있다. 몇몇 HTML 엘리먼트는 페이지에 삽입하려면, 이를 감싸는 다른 컨테이너 엘리먼트가 필요하다. 예를 들어, ⟨option⟩ 엘리먼트는 반드시 ⟨select⟩ 엘리먼트 내부에 존재해야 한다.

이 문제를 두 가지 방식으로 해결할 수 있는데, 두 방식 모두 문제가 있는 엘리먼트와 해당 엘리먼트를 감쌀 컨테이너 엘리먼트 사이의 매핑 정보를 필요로 한다.

- innerHTML을 이용해서 문자열을 특정 부모 노드에 곧장 삽입하는 것이 가능하다. 이때 createElement를 이용해서 부모 노드를 미리 생성해 두어야 한다. 이 방식은 여러 브라우저에서 동작하기는 하지만, 항상 동작한다고 보장할 수는 없다.
- 문자열을 필요한 마크업으로 적절히 감싼 다음, 다른 컨테이너 엘리먼트(예를 들어, ⟨div⟩ 같은)에 삽입한다. 이는 매우 쉬운 방법이지만 추가 작업이

필요하다.

두 번째 방법이 더 선호되는데, 브라우저에 종속되는 코드가 많이 필요한 첫 번째 방법에 비해서 브라우저 종속 코드가 매우 적기 때문이다.

특정 컨테이너 엘리먼트로 감싸주어야 하는 엘리먼트는 다행히도 7가지뿐이다. 다음 리스트에서 (...)는 엘리먼트를 삽입할 위치를 의미한다.

- ⟨option⟩과 ⟨optgroup⟩은 ⟨select multiple="multiple"⟩...⟨/select⟩로 감싸야 한다.
- ⟨legend⟩는 ⟨fieldset⟩...⟨/fieldset⟩으로 감싸야 한다.
- ⟨thead⟩, ⟨tbody⟩, ⟨tfoot⟩, ⟨colgroup⟩, ⟨caption⟩은 ⟨table⟩...⟨/table⟩로 감싸야 한다.
- ⟨tr⟩은 ⟨table⟩⟨thead⟩...⟨/thead⟩⟨/table⟩이나 ⟨table⟩⟨tbody⟩...⟨/tbody⟩⟨/table⟩, ⟨table⟩⟨tfoot⟩...⟨/tfoot⟩⟨/table⟩이 필요하다.
- ⟨td⟩와 ⟨th⟩는 ⟨table⟩⟨tbody⟩⟨tr⟩...⟨/tr⟩⟨/tbody⟩⟨/table⟩이 필요하다.
- ⟨col⟩은 반드시 ⟨table⟩⟨tbody⟩⟨/tbody⟩⟨colgroup⟩...⟨/colgroup⟩⟨/table⟩ 안에 있어야 한다.
- ⟨link⟩와 ⟨script⟩는 ⟨div⟩⟨/div⟩⟨div⟩...⟨/div⟩가 필요하다.

이들 대부분은 직관적으로 알 수 있는 것들이지만 다음 부분은 약간의 추가 설명이 필요하다.

- multiple 속성을 가진 ⟨select⟩ 엘리먼트(단일 선택만 가능한 select 엘리먼트와 반대로)가 사용되는데, 다중 선택이 가능한 ⟨select⟩ 엘리먼트가 그 안에 있는 어떤 option도 자동으로 선택을 하지 않기 때문이다. (이와 반대로 단일 선택 ⟨select⟩ 엘리먼트는 자동으로 첫 번째 option을 선택한다.)
- ⟨col⟩을 제대로 삽입하려면 추가적인 ⟨tbody⟩가 필요하다. ⟨tbody⟩를 사용하지 않으면 ⟨colgroup⟩이 제대로 만들어지지 않는다.
- ⟨link⟩와 ⟨script⟩의 수정은 좀 특별하다. 인터넷 익스플로러는 두 엘리먼트가 다른 엘리먼트 내에 포함되어 있고, 둘을 포함하고 있는 엘리먼트가 인접 엘리먼트를 가지고 있는 경우에만 innerHTML을 이용해서 ⟨link⟩와 ⟨script⟩ 엘리먼트를 생성할 수 있다.

그럼, 래핑 요구사항에 맞춰 적절히 매핑된 엘리먼트를 가지고서 DOM 생성을 해보자.

DOM 생성하기

이전 절에서 살펴본 컨테이너 맵을 이용해서 DOM 엘리먼트에 추가할 HTML을 생성하기 위한 정보를 충분히 얻었다.

14.2 특정 마크업을 이용해서 DOM 노드 리스트 생성하기

```
<script type="text/javascript">
    function getNodes(htmlString, doc) {
        var map = {
            "<td>":[3,"<table><tbody><tr>","</tr></tbody></table>"],
            "<th>":[3,"<table><tbody><tr>","</tr></tbody></table>"],
            "<tr>":[2,"<table><thead>",
            "</thead></table>"],
            "<option>":[1,"<select multiple='multiple'>","</select>"],
            "<optgroup>":[1,"<select multiple='multiple'>","</select>"],
            "<legend>":[1,"<fieldset>","</fieldset>"],"<thead>":[1,"<table>","</table>"],
            "<tbody>":[1,"<table>","</table>"], "<tfoot>":[1,"<table>","</table>"],
            "<colgroup>":[1,"<table>","</table>"],
            "<caption>":[1,"<table>","</table>"],
            "<col>":[2,"<table><tbody></tbody><colgroup>",
            "</colgroup></table>"],
            "<link>":[3,"<div></div><div>","</div>"]
        };

        var tagName = htmlString.match(/<\w+/),
            mapEntry = tagName ? map[tagName0]] : null;
        if (!mapEntry) mapEntry = [0, " ". " " ];

        var div = (doc || document).createElement("div");

        div.innerHTML=mapEntry[1]+htmlString+mapEntry[2];

        while (mapEntry[0]--) div = div.lastChild;

        return div.childNodes;
    }
    assert(getNodes("<td>test</td><td>test2</td>").length === 2,
           "getNoeds() 메서드를 호출한 결과 노드가 두 개 반환된다.");
    assert(getNodes("<td>test</td>")[0].nodeName === "TD",
           "기대한 노드가 반환되는지 확인한다.");
</script>
```

❶ 특별한 상위 컨테이너가 필요한 엘리먼트의 맵. 각 항목은 상위 컨테이너의 계층 수에 따른 새로운 위치와 상위 컨테이너들의 여는 태그 HTML과 닫는 HTML을 가지고 있다.

❷ 삽입될 엘리먼트의 태그 이름과 시작 표시를 찾기 위해 정규 표현식을 사용한다.

❸ 맵 안에 존재하면 해당하는 엔트리를 가져오고, 그렇지 않으면 빈 "부모" 마크업과 빈 노드를 만든다.

❹ 새로운 노드 생성을 위해 <div> 엘리먼트를 만든다. 전달된 문서(document)가 있다면 이것을 이용하고, 그렇지 않으면 현재 문서를 기본으로 사용한다.

❺ 마크업을 맵 엔트리로부터 부모 태그와 함께 감싸고, 새롭게 생성된 <div> 안에 HTML을 삽입한다.

❻ 방금 생성된 트리를 맵 엔트리에 명시된 계층으로 옮긴다. 해당 계층은 마크업에 의해서 생성된 노드의 부모가 된다.

❼ 새로 생성된 엘리먼트를 반환한다.

인터넷 익스플로러에서 노드를 반환하기 전에 피해야만 하는 두 가지 브라우저 버그가 있다. 첫 번째는 IE가 빈 테이블에 〈tbody〉 엘리먼트를 집어넣는 것이다. 올바른 수정 방법은 테이블이 비어있는지를 확인하고 모든 자식 노드를 삭제하는 것이다. 두 번째는 IE가 innerHTML에 전달된 문자열의 앞쪽 공백을 모두 삭제해버리는 것이다. HTML에서 공백은 신경 쓰지 않고, 문서를 브라우저에서 렌더링 할 때도 보통은 신경 쓰지 않는다는 것을 기억하자. 처음 생성되는 노드의 텍스트 앞부분에 공백이 포함되어 있는지를 체크함으로써 이를 수정할 수 있는데, 그렇지 않으면 새로운 노드를 생성해서 명시적으로 공백을 채워둔다.

이제 문서에 삽입할 준비를 마친 DOM 노드들을 가지게 되었다.

14.1.2 문서에 삽입하기

DOM 노드를 실제로 만들었으니, 이제 문서에 해당 노드를 삽입할 시간이다. 여기에는 몇 가지 단계가 있는데 이번 절에서는 이에 대해서 알아볼 것이다.

우리는 이미 문서 내의 어느 위치에든 삽입할 수 있는 엘리먼트에 대한 배열을 가지고 있고, 문서에 노드를 삽입하는데 필요한 연산은 최소한으로 유지하고 싶다.

DOM 조각(fragment)을 이용하면 원하는 바를 얻을 수 있다. DOM 조각은 W3C DOM 명세에 포함되어 있고 모든 브라우저에서 지원한다. 이 유용한 기능은 DOM 노드를 담아둘 수 있는 컨테이너를 제공한다.

DOM 조각은 그 자체만으로도 꽤 유용하지만, 다수의 노드를 삽입할 때 개별 노드를 일일이 복사하고 삽입하는 대신, 한 번의 작업으로 복사와 삽입을 할 수 있는 장점을 제공한다. DOM 조각을 활용하면 페이지에서 필요한 작업의 수를 극적으로 줄일 수도 있다.

이런 방법을 코드에 적용하기 전에, 코드 14.2의 getNodes() 함수를 다시 살펴보자. 그리고 DOM 조각을 이용하도록 이 코드를 살짝 변경할 수 있다. 변경 사항은 적은데 다음과 같이 함수의 매개변수 목록에 fragment를 추가하고 있다.

```
function getNodes(htmlString, doc, fragment) {
```

마지막 인자는, 전달된 경우, 차후에 사용하기 위해서 노드들을 삽입해 두는 DOM 조각이다.

이렇게 하기 위해서, 다음과 같은 코드를 함수의 return 구문 앞에 추가한다. 이 코드는 fragment에 노드를 추가한다.

```
if (fragment) {
  while (div.firstChild) {
    fragment.appendChild(div.firstChild);
  }
}
```

이제 실제로 사용해보자.

jQuery에서 가져온 다음 코드에서는 방금 다룬 것과 같이 변경된 getNodes() 함수가 있다고 가정하고, 조각(fragment)을 생성하여 getNodes() 함수에 전달한다(기억하고 있겠지만, 이 함수는 입력된 HTML 문자열을 DOM 엘리먼트로 변환한다). 만들어진 DOM은 조각에 추가된다.

14.3 DOM 조각을 DOM의 여러 위치에 삽입하기

```
<div id="test"><b><b>안녕하세요</b>, 저는 닌자입니다!</div>
<div id="test2"></div>
<script type="text/javascript">

  window.onload = function () {
    function insert(elems, args, callback) {
      if (elems.length) {
        var doc = elems[0].ownerDocument || elems[0],
    fragment = doc.createDocumentFragment(),
    scripts = getNodes(args, doc, fragment),
    first = fragment.firstChild;

        if (first) {
    for (var i = 0; elems[i]; i++) {
      callback.call(root(elems[i], first),
          i > 0 ? fragment.cloneNode(true) : fragment);
    }
        }
      }
    }

    var divs = document.getElementsByTagName("div");

    insert(divs, ["<b>Name:</b>"], function (fragment) {
      this.appendChild(fragment);
    });

    insert(divs, ["<span>First</span> <span>Last</span>"],
      function (fragment) {
        this.parentNode.insertBefore(fragment, this);
      });
  };
</script>
```

여기에는 또 다른 중요한 부분이 있다. 만약 우리가 만들어진 엘리먼트를 문서 내의 여러 위치에 삽입하고자 한다면, 매번 조각을 복제하면 된다. 조각을 사용하지 않는다면, 매번 모든 노드를 일일이 복제해야만 한다. 조각을 사용하면 이 일을 한 번에 할 수 있다.

비교적 사소하지만 마지막으로 고려해야 할 점이 있다. 페이지 작성자가 테이블의 행을 곧바로 테이블 엘리먼트에 삽입하려고 시도할 때, 보통 이 작업의 의도는 테이블 안에 있는 ⟨tbody⟩ 안에 행을 바로 집어넣는 것을 의미한다. 이것을 해주는 간단한 매핑 함수를 작성할 수 있다.

14.4 엘리먼트에서 삽입 지점 찾아내기

```
<script type="text/javascript">
  function root(elem, cur) {
    return elem.nodeName.toLowerCase() === "table" &&
        cur.nodeName.toLowerCase() === "tr" ?
        (elem.getElementsByTagName("tbody")[0] ||
      elem.appendChild(elem.ownerDocument.createElement("tbody"))) :
        elem;
  }
</script>
```

이제 직관적인 방법으로 임의의 DOM 엘리먼트를 생성하고 삽입할 수 있게 되었다. 그런데 소스 문자열 내에 내장된 스크립팅 엘리먼트는 어떻게 해야 할까?

14.1.3 스크립트 실행

HTML 구조를 문서에 삽입하는 것 외에도, 일반적인 요구사항 중 하나는 인라인 스크립트 엘리먼트를 실행하는 것이다. 서버로부터 Ajax 응답을 통해 HTML 일부를 받을 때, 이 HTML에 실행되어야 하는 스크립트가 포함되어 있는 경우가 일반적인 예다.

보통 인라인 스크립트를 다루는 가장 좋은 방법은, DOM 구조를 문서에 삽입하기 전에 먼저 스크립트를 뽑아내는 것이다. HTML을 DOM 노드로 변환하는 함수 내에서, 다음과 같은 코드를 사용할 수 있을 것이다(이 코드는 jQuery에서 가져왔다).

14.5 스크립트 추출

```
for (var i = 0; ret[i]; i++) {
  if (jQuery.nodeName(ret[i], "script") &&
```

```
        (!ret[i].type ||
      ret[i].type.toLowerCase() === "text/javascript")) {
      scripts.push(ret[i].parentNode ?
          ret[i].parentNode.removeChild(ret[i]) :
          ret[i]);
    } else if (ret[i].nodeType === 1) {
      ret.splice.apply(ret, [i + 1, 0].concat(
          jQuery.makeArray(ret[i].getElementsByTagName("script"))));
    }
  }
```

이 코드는 생성된 모든 DOM 노드를 가지고 있는 ret 배열과 DOM 조각 내에 존재하는 모든 스크립트를 가지고 있는 scripts, 두 개의 배열을 다룬다. 또한, 이 코드는 일반적으로 자바스크립트로 실행되는 스크립트(명시적인 type 속성이 없거나 type 속성이 type/javascript로 지정된 script 태그)를 제거한다. 그런 다음 DOM 구조가 문서에 삽입되고 나면, 이 코드는 스크립트의 내용을 가져와 이를 평가한다. 이것은 복잡한 코드라기보다는 순서를 이리저리 뒤바꾸는 일을 하는 코드에 더 가깝다. 그런데 여기에 조금 교묘한 부분이 있다.

전역 코드 평가

실행해야 할 인라인 스크립트가 포함되어 있다면, 이 스크립트는 전역 콘텍스트를 가지고 평가될 것이다. 이는 스크립트에 어떤 변수가 선언되어 있다면, 해당 변수는 전역 변수가 된다는 뜻이다. 같은 규칙이 함수에도 적용된다.

코드를 평가하는 표준 메서드는 잘 사용한다 하더라도 깔끔하지 않다. 브라우저에 상관없이 전역 유효 범위에서 코드를 안전하게 실행하는 방법은, 새로운 script 엘리먼트를 생성하고 실행하고자 하는 코드를 해당 script 엘리먼트 내에 삽입하는 방식이다. 그리고 재빨리 문서에 script 엘리먼트를 삽입하고 제거한다. 이 기법은 9.1절에서 논의했던 내용이다. 이는 브라우저가 script 엘리먼트의 내용을 전역 유효 범위 내에서 실행하도록 한다.

jQuery에서 가져온 다음 코드는 전역 코드 평가와 관련된 내용 일부를 보여준다.

14.6 전역 유효 범위에서의 스크립트 평가

```
<script type="text/javascript">
  function globalEval(data) {
    data = data.replace(/^\s+|\s+$/g, "");

    if (data) {
```

```
            var head = document.getElementsByTagName("head")[0] ||
                document.documentElement,
        script = document.createElement("script");

            script.type = "text/javascript";
            script.text = data;
            head.insertBefore(script, head.firstChild);
            head.removeChild(script);
        }
    }
</script>
```

이 메서드를 사용하면, script 엘리먼트를 평가하는 일반적인 수단을 수월하게 빨리 만들어낼 수 있다. 뿐만 아니라 스크립트를 동적으로 불러오기 위한(외부 URL을 참조하는 경우) 간단한 코드도 추가할 수 있고 마찬가지로 평가할 수 있다.

14.7 스크립트를 평가하는 메서드(심지어 스크립트가 원격지에 위치하더라도 평가할 수 있다)

```
<script type="text/javascript">

    function evalScript(elem) {
        if (elem.src)
            jQuery.ajax({
                url:elem.src,
                async:false,
                dataType:"script"
            });

        else
            jQuery.globalEval(elem.text || "");

        if (elem.parentNode)
            elem.parentNode.removeChild(elem);
    }

</script>
```

스크립트를 평가한 후에 DOM에서 해당 스크립트를 제거한다. 앞서 script 엘리먼트가 문서에 삽입되기 전에 이 script 엘리먼트를 제거하는 작업을 했다. 이렇게 함으로써 원치 않게 스크립트가 두 번 실행되는 것을 막을 수 있다(예를 들자면, 자기 자신을 재귀적으로 호출하는 스크립트를 문서에 추가한 경우).

자바스크립트 닌자가 사용할 수 있는 기술 중 하나로 DOM에 새로운 엘리먼트를 추가하는 기술을 추가했다. 이제 이미 존재하는 엘리먼트로부터 새로운 엘리먼트를 복제하는 방법에 대해 살펴 보자.

14.2 엘리먼트 복제하기

구 버전의 IE를 제외한 모든 브라우저에서 엘리먼트를 복제하는 작업(DOM의 cloneNode 메서드를 사용하여)은 간단하다. 허나 구 버전의 IE는 엘리먼트를 복제할 때 매우 이상한 문제를 일으킨다.

먼저 엘리먼트를 복제할 때, IE는 복제된 엘리먼트에 모든 이벤트 핸들러를 복사한다. 게다가 엘리먼트에 추가된 사용자 정의 프로퍼티도 함께 전달한다. jQuery에서는 다음과 같은 간단한 테스트를 통해 이런 경우인지를 확인한다.

14.8 엘리먼트를 복제할 때 브라우저가 이벤트 핸들러도 같이 복사하는지를 확인한다

```
<script type="text/javascript">

  var div = document.createElement("div");

  if (div.attachEvent && div.fireEvent) {
    div.attachEvent("onclick", function () {
      jquery.support.noCloneEvent = false;
      div.detachEvent("onclick", arguments.callee);
    });
    div.cloneNode(true).fireEvent("onclick");
  }

</script>
```

노드를 복제할 때, 이벤트 핸들러는 하나도 복사되지 않는다 (그러나 IE는 복사한다).

둘째로, 이를 방지하는 확실한 방법은 복제된 엘리먼트에서 이벤트 핸들러를 제거해 두는 것이다. 그러나 인터넷 익스플로러에서는 복제된 엘리먼트에서 이벤트 핸들러를 제거하면, 원본 엘리먼트에서도 이벤트 핸들러가 제거된다. 골치 아픈 현상이다.

기본적으로, 엘리먼트 복제와 관련하여 사용자 정의 프로퍼티를 제거하려는 어떤 시도라도 발생하면, 원본 엘리먼트에서도 해당 프로퍼티를 제거하려 하게 된다.

결국, 이 모든 것을 위한 해결책은 단순히 엘리먼트를 복제하고 복제된 엘리먼트를 다른 엘리먼트 안으로 삽입하고 그 엘리먼트의 innerHTML 값을 읽은 다음, 다시 DOM 노드로 변환하는 것이다. 이는 여러 단계를 거치는 작업이지만 그 결과 문제없는 복제된 엘리먼트를 가지게 된다. 그런데, 여기에 또 다른 IE 버그가 있다.(한숨) 엘리먼트의 innerHTML(그리고 outerHTML 역시)이 엘리먼트의 속성의 상태를 올바르게 반영하지 못하는 경우다. input 엘리먼트의 이름 속성이 동적으로 변경될 때, 이런 문제를 볼 수 있다. 새로운 값이 innerHTML에 반영되지 않는다.

그리고 이 해결책에는 또 다른 문제가 있다. XML DOM 엘리먼트에는 innerHTML이 존재하지 않아서, cloneNode를 강제로 호출해야 한다(감사하게도 XML DOM 엘리먼트에 대해 이벤트 리스너를 설정할 일은 거의 없다).

인터넷 익스플로러를 위한 마지막 해결책은 꽤 여러 가지 작업을 수행하는 것이다. 단순히 cloneNode를 호출하는 대신, innerHTML로 직렬화하고 다시 DOM 노드로 추출한 다음, 가져오지 못한 속성들을 몽키 패치(monkey patch)[1]하는 것이다. 속성에 대해서 얼마나 몽키 패치 할지는 전적으로 당신에게 달려있다.

14.9 jQuery에서 가져온 엘리먼트 복제 코드의 일부

```
<script type="text/javascript">
  function clone() {
    var ret = this.map(function () {
      if (!jQuery.support.noCloneEvent && !jQuery.isXMLDoc(this)) {
        var clone = this.cloneNode(true),
    container = document.createElement("div");
        container.appendChild(clone);
        return jQuery.clean([container.innerHTML])[0];
      } else
        return this.cloneNode(true);
    });

    var clone = ret.find("*").andSelf().each(function () {
      if (this[ expando ] !== undefined)
        this[ expando ] = null;
    });

    return ret;
  }
</script>
```

이 코드는 HTML 문자열을 DOM 구조로 바꾸는 jQuery의 jQuery.clean 메서드를 이용한다(이 메서드는 이전에 살펴보았다).

좋다. 지금까지 새로운 엘리먼트를 추가하고 복제하는 것을 해보았다. 그렇다면 제거는 어떻게 할 수 있을까?

---

1 (옮긴이) 몽키 패치는 동적 언어에서 원본 소스코드를 수정하지 않고, 런타임에 코드를 수정 또는 확장하는 것을 말한다.

14.3 엘리먼트 제거하기

DOM에서 노드를 제거하는 일은 (단순히 removeChild()를 호출하는 것과 같이) 간단해야 한다. 하지만 실상은 그렇지가 않다. DOM에서 실제로 엘리먼트를 제거하려면, 그전에 많은 사전 정리 작업이 필요하다.

보통 DOM에서 어떤 엘리먼트를 제거하려고 하면 제거하기에 앞서 두 단계의 정리 작업을 해야 한다.

첫 번째 단계는 해당 엘리먼트에 설정되어 있는 모든 이벤트 핸들러를 제거하는 것이다. 프레임워크가 잘 설계되어 있다면, 각 엘리먼트에는 단 하나의 핸들러만 설정되어 있을 것이다. 그래서 이벤트 핸들러를 제거하는 일이 함수를 하나 제거하는 것 이상으로 어렵지는 않을 것이다. 이것이 바로 13장에서 직접 이벤트 관리 프레임워크를 만든 이유다. 이벤트 핸들러를 모두 제거하는 것이 중요한 이유는, 인터넷 익스플로러의 경우 DOM 엘리먼트에 연결된 이벤트 핸들러가 있는 경우 메모리 누수가 일어나기 때문이다.

두 번째 단계는 삭제할 엘리먼트와 연관된 모든 외부 데이터를 제거하는 것이다. 13장에서 다뤘듯이, 프레임워크는 엘리먼트에 직접 사용자 정의 속성을 추가하는 방식을 사용하지 않고 여러 가지 데이터를 엘리먼트에 연관시킬 수 있는 좋은 방법을 필요로 한다. 따라서 추가 메모리를 사용하지 않도록 연관된 데이터를 삭제하는 것이 좋은 방식이다.

엘리먼트를 제거하기 전에 이 두 단계를 반드시 실행해야 한다. 그리고 제거 대상 노드의 모든 하위 엘리먼트에 대해서도 두 단계를 동일하게 실행해야 한다. 엘리먼트를 제거하면 하위 엘리먼트들도 모두 제거될 것이기 때문이다.

다음 코드는 jQuery에서 가져온 것이다.

14.10 jQuery의 엘리먼트 제거 함수

```
<script type="text/javascript">
  function remove() {
    jQuery("*", this).add([this]).each(function () {
      jQuery.event.remove(this);
      jQuery.removeData(this);
    });
```

제거할 모든 하위 엘리먼트와 해당 엘리먼트를 순회한다.

바인딩된 엘리먼트를 삭제한다.

데이터를 삭제한다.

```
    if (this.parentNode)
      this.parentNode.removeChild(this);
  }
</script>
```
◀ DOM 안에 있다면 해당 노드를 삭제한다.

정리 작업을 모두 마친 후에 해야 할 일은, 실제로 DOM에서 엘리먼트를 제거하는 작업이다. 페이지에서 엘리먼트를 제거하는 일은 대부분의 브라우저에서 전혀 문제가 없다(미리 언급했던 것처럼, 인터넷 익스플로러만 제외하고 말이다).

IE의 경우, 실제로 해당 페이지를 벗어나기 전까지는 제거된 모든 엘리먼트에 대해서 해당 엘리먼트들이 사용했던 메모리를 완전히 회수하지 못한다. 이것은 장시간 동작하는, 많은 엘리먼트를 삭제하는 페이지의 경우 시간이 흐름에 따라 상당한 양의 메모리를 더 사용하게 됨을 의미한다.

이 문제를 부분적으로 해결해 주는 방법이 하나 있는데 제법 잘 동작한다. IE는 엘리먼트를 HTML 문자열로 변환해 주는, outerHTML이라 불리는 전용 프로퍼티를 가지고 있다. 어떤 이유인지 outerHTML은 getter이면서 setter로 동작한다. 곧 알게 되겠지만, 다음 코드를 실행하면

```
outerHTML = "";
```

단순히 removeChild()를 호출하는 것보다 더 확실하게 IE의 메모리에서 엘리먼트를 삭제한다. 우리는 통상적인 removeChilld() 호출 뒤에 추가로 이 단계를 실행할 수 있다.

14.11 인터넷 익스플로러에서 메모리를 더 회수할 수 있도록 outerHTML 설정하기

```
if (this.parentNode)
  this.parentNode.removeChild(this);

if (typeof this.outerHTML !== "undefined")
  this.outerHTML = "";
```
◀ DOM 안에 존재하면 엘리먼트를 제거한다.

outerHTML이 엘리먼트가 사용한 모든 메모리를 회수하지는 못한다는 것을 반드시 기억해야 한다. 그러나 대부분은 회수하게 된다.

페이지로부터 어떤 엘리먼트를 제거하려고 할 때, 적어도 이 세 단계는 처리해야 한다는 사실을 반드시 기억해 두자. 이것은 엘리먼트의 내용을 지우거나, 엘리먼트의 내용을 다른 HTML나 텍스트로 변경하는 경우 그리고 엘리먼트 자

체를 곧바로 다른 엘리먼트로 대체하는 경우에도 해당된다. DOM을 항상 잘 정돈된 상태로 유지해야 한다는 것을 기억하자. 정돈된 상태를 유지하면 나중에 메모리 문제로 고민하는 일은 많지 않을 것이다.

지금까지 HTML 엘리먼트에 대해서 많은 이야기를 했다. 하지만 페이지를 구성하는 요소에 엘리먼트만 있는 것이 아니다. 이제 페이지 내에 포함된 텍스트를 다루는 방법에 대해서 살펴보자.

14.4 텍스트 콘텐츠

특별히 텍스트 내용을 다루는 내장 메서드들이 모든 브라우저에 존재하기 때문에, 텍스트를 다루는 작업은 HTML 엘리먼트를 다루는 일보다 일반적으로 쉽다. 하지만 어느 때와 마찬가지로, 피해가야 하는 갖가지 브라우저 버그로 인해, 이 API들은 우리가 원하는 것과 같이 완전한 해결책이 되지는 못한다.

보통 다음 두 시나리오로 텍스트를 다룬다.

- 엘리먼트의 텍스트 내용 가져오기
- 엘리먼트에 텍스트 내용 설정하기

W3C 호환 브라우저는 편리하게도 DOM 엘리먼트에 textContent 프로퍼티를 제공한다. 이 프로퍼티의 내용에 접근하면, 자식 노드와 그 하위의 노드들까지 포함한 엘리먼트의 텍스트 내용을 얻을 수 있다.

구 버전의 인터넷 익스플로러는, textContext와 같은 동작을 하는 innerText라는 자신만의 프로퍼티를 가지고 있다. (몇몇 브라우저, 예를 들어 웹킷에 기반한 브라우저들 역시 친절하게도 innerText를 지원한다.)

다음 코드를 살펴보자.

14.12 textContent와 innerText 이용하기

```
<div id="test"><b>안녕하세요</b>, 저는 닌자입니다!</div>

<script type="text/javascript">

  window.onload = function () {
    var b = document.getElementById("test");
    var text = b.textContent || b.innerText;
```

```
      assert(text === "안녕하세요, 저는 닌자입니다!",
          "엘리먼트의 텍스트를 확인한다.");
      assert(b.childNodes.length === 2,
          "엘리먼트 하나와 텍스트 노드가 존재한다.");

      if (typeof b.textContent !== "undefined") {
        b.textContent = "새로운 텍스트";
      } else {
        b.innerText = "새로운 텍스트";
      }

      text = b.textContent || b.innerText;

      assert(text === "새로운 텍스트", "새로운 텍스트 값으로 설정한다.");
      assert(b.childNodes.length === 1,
          "이제 텍스트 노드가 단 하나만 존재한다.");
    };
  </script>
```

textContent나 innerText 프로퍼티에 값을 지정하면, 원래의 엘리먼트 구조가 사라진다는 것에 유의하자. 그래서 이 속성들은 매우 유용한 반면에 몇 가지 단점이 있다.

첫째로, 페이지 내의 엘리먼트를 삭제하는 것에 대해 다루면서 논의했던 것처럼, 엘리먼트 메모리 누수에 대해 특별한 고려를 하지 않으면 나중에 그로 인해 어려움을 겪는 일이 생길 수 있다. 게다가 이 프로퍼티들에 대해 공백문자를 다루는 크로스 브라우저 코드를 작성하는 일은 최악이다. 어떤 브라우저도 일관된 결과를 반환하지 않는다.

공백문자(특히 마지막 줄)이 유지되는 것이 중요하지 않다면, 편안한 마음으로 textContent와 innerText를 이용해서 엘리먼트의 텍스트 값을 가져오면 된다. 하지만, 값을 제대로 설정하기 위해서는, 다른 방법을 고안해야 한다.

14.4.1 텍스트 설정

텍스트 값 설정은 다음 두 단계를 거친다.

1. 엘리먼트의 내용을 비운다.
2. 새로운 텍스트를 삽입한다.

내용을 비우는 것은 간단하다. 코드 14.10에서 이미 해결 방법을 만들어 보았다.

새로운 텍스트를 삽입하기 위해서, 삽입하려는 문자열을 이스케이프 처리해 주는 메서드가 필요하다. HTML 추가와 텍스트 추가의 큰 차이는, 텍스트를 추가할 때는 문제가 될 만한 HTML 관련 문자들을 이스케이프 처리해야 한다는 점이다. 예를 들어 <는 HTML 엔터티인 <로 치환해 줘야 한다.

다행스럽게도 DOM 문서에서는 다음 코드에서 볼 수 있는 것처럼, HTML 관련 문자들을 HTML 엔터티로 치환해 주는 내장 메서드인 createTextNode()를 사용할 수 있다.

14.13 엘리먼트에 텍스트 설정하기

```
<div id="test"><b>안녕하세요</b>, 저는 닌자입니다!</div>

<script type="text/javascript">
  window.onload = function () {
    var b = document.getElementById("test");

    while (b.firstChild)
      b.removeChild(b.firstChild);

    b.appendChild(document.createTextNode("새로운 텍스트"));

    var text = b.textContent || b.innerText;

    assert(text === "새로운 텍스트", "새로운 텍스트를 설정한다.");
    assert(b.childNodes.length === 1,
      "이제, 텍스트 노드는 단 하나만 존재한다.");
  };
</script>
```

이 코드는 직접 만든 empty() 메서드로 대체할 수 있다.

이스케이프 처리된 텍스트를 삽입한다.

텍스트 설정을 했으니, 이제 가져와 보자.

14.4.2 텍스트 가져오기

엘리먼트로부터 정확한 텍스트를 가져오려면, textContent와 innerText로부터 가져온 값은 무시해야만 한다. textContent와 innerText를 사용할 때 가장 일반적으로 발생하는 문제는 텍스트의 마지막 부분에 들어가 있는 빈 줄이 사용하는 사람의 의사와는 상관없이 제거된 채로 반환되는 것이다. 따라서 정확한 결과를 얻으려면, textContent와 innerText 프로퍼티를 사용하는 대신에 직접 모든 노드에서 텍스트를 수집해야만 한다.

다음 코드는 이 문제를 해결하기 위해서 재귀를 적절히 활용한 예를 보여준다.

14.14 엘리먼트의 텍스트 가져오기

```
<div id="test"><b>안녕하세요</b>, 저는 닌자입니다!</div>

<script>
```

```js
    window.onload = function () {
      function getText(elem) {
        var text = "";

        for (var i = 0; i < elem.childNodes.length; i++) {
          var cur = elem.childNodes[i];

          if (cur.nodeType === 3)
            text += cur.nodeValue;

          else if (cur.nodeType === 1)
            text += getText(cur);
        }

        return text;
      }

      var b = document.getElementById("test");
      var text = getText(b);

      assert(text === "안녕하세요, 저는 닌자입니다!",
        "엘리먼트의 텍스트를 검사한다.");
      assert(b.childNodes.length === 2,
        "엘리먼트와 텍스트 노드가 존재한다.");
    };
  </script>
```

> 텍스트 노드는 nodeType이 3이다.
>
> 엘리먼트라면 재귀 호출이 필요하다.

애플리케이션을 개발할 때, 공백문자의 처리 방식에 대해서 신경 쓸 필요가 없다면, textContent와 innerText 프로퍼티를 활용하는 것이 바람직하다. 두 프로퍼티를 사용하면 삶이 훨씬 단순해진다. 하지만 두 프로퍼티로는 원하는 결과를 얻을 수 없을 때, 이와 같은 방식을 알고 있다면 도움이 될 것이다.

14.5 정리

DOM 조작을 둘러싸고 있는 어려운 문제들에 효과적으로 대응할 수 있는 최고의 방법에 대해 종합적으로 살펴보았다. 현대적인 브라우저들이 DOM 조작을 위한 몇 가지 새로운 선택사항을 제공하고 있지만, 직접 문제를 해결하는 방법을 익혀 놓는 게 구식 브라우저를 지원하고 성능 향상을 이루기 위해서 중요하다.

소개한 문제들을 극복하는 일이 간단했으면 좋겠지만, 크로스 브라우저 이슈로 인해서 해결책을 만드는 작업은 어렵다. 약간의 추가적인 작업을 통해서, 모든 주요 브라우저에서 잘 동작하는 통합된 해결책을 얻을 수 있는데, 우리는 이런 방식을 추구해야 한다.

이 장에서 배운 것들을 다시 확인해보자.

- 정규 표현식과 7장에서 배운 유용한 도구들을 이용해서, HTML 코드들을 파싱하기에 알맞은 잘 구성된 형태로 변환할 수 있다.
- HTML 텍스트 조각을 임시 엘리먼트의 innerHTML 프로퍼티에 집어넣는 게 HTML 문자열을 DOM 엘리먼트로 변환하는 빠르고 쉬운 방법이다.
- 몇몇 엘리먼트(예를 들면 table의 구성요소와 같은)는 제대로 생성하기 위해서 특정 컨테이너 엘리먼트로 감싸줘야 한다.
- HTML 조각에 포함된 script 엘리먼트는 코드 평가를 다룬 9장에서 소개했던 기법들을 활용해 전역 범위에서 실행되도록 할 수 있다.
- 구 버전의 인터넷 익스플로러는 노드를 복사할 때, 이벤트 핸들러와 런타임에 추가된 속성(expandos)를 포함해 너무 많은 것들을 복사하기 때문에, 골치 아픈 상황이 벌어진다.
- DOM에서 엘리먼트를 삭제할 때는, 특히 오랜 시간 동안 동작하는 페이지의 경우에, 메모리 관리를 염두에 두고 있어야 한다.

이 장에서는 엘리먼트를 만들고, 복사하고, 삭제하는 것에 대해서 이야기 했다. 그렇다면 엘리먼트 검색은 어떻게 해야 할까? 다음 장에서는 닌자 훈련의 마지막 주제로 CSS 셀렉터를 이용해서 엘리먼트를 검색하는 방법에 대해 다뤄보겠다.

the JavaScript Ninja

15장

SECRETS OF THE JAVASCRIPT NINJA

CSS 셀렉터 엔진

이 장에서는 다음 주제를 다룬다.
- 브라우저의 셀렉터 지원 현황
- 셀렉터 엔진 구축 전략
- W3C API 사용하기
- XPath와 관련한 몇 가지 정보
- DOM 셀렉터 엔진 구축하기

웹 개발 전문가들에게 좋은 소식은, 최근의 브라우저들은 모두 W3C 셀렉터 API를 잘 탑재하고 있다는 것이다. 이 API(API에는 레벨 1과 레벨 2, 두 단계가 있다)는 querySelectorAll()과 querySelector() 메서드를 제공한다. 뿐만 아니라, 상대적으로 브라우저 호환성이 높은 방식으로 빠르게 DOM을 탐색하는 코드를 작성하기 위해 필요한 좋은 도구들도 제공한다.

> **노트:** 셀렉터 API에 대해 더 많은 정보를 원한다면 W3C의 레벨 1(www.w3.org/TR/selectors-api/)과 레벨 2(www.w3.org/TR/selectors-api2/) 페이지를 살펴보자.

최근 브라우저 대부분은 W3C 셀렉터 API를 구현하고 있다. 그런데 왜 자바스크립트로 CSS 셀렉터 엔진을 따로 구현해야 하는가에 대해 질문을 할 수 있을 것이다.

브라우저들이 표준 API를 구현한 것은 좋은 일이지만, 대부분의 브라우저가

W3C 셀렉터를 구현한 방식은, 기존의 내부 CSS 셀렉터 엔진을 표준화된 자바스크립트/DOM에 맞춰 우겨넣은 것이다(적어도 2012년 중반에는). 이 때문에 표준 API와 관련한 여러 좋은 점이 적용되지 못했다. 예를 들면, 브라우저가 제공하는 표준 API 메서드는 미리 구축된 DOM 캐시를 사용하지 않고, 좋은 에러 리포트를 제공하지 않으며, 확장된 형태의 CSS 질의를 처리할 수 없다.

유명한 자바스크립트 라이브러리의 CSS 셀렉터 엔진은 이 모든 요소를 고려하고 있다. 그것들은 빠른 성능을 위해 DOM 캐시를 사용하고 추가적인 에러 리포팅을 제공하며 확장성이 높다.

> **팁:** "CSS 셀렉터 엔진"이 무엇인지 궁금할 수도 있겠지만, 이것은 그저 CSS 셀렉터 표현식과 DOM 요소를 찾는 기능을 거창하게 표현한 용어일 뿐이다. 예를 들면, ninja라는 CSS 클래스를 가진 엘리먼트는 셀렉터 표현식 '.ninja'를 사용하여 얻을 수 있다.

왜 따로 CSS 셀렉터 엔진을 구현해야 하는지에 대해 필요한 대답은 모두 했지만, 여전히 다른 의문은 남아 있다. 왜 순수하게 자바스크립트로만 구현한 CSS 셀렉터 엔진이 작동하는 방식을 이해하고 있어야 하나? 이에 대해 대답을 하자면, 순수 자바스크립트 CSS 셀렉터 엔진이 작동하는 방법을 이해한다면, 여러분의 코드가 아주 뛰어난 성능을 발휘할 수 있기 때문이다. 예를 들어, 더 나은 탐색을 구현함으로써 DOM 트리를 보다 빠르게 검색하게 할 수 있다. 뿐만 아니라 CSS 셀렉터 엔진이 작동하는 방식에 맞춰 CSS 셀렉터 구문을 작성할 수 있고, 이로 인해 보다 효율적으로 CSS를 선택할 수 있게 된다.

CSS 셀렉터 엔진은 오늘날 모든 종류의 개발에서 사용하기 때문에, CSS 셀렉터 엔진이 어떻게 작동하고, 어떻게 더 빠르게 작동하게 하는지를 이해한다면 개발 방향을 근본적으로 유리하게 이끌 수 있다. 여러분이 페이지상의 스크립트에서 수행하는 작업들을 생각해보자면, 결국 대부분은 다음 패턴과 같다.

1. DOM 엘리먼트를 찾는다.
2. 찾은 DOM 엘리먼트에 대해 어떤 작업을 하거나, 또는 찾은 DOM 엘리먼트를 가지고 무엇인가를 한다.

새로운 셀렉터 API를 논외로 하면, 그동안 DOM 엘리먼트를 검색하는 일은 브라우저 내에서 자바스크립트로 손쉽게 처리할 수 있는 일이 아니었다. 엘리먼트를 찾을 수 있는 방법은 기껏해야 ID 값과 태그 이름뿐이었다. 무엇이 되었건 우리의 수고를 줄여준다면, 흥미로운 일에 한층 더 집중할 수 있게 될 것이다.

현 시점에서, 표준을 따르는 셀렉터 엔진은 CSS3 셀렉터를 구현해야 한다. W3C에서 정의한 CSS3 셀렉터는 www.w3.org/TR/css3-selectors/에서 찾아볼 수 있다.

CSS 셀렉터 엔진을 구현하는 주요 방식은 다음 세 가지다.

- 앞서 언급했던 W3C 셀렉터 API를 사용한다. 이 API는 요즘 대부분의 브라우저가 제공하고 있다.
- DOM 질의 언어인 XPath를 사용한다. 이는 브라우저들이 각자 다양한 방식으로 구현하고 있다.
- 순수 DOM을 사용한다. 앞의 두 방식이 모두 존재하지 않을 때, CSS 셀렉터 엔진에 주요하게 사용될 수 있는 좋은 수단이다.

이 장에서는 자바스크립트 CSS 셀렉터 엔진을 구현할 때 합리적인 결정을 내리거나, 혹은 적어도 자바스크립트 CSS 셀렉터 엔진을 이해할 수 있도록, 앞서 얘기한 전략 모두를 깊게 다루겠다.

W3C 방식을 먼저 살펴보자.

15.1 W3C 셀렉터 API

W3C 셀렉터 API는 비교적 새로운 API이고, 자바스크립트에서 전체 CSS 셀렉터 엔진을 구현하는데 드는 대부분의 노력을 줄이도록 설계되었다.

브라우저 벤더들은 W3C 셀렉터 API를 구현하는데 달려들었고, 이 API는 대부분의 요즘 브라우저들(사파리 3, 파이어폭스 3.1, 인터넷 익스플로러 8, 크롬(처음부터), 그리고 오페라 10부터)에 구현되어 있다. 브라우저들이 구현한 W3C 셀렉터 API는 보통, 해당 브라우저의 CSS 엔진이 지원하는 모든 셀렉터를 지원하기 때문에, 만약 브라우저가 CSS3 전체를 지원한다면 해당 브라우저의 W3C 셀렉터 API도 CSS3를 지원할 것이다.

W3C 셀렉터 API는 몇 가지 유용한 메서드를 제공한다. 그 중 두 개는 최근

의 브라우저들에 구현되어 있다.

- querySelector()는 CSS 셀렉터 문자열을 받고, 찾은 첫 번째 엘리먼트를 반환한다. 만약 일치하는 엘리먼트가 없으면 null을 반환한다.
- querySelectorAll()은 CSS 셀렉터 문자열을 받고, 발견한 모든 엘리먼트를 담고 있는 정적 리스트(NodeList)를 반환한다. 정적 리스트라는 의미는 이 리스트에 엘리먼트를 추가하거나 제거하여도 원래의 DOM 구조에는 영향이 없다는 것을 의미한다.

이 두 메서드는 모든 DOM 엘리먼트, DOM 문서, DOM 조각에 존재한다.
다음 예제는 이 메서드들이 어떻게 사용될 수 있는지를 보여준다.

15.1 셀렉터 API의 실제 예제

```
<div id="test">
  <b>안녕하세요</b>, 저는 닌자입니다!
</div>
<div id="test2"></div>

<script type="text/javascript">

 window.onload = function () {
    var divs = document.querySelectorAll("body > div");
    assert(divs.length === 2, "CSS 셀렉터를 사용하여 div 두 개를 찾았다.");

    var b = document.getElementById("test")
      .querySelector("b:only-child");
    assert(b,
        "test의 하위 엘리먼트 중 볼드체로 표시되는 엘리먼트를 찾았다.");
  };

</script>
```

body의 하위 노드 중 <div> 엘리먼트를 찾는다.

id 값이 test인 div의 하위 엘리먼트 중에서 볼드체(굵은 글자로 표시되는)로 표시되는 엘리먼트만 찾는다!

현재 W3C 셀렉터 API에 존재하는 함정 하나는, 브라우저가 지원하는 W3C 셀렉터 API 기능 범위는 해당 브라우저가 CSS 셀렉터 기능을 얼마나 지원하느냐에 달려있다는 것이다. 처음 자바스크립트 라이브러리들이 구현한 CSS 셀렉터 기능 범위는 브라우저가 구현한 범위보다 넓었기 때문에, 브라우저가 지원하는 범위가 자바스크립트로 구현한 CSS 셀렉터 만큼 넓다고 가정해서는 안 된다. 이는 엘리먼트를 기준으로 한 질의 규칙(한 엘리먼트를 기준으로 querySelector()나 querySelectorAll()를 호출)에서 볼 수 있다.

15.2 엘리먼트 기준 질의

```html
<div id="test">
  <b>안녕하세요</b>, 저는 닌자입니다!
</div>
<script type="text/javascript">
  window.onload = function () {
    var b = document.getElementById("test").querySelector("div b");
    assert(b, "오로지 셀렉터의 마지막 부분이 중요하다.");
  };
</script>
```

여기에 있는 이슈를 주목하자. 엘리먼트를 기준으로 질의를 수행할 때는 셀렉터 문자열 전체를 평가하는 것이 아니라, 셀렉터 문자열의 마지막 부분이 해당 엘리먼트에 포함되어 있는지만 검사한다. 이는 직관적이지 않다. 코드 15.2에서, 셀렉터 문자열은 div 엘리먼트를 포함하라는 것처럼 보이지만, 여러분은 test라는 id를 가진 엘리먼트 내에는 어떤 <div> 엘리먼트도 없다는 것을 잘 알고 있다.

CSS 셀렉터 엔진은 대부분의 사용자가 기대하는 방식과는 다르게 실행된다. 따라서 우리는 해결책을 세워야 하고, 가장 흔한 방법은 셀렉터의 콘텍스트를 강제로 설정하기 위해 루트 엘리먼트에 새로운 id를 추가하는 것이다.

15.3 엘리먼트 루트를 강제로 설정하기

```html
<div id="test">
  <b>안녕하세요</b>, 저는 닌자입니다!
</div>

<script type="text/javascript">
  (function() {

    var count = 1;

    this.rootedQuerySelectorAll = function (elem, query) {
      var oldID = elem.id;
      elem.id = "rooted" + (count++);

      try {
        return elem.querySelectorAll("#" + elem.id + " " + query);
      }
      catch (e) {
        throw e;
      }
      finally {
        elem.id = oldID;
      }
    };
  })();
</script>
```

- 이 즉시실행함수는 count 변수를 rootedQuerySelectorAll() 함수에 바인딩한다.
- 원래의 id를 기억한다. 이 값을 나중에 다시 되돌려놓을 것이다.
- 전역 콘텍스트에 함수를 정의한다.
- 임시로 생성한 고유한 id 값을 할당한다.
- finally 블록에서 원래의 id를 되돌려놓는다. 따라서 원래의 id가 복구되지 않을 일은 없다.

```
window.onload = function () {
  var b = rootedQuerySelectorAll(
    document.getElementById("test"), "div b");
  assert(b.length === 0, "이제 셀렉터는 올바르게 기준 엘리먼트를 선택한다.");
};
</script>
```

코드 15.3에는 두 가지 중요한 포인트가 있다.

먼저 엘리먼트에 유일한 id를 할당해야 하고 원래의 id를 나중에 복구해야만 한다. 이렇게 해야 셀렉터를 실행하더라도 마지막 결과로 인해 어떤 충돌도 일어나지 않는다. 그런 다음 그 id를 셀렉터 문자열에 사용한다("#id" 셀렉터 형태로 사용한다. 여기서 id는 유일하도록 생성한 값이다).

일반적으로 이 과정은 간단하며, id를 제거하고 질의로부터 결과를 반환하는 것 또한 간단하다. 하지만 catch를 주목하라. 셀렉터 API 메서드는 예외를 발생시킬 수 있다(대부분은 셀렉터 구문과 관련한 이슈이거나, 셀렉터 API가 지원하지 않는 셀렉터인 경우다). 이 때문에 셀렉터 호출 구문을 try/catch 블록으로 둘러쌀 것이다. 하지만 원래 id를 되돌려야 하기 때문에, finally 블록을 추가한다. 이것은 흥미로운 기능이다. try에서 값을 반환하거나 catch에서 예외를 발생시키더라도, try 블록과 catch 블록의 코드가 실행된 후 finally 블록의 코드는 항상 실행된다(하지만 try 블록이나 catch 블록에서 값을 반환한다면, 함수가 값을 반환하고 나서 finally 블록이 실행된다). 이 방법을 통해 id가 항상 올바르게 복구될 거라고 확신할 수 있다.

셀렉터 API는 W3C의 최근 역사에서 등장한 가장 유망한 API 중에서도 절대적이다. 시장점유율이 높은 브라우저들이 셀렉터 API를 지원하고 CSS3를 완전히(또는 적어도 주요한 부분을) 지원한다면, 대부분의 자바스크립트 라이브러리들에서 많은 비중을 차지하는 셀렉터 부분을 아주 간단하게 바꿔버릴 수 있을 것이다.

이제 XML 중심의 방법으로 이 문제에 접근해보자.

15.2 엘리먼트를 찾기 위해 XPath 사용하기

(브라우저가 셀렉터 API를 지원하지 않을 때) 셀렉터 API를 사용하기 위한 일반적인 대안은 XPath 질의를 사용하는 것이다.

XPath는 DOM 문서에서 노드를 찾는데 사용하는 질의 언어다. XPath는 전통적인 CSS 셀렉터보다 상당히 더 강력하고, 대부분의 주요 브라우저(파이어폭스, 사파리 3+, 오페라 9+, 크롬)들은 HTML 기반의 DOM 문서에서 XPath를 사용할 수 있는 몇 가지 방법을 제공한다. 인터넷 익스플로러 6과 그 이후의 버전도 XML 문서에 대해서는 XPath를 지원한다(그러나 일반적인 HTML 문서에 대해서는 지원하지 않는다).

만약 XPath 표현식이 유용하다고 말할 수 있는 한 가지 경우가 있다면, 그것은 복잡한 표현식에 대해서도 아주 빠르게 작동한다는 것이다. 순수 DOM으로 셀렉터 엔진을 구현한다면, 모든 자바스크립트 연산과 DOM 연산을 조금 더 빠르게 수행하기 위해 끊임없이 브라우저의 능력과 줄다리기해야 한다. 반면에 XPath는 단순한 표현식에 대해서는 다소 불리하다.

순수 DOM 연산보다 XPath 연산을 사용하는 것이 더 유리해지는 지점을 가늠하기란 분명 쉬운 일이 아니다. 이 경계선은 어떤 계획에 따라 정해질 수도 있겠지만, 몇 가지 기정사실은 있다. 셀렉터 연산을 수행함에 있어, 순수 DOM 코드를 사용(getElementById()와 getElementsByTagName()를 사용)하여 id와 간단한 태그(예를 들면 〈div〉 같은)를 기준으로 엘리먼트를 찾는 것은 항상 XPath보다 더 빠르다.

만약 우리의 고객이 XPath 표현식을 사용하는 것을 꺼리지 않는다면(그리고 XPath를 사용할 수 있는 최근의 브라우저만 제한을 하더라도 만족한다면), 다음 코드에 나타난 메서드를 활용할 수 있다(이는 Prototype 라이브러리에서 가져온 것이다). 그리고 별도로 CSS 셀렉터 엔진을 구현하지 않아도 될 것이다.

15.4 HTML 문서에서 XPath 표현식을 실행하는 메서드

```
if (typeof document.evaluate === "function") {
  function getElementsByXPath(expression, parentElement) {
    var results = [];
    var query = document.evaluate(expression,
        parentElement || document,
        null, XPathResult.ORDERED_NODE_SNAPSHOT_TYPE, null);
    for (var i = 0, length = query.snapshotLength; i < length; i++)
      results.push(query.snapshotItem(i));
    return results;
  }
}
```

모든 경우에 대해 XPath를 사용하는 것이 좋을 수는 있겠지만, 이는 간단치 않다. 여러 기능으로 무장했지만 XPath는 개발자들이 사용하도록 설계되었고, CSS 셀렉터의 쉬운 표현식에 비하면 엄청나게 복잡하다. 여기서 XPath 전체를 살펴볼 수는 없지만, 표 15.1에는 가장 일반적인 XPath 표현식 중 몇 가지를 표시해 두었고, 해당 XPath 표현식이 어떤 CSS 셀렉터와 대응하는지도 나타나 있다.

목표	XPath	CSS3
모든 요소	//*	*
이름이 p인 모든 요소	//p	p
요소 p의 모든 하위 노드	//p/*	p>*
ID로 요소 선택	//*[@id='foo']	#foo
클래스로 요소 선택	//*[contains(concat(" ", @class, " ")," foo ")]	.foo
속성으로 요소 선택	//*[@title]	*[title]
모든 p의 첫 번째 하위 노드	//p/*[0]	p > *:first-child
a를 하위 노드로 가진 모든 p	//p[a]	불가능
다음 요소	//p/following-sibling::*[0]	p+*

표 15.1 CSS 셀렉터 및 그와 동등한 XPath 표현식

정규 표현식을 사용하여 셀렉터를 파싱하는 방식으로 순수 DOM 셀렉터 엔진을 구현하는 대신, XPath 표현식을 사용하여 셀렉터 엔진을 만들 수도 있다. 중요한 차이점은 셀렉터 문자열의 각 부분을 그와 연관된 XPath 표현식에 매핑시켜 실행한다는 점이다.

이 접근 방식에는 그다지 많은 장점이 없는데 그 이유는, 셀렉터 엔진을 잘 만들더라도, 코드량이 일반적인 순수 DOM CSS 셀렉터 엔진을 구현한 것만큼 크기 때문이다. 셀렉터 엔진을 구현하려는 많은 개발자가 복잡성 때문에 XPath를 선택하지 않는다. 여러분은 XPath 엔진으로 인한 성능 이득과(특히 셀렉터 API와의 성능 비교 측면에서) 최종적인 코드 크기를 고려할 필요가 있다.

이제 '소매를 걷어 붙이고' 본격적으로 들어가 보자.

15.3 순수 DOM 구현

모든 CSS 셀렉터 엔진의 핵심은 순수 DOM 구현이다. 이는 CSS 셀렉터에 대응하는 엘리먼트를 찾기 위해 CSS 셀렉터 문자열을 파싱하고 DOM 메서드(getElementById()와 getElementsByTagName())를 사용하는 것이 주요 내용이다.

팁: HTML5는 getElementsByClassName()을 표준 메서드에 추가하였다.

CSS 셀렉터 엔진을 DOM으로 구현하는 것이 중요한 이유는 몇 가지가 있다.

- 인터넷 익스플로러 6과 7 - 인터넷 익스플로러 8과 9는 querySelectorAll()을 지원하지만, IE6과 7은 XPath와 셀렉터 API를 지원하지 않기 때문에 DOM으로 구현을 할 수밖에 없다.
- 하위 호환성 - 만약 셀렉터 API나 XPath를 지원하지 않는 브라우저(사파리 2 같은)를 지원하면서, 여러분의 코드를 최대한 우아한 상태로 유지하려면, 몇 가지 DOM 구현 형식이 필요하다.
- 속도 - 몇 가지 셀렉터(ID로 엘리먼트를 찾는 것 같은)는 순수 DOM 구현이 더 빠르다.
- 완전한 커버리지 - 모든 브라우저가 CSS 셀렉터를 동일한 수준으로 지원하지는 않는다. 만약 브라우저에 상관없이 모든 CSS 셀렉터를 지원(혹은 적어도 일반적인 수준을 지원)하고 싶다면, 따로 만들어야 할 필요가 있다.

이 점들을 염두에 두고, 상향식과 하향식, 두 가지 방식의 CSS 셀렉터 구현을 살펴보자.

하향식 엔진은 CSS 셀렉터를 왼쪽에서 오른쪽으로 파싱하고, 그에 따라 문서에서 일치하는 엘리먼트를 찾는다. 뒤에 나오는 셀렉터는 이전의 셀렉터에 대해 상대적으로 작동한다. 이 형식의 엔진은 요즘 대부분의 자바스크립트 라이브러리에서 찾아볼 수 있고, 일반적으로 페이지에서 엘리먼트를 찾을 때 선호하는 수단이다.

간단한 예제를 살펴보자. 다음 마크업을 보라.

```
<body>
  <div></div>
  <div class="ninja">
    <span>Please </span><a href="/ninja"><span>Click me!</span></a>
  </div>
</body>
```

만약 여기서 "Click me!"라는 텍스트를 가진 〈span〉 요소를 선택하려면, 다음 셀렉터를 사용하면 된다.

```
div.ninja a span
```

이 셀렉터를 DOM에 적용했을 때 수행되는 하향식 접근법은 그림 15.1에 나타나 있다.

첫 번째 항인 div.ninja는 문서의 하위트리로 식별된다❶. 이 하위트리 내에서, 다음 항인 a는 앵커(anchor) 엘리먼트를 루트로 하는 하위트리로 식별된다❷. 마지막으로 span 항은 찾아야 할 대상 노드로 식별된다❸. 이는 단순화된 예제라는 것을 염두에 두자. 어느 단계에서든지 여러 개의 하위트리가 식별될 수 있다.

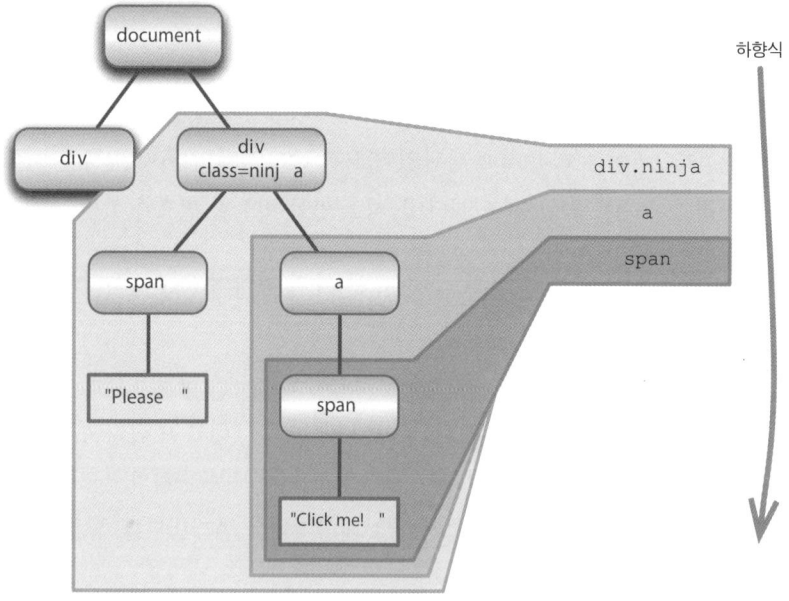

그림 15.1 하향식 셀렉터 엔진은 문서의 최상단에서부터 하위 트리를 탐색하며 셀렉터가 가리키는 엘리먼트와 일치하는 것을 찾는다.

셀렉터 엔진을 개발할 때 계산에 넣어야 할 중요한 두 가지 고려사항이 있다.

- 문서에서 엘리먼트가 정의된 순서에 따라 결과가 나타나야 한다.
- 결과는 유일해야 한다(중복된 엘리먼트가 반환되어서는 안 된다).

이러한 점들 때문에, 하향식 엔진을 개발하는 것은 다소 까다로울 수 있다.

태그 이름으로만 엘리먼트를 찾는 기능만 있는 간단한 하향식 구현을 살펴보자.

15.5 제한된 하향식 셀렉터 엔진

```
<div>
  <div>
    <span>Span</span>
  </div>
</div>

<script type="text/javascript">
  window.onload = function(){
    function find(selector, root){
      root = root || document;
      var parts = selector.split(" "),
          query = parts[0],
          rest = parts.slice(1).join(" "),
          elems = root.getElementsByTagName(query),
          results = [];
      for (var i = 0; i < elems.length; i++) {
        if (rest) {
          results = results.concat(find(rest, elems[i]));
        }
        else {
          results.push(elems[i]);
        }
      }
      return results;
    };

    var divs = find("div");
    assert(divs.length === 2, "기대한 개수 만큼의 div를 찾았다.");

    var divs = find("div", document.body);
    assert(divs.length === 2,
        "body에서 기대한 개수만큼의 div를 찾았다.");

    var divs = find("body div");
    assert(divs.length === 2,
        "body에서 기대한 개수만큼의 div를 찾았다.");

    var spans = find("div span");
```

루트로 사용할 엘리먼트가 주어지지 않으면, 문서의 최상위에서부터 시작한다.

스페이스를 구분자로 하여 셀렉터 문자열을 분리하고, 첫 번째 항을 취하고 나머지는 별도로 모은 후에, 첫 번째 항과 일치하는 엘리먼트를 찾는다. 그리고 결과를 담기 위한 results 배열을 초기화한다.

모든 셀렉터를 처리할 때까지 재귀적으로 find()를 호출한다.

찾은 엘리먼트를 results 배열에 넣는다.

찾은 엘리먼트의 목록을 반환한다.

```
        assert(spans.length === 2, "중복된 span을 발견함.");
    };
</script>
```

이 코드에서 태그 이름으로만 엘리먼트를 찾을 수 있는 하향식 셀렉터 엔진을 구현했다. 이 엔진은 몇 부분으로 나누어 볼 수 있다. 셀렉터 문자열을 파싱하는 부분, 엘리먼트를 찾는 부분, 엘리먼트를 필터링 하는 부분 그리고 재귀적으로 결과를 합치는 부분이다.

각 부분을 하나씩 자세히 살펴보자.

15.3.1 셀렉터 문자열 파싱

이 단순화된 예제에서, 파싱은 "div span"과 같이 태그 이름으로만 구성된 단순한 CSS 셀렉터 문자열을 ["div", "span"] 같은 문자열 배열로 변환하는 것만 할 수 있다.

이 예제는 스페이스를 구분자로 하여 문자열을 단순히 분리하지만, CSS2와 CSS3에서는 속성이나 속성 값으로 엘리먼트를 찾을 수 있는 기능이 있고, 따라서 대부분의 셀렉터에서 추가적인 스페이스 문자가 있을 수 있다. 이런 상황에서 셀렉터 문자열을 단순히 스페이스 문자로 분리하는 전략은 너무 허술하다.

완전한 구현을 위해서는 어떤 표현식이든 처리할 수 있는 완성된 파싱 규칙이 필요하다. 그리고 이 규칙은 대부분 정규 표현식 형태를 취한다. 다음 예제에서 정규 표현식을 사용하는 보다 강력한 파서를 볼 수 있다. 이 파서는 셀렉터 문자열의 각 부분을 캡처하고, 이를 분리해낸다(그리고 필요하다면 쉼표를 기준으로 분리도 한다).

15.6 CSS 셀렉터를 분리하는 정규 표현식

```
<script type="text/javascript">
    var selector = "div.class > span:not(:first-child) a[href]";
    var chunker = /((?:\([^\)]+\)|\[[^\]]+\]|[^ ,\(\[]+)+)(\s*,\s*)?/g;
    var parts = [];
    chunker.lastIndex = 0;       ← chunker 정규 표현식의 탐색 위치를
                                   재설정한다. (처음부터 시작하도록)
    while ((m = chunker.exec(selector)) !== null) {    ← 각 부분을 모은다.
        parts.push(m[1]);
```

```
      if (m[2]) {
        extra = RegExp.rightContext;
        break;
      }
    }
    
    assert(parts.length == 4,
        "주어진 셀렉터를 네 부분으로 분리하였다.");
    assert(parts[0] === "div.class", "div selector");
    assert(parts[1] === ">", "child selector");
    assert(parts[2] === "span:not(:first-child)", "span selector");
    assert(parts[3] === "a[href]", "a selector");
</script>
```

◀ 쉼표를 만나면 중지한다.

이 예제에서 든 셀렉터와 청크 정규 표현식은 전체 퍼즐의 한 조각일 뿐이다. 따라서 지원하려는 다른 표현식에 대해서는 각각의 파싱 규칙을 추가해야 할 것이다. 대부분의 셀렉터 엔진은 정규 표현식과 셀렉터의 각 부분이 일치할 때 실행되는 함수(콜백 함수)를 두고 있다.

추가적인 표현식들을 자세히 다루는 것은 이 장의 내용을 넘어서는 주제다. 만약 여러분이 그에 대한 내용을 정말 파고들고 싶다면, jQuery나 여러분이 가장 좋아하는 라이브러리의 소스코드에서 셀렉터 파싱 부분을 살펴보기를 권장한다.

표현식을 파싱했다면, 이제 파싱한 표현식과 일치하는 엘리먼트를 찾아야 한다.

15.3.2 엘리먼트 찾기

퍼즐의 다른 한 조각은 페이지에서 적절한 엘리먼트를 찾는 것으로, 엘리먼트를 찾는 기법은 많다. 각 기법은 셀렉터가 지원하려는 범위와 브라우저에서 가능한 수단에 따라 많이 달라진다. 그래도 분명한 몇 가지는 있다.

getElementById()를 생각해보자. HTML 문서의 최상위 노드(document)에만 존재하는 이 메서드는, 지정한 id(오직 하나만 있어야 한다)를 가진 첫 번째 엘리먼트를 찾는다. 따라서 이 메서드는 ID CSS 셀렉터(#id)에 유용하게 사용할 수 있다. 그러나 문제가 되는 부분은 인터넷 익스플로러와 오페라는 페이지에서 주어진 id 값과 같은 값의 name을 가진 첫 번째 엘리먼트도 찾는다는 것이다. 만약 정말 id로만 엘리먼트를 찾고 싶다면, 이 '과하게 친절한' 기능으로 선택된 엘리먼트를 제외하기 위해 추가적인 검증 단계가 필요하다.

만약 지정한 id와 일치하는 모든 엘리먼트를 찾으려면(HTML 문서는 일반적으로 페이지에서 오직 하나의 id만 허용하지만, CSS 셀렉터의 관례상 같은 id를 가진 여러 엘리먼트를 찾을 수는 있다), 모든 엘리먼트를 탐색하면서 일치하는 id를 가진 엘리먼트를 찾거나 document.all["id"]를 사용해야 한다. document.all은 이를 지원하는 브라우저(인터넷 익스플로러, 오페라, 사파리)에서 주어진 id를 가진 모든 엘리먼트에 대한 배열을 반환한다.

getElementsByTagName() 메서드는 그 이름에서 알 수 있듯이, 지정한 태그 이름과 일치하는 엘리먼트를 찾는다. 그러나 태그 이름에 *을 사용하여 문서 또는 특정 엘리먼트 내의 모든 엘리먼트를 찾을 수도 있다. 특히 이 방식은 태그 이름을 지정할 수 없는 .class나 [속성이름] 같은 속성 기반의 셀렉터를 처리할 때 유용하게 사용할 수 있다.

*을 사용하여 엘리먼트를 찾을 때 주석과 관련하여 주의할 점이 하나 있다. 인터넷 익스플로러는 엘리먼트 노드뿐만 아니라 주석 노드도 반환한다(이유가 어떻든, IE에서는 주석 노드도 !라는 이름의 태그이기 때문에 getElementsByTagName()이 반환한다). 주석 노드를 확실히 제외하려면 기본적인 필터링이 필요하다.

getElementsByName()은 지정한 이름(⟨input⟩ 엘리먼트와 다른 모든 form 제어 엘리먼트는 name 속성을 가지고 있다)을 가진 모든 엘리먼트를 찾는데 적합한 메서드다. 이 메서드는 단일 셀렉터 [name=name]을 구현할 때 정말 유용하다.

getElementsByClassName() 메서드는 HTML5에 새로 추가된 메서드로 브라우저들이 점차 구현해나가는 중이다. 이 메서드는 class 속성 값을 기준으로 엘리먼트를 찾는다. 따라서 이 메서드는 class를 기준으로 엘리먼트를 선택하는 코드의 속도를 크게 향상시킬 것이다.

엘리먼트를 선택하는데 사용할 수 있는 여러 가지 기법이 있지만, 앞에서 얘기한 메서드들이 엘리먼트를 찾는데 사용할 수 있는 주요한 도구다.

이 메서드들로부터 얻은 결과를 이제 필터링 하도록 하자.

15.3.3 찾은 엘리먼트를 필터링하기

일반적으로 CSS 표현식은 몇 개의 개별적인 부분으로 나눌 수 있다. 예를 들면 표현식 div.class[id]는 세 부분으로 이루어져 있는데, 이 표현식은 CSS 클래스 이름이 class이고, 속성 이름이 id인 모든 div 엘리먼트를 찾을 것이다.

첫 번째 단계는 엘리먼트 찾는데 시작점이 되는 루트 셀렉터를 식별하는 것이다. 예제에서는 div를 사용했었고, 따라서 페이지의 모든 <div> 엘리먼트를 가져오기 위해 getElementsByTagName()을 사용할 수 있다. 그런 다음, 지정한 클래스와 id 속성만 가진 div 엘리먼트만 선택하기 위해, getElementsByTagName()으로 얻은 결과를 필터링해야만 한다.

이 필터링 과정은 대부분의 셀렉터 구현체들이 가지고 있는 일반적인 기능이다. 이 필터는 주로 속성을 처리하거나, 형제 관계 또는 다른 관계에 있는 엘리먼트와의 상대적인 위치를 다룬다.

- 속성 필터링 - 이방식은 DOM 속성에 접근하고(일반적으로는 getAttribute() 메서드를 사용한다), DOM 속성 값을 검증하는데 사용한다. 클래스 필터링 (.class)은 속성 필터링의 하위 동작이라 할 수 있다(className 속성에 접근하여 그 값을 검사하는 식이다).
- 위치 필터링 - :nth-child(even) 또는 :last-child 같은 셀렉터에 대해, 부모 엘리먼트의 메서드를 조합하여 필터링을 한다. 만약 브라우저가 children을 지원한다면, 이 브라우저(IE, 사파리, 크롬, 오페라, 파이어폭스 3.1)에서 children은 모든 하위 엘리먼트 목록을 반환한다. 그리고 모든 브라우저는 childNodes를 가지고 있고, 이는 텍스트 노드와 주석 노드를 포함한 모든 하위 노드의 목록이다. 이 두 방법을 사용하여 모든 형태의 위치 필터링을 처리하는 것이 가능하다.

필터링 함수를 구현하는 데에는 두 가지 목적이 있다. 먼저 사용자가 그들의 엘리먼트를 테스트하기 위한 간단한 수단을 제공하는 것, 그리고 지정한 셀렉터에 어떤 엘리먼트가 일치하는지 알아보기 위한 빠른 검사를 하는 것이다.

이제 필터링한 결과를 다듬는 데 집중하자.

15.3.4 재귀적으로 결과 합치기

코드 15.1에 나타난 것처럼, 셀렉터 엔진은 하위 엘리먼트를 찾는 과정을 재귀적으로 반복하여 그 결과를 합쳐야 한다. 하지만 예제의 초기 구현은 너무 간단했고, 결국 하나가 아니라 두 개의 〈span〉 엘리먼트를 결과로 받고 말았다. 결과 배열에 엘리먼트가 중복으로 포함되지 않도록 추가 검사할 필요가 있다. 대부분의 하향식 셀렉터 구현체들은 이런 유일성을 보장하기 위한 몇 가지 수단을 갖고 있다.

불행히도 DOM 엘리먼트의 유일성을 간단히 판단할 수 있는 방법은 없기 때문에, 우리가 직접 해답을 생각해 내야 할 필요가 있다. 여기서 취해볼 방법으로, 엘리먼트를 마주쳤을 때 임시로 해당 엘리먼트를 식별할 수 있는 값을 할당한다. 따라서 이후에 그 엘리먼트를 이미 만났는지 검증할 수 있다.

15.7 배열에서 유일한 엘리먼트 찾기

```
<div id="test">
  <b>안녕하세요</b>, 저는 닌자입니다!
</div>
<div id="test2"></div>

<script type="text/javascript">
  (function(){

    var run = 0;

    this.unique = function(array) {
      var ret = [];

      run++;

      for (var i = 0, length = array.length; i < length; i++) {
        var elem = array[i];

        if (elem.uniqueID !== run) {
          elem.uniqueID = run;
          ret.push(array[i]);
        }
      }

      return ret;
    };
  })();

  window.onload = function(){
    var divs = unique(document.getElementsByTagName("div"));
    assert(divs.length === 2, "아무런 중복도 발견되지 않음.");

    var body = unique([document.body, document.body]);
```

테스트 대상을 설정한다.

즉시실행함수 내에 unique() 함수를 정의한다. run 변수는 클로저 내에 포함되어 있고, 즉시실행 함수 밖에서는 run 변수를 볼 수 없다.

unique 함수가 실행된 순서를 얻어둔다. unique 함수가 호출될 때마다 run 변수 값을 증가시켜 얻은 유일한 식별 값을, 엘리먼트의 유일성을 확인하기 위한 테스트에 사용할 수 있다.

엘리먼트 배열을 받고, 이 배열로부터 유일한 엘리먼트만을 포함하는 새로운 배열을 반환한다.

원본 배열을 순회하며, 아직 '보지 못한' 엘리먼트에 유일한 값을 표시해 두고, 이 엘리먼트를 결과 배열에 복사한다. 유일한 값을 표시해 둠으로써 그 엘리먼트를 '보았거나' 보지 않았다는 것을 알 수 있다.

엘리먼트 참조가 중복되지 않은 배열을 반환한다.

```
        assert(body.length === 1, "body 중복을 제거함.");
    };
</script>
```

이 unique() 메서드는 배열의 모든 엘리먼트에 동적으로 프로퍼티를 추가하는데, 이는 그 엘리먼트를 이미 '보았다'고 표시하기 위한 것이다. 전체 실행이 끝나면 오직 유일한 엘리먼트만이 결과 배열로 복사된다. 대부분의 라이브러리에서 이 기법들의 변형을 찾아볼 수 있다.

DOM 노드에 프로퍼티를 추가하는 것과 관련한 복잡함에 대한 긴 얘기는 13장을 다시 살펴보면 된다.

이 함수를 사용하여 해결한 중복 포함 문제는, 사실 하향식 접근법을 선택했기 때문에 발생하는 것이다. 다른 대안을 잠시 살펴보자.

15.3.5 상향식 셀렉터 엔진

만약 엘리먼트를 유일하게 식별하는 것에 대해 그리 신경을 쏟고 싶지 않다면, 그 대안으로 엘리먼트를 유일하게 식별할 필요가 없는 상향식 CSS 셀렉터 엔진이 있다. 상향식 셀렉터 엔진은 하향식과는 반대로 작동한다.

예를 들어 div span 셀렉터에 대해서, 상향식 셀렉터 엔진은 먼저 모든 〈span〉 엘리먼트를 찾고, 그 다음 각 엘리먼트에 대해 상위 〈div〉 엘리먼트를 찾는 상위 탐색을 한다. 이런 셀렉터 엔진 방식은 대부분 브라우저의 엔진에서 찾아볼 수 있는 방식과 일치한다.

이 엔진 방식은 하향식 접근 만큼 대중적이지는 않다. 상향식 선택 방식은 간단한 셀렉터(그리고 하위 노드 셀렉터)에 대해서는 잘 동작하지만, 상향식 선택은 결국 꽤 비용이 들고 확장하기가 좋지 않다. 하지만 이 엔진의 방식이 제공하는 간단함은 충분히 고려해볼 만하다.

상향식 엔진을 구현하는 방식은 간단하다. CSS 셀렉터의 가장 마지막 표현식부터 찾기 시작해서, 그 다음의 적절한 엘리먼트를 가져온다(하향식 엔진과 마찬가지다. 하지만 첫 번째가 아닌 마지막 표현식부터 사용한다). 여기서부터 모든 연산은 엘리먼트를 제거하는 일련의 필터링 연산이다(다음 코드를 보라).

15.8 간단한 상향식 셀렉터 엔진

```
<div>
  <div>
    <span>Span</span>
  </div>
</div>

<script type="text/javascript">

  window.onload = function(){
    function find(selector, root){
      root = root || document;

      var parts = selector.split(" "),
          query = parts[parts.length - 1],
          rest = parts.slice(0,-1).join(""),
          elems = root.getElementsByTagName(query),
          results = [];

      for (var i = 0; i < elems.length; i++) {
        if (rest) {
          var parent = elems[i].parentNode;
          while (parent && parent.nodeName != rest) {
            parent = parent.parentNode;
          }

          if (parent) {
            results.push(elems[i]);
          }
        } else {
          results.push(elems[i]);
        }
      }

      return results;
    };

    var divs = find("div");
    assert(divs.length === 2, "기대한 개수 만큼의 div를 찾았음.");

    var divs = find("div", document.body);
    assert(divs.length === 2,"body에서 기대한 개수 만큼의 div를 찾았음.");

    var divs = find("body div");
    assert(divs.length === 2,"body에서 기대한 개수 만큼의 div를 찾았음.");

    var spans = find("div span");
    assert(spans.length === 1, "중복된 span이 발견되지 않음.");
  };

</script>
```

코드 15.8은 간단한 상향식 셀렉터 엔진을 보여준다. 이 예제에서 구현한 셀렉터 엔진은 오직 하나의 상위 단계에 대해서만 작동한다는 것을 유념하라. 여러 상위 단계에 대해 작동하게 하려면 단계 상태를 추적해야 할 필요가 있을 것이다. 두 개의 배열을 사용하여 이를 할 수 있다. 하나는 최종적으로 반환할 엘리먼트들을 담고 있는 배열로, 최종 결과와 일치하지 않는 이 배열의 몇몇 엘리먼트는 반환 대상에서 제외하기 위해 undefined로 설정할 수 있다. 그리고 나머지 하나는 현재 테스트 대상인 상위 엘리먼트에 대한 배열이다. 특정 상위 엘리먼트가 현재 처리 중인 셀렉터에 부합하다면 재귀적으로 상위 엘리먼트의 상위 엘리먼트에 대한 검사를 수행하고, 최종적으로 반환할 배열에 엘리먼트를 추가하면 된다.

앞서 언급한 대로, 이 추가적인 상위 엘리먼트 검증 과정은 하향식 방법보다는 확장성이 떨어진다. 이를테면 셀렉터의 종류에 따라, 내부적으로 DOM API를 사용하거나 XPath를 사용하는 등의 분기 처리를 적용하기가 까다롭다. 하지만 상향식은 중복 결과를 제거하기 위해 unique 메서드를 사용하지 않아도 되며, 이는 장점으로 보일 수도 있다.

15.4 정리

자바스크립트 기반의 CSS 셀렉터 엔진은 믿을 수 없을 만큼 강력한 도구이다. 자바스크립트 기반의 CSS 셀렉터 엔진은 적은 분량의 셀렉터 문법만을 가지고도 페이지상의 대부분의 DOM 엘리먼트를 찾을 수 있다. 전체 셀렉터를 지원하는 셀렉터 엔진을 구현하는 데에는 저마다의 방식마다 차이가 있지만, 브라우저가 좋아짐에 따라 상황은 급격히 나아지고 있고, 셀렉터 엔진을 구현하는 데 도움이 되는 도구가 부족하지는 않다.

이 장에서 배운 것들은 다음과 같다.

- 요즘 브라우저들은 엘리먼트 선택을 위한 W3C API를 구현하고 있다. 하지만 이 API들은 아직 갈 길이 멀다.
- 성능을 위해서라면, 여전히 직접 셀렉터 엔진을 구현하는 것이 필요하다.
- 셀렉터 엔진을 만들기 위해 다음 방법을 사용할 수 있다.
    - W3C API 활용하기?
    - XPath 사용하기?
    - 최적의 성능을 위해 직접 DOM을 탐색하기?

- 하향식 접근법이 가장 선호하는 방식이지만, 그 반환 값에 대해 엘리먼트의 유일성을 보장하는 등의 몇 가지 정리 작업이 필요하다.
- 상향식 접근법은 그런 정리 작업이 필요하지 않지만, 성능과 확장성 측면에서 문제를 잔뜩 안고 있다.

최근의 브라우저들이 점차 W3C 셀렉터 API를 잘 구현하고 있기 때문에, 어떻게 하면 셀렉터 엔진을 더 잘 구현할 수 있을까에 대한 고민은 머지않아 과거의 일이 될 것이다. 많은 개발자들이 그날이 오기를 기다리고 있다.

찾아보기

$ 문자 203-204
%〉 구분자 291-292
() 연산자 61
. 문자 203
^ 문자 202-203
₩ 문자 203
〈% 구분자 291-292
1종 객체 37-41, 46, 50, 69, 74

A

add() 메서드 92, 97-98, 177, 245
addEvent() 메서드 376, 388-390, 393-394, 412, 416
addEventListener() 메서드 145, 311, 374
addMethod() 메서드 107
addSubmit() 메서드 412
aFunction() 메서드 131
AJAX 문제와 크로스 브라우저 호환성 324
ajax() 메서드 124
Ajax를 이용하는 예 403-404
alert() 메서드 17
animateIt() 메서드 125-127
answers 프로퍼티 94
API 성능과 크로스 브라우저 호환성 323
apply() 메서드 68-70, 73, 99, 129
  apply()를 이용한 인자 전달 98-100
  apply()를 이용한 함수 호출 68-73
  콜백 함수의 컨텍스트 지정 71-73
args.shift() 메서드 131
arguments 98-110
  apply()를 이용한 전달 99-100
  length 프로퍼티 105-106
  매개변수 60, 89-90, 101-105
  순회하기 101-103
  인자 목록 103
  자르기 103-104
  찾아내기 101-103
Array 객체 96, 179
Array() 메서드 179
Array.prototype.push() 메서드 97
Arrays.sort() 메서드 47
assert() 메서드 12, 27-28, 46, 79, 351
assertEqual 메서드 290
assertInstanceOf 메서드 290
attachEvent() 메서드 374
attr() 메서드 338, 340, 350

B

begin.getTime() 메서드 335
bind() 메서드 130-132, 141-142
bindClick() 메서드 136
〈body〉 태그 43

Boolean 프로퍼티 160-161
bootMeUp() 메서드 79
borderWidth 프로퍼티 348
button.click() 메서드 128

C

Caja 261
call() 메서드를 이용한 함수 호출 68-73
callee 프로퍼티
  개요 185
  재귀 89-90
canFly() 메서드 51-52
change 이벤트 버블링 413-415
chirp 프로퍼티 84, 87
chirp() 메서드 82-86
class 같은 코드
  상위 메서드 보존 192-194
  서브클래스 초기화 191
  프로토타입 186-194
  함수 직렬화 검사 189-190
Class() 메서드 189
clearInterval() 메서드 231
clearTimeout() 메서드 231, 244
click() 메서드 123
clone() 메서드 438
cloneNode() 메서드 425, 437
console.log() 메서드 17-18
createContextualFragment() 메서드 426
createElement() 메서드 426
createTextNode() 메서드 443
creep() 메서드 62-68
CSS 셀렉터 447-466
  DOM 구현 455-465
    상향식 셀렉터 엔진 463-465
    셀렉터 파싱 458-459
    엘리먼트 찾기 459-460
    엘리먼트 필터링 461

    재귀적으로 결과 합치기 462-463
  W3C 셀렉터 API 449-452
  XPath 사용하기 452-454
  CSS 셀렉터 엔진과 XPath를 함께 사용하기 452-454
  CSS 프로퍼티 영향도와 브라우저 호환성 322
CSV (comma-separated value) 133
csv() 메서드 133
cur.nodeName.toLowerCase() 메서드 434
curry() 메서드 134

D

Date() 메서드 13, 285, 335
delay() 메서드 136
describe() 메서드 271
dialog() 메서드 103
display() 메서드 275
<div> 엘리먼트 124, 149, 318, 330, 347, 355
doc.createDocumentFragment() 메서드 433
document ready 이벤트 420-422
document.body.style 288
document.getElementById() 메서드 340
document.getElementsByTagName 316, 319
document.write() 메서드 40
DOM(document object model) 425-445
  HTML 주입하기 427-436
    DOM 생성하기 431-432
    HTML 래핑 429-431
    문서에 삽입하기 432-434
    소스 문자열 처리하기 428-429
    스크립트 실행 434-436
  엘리먼트 복제 437-438
  엘리먼트 제거 439-441
  엘리먼트의 텍스트 콘텐츠 441-444
    가져오기 443-444
    설정 442-443
DOM 메서드 329, 332-336, 376
DOM 속성 329-338

style 속성 346-364
   float 스타일 프로퍼티 351
   height와 width 프로퍼티 352-357
   opacity 스타일 프로퍼티 357-360
   색상 형식 361-364
   스타일 프로퍼티 이름 349-351
   평가된 스타일 364-368
   프로퍼티 가져오기 346-348
   픽셀 값 변환 351-352
XML과 HTML 333
사용자 정의 속성 334
성능 고려사항 334-338
이름 제약사항 332
크로스 브라우저 (호환성)
   id/name 확장 338-340
   style 속성 342-343
   type 속성 343-344
   URL 정규화 341-342
   노드명 345-346
   속성명 331
   탭 인덱스 문제 344-345
   호환성 338-346
DOM 속성 명명에 대한 제약사항 332
DOM 속성의 이름
   제약사항 332
   크로서 브라우저 호환 331
DOM 엘리먼트의 평가된 스타일 364-368
   개요 111-112
   연산 결과를 기억하는 함수 93
DOM에 HTML 주입과 함께, 스크립트 실행 434-436
DOM에 HTML 주입하기 427-436
   DOM 생성하기 431-432
   HTML 래핑 429-431
   문서에 삽입하기 432-434
   소스 문자열 처리하기 428-429
   스크립트 실행 434-436
domain-specific languages ⋯ 도메인 특화 언어

참조
doScrollCheck() 메서드 422
doSomethingWonderful() 메서드 68
DSL ⋯ 도메인 특화 언어 참조

E

e.target.nodeName.toLowerCase() 메서드 414
ECMAScript 5 279
elem.documentElement.nodeName.
   toLowerCase() 메서드 333
elem.nodeName.toLowerCase() 메서드 314,
   411, 415, 434
Element.attributeTranslations.read.values 148
element.style.cssText 343
empty() 메서드 443
eval() 메서드 6, 252-257, 278
   개요 252-253
   평가 결과 254-256
Event 객체 380-384
exec() 메서드 214, 227, 264

F

feint() 메서드 121-122
fetchComputedStyle() 메서드 364
FIFO (first-in, first-out) 43
filter 프로퍼티 198, 212
finally 블록 451-452
find() 메서드 109-110
Firebug 16
fixEvent() 메서드 391
float 스타일 프로퍼티 351
fn.toString() 메서드 112, 263, 271
focusin 과 focusout 이벤트 버블링 416-417
for 문 150
forEach() 메서드 72, 171-172
⟨form⟩ 엘리먼트 339
for-in 문 102

Function constructor
　개요 16-18
　런타임 코드 평가 256-257
function 키워드 50
functionName() 메서드 143

G

gather() 메서드 96-97
generateRows() 메서드 240
getAllElements() 메서드 319
getAttribute() 메서드 329, 332-335, 342
getComputedProperty() 메서드 364
getData() 메서드 386-387
getDimensions() 메서드 360, 362
getElementById() 메서드 453, 455, 459
getElementsByClassName() 메서드 455, 460
getElementsByName() 메서드 460
getElementsByTagName() 메서드 318, 453, 455, 461
getFeints() 메서드 121-122
getNodes() 메서드 432
getPropertyValue() 메서드 364-366
getVal() 메서드 415
globalEval() 메서드 259-260, 274
GUI(그래픽 유저 인터페이스) 41

H

〈head〉 엘리먼트 260
hasOwnProperty() 메서드 176, 305-306
height 속성 351
height 프로퍼티 352-357
hover() 메서드 418
HTML (HyperText Markup Language)
　DOM 생성하기 431-432
　DOM 속성 333
　DOM에 주입하기 427-436
　HTML 래핑 429-431
　문서에 삽입하기 432-434
　소스 문자열 처리하기 428-429
　스크립트 실행 434-436
HTML DOM 프로토타입 173-174
HTML 주입 API 427
HTML 태그 215
HTMLElement() 메서드 174
htmlFor 프로퍼티 332

I

id 속성
　개요 329-331
　크로스 브라우저 호환성 338-340
IE 111
IE Developer Tools 16
IE 전용 메서드 312
if 문 54
if-else 블록 140
〈img〉 태그 351
indexOf() 메서드 212
init() 메서드 187-188, 191
inner() 메서드 51-57
innerFunction() 메서드 117
innerHTML 프로퍼티 428, 445
〈input〉 엘리먼트 343-344
input#action 엘리먼트 307
input#submit 엘리먼트 307
Input의 type 343-344
insertAdjacentHTML() 메서드 427
isDeadly() 메서드 51-52
isEmpty() 메서드 393
isFunction() 메서드 111
isInForm() 메서드 412
isNimble() 메서드 51
isPrime 변수 140
isPrime() 메서드 94, 137
isSharp 프로퍼티 281-283

J

JavaScript 언어 개요 5-7
JavaScript Object Notation ⋯▸ JSON 참조
Jasmine 26
jQuery() 함수 152
jQuery.clean 메서드 438
jQuery.noConflict() 메서드 146
jQuery.tmpl() 메서드 274
JS Bin 22
JSON 265-267
JsUnit 26
juggle() 메서드 69-70

K

katana.use() 메서드 281
keys() 메서드 175
KungFuPanda() 메서드 68

L

length 프로퍼티 96-97, 105-106, 110
letter.toUpperCase() 메서드 219, 350, 365
⟨li⟩ 엘리먼트 28
load 이벤트 42
log() 메서드 17-20

M

match() 메서드 213-214, 227
Math.max() 메서드 99-100, 103
Math.min() 메서드 100
max() 메서드 99-100, 103
memoize() 메서드 139
memoized() 메서드 137-139
merge() 메서드 101
Mikowski, Michael 267
min() 메서드 99
mocha 26
mouseenter와 mouseleave 이벤트, 버블링 417-419
mousemove 이벤트 45
mouseout 이벤트 322
mouseover 이벤트 322
multiple 속성 430
MyArray() 메서드 179-180
myFunction() 메서드 131-132
myNinja() 메서드 88

N

name 속성, 크로스 브라우저 호환성 338-340
name 프로퍼티 80
nextld 프로퍼티 92
ninja 변수 253
Ninja 클래스 166, 187
ninja() 메서드 61, 88, 92, 111, 304
ninja.chirp 참조 84
ninja.chirp 프로퍼티 84
ninja.chirp() 메서드 84-86
ninja.constructor() 메서드 166
ninja.feint() 메서드 121
ninja.shout() 메서드 78
Node 객체 320
Node.COMMENT_NODE 320
Node.ELEMENT_NODE 320
nodeName 프로퍼티 345
noStroke() 메서드 275
Number를 확장할 때 실수하기 쉬운 사항 177-178
numClicks 변수 145

O

⟨object⟩ 엘리먼트 111
Object.getOwnPropertyNames() 메서드 306
Object.prototype 메서드 112, 305
Objective-J 276-277
Object를 확장할 때 실수하기 쉬운 사항 175-177

offsetHeight 프로퍼티 353
offsetWidth 프로퍼티 353
on() 메서드 147
onload 속성 43
onload 프로퍼티 43
opacity 스타일 프로퍼티 357-360
Opera Dragonfly 16
〈option〉 엘리먼트 429
outer() 메서드 51-57
outerFunction() 메서드 116-119
outerHTML 프로퍼티 437, 440

P

Packer 268-269
paramname === undefined 표현식 102
parse() 메서드 265
parseFloat 메서드 352
partial() 메서드 133
pause() 메서드 31-32, 246-247
Person 클래스 187, 191
Person() 메서드 169, 191
popMatrix() 메서드 275
postError() 메서드 17
Powell, John 267
private 변수 121-122
processing.js 274-276
proxy() 메서드 399
push() 메서드 97
pushMatrix() 메서드 275

Q

querySelector() 메서드 447, 450
querySelectorAll() 메서드 447, 450, 455
queue.push() 메서드 31
queue.shift() 메서드 31, 247
QUnit 25-26

R

range.createContextualFragment() 메서드 426
readAttribute() 메서드 140-141
ready() 메서드 421-422
RegExp 객체 200
RegExp() 메서드 210
remove() 메서드 173, 439
removeChild() 메서드 425, 439
removeData() 메서드 386-388
removeEvent() 메서드 376, 378, 396, 404, 416
removeSubmit() 메서드 412
repeatMe() 메서드 234
replace() 메서드, 정규 표현식 218-221
results 변수 30
resume() 메서드 31-32, 246-247
returnFalse() 메서드 380
returnTrue() 메서드 380
ronin 프로퍼티 305
runNext() 메서드 244
runTest() 메서드 31-32, 246-247

S

samurai 객체 84
samurai() 메서드 61, 68
samurai.chirp 프로퍼티 84
samurai.chirp() 메서드 84
Screw.Unit 라이브러리 271
〈script〉 태그 252, 259, 294
script.aculo.us 라이브러리 290
setAttribute() 메서드 329, 332-335
setInterval() 메서드 235, 238, 257
setTimeout() 메서드 78-79
skulk() 메서드 63, 66, 68
slice() 메서드 103-104
slider.dispose() 메서드 290
smallest() 메서드 100
sneak() 메서드 62, 68

Some.long.reference.to.something 148
someFunction() 메서드 143
sort() 메서드 46
〈span〉 엘리먼트 462-463
SpinSpots() 메서드 275
split() 메서드 133
src 프로퍼티 328
start() 메서드 245, 247
startup() 메서드 42
String 객체 213, 218, 221
String.prototype.escapeHTML 287
String.trim() 메서드 221
style 속성
   float 스타일 프로퍼티 351
   height와 width 프로퍼티 352-357
   opacity 스타일 프로퍼티 357-360
   색상 형식 361-364
   크로스 브라우저 호환성 343
   평가된 스타일 364-368
   프로퍼티 가져오기 346-348
   프로퍼티의 이름 349-351
   픽셀 값 변환 351-352
style 속성에 사용하는 색상 형식 361-364
〈style〉 엘리먼트 43, 346
style() 메서드 351-352
subClass() 메서드 187-188, 191-192
submit 이벤트 버블링 410-413
SuperClass() 메서드 168
superMethod() 메서드 275
swingsSword() 메서드 51
swingSword() 메서드 157-160, 187

T

tabIndex 프로퍼티 344
〈tbody〉 엘리먼트 432
test() 메서드 32, 184, 190, 211, 247, 265
test(fn) 메서드 32

TestSwarm 27
text 매개변수 81
textContent 프로퍼티 441
this 매개변수
   개요 58, 65-67
   함수 59-61
this._super() 메서드 187-188
this.assertEqual 291
this.stopPropagation() 메서드 381
tidyUp() 메서드 393, 396
timers.start() 메서드 245
toLowerCase() 메서드 434
toString() 메서드 112, 190, 208, 262-264, 278
triggerChangeIfValueChanged() 메서드 415
trim() 메서드 222-223
try/catch 블록 452
type 속성, 크로스 브라우저 호환성 343-344

U

unique() 메서드 463
URL 정규화, 크로스 브라우저 호환성 341-342
User 클래스 181
User() 메서드 181

V

values.sort() 메서드 47
visibility 프로퍼티 353

W

W3C 셀렉터 API 449-452
WebKit Developer Tools 16
width 프로퍼티 352-357
window 객체 283, 289
window.canFly 52
window.getComputedStyle() 메서드 364
window.isDeadly 52
window.isNimble 52

window.parseFloat() 메서드 360
with 내에서의 할당 282-283
with 문 279-294
  네임스페이스에 속한 코드 가져오기 289
  성능 고려사항 284-286
  테스팅 290-291
  템플릿 291-294
  프로퍼티 참조 조정 280-282
  할당 282-283
  활용 예 286-289
with 문 내의 참조 280-282
with 문을 이용한 템플릿 291-294
withinElement() 메서드 419
wrap() 메서드 140-142

X

XMLHttpRequest 232, 246
XMLHttpRequest 객체 312, 324
XML의 DOM 속성 333

Y

YUI (Yahoo! UI)

ㄱ

가비지 컬렉션 243
가장 긴 매치를 찾는 연산자 205
가장 짧은 매치를 찾는 연산자 205
개릿 스미스 340
개발자들이 선호하는 테스트 도구 25
객체 생성 62, 91, 254
객체 선언 109
객체 탐지와 크로스 브라우저 호환성 315-317
객체의 메서드를 이용한 재귀 83-84
검증 메서드와 테스트 스위트 27-28
관점-지향 스크립트 태그 272-273
구글의 Closure 컴파일러 271
구문 279-294

네임스페이스에 속한 코드 가져오기 289
성능 고려사항 284-286
테스팅 290-291
템플릿 291-294
프로퍼티 참조 조정 280-282
할당 282-283
활용 예 286-289
구현 전략, 크로스 브라우저 호환성 313-324
  AJAX 문제 324
  API 성능 323
  CSS 프로퍼티 영향도 322
  객체 탐지 315-317
  기능 시뮬레이션 317-321
  브라우저 비정상 종료 322-323
  안전한 크로스 브라우저 수정 314-315
  어울리지 않는 API 323
  이벤트 발생시키기 321-322
  이벤트 핸들러 바인딩 321
그룹화, 정규 표현식 206
기능 시뮬레이션과 크로스 브라우저 호환성 317-321
긴 시간 동안 실행되는 작업 240
긴 시간 실행되는 작업과 타이머 239-243

ㄴ

네이티브 객체의 하위 클래스 만들기 179-180
네트워크 이벤트 41
노드명과 크로스 브라우저 호환성 345-346
논블로킹 연산 239

ㄷ

단일 스레드로 동작하는 루프 43
달러($) 문자 204
대괄호 203
더글라스 크록포드 265-277
도메인 특화 언어(DSL, domain-specific languages) 274-277
  Objective-J 276-277

processing.js 274-276
독립된 함수 63
동적 코드 재작성 271-272
등급별 브라우저 지원 8
디버깅 16-20
  로깅 16-18
  중단점 18-20
  코드 20
딘 에드워드 5, 268

ㄹ

라이브러리 4-5
램니바스 나다드 272
런타임 코드 평가 251-278
  eval() 메서드 252-256
    개요 252-253
    평가 결과 254-256
  Function 생성자를 이용한 평가 256
  안전한 코드 평가 260-262
  전역 유효범위에서 평가 257-260
  타이머와 평가 257
  평가된 코드 디컴파일 262-265
  활용 예 265-277
    DSL 274-277
    JSON 변환 265-267
    관점-지향 스크립트 태그 272-274
    난독화 268-271
    네임스페이스에 속한 코드 가져오기 267-268
    동적 코드 재작성 271-272
    압축 268-271
런타임 코드 평가에서 난독화 268-271
런타임 코드 평가에서 압축 268-271
런타임 코드 평가와 보안 260-262
로그를 활용한 디버깅 16-18
루프
  단일 스레드 43
  즉시 실행 함수 149-151

리스너 41

ㅁ

마이클 피츠제럴드 200
매개변수
  즉시 실행 함수의 매개변수 146-147
  함수의 매개변수 59-61
매치된 부분 캡처, 정규 표현식 211-217
  개요 211-213
  전역 정규 표현식 213-214
  캡처 참조 214-216
  캡처되지 않는 그룹 216-217
메모이제이션을 이용한 함수 오버라이딩 137-140
메모이징 함수 93-96
  DOM 엘리먼트 메모이징 95
  값비싼 연산을 위한 메모이징 93-96
메서드 오버라이딩을 처리하는 함수 107
모범 실천법 11-13
  성능 분석 12
  테스팅 13
모질라 301
모질라의 WRONG DOCUMENT ERR note 301
문자 클래스 연산자 202-203
문자열의 끝 매칭 204
문자열의 시작 매칭 204

ㅂ

반복되는 타이머 234
배열
  메서드 시뮬레이션 96-97
  배열과 유사한 메서드 96
  정렬 46-49
벤 비니거(Vinegar, Ben) 267, 303
변환
  JSON 265-267
  픽셀 값 351-352
복수 타이머 관리 243-246

브라우저 295-326
　DOM 속성 338-346
　　id/name 확장 338-340
　　style 속성 342-343
　　type 속성 343-344
　　URL 정규화 341-342
　　노드명 345-346
　　속성명 331
　　탭 인덱스 문제 344-345
　가정의 최소화 324-325
　고려사항
　　개발 298-313
　　누락된 기능 309-310
　　리그레이션 311-313
　　브라우저 버그 299-302
　　외부 코드와 공존하기 302-309
　구현 전략 AJAX 문제 324
　　API 성능 323
　　CSS 프로퍼티 영향도 322
　　객체 탐지 315-317
　　기능 시뮬레이션 317-321
　　브라우저 비정상 종료 322-323
　　안전한 크로스 브라우저 수정 314-315
　　어울리지 않는 API 323
　　이벤트 발생시키기 321-322
　　이벤트 핸들러 바인딩 321
　　313-324
　누락된 기능 309-310
　　우아한 기능 저하 309-310
　　하위 호환성 310
　리그레이션 311-313
　　예상된 변경 311-312
　　예측 불가능한 버그 312-313
　버그 299-301
　지원 대상 선정 296-297
　브라우저 이벤트 41-42
　브라우저 호환성 7-11

브라우저에 누락된 기능
　우아한 기능 저하 309-310
　참조가 사라지는 문제 84-86
　하위 호환성 310-311
브라우저의 리그레이션 311-313
　예상된 변경 311-312
　예측 불가능한 버그 312-313
브라우저의 비정상 종료와 크로스 브라우저 호환성
　322-323
브라우저의 이벤트 루프와 함수 41-45
브레이크 포인트를 이용한 디버깅 18-20
비동기 테스팅
　개요 30-32
　비동기 테스트 스위트 246
　타이머 246-247

ㅅ

사용자 이벤트 41
사용자 정의 속성 334
사용자 정의 이벤트 발생시키기 400-407
　Ajax를 이용하는 예 403-404
　느슨한 결합 402
사파리 111
상위 메서드 보존 192-194
상향식 셀렉터 엔진 463-465
생성자
　생성자 참조를 이용한 객체 생성 165-167
　함수를 생성자로 호출 65-68
　　개요 65-68
　　고려사항 67
성능 분석 개요 13
　DOM 속성 이용 334-338
　with 문의 성능 284-286
셀렉터 파싱 458-459
소리내기 함수 83
속성 필터링 461
수동적인 하위 표현식 216, 224

쉼표로 구분된 값 133, CSV compare() 메서드 참고
스모크 테스트, 이벤트 핸들러 397-399
스크립트 실행 434-436
스타일시트의 순서 308-309
스테판 클래니 200
스티븐 리바이선 200, 222
신뢰성, 타이머 235-239

ㅇ

안드레아 지암마르키 259
안톤 코발리오프(Kovalyov, Anton) 267, 303
암묵적으로 전달되는 매개변수 59-60
어울리지 않는 API와 크로스 브라우저 호환성 323
엔진 447-466
  DOM 구현 455-465
    W3C 셀렉터 API 449-452
    XPath 사용하기 452-454
    상향식 셀렉터 엔진 463-465
    셀렉터 파싱 458-459
    엘리먼트 찾기 459-460
    엘리먼트 필터링 461
    재귀적으로 결과 합치기 462-463
엘리먼트
  복제 437-438
  재귀 462-463
  제거 439-441
  찾기 459-460
  텍스트 콘텐츠 441-444
    가져오기 443-444
    설정 442-443
엘리먼트 기준 질의 451
엘리먼트 복제 437-438
엘리먼트 제거 439-441
엘리먼트 찾기 459-460
엘리먼트 필터링 461
엘리먼트의 텍스트 콘텐츠 441-444
  가져오기 443-444
  설정 442-443
역슬래시 문자 203
외부 코드와 공존하기 302-309
  GREEDY ID 다루기 307-308
  다른 코드가 설정한 프로퍼티 피하기 305-306
  스타일시트의 순서 308-309
  조금 덜 모범적인 코드 다루기 304
  코드 캡슐화 303-304
우아한 기능 저하 309-310
위치 필터링 461
유리 자이체프 340
유틸리티 함수 303
유효범위 살펴보기 55
  즉시 실행 함수의 유효범위 144-146
  함수의 유효범위 53-58
이름을 가진 함수 내의 재귀 81-83, 86-89
  with를 이용해 네임스페이스에 속한 코드 가져오기 289
  네임스페이스에 속한 코드 가져오기 267-268
이벤트 발생시키기와 브라우저 호환성 321-322
이벤트 위임 407-408
이벤트 핸들러 바인딩과 브라우저 호환성 321
이벤트 핸들러 설정 373-424
  Ajax를 이용하는 예 403-404
  document ready 이벤트 420-422
  event 객체 380-384
    뒷정리하기 392-394
    설정 374-379, 388-391
    스모크 테스트 397-399
    연관된 정보 저장 384-388
    해제 374-379, 394-397
    핸들러 384-399
  느슨한 결합 402
  뒷정리하기 392-394
  버블링 409-419
    change 이벤트 413-415
    focusin과 focusout 이벤트 416-417

mouseenter와 mouseleave 이벤트 417-419

submit 이벤트 410-413

사용자 정의 이벤트 발생시키기 400-407

설정 374-379, 388-391

스모크 테스트 397-399

연관된 정보 저장 384-388

위임 407-408

해제 374-379, 394-397

이벤트 핸들러 해제 374-379, 394-397

이벤트의 느슨한 결합 402

이벤트의 버블링 409-419

change 이벤트 413-415

focusin과 focusout 이벤트 416-417

mouseenter와 mouseleave 이벤트 417-419

submit 이벤트 410-413

이스케이프 문자 203

이중 역슬래시(역슬래시 두개) 203

익명 함수 46-49, 78-79, 87

인스턴스 프로퍼티와 프로토타입 158-160

인자 순회하기 101-103

인자 자르기 103-104

인자 찾아내기 101-103

인자목록 자르기 104-105

ㅈ

자바스크립트 객체 38, 173, 265, 305

자바스크립트 자료형 132

자바스크립트 파일 268

재귀 81-90

callee 프로퍼티 활용 89-90

객체의 메서드를 이용한 재귀 83-84

이름을 가진 함수 내에서 86-89

이름을 지닌 함수 내에서 81-83

참조가 사라지는 문제 84-86

재귀적으로 엘리먼트 순회하기 462-463

잰 고이바에르츠 200

전역 유효범위에서 평가 257-260

전역 정규 표현식 213-214

점(.) 문자 203

정규 표현식 컴파일 197-227

replace() 메서드, 정규 표현식 218-221

개요 200-202

그룹화 206

매치된 부분 캡처 211-217

개요 211-213

전역 정규 표현식 213-214

캡처 참조 214-216

캡처되지 않는 그룹 216-217

문자 클래스

개요 203

미리 정의된 문자 클래스 205-206

문자열의 끝 204

문자열의 시작 204

반복된 출현 204

선택(OR) 206

정규 표현식 컴파일

역참조 207

이스케이프 문자 203

정확히 같은 부분 매칭 202

캡처

개요 211-213

매치된 부분 캡처 211-217

전역 정규 표현식 213-214

캡처 참조 214-216

캡처되지 않는 그룹 216-217

컴파일 208-216

혜택 198-199

활용 예 221-226

개행 문자 매칭 223-224

그룹화 206

문자열 공백 제거 221-223

유니코드 문자 매칭 225

이스케이프 처리된 문자 매칭 226

정규 표현식에서 같은 패턴의 반복된 출현 204

정규 표현식의 문자 클래스
  개요 02-203
  미리 정의된 문자 클래스 205-206
정규 표현식의 선택(or) 연산자 206
정규 표현식의 역참조 207
정규 표현식이 주는 혜택 198-199
정확히 같은 부분 매칭, 정규 표현식 202
제거적 테스트 21
제프리 E.F 프라이들 200
좋은 테스트 20-22
중괄호 53
중앙 타이머 관리 243-244
즉시 실행 함수 142-152
  독립적인 유효범위 144-146
  라이브러리 래핑 151-152
  루프 149-151
  매개변수를 이용해 유효범위 내에서 사용할 이름 지정하기 146-147
  짧은 이름을 이용해 코드의 가독성 유지하기 147-148
즉시 실행 함수를 이용한 라이브러리 래핑 151-152
집합 연산자 203

ㅊ

추가된 매개변수, paramValue 119
추가적 테스트 21

ㅋ

캐럿(^) 문자 203
캡처 206
캡처되지 않는 그룹, 정규 표현식 216-217
커링 133
코드 가져오기
  with를 이용해 네임스페이스에 속한 코드 가져오기 289
  네임스페이스에 속한 코드 267-268
코드 캡슐화 303-304
콜백

callback() 메서드 45-46
  개념 45-46
  클로저 사용 123-127
  함수 컨텍스트 지정 71-73
크로스 브라우저 개발 11
크로스 브라우저 호환성 295-326
  DOM 속성 338-346
    id/name 확장 338-340
    style 속성 342-343
    type 속성 343-344
    URL 정규화 341-342
    노드명 345-346
    속성명 331
    탭 인덱스 문제 344-345
  가정의 최소화 324-325
  개요 7-11
  고려할 사항
    개발 298-313
    누락된 기능 310
    리그레이션 311-313
    브라우저 버그 299-302
    외부 코드와 공존하기 302-309
  구현 전략 313-324
    AJAX 문제 324
    API 성능 323
    CSS 프로퍼티 영향도 322
    객체 탐지 315-317
    기능 시뮬레이션 317-321
    브라우저 비정상 종료 322-323
    안전한 크로스 브라우저 수정 314-315
    어울리지 않는 API 323
    이벤트 발생시키기 321-322
    이벤트 핸들러 바인딩 321
  지원 대상 브라우저 선정 296-297
클래스 작성하기 186
클로저 115-153
  private 변수 생성 121-122

개요 116-120
부분 적용 함수 132-136
즉시 실행 함수 142-152
   독립적인 유효범위 144-146
   라이브러리 래핑 151-152
   루프 149-151
   매개변수를 이용해 유효범위 내에서 사용할 이름 지정
     하기 146-147
   짧은 이름을 이용해 코드의 가독성 유지하기 147-148
콜백 내에서 클로저 사용 123-127
함수 오버라이딩
   동작 136-142
   메모이제이션 137-140
   함수 래핑 140-142
함수 컨텍스트 지정 128-132
클로저를 이용한 private 변수 생성 121-122
클로저를 이용한 부분 적용 함수 132-136
클릭 핸들러 232

ㅌ

타이머 229-248
   timerID 245
   긴 시간 실행되는 작업 239-243
   런타임 코드 평가 256-257
   복수 타이머 관리 243-246
   비동기 테스팅 246-247
   생성 230-231
   스레드 231-234
   신뢰성 235-239
   이벤트 41
   인터벌 234-235
   제거 230-231
   타임아웃 234-235
타이머 제거 230-231
타이머의 인터벌 234-235
타이밍 다이어그램 232
타임아웃 234-235

타임아웃 핸들러 232
타입 변경 343
탭 인덱스와 크로스 브라우저 호환성 344-345
테스트 그룹 28
테스트 프레임워크 23-27
   JsUnit 26
   QUnit 25-26
   YUI Test 26
테스팅
   JsUnit 26
   QUnit 25-26
   with 문 290-291
   YUI Test 26
   개요 13
   좋은 테스트 작성 20-22
   테스트 스위트 27-32
     검증 메서드 27-28
     비동기 테스팅 30-32
     테스트 그룹 28-30
   프레임워크 23-27

ㅍ

파이어폭스 111
평가된 코드 디컴파일 262-265
포함된 값 212
프로토타입 155-196
   HTML DOM 프로토타입 173-174
   개요 156-160
   생성자 참조를 이용한 객체 생성 165-167
   실수하기 쉬운 사항 174-186
     Number 확장하기 177-178
     Object 확장하기 175-177
     네이티브 객체의 하위 클래스 만들기 179-180
     인스턴스 생성 이슈 180-186
   인스턴스 프로퍼티 158-160
   클래스다운 코드 186-194
     상위 메서드 보존 192-194

서브클래스 초기화 191
　　함수 직렬화 검사 189-190
　　프로토타입을 이용한 상속 167-173
　　프로퍼티 참조 조정 160-165
프로토타입 관련 실수하기 쉬운 사항 174-186
　　Number 확장하기 177-178
　　Object 확장하기 175-177
　　네이티브 객체의 하위 클래스 만들기 179-180
　　인스턴스 생성 이슈 180-186
프로토타입을 이용한 상속 167-173
프로퍼티
　　with 문 내의 참조 280-282
　　다른 코드가 설정한 프로퍼티 피하기 305-306
　　인스턴스 프로퍼티와 프로토타입 158-160
　　참조 조정 160-165
　　프로퍼티 가져오기 346-348
　　프로퍼티 가져오기 349-351
프로퍼티 참조 조정 160-165
픽셀 값 변환 351-352

ㅎ

하위 클래스
　　네이티브 객체의 하위 클래스 179-180
　　초기화 191
하위 클래스 작성 189
하위 호환성 310-311
함수 37-75, 77-114
　　apply와 call을 사용한 호출 68-73
　　매개변수 59-61
　　메서드로 호출 62-65
　　배열 메서드 시뮬레이션 96-97
　　생성자로 호출 65-68
　　　　개요 65-68
　　　　고려사항 67
　　선언 49-58
　　연산 결과를 기억하는 함수 93-96
　　　　DOM 엘리먼트 메모이징 95

　　값비싼 연산 93-96
　　오버라이딩 136-142
　　　　메모이제이션 137-140
　　　　함수 래핑 140-142
　　오버로딩 105-110
유효범위 53-58
익명함수 78-80
재귀 81-90
　　callee 프로퍼티 활용 89-90
　　객체의 메서드를 이용한 재귀 83-84
　　이름을 가진 인라인 함수 내에서 86-89
　　이름을 지닌 함수 내에서 81-83
　　참조가 사라지는 문제 84-86
저장 91-93
중요성 40-46
　　1종 객체 41
　　브라우저 이벤트 루프 41-45
　　익명 함수 46-49
　　콜백 개념 45-46
즉시 실행 함수 142-152
　　독립적인 유효범위 144-146
　　라이브러리 래핑 151-152
　　루프 149-151
　　매개변수를 이용해 유효범위 내에서 사용할 이름 지정
　　　　하기 146-147
　　짧은 이름을 이용해 코드의 가독성 유지하기 147-148
클로저를 이용한 부분 적용 함수 132-136
함수 직렬화 검사 189-190
함수로 호출 61
함수의 인자 98-110
　　apply()를 이용한 전달 99-100
　　ength 프로퍼티 105-106
　　순회하기 101-103
　　자르기 103-104
　　찾아내기 101-103
　　함수인지 확인하기 110-113
함수 래핑과 오버라이딩 140-142

함수 선언 49-58
함수 오버로딩 105-110
함수 저장 91-93
함수 직렬화 189
함수 컨텍스트
  개요 59
  콜백 함수의 컨텍스트 지정 71-73
  클로저를 이용한 함수 컨텍스트 지정 128-132
함수의 프로토타입 155-196
  HTML DOM 프로토타입 173-174
  개요 156-160
  생성자 참조를 이용한 객체 생성 165-167
  실수하기 쉬운 사항 174-186
    Number 확장하기 177-178

Object 확장하기 175-177
네이티브 객체의 하위 클래스 만들기 179-180
인스턴스 생성 이슈 180-186
인스턴스 프로퍼티 158-160
클래스다운 코드 186-194
  상위 메서드 보존 192-194
  서브클래스 초기화 191
  함수 직렬화 검사 189-190
프로토타입을 이용한 상속 167-173
프로퍼티 참조 조정 160-165
핸들러 호출 41
YUI Compressor 269-271
YUI Test 26
  개요 4